MAURER · PLATONS ‚STAAT‘ UND DIE DEMOKRATIE

REINHART MAURER

PLATONS ‚STAAT‘ UND DIE DEMOKRATIE

HISTORISCH-SYSTEMATISCHE ÜBERLEGUNGEN
ZUR POLITISCHEN ETHIK

WALTER DE GRUYTER & CO.
BERLIN 1970

Archiv-Nr. 30 19 701

©

1970 by Walter de Gruyter & Co., vormals G. J. Göschen'sche Verlagshandlung · J. Guttentag,
Verlagsbuchhandlung · Georg Reimer · Karl J. Trübner · Veit & Comp., Berlin 30
Satz und Druck: Walter de Gruyter & Co., Berlin 30

JOACHIM RITTER
GEWIDMET

Vorbemerkung

Diesem Buch liegt eine Arbeit zugrunde, die im Juli 1969 von der zuständigen Fakultät der Universität Stuttgart als Habilitationsschrift angenommen wurde. Ihr ursprünglicher Titel lautete: POLITEIA und LEVIATHAN; Zur Rehabilitation des Politischen; Teil I: Der Platonische Staat. Dieser erste Teil ist in sich geschlossen. Die Probleme, die den zweiten Teil bestimmen sollten, sind in der Einleitung und im Nachwort berührt.

Ich danke Herrn Professor Robert Spaemann für die Ermutigung zu dieser Arbeit und für seine allseitige Unterstützung. Kam ich durch ihn zu der speziellen Problemstellung, so verdanke ich Herrn Professor Joachim Ritter den allgemeinen Zugang zur praktischen Philosophie. Weiter gilt mein Dank allen, die mir als einem Nichtfachmann in altphilologischen Fragen ihren Rat liehen, besonders den Herren Professoren Gaiser und Krämer in Tübingen, und all denen, die mir durch Argumentieren und bei der Herstellung des endgültigen Textes geholfen haben. Der Deutschen Forschungsgemeinschaft danke ich für die Gewährung eines Habilitandenstipendiums, das mir Muße zur Fertigstellung der Arbeit gab.

Stuttgart, März 1970.

Die Staaten kümmern sich nicht um die akademisch vorgetragene Staatsphilosophie, sie wenden sie nicht an, und andererseits vertragen sie vielfach ziemliche Kühnheiten, wenn sie eben akademisch bleiben. Aber es gibt Zeiten, in denen die Menschen jeden Respekt vor dem akademischen Treiben verlieren, weil die Wissenschaft zu vornehm ist, zu den unmittelbar dringenden politischen Fragen ... Stellung zu nehmen.

Ernst Kapp

Kaum irgend jemand, der Platon mit ernsthaftem Bemühen, ihn zu verstehen, liest, denkt nach seiner Lektüre noch so wie vorher. Aber die Änderung muß nicht notwendig in Richtung der platonischen Anschauungen vor sich gehen.

G. C. Field

Plato hat ... den Geist, das Wahrhafte seiner Welt erkannt und aufgefaßt, und hat es ausgeführt nach der näheren Bestimmung, daß er dies neue Prinzip verbannen, unmöglich machen wollte in seiner Republik.

Hegel

Inhaltsverzeichnis

Abkürzungen

(Die genauen bibliographischen Angaben finden sich im Literaturverzeichnis am Schluß der Arbeit. Auch wenn im Text nicht diese Abkürzungen verwendet werden, sind bei den Werken, die im Literaturverzeichnis stehen, nur Verfasser und Titel angeführt. Die Seitenzahl steht ohne nähere Bezeichnung jeweils am Ende der bibliographischen Angabe.)

Bien	Das Theorie-Praxis-Problem und die politische Philosophie bei Platon und Aristoteles.
Dirlmeier	Erläuterungen zu Aristoteles: Nikomachische Ethik.
Friedländer	Platon I/II/III.
Gadamer	Platos dialektische Ethik und andere Studien zur platonischen Philosophie.
Gaiser 1	Platon und die Geschichte.
Gaiser 2	Platons ungeschriebene Lehre.
Grote	Plato and the Other Companions of Sokrates.
Jaeger	Paideia I/II/III.
Knauss	Staat und Mensch in Hellas.
Krämer 1	Arete bei Platon und Aristoteles.
Krämer 2	Die platonische Akademie und das Problem einer systematischen Interpretation der Philosophie Platons.
Krämer 3	Das Problem der Philosophenherrschaft bei Platon.
Krämer 4	Über den Zusammenhang von Prinzipienlehre und Dialektik bei Platon.
Krämer 5	EPEKEINA TES OUSIAS.
Kuhn 1	The True Tragdey.
Kuhn 2	Sokrates.
Kuhn 3	Plato.
Manasse	Bücher über Platon I/II.
Mayr	Das Freiheitsproblem in Platons Staatsschriften.
Müller	Platons Philosophie als kritische Distanzierung von der mythischen Dichtung.
N	Platon: NOMOI; griechischer Text nach der Oxford-Ausgabe; deutsche Übersetzung: H. Müller (Rowohlts Klassiker) mit eigenen Modifikationen.
NE	Aristoteles: Nikomachische Ethik; griechischer Text nach Akademie-Ausgabe (ed. Bekker); Übersetzung: Gigon mit Modifikationen.

P   Platon: POLITEIA; gr. Text s. NOMOI; dt. Übersetzung: F.
               Schleiermacher, im übrigen s. NOMOI.

Po   Platon: POLITIKOS; Näheres s. POLITEIA.

Pol   Aristoteles: Politik; Näheres s. NE.

Ritter 1   Die Lehre vom Ursprung und Sinn der Theorie bei Aristoteles.
Ritter 2   Das bürgerliche Leben. Zur aristotelischen Theorie des Glücks.
Ritter 3   Zur Grundlegung der praktischen Philosophie bei Aristoteles.
Ritter 4   ‚Naturrecht‘ bei Aristoteles.
Ritter 5   Die Aufgabe der Geisteswissenschaften in der modernen Gesell-
               schaft.
Ritter 6   ‚Politik‘ und ‚Ethik‘ in der praktischen Philosophie des Aristoteles.
Ritter 7   Institution ‚ethisch‘.

Sabine   A History of Political Theory.

Strauss 1   On a New Interpretation of Plato's Political Philosophy.
Strauss 2   Naturrecht und Geschichte.
Strauss 3   What is Political Philosophy?
Strauss 4   Hobbes' politische Wissenschaft.
Strauss 5   Über Tyrannis + A. Kojève: Tyrannis und Weisheit.

WG   Hegel: Sämtl. Werke (ed. Glockner).

Einleitung

Die Aktualität der platonischen Frage nach dem besten Staat*

I.

Es soll hier nicht Historie, sondern Philosophie getrieben werden, und Philosophie nicht um der Philosophie, sondern um der Sache willen. Die Sache, um die es geht, ist der „beste Staat"[1]. Er ist freilich eine Sache besonderer Art, ist primär ein Zusammenleben, eine Ordnung von Personen, nicht von Sachen. Und die Personen haben Meinungen und Gedanken. Seit langem denken Menschen über den besten Staat nach. So ist der beste Staat nicht bloß als eine möglicherweise zu erreichende Sache oder eine Harmonie von Personen da, sondern hat vergangene und gegenwärtige Realität in den Gedanken und Bestrebungen von Menschen. Als der Urheber dieses Nachdenkens gilt Platon. Mit seiner Hilfe, so darf man vermuten, läßt sich ein Zugang zur Sache finden.

Seine Gedanken gehören selber zu der Sache, ja haben sie maßgeblich mit konstituiert. Dennoch geht es hier nicht in erster Linie um eine möglichst genaue Erfassung dieser Gedanken, so wie sie seinen überlieferten Schriften zu entnehmen sind, sondern um das, was die Gedanken intendieren. Es liegt im Sinne der Platonischen Philosophie über den besten Staat, diese Philosophie, soweit es die Texte zulassen, für ein Mittel zum Zweck zu nehmen. Mit der Hilfe Platons sowie seiner Ausleger und Kritiker soll hier ein zielgerichteter Argumentationszusammenhang aufgebaut werden[2]. Dazu ist erforderlich, die Platonische Philosophie in einer Form aufzunehmen, in der sie gegenwärtig und komparabel ist. Das wiederum erfordert die Berücksichtigung der historischen Differenz.

* Die erste Fassung dieser Einleitung wurde im November 1969 im Philosophischen Seminar der Universität Heidelberg vorgetragen. Die in der Diskussion empfangenen Anregungen führten zu der hier vorliegenden Fassung.

[1] Wenn hier und im folgenden das Wort „Staat" ohne nähere Kennzeichnung gebraucht wird, so bedeutet es: Gemeinwesen in dem allgemeinen Sinn, der vor solchen Scheidungen wie Staat und Gesellschaft, Gesellschaft und Gemeinschaft, Staatsapparat und Staatsvolk liegt.

[2] Die Einleitung ist noch kein Teil von ihm, sondern ist die provokative Vorwegnahme einiger Probleme in aktuellem Bezuge. Nähere Begründung und Modifikation bekommen die hier vorgetragenen Erwägungen erst im Rahmen des Ganzen.

Nörr urteilt über J. Ritter, hinter der Fragestellung, mit der dieser sich der antiken Polis zuwende, stehe „nicht so sehr das Streben nach Erkenntnis des Gewesenen als das Nachdenken über die Möglichkeiten menschlichen Zusammenlebens in staatlicher Form"[3]. Solcher philosophisch-pragmatischen Stellung zur Geschichte ist diese Arbeit durchgängig verpflichtet. Sie wird getragen von der Voraussetzung, daß die neuzeitliche, mit wachsender Beschleunigung erfolgende Zunahme technischer Naturbeherrschung keinen radikalen Bruch in der Menschheitsgeschichte bewirkt habe, so daß aus der Geschichte nach wie vor praktisch Wichtiges gelernt werden könne. Dabei heißt Lernen nicht, daß versucht wird, alte Normen und Exempla unmittelbar anzuwenden[4], sondern dieses Wort verweist auf die Notwendigkeit stets neu zu leistender Vermittlung unter Berücksichtigung der historischen Differenz.

Diese ist im Falle Platons beträchtlich und wird dadurch nicht kleiner, sondern eher größer, daß Generationen von Philosophiehistorikern und Philologen es unternommen haben, Platon zu verstehen, zu erklären und zu vergegenwärtigen. Darf man vermuten, daß die Platonischen Schriften den Zugang zum Problem des besten Staates erleichtern oder allererst ermöglichen, so ist dagegen zweifelhaft, ob die Platonliteratur das ebenfalls tut. Wenn man an Platons Skepsis gegenüber dem geschriebenen Wort denkt, liegt die Vermutung nahe, daß dieser Berg von Schriftlichkeit, den man über ihm angehäuft hat, dazu dient, ihn und die Sache des besten Staates zu begraben.

Aber der historischen Differenz wegen ist diese Literatur nötig. Sie lehrt, teils direkt, teils durch ihr schlechtes Beispiel, Platon nicht unmittelbar, das heißt mit den Vorurteilen unserer Zeit erfassen und anwenden oder verwerfen zu wollen. Sie führt nicht geradewegs zur Sache, aber erst in der Auseinandersetzung mit ihr eröffnet sich die Möglichkeit, die Sache so zu sehen, wie sie ist. Die historische Differenz kann, erkannt und berücksichtigt, dazu dienen, Vergleichbarkeit und übergeordnete Einheit herzustellen. Mit dialektischer Elastizität aufgefaßt sind alle Philosophien gleichzeitig. Die Entwicklung ist die Entwicklung eines sich durchhaltenden Selben, nämlich der Vernunft[5], die nach Platon theoretisch und praktisch zugleich ist.

Gegen Hegels These, daß es in der Weltgeschichte vernünftig zugegangen sei[6], ist viel gesagt worden. Je „idealistischer" man sie versteht,

---

[3] *D. Nörr*: Vom griechischen Staat, 353.
[4] Zur Problematik solcher Anwendung vgl. *R. Kosellek*: Historia Magistra Vitae; Über die Auflösung des Topos im Horizont neuzeitlich bewegter Geschichte, in: Natur und Geschichte (K. Löwith-Festschr.), Stuttgart 1968, 196—219.
[5] Vgl. *Hegel*, WG 1, 41; dazu *Maurer*: Hegel und das Ende der Geschichte, Stuttgart 1965, 9 ff.
[6] *Hegel*: Die Vernunft in der Geschichte, ed. Hoffmeister, Hamburg 1955[5].

um so unwahrscheinlicher klingt sie. In erster Instanz der Interpretation besagt sie freilich nur, daß es in der Vergangenheit nicht unvernünftiger zugegangen sei als in der Gegenwart des jeweiligen Betrachters der Geschichte und daß es daher für ihn vernünftig sei, die Geschichte unter dem Aspekt tua res agitur zu betrachten. Das auf die Geschichte reflektierende Subjekt ist in keinem Fall ein bloßer Zuschauer, sondern ist hineinverwickelt in das Geschehen: trägt an den gegenwärtigen Folgen des Vergangenen und hat zukunftgerichtete Interessen, die den Interessen, welche die Menschen der Vergangenheit bewegten, verwandt sind.

Damit jedoch die Historie ihrem scheinbaren Gegenstand Geschichte — die insofern kein bloßes Objekt ist, als sie die Wissenschaft Historie umgreift und trägt — in der skizzierten Weise angemessen sei, gehört zu ihr ein gewisser Abstraktionsgrad. Das historistische Sichhineinvertiefen in irgendwelche Einzelheiten vergangenen Lebens ist geeignet, das Subjekt eines solchen Tuns vergessen zu lassen, daß es selbst dabei mehr als bloß der Motor einer Methode objektiver Faktenregistratur ist. Mindestens ist der Historiker, der sich zum Diener einer derartigen Methode macht, darin der Funktionär einer Gesellschaft, die nachgeschichtlich sein möchte. Wie die Naturwissenschaft und industrielle Technik die Natur als Material bewältigt, so bewältigen die historischen „Geistes"-Wissenschaften die als Daten genommenen Fakten der Geschichte. Einer Wissenschaft, die dieser Art von historischer Wahrheit verpflichtet ist, muß es legitim erscheinen, wenn „die Suche nach der Wahrheit die gleiche Dignität hat, wie das Briefmarkensammeln"[7]. In solcher Distanz und Gleichgültigkeit manifestiert sich nämlich die Überzeugung, daß die Vernunft der modernen Gesellschaft kraft ihrer technischen Naturbeherrschung und Humanität aller bisher in der Geschichte vorgekommenen Vernunft so überlegen sei, daß diese den Namen Vernunft entweder gar nicht verdiene oder eine bloße Vorform moderner Rationalität sei.

Die Historiker sind diejenigen Spezialisten der modernen Gesellschaft, welche die Aufgabe erfüllen, durch den unendlichen Progreß ins deskriptiv zu erfassende Detail ältere Formen der Vernunft so zu relativieren, daß eine normative Bezugnahme auf sie als „unwissenschaftlich" erscheint. Sicher muß der erste Schritt der Historie darin bestehen, die Tatsachen ohne Parteilichkeit, „werturteilsfrei" wiederzugeben. Doch wenn es bei diesem Schritt bleibt, ist unerfindlich, welches Interesse wir überhaupt an vergangenen und nie wiederkehrenden Tatsachen haben. Wir haben aber eines, und die zum absoluten methodischen Prinzip erhobene werturteilsfreie Beschreibung und Erklärung verdeckt das Interesse, welches bereits die „Auswahl der zu erzählenden Begebenheiten, eine Art, sie zu fassen,

---

[7] *Strauss* 2, 75; vgl. überhaupt zur Kritik des Historismus die Werke dieses Autors.

Gesichtspunkte, unter welche sie gestellt werden", bestimmt[8]. Eben ihre
scheinbare Wertungsfreiheit ist das Interesse, welches die moderne Gesellschaft an den historischen Wissenschaften hat. Durch die Relativierung
aller anderen Formen von Vernunft soll der technologischen Rationalität
freie Bahn geschaffen werden. Die relative, funktionale Vernunft betont
voller demokratisch-christlicher Bescheidenheit, sie mache eben nicht den
Anspruch auf Absolutheit, sei gerade deshalb jeder „absoluten" Vernunft
überlegen und verdiene auch ohne Absolutheit allein zu herrschen.

Je weniger aber von einer sich durchhaltenden Vernunft in der Geschichte wirksam gewesen ist, umso weniger kann die Vergangenheit begriffen oder gar bewältigt werden. Die Menschheit ist dann für immer mit
dem schicksalhaften Makel ihrer inhumanen Herkunft behaftet. Denn die
Vergangenheit als Faktum ist menschlicher Verfügungsgewalt gänzlich
entzogen. Zu ändern ist nur Gegenwärtiges, möglicherweise mit Hilfe
von geschichtlich vermittelten Einsichten. Falls man jedoch aus der Geschichte nichts lernen kann, weil sie nicht vernünftig ist, außer insofern sie
nachträglich rationaler Ordnung durch eine „objektive" historische Methode unterworfen werden kann, so bleibt die Schwierigkeit, zu erklären, wo
die Vernunft der modernen Gesellschaft herkommt. Die moderne Rationalität müßte dann das Vermögen sein, das sich und seine Welt an den eigenen
Haaren aus dem Sumpf bisheriger Geschichte zieht.

Wenn dagegen die sich geschichtlich entwickelnde Vernunft wesentlich
eine ist und die Philosophie wie keine andere die Wissenschaft ist, die sich
um die Erkenntnis eben dieser Vernunft bemüht, so ist die philosophisch-
pragmatische Einstellung zur Geschichte geeignet, deren Wahrheit an den
Tag zu bringen. Solche Einstellung trifft auf zwei Arten Gegenstände, die
für sie insofern keine Gegenstände sind, als sie ihnen zugesteht, von der
gleichen Natur zu sein wie sie selber: die Taten der Menschen und ihre in
der Sprache überlieferten Gedanken. Beides sind Manifestationen vernünftiger oder unvernünftiger (aber an Vernunft zu messender) Interessen,
die wir, da wir ähnliche Interessen haben, verstehen können. In der Philosophie liegen diese Interessen in ihrer reflektiertesten Form vor und zugleich in der Form, in welcher sie über die jeweiligen Zeitumstände hinausgehen und sich am meisten einem Allgemeinen nähern, an dem sich die
Interessen orientieren können, wenn es ihnen um Vernünftigkeit zu tun ist.

Hiermit ist der Rahmen abgesteckt, innerhalb dessen eine nicht-histori-
sche Zuwendung zu Platon sinnvoll sein kann. Im Verhältnis zu der mehr
selbstzweckhaften historischen und philologischen Erforschung Platons
und der Antike geht es also nicht darum, diese im Einzelnen zu widerlegen
oder zu vervollständigen, sondern sie nach Möglichkeit zu *benutzen*. Es

---

[8] Vgl. *Hegel*: Einleitung in die Geschichte der Philosophie, ed. Hoffmeister,
Hamburg 1959[3], 8.

gilt, auch in ihr den roten Faden der Vernunft zu erkennen und das heraus-
zusuchen, was heute einer möglichst genauen Erfassung des Zieles „bester
Staat" dienlich ist. Wenn auf diesem tausendmal durchpflügten Felde kaum
noch neue Entdeckungen zu machen sind, so bedarf doch offenbar das
zutage Gebrachte neuer Perspektive und Ordnung, damit es wirken kann.

II.

Es ist freilich auch zu prüfen, ob es überhaupt noch wirken kann und
soll. Wenn nicht, so wären die archäologischen Funde schließlich einer
bloß noch musealen „Geistes"-Wissenschaft zu überlassen. Gewisse Spezialisten der modernen Gesellschaft bewältigen deren Vergangenheit, bis
sie so vergangen ist, daß sie nicht einmal mehr als Hobby interessiert. Doch
vorläufig ist die Möglichkeit, daß diese aus ihrer Herkunft sich ablösende
Gesellschaft durch Selbstabschaffung vergeht, größer als die Chancen, daß
die Emanzipation aus der Vergangenheit endgültig abgeschlossen werde.
  Eine Philosophie, die hier vermitteln und dazu beitragen möchte, die
Geschichte zusammenzuhalten, muß sich einmal mit der Position der
historistischen Geschichtswissenschaften auseinandersetzen, zum andern
— speziell im Bereich politischer Theorie — mit der Position moderner
Politik- und Sozialwissenschaften. Hier treten die Interessen mehr oder
weniger offen zutage, die bei einer nach „Wissenschaftlichkeit" strebenden
Historie hinter dem objektiven Beschreiben verschwinden. Zwar gibt es
bei den Sozialwissenschaften auch eine große Richtung, die sich um werturteilsfreie Empirie bemüht, aber damit kann durchaus das Bekenntnis zu
einem die wissenschaftliche Perspektive bestimmenden Zweck einhergehen.
Dieser Zweck ist dem theoretischen und praktischen Haupttrend der Neuzeit
entsprechend die *Emanzipation*. Die positivistische Richtung der Sozialwissenschaften dient dem Zweck durch die empirische Widerlegung alter
Herrschaftsideologien und durch Einübung der Individuen in die kompli-
zierten Mechanismen moderner Rationalität; die historische Richtung löst
die Ideologien genetisch auf; und die dialektische Richtung treibt vorwärts
zu mehr Emanzipation, indem sie die konservative Funktion des Positivismus und Empirismus aufzeigt.
  Wovon die Emanzipation wegführen soll oder weggeführt hat, ist klar:
von früheren Formen der Herrschaft, der Unfreiheit und des Elends. Wohin
sie führen soll oder geführt hat, ist nur dem Worte nach klar: zur Demokratie auf der Basis perfekter Naturbeherrschung. Demokratie nennt sich
dabei vieles[9] von der chinesischen Vergottung des politischen Führers

---

[9] Im Hinblick auf die differenzierende Genauigkeit der antiken Terminologie
bemerkt O. *Gigon* in der Einleitung zu seiner Ausgabe der Aristotelischen
Politik (Zürich 1955, 51) kritisch: daß in unserer Zeit „nominell alles Demokratie heißt und zu sein beansprucht".

über den sowjetischen Neozarismus bis hin zur gemischten Verfassung
westlicher Länder. Will man das, was im Westen Demokratie heißt,
einigermaßen genau kennzeichnen, so muß man wohl sagen, darunter
werde verstanden: eine parlamentarische Parteien-Oligarchie mit mehr oder
weniger ausgeprägter monarchischer Spitze (Präsident, Kanzler), deren
tatsächliche Führung der Regierungsgeschäfte turnusmäßig plebiszitär beeinflußt wird, und man wird hinzufügen müssen, dieser Staat sei aufs
engste verbunden mit einer Gesellschaft, die stärker plutokratisch, meritokratisch und bildungs-aristokratisch als demokratisch organisiert ist. Demokratisch sind jedoch sowohl die westlichen wie östlichen politischen
Körper in einem viel stärkeren Maße als jede bisherige Staatsform insofern,
als es ihnen gelungen ist, die überwiegende Mehrheit an gesellschaftlich
nützlicher, d. h. dem System (nicht notwendig zugleich den Individuen)
dienlicher Arbeit zu interessieren und dafür ohne dauernde direkte Gewalt-
anwendung anzustellen. Diese Systeme sind tatsächlich im Volk (in der
Mehrheit) verankert, da sowohl im Kapitalismus wie im Sozialismus bisher
eine ausschlaggebende Mehrheit daran interessiert ist, die vom jeweiligen
System optimal (wie die jeweilige Selbstrechtfertigung sagt) organisierte
Expansion technischer Naturbeherrschung zu unterstützen. „Die Regierung
fortgeschrittener und fortschreitender Industriegesellschaft kann sich nur
dann behaupten ..., wenn es ihr gelingt, die ... verfügbare technische,
wissenschaftliche und mechanische Produktivität zu mobilisieren, zu organi-
sieren und auszubeuten"[10]. So kann sich eine Regierung freilich recht gut
behaupten. Marcuses Analyse trifft sowohl die Schwäche wie die Stärke
moderner Demokratie und bezeichnet zugleich ihren wichtigsten Unterschied zu früheren Formen der Demokratie.

Für das vortechnische Zeitalter mag es richtig gewesen sein, wenn
Platon sagt, die Demokratie sei, falls es kein an sich Rechtes gibt oder
dieses nicht erkannt oder nicht angewandt werden kann, deshalb die beste
Staats- und Regierungsform, weil sie infolge ihres Pluralismus gegenseitiger Kontrollen „weder im Guten noch im Bösen etwas Großes vermöge"[11]. Die moderne Demokratie dagegen vermag etwas Großes: die
technische Naturbeherrschung. Sie zu befördern ist keine Staatsform und
Gesellschaftsideologie so geeignet, wie die demokratische, zumal die
liberal-demokratische. Da in der westlichen Demokratie jeder das Recht
hat, sowohl das gleiche als auch mehr zu besitzen und zu genießen wie der
andere, treibt jeder jeden, ob er will oder nicht, vorwärts in Richtung auf
die stete Expansion technischer Naturbeherrschung zur Befriedigung stets
wachsender Bedürfnisse. Jede auf umfassendere Gültigkeit zielende und

---

[10] *H. Marcuse*: Der eindimensionale Mensch, Neuwied 1967, 23; vgl. *J. Habermas*:
Technik und Wissenschaft als „Ideologie" Frankfurt/M. 1968 (edition suhrkamp 287), 77; 90; 100.
[11] Po 303a, so auch *Aristoteles* und *Thomas von Aquino*, s. u. S. 177f.

über den positiv-rechtlichen Minimalrahmen hinausgehende Unterscheidung zwischen wahren und falschen Bedürfnissen erscheint als autoritär und antidemokratisch. Vor allem die Regierung darf eine solche Entscheidung offen kaum treffen, anderenfalls sie zu spüren bekäme, daß ihr Fortbestand vom Votum der Wähler abhängt. Wie im Mittelalter die Könige muß sich die Regierung vor dem Volk durch Wundertaten bewähren. Nur sind es jetzt kollektive Taten wie Mondflüge, Panzer und ein Auto für möglichst jeden, bei denen die meisten gerne mitarbeiten.

Im Prinzip zwar kannte Platon auch schon dieses Phänomen eines gemeinsamen demokratischen Dranges. Er hat es gekennzeichnet als ein Übermaß der Freiheit, das auf eine die Freiheit zerstörende Pleonexie hinausläuft. Aber er kannte noch nicht die Mittel, die es erlauben, auf dem Weg der Pleonexie ungefährdet sehr viel weiter fortzuschreiten als jemals zuvor. Wie Crossman bemerkt, war Platons Denken im Einklang mit der antiken Zivilisation dadurch beschränkt, daß experimentelle Methoden in den Naturwissenschaften fast unbekannt waren und damit die systematische Anwendung wissenschaftlicher Erkenntnisse zum Zwecke technischer Weltbeherrschung ausgeschlossen blieb. Doch dafür waren die Griechen „busied with social and political experiment, with the attempt by the light of reason, or by trial and error, to devise a way of life, or as we should call it, a social system. Greek civilisation was, in fact, a laboratory of social science . . .“[12]. Dem Zusammenspiel der Individuen zum Gemeinwesen galt in diesem günstigen Erfahrungsfeld die Aufmerksamkeit der alten praktischen Philosophie. Sie ließ keinen Zweifel daran, daß zu einem möglichst guten Zusammenspiel entsprechende äußere Mittel gehören. Die Lösung fast aller menschlichen Probleme von der Verstärkung dieser Mittel zu erwarten, lag ihr dagegen fern. Es ist eine Hoffnung, die auch heute rational nicht auszuweisen ist.

Die Mittel bewirken nur einen quantitativen Unterschied, der durch eine geschichtliche Phasenverschiebung ins Negative umschlagen kann, da nach wie vor das Wachstum der Bedürfnisse und der Bevölkerung größer sein kann als das Wachstum der Mittel zur Befriedigung der Bedürfnisse. Denn die Bedürfnisexpansion kennt keine natürliche Grenze[13]. Daher wirken Maßhalteappelle in einem liberalistischen System lächerlich. Auch können mächtigere Mittel ebensosehr zum Guten wie zum Bösen eingesetzt werden, ebenso zur friedlichen Entfaltung der menschlichen Natur wie zu ihrer Vernichtung oder Verkümmerung. Die Frage nach einem nicht systemimmanenten Maß sollte um so dringlicher werden, je mächtiger ein System von Mitteln ist.

Demnach bleiben die primären Probleme der Menschen ethisch-politischer Art. Die instrumentelle Vernunft kann nur ethisch-politische Ent-

---

[12] *R. H. S. Crossman*: Plato Today, 44 ff.
[13] S. u. S. 68 f.; 190.

scheidungen durchführen helfen. Wenn sie diese statt dessen ersetzen soll, wird damit dem Expansionsprozeß technischer Naturbeherrschung ein Selbstlauf gestattet, von dem nur ein irrationaler Optimismus annehmen kann, daß er zum Besten der Menschheit geschehe. Die klassischen Theorien über Politik und Ethik sind daher wohl im einzelnen ihrer Beispiele und Anwendungen aber nicht im Prinzip überholt[14]. Nachdem die bürgerliche Gesellschaft als „System der Bedürfnisse"[15] (der liberalistische Egoismus im Ordnungsrahmen des Not- und Verstandesstaates) die technische Naturbeherrschung bis auf den heutigen Stand vorgetrieben hat, stellt sich die alte Frage nach dem richtigen Leben neu und zwar um so dringlicher je mehr die herrschende Meinung geneigt ist, im Blick auf die unmittelbaren Erfolge technischer Mittel fernere Wirkungen zu übersehen oder als „Nebenwirkungen" zu bagatellisieren, wobei oft die Folgen für das personale Leben und politisch-soziale Zusammenleben unter die Nebenwirkungen gerechnet werden.

Dieser Gefahr, die mit der Macht der Mittel wächst, steht die Position der klassischen politischen Philosophie entgegen. Sie beruht auf der Einsicht, daß die „technische" Beherrschung einer zum bloßen Objekt dieser Herrschaft herabgesetzten Natur, sei sie menschlich oder außermenschlich, weder der individuellen, noch der politischen Freiheit dient, wenn diese Freiheit nicht ihren Mittelpunkt in der individuellen und politischen Selbst-Beherrschung des jeweiligen Herrschaftssubjektes hat. Platons Suche nach einer übergeordneten téchne politiké und deren Verhältnis zu den instrumentellen Künsten ist eine Konsequenz dieser Einsicht. Für eine solche politische Wissenschaft und Technik ist das Problem des richtigen Lebens eng verknüpft mit der Frage nach dem besten Staat.

Wenn auf diese Frage auch nach den angestellten Überlegungen die Antwort gegeben wird, der beste Staat sei die Demokratie, so kann Demokratie jetzt nur noch im Sinne jenes Ideals eines im Grunde harmonischen Wechselspiels[16] vernünftig-autonomer Individuen gemeint sein.

---

[14] Vgl. *L. Strauss*: The City and Man, Introduction.

[15] *Hegels* bekannte Bestimmung der bürgerlichen Gesellschaft.

[16] Auch der Liberalismus ist diesem Ideal untergründig verpflichtet. Das Konfliktmodell der Gesellschaft (vgl. *R. Dahrendorf*: Lob des Thrasymachos) besagt nur, daß die Harmonie nicht direkt intendiert werden könne. Vgl. *M. Horkheimer*, Kritik der instrumentellen Vernunft, Frankfurt/M. 1967, 133: „Das bürgerliche Individuum sah sich nicht notwendig im Gegensatz zum Kollektiv, sondern glaubte — oder wurde gelehrt zum glauben —, es gehöre einer Gesellschaft an, die den höchsten Grad von Harmonie einzig durch die unbeschränkte Konkurrenz individueller Interessen erreichen könne." Jedoch hat das liberalistische Modell den großen Vorzug, daß mit ihm gerade auch das unvernünftige, egoistische Individuum im staatlichen Minimalrahmen autonom gesetzt werden kann. Über diese Vorstellung hinaus, deren allgemeine Praktikabilität fraglich bleibt, ist der Liberalismus keine politische, sondern eine „metaphysische" und religiöse Harmonietheorie. Er nimmt eine prästabilierte

Autonomie bedeutet hierbei, daß jeder von sich aus in der Lage ist, zwischen wahren und falschen Bedürfnissen zu unterscheiden und nach dieser Unterscheidung zu leben. Allein eine solche Demokratie vermöchte den von sich aus offenbar blinden und unendlichen Progreß instrumenteller Vernunft und damit technischer Naturbeherrschung unter das humane Maß einer ethisch-politischen Vernunft zu bringen.

In einer dermaßen demokratischen Gesellschaft gäbe es keine Besseren und Schlechteren, Hierarchie und Herrschaft würden überflüssig, jeder Beliebige könnte (mit der nötigen Ausbildung) Regierungs- oder vielmehr Verwaltungsfunktion ausüben[17]. Es ist das alte aufklärerische Idealbild einer mündigen Gesellschaft. Der Skeptiker, den man in diesem Zusammenhang wohl auch den Realisten nennen darf, wird freilich Platons auf den perfekten Kommunismus gemünztes Wort, dies sei ein Staat für Götter oder Göttersöhne (N 739 D), auch auf die Idealdemokratie anwenden. Im Blick auf sie spricht F. M. Cornford von Theokratie, einem übermenschlichen Ideal, das resultiere, wenn man des Sokrates Appell an individuelle Vernunft für allgemein erfolgreich halte (s. u. S. 258).

Platon schwebte eine realistischere Politisierung des Sokrates vor, das heißt des Prinzips einer personal-selbständigen, reflektierten Verant-

Harmonie an, die gerade durch die Freisetzung partikularer Interessen zum Vorschein kommt. Um das Allgemeine braucht sich der Bourgeois nicht zu kümmern. *v. Pöhlmann* (Geschichte des Sozialismus in der antiken Welt, II 88) zitiert in diesem Zusammenhang *Leibniz* und dazu passend *A. Smiths* Überzeugung, daß Gott „in seinem Wohlwollen und seiner Weisheit von Ewigkeit her dies ungeheure Getriebe des Weltalls so anordnete und leitete, daß es jederzeit die größtmögliche Menge von Glück hervorbringt", weshalb er auch „in das System seiner Regierung kein partielles Übel aufnehmen könne, welches nicht für das allgemeine Beste notwendig wäre". In Analogie dazu sieht der Liberalismus mit *Hobbes* seinen Staat als einen irdischen Gott, der sich darum in vieler Hinsicht neutral und passiv verhalten kann und nicht das gleiche zu leisten braucht wie der substantielle Staat der Antike, weil er eine „metaphysische" Rückversicherung in der Allmacht des überirdischen Gottes hat. Statt solcher Doppelbödigkeit kann auch direkt der große gute Seinsprozeß (*Darwin/ Engels*), der immer mehr ein von „uns" selbst gemachter gesellschaftlicher Produktionsprozeß (*Marx*) wird, absolut gesetzt werden. Das darf jedoch nicht zu früh geschehen, denn bis die Moral ein unmittelbarer Ausfluß dieses Prozesses ist (*Spencer*), braucht man Gott oder vielmehr Religion und Kirche noch als „metaphysischen" Hintergrund und/oder individualistische Lückenbüßer, die den Mangel an politischer Ethik kompensieren und lehren, das „Kreuz der Zivilisation" zu tragen, damit diese ungestört in der bisherigen Richtung weiterrollen kann (vgl. *Popper*: Die offene Gesellschaft und ihre Feinde I, 266ff.; II, 344).

[17] *F. Engels* sprach (im Anschluß an Rousseau und den Saint-Simonismus) von: „Überführung der politischen Regierung über Menschen in eine Verwaltung von Dingen und eine Leitung von Produktionsprozessen", vgl. *H. J. Arndt*: Die Figur des Plans als Utopie des Bewahrens, in: Säkularisation und Utopie (Forsthoff-Festschr.), Stuttgart 1967, 134f.

wortung fürs politisch Allgemeine, wenn er davon ausging, daß er ein
besonderes, nicht zu verallgemeinerndes Individuum war, aber immer
wieder ihm ähnliche Individuen vorkommen können, wozu entsprechende
Ausbildung ihren Teil beizutragen vermag. So kam er in bewußter Erfassung und Aufhebung des demokratischen Ideals, daß „jeder sein eigener
bester Hüter" sei (P 367 A), zu seinem Idealstaat, der Bildungsaristokratie.
Dieses, daß nicht keiner und nicht alle und nicht die Mehrheit und nicht
einige irgendwie Delegierte herrschen, sondern die Besten, d. h. die zum
Regieren Geeignetsten, ist die große und ernstzunehmende Alternative
zur Demokratie, gleich ob beide, die Demokratie und ihre aristokratische
Alternative mehr in der gesellschaftlichen Wirklichkeit oder der Ideologie
bestehen.

Eine Demokratie, die der Bildung und der Wahl eine maßgebende
Rolle einräumt, hat diese Alternative sich zum Teil einverleibt. Denn die
Wahl wird seit alters für ein aristokratisches Prinzip angesehen, für ein
Mittel, die geeignetsten Leute an die Regierung zu bringen[18]. Wieweit das
zutrifft, zumal unter den Bedingungen moderner Massengesellschaft und
Propaganda, mag dahingestellt bleiben. Doch kann das Problem als ein
Hinweis darauf dienen, daß weder das demokratische, noch das aristokratische Ideal rein zu verwirklichen sind, sondern mannigfache Verbindungen
eingehen können und faktisch wohl immer eingegangen sind. Zumindest
in der Neuzeit sind wirkliche Verfassungen immer in stärkerem oder geringerem Grade gemischt. Welcherart Mischung die westliche Demokratie
ist, wurde zu umschreiben versucht. Die Schwierigkeiten, welche die
Realisierung einer reinen Aristokratie macht (Problem der Auswahl, der
Ausbildung, des Machtmißbrauchs), lassen diese ebenso unrealistisch erscheinen wie die ideale Demokratie. Fragt man daher unter der Voraussetzung, daß tatsächliche Verfassungen stets gemischt sind oder sein sollten,
nach dem besten Staat, so lautet nunmehr die Frage: Welches ist die (je
nach Umständen) beste Mischung? Jedoch zu ihrer Lösung ist es wichtig,
die unterschiedlichen Ideale und realen Zielvorstellungen zunächst rein
herauszuarbeiten. Nur so ist es z. B. möglich, die beträchtliche Begriffs-
verwirrung zu klären, die mit dem derzeitigen Gebrauch des Wortes
„Demokratie" verbunden ist.

Eine auf diese platonische Weise rationale Sicht der Dinge wird zu
dem Schluß kommen, die modernen westlichen und in geringerem Maße
auch die östlichen Demokratien seien gemischte Verfassungen mit einem
Unterbau technischer Arbeitsgesinnung und -praxis und einem Überbau
demokratischer Ideologie. Damit ist keineswegs gesagt, das über die Ver-
fassungswirklichkeit hinausgehende Reden von Demokratie, das ja in der
industriellen Basis seine materielle Realität hat, sei ein bloßer unwirksamer

---

[18] So schon *Aristoteles*, Pol II, 1273a 27; b 40.

und harmloser Überbau. Die Ideologie ist im russischen Imperium ein unentbehrliches Instrument zur Unterdrückung des eigenen Volkes und der Satellitenvölker, und aus ihr entspringt in den liberalen Demokratien, die demgegenüber ein loseres Herrschaftsgefüge unter amerikanischer Hegemonie sind, der Druck der Individuen aufeinander, des Volks auf die jeweilige Regierung und der Regierung zurück auf das Volk, sofern sie ihm klar machen kann, der Druck sei notwendig zur Aufrechterhaltung der Ordnung und Erreichung der kollektiven Arbeitsziele. Während unsicher ist, ob dieser gegenseitige Druck eine Annäherung an das Ideal einer umfassenden Friedensgesellschaft emanzipierter, autonomer, befriedigter usf. Individuen bewirkt, ist sicher, daß er statt dessen den per se nicht menschlichen, sondern für sich autonomen Progreß technischer Naturbeherrschung, einschließlich des Wettrüstens begünstigt. Weiter ist offenkundig, daß die egalitäre Ideologie den Blick auf die Realitäten der gemischten Verfassung von Staat und Gesellschaft trübt und verhindert, daß die Frage nach einer optimalen Mischung der Verfassung und Gliederung der Gesellschaft offen und klar gestellt wird. Die modernen Demokratien in West und Ost sind insofern eindimensional und totalitär, als sie die *Alternativen, die in ihnen selbst wirksam* sind, ideologisch verschleiern und so versuchen, sie aus dem öffentlichen Bewußtsein zu verdrängen. Damit bleibt für alle dem Trend nicht folgenden Tendenzen auf minderen Ebenen der Bildung nur der irrationale Ausdruck und Ausbruch. Die teilweise sicher vernünftigen Vermittlungsformen moderner Verfassungen haben sich daher radikaler Strömungen zu erwehren, die sie rational nicht erklären und darum rational auch nicht aufheben können. Für sie bleiben nur Bezeichnungen wie „irrational", „radikal", „romantisch", „antidemokratisch" bzw. „antisozialistisch" übrig, die wenig besagen, zumal die offiziell noch als Klassiker und Väter der modernen Kultur angesehenen Geister in mancher Hinsicht von den gleichen Vorwürfen getroffen werden oder konsequenterweise getroffen werden müßten. Die teils noch als verbindlich und musterhaft anerkannten Klassiker werden auf diese Weise zu subversiven Autoren, was eine paradoxe und unsichere Situation ergibt.

III.

Einer der vornehmlichsten Subversiven dieser Art ist Platon. Mit seiner Hilfe läßt sich heute die Alternative zur „Demokratie" herausarbeiten, die in der politischen Theorie der Gegenwart fehlt, obwohl sie so naheliegend ist, wenn zutrifft, was Marcuse schreibt: „. . . die Regierung wird tatsächlich ausgeübt durch ein Netz von ‚pressure groups' und ‚Maschinerien', durch hergebrachte Interessen, die von demokratischen Institutionen vertreten werden, auf sie einwirken und sich ihrer bedienen.

Diese Institutionen gehen keineswegs aus einem souveränen Volk hervor. Die Vertretung ist repräsentativ für den Willen, den die herrschenden Minderheiten geprägt haben. Wenn also die Alternative Herrschaft einer Elite bedeutet, so hieße das nur die gegenwärtig herrschende Elite durch eine andere zu ersetzen ...“[19]. Eine solche Änderung in der Art der Eliten, die auf die ganze Gesellschaft wie eine Revolution von oben wirken würde, ist dann eine objektive Notwendigkeit, wenn sich wahrscheinlich machen läßt, daß weder die liberalistischen, noch die sozialistischen Formen gegenwärtiger Demokratie in der Lage sind, die in der Konkurrenz der Individuen, Gruppen, Länder und Blöcke in eine menschheitsgefährdende Richtung vorangetriebene Erschließung der Naturkräfte menschlichen Zwecken zu unterwerfen[20]. Während das, was zur Zeit Elite heißt, nach platonischen Maßstäben diesen Namen großenteils nicht verdient, da sie anstatt durch bewußte und rationale Auswahl und Ausbildung mehr durch Anpassung, durch geschickte Ausnutzung herrschender Trends, durch Zufall, sowie durch die „demokratische Macht des Geldes“ zustande kommt und diesen Mächten verpflichtet bleibt, hätte jene veränderte Elite die platonische Aufgabe, zu definieren und vorzuleben, was menschliche Zwecke für technische Mittel sind.

Das aristokratische Moment scheint auch nötig zwecks Vermittlung des ethisch-politischen, mit der soeben entwickelten Aporie in Verbindung stehenden Hauptgegensatzes im modernen Begriff der Demokratie. Dieser schwankt zwischen zwei Extremen, fällt aus der Höhe eines den Menschen als Menschen mündig setzenden Ideals hinunter in bequeme Metaphysik und/oder einen latenten oder offenen Zynismus. Was gemeint ist, läßt sich mit Hilfe der Überlegungen eines Mannes verdeutlichen, der mit am gründlichsten über den besten Staat nachgedacht hat.

Ein Kolmarer Studienfreund schrieb auf französisch in Hegels Stammbuch: „Wenn die Engel einen Staat bildeten, würden sie sich demokratisch regieren“[21]. Damit soll ein nachzuahmendes Vorbild angesprochen sein, aber genau besehen ergibt sich aus dem Satz die Frage: Da die Menschen keine Engel sind, wie sollen sie sich regieren? Offenbar kursierte diese Sentenz samt ihrer kritischen Wendung damals in Europa, denn *Kant* in seiner Schrift „Zum ewigen Frieden“ spielt darauf an, wenn er schreibt: „Nun ist die republikanische Verfassung die einzige, welche dem Recht der Menschen vollkommen angemessen, aber auch die schwerste zu stif-

---

[19] *H. Marcuse*: Versuch über die Befreiung, Frankfurt 1969 (edition suhrkamp 329), 105 f.

[20] „... the sciences of destruction developed with such terrifying rapidity that Plato's loss of faith in a free society and his desperate remedies for the evils of democracy are becoming quite respectable“ (*Crossman*: Plato Today, Introduction zur Ausgabe 1959/1963).

[21] *Rosenkranz*: Hegels Leben, Berlin 1844 (Nachdruck Darmstadt 1963), 34.

ten ... dermaßen, daß viele behaupten, es müsse ein Staat von Engeln sein, weil Menschen mit ihren selbstsüchtigen Neigungen einer Verfassung von so sublimer Form nicht fähig wären"[22]. Kant begibt sich dann auf den berühmten Hobbesschen und gemeinliberalistischen Ausweg, der nur über einen (im schlechten Sinne) metaphysischen Naturbegriff mit dem „Staat von Engeln", in dem jeder von sich aus mit dem Allgemeinen harmoniert, verbunden ist. Er schreibt nämlich: „Aber nun kommt die Natur dem verehrten, aber zur Praxis ohnmächtigen allgemeinen, in der Vernunft gegründeten Willen, und zwar gerade durch jene selbstsüchtigen Neigungen, zu Hülfe, so, daß es nur auf eine gute Organisation des Staates ankommt ..., jener ihre Kräfte so gegeneinander zu richten, daß eine die andere in ihrer zerstörenden Wirkung aufhält, oder diese aufhebt, so daß der Erfolg für die Vernunft so ausfällt, als wenn beide gar nicht da wären, und so der Mensch, wenn gleich nicht ein moralisch-guter Mensch, dennoch ein guter Bürger zu sein gezwungen wird. Das Problem der Staatserrichtung ist, so hart wie es auch klingt, selbst für ein Volk von Teufeln (wenn sie nur Verstand haben), auflösbar ..."[23]. Die Lösung der Aporie ist also der (fiktive[24]) Gesellschaftsvertrag und der aus ihm hervorgehende Not- und Verstandesstaat. In ihm scheint politische Ethik durch Sozialtechnik entbehrlich gemacht zu werden, ja, ist nicht nur überflüssig, sondern geradezu störend und verfällt daher dem Ideologieverdacht oder dem zynischen Einverständnis darüber, daß das Gemeinwohl ohnehin nur ein Vorwand sei.

Über die positiven und negativen Seiten dieser Konzeption von Staat und Gesellschaft ist viel gesagt worden. Doch soviel ist klar: die Freiheit ist ihr großes Problem, und man steht in der Gefahr, hiervor aus der Wirklichkeit in Freiheit als Ideologie und immer davonlaufende Zukunft zu fliehen. Denn die Freiheit als Begriff und ihm entsprechende Realität fällt bei dieser Auffassung zwischen dem Minimalrahmen, der Sicherheit für möglichst alle garantieren soll[25], und dem maximalen Ziel, das die freiwillige Verantwortung aller für alle fordert, ins Leere. Diese Leere ist der Spielraum der Freiheit. Aber woher kommen die Regeln für das Spiel? Können sie nur aus dem Gegen- und Miteinander der Freiheiten hervorgehen? Oder wird es auf einer bestimmten Basis ausgetragen, die zwar in Freiheit veränderbar, aber nicht völlig ersetzbar, total machbar ist, so daß

---

[22] A 59; B 60.

[23] A; B 60 f.

[24] Nach *Kant* ist der Gesellschaftsvertrag kein Faktum, sondern „eine bloße Idee der Vernunft, die aber ihre unbezweifelte (praktische) Realität hat: nämlich jeden Gesetzgeber zu verbinden, daß er seine Gesetze so gebe, als sie aus dem vereinigten Willen eines ganzen Volks haben entspringen *können* ..." (Über den Gemeinspruch: Das mag in der Theorie richtig sein, taugt aber nicht für die Praxis, A 249 f.).

[25] Daß es sich um ein Sollen handelt, beweist z. B. die Zahl der Verkehrstoten.

die von daher festliegenden Grundbedingungen respektiert werden müssen? Außerdem, genau gesprochen, handelt es sich um Spiel und nicht vielmehr um Ernst?

Nach liberalistischer[26] Auffassung kann ich mich, solange ich den
Minimalrahmen respektiere, als ein verständiger Teufel frei entfalten. Was
es heißt, daß ich mich nur soweit frei entfalten dürfe, daß ich die Freiheit
anderer nicht mehr verletze oder einschränke, als sie meine Freiheit be-
schneiden, darum brauche ich mich aktiv nicht zu kümmern und vermag
das auch nur in seltenen Fällen, denn das regeln die jeweiligen Gesetzgeber
und sonstigen Dezisionsorgane, in denen nur wenige Mitglied sein können.
Andererseits kann ich mich universal verantwortlich fühlen und danach
auch handeln (sofern universale Informationen vorliegen, und ich sie übersehen und beurteilen kann), verletze damit aber das mir zustehende Recht,
meine partikularen Interessen soweit wie möglich durchzusetzen. Ich verletze mit solchem engelhaftem Verhalten die Freiheit, die mir und anderen
als verständigen Teufeln zusteht. Denn sich für den anderen verantwortlich fühlen, kann bereits einen Übergriff in seinen Freiheitsraum bedeuten.
Oder soll Verstand soviel leisten, daß er möglichst viele dahin bringt,
von sich aus den gesetzlichen Minimalrahmen auszufüllen und auszuweiten
in Richtung auf universale, und doch die je individuelle Freiheit respek-
tierende Verantwortung? Auf diesem Wege kommt Kant zum kategorischen Imperativ und scheint so den Hobbesschen Ansatz aus dem Bereich
des Verstandeskalküls herauszuheben.

Doch wird der universalisierende Ansatz, der Handlungsnormen aus
der Relation zwischen Freiheiten ableitet, außerhalb des im engeren Sinne
politischen (öffentlichen) Bereichs unklar. In einem Rechtsstaat ist entweder bereits entschieden, welche Handlungen dem allgemeinen Gesetz
entsprechen, oder es sind die Instanzen festgelegt, die darüber im Konfliktfall und für die Zukunft entscheiden. Wer aber entscheidet in dem Spielraum, den das Gesetz freiläßt, darüber, ob ich nach derjenigen Maxime
handele, durch die ich zugleich wollen kann, daß sie ein allgemeines Gesetz
werde? Darüber kann primär nur ich entscheiden. Es handelt sich also um
eine individuelle, private und (außer womöglich für mich) unverbindliche
Universalität, die, um auch nur teilweise verbindlich zu werden, der von
politischer Macht getragenen Mechanismen demokratischen Kompromisses
bedarf. Der kategorische Imperativ liefert (was Hegel, Scheler und andere
erkannt haben) keine konkreten Handlungsnormen, sondern enthält eine
operativ zu erfüllende Regel für eventuell zukünftige Gesetzgebung. In
der durchgeführten Demokratie darf ich gar nicht wollen, daß etwas ein
allgemeines Gesetz werde, wenn die Allgemeinheit das nicht auch will.
Die Ableitung von Handlungsnormen aus der Beziehung partikularer

---

[26] Zum Unterschied zwischen „liberal" und „liberalistisch" s. u. § 31.

Individuen leistet gar keine Grundlegung der Ethik, sondern der Politik. Kants Ethik ist eine individualethisch verschleierte Politik. Ihre unverschleierte Gestalt liegt vor bei Hobbes[27], der individuelle Überlegungen zum Allgemeinen nur dem Souverän als dem allein allgemein legitimierten Individuum (oder einer Gruppe von Individuen) gestatten wollte.

Eine Verbindung von Politik und Ethik zu politischer Ethik wird dagegen dann anvisiert, wenn aus dem kategorischen Imperativ die Forderung nach Vorrang derjenigen abgeleitet wird, die mehr als andere in der Lage sind, das Allgemeine zu erkennen und durchzuführen. Das ist der Standpunkt der Areté, der nicht nur moralischen, sondern immer zugleich politischen Tugend, die Sokrates-Platon aus der Unmittelbarkeit der altgriechischen Polis herausgehoben haben, indem sie sie auf das zugleich theoretische und praktische Wissen gründen wollten. Bei diesem Ansatz findet eine Trennung statt zwischen empirisch *feststellbarer* Allgemeinheit und dem vernünftigen Allgemeinen und zwar so, daß das transempirische, aber personal (verschieden) verwirklichte Allgemeine der gegenwärtige, nicht erst zukünftige Grund und das Strukturprinzip des Gemeinwesens ist. So erwächst die Idee eines gegliederten Staates, bei dem sich alle in abgestufter Selbständigkeit (proportionaler Gleichheit) auf das Allgemeine beziehen. Welche andere Mitte kann vernünftigerweise den menschlichen Bereich zwischen dem Volk von Teufeln und dem Engelsstaat erfüllen, so notwendig dieser doppelte Rahmen im übrigen sein mag?

Die klassische politische Philosophie kannte die beiden Extreme, das minimale des vertragstheoretisch fundierten Not- und Verstandesstaates sowie das ideale des herrschaftslosen Zustandes universaler Verantwortlichkeit nur ansatzweise. Sie kümmerte sich mehr um die Mitte zwischen diesen Extremen sowie zwischen den anderen, die damit zusammenhängen: der Despotie (einzelner oder der Mehrheit) und der Anarchie, das ist im Ernstfall der Bürgerkrieg. Sie kam für diesen Zwischenraum zu der Theorie einer gegliederten Gesellschaft gemischter Verfassung mit stark aristokratischem Einschlag. Dabei ist das aristokratische Moment die institutionelle Seite politischer Ethik, wenn anders Areté verschieden verteilt ist. Eine Rehabilitation des Politischen in diesem Sinne müßte davon ausgehen, daß in abgestuftem Maße und nach entsprechender Bildung alle einer Vernunft fähig sind, die über die je partikularen Interessen hinausgeht. Diese Vernunft wäre freilich individuell und institutionell zu fördern, statt daß sie,

---

[27] Vgl. *K.-H. Ilting*: Hobbes und die praktische Philosophie der Neuzeit, in: Philosoph. Jahrbuch 72, 1964/65, 84—102. — Freilich ist zu fragen, ob nicht wiederum die Hobbessche Politik wenig reflektierte moralische Voraussetzungen macht: ob nicht in den die Politik fundierenden Verstandeskalkül Bestandteile einer in Gleichheitsmoral transformierten christlichen Demuts-Ethik in grundlegender Funktion eingehen. *Strauss* 4 legt solche Überlegungen nahe.

wie es jetzt bei uns im Westen[28] geschieht, systematisch zugunsten der freien, das heißt manipulierten Entfaltung des Individuums vernachlässigt wird. „Es liegt immer das darnieder und verkümmert, was bei einem Volke gerade nicht gebilligt wird", bemerkt schon Cicero[29]. Kein Wunder, daß es um die politische Vernunft, sofern sie das Handeln (das umgangssprachlich ausgelegte Miteinander), nicht Machen (das Herstellen von Gütern, Institutionen, Gesellschaftsstrukturen) betrifft, bei uns schlecht bestellt ist. Vielleicht sind die Individuen in sehr viel höherem Maße, als heute angenommen, dieser zugleich theoretischen und praktischen Vernunft fähig, ohne freilich darum zu Engeln zu werden, die aller Herrschaft, Autoritäten und Institutionen entbehren könnten. Sie werden darauf kaum angesprochen und erst recht nicht dazu erzogen, weil es dem herrschenden Freiheitsbegriff zuwiderliefe.

Als erster hat Hobbes das Gemeinwesen theoretisch konsequent auf unbeschränkte, sich selbst beschränkende Freiheit gegründet. Nachdem diese Selbstbeschränkung im Gesellschaftsvertrag, der zugleich ein Unterwerfungsvertrag ist, einmal stattgefunden hat, würde subjektiv vernünftige Freiheit das Walten des politisch Allgemeinen nur noch stören. Daher verweist er praktische Freiheit hinaus aus dem politischen in den ökonomischen Bereich und überhaupt auf den unendlichen Progreß wissenschaftlich-technischer Umformung der Natur. Die gesellschaftsgründende Tat vernünftiger Freiheit darf vorsichtshalber nur einmal geschehen. Dieses Handeln muß gleich fixiert werden durch ein Machen, durch die Herstellung der großen Machtmaschine Staat, zu deren Perfektionierung der technische Fortschritt beiträgt. Die Verbindung des Verhältnisses der Menschen zueinander und zur außermenschlichen Welt in einer einzigen Theorie universalen Machens ist das Große der Hobbesschen Philosophie. Damit hat er die theoretische Basis gelegt für die moderne *Ermöglichung und Bewältigung* der Freiheit durch die linguistische und soziale Technik des Konsensus und Kompromisses. Denn ein Leviathan, der sich darin bewährt hat, seinen Bürgern die materiellen Wünsche zu befriedigen, ist stark genug, die fiktiv-fundamentale Vertrags- und Abstimmungssituation in kleinerem Rahmen tatsächlich durchzuführen. Doch ist auch so die Frage, ob sie sich im Allgemeinen wiederfinden oder ob nicht vielmehr in der sozialtechnischen Gleichschaltung von Innen und Außen Freiheit als ein Problem vermittelter Entzweiung beiseite gebracht wird. Hobbes bestand auf der Notwendigkeit der Trennung von Innen und Außen: von unbeschränkter Denk- und Glaubensfreiheit, aber gesetzlich geregelter Äußerung dieser Freiheit in Reden und Handeln. Natürliche Freiheit und Gleichheit enden

---

[28] Das ist kein Argument für einen Kommunismus sowjetischer oder chinesischer Spielart. Entspricht der liberalistisch-egoistisch-hedonistischen Gesellschaft der Not- und Verstandesstaat, so gehören zur kommunistisch-moralischen Gesellschaft handfestere staatliche Zwänge.   [29] S. u. S. 79, Anm. 28..

bei der künstlichen Gliederung des Leviathan-Staates und seiner willkürlichen Zuordnung von Personen zu Institutionen. Die anfängliche Liberalität geht aus sich selbst über in teils verständige, teils willkürliche Totalität. Nach Platon dagegen hat die Freiheit ein nicht wieder in Freiheit gesetztes Maß bei ihrer Selbstbeschränkung zu beachten. In einem von solcher Freiheit bestimmten Gemeinwesen *entspricht* die äußere soweit als möglich der inneren Freiheit, ohne daß die beiden Seiten jemals zusammenfielen. Dieser von vornherein vernünftig gezügelten Freiheit wiederum entspricht politisch die verschiedene Entfaltung je anderer Individuen in Proportion zu den anderen und dem Ganzen. Institutionell stellt sich von daher die Aufgabe einer flexiblen und durchlässigen Gliederung[30] des Gemeinwesens, die zwar auch immer künstlich ist, aber nach Maßgabe eines nicht machbaren Paradigmas (s. u. §§ 39; 43)[31].

Was das Verhältnis des Individuums zum Allgemeinen, das Fundamentalproblem politischer Ethik angeht, so beschreibt Hegel die beiden in der Geschichte nacheinander hervorgetretenen, heute zugleich gegenwärtigen Grundmöglichkeiten folgendermaßen: „Plato in seiner Republik setzt Alles auf die Regierung und macht die Gesinnung zum Prinzipe, weshalb er denn das Hauptgewicht auf die Erziehung legt. Ganz dem entgegengesetzt ist die moderne Theorie, welche Alles dem individuellen Willen anheimstellt. Dabei ist aber keine Garantie, daß dieser Wille auch die rechte Gesinnung habe, bei der der Staat bestehen kann." (WG 11, 560) Genau besehen sind aber in der Hegelschen Unterscheidung drei Möglichkeiten verborgen, die Rohrmoser so kennzeichnet: „Bis zum Beginn der neuzeitlichen Welt kann der Einzelne nur im Besorgen des allgemeinen Ganzen zu seinem Recht kommen. Abgelöst vom Tun und Besorgen des Ganzen und Allgemeinen hatte der Einzelne kein Recht. Gegenüber der einseitigen Akzentuierung des Ganzen ist die moderne Welt politisch bewegt durch die Dialektik der Entgegensetzung des Einzelnen und des Ganzen. Die neuzeitliche Welt will Gerechtigkeit von dem Postulat einer Ordnung aus verwirklichen, in welcher der Einzelne in seinem zufälligen Für-sichsein zu seinem Recht kommen soll. Aus der Absolutsetzung des Einzelnen ... hat sich immer wieder als Gegenschlag eine Ordnung entwickelt, in welcher der Einzelne zu nichts geworden ist. Die politische Bewegung

---

[30] Sie stellt sich auch dann, wenn man davon ausgeht, daß die Freiheiten sich nur aneinander begrenzen sollen oder können, vgl. *R. Polin*: Ethique et Politique, Paris 1968, insbes. 179 ff.

[31] Denjenigen verehrten Zeitgenossen, denen hierzu nur die beiden allgemein angekommenen Vokabeln „Ständestaat" und „totalitär" einfallen, ist von der weiteren Lektüre dieses Buches abzuraten. Ihnen wird auch das Folgende keine fruchtbareren Anregungen vermitteln. Da weiter unten von „Metaphysik" die Rede ist, könnte das Zeitopfer einer Lektüre für sie höchstens den Sinn haben, zu testen, ob auch damit bei ihnen noch die richtigen Reflexe ausgelöst werden.

folgt dem Wechsel von abstrakter Liberalität zu ebenso abstrakter Totalität. ... Zu Platons Begriff der Gerechtigkeit gehört aber die Aktualität der Verbindung des Ganzen und des Einzelnen im Handeln als Praxis, die zu ihrem Subjekt den Einzelnen hat."[32] Bei Platon wäre demnach gleich anfangs (nach dem ersten reflektierten Sich-geltend-Machen individualistischer Subjektivität bei den Sophisten) im Anschluß an Sokrates eine dritte, verbindende Position erreicht worden, da ja „Gesinnung" die aufs Allgemeine bezogene Subjektivität bezeichnet. Dabei konzipiert Platon seinen Gesinnungsstaat (s. u. § 24) durchaus für Menschen, nicht für Engel, indem er die Notwendigkeit von politischer Herrschaft und pädagogischer Autorität berücksichtigt.

So im Zusammenhang der Geschichte gesehen kann Platon heute dabei helfen, solchen Umschlägen wie von abstrakter Liberalität zu abstrakter Totalität zuvorzukommen. Indem philosophische, historisch-systematische Dialektik zu einer absolut gesetzten Position die vergessene oder unterdrückte Alternative aufsucht, macht sie diese wenigstens theoretisch gegenwärtig. Darüber hinaus kann sie versuchen, sie auch an der Praxis festzumachen, dadurch, daß sie ihr nur teilbewußtes Wirken in den Gegensätzen der Wirklichkeit aufzeigt. So werden die unterirdisch wühlenden Strebungen zum Licht der Vernunft befreit, und so kann erst in einer prinzipiell gemischten Wirklichkeit nach der optimalen Mischung z. B. des Gemeinwesens gefragt werden. Es geht also zunächst darum, praktisch wirksame, aber in der allgemeinen Diskussion unterdrückte Alternativen in einer Art provozierender Gegenideologie geltend zu machen. Doch geht es der Philosophie sicher um mehr als um die Produktion von Ideologien oder gar bloß reaktiven Gegenideologien. Politische Philosophie ist Wissenschaft als historisch-systematische Dialektik[33] der Ideologien, Voraussetzungen, je notwendigen Vorurteile und Zwecke. Sie ist als solche eine Geistes-Wissenschaft, d. h. eine solche, die sich an den Geist als den *Ursprungsort menschlicher Aktivität* wendet. Sie ist, falls sie etwas bewirken will, als Gedanken- (nicht primär Satz-) Gefüge angewiesen auf den langen Weg der Aufklärung. An dessen Anfang steht jeweils der Gedanke, wie gerade der Theoretiker bezeugt, der gemeinhin als Hauptvertreter der Gegenposition gilt: „Was ... den schlechtesten Baumeister vor der besten Biene auszeichnet ist, daß er die Zelle in seinem Kopf gebaut hat, bevor er sie in Wachs baut"[34]. Das gilt sicher ebensosehr für den Bereich des Handelns wie den des Machens.

[32] *G. Rohrmoser*: Platons politische Philosophie, in: Studium Generale 22, 1969, 1094—1134, loc. cit 1123.. Diese interessante Arbeit konnte von mir nur noch für die Einleitung und das Nachwort hinzugezogen werden.
[33] Was Dialektik heißt, kann hier nicht geklärt werden. Es kann nur im folgenden ein Beispiel dafür gegeben werden.
[34] *K. Marx*, zit. nach F. Wiedmann: Hegel, Hamburg 1965, 134.

I. Der Aspekt Gleichheit

A. POLITEIA UND POLIS

1. Einführung ins Problem

§ 1. Die Diskussion um Platon und die Demokratie, und der Ansatz dieser Arbeit

Seitdem viele dazu neigen, die Demokratie für die bestmögliche Staatsform zu halten, ist Platons POLITEIA zu einem besonderen Problem geworden. Man sieht ihre Bedeutung für die Tradition des europäischen oder „westlichen" oder auch „östlichen" Staatsdenkens, erkennt die Bündigkeit der Argumente und würdigt die Meisterschaft der Darstellung. Man weiß, daß die POLITEIA ein so wichtiges Werk der überkommenen Politischen Philosophie ist, daß seine Ablehnung entweder den Bruch mit der ganzen Tradition bedeutet oder einen Bruch innerhalb ihrer. Einige scheuen keins von beidem, andere versuchen zu vermitteln. Für einen konsequent demokratischen Standpunkt jedoch dürfte der Bruch notwendig werden[1], es sei denn man relativiere die POLITEIA entwicklungsgeschichtlich, indem man einmal auf andere, spätere Werke Platons hinweist, oder zweitens der POLITEIA selber eine Stufe zuweist auf der weltgeschichtlichen Treppe, die zum Primat der Demokratie führt.

Davon bleibt jedoch die Tatsache unberührt, daß Platon zu seiner Zeit, als es sehr wohl schon in Theorie und Praxis Demokratie gab, zugunsten anderer Regierungsformen gegen die Demokratie argumentierte. Dagegen wiederum läßt sich — wenn man Platons politische Philosophie mit der Entwicklung zur Demokratie versöhnen will — nur noch einwenden, es sei eben die List der demokratischen Vernunft gewesen, sich langsam, unter Ausbildung und Widerlegung ihrer Gegenpositionen zu entwickeln, um schließlich desto siegreicher dazustehen. Diese Entwicklung wäre dann zu seiner Zeit hinter Platons Rücken abgelaufen, so daß sich eine inhaltliche Auseinandersetzung mit seiner Philosophie spätestens vom Zeitpunkt des absehbaren Endsieges der Demokratie an erübrigte. Doch solange die Geschichte weitergeht, ist nicht gewiß, ob und in welcher Form die Demokratie siegt.

---

[1] Vgl. *Manasse* II, 162; 197 ff.

Ob ihr Sieg überhaupt wünschenswert ist, oder wie sie aussehen müßte, um berechtigte Einsprüche ihrer Gegner zu entkräften, könnte demnach in der Auseinandersetzung mit Platon fruchtbar untersucht werden, vor allem dann, wenn er einer ihrer größten Gegner ist, der zur Zeit der Entstehung städtischer Demokratie, als die Alternativen, um die gekämpft wurde, relativ klar und einfach waren, die grundlegenden Einwände erhob. Als einer der ersten hat Cornford in Platon den Herausforderer der Demokratie gesehen[2]. Andere folgten ihm darin und nahmen die Herausforderung an. Besonders englische und amerikanische Autoren setzten sich mit Platon in Sachen Demokratie teilweise heftig auseinander, meist jedoch in von vornherein apologetischer Absicht. Die einen unternahmen es, die Demokratie gegen Platon zu verteidigen und ihn zu widerlegen oder zu disqualifizieren; die anderen verteidigten Platon gegen die von dieser Seite erhobenen Vorwürfe, wobei die meisten die platonische mit der demokratischen Position zu versöhnen suchten[3]. Typisch ist der Titel eines von T. L. Thorson herausgegebenen Sammelbandes „Plato: Totalitarian or Democrat?"[4] — auf welche Frage man nur antworten kann: weder — noch!

Diese Diskussion[5] soll hier nicht im Zusammenhang dargestellt werden, sondern wird nur von Fall zu Fall hinzugezogen, weil sie zwar einen gewis-

---

[2] Vgl. *Manasse* II, 200: „ ... Cornford, der die Richtung wies, wenn er Platon als den Herausforderer der Demokratie rühmte, gegen den sie sich als ihren gefährlichsten Gegner zu verteidigen habe".

[3] Selbst *J. Wild* (Plato's Theory of Man), der von Platon her die Moderne kritisiert, macht zuvor aus Platons aristokratischer Position eine liberal demokratische; dazu kritisch *Strauss* 1, 358 ff.

[4] Englewood Cliffs (N. J.) 1963.

[5] Sie scheint sich ihrem Ende zu nähern, was daraus erhellt, daß in letzter Zeit mehr Übersichten über diese Diskussion und Auseinandersetzungen mit ihr als Ganzem publiziert werden als neue Beiträge zu der einen oder der anderen Seite. Neuere Parteinahmen für die *Kelsen-Fite-Popper*sche Richtung liegen vor bei: *A.-H. Chroust:* A Second (and Closer) Look at Plato's Political Philosophy und *C. R. Paassen:* Platon in den Augen der Zeitgenossen.

Mit einer zeitlichen Verschiebung gab es eine ähnliche Auseinandersetzung wie im Westen auch im östlichen Teil Deutschlands (vor allem in der Zeitschrift „Das Altertum", 1960 ff.). Einen zusammenfassenden Überblick vermittelt *H. Dempe:* Platon und die moderne Philosophie, 517 ff.

Zusammenfassungen und Stellungnahmen zu der westlichen Platondiskussion: *R. C. Lodge:* Plato's Theory of Education, 234 ff.; — *G. C. Field:* Die Philosophie Platons, 187 ff.; — *Lodge:* The Philosophy of Plato, 313 ff.; — *Mayr;* — *Manasse* II, 8 ff.; 162 ff.; — *Krämer* 3, 254 ff.; — *E. Wolf:* Platons Frühdialoge und Politeia, 27 ff.; — *A. Müller:* Der angewandte Platon (erscheint demnächst). Diesen Darstellungen braucht hier keine weitere hinzugefügt zu werden. Doch im Laufe der folgenden Argumentation zeichnen sich die Umrisse einer Darstellung ab, die unter der Überschrift stehen könnte: „Die POLITEIA unter den Bedingungen des LEVIATHAN" (s. u. S. 303, Anm. 35).

sen Anstoß zu der hier zu leistenden Arbeit gegeben hat[6], aber mit ihrer Problemstellung nicht deren Argumentationsgang bestimmen kann. Jene Platondiskussion steht zu sehr unter dem unmittelbaren Eindruck moderner politischer Ereignisse und Konstellationen und hat von daher ein allzu engagiertes Interesse an Platon. Hier jedoch soll dieser Philosoph zunächst weder bekämpft noch verteidigt, sondern aus seiner Zeit heraus (die freilich nicht isoliert dasteht, sondern eine wichtige Epoche der Weltgeschichte ausmacht) verstanden werden. Dies ist die hermeneutische, historische Seite der Untersuchung. Darüber hinaus soll aber das ideologische Pro und Contra, das in der Philosophie, zumal der politischen, ohnehin nicht ausgeschlossen werden kann, weder vermieden noch verschleiert werden.

Die philosophische Fragestellung, die radikaler als die ideologische oder auch „ideologiekritische" ist (s. o. Einleitung), kann weder Platon noch die Demokratie als feste Argumentationsbasen anerkennen. Was Platon gesagt hat und was er bedeutet, ist nur in immer wieder neuen Interpretationen und Vergegenwärtigungen überhaupt da[7], und „die Demokratie", in solcher vagen Allgemeinheit genommen, entspricht dem, was man gemeinhin unter einer platonischen Idee versteht. Will man den Begriff der Demokratie nicht irgendwoher dogmatisch aufnehmen, so kann nur im Verlaufe einer Untersuchung deutlich werden, was der jeweilige Autor damit genau meint.

Ein Vorverständnis ist freilich in der gegenwärtigen Welt, zumal in Staaten, die demokratisch heißen, vorhanden. Und dieser vorwissenschaftliche Begriff, der in der Praxis, der Weltanschauung und der wissenschaftlichen Theorie zu einer Vielheit einander zum Teil entgegengesetzter Formen ausgeprägt ist, impliziert die Freiheit der Wissenschaft. In den

---

[6] Vgl. *Maurer:* Popper und die totalitäre Demokratie. — Inzwischen bin ich zu der Erkenntnis gekommen, daß man nicht bei *Popper* ansetzen kann, 1. weil er keineswegs originell, sondern einer in einer Reihe ähnlicher Autoren ist, von denen *Kelsen, Fite* und *Crossman* vielleicht besser zeigen, worum es geht, 2. weil seine Position einige, zum Teil verborgene Voraussetzungen enthält, die grundsätzlicher zu untersuchen sind.

[7] Solche Neuheit ist natürlich relativ. Sie stützt sich im Hermeneutischen auf die große Tradition der mit den Griechen sich befassenden Philologie und Historie, im Dialektischen und in der Frage philosophischer Rezeption auf diejenigen Philosophen *(Aristoteles, Hegel, Heidegger)*, die sich mit Platon tiefer auseinandergesetzt haben. Philologie und Historie können dabei nur soweit berücksichtigt werden, wie sie zu allgemeineren Fragestellungen vordringen, also die Sphäre des Streites um einzelne Fakten und Worte verlassen und von sich aus philosophisch werden. Das kommt oft genug vor, und *F. M. Cleve* gibt wohl nur einer philosophischen Hybris Ausdruck, wenn er über die Philologen pauschal urteilt: „They have all the answers and do not know the questions. And so, led astray by philosophical misconceptions, they even commit appalling philological blunders every once in a while." (The Giants of Pre-Sophistic Greek Philosophy, The Hague 1965, XVII.)

westlichen Demokratien zumindest ist die Wissenschaft so frei, daß sie selbst die Voraussetzungen eben des politischen Systems in Frage stellen kann, das ihr diese Freiheit gewährt. Man mag darin die Größe, das Sicherheitsbewußtsein oder den Leichtsinn der Demokratie sehen. Aber wäre es anders, so hätte die Wissenschaft, zumal die Philosophie, die zur Dialektik der Voraussetzungen verpflichtet ist, heute weniger Freiheit als in manchen europäischen Ländern zur Zeit des Absolutismus, und das liefe dem liberal demokratischen Prinzip zuwider.

§ 2. Gleichheit und Philosophenherrschaft

Was nun die Darstellung von Platons Verhältnis zur Demokratie betrifft, so ist hierzu ein moderner oder überzeitlicher Begriff von Demokratie weder nötig noch erstrebenswert, sondern es ist vom Platonischen und altgriechischen[8] Verständnis dieses Begriffs auszugehen. Nach Platon ist die Demokratie ein politisches Ordnungs- oder Unordnungsgefüge von abstrakt Gleichgesetzten. Zumindest ist das diejenige — von Platon negativ gewertete — Bestimmung von Demokratie, der er seine „Politeia" als Positivum entgegenstellt. Von der demokratischen Gleichheit nämlich sagt

---

[8] Darüber speziell: *v. Schoeffer:* Demokratia, in: Paulys Realenzyklopädie ..., Suppl. I, 1903, 346—374; — *A. Debrunner:* ΔHMOKPATIA, in: Festschr. E. Tièche, Bern 1947, 11—24; — *V. Ehrenberg:* Origins of Democracy, in: V. E.: Polis und Imperium, 264—297; — *H. Schaefer:* Das Problem der Demokratie im klassischen Griechenland, in: Studium Generale 4, 1951, 495—500; — *T. Tarkiainen:* Die Athenische Demokratie; — *A. H. M. Jones:* Athenian Democracy. — Im übrigen vgl. die allgemeineren Werke zur Geschichte der Polis und der griechischen politischen Philosophie (Literaturverz.).

Tarkiainen geht einleitend auf die Schwierigkeiten einer Definition von „Demokratie" ein, die sowohl deren antike wie moderne Formen und Ideologien umgreift. Tarkiainens operationalistischer Ausweg („In Wirklichkeit haben ... Worte keine ... unauswechselbare, ‚wahre' oder ‚eigentliche' Bedeutung ... Der einzige Sinn, den Worte haben, ist eben der durch den Gebrauch gegebene" / 16) ist unbefriedigend, denn die legitime und wichtige Frage nach dem sich in der Geschichte bei allem Wandel durchhaltenden Sinn bestimmter Worte, die damit allererst zu Begriffen werden, ist so lediglich umgangen.

Natürlich ist bei begrifflicher Arbeit auszugehen von dem konkreten Gebrauch eines Wortes, also zum Beispiel von der Bedeutung des Wortes „Demokratie" bei Platon. Dabei zeigt sich, daß Platon, seinerseits vom gängigen Wortgebrauch ausgehend, „Demokratie" mit „Gleichheit" und „Freiheit" in Verbindung bringt. Damit scheint nicht viel gewonnen, da das wiederum nur ihre Bedeutung ändernde Worte sind, aber immerhin solche, die auch zu allen anderen Zeiten wenigstens Schlagworte der Befürworter von Demokratie gewesen sind. Statt des unbestimmten einen Wortes hat man also zwei, die sich als nähere Bestimmungen des einen ausgeben. Damit hat man aber die

er, daß sie „Gleichen wie Ungleichen gleichmäßig" ausgeteilt werde[9], und dahinter steht die These, daß die Menschen nicht gleich seien, weshalb die demokratische Gleichheit entweder eine Illusion oder eine gefährliche Verdrehung der Natur und Wirklichkeit sei[10]. Nicht jedoch stellt Platon der Demokratie als Polis-Gemeinde der Freien ein System der Unfreiheit entgegen, sondern die POLITEIA beansprucht, den wahren Grundlagen für eine politische Verwirklichung der menschlichen Natur und damit der Freiheit als Selbst-Bestimmung (soweit diese unter den natürlichen Bedingungen möglich ist) nachzuspüren[11].

Bei der Gleichheit als einem Relationsbegriff wäre zu fragen nach dem Bezugspunkt. Sind die Menschen gleich in bezug auf Gott oder Götter, so daß in Hinsicht auf ihre Macht, Weisheit und Güte menschliche Unterschiede verschwindend wären, oder sind sie gleich rein im Bezug aufeinander? Ob und wie Platon sich zur ersten Frage geäußert hat, kann hier beiseite bleiben, weil das Problem in der POLITEIA keine Bedeutung hat. Es bleibt zu fragen nach Gleichheit oder Verschiedenheit der Menschen untereinander, wobei sie sich gegenseitig Maßstab sind. Nach Platon sind wirklich oder möglich: *substantielle Verschiedenheiten der Menschen* in intellektueller und damit verbunden ethischer Hinsicht. *Politisch-soziale Ungleichheit* sollte nach seinen Darlegungen die Folge sein.

Crossman bringt in seinem Platon-Buch die demokratische Weltanschauung in Zusammenhang mit der „simple assertion that all men are equal in their ignorance of the final values"[12]. Platon würde diese einfache Behauptung bestreiten. Es gibt für ihn, wie W. Jaeger schreibt, ein „höchstes Normwissen", das durch eine „höchste zielsetzende und gesetzgeberische Instanz" politische Prägekraft haben sollte[13]. Ob ein solches

---

Ausgangsbasis für Dialektik gewonnen: Man kann nun diese Worte in ihrem Gebrauch „aneinander reiben" (vgl. P 435 A), um so dem Begriff Demokratie näherzukommen. — Über Freiheit und Gleichheit als die politischen Leitbegriffe der Polisentwicklung ist immer noch grundlegend: R. *Hirzel:* Themis, Dike und Verwandtes, 228 ff.

[9] P 558 C; ähnlich *Aristoteles:* „die Demokratie entstand dadurch, daß man meinte, wer in einem bestimmten Punkte gleich sei, der sei es auch in allem" (Pol V 1301 a 28—30; vgl. III 1280 a 11 ff.; VII 1325 b 8—10).

[10] Vgl. *M. B. Foster:* On Plato's Conception of Justice in the REPUBLIC; — *G. Vlastos:* 'Ισονομία πολιτική, in: Isonomia (ed. Mau/Schmidt), insbes. 25 ff.

[11] S. u. §§ 14 f.; §§ 30 ff.

[12] *R. H. S. Crossman:* Plato Today, 305. Diese Ansicht machte schon *Isokrates* gegen die Sokratiker geltend (vgl. *Jaeger* III, 116; 219).

[13] *Jaeger* II, 344 f. Zu Platons Annahme eines höchsten Normwissens bemerkt *Jaeger:* „Für den Historiker und Darsteller der platonischen Lehre von der Paideia ist es keine petitio principii, die Wahrheit ihres Ausgangspunktes als gegeben hinzunehmen und zu zeigen, wie sich von dieser Voraussetzung aus die Lösung für Platon gestalten mußte. Die Voraussetzung auf ihre Richtigkeit zu prüfen, ist Sache der systematischen Philosophie" (op. cit., 416, Anm. 327).

Wissen von Platon auch nur „einfach behauptet" und als axiomatischer Grundsatz seiner Philosophie gesetzt wird, ist zu untersuchen. Jedenfalls steht in der POLITEIA der berühmte und berüchtigte Satz: „Wenn nicht ... entweder die Philosophen Könige werden in den Staaten oder die jetzt so genannten Könige und Gewalthaber wahrhaft und gründlich philosophieren und also beides zusammenfällt, die Staatsgewalt und die Philosophie, ... eher gibt es keine Erholung von dem Übel für die Staaten ... und ich denke auch nicht für das menschliche Geschlecht"[14]. Die meisten Interpreten sind sich darüber einig, daß dies der Kernsatz der POLITEIA ist, zu dem ihr dialogischer Argumentationsgang hinstrebt, um ihn dann weiter zu untermauern und seine Konsequenzen zu entfalten.

Welche Bedeutung das Wort „Philosoph" in diesem Zusammenhang hat, muß zunächst offenbleiben; sie kann allein aus der POLITEIA und den übrigen Schriften Platons erschlossen werden. Denn einmal war Platon selber derjenige, der maßgeblich mitbestimmte, was von da an „Philosophie" bedeuten sollte, so daß man nicht einfach den Sprachgebrauch jener Zeit auf Platon übertragen darf[15], und zweitens hat sich die Philosophie seitdem verändert, so daß man auch nicht vom heutigen Zustand ohne weiteres auf Platon schließen kann. Gegen ein naheliegendes modernes Mißverständnis des Philosophen-König-Satzes wendet sich Heidegger, wenn er schreibt: „Dieser Satz meint nicht: die Philosophieprofessoren sollen die Staatsgeschäfte leiten, sondern: die Grundverhaltensweisen, die das Gemeinwesen tragen und bestimmen, müssen auf das wesentliche Wissen gegründet sein"[16]. Aber auch nicht von anderen Dialogen Platons darf man einfach auf den Philosophiebegriff der POLITEIA schließen. So

---

Auch nach *Sabine* basiert Platons praktische Philosophie auf der Grundannahme eines höchsten Normwissens: „The fundamental idea of the REPUBLIC came to Plato in the form of his master's doctrine that virtue is knowledge" (41); „this meant the belief that there is objectively a good life, both for individuals and for states, which may be made the object of study, which may be defined by methodical intellectual processes, and which may therefore be intelligently pursued" (36). Auf Sabines bündige Durchführung dieses hermeneutischen Ansatzes sei hingewiesen.

[14] P 473 D; vgl. 499 B; 501 E; 7. Brief 326 B. *Krämer* 3 führt für diese These Platons insgesamt zehn Belegstellen an (258, Anm. 5).

[15] Nach *W. Jaeger* war die Entwicklung der Bedeutung von „Philosophie" damals noch in vollem Flusse. „Isokrates war es und nicht Plato, der dem allgemeinen Sprachgebrauch folgte, wenn er Sokrates und seine Schüler ebenso wie Protagoras oder Hippias als Sophisten charakterisierte, während er selbst das Wort Philosophie im Sinne aller Art von allgemeiner Geistesbildung brauchte ..." (Jaeger III, 108).

[16] *Heidegger:* Nietzsche, 1. Bd., 194. Damit ist kurz und treffend das nächstliegende moderne Mißverständnis ausgeräumt. Es wäre ja wirklich zu merkwürdig, wenn Platon gefordert hätte, Leute von der Art moderner Philosophieprofessoren sollten die Regierung übernehmen.

stellt zum Beispiel Platon nicht (wie Bien meint[17]) die Forderung auf, dieselbe Art Philosophen, von denen im THEAITETOS (173 D ff.) die Rede ist, sollten den Staat leiten. Denn in der POLITEIA werden die politischen Bedingungen kritisiert, durch welche die Philosophen so unpraktisch und unpolitisch werden, wie im THEAITETOS beschrieben (P 487 B—500 B). Soviel kann vorwegnehmend gesagt werden: Bei Platon ist Philosophie wesentlich politische Philosophie, was sich schon äußerlich daran zeigt, daß ungefähr zwei Drittel seines überlieferten Werkes in diese Disziplin einzuordnen wäre[18], wenn es Sinn hätte, solche späteren disziplinären Trennungen an Platon heranzutragen.

§ 3. Das Höhlengleichnis

Das Verhältnis der Philosophie zur Polis, ihre innere Emigration und Rückkehr beschreibt Platon in einem Gleichnis (P 514 A ff.). Es schildert die Lage der Menschen als Gefangenschaft, und zwar nicht in Einzelzellen sondern in Gesellschaft. Die Gefangenen sind so gefesselt, daß sie von ihrer Umwelt, einer Höhle und dem, was darin vorgeht, nur Schatten auf einer Wand erblicken. Alle Gefangenen stehen unter den gleichen Bedingungen. Es sind, wie Platon zu Beginn der Erzählung vorausdeutend sagt, die Bedingungen der Unbildung. Das Gleichnis umschreibt sodann die Entstehung von Unterschieden in bezug auf Bildung und Unbildung. Einer der Gefangenen wird losgebunden und genötigt, aufzustehen und sich umzuschauen, und wird schließlich aus der Höhle „mit Gewalt . . . durch den unwegsamen und steilen Aufstieg" ans Tageslicht geschleppt. Dabei sieht er zunächst die Lichtquelle in der Höhle und die Dinge, welche die Schatten werfen, und sieht schließlich die Sonne, von der er erkennt, „daß sie es ist, die alle Zeiten und Jahre schafft und alles ordnet in dem sichtbaren Raume und auch von dem, was sie dort [unten in der Höhle] sahen, gewissermaßen die Ursache ist".

Das Gleichnis läßt sich bis in Einzelheiten deuten und diskutieren. Platon selber sagt gleich einleitend, was es anschaulich machen soll, und fügt seiner Erzählung eine Übersetzung des bildlichen Sprechens in Begriffssprache an. Da das Gleichnis und seine nachfolgende Erklärung vom Hauptthema der POLITEIA, nämlich der Erzielung des besten Staates durch eine der menschlichen Natur gemäße Bildung handelt, kann man sagen, der ganze Dialog sei seine Deutung. Dann ist umgekehrt das Gleichnis ein Kristallisationspunkt der gesamten POLITEIA. Bildlich faßt es sie von ihrer zentralen Absicht her zusammen, während das ganze Werk sich

---

[17] *Bien*, 271.
[18] Vgl. *Friedländer* I, 106. — *E. Wolf:* Platon. Frühdialoge und Politeia, 31 f.

begrifflich in ein Argumentationsgefüge auseinanderlegen muß. Das Höhlengleichnis wird also den geeigneten Ansatzpunkt für einen Problemaufriß der POLITEIA abgeben.

Wie die Erzählung von den Höhleninsassen deutlich macht, hebt die Bildung Einzelne aus einem allgemeinen Zustand der Unfreiheit und des Unverstandes heraus[19]. Die Einzelnen leisten das nicht von sich aus, sondern werden dazu gezwungen. Der Zwang ist nötig, weil es anfangs Schmerzen bereitet, „aufzustehen, den Hals herumzudrehen, zu gehen und gegen das Licht zu sehen", weil sodann der Aufstieg ans Tageslicht mühsam ist und die neue Helligkeit zunächst weitere Schmerzen bereitet. Hinzu kommt die Verwirrung des Befreiten, der das Neue am Alten mißt und glaubt, „was er damals gesehen, sei doch wahrer als was ihm jetzt gezeigt werde". Schließlich aber preist er sich glücklich über die Veränderung und bedauert die noch in der Höhle gefangenen.

Das Gleichnis besagt, daß die Bildung, die Platon meint, autoritativ geleitet ist, Anstrengung erfordert, nicht für alle, sondern für einzelne ist, und erst am Ende ihres Prozesses Erfüllung bringt, welches Glück freilich getrübt wird durch das Mitleid mit dem Schicksal derer (P 516 C), die seiner nicht teilhaftig werden, sowie durch die Notwendigkeit der Rückkehr, die aber nicht durch das Mitleid, sondern wiederum durch Zwang geschieht[20]. Die Frage liegt nahe, warum der Befreite nicht daran gehe, seine Mitgefangenen, nachdem er begonnen hat, sie zu bedauern, nun gleich ihm zu befreien. Ist er ihnen so entfremdet, daß er diese Möglichkeit nicht einmal erwägt? Ist er vielleicht einer von denen geworden, die, so wie sie ihn befreiten, nur hin und wieder Einzelne befreien? Bedeuten diese von vornherein Freien gleich den Gefangenen Menschen, oder vielmehr Götter? Warum spricht Platon statt von universaler Befreiung von der Notwendigkeit, daß die wenigen Befreiten in die Höhle zurückkehren müssen?

---

[19] Im Text heißt es: „Nun betrachte ... die Lösung und Heilung von ihren Banden und ihrem Unverstande, ... wenn ihnen folgendes begegnete. Wenn (so oft) einer entfesselt wäre und gezwungen würde ..." (515 C). *Heidegger* (Platons Lehre von der Wahrheit, 11) übersetzt iterativ „so oft". Später schreibt er dann über den Rückstieg des Befreiten in die Höhle, er solle nun auch die noch Gefesselten befreien und hinaufführen (31). Davon jedoch ist bei Platon nicht die Rede. Befreiung und Aufstieg geschehen nicht so oft, daß schließlich alle befreit sind (vgl. 7. Brief 341 D; Po 297 B/C; 300 E), sondern der oder die Befreiten steigen wieder hinunter und versuchen, den Gefesselten relative Lösung und Heilung zu bringen, indem sie sie teilnehmen lassen an ihrer Freiheit und Weisheit, deren sie sich um der anderen willen, ihnen davon abgebend, zum Teil entäußern. Allein durch diese Überlegung ist wohl der Widerspruch zu beheben, der sich daraus zu ergeben scheint, daß Platon (P 515 C) allgemein von Lösung und Heilung spricht, dann aber nur einzelne aufsteigen und wieder hinuntersteigen läßt.

[20] P 519 Dff.; jedoch s. u. S. 113f., Anm. 8; S. 128.

Der „Idealist" Platon vertritt offenbar die realistische Auffassung, daß, mag auch die Befreiung und der Weg an die Sonne zur wahreren Wirklichkeit führen, die Höhle die wirklichere Wirklichkeit des Menschen ist. Wie an anderen Stellen der POLITEIA dargelegt, hält Platon es aufgrund der Natur des Menschen und seiner gesellschaftlichen Lebensbedingungen für unmöglich, daß alle durch Bildung befreit werden könnten. Um derer willen, die in der Höhle bleiben, ist ihre Wirklichkeit auch für den, der herauskommt, die verbindliche, in die er aus der Sphäre des „mehr Seienden"[21] zurückkehrt. Denn nicht darauf soll es ankommen, „daß ein Geschlecht im Staat sich ausgezeichnet wohl befinde, sondern daß ... im ganzen Staate Wohlsein" herrsche (P 519 E)[22]. Um der politischen Gemeinschaft willen ist das in der Theorie erkannte mehr Seiende praktisch weniger. Das Höhlen- und Gefangenendasein steht im Gleichnis für die nächste, politische Wirklichkeit des Menschen, und das freie Leben unter der Sonne für theoretische Erkenntnis, die freilich nach Platon für den sie Vollziehenden individuell praktische Voraussetzungen und Konsequenzen hat[23], und wegen der immer zugleich gemeinschaftlichen Praxis der Menschen auch kollektiv-praktisch, politisch gefördert und angewandt werden sollte.

Um der ehemaligen Mitgefangenen und der politischen Gemeinschaft willen soll die Theorie, wenn sie Wahres erkennt, auch für alle Mitglieder der Polis praktische Bedeutung haben. Das ist nach Platons Ansatz nur möglich, wenn die Wissenden regieren. Das Philosophen-Königtum ist die Befreiung aller, soweit sie durchführbar ist. Die Herrschaft der Philosophen vermittelt allen die Teilhabe am Aufstieg zur Sonne als der alles ordnenden Ursache. Sie ist gerechtfertigt als Bildung.

§ 4. Der Bildungsgang der Philosophen, ihre Rückkehr in die Höhle

Sich selbst bilden kann nach dem Gleichnis zunächst einmal niemand[24]. Er wird von den Fesseln der Unbildung befreit und wird gewaltsam ans Licht der Wahrheit gebracht. Wer aber bildet die Philosophen, die in der

---

[21] μᾶλλον ὄν P 515 D; vgl. 585 B.

[22] *Mayr* schreibt gegen *L. Ziegler* (Von Platons Staatheit zum christlichen Staat): „Es wäre ... falsch, im Abstieg des Philosophen in die Höhle eine Vorahnung des christlichen Heilandsgedankens zu sehen" (231; vgl. 288, Anm. 44). Seine Begründung: bei Platon sei Mitleid nur ein untergeordnetes Motiv (P 516 C). — Es bleibt zu fragen, ob dieser Grund ausreicht, ob nicht unabhängig vom Motiv auffällige Strukturanalogien bestehen.

[23] Vgl. insbes. 7. Brief, 341 C; dazu *Jaeger* III, 19. Vgl. auch die Betonung der Gewöhnung (συνήθεια) im Höhlengleichnis (P 516 A; weitere Stellen bei *Gaiser* 2, 405, Anm. 239).

[24] Doch s. u. § 33.

Polis herrschen und die Bildung leiten sollen? Das Höhlengleichnis gibt
auf diese Frage keine Antwort und gibt auch nicht Auskunft darüber,
warum gerade dieser und nicht ein anderer oder alle Höhlenbewohner
befreit werden. An anderen Stellen der POLITEIA und NOMOI jedoch wird
eine Lösung des Problems sichtbar. Platon hält dafür, daß — seinem ersten
Anfang nach — dasjenige Wissen, welches zur Leitung des Ganzen befähigt,
entweder in einer Polis seit alters[25] überliefert wird, oder — in Zeiten des
Verfalls — einzelnen durch ein „göttliches Geschick"[26] zukommen kann.
Die Bildung in Episteme und Techne aktualisiert diese anfänglichen
Potenzen.

Die Wesen, die im Höhlengleichnis der Oberwelt zugehören und einen
oder einige der Gefangenen befreien, stehen also im Fall einer — sei es
durch Tradition, sei es durch charismatische Einzelne[27] — gut geleiteten
Polis gleichnishaft für diejenigen Menschen der politischen Wirklichkeit,
die kraft ihres Wissens, ihrer Tugend und Tüchtigkeit zu Lehre und Führung berufen sind und dieser Berufung praktisch nachkommen können.
Sie gehören keiner Oberwelt höherer Geister an, sind keine Dämonen,
sondern sind im Falle des besten Staates, den Platon in der POLITEIA
entwirft, von der Polis für eine bestimmte Zeit zur Erkenntnis der Wahrheit
in den Bereich des „mehr Seienden" abgeordnet. Dort sollen sie aber nicht
ihrer bloß individuellen Erfüllung in der reinen Kontemplation leben,
sondern werden von Staats wegen angehalten, „wenn sie dort oben zur
Genüge geschaut haben", zurückzukehren zu jenen Gefangenen und „Anteil zu nehmen an ihren Mühseligkeiten und Ehrenbezeugungen, mögen
diese nun geringfügig sein oder bedeutend" (P 519 D). So werden sie
unter anderem auch deshalb zurückkehren, um andere zu befreien und zu
ihren Nachfolgern zu bilden.

Ihre Bildung ist Theorie für die Praxis, weil, wie Platon sagt, „weder
die Ungebildeten und der Wahrheit Unkundigen dem Staat gehörig vorstehen werden noch auch die, welche man sich immerwährend mit den
Wissenschaften beschäftigen läßt" (P 519 C). Die zur politischen Führung
Geeigneten müssen an und für sich den bíos theoretikós vorziehen und die
politische Herrschaft gering achten (P 521 B). So geartete und erzogene
Charaktere wird die Macht am wenigsten verderben. Sie werden im Dienste
der Anwendung ihrer in Muße gewonnenen Erkenntnisse und aus einem

---

[25] N 793 B; Po 297 D/E; 300 B; s. u. § 28.
[26] P 493 A; 492 A; N 875 C.
[27] Da Platon, wie sich zeigen wird, vom Verfall der Polis ausgeht, neigt er mehr
der zweiten Möglichkeit zu. Die großen Einzelnen, die er dabei konkret im
Auge hat, sind: am wenigsten Perikles, mehr Solon, am meisten *Sokrates* und
er, Platon selber, als dessen Nachfolger. Platon entwirft seinen besten Staat
aus der philosophischen Reflexion dessen, was mit Sokrates, dem dämonischen,
göttlichen *und wissenschaftlichen* Mann in die Wirklichkeit der verfallenden Polis
getreten ist (s. u. §§ 6; 28).

Bewußtsein der Verpflichtung gegenüber ihren Mitbürgern regieren[28].
Weil sie ein größeres Gut kennen als Herrschaft und weil ihnen dieses Gut
zugleich Maßstäbe gibt zur Ausübung der Herrschaft, darum nennt Platon
die Regierung der Philosophen eine wachende (rationale) Verwaltung des
Staats, während die in der politischen Wirklichkeit seiner (und nicht nur
seiner) Zeit anzutreffende Herrschaft derer, die primär um Macht bemüht
sind, träumend ist (P 420 C).

Dem angestrebten Zweck entsprechend geschieht im idealen Staat die
Ausbildung der Philosophenherrscher durch eine Abwechslung rein wissenschaftlicher mit praktischer Tätigkeit. Der Bildungsgang beginnt bei
der Auswahl geeigneter Naturen. Die Auswahlkriterien sind teils die
gleichen wie für die Krieger oder, wie Platon sagt, die Wächter, teils
kommen weitere Gesichtspunkte hinzu. Die Methode der Auswahl ist
Beobachtung und Prüfung schon der Kinder. Auszuwählen sind zunächst
die „festesten und tapfersten und nach Möglichkeit die wohlgestaltetsten"[29]
und aus ihnen wiederum die scharfsinnigen, lerneifrigsten und mit einem
guten Gedächtnis begabten. Ihrer sind nur wenige, denn, wie Platon sagt:
„viel eher noch wird die Seele mutlos bei schwierigen Kenntnissen als bei
Leibesübungen"[30]. Auch auf Anlagen zu Besonnenheit, Großmut und Aufrichtigkeit ist zu achten.

Diese Ausgesuchten werden zunächst mehr spielerisch beschäftigt und
unterrichtet, sollen aber auch schon den Krieg aus der Nähe als Zuschauer
kennenlernen. Im Alter von 20—30 Jahren sodann werden die, welche
sich bewährt haben, einem Unterricht zugeführt, der die bis dahin „zer-
streut vorgetragenen Kenntnisse ... zu einer Übersicht der gegenseitigen
Verwandtschaft der Wissenschaften und der Natur des Seienden" zusammenfaßt. Die sich dabei Auszeichnenden sollen noch etwa fünf Jahre lang
sich in der höchsten Wissenschaft, der Dialektik, üben, welche die Fähigkeit zur Zusammenschau (sýnopsis) voraussetzt und im Absehen von der
Empirie den Blick „auf das Seiende selbst und die Wahrheit" richtet.
Danach „werden sie wieder in jene Höhle zurückgebracht und genötigt
werden müssen, Ämter zu übernehmen ..., damit sie auch an Erfahrungen
nicht hinter den andern zurückbleiben" (P 539 E; vgl. 484 D). Erst nach
dieser, auf fünfzehn Jahre veranschlagten Zeit der Praxis, im Alter von

---

[28] „Welcher Beweggrund könnte sie ... zur Machtübernahme bestimmen? Kein
anderer als der vorbeugend verneinende, ... durch eigene Machtübernahme
die der Minderwertigen zu verhüten ... Macht verdient ... der allein, der in
sich selbst den Willen zur Macht überwunden ... hat. Dies ist der Kern der
von Platon auf die Formel „Philosophos Basileus" abgezogenen Forderung
..." (*L. Ziegler:* Von Platons Staatheit ..., 66f.; vgl. P 347 C).

[29] Hierzu und zum folgenden: P 535 A — 541 B; vgl. 412 B — 414 B; 485 D
— 487 A.

[30] Daß intellektuelle Beweglichkeit und praktische Festigkeit selten in einer Person zusammen vorkommen, ist Platon bewußt (P 503 C/D).

50 Jahren, sind diejenigen, die ausgehalten haben, reif, das „Gute selbst"
zu erblicken, es „als Urbild (parádeigma) gebrauchend, den Staat, ihre Mitbürger und sich selbst ihr übriges Leben hindurch in Ordnung zu halten"
(P 540 A/B). Den Rest ihres Lebens werden sie „die meiste Zeit der Philosophie widmen, jeder aber, wenn die Reihe an ihn kommt", wird sich mit
den öffentlichen Angelegenheiten abmühen.

§ 5. Philosophenherrschaft und Gesetz

Ein Staat, der soviel Sorgfalt auf die Ausbildung seiner Regierer verwendete, hätte dann wohl stets eine Anzahl von geeigneten Leuten für die
Besetzung der wichtigsten Ämter zur Verfügung. Die Rede vom Staat ist
in diesem Zusammenhang freilich irreführend, denn der Staat, das sind sie.
Die Philosophenherrscher unterliegen zwar der idealen Forderung, zum
Besten aller zu herrschen (P 590 D; 345 Cff.), und sofern sie das tun,
handelt durch ihre Entscheidungen in gewisser Weise die ganze Polis,
aber politisch sind sie souverän — mit einer wichtigen Einschränkung:
sie treten unter die Bedingung der ersten Gesetzgebung.

In der POLITEIA werden Fragen konkreter Institutionalisierung meistens
ausgeklammert, aber soviel wird in Platons Erläuterungen des Höhlengleichnisses klar, daß es bestimmte Gesetze oder Beschlüsse geben muß,
die regeln, welche der fertig ausgebildeten Philosophen für welche Zeit
welche Ämter bekleiden. Entweder alle oder einige von ihnen (z. B. die
gerade Regierenden) oder das Los oder ihr Alter oder sonstige Kriterien
müssen bestimmen, was es heißt, daß „jeder der Reihe nach"[31] in die Höhle
hinabzusteigen hat. Von den fertig Ausgebildeten herrschen also jeweils
nur einer oder einige, die nach einer bestimmten Ordnung von anderen
abgelöst werden. Daß sie sich diesem gesetzmäßigen Wechsel gerne fügen,
nicht die einmal zugesprochene Machtstellung zu deren Erhaltung miß-
brauchen, ist — so Platon — von ihnen selbst her dadurch garantiert,
daß die durch Auswahl und Ausbildung „zur Regierung Berufenen am
wenigsten Lust haben zu regieren" (P 520 D; 347 C/D), weil sie wissen,
daß die Wirklichkeit dem Paradeigma, das sie vor Augen haben, nie ganz
gemäß werden kann, was nichts an dessen Wahrheit und wirklichem
Normanspruch ändert.

Ob Platon allein diese Gesinnung der zur Regierung Kommenden
meint, wenn er fordert, „daß immer etwas im Staate sein muß, welches
denselben Begriff von der Verfassung festhält", den der Gesetzgeber hatte
(P 497 D; vgl. 484 B/C), ist nach dem Text nicht klar auszumachen. Doch
kann damit durchaus auch eine Institution wie ein Ältestenrat oder (modern

---

[31] ἐν μέρει ἑκάστῳ P 520 C; 540 B.

gesprochen) ein oberstes Verfassungsgericht oder eine „nächtliche Versammlung" nach Art der Nomoi (N 961 A ff.) gemeint sein. Auf jeden Fall aber denkt Platon an die Gesetze des ersten Gesetzgebers, die von diesem selber und den nachfolgenden Leitern des Staates vom Zeitpunkt ihrer Aufstellung an *ihrem Sinne nach* beachtet werden müssen[32]. Die mit solchen Grundgesetzen verbundenen institutionellen Probleme hat Platon später in den Nomoi zu lösen versucht. Dort tritt neben die Frage der Gründung eines gutverfaßten Staates gleichberechtigt die Frage der institutionellen Erhaltung und Weiterführung des richtigen Anfangs[33].

[32] Im Fall einer Verwirklichung des Staates der Politeia wäre Platon selbst der erste Gesetzgeber. *Verdroß-Droßberg* bemerkt dazu: „Die Herrscher regieren nicht nach freiem Ermessen, sondern sind an die in der „Politeia" vorgezeichnete Ordnung gebunden. Innerhalb dieses Rahmens aber herrschen sie nicht auf Grund von Gesetzen, sondern nach ihrer vernünftigen Rechtseinsicht. Der Staat der „Politeia" ist also zwar ein Rechtsstaat, aber kein Gesetzesstaat." (Grundlinien der antiken Rechts- und Staatsphilosophie, 141; vgl. 136.) Voraussetzung bei dieser nach modernen juristischen Begriffen unmöglichen Rechtfertigung der Philosophenherrschaft ist, daß es ein aller menschlichen Rechtsetzung vorgegebenes Maß von Recht und Unrecht („Naturrecht") gebe, das nicht alle (aber doch einige) in gleicher Weise und von sich aus erkennen und zur Richtschnur nehmen können. Wenn diese Voraussetzung abgelehnt wird, ergeben sich alle die Schwierigkeiten, die *Foster* (The Political Philosophies of Plato and Hegel, 22 ff.) hier sieht.

[33] Vgl. insbes. N 890 und 875 A ff. — Die letztgenannte Stelle führt als Grund für die Notwendigkeit von Gesetzen erstens an, „daß die Natur keines Menschen dazu geeignet vorkommt (ὅτι φύσις ἀνθρώπων οὐδενὸς ἱκανὴ φύεται), das den Menschen politisch Zuträgliche zu erkennen, noch selbst wenn diese Erkenntnis möglich sein sollte, das Beste immer tun zu können und zu wollen"; zweitens „daß, wenn jemand durch Kunst (ἐν τέχνη) zu der rechten Einsicht käme, daß dem von Natur so sei [daß dem Allgemeinen der Vorrang vor den Sonderinteressen gebühre], dabei jedoch niemandem verantwortlich und unumschränkt den Staat beherrschte (ἀνυπεύθυνός τε καὶ αὐτοκράτωρ), er wohl nicht imstande sein dürfte, dieser Ansicht treu zu bleiben und sein ganzes Leben hindurch das Gemeinsame als das Leitende im Staate zu fördern; vielmehr wird seine sterbliche Natur . . . ihn zum Verfolgen seines Sondervorteils und zur Selbstsucht treiben . . .".

Die Natur stattet also von sich aus keinen Menschen mit einem zugleich praktischen ethisch-politischen Normwissen aus. Aber dennoch gibt es ein solches Wissen, das erworben werden kann durch téchne, wenn diese auf der wahren epistéme beruht, wie sie allein göttliche Fügung (θεία μοῖρα) anfänglich in einem Menschen hervorbringen kann (N 875 C). Unter diesen seltenen Bedingungen ist die Natur wenigstens einiger Menschen bildsam, sie macht jenes oberste Normwissen nicht ganz unmöglich.

Nun beinhaltet jedoch bei Platon dieses höchste praktische Wissen, das die Natur des Menschen und das ihr Zuträgliche erkennt und daher weiß, wie der beste Staat auszusehen hätte, daß es mit dieser Erkenntnis nicht getan ist. Denn die menschliche Natur ermöglicht zwar die Erkenntnis unter Umständen, aber stört zugleich eine ihr gemäße Praxis, weil sie sterblich und schwach ist (vgl. N 713 C; 854 A; 974 E). Der naturgemäße Staat wäre insofern nicht der beste, und der Naturbegriff, der für die griechische Weltanschauung und Philosophie bis in die klassische Zeit grundlegende Bedeutung hat, wird damit problematisch. Darüber hinaus entspricht der Dialektik des Naturbegriffs in sich die Dialektik von Natur und Kunst und von Natur und Gesetz (vgl. insbes. N 888 Eff.; zur Geschichte des Begriffspaares Nomos-Physis im griechischen Denken: *Heinimann:* Nomos und Physis).

Diesen problematisch gewordenen, in sich entzweiten Physisbegriff nimmt Platon aus den Diskussionen seiner Zeit auf und hat sich in der Auseinandersetzung damit einen weiteren, umfassenden Physisbegriff „aus der Weisheit der griechischen Sprache zurückerobert" (so *Mannsperger:* Physis bei Platon, 301, im Anschluß an *Stenzel*). Die menschliche Natur ist zwar schwach und unvollkommen, aber sie kann sich um die Erkenntnis und Pflege der umfassenden Physis bemühen als um „das große Kontinuum, das hinter allem Wirklichen steht, das Medium aller Sinnhaftigkeit, in dem die durchaus vorhandenen Gegensätze zusammenfallen" (ebd. 296; jedoch s. u. §§ 20; 38).

Platon betont also in den Nomoi anders als in der Politeia die Schwäche der menschlichen Natur und die Gefahr eines selbstsüchtigen Mißbrauchs der Macht. Das bedeutet aber keineswegs die Rücknahme der Lehre von den Philosophenkönigen. Die Einsicht in die korrumpierende Wirkung der Macht hat Platon schon vor der Politeia, nämlich im Gorgias, ausgesprochen (525 Dff. — „Denn schwer ist es, o Kallikles, und vieles Lobes wert, bei großer Gewalt zum Unrechttun dennoch gerecht zu leben..."). *Die POLITEIA mit ihrer Lehre von den Philosophenkönigen ist geradezu Platons Antwort auf die Frage, wie diejenigen zur Regierung kommen könnten, die am wenigsten durch die Macht verdorben werden.*

Nach der Politeia sind die auf Eigennutz ausgehenden Strebungen die mächtigsten in der menschlichen Seele und daher auch die mächtigsten im politischen Geschehen. Gerade weil das so ist, sollen ja solche Leute den Staat leiten, die in einem langen Bildungsgang lernen, ihre Sonderinteressen den gemeinsamen unterzuordnen. In die Verlegenheit, diesem Prinzip ein ganzes Leben hindurch von sich aus treu bleiben zu müssen, kommen sie gar nicht, weil sie erst im Alter von fünfzig Jahren und auch dann in herrscherlicher Stellung nur für kurze Zeiten dazu entlassen oder vielmehr verpflichtet werden, nicht bloß sich selbst, sondern auch den Staat und ihre Mitbürger in Ordnung zu halten (P 540 A). Völlig autokrat brauchen sie selbst in dieser Zeit nicht zu sein, denn auf Grund der spärlichen Hinweise, welche die Politeia zum Institutionellen gibt, ist es nicht ausgeschlossen, daß sie sich gegenseitig Rechenschaft schuldig sind. Im übrigen sind sie, wenn auch autonom und mit der Aufgabe betraut, veränderte Umstände zu berücksichtigen, an die Intentionen und Gesetze des ersten Gesetzgebers gebunden.

Kants bekannte Platonkritik: „Daß Könige philosophieren, oder Philosophen Könige würden, ist nicht zu erwarten, aber auch nicht zu wünschen; weil der Besitz der Gewalt das freie Urteil der Vernunft unvermeidlich verdirbt" (Zum ewigen Frieden, B 69 f.), geht sonach, wenigstens teilweise, an Platon vorbei. Platon fordert die Philosophenherrschaft aus dem gleichen Grund, aus dem Kant sie ablehnt. Beide legen dabei jedoch einen verschiedenen Begriff von Philosophie und eine verschiedene Auffassung des Theorie-Praxis-Verhältnisses zugrunde. Daß der freie Gebrauch der Vernunft „nicht nur durch den vollen Besitz, sondern schon durch die Teilhabe an der Gewalt" und durch jeden Versuch praktischer politischer Betätigung beeinträchtigt wird, haben nach *K. v. Fritz* nicht erst Kant und Lord Acton, sondern hat bereits Platon erkannt (Platon in Sizilien, 142). Darum schlug er ja, damit

Sowohl nach der früheren wie nach der späteren Position Platons haben die Gesetze die Funktion, die ruhige Einsicht eines nicht unmittelbar in den politischen Interessenkampf verwickelten, nicht durch die Hetze politischer Praxis verschlissenen[34] und nicht durch die Ausübung politischer Macht verdorbenen *Gesetzgebers*[35] verbindlich festzuhalten. Nur bezieht sich, wie Jaeger hervorhebt, die hypothetische Gesetzgebung der POLITEIA anders als die ebensolche, aber anläßlich des fingierten konkreten Anlasses einer Stadtgründung entwickelte Gesetzgebung der NOMOI nicht auf alle Bereiche politischen Lebens, sondern fast ausschließlich auf die Erziehung der Wächter und Regierer. Daß auf diese Weise eher „Vorschriften" als Gesetze gegeben würden, und daß es Platons Bemühen gewesen sei, „durch die Vollkommenheit der Erziehung jede Gesetzgebung überflüssig zu machen"[36], muß jedoch als eine problematische Interpretation erscheinen[37]. Im POLITIKOS (299 A; 293 E) zwar heißt es dann, daß es das beste sei, „wenn nicht die Gesetze Macht haben, sondern der gemäß seiner Einsicht königliche Mann", aber daß eben dieser herangebildet werde und zur Regierung komme, versucht die POLITEIA gesetzmäßig zu regeln, wobei sich diese primären Gesetze auf den Inhalt und Gang der Bildung beziehen. Dies hält Platon für wichtiger (P 423 E) als ins einzelne gehende Vorschriften zum Markt-Stadt-Hafenrecht (P 425 D). Von solchen sekundären Gesetzen[38] nimmt er an, daß die richtig erzogenen Staatslenker sie von selbst finden werden. Sie sind Herren über diese Gesetze und könnten so

möglichst viel unverdorbene Vernunft in die praktische Politik gelange, für die Philosophenkönige eine regelmäßige Abwechslung zwischen Zeiten theoriegewidmeter Muße und praktischer politischer Tätigkeit vor. Da v. Fritz die Kantische Position mit einer ewigen „condition humaine" in Zusammenhang bringt (ebd. XIV; 142), braucht er solche konkreten Vorschläge Platons nicht zu berücksichtigen.

Zu *Kants* Kritik des Philosophen-Königs-Satzes vgl. auch *H. Karpp*: Die Philosophenkönige bei Platon und bei Kant.

[34] S. u. S. 298f., Anm. 16.

[35] Dazu *L. Strauss*: On Classical Political Philosophy.

[36] *Jaeger* II, 314; III, 293.

[37] *Morrow* (Plato's Cretan City, 544—590), der die Stellung des Gesetzes sowohl in den NOMOI wie in der POLITEIA eingehend untersucht, kommt zu anderen Ergebnissen. Speziell zur POLITEIA führt Morrow aus (578ff.): „in Socrates' state law is indeed sovereign in right. The rulers are bound by it, though they have helped to formulate it. But the constraint upon them is moral, not legal" (582); — über den Zusammenhang POLITEIA—NOMOI: „when Plato in his later work asserts the rule of law he is merely emphasizing a principle that he had never denied" (584).

Vgl. *Morrow*: Plato and the Rule of Law; — *Horvath*: Die Gerechtigkeitslehre des Sokrates und Plato; — *H. Cairns*: Plato as Jurist, in: *Friedländer* I, 300—326; — *S. Moser*: Platons Begriff des Gesetzes; — *Derbolav*: Ursprungsmotive und Prinzipien des Platonischen Staatsdenkens, 280ff.

[38] „ . . . das für geringer gehaltene Gesetzliche" (P 425 A).

3*

der im POLITIKOS erwähnten Aporie Herr werden, die darin besteht, daß die jeweilige Andersheit der Menschen und ihrer Taten sich mechanischer Subsumtion unter „selbstgefällige und ungelehrige" Gesetze entzieht (s. u. § 6).

Die athenische Demokratie versuchte zu Platons Zeit dieses Problem durch den Erlaß immer neuer und ins einzelne gehender Gesetze zu lösen, was jedoch das Verderben der Polis nicht abwenden konnte. Seine Ursachen lagen offenbar tiefer, aber dort zu kurieren, verbot der demokratische Konservatismus, der Bestrebungen, die ganze Verfassung zu ändern, unter Todesstrafe stellte (P 426 C). Die bestehende Verfassung ermöglichte nur eine Art Popperscher Sozialtechnik der kleinen Schritte, „die auf die ganze Gesellschaftsordnung zurückwirken, ohne sie als Ganzes umzuformen"[39]. Jedoch war dieses reformkonservative Rezept ebenso illusionär wie das reaktionäre einer Wiederherstellung der alten Feudal- und Kriegeraristokratie es gewesen wäre. Auch kleine Schritte formen allmählich das Ganze um[40]. Die Gesetzmacherei in der Spätphase der Athenischen Demokratie legt teils davon Zeugnis ab, daß die innere Harmonie der klassischen Zeit der Demokratie bereits zerstört war, und trug andererseits weiter zum Abbau der „ungeschriebenen Gesetze" bei, auf deren selbstverständlicher Kontinuität ein demokratischer, evolutionärer Konservatismus sich hätte stützen können[41].

Von diesen Überlegungen her erscheinen Platons ironische Bemerkungen über die Politiker seiner Zeit, welche „immerfort Gesetze geben" (P 426 C), berechtigt. Die ionischen Städte in Kleinsasien hatten die Entwicklung, die Athen damals durchmachte, vorweggenommen. Heraklits Bemerkung „Gesetz heißt auch dem Willen eines einzigen folgen"[42]

---

[39] *Popper:* Der Zauber Platons, 220 f.; s. u. S. 86 f., Anm. 46; § 43.

[40] Vgl. *Aristoteles:* „Eine weitere Ursache [des Umschlagens der Verfassungen] sind die kleinen Verschiebungen ..." (Pol V 1303 a 20 f.; 1303 b 28 f.; 1307 a 40 f.; s. u. § 13).

[41] „Die ungebrochene Fortdauer dieses ungeschriebenen Gesetzes war die Stärke der attischen Demokratie in ihrem heroischen Zeitalter gewesen; sein Zerfall verursachte das Umschlagen ihrer Freiheit in Gesetzlosigkeit trotz aller bestehenden Gesetze." (*Jaeger* II, 315) — Nach *Jones* (Athenian Democracy, 50 ff.) ist freilich die angebliche Gesetzlosigkeit der athenischen Demokratie zu einem guten Teil eine Funktion der aristokratischen Beurteilungsperspektive antiker Autoren, zu deren Korrektur er eine demokratische Perspektive zu erschließen versucht.

[42] *Diels:* Fragmente der Vorsokratiker I, 159. Daß — zumindest nach Heraklits Einsicht — in Ephesos ein ähnlich gestörtes Verhältnis zwischen der „Masse" und der „Elite", antik ausgedrückt zwischen den Vielen und den Besten, vorlag wie später nach Platons Einsicht in Athen, ist in der von ihm überlieferten zornigen Rede gegenwärtig: „Recht täten die Epheser, sich Mann für Mann aufzuhängen ... sie, die Hermodoros, ihren tüchtigsten Mann, hinausgeworfen haben mit den Worten: von uns soll keiner der beste sein oder, wenn schon, dann anderswo und bei andern" (nach Diels I, 178). Das Aufhängen besorgten einige Zeit später die Perser.

scheint gegen solche demokratische Gesetzmacherei gerichtet zu sein, die nach Platon ein „Schneiden an der Hydra" ist (P 427 A). Doch wie immer dieser Dezisionismus von Heraklit motiviert und gemeint gewesen sein mag, wenn Platon ihn im POLITIKOS aufnimmt, so steht an der Stelle von Willen Einsicht[43]. Und nach der POLITEIA wie nach den NOMOI ist diese individuelle Vernunft zunächst diejenige eines nicht unmittelbar Macht ausübenden Gesetzgebers oder wie in den NOMOI mehrerer solcher. Mindestens ebensosehr wie irgendein noch so weiser Tyrann ist Solon Platons Vorbild.

In der POLITEIA sind Sokrates und seine Gesprächspartner theoretische und hypothetische Gesetzgeber[44]. Sokrates' Einsicht sagt ihm, daß keine politische Gemeinschaft allein von noch so guten und genauen Gesetzen zusammengehalten wird, sondern von etwas den Gesetzen Vorausliegendem, mit dem als Grund oder als Ziel sie gemacht werden. Dieses Vorausliegende ist ein gemeinsames Ethos[45] der Bürger, das auf ein gemeinsames Gutes ausgerichtet ist.[46] Es zu wahren, ist der Zweck der Gesetze. Es zu erkennen ist die Aufgabe des Gesetzgebers.

Da es unmöglich ist, das richtige Leben für Einzelne oder Staaten mechanisch und ein für allemal zu regeln, muß der Gesetzgeber dafür sorgen, daß in dem zu gründenden Staat Leute herangebildet werden, die einer ähnlichen

---

[43] Statt βουλή φρόνησις (Po 294 A). Boulé mit „Wille" zu übersetzen, wie *Diels* es tut, ist freilich irreführend, das Wort bedeutet eher: Entscheidung, Rat, Beratung. Dazu *van Paassen* (Platon in den Augen der Zeitgenossen, 22): „Das Griechische hat kein Wort für das nackte Wollen . . . boulesthai bedeutet eigentlich wählen, d. h. Wollen als Resultat der Überlegung; boulé ist daher Beschluß, Plan, Rat"; vgl. *Dirlmeier*, 329. βουλή ἑνός heißt demnach, daß dieser Eine eine Entscheidung trifft, nachdem er mit sich oder auch anderen zu Rate gegangen ist.

[44] „The situation in which Socrates stands is the familiar one of a legislator utilizing and modifying existing traditions, or inventing new institutions for his purpose, just like the Solon or the Lycurgus or the Charondas and Zaleucus of history" (*Morrow:* Plato's Cretan City, 580).

[45] Zum Begriff ἦθος s. u. § 12.

[46] Diese doppelte Bestimmung des Vorausliegenden wird im weiteren Verlauf der Arbeit (insbes. §§ 16ff.; § 28) ausgeführt. Antizipierend läßt sich sagen, daß das Ethos ein vorhandenes und von einer ausschlaggebenden Zahl (critical number) der Mitglieder einer Gruppe anerkanntes Soll-Sein ist. Sofern es Ziele, Zwecke oder Normen vorsetzt, ist es nicht einfach vorhanden, sondern kann individuell und kollektiv in verschiedenem Maße erreicht oder verfehlt werden. Daher ist nicht bloß die verbreitete Anerkennung, tatsächliche Gültigkeit und Verwirklichung entscheidend, sondern ebenso die klare Erfassung, Auslegung und Anwendung in wechselnden Situationen. Eine ethisch-politische Wissenschaft, die sich mit praktischen Normen und ihrer Verwirklichung befaßt, wird offenbar in dem Maße wichtiger, wie das richtige Leben nicht mehr in der relativen Unmittelbarkeit selbstverständlicher Sitte (griechisch näher bestimmt durch die Begriffe αἰδώς und ἄγραφοι νόμοι s. u. § 29) einfach gelebt werden kann.

Einsicht wie er selber fähig sind. Sie sind die personale Garantie für die erforderliche *flexible Kontinuität* seiner Einsicht. Einrichtungen zu ihrer Erziehung sind die institutionelle Garantie für diese Kontinuität. Da die besten
Institutionen ohne das sie tragende Ethos eines bestimmten Personenkreises
sinnlos sind, müssen die primären Gesetze, die der Gesetzgeber gibt,
der Bildung eines solchen Personenkreises dienen. Die unter die Bedingungen dieser primären Gesetze Tretenden können dann in bezug auf die
sonst zu erlassenden Gesetze Gesetzgeber und Machtausübende zugleich
sein. Da Platon es für ausgeschlossen hält, daß alle Bürger der höchsten
wissenschaftlichen und normgebenden Bildung in gleicher Weise zugänglich sind[47], entwirft er in der POLITEIA einen Bildungs- und Gesetzesadel[48],
der an die Stelle des alten Krieger- und Geburtsadels tritt.

Das Gesetz, das die POLITEIA meint, beruht nicht auf demokratischem
Kompromiß, ins einzelne gehender Kodifizierung und gegenseitiger Kontrolle, sondern auf einem personalen Dezisionismus. Dieser macht den
Anspruch, nicht willkürlich zu sein, sondern sich nach einem vorgegebenen,
durch besondere Anlage, Ausbildung und Bemühung erkennbaren Maß
auszurichten, ist insofern kein bloßer Dezisionismus, sondern Entscheidung
aus Gründen einer substantiellen Vernunft[49].

[47] Po 297 B/C; 300 E; s. u. §§ 13/14.
[48] Vgl. *Jaeger* III, 46.
[49] „Platon denkt gegen die dezisionistische, theoretisch unvermittelte Entschei-
    dung und wird demgemäß auch im „Politikos" das Wissen als definierendes
    Merkmal des Politikers bezeichnen" (*Müller*, 186).

2. Platon vor dem Hintergrund der politischen Bildungsgeschichte Griechenlands

§ 6. Der Anfang des besten Staates
(War Platon revolutionär oder konservativ?)

Es gibt nun zwei Möglichkeiten des Anfangs für einen solchen Staat, wie ihn Platon für den besten erachtet, weil in ihm die zu diesem Geschäft geeignetsten und am besten ausgebildeten Männer regieren: entweder er braucht gar nicht angefangen, sondern höchstens modifiziert zu werden, weil eine solche oder ähnliche Aristokratie schon besteht, oder er nimmt seinen Anfang aus dem Entwurf, den Platon mit der POLITEIA vorlegt. Dem Text nach trifft das zweite zu, und auch in der Weltgeschichte ist der „platonische Staat" (das heißt der Staat der POLITEIA) ein Anfang.

In der Erklärung des Höhlengleichnisses heißt es: „Uns also, als den Gründern der Stadt... liegt ob, die trefflichsten Naturen unter unsern Bewohnern zu nötigen, daß sie zu jener Kenntnis zu gelangen suchen, welche wir im vorigen als die größte aufstellten, nämlich das Gute zu sehen und die Reise aufwärts dahin anzutreten" (P 519 D), und bevor er die These von den Philosophenherrschern aufstellt, sagt Platon über die Auswahl und Erziehung der Regierenden im besten Staat, er sei waghalsig genug, zu behaupten, „daß ein Staat auf ganz entgegengesetzte Art als jetzt diese Sache angreifen muß" (P 497 E). Platon ist sich des revolutionären Charakters seiner Gedanken bewußt, wie er auch weiß, daß es bloße Gedanken sind. Am Anfang der POLITEIA kommen Sokrates und seine Gesprächspartner überein, um der Erkenntnis der Gerechtigkeit willen in Gedanken und Worten eine Stadt entstehen zu lassen (P 369 A f.). Was Platon über die Verwirklichung seines Staatsentwurfs denkt, ist anderen Orts zu klären (s. u. § 44). Soviel ist jedoch deutlich, daß die Theorie der Platonischen POLITEIA mindestens so konstruktiv wie möglicherweise hermeneutisch (s. u. § 7) ist und daß eine eventuelle praktische Konstruktion der Politeia entweder von Platon geleitet werden oder sich das von ihm Entworfene zum Vorbild nehmen müßte und so ihren Anfang aus Platon nähme[1].

[1] S. u. S. 233. — Auf das Problem des Anfangs, den Platon in der Geschichte der Politik darstellt, gehen *Singer* (Platon der Gründer) und *Hildebrandt* (Platon. Der Kampf des Geistes um die Macht) ein. Da beide Platons Bindung an „wissenschaftlich-technische" Vernunft (was das heißt, ist zu erläutern)

Doch ist die POLITEIA kein absoluter Anfang, sondern ist tief in ihrer Zeit und Kultur verwurzelt[2]. Das gilt sowohl für ihren Inhalt (s. u. §§ 7ff.) wie für den literarischen Typ, den sie verkörpert. Zur Zeit Platons beschäftigten sich in Griechenland mehrere Autoren mit dem Problem des besten Staates[3]. Platons Überlegungen jedoch sind, soweit die schlechte Überlieferung der anderen Versuche ein Urteil zuläßt, einzigartig sowohl

verschwinden lassen und außerdem Hildebrandt Platons ästhetisch-metaphysische Distanzierung (s. u. §§ 41f.) von unmittelbar politischer Praxis ignoriert, während bei Singer das Politische in der ästhetisch vernebelnden Sprache des Georgekreises verschwimmt, tragen sie wenig zur Lösung des Problems bei.

Am relativ klarsten von den Autoren des Georgekreises, die im Hinblick auf ihre Gegenwart das Gründungsproblem bei Platon interessiert, spricht Salin (Platon und die griechische Utopie) über Platon „den Gründer". Zunächst heißt es zwar recht vage, er gründe ein „geistig-weltliches Reich" (6), aber dann geht Salin doch auf die konkreten Probleme einer solchen Reichsgründung ein: „Ist dieses Erziehungsreich Platons das ideale, das ewige Reich, das, präformiert im göttlichen Weltbau von Urbeginn an der Verleiblichung harrt, so genügt es nicht, daß nun Einer erstand, der es schaut und kündet, — dies schüfe nur zur ideellen die künstlerisch-prophetische Wirklichkeit —, die Frage aber ist: wer gibt den Anstoß, wer zeugt im politischen Stoffe, wer schafft die weltliche Realität?" (38) — „Wer die konkrete Welt umbauen will, muß das Verständnis der tragenden Masse als Grenze achten" (78). Von daher spricht Salin vom politischen Scheitern der POLITEIA (46ff.). Doch Platon sah selbst, daß der Kairos nicht da war. Die Verwirklichung des platonischen Staates ist ein gesamtgeschichtliches Problem (s. u. § 45).

Zur Frage der Gründung vgl. auch Foster (The Political Philosophies of Plato and Hegel, 22ff.), der versucht, Platon in diesem Bezug Widersprüche und Unklarheiten nachzuweisen.

[2] Vgl. Hegel, Rechtsphilosophie, Vorrede: „ . . . daß selbst die platonische Republik, welche als das Sprichwort eines leeren Ideals gilt, wesentlich nichts aufgefaßt hat als die Natur der griechischen Sittlichkeit". — In Durchführung seiner These, daß die „Gemeinde der freien waffentragenden Männer" die Ausgangsbasis der Polis war, schreibt Knauss (258), daß der „platonische beste Staat die Linie fortsetzt, auf der sich der griechische Staat entwickelt hat". Gerade die uns befremdlich (weil undemokratisch) scheinende Platonische Trennung zwischen dem Stand der Wächter, aus dem auch die philosophischen Leiter der Polis hervorgehen, und der Masse des Polisvolkes entspreche der allgemeingriechischen Scheidung zwischen bloßen Einwohnern (Metöken, Frauen, Fremden, Sklaven, womöglich auch Tagelöhnern, Handwerkern, Bauern) und Vollbürgern, die allein den Staat ausmachten. Über ihren Status sagt Knauss: „Daß sich diese Schicht möglichst ausschließlich der kriegerischen und politischen Tätigkeit widmet, ist ebenfalls gesamtgriechische Staatsanschauung, und wurde auch in dem demokratischen Athen zu verwirklichen gesucht" (258). Vgl. hierzu Pol VII 1328 b 33 — 1329 a 26, wo Aristoteles ausführt, daß Bauern, Krämer und Handwerker („Banausen") nicht am vollkommenen, d. h. dem um der Tugend willen bestehenden Staate teilhaben (τὸ γὰρ βάναυσον οὐ μετέχει τῆς πόλεως 1329 a 19/20).

[3] Vgl. Aristoteles, Pol II; Jaeger II, 273ff.

im Hinblick auf die Vielfalt der Traditionen, die sie aufnehmen, wie in bezug auf originelle Gedanken und die neue Einheit, zu der er die Momente zusammenfügt.

Wie spätestens seit W. Jaeger als ausgemacht gelten darf, geht Platon das Problem des besten Staates von der Bildung her an, die in ihm herrschen müßte und von der aus er zustande kommen könnte[4]. Es ist insbesondere die Bildung derer, die in ihm regieren sollen. Denn Platons Voraussetzungen dabei heißen, daß im Gemeinwesen regiert werden müsse und daß zu diesem Amt nicht prinzipiell alle, sondern die Besten (die dazu Geeignetsten) berufen seien. Hätte nun zu seiner Zeit eine gut funktionierende Aristokratie (Herrschaft der Besten) bestanden, so hätte er sich wahrscheinlich, statt die POLITEIA und andere Dialoge zu schreiben, daran beteiligt. Er selbst legt in dem seit Wilamowitz-Moellendorff von den meisten Philologen für echt gehaltenen[5] 7. Brief dar, daß er das ursprünglich vorhatte (324 B ff.). Da er einem der vornehmsten Geschlechter

---

[4] Sofern *Jaegers* These besagt, daß für Platon die Konstruktion des besten Staates nur ein Umweg oder Hintergrund sei zur Erörterung der besten Bildung (*Jaeger* II, 312), bedarf sie wohl der Prüfung, zumal J. selbst an anderer Stelle schreibt: „alle Erziehung ist nach Plato eine Funktion der Gemeinschaft, gleichgültig ob sie durch den Staat geregelt wird oder ‚frei' ist" (II, 350). Dieser Widerspruch löst sich auf in der These, die POLITEIA ziele wesentlich auf politische Bildung (II, 358). Innerhalb ihrer stellt sich aber wieder die Frage, was primär sei: die Bildung zur politischen Theorie und Praxis oder das politische Leben gemäß einer epistéme/téchne politiké, von dem die politische Bildung nur ein Teil ist (vgl. *Wild:* Plato's Theory of TEXNH, 274 ff.).

[5] Zum Stand der gegenwärtigen Diskussion um die Echtheit des 7. Briefes vgl. die Hinweise bei *Kuhn* 3, 3, Anm. 2; *Neumann/Kerschensteiner*, im Anhang zu ihrer Ausgabe „Platon: Briefe".

Neuerdings hat *L. Edelstein* (Plato's Seventh Letter) die Autorschaft Platons an den unter seinem Namen überlieferten Briefen bestritten. E. glaubt, viele Widersprüche innerhalb der Briefe und zwischen ihnen und den Dialogen Platons („the dogma which the dialogues preach"/29) zu entdecken. Dieses, wie E. meint, in den Dialogen niedergelegte Dogma des reinen Theoretikers Platon (s. u. § 35) nimmt er zur Ausgangsbasis für ein kluges, aber völlig undialektisches Diskussionsspiel gegen die Echtheit insbesondere des 7. Briefs, das im Endeffekt — da Platon so eindimensional nicht gewesen sein kann — für die Echtheit einiger Briefe spricht.

Neben den philologischen, exakt scheinenden, aber keineswegs eindeutigen Argumenten für und gegen die Echtheit der unter Platons Namen überlieferten Briefe, gibt es die Argumentation aus dem stilistischen und gedanklichen Niveau, von der *J. Burckhardt* Gebrauch macht, wenn er schreibt, er müsse den 7. Brief für Platons eigenes Werk halten, „weil ein Schüler diesen Ton kaum möchte getroffen haben" (Griechische Kulturgeschichte I, 263, Anm. 4). Auch *Howald* bedient sich letztlich dieses Argumentes, wenn er den 6., 7. und 8. Brief für echt erklärt (vgl. die Einführung zu seiner Ausgabe „Die echten Briefe Platons, insbes. 10), ebenso teilweise *K. v. Fritz* (Platon in Sizilien, 22), der jedoch die Echtheit des 8. Briefes in Zweifel zieht (113 f.).

Athens entstammte⁶, war ein solcher Lebensplan für ihn naheliegend oder gar selbstverständlich. Durch welche Ereignisse er davon abgebracht wurde, so daß er sich statt der Politik der Philosophie (als einer politischen oder zumindest nicht unpolitischen Wissenschaft) widmete, beschreibt er ebenfalls im 7. Brief.

Die Notwendigkeit von Platons Entscheidung für die Theorie statt für die Praxis läßt sich auch aus der allgemeinen politischen Entwicklung Athens und Griechenlands ablesen. Platon war am Ende des Peloponnesischen Krieges im Jahre 404 dreiundzwanzig Jahre alt. Als sich in diesem Krieg die Niederlage Athens abzuzeichnen begann, fiel die Stadt in eine Verfassungskrise. Sie bedeutete das Ende einer fast zweihundertjährigen Epoche vergleichsweiser Stabilität, die von Solon, dem großen Vermittler zwischen Volk und Adel eingeleitet worden war. Denn die klassische attische Demokratie war in Wirklichkeit, ähnlich wie später die klassische englische Demokratie, eine auf Grund geschriebener und ungeschriebener Gesetze konstitutionelle Aristokratie oder Minoritätendemokratie. Sie wurde oft genug von Männern wie zuletzt Perikles geleitet, über den Thukydides schreibt, daß er „die Masse in Freiheit bändigte", so daß Athen unter ihm „dem Namen nach eine Demokratie, in Wirklichkeit eine Herrschaft des Ersten Mannes" war⁷. Im perikleischen Zeitalter

⁶ Über den möglichen Zusammenhang von Platons aristokratischer Herkunft und seiner Demokratiefeindschaft bemerkt *Sabine:* „Many commentators have attributed his critical attitude toward democracy to his aristocratic birth ... But the fact can be perfectly well explained otherwise; his distrust of democracy was no greater than Aristotle's who was not noble by birth nor even Athenian" (36). Andererseits sind die Führer der athenischen Demokratie bis hin zu Perikles Adlige. Der Kampf Aristokratie — Demokratie ist zunächst ein Kampf verschiedener Adelsfamilien gegeneinander (vgl. *H. Schaefer:* Das Problem der Demokratie im klassischen Griechentum).

⁷ *Thukydides:* Geschichte des Peloponnesischen Krieges, Kap. II, Abs. 65. Den Perikles selber läßt Thuk. in einer Rede sagen: „Es haben aber nach dem Gesetz in dem, was den Einzelnen angeht, alle gleichen Teil, und der Geltung nach hat im öffentlichen Wesen den Vorzug, wer sich irgendwie Ansehen erworben hat, nicht nach irgendeiner Zugehörigkeit, sondern nach seinem Verdienst" (II, 37). Demnach läge eine Demokratie vor, die neidfrei darauf bedacht ist, sich durch ihre Besten, nachdem sich diese als solche gezeigt haben, bestimmen zu lassen, also eine demokratisch offene Meritokratie.

Eben diese auf „Gleichheit der Geburt" (ἡ ἐξ ἴσου γένεσις· ἡ ἰσογονία ... κατὰ φύσιν) und Rechtsgleichheit (ἰσονομία) beruhende „Herrschaft der Besseren mit dem guten Willen des Volkes" feiert Platon in der, freilich recht ironisch eingerahmten Sokratesrede des MENEXENOS (238 C—E), dessen Echtheit von einigen bestritten wird. Es besteht jedoch kein Anlaß zu vermuten, daß die (offenbar gegen Perikles und mehr noch gegen die spätere politische Praxis gerichtete) Ironie dieses Idealbild der athenischen Verfassung als solches in Frage stellt, denn auch in der POLITEIA wird die Gleichheit vor dem Recht nirgendwo angetastet und wird Geburtsgleichheit dadurch anerkannt, daß die Standeszugehörigkeit der Eltern den Stand der Nachkommen nicht prinzipiell

erreichte Athen seine höchste Blüte und verwickelte sich noch unter seiner Führung in den Krieg mit Sparta, der nicht nur Athen, sondern alle griechischen Stadtstaaten reif machte für die makedonische Oberhoheit[8]. Wie Thukydides immer wieder aufweist, war der außenpolitische Konflikt zwischen Athen und Sparta und deren Verbündeten zugleich ein Bürgerkrieg innerhalb der Städte. Der Kampf um die Verfassung der Polis führte zu keiner Lösung, sondern zur Selbstzerfleischung Griechenlands.

In Athen kam es gegen Ende des Krieges zu einem Umschlag der alten, zwischen Adel und Volk vermittelnden Demokratie in Tyrannis, und der Tyrannis in institutionell durchgeführte, insofern totale Demokratie. Nach Aristoteles' Darstellung hatte die Verfassung Athens bis dahin eine langsame Wandlung durchgemacht, deren Kennzeichen die allmähliche Ablösung der Wahl durch das Los war[9]. In der letzten Form der Demokratie wurden die meisten Ämter (die einzige wichtige Ausnahme betraf den Strategenposten) durch Losentscheid besetzt, und die höchste Gewalt lag bei allgemeinen Bürgerversammlungen oder einem aus allen Bürgern erlosten Rat. Das auf diese Weise unmittelbar souveräne Volk jedoch brauchte, um überhaupt aktionsfähig zu sein, tonangebende Leute. Dazu bemerkt Aristoteles: „Solange nun Perikles Vorsteher des Volkes war, stand es mit der Verfassung noch gut: viel schlimmer wurde es nach seinem Tode. Denn da zum erstenmal wählte sich das Volk einen Vorsteher, der bei den Vornehmen keinerlei Ansehen besaß [nämlich den Kleon] ... er als erster schrie auf der Rednertribüne und schimpfte und riß an seinen Kleidern, während die andern in Ruhe sprachen"[10].

determiniert. Platon Kastendenken vorzuwerfen, ist verfehlt, da es an mindestens zwei Stellen ausdrücklich anders steht (P 415 B; 423 D; vgl. *Levinson:* In Defense of Plato, 609 ff.; 535 ff.). — Zum Problem Isonomia — Menexenos vgl. G. *Vlastos* in „Isonomia" (op. cit.), insbes. 22 ff.

[8] Über das Fortbestehen der Polis in hellenistischer und römischer Zeit s. u. § 27 den Hinweis auf *Nörr*. Es ändert nichts daran, daß die „ethisch-politische Bedeutung" (J. Burckhardt/s. u. ebd.) der Polis sich mit dem Verlust ihrer Freiheit von ihrem konkreten Substrat ablöst.

[9] *Aristoteles:* Politik und Staat der Athener (übers. Gigon), op. cit., 327 ff.; vgl. Pol II 1273 b 36 — 1274 a 22. „Gleiches Recht" für alle Vollbürger, wenn darunter nicht bloß die Gleichheit vor dem Recht, sondern auch die Besetzung der meisten politischen Ämter durch Losentscheid verstanden wird, ist für Platon das Wesensmerkmal der Demokratie (P 557 A; Po 298 E; Jaeger III, 64). Zu den institutionellen Einzelheiten der attischen Demokratie vgl. *Ehrenberg:* Der Staat der Griechen, 85 ff. Nach *E. Barker* (Greek Political Theory, 39) ist nicht klar, bis wann es eine Vorwahl durch die Demen gab und ab wann direkt, ohne Vorwahl gelost wurde. A. H. M. *Jones* (Athenian Democracy, 47 ff.) macht wahrscheinlich, daß dem Auslosen der Ämter eine geringere Bedeutung zukam als die antiken Kritiker der Demokratie behaupteten.

[10] *Aristoteles*, a. a. O. 354; vgl. *Thukydides'* Darstellung des Verfalls der politischen Sitten durch den Peloponnesischen Krieg und die begleitenden Bürgerkriege, op. cit., Kap. III, Abs. 82 f.

Der junge Platon hätte also zunächst versuchen können, an der Gewaltherrschaft der Dreißig, von denen einige ihm verwandt waren, teilzunehmen und dann an jener Los- und Volksführer-Demokratie. Jedoch die Herrschaft der Dreißig, von denen Aristoteles berichtet, daß sie in kurzer Zeit nicht weniger als 1500 Bürger beseitigten[11], demonstrierte ihm den Verfall des Adels, und an der nachfolgenden Demokratie stieß ihn die Verurteilung des Sokrates ab. Auch bot sie ihm wohl nicht die rechte Betätigungsmöglichkeit, da er sich entweder als Volksredner hätte hervortun oder hätte warten müssen, bis ihn das Los für irgendein exekutives Amt bestimmte[12]. So kam es, wie er im 7. Brief schreibt, daß er zwar nicht aufhörte, darüber, wie es wohl „in betreff der gesamten Staatsverwaltung sich besser gestalten könne, nachzudenken, fortwährend aber wieder für meine wirkliche Beteiligung auf günstigere Umstände wartete und zuletzt von allen jetzt bestehenden Verfassungen erkannte, daß dieselben insgesamt schlecht verwaltet werden" (326 B).

Aus diesen Erfahrungen und Überzeugungen Platons ist auch zu verstehen, wieso er für seinen besten Staat den revolutionär-aufklärerischen Ansatz einer ganz von vorn[13] und in seinem eigenen Gedankenentwurf anfangenden Bildung wählte, während er — zumindest nach seiner späteren Position — den Weiterbestand „der Sitten und Einrichtungen unserer Väter"[14] begrüßt hätte. Doch darin eben bestand die Einsicht, die die Erfahrung ihn gelehrt hatte, daß die alte Ordnung unwiederbringlich dahin und keine neue an ihre Stelle getreten sei[15], weil die radikale Demokratie, statt neue Verbindlichkeiten zu schaffen, den Bürgern zuletzt eine solche Freiheit gewährt, daß sie sich „um die Gesetze gar nicht kümmern, mögen es nun geschriebene sein oder ungeschriebene" (P 563 D). Da Platon aber faktisch mit seiner Herrscherbildung für den besten Staat an alte aristokratische Traditionen anknüpft, könnte man meinen, er sei der Theorie nach ein konservativer Revolutionär oder ein konterrevolutionärer Ideologe, indem er gegen eine vollzogene demokratische Revolution nun eine neuerliche Umwälzung proklamiert, die zwar formal besonders radikal und aufklärerisch aussieht, aber inhaltlich von den überwundenen alten Vorstellungen lebt.

---

[11] *Aristoteles*, a. a. O. 362.
[12] Nach *J. Burckhardt* (op. cit., I, 82; 224; 242; 253f.) und *E. Meyer* (Geschichte des Altertums V, 285) kam es in dieser Zeit allgemein zu einer Abwendung der Fähigen von der politischen Tätigkeit.
[13] Wirklich ganz von vorn, nämlich, wie Platon einmal vorschlägt, nur die noch nicht 10 Jahre alten Kinder hinzuziehend (P 541 A; vgl. 415 D; 425 A; 501 A). Im TIMAIOS nennt er den entworfenen besten Staat „das außerhalb der gewohnten Lebensweise eines jeden Liegende" (19 E).
[14] 7. Brief 325 D; vgl. N 793 B; 797 C.
[15] Vgl. *J. Gould:* The Development of Plato's Ethics, XI.

Doch kommt es hier wie überhaupt auf die Definition von „revolutionär" und „konservativ" an. Wenn Revolution die gewaltsame, gegen die Träger einer bestehenden Ordnung oder Unordnung gerichtete Veränderung der Verhältnisse meint, dann ist Platon weder seiner eigenen Praxis nach[16] noch im Hinblick auf die Praxis, die er anderen empfiehlt, ein Revolutionär[17]. Und wenn Konservatismus die Fortführung vorhandener Traditionen bedeutet, so wäre darauf hinzuweisen, daß diese Definition in sich selbst dialektisch ist, weil es wohl immer auch eine Tradition von Neuerungsbestrebungen gibt. Im damaligen Griechenland wenigstens gab es beide Traditionen, und Platon knüpft sowohl an die Gedanken der alten Adelsethik wie der ionischen und sophistischen „Aufklärung" an.

Philosophisch zureichend kann das Problem nur im Blick auf Platons Stellung zur Frage politischer Veränderung gelöst werden[18]. In der POLITEIA vertritt Sokrates die These, daß der selber erst durch Veränderung bestehender Verhältnisse hervorgehende beste Staat in seinen essentiellen Bestandteilen, nämlich der Ständestruktur und dem Ausbildungsgang der Wächter und Philosophenherrscher, nicht verändert werden dürfe. Es wäre ja auch widersinnig, das Beste, falls es einmal erreicht ist, zu verändern. Im übrigen aber verdienen die Philosophenherrscher, die den besten Staat

---

[16] Das gilt sowohl von seiner persönlichen Haltung gegenüber seinem demokratisch-oligarchischen Vaterland Athen wie für seine Absichten in Sizilien. Wenn Revolution, so schwebte ihm keine gegen, sondern mit den Regierenden, also eine Revolution von oben vor. Sie, die ohnehin an der Gewalt sind oder gewaltlos dazu gelangen, sollen freilich bei der Neugestaltung des Staates, wenn nötig, auch Gewalt gebrauchen dürfen (Po 293 D ff.; vgl. die Andeutungen P 501 A; 540 E — 541 A).

[17] Platon sagt, ein vernünftiger Mann müsse, wenn ihm die Verfassung des Staates, in dem er lebt, nicht gut erscheine, „es aussprechen, sobald seine Rede keine vergebliche sei noch auch sein Leben bedrohen würde, der Gewalt aber gegen sein Vaterland zur Umgestaltung der Verfassung sich nicht bedienen ..." (7. Brief 331 D; vgl. KRITON 51 C; anders freilich Po 296 A f.).

[18] Zu der im englischen Sprachraum geläufigen These, Platon stehe aller Veränderung feindlich gegenüber, vgl. *Manasse* II, insbes. 179; *Levinson* (In Defense ...), insbes. 553 ff.; *Mayr*, 196 ff. Vor allem *Mayr* unternimmt eine klug abwägende Verteidigung Platons gegen die Angriffe *Russells*, *Toynbees*, *Poppers* (Der Zauber Platons, insbes. 64 ff.). Zu unterscheiden ist zwischen der Frage, ob sich Platon gegenüber der Wirklichkeit der Polis veränderungsfeindlich äußerte, oder aber im Hinblick auf seinen Idealstaat. Zum zweiten Aspekt vgl. Mayr, zum ersten *Sabine*, der zu einer wohl richtigen, dialektischen Sicht von Platons Haltung kommt (71 f.). Bei ihm heißt es: „Is the customary basis of life ... to be interpreted as the enemy of intelligence and the great obstacle in the way of an art of living and governing? In effect this is the assumption behind the ideal state of the REPUBLIC, and that presumption forced Plato to become a rebel against the most cherished political idea of the state which he desired to save."
Zur allgemeinen Dynamik des Platonischen „Idealismus" vgl. *Moreau*: La construction de l'idéalisme Platonicien.

leiten, deshalb Herrscher zu sein, weil sie Dialektiker sind. Und diese
höchste Wissenschaft der Dialektik ist die Kunst, alle bloßen Voraussetzungen (hypothéseis), das heißt solche Setzungen, von denen unbegrün-
det behauptet wird, sie lägen aller Setzung voraus, seien Anfänge (archaí),
aufzuheben[19]. Daß unter diese Voraus-Setzungen prinzipiell auch Vorurteile
zugunsten des Bestehenden fallen, zeigt Platons Warnung vor einer abstrakten Dialektik ,die zumal junge Leute dahin bringt, alles widerlegen zu wollen und nichts „mehr von dem zu glauben, was sie früher glaubten"[20]. Bei
den ausgewählten und ausgebildeten Philosophenherrschern jedoch ist die
Dialektik die Kunst, nur falsche Positivität („Establishment") zu zersetzen
und den Staat in den Wechselfällen, denen er notwendig ausgesetzt ist,
den jeweils auftretenden äußeren Bedingungen gemäß nach dem prinzipiell
immer gleichen, aber konkret flexiblen Guten auszurichten.

Am ausdrücklichsten diskutiert der POLITIKOS das Problem Veränderung—Beharrung. Der beste Staat erscheint dabei als der beweglichste,
weil er nicht von Gesetzen bestimmt wird, sondern von dem „gemäß seiner
Einsicht königlichen Mann"[21]. Das Gesetz dagegen ist „wie ein selbst-
gefälliger und ungelehriger Mensch, der nichts anders als nach seiner
eigenen Anordnung tun will und auch niemanden weiter anfragen lässt,
auch nicht, wenn für jemanden etwas Neues etwa besser ist außer der Ordnung, die er selbst festgestellt hat" (Po 294 C). Das Gesetz erscheint also
unter dem Bilde dessen, was wir heute Bürokratie nennen. Da Platon im
POLITIKOS jedoch den besten Staat in einen mythischen Hintergrund zurücktreten läßt, stellt sich das Problem der Veränderung für den meist allein
möglichen zweitbesten Staat (Po 297 E; 300 C) anders. Der wahrhaft königliche Mann fehlt nämlich meistens[22] oder wird von der Menge nicht anerkannt (Po 298 A). Anstelle der durch Wissenschaft und Kunst Weisen

---

[19] Bei *Poppers* seltsamen Vorstellungen von *Dialektik* (vgl. Popper: Was ist
   Dialektik?, in: Logik der Sozialwissenschaften (ed. Topitsch), Köln/Berlin
   1966[3], 262—290) nimmt es nicht Wunder, daß er diese wichtige Seite des
   Platonischen Dialektikbegriffs ignoriert.
[20] Vgl. *K. v. Fritz:* „ . . . Auf der anderen Seite hat Platon doch auch bis an sein
   Lebensende jene sokratische Methode des Fragens fortgesetzt, die immer wieder von neuem fragt, was denn eigentlich das Gute und das Gerechte oder
   die ,Tugend' ist, womit deren Inhalt doch immer wieder in Frage gestellt
   wird: daher sich auch der reaktionäre Politiker und Historiker Theopomp
   über diese ,zersetzende' Tätigkeit in der platonischen Akademie erregte: ,als
   ob nicht jeder anständige Mensch (im Sinne überkommener Anschauungen)
   ganz genau wüßte, was gut und anständig ist' " (Platon in Sizilien, 136f.).
[21] ἀνδρα τὸν μετὰ φρονήσεως βασιλικόν (Po 294 A; vgl. überhaupt 293 C
   — 297 D).
[22] „ . . . nur unter wenigen . . . oder dem einen muß man jene eine richtige
   Staatsverfassung suchen" (Po 297 C). Nach dem POLITIKOS-Mythos ist dieser
   Eine der Gott selber und sind die Wenigen die von ihm mit der Leitung der
   Menschen beauftragten Dämonen (Po 271 D/E; s. u. § 28).

wollen die Menge oder die Reichen selber bestimmen (Po 298 B—D). Und unter den Bedingungen der so entstehenden Demokratie und/oder plutokratischen Oligarchie ist es nun nach Platon besser, einmal beschlossene Gesetze nicht durch die Willkür Einzelner verändern zu lassen[23], obwohl sie nur das als „wohlhergebrachten Gebrauch"[24] festgesetzte Gutdünken der Mehrzahl oder der Einflußreichen zum Inhalt haben (Po 289 D/E). Platons Spott in diesem Zusammenhang über das Wohlhergebrachte und Urväterliche will offenbar sagen, daß die so erlassenen Gesetze erstens nicht sind, was sie zu sein vorgeben, nämlich die bloße Feststellung alter Sitten, und zweitens nicht sind, was sie sein sollten, nämlich die nach der Einsicht der Einsichtigsten veränderte Tradition.

Gegen den aus der Trägheit der Menge resultierenden Konservatismus der Demokratie und Plutokratie, der „nach Schriften und Gewohnheiten, nicht nach Erkenntnis" (Po 301 E) verfährt und jemanden, der weiser ist als die Gesetze (Sokrates), wegen Verführung der Jugend anklagt (Po 299 B/C), macht Platon somit primär das Prinzip individueller, aber personalpolitisch vermittelter Erkenntnis geltend. Da aber das, was „von den Wissenden nach Vermögen aufgezeichnet" wurde, immerhin eine „Nachbildung des Wahren" ist (Po 300 C; s. u. § 42), sind die schlechten Staatsformen, in denen die Wissenden nur als Ratgeber der Menge oder der Einflußreichen fungieren können, wenigstens darauf festzulegen, daß das einmal, womöglich unter Berufung auf die tatsächlich große Tradition Beschlossene auch korrekt durchgeführt und nicht willkürlich verändert werde. Platon möchte die sophistisch gewordene Masse[25] wenigstens auf ihr eigenes Räsonieren festlegen, während er, wie die Anspielung auf Sokrates, den „Verderber der Jugend" andeutet, als erstbeste Position die sokratische Vollendung und Aufhebung sophistischer Dialektik im Auge hat. Sokrates versuchte, so wie Platon ihn darstellt, durch das zur bloßen Konvention (Setzung) gewordene Herkommen durchzustoßen auf weiterhin tragfähige Gründe (archaí), aus denen auch die Richtung notwendig werdender Veränderung begründet werden kann.

---

[23] Po 300 A — 301 A; 300 B: „Denn wer ... gegen die Gesetze, die doch auf langer Erfahrung beruhen und bei denen immer einige Ratgeber verständig geraten und die Menge mit überredet haben, sie so festzusetzen, wer so gegen diese zu handeln wagt, der werde statt eines Fehlers einen noch viel größeren Fehler machen und uns alles Handeln noch weit ärger zerstören als die Vorschriften selbst."

[24] πάτρια ἔθη (Po 298 E; 299 D); παλαιά τῶν προγόνων ἔθη (299 A); s. u. § 21.

[25] Zu der von Platon diagnostizierten Wechselwirkung zwischen der Sophistik und der Masse vgl. P 493 A/B; vgl. auch die Dialoge PROTAGORAS und GORGIAS.

§ 7. Politeia und Traditionen

Folgende Traditionen nimmt Platon in seiner Philosophie und zugleich seinem Bildungsprogramm für die Philosophenherrscher zusammen[26] (und damit erst entstand Philosophie in der mannigfaltigen Einheit, als welche sie in der weiteren Geistes- und Zivilisationsgeschichte ihre Rolle gespielt hat, wenn auch durch den aristotelischen Primat der Theorie verändert):

1. Die vor allem aus Ionien und Italien nach Athen überlieferte Bemühung um eine theoretische Wissenschaft von den ersten Gründen und Ursachen[27]. Mit Sokrates war diese Wissenschaft oder, wie man wohl bescheidener sagen muß: diese Fragerichtung vor allem ethisch und politisch geworden, zielte auf eine Theorie, die ermöglichen würde, in der Gemeinschaft mit anderen ein gutes Leben zu führen[28].

2. Die Adelserziehung und Adelsethik in ihrer aus der alten Familienreligion emanzipierten und bereits nach rationaler Rechtfertigung suchenden Form. Für Platon ergibt sich aus dieser Tradition die These, daß eine politische Gemeinschaft nur dann nach außen frei und nach innen wohlgeordnet sein könne, wenn die dazu nötigen Tugenden von einer bestimmten Schicht vorbildlich verwirklicht werden. Kraft ihrer Vorbildlichkeit ist diese Schicht zu politischer Machtausübung und Führung berufen.

3. Die in allen Lebensbereichen, zumal im Ethischen, maßgebende Bildung durch Homer und die anderen großen Dichter.

4. Die Bildung zur Kunst (téchne). In vielen seiner Dialoge benutzt Platon die Kunst der Handwerker oder andere Technai, besonders die Steuermannskunst und Medizin, als Beispiele für vernünftige Tätigkeit in bestimmten Gegenstandsbereichen und für vernünftige Gliederung der gesamtgesellschaftlichen Praxis. Problematisch wird diese Wissens- und Arbeitsteilung[29] in bezug auf eine höchste, sowohl das Handeln wie das

---

[26] Vgl. dazu neben *W. Jaegers* allgemeiner Geistesgeschichte Griechenlands („Paideia") im einzelnen *F. Dümmler:* Prolegomena zu Platons Staat, in: Kl. Schriften I, 150—228; — *K. F. Hermann:* Die historischen Elemente des platonischen Staatsideals, in: Ges. Abhandlungen und Beiträge, Göttingen 1849, 140 ff. Allgemeiner auch: *J. Stenzel:* Platon der Erzieher, insbes. 1—80.

[27] ἐπιστήμη θεωρητική τῶν πρώτων ἀρχῶν καὶ αἰτιῶν — *Aristoteles'* Bestimmung der Ersten Philosophie (Met. I 982 b 8).

[28] Nach *Ciceros* Wort (Tusc. V, 4) hat Sokrates „die Philosophie vom Himmel herabgeholt und in die Städte der Menschen und ihre Wohnungen hineingeführt" (*Jaeger* II, 80; vgl. 123); ähnlich schon *Aristoteles,* De part. an. 642 a 25—31.

[29] P 369 B ff. schildert *Platon* die Entstehung der Stadt aus dem Bedürfnis. Am Anfang aller Gesellschaft liegt demnach ein Zusammenschluß verschieden veranlagter Menschen zum Zwecke der Bedürfnisbefriedigung, die am besten geleistet wird, wenn jeder sich seiner Veranlagung gemäß auf eine bestimmte Arbeit spezialisiert und sich auf diese Weise alle gegenseitig bei der Besorgung des Notwendigen helfen (s. u. §§ 12; 13). Diese Grundstruktur der Polis wird dadurch nicht relativiert, daß das Gemeinwesen in seiner entwickelten Form

Machen anleitende Kunst, die allen übrigen Künsten ihre Bereiche und vor allem auch die jeweilig geeigneten Menschen zuweist[30].

5. Die Bildung, welche die Sophisten und Rhetoriklehrer vermittelten oder zu vermitteln den Anspruch machten. Die größten unter ihnen wollten diese höchste und umfassende Kunst, die zugleich Tugend- und Verhaltenslehre ist, als eine Technik in Analogie zu den anderen im Staat notwendigen Künsten lehren[31]. Sokrates und Platon nehmen diesen Versuch kritisch auf, und Platon faßt diese politische Wissenschaft als Philosophie, das heißt als eine im Grunde nicht technische Einsicht, als eine Erkenntnis des Nicht-Machbaren (s. u. §§ 34 ff.)[32].

6. Eine neue, nicht mehr unmittelbar politische, sondern individuelle, private, subjektive, verinnerlichte Bildung und Ethik, der im politischen Bereich die radikale Demokratie als eine Verfallsform des Politischen entspricht[33] und im religiösen Bereich die Orphische Religion, die nicht mehr Polis-Religion war[34].

kein „Schweinestaat" ist (P 369 B — 374 E), sondern über die Besorgung des Notwendigen hinausgeht (dazu *Gadamer*, 192, Anm. 5). Außerdem spricht nicht Sokrates vom „Schweinestaat", sondern Glaukon, der freilich ganz offensichtlich von Sokrates zu dieser Äußerung provoziert worden ist (P 372 D). *Foster* (The Political Philosophies of Plato and Hegel, 7 ff.) stellt über diese Fragen sehr subtile Überlegungen an. Über das Verhältnis der ursprünglichen Stadt zur entwickelten, idealen schreibt er: „In the ‚first city' the form which constitutes its unity (division of labour and harmony of trades) is natural in the sense that it is primitive and the product of no conscious purpose. In the ideal Polis this identical form is restored, and its justice depends entirely upon the condition that the form restored shall be identical with the natural one; but the process of its restoration is an act informed by conscious purpose" (15).

[30] „Im Augenblick nun, da uns das Modell [der téchne] alles gibt, was es uns nur versprechen konnte, da es in den festen, bekannten Umrißlinien der „Kunst" die bislang unbekannte Gestalt einer „königlichen Kunst" (. . .) sich abzeichnen läßt, die aus dem Wissen um den Menschen und das ihm zugeordnete Seinsziel das Leben zu formen imstande wäre — eben da versagt das Modell und läßt uns ratlos" *Kuhn* 2, 33 f.). Vgl. *Hirschberger:* Die Phronesis in der Philosophie Platons vor dem Staate; — *J. Wild:* Plato's Theory of TEXNH, 273 f.; — *J. Gould:* The Development of Plato's Ethics, insbes. 31 ff; — *E. G. Ballard:* Socratic Ignorance, insbes. 66 ff. — Am grundsätzlichsten hat *Foster* (op. cit., 18 ff.) dieses Problem reflektiert. Die Auseinandersetzung damit würde den Rahmen dieser Arbeit sprengen.

[31] Vgl. vor allem Platons PROTAGORAS.

[32] Nach *Hirschberger* (op. cit., 3; 130; 139) verfolgt Platon von Anfang ein bestimmtes Ziel: „die Emanzipation der Ethik von der Technik", aber so, „daß die Techne doch für Platon auch wieder neue Gestalt gewinnt", vor allem in der βασιλικὴ τέχνη.

[33] Damit ist weder gesagt, daß die totale Demokratie die einzig angemessene politische Form für einen recht verstandenen Individualismus sei, noch daß jede Form der Demokratie Verfall des Politischen bedeute, sondern lediglich ist gesagt, daß die damalige attische Demokratie nach der wohlbegründeten Ansicht Platons ein schlechter Staat war.

[34] Über den umstrittenen Einfluß der Orphik auf Sokrates und Platon vgl. die Hinweise bei *Ballard* (Socratic Ignorance, 46, Anm. 1).

§ 8. Die Polis zwischen Aristokratie und Demokratie/Plutokratie

Von den aufgezählten Punkten interessiert hier zunächst besonders der zweite. Die Aufnahme dieser Tradition wird eine Ungleichheit im Sinne von Ausschließlichkeit oder Stufung in das Gemeinwesen und seine Bildung hineinbringen, während die anderen genannten Bildungsmedien für „alle" sein könnten, was im Punkt 6 unter dem Titel „Demokratie" ausdrücklich wird. Faktisch jedoch war die Philosophie (in dem engeren Sinne von Punkt 1 verstanden) esoterisch, und war auch die sophistische Erziehungsbewegung „von vornherein nicht Volksbildung sondern Führerbildung"[35]. Nur die Dichtung und die Spezialbildung der Künste hatte Breitenwirkung. Nun strebt Platon offenbar an, die Philosophie aus ihrem esoterischen Bereich herauszuführen und ihr zu der mit Macht gepaarten, öffentlichen Exklusivität zu verhelfen, die in der älteren Polis dem Adel zukam. Um sie dazu geeignet zu machen, läßt er sie die übrigen Bildungsmächte soweit möglich integrieren, den Rest destruieren. Er kritisiert die Dichter, die Sophisten und die Gleichheit und überläßt der breiten Masse nur die untergeordneten Technai, nachdem er gleich in einem seiner ersten Dialoge, dem PROTAGORAS, herausgestellt hat, daß die übergeordnete téchne politiké wesentlich von den übrigen Künsten unterschieden ist.

Doch ist eine solche Betrachtungsweise oberflächlich und abstrakt. Um einer zunächst zu unterstellenden Vernünftigkeit der platonischen These von den Philosophenherrschern näherzukommen, muß gefragt werden, welche ideellen und realen Möglichkeiten sich Platon konkret geschichtlich boten und welchem Bedürfnis seine Philosophie entsprang. Seine Erfahrungen und Beobachtungen sagten ihm, daß die innere Ordnung der Polis und die äußeren Beziehungen der verschiedenen Polisstaaten miteinander in eine Krise geraten waren. Er sah den Verfall der Aristokratie und den Verfall der Demokratie. Wollte er die griechische Wirklichkeit nicht utopisch überfliegen oder wie Aristoteles bloß historisch vergegenwärtigen, sondern wollte Rettung suchen für die Polis, so blieb allein die Anknüpfung an noch intakt scheinende Gestaltungen dieser politischen Lebensform. Solche Vorbilder boten sich zu seiner Zeit in der spartanischen Verfassung sowie zu früheren Zeiten in Aristokratien, die wenigstens in Annäherung Herrschaft der Besten gewesen waren und daher ein vergleichsweise harmonisches Verhältnis zwischen Herrschern und Beherrschten aufwiesen. Doch bei alledem war Platon ein Athener seiner Zeit, das heißt ein Bürger des gebildetsten Staates, weshalb sein Staatsentwurf eine Wiedergeburt der Polis aus der Bildung und dem Geiste wurde[36].

---

[35] *Jaeger* I, 368.
[36] Über Platons dialektisches Verhältnis zu Athen: *R. Harder:* Plato und Athen, sowie: Platos Kriton, in: Kl. Schriften, 212—246 (s. u. § 25); vgl. auch *E. Kapp:* Platon und die Akademie.

Polis ist vor allem die Gemeinschaft derer, die das Bürgerrecht (politeía) haben. Und „politeía" bezeichnet nach Ehrenberg zugleich Bürgerrecht, Bürgerschaft und Staatsverfassung. Dazu führt Ehrenberg aus: „Wenn das gleiche Wort die individuelle Teilnahme am Staate und seinen allgemeinen Aufbau bedeutete, so zeigt sich darin, daß diese Teilnahme zunächst nicht ein rein juristischer Akt zwischen Individuum und Staat war, sondern bedingt durch die lebendige Zugehörigkeit des Einzelnen zur Bürgerschaft, also auch durch die anderen vor- und innerstaatlichen Gemeinschaften[37], und somit an diese, an Kult und Boden gebunden"[38]. Auf diesem Boden von Gemeinschaftlichkeit war nun aber die Polis, geschichtlich-dynamisch gesehen, der sich vermittelnde, sich entwickelnde Gegensatz von Verschiedenheit und Gleichheit: des aristokratischen (bzw. oligarchischen) und des demokratischen Prinzips[39]. Darum konnte Aristoteles gegen Ende dieser Entwicklung das Ideal der Polis als gemischte Verfassung beschreiben[40].

[37] Die Sippe, das Haus, die Phratrie, die Phyle, vgl. *Ehrenberg:* Der Staat der Griechen, 12 ff.; *Fustel de Coulanges:* Der antike Staat.
[38] *Ehrenberg,* op. cit., 47; vgl. *Ryffel:* ΜΕΤΑΒΟΛΗ . . ., 3 ff.; *Knauss.*
[39] „Einheit aus artverschiedenen Gliedern" (ἐξ εἴδει διαφερόντων), so bestimmt Aristoteles in der POLITIK (II 1261 a 15 ff.) das Wesen des Staates. „Gleichheit, die den Gegensatz in sich enthält und aufhebt" (τὸ ἴσον ἀντιπεπονθός), ist ihm ebendort das staatbewahrende Prinzip" (*Friedländer* III, 85 f.). *Jaeger* macht deutlich, daß *Thukydides'* Darstellung die Erkenntnis dieses tragenden Gegensatzes zugrunde liegt, und schreibt dazu: „Die spätere philosophische Theorie der gemischten Verfassung als der denkbar besten Form des Staates ist hier von Thukydides vorweggenommen" (*Jaeger* I, 510 f.; vgl. III, 160).
[40] Während *Platon* in der POLITEIA das Polisprinzip einseitig übersteigert, baut er in den NOMOI das der damaligen Wirklichkeit nähere Ideal einer aus königlich-aristokratischen und demokratischen Elementen gemischten Verfassung auf (vgl. *Morrow:* Plato's Cretan City, insbes. 521 ff.). Er stellt die spartanische Verfassung, weil sie die Mitte zwischen Allein- und Volksherrschaft halte, als ein Vorbild hin (N 691 E ff.; 712 D/E; vgl. 756 E f.). Im 8. Brief empfiehlt Platon, auch im Namen seines toten Schülers und Freundes Dion, für Sizilien die Einrichtung einer gemischten Verfassung in Form eines konstitutionellen Königtums (Vorbild: Lykurg, Sparta) (354 B f., vgl. dazu *H. Breitenbach:* Platon und Dion, 58 ff., der darauf hinweist, daß weder Platon noch Dion den Idealstaat der POLITEIA doktrinär verwirklichen wollten, sondern eine Variation des Ideals nach Maßgabe der vorliegenden Verhältnisse für richtig hielten; ebenso *K. v. Fritz:* Platon in Sizilien, 115). Zum Problem Mischverfassung bei Platon auch: *Ryffel,* op. cit., Stichwort „Mischverfassung"; — *Krämer* 1, 201 ff.; — *Gaiser* 2, 277 f.; — *Sabine,* 77 ff.
   Desgleichen stellt *Isokrates* in seinem Spätwerk PANATHENAIKOS eine gemischte Verfassung, und zwar eine „Demokratie mit starkem aristokratischem Einschlag", als das Erstrebenswerte dar (vgl. *Jaeger* III, 225). Und bei *Aristoteles* wird „politeía", die allgemeine Bezeichnung für die konkrete und in Gesetzen artikulierte Verfaßtheit eines Gemeinwesens, zugleich in spezieller Bedeutung zum Namen für ein dem spätplatonischen und isokratischen ähn-

Die Entwicklung ging von der Ungleichheit zur Gleichheit, von der Königs-, Adels- zur Volksherrschaft[41]. Ihre Blütezeit hatte die Polis, solange sich die antagonistischen Kräfte zu einem gemeinsamen Leben und Ziel zusammenfanden, in Athen von Solon bis Perikles. Bedingung der Blüte war offenbar, daß sich der Gegensatz in größtmöglicher Spannung gerade noch zusammenhielt. Darum wurde Athen die weltgeschichtlich bedeutendste Stadt Griechenlands. In Sparta dagegen war der Gegensatz frühzeitig in einer soliden Verfassung, die technisch und ökonomisch mögliche Herrschaftsverhältnisse für eine lange Zeit institutionalisierte, statisch geworden.

Mag nun auch das individualistische oder demokratische Prinzip und nicht das spezifische, labile Gleichgewicht zwischen den Wenigen und den Vielen das weltgeschichtlich Wichtige an der Polis gewesen sein, sozusagen die Frucht, welche die verwelkende Pflanze an die Zukunft weitergab, so bedeutete der Niedergang des Adels und die Entwicklung zur radikalen Demokratie und Plutokratie für die Polis als ein Gleichgewichtsverhältnis den Verfall und schließlichen Untergang. Ähnlich lief später der Niedergang des europäischen Adels dem Verfall Europas parallel. Welchem zukünftigen Prinzip hier die alten Lebensformen zum Opfer fielen, ist hier nicht zu untersuchen, doch scheint eine historische Gesetzmäßigkeit darin zu liegen, daß die Entfaltung einer aus der Geschichte zukommenden „Frucht" zu einer neuen Gestaltung und Blüte wieder ein spezifisches Gleichgewichtsverhältnis gegenstrebiger Kräfte mit sich bringt, so daß auch dieses Prinzip sich vererbt. Es scheint demnach auch jeweils (wenigstens in der bisherigen Weltgeschichte) eine neue Aristokratie zu entstehen[42], die dann wieder in der Auseinandersetzung mit der Masse unter-

---

liches Ideal der Mischung und Mitte (insbes. Pol IV 1289 a 36; IV 1293 b 22 — 1294 b 41). Über die griechischen Stoiker (vgl. des *Panaitios* Lob der gemischten Verfassung in: Stoa und Stoiker, ed. Pohlenz, 252) wirkt dieses Ideal auf die römische Staatstheorie (vgl. *Verdross-Drossberg*, op. cit., 161 f.). — Zum Problem Gemischte Verfassung bei Polybios: *K. v. Fritz:* The Theory of the Mixed Constitution in Antiquity, New York 1954.

[41] Was die Griechen, soweit ihr historisches Bewußtsein zurückreichte, unter Königtum verstanden, entwickelt *Knauss* im Anschluß an *Homer.* Ähnlich wie für die frühgermanische Zeit ergibt sich für die frühgriechische Zeit das Bild einer Gemeinde der wehrfähigen Freien, über die eine nicht kastenmäßig abgesonderte Herrenschicht hervorragt, innerhalb welcher der König — anders als in der orientalischen Despotie — primus inter pares ist (*Knauss*, 39 ff.; vgl *Ehrenberg*, op. cit., 16 ff.; 54 ff.; 64 ff.; sowie vom gleichen Autor: Polis und Imperium, 119 ff.). Zu der angegebenen generellen Entwicklungstendenz der Polis vgl. Ehrenberg: Der Staat der Griechen, 110.

[42] „Die Klassiker der modernen soziologischen Elitetheorie, Pareto, Mosca und Michels, haben zu zeigen versucht, daß in jeder Gesellschaftsordnung, in Staaten, Gruppen und Verbänden, auch demokratischer Art, die faktische Machtausübung in der Hand von Minderheiten liegt . . ." (*Krämer* 3, 268).

liegt, nachdem sie vorher in sich selbst zerfallen ist. Die kulturelle Blüte ist die bereits vom Untergang bedrohte Verinnerlichung der tragenden, vermittelnden Lebensformen. So entsteht weltgeschichtlich tradierbare Bildung, und W. Jaegers Definition „Bildung ist nichts anderes als die sich fortschreitend vergeistigende Adelsform einer Nation"[43], scheint aus solchen Zusammenhängen heraus richtig zu sein.

Für die Entstehung des Adels ist als eine oder die wesentliche Ursache der Krieg maßgebend. Im noch personalen Kampf Mann gegen Mann zeigt sich Überlegenheit, die zur Führung befähigt, am eindeutigsten. Die Tugend eines Mannes ist unmittelbar Tüchtigkeit, das heißt, zeitigt im Kampfeserfolg deutlich wahrnehmbaren Nutzen für das Überleben einer Gruppe, und ist auch im Ernstfall, wenn die vorher bestellten Führer ausfallen, unmittelbar Führung[44]. Im Krieg regelt sich damit die Gliederung einer Gruppe wie von selbst. Im Frieden jedoch gerät dieser ursprüngliche adlige Tugendbegriff in eine Krise. Erstens kann frühere Tüchtigkeit im Laufe der Zeit durch Verweichlichung oder andere Gründe verschwinden. Das ist schon bei dem gleichen Individuum möglich, wieviel mehr, wenn eine ursprünglich auf Tüchtigkeit beruhende Rangordnung vererbt und durch ein zugleich religiöses und politisch-soziales Recht zementiert wird. Zwar kann die besondere Adelserziehung und das Ethos des „Adel verpflichtet" solchen Substanzverlust eine Zeitlang verhindern, aber nicht dauernd. Zweitens ist, solange ein Gemeinwesen nach innen und außen relativ gefestigt dasteht, nicht klar erkennbar, welche Haltungen und Handlungen

Krämer versucht, *Platon* mit diesen Theorien, nachdem er ihn im Einverständnis mit der „modernen Destruktion des Absoluten" (268) auf einen Theoretiker der Technokratie reduziert hat, in Verbindung zu bringen. Der fundamentale, nicht zu beseitigende Unterschied zwischen Platon und modernen Elitetheorien liegt jedoch darin, daß diese ihren Elitebegriff an faktisch vorhandenen Hierarchien orientieren, womit er notwendig einen machtpolitischen, oder bestenfalls technokratischen und abstrakt intellektualistischen Charakter bekommt, während Platon in der Idealisierung und Rationalisierung der alten Aristokratie eine zugleich technokratische, ethokratische, politische und transpolitische, „sophokratische" Elite paradigmatisch entwirft.
Aber was immer sich auch an Gemeinsamem und Verschiedenem hinter Begriffen wie „Aristokratie" (im gängigen oder im platonischen Sinne), „Elite" oder „herrschende Minderheit" verbergen mag: daß es etwas dergleichen in allem bisherigen Zusammenleben der Menschen gegeben hat, gleich ob es in einem Staat oder einer Gesellschaft offen zutage lag oder nicht, konnte Theoretikern wie *Pareto* bisher nicht widerlegt werden (vgl. *W. G. Runciman:* Sozialwissenschaft und politische Theorie (aus dem Englischen), Frankfurt/M. 1967, 72ff.). Die große Frage ist nun, ob es besser ist, nach einer *wirklich homogenen,* von *Gleichheit* durchgängig bestimmten Gesellschaft zu streben, oder nach einer *möglichst gut gegliederten,* die in mancher Hinsicht Gleichheit und Durchlässigkeit der Schichten kennt, in anderer nicht.

[43] Man wird hinzufügen müssen: ... oder einer Kultur; — *Jaeger* I, 25.
[44] Vgl. *Jaeger* I, 26ff.

seiner Mitglieder ihm schaden oder nützen. Öffentliche und private Tugend treten auseinander, und die aus dem Krieg hervorgegangene ältere Tugend versagt vor den Friedensaufgaben. „Der Herr kann entweder in Lust verdummen oder auf dem Schlachtfeld als Herr sterben", faßt Kojève seine Analyse der Adelsethik zusammen[45].

Jedoch sind damit nur die beiden äußersten Extreme gekennzeichnet. Die geschichtlich bedeutsamen Möglichkeiten liegen zwischen ihnen und heißen: der Adel macht Geld[46] oder bildet sich. Während der alte, kriegerische, durch Grundbesitz fundierte Adel einer vorwiegend agrarischen Gesellschaft auf dieser recht festen Basis unmittelbar politisch herrschen konnte, wird der spätere städtische Adel in den ökonomischen Konkurrenzkampf und dann auch in den politischen mit dem ökonomisch gleichberechtigten Demos verwickelt. Er wird damit bei nur teilweiser Kontinuität der alten Geschlechter zum nur mittelbar herrschenden Geldadel, wobei der vorher sekundäre Gegensatz zwischen reich und arm an die Stelle des vorher primären zwischen vornehm und niedrig, Herr und Knecht tritt. Wenn man die Bildung als einen weniger real scheinenden Faktor einmal herausläßt, heißt nun die Formel: der Adel macht Geld und/oder das Geld macht den Adel. Reichtum zu erwerben oder zu erhalten, erfordert zwar auch gewisse Fähigkeiten, doch ist hier zweifelhafter als in früheren Zeiten bei der Kampfestüchtigkeit, ob es sich dabei um Tugend handelt[47], ob also ihre Entfaltung gut für den Einzelnen und die Gemeinschaft ist.

Platon war so wenig wie Aristoteles entgangen[48], daß zu ihrer Zeit mehr der Gegensatz von reich und arm und weniger das antagonistische Zusammenspiel der Besten und der Menge das Gemeinwesen bestimmte[49]. Die Frage hieß nicht Aristokratie oder Demokratie, sondern Oligarchie oder Demokratie, wobei Oligarchie nicht einfach Herrschaft Weniger,

---

[45] A. Kojeve: Hegel (ed. Fetscher), Stuttgart 1958, 48. Vgl. überhaupt Kojeves Ausführungen zu dem Abschnitt „Herr und Knecht" der Hegelschen „Phänomenologie" und dazu Maurer: Hegel und das Ende der Geschichte, 139 ff.

[46] Nach Fustel de Coulanges konnte sich die Adelsherrschaft in Rom länger halten als in Griechenland, weil dort der Adel den Übergang zur Plutokratie besser bewältigte: „Vernünftiger als die Eupatriden von Athen, die an dem Tage, an dem der Reichtum zu herrschen begann, selbst in Dürftigkeit verfielen, vernachlässigten die Patrizier niemals den Ackerbau, den Handel und die Industrie. Ihr Vermögen zu vermehren, war immer ihr eifrigstes Bemühen" (Der antike Staat, 364; vgl. 395; 448 ff.).

[47] Vgl. Jaeger III, 59.

[48] S. u. §§ 26/27; vgl. Jaeger III, 59.

[49] Zum Problem des Kapitalismus und der Plutokratie in der Antike: R. v. Pöhlmann: Geschichte der sozialen Frage und des Sozialismus in der antiken Welt; — Fustel de Coulanges, op. cit., 391 ff.

sondern der Reichen (Plutokratie)[50] bedeutet. Die plutokratische Oligarchie war für Platon das gegenwärtige, in die Augen stechende Vexierbild der Aristokratie[51]. In der POLITEIA beschreibt er diese Verfassung als eine Verfallsform des besten Staates. Während in der nächstbesseren timokratischen Verfassung das Geld noch „im Dunkeln" verehrt und angehäuft wird (P 548 A), ist die Oligarchie „die nach der Schatzung geordnete Verfassung . . ., in welcher die Reichen herrschen, die Armen aber an der Herrschaft keinen Teil haben" (P 550 D), so daß eine solche Verfassung zwei Staaten enthält: die Reichen und die Armen, „welche beide, sich immer gegenseitig auflauernd zusammenwohnen" (P 551 D; vgl. 417 A ff.). Die plutokratische Oligarchie (nicht wie Marx meint „alle bisherige Geschichte") ist der Ort des Klassenkampfes, weil hier ideologisch Gleichheit herrscht, und der durch das Geld gesetzte Unterschied über kurz oder lang zufällig und ungerecht erscheinen muß[52].

Die Verfassungspathologie in der POLITEIA kann wohl zur Erläuterung von Platons Behauptung dienen, daß zu seiner Zeit überall schlecht regiert würde (7. Brief, 326 A). Seine Beschreibung der Timokratie enthält eine Kritik insbesondere der spartanischen Verfassung seiner Zeit, während die Schilderung der Oligarchie zumindest teilweise auf das ältere Athen, die Darstellung der Demokratie auf das zeitgenössische Platons gemünzt ist. In der Verfallsreihe, die Platon aufstellt, verflüchtigt sich von Stufe zu Stufe mehr das aristokratische Element, bis es mit dem Übergang der Demokratie in die Tyrannis in sein Gegenteil, die Alleinherrschaft *eines schlechten* Mannes, verkehrt ist. Aristokratie heißt dabei, daß durch die Herrschaft der Besten die Tugend herrscht, wobei wiederum Tugend, als zugleich private und öffentliche, die Harmonie des Einzelnen in sich, und in bezug auf die anderen in der Polis, und damit auch der Polis in sich bezeichnet (s. u. §§ 13; 14). Der Verfall und schließliche Untergang (P 546

---

[50] Nach *Friedländer* III, 274 taucht der Name „Plutokratie" zuerst in *Xenophons* MEMORABILIEN (IV 6, 12) auf. Dort heißt es, *Sokrates* habe fünf Verfassungsformen unterschieden: Königtum und Tyrannis, Aristokratie und Plutokratie, sowie Demokratie.

[51] „Die Oligarchie ist sozusagen eine Aristokratie auf der Grundlage des materialistischen Glaubens, daß der Reichtum das Wesen der Vornehmheit sei. Allerdings hatte Besitz zu den selbstverständlichen Voraussetzungen der Existenz des alten Adels gehört, aber der Grundbesitz hatte eine andere Ethik entwickelt als das Geld, und als dieses ihn [d. h. eine Frühform des Kapitalismus den Feudalismus] als Wirtschaftsform verdrängte . . ., hatte die Schätzung des Reichtums (Plutos), gerade auch in der Denkweise der Aristokratie einen Stoß erhalten, von dem sie sich nicht wieder erholt hat . . . Daß die Fähigkeit, Geld zu machen, selbst ein Gradmesser der Tüchtigkeit sein könnte, ist ein Gedanke, den Plato gar nicht erwähnt . . ." (*Jaeger* III, 59).

[52] „Für den Reichtum fühlt man ja meistens weniger Achtung als Neid. Die politische Ungleichheit, die sich aus dem Vermögensunterschied ergab, wurde bald als Ungerechtigkeit aufgefaßt, die man zu tilgen suchte (*Fustel*, op. cit., 394).

A) geht, wie Platon sagt, vom herrschenden Teile aus, indem zunächst dieser mit sich selbst in Widerstreit gerät[53]. Daraus folgt dann die Zwietracht der Stände miteinander, wobei sich die unteren dem „Erwerb und Besitz an Land und Häusern, Gold und Silber" widmen, während die oberen zunächst an der „Tugend und alten Sitte" festhalten und sie, während ihre konkrete Basis schwindet, ideologisch geltend machen[54]. Schließlich sehen sie sich gezwungen, entweder die alte Tugend und die zu ihr gehörigen Besitz- und Herrschaftsverhältnisse mit Gewalt gegen die unteren Stände, die ihnen die ökonomische Basis entziehen, zu verteidigen, oder an dem neuen ökonomischen statt Tugend-Wettkampf teilzunehmen. Die alte Tugend wird so in jedem Fall fraglich, einmal weil statt Harmonie Unterdrückung oder offener Streit herrscht, zum andern weil an die Stelle aristokratischer Ideale plutokratische treten. Hinzu kommt die Änderung der Kampfesweise (Hopliten-Phalanx), die den adligen Einzel- und Reiterkampf zweitrangig oder obsolet werden läßt. Die Oberschicht weiß so nicht mehr, warum sie eigentlich oben ist. Ihr fehlt eine ethisch-politische, aufs Allgemeine bezogene Rechtfertigungstheorie für Herrschaft. Denn während sich der alte Adel als die besonders zur Übung der (kriegerischen) Tugend verpflichtete Schicht verstand, waren die nachdenkenden und vor allem die jungen Leute des primär durch Reichtum definierten Adels in dieser Hinsicht unsicher. Das zeigt sich in der POLITEIA daran, daß dem Glaukon die Antwort auf die Suggestivfrage des Sokrates: „also auf den Phokylides ... hörst du nicht, wie er sagt, es müsse, wer schon seinen Lebensunterhalt habe, die Tugend üben?" (P 407 A) gar nicht selbstverständlich vorkommt.

Platons Schilderung des Verfallsprozesses der Gesinnungen und Verfassungen, in dem die Plutokratie den eigentlichen Drehpunkt vom Guten zum Schlechten ausmacht, ist offenbar nicht direkt historisch gemeint. Der heutige Begriff von Historie darf ohnehin nicht als Maßstab genommen werden[55], da er damals erst entstand. Platon vermischt vielmehr mythologische, gleichnishafte, idealtypische und empirische Elemente und zwar nicht ohne ironische Distanz zu dieser teils bewußten, teils anfänglich unmittelbaren Mischung, wie die Partie P 545 D—547 A zeigt, wo er wie Homer die Musen anrufend, diese „im tragischen Stil, mit uns wie Kindern scherzend und plaudernd, aber ganz ernsthaft und mit hohen Worten" die Ursachen des Verfalls erklären läßt[56].

---

[53] P 545 D; vgl. N 683 E; — zu dieser Theorie des Verfassungsverfalls *Ryffel*, op. cit., 68 f.; 122.

[54] P 547 B. — *Theognis* war der für diese Rückzugsposition des Adels typische Schriftsteller.

[55] Dazu *Gaiser* 1 und Gaiser 2, 203 ff. sowie die G. 1, 31 angeführten Arbeiten von *Rohr*, *Bury* und *Weil*.

[56] Einige Philologen haben sich im Ernst daran gemacht, die sogenannte Hochzeitszahl, von der Glück oder Unglück der Staaten abhängen soll (P 546 B/C),

Versucht man, durch diese von Platon zu einem bewußten Stilmittel erhobenen archaischen Berechnungen rationaler Theorie hindurchzustoßen, so dürfte sich folgende Argumentationsstruktur ergeben:

1. Platon setzt seine Konstruktion des besten Staates als einen historischen Anfang, als ein goldenes Zeitalter der Politik.

2. Er behauptet darum nicht, dieser Staat hätte existiert.

3. Es existiert vielmehr die Verfallsreihe, die jedoch nur als solche auszumachen ist, indem sie vor dem Hintergrund des Ideals (parádeigma) abläuft, von dem sie zunehmend abweicht, damit zunehmend auf es verweisend[57].

auszurechnen. Doch sind Platons Angaben dazu offensichtlich bewußt verwirrend, als wenn er sagen wollte: es gibt zwar einen Zusammenhang zwischen dem allgemeinen kosmischen Geschehen und der Menschenwelt, doch leider können wir ihn nicht mathematisch genau fassen; darum muß auch der beste Staat, wenn er einmal Wirklichkeit würde, wieder zugrundegehen.

[57] S. u. § 25. — Nach *Gaiser* 2, 282f. sind die früheren Formen des idealen Staates „nicht . . . rein fiktiv". Der Rückblick auf sie sei deshalb erkenntnistheoretisch und psychagogisch nützlich, „weil sich an der zeitlich früheren Form das Wesen der Ordnung einfach und anschaulich wahrnehmen läßt. Was dann aber in der Gegenwart ‚nachgeahmt' werden soll, ist im Grunde nicht die früher verwirklichte Staatsordnung, sondern die Idee selbst, die jetzt unter anderen geschichtlichen Bedingungen auf andere Weise in Erscheinung treten muß . . . außerdem liegt in der Arete der Vorfahren die Gewähr dafür, daß das Gute auch jetzt noch verwirklicht werden kann", nicht „utopisch" ist. Im gleichen Sinne führt *Mayr* (201f.) zu den Idealstaat-Mythen des POLITIKOS (268 Dff.) und der NOMOI (713 Bff.) aus: „Die Anspielung auf den Zentralsatz der Politeia [N 713 E] und die Aufforderung zur Nachahmung könnten tatsächlich den Eindruck erwecken, daß wir im Kronos-Staat das Ideal zu sehen haben, das am Anfang einer notwendigen Verfallsreihe steht. Wenn wir aber genauer hinsehen, so bemerken wir, daß Platon — wie im Politikos — diese Sage nur als Vergleich benützt. Die Gottheit ist das tertium comparationis: wir sollen uns bemühen, das Göttliche in uns, das Logistikon, so zu entwickeln und zu verbreiten, daß das Gesetz als Ausfluß des Logistikon die Stellung der Dämonen einnimmt, daß es ein Abbild des Göttlichen wird. Dann stehen wir, wie die Menschen damals, unter der Herrschaft des Göttlichen, des Logos" (s. u. § 28). Daß Platon selbst diesen Zusammenhang von philosophischer Konstruktion und geschichtlicher Verwirklichung als Problem sah, zeigen die späteren Dialoge POLITIKOS, TIMAIOS und das Fragment KRITIAS. Aber bei diesen weiteren Versuchen, das Problem zu lösen, wird die „Verbindung von Spiel und Ernst, Dichtung und Überlegung, Konstruktion und Empirie" (*Gaiser* 1, 7) gar noch enger als in der POLITEIA. Nach Gaiser gehört für Platon die Geschichte in den „Zwischenbereich, der dem empirischen Zugriff ebenso entzogen ist wie der exakten Erkenntnis", und für den daher der Mythos die angemessene Darstellungsform ist (Gaiser 2, 287; 205). Gaiser versucht nun in Weiterführung der Ansätze von W. Jaeger, Rohr, Weil, Bury aus den großenteils mythologischen Andeutungen Platons eine explizite Geschichtstheorie zu erschließen.

Die für das Thema politische Philosophie wichtigen Ergebnisse sind dabei folgende: Wie vor allem aus dem POLITIKOS-Mythos zu entnehmen sei, zeichnet sich bei Platon die Vorstellung ab, daß in regelmäßiger Wiederkehr „auf ein Weltzeitalter des gleichförmig-ungeschichtlichen, geregelten Zustandes eine Zeit zunehmender Spannung und Differenzierung folgt, in der die Entwicklung gleichzeitig zum allgemeinen Zerfall und zu immer höherer Erkenntnis hin fortschreitet" (Gaiser 1, 12). Seine Gegenwart deutet Platon als ein höchst differenziertes Zeitalter, in dem die Entwicklung zu großer Verderbtheit und großer Tugend fortgegangen ist (vgl. N 678 A). Das Gute, welches das Zeitalter enthält, ist die „philosophisch-theoretische Erkenntnis der wahren Welt- und Staatsordnung" (Gaiser 1, 15); ihm entspricht jedoch ein Verfall der politischen Wirklichkeit. Daß der philosophische Entwurf des besten Staates dennoch verwirklicht wird, ist nicht ausgeschlossen (Gaiser 2, 283), aber schwierig bis unwahrscheinlich und „auf die Dauer nicht möglich" (Gaiser 1, 17; 2, 249; 276; 280). Seine problematische Verwirklichung jedoch wäre keine Restauration einer in praxi besseren (dazu Gaiser 2, 214f.) früheren Ordnung, sondern ein realutopisches Novum. Es wäre die Einformung eines menschlichen Entwurfs in die Wirklichkeit.

Der Entwurf aber kommt aus einem Wissen, das an die Stelle derjenigen politischen Techne tritt, „die nach dem sophistischen Mythos [vgl. Platons Protagoras] ursprünglich von Gott gegeben ist" (Gaiser 2, 224). Die philosophische Erkenntnis ist eine „neue Vergegenwärtigung des Göttlichen", die in dem Maße wichtiger wird, wie die alte, „unmittelbare Verbindung mit dem Göttlichen" (vgl. Philebos 16 C, dazu undialektisch Ritter 4, 26) sich auflöst (Gaiser 2, 225). Das neue philosophische Normwissen einzelner hat also erstens „die ursprünglich mit Hilfe der Götter praktisch verwirklichte Ordnung zur Voraussetzung" (Gaiser 2, 251; vgl. den Politikos-Mythos und N 713 D), zweitens das unmittelbare Normwissen, an dem alle teilhaben und das bei den Sophisten dialektisch wird, indem sich etwa Protagoras darauf beruft, aber gleichzeitig als ein besonderer Fachmann und Lehrer dieser Arete auftritt. Nachdem diese unmittelbare Sittlichkeit sich im sophistischen Räsonieren, das die Massen ergreift, aufgelöst hat und sich die Menschen „immer mehr aus dem Einklang mit der Natur, der unmittelbar gottgegebenen Ordnung des Lebens" herauslösen, müssen sie nun „die Ordnung des Lebens immer mehr bewußt und ‚künstlich' selbst gestalten" (Gaiser 2, 276; 249; 280), und dazu bedarf es „der theoretischen Erkenntnis der richtigen Normen" (Gaiser 2, 276). Dieses philosophische Normwissen versteht sich als Wiederholung der alten religiösen Sittlichkeit, indem es auf die Notwendigkeit verweist, „die persönliche Herrschaft der Götter, die nach einer alten Sage einmal Wirklichkeit gewesen sei", „nachzuahmen", „und zwar müsse das Göttliche und Unsterbliche ‚in uns', das vernünftige Denken (Nus), die Herrschaft übernehmen" (Gaiser 2, 280 im Anschluß an N 713 C — 714 A). Die neuen Planungsmöglichkeiten und -notwendigkeiten stehen freilich im Zeichen einer ihnen immanenten Aporie: „Einerseits wird es wegen der fortschreitenden Komplizierung und zunehmenden Auflösung immer mehr notwendig, daß durch ein überlegenes Wissen eine planmäßige und verbindliche Ordnung hergestellt wird; das menschliche Wissen muß also immer dringender die Aufgabe übernehmen, dem Zerfall zu wehren. Andererseits wird der Zerfall selbst überhaupt erst durch eine Ausweitung und Verfeinerung des menschlichen Wissens möglich; denn das Wissen kann auch zur Befriedigung der gesteigerten und vermehrten Bedürfnisse der ἐπιθυμία benutzt werden" (Gaiser 2, 249).

4. Die Konstruktion des besten Staates bedarf deshalb nicht eines historischen, archaischen Vorbildes und wäre auch nicht im Falle ihrer Verwirklichung Restauration, sondern an den fortbestehenden Resten einer kriegerischen und agrarischen Aristokratie unter den Bedingungen eines zunehmend auf Handel und Seeherrschaft begründeten, demokratischen Stadtstaates läßt sich das Bild des besten Staates erkennen.

5. Faktisch mag darum die alte Aristokratie aus sich selbst verfallen und in plutokratischer Oligarchie übergegangen sein.

6. Andererseits ist der Adel nämlich, zumindest in dem Kreis junger Leute, die sich um Sokrates und Platon sammelten, ebenso faktisch Träger einer neuen, höheren Art Bildung und Ethos geworden, wobei erstens nicht adelige Abstammung festlegt, wer Tugend hat, sondern Bildung und Tugend bestimmen, wer zum Adel gehört[58], und zweitens diese neue, wissende Tugend ebenso politisch definiert ist (wenn auch nicht mit gleicher Ausschließlichkeit) wie die alte Adelsethik. Den Sokrates, Sohn eines Steinmetzen, kann Platon daher den „gerechtesten aller damals Lebenden" nennen (7. Brief, 324 E) und ihn im GORGIAS sagen lassen: „Ich glaube, daß ich mit einigen wenigen anderen Athenern, damit ich nicht sage ganz allein, mich der wahren Staatskunst befleißige . . ." (521 D). Im POLITIKOS heißt es im gleichen Sinne: „Denn wer die königliche Kunst (epistéme basiliké) besitzt, den müssen wir, er mag nun regieren oder nicht, . . . doch immer König nennen[59]."

§ 9. Adelsethik, Polisethik, Sokratische Ethik

In jener Zeit war Kampfestüchtigkeit (Tapferkeit mit entsprechender Klugheit) das ideale Rangordnungsprinzip[60]. Es war die Zeit der Landnahme sowie der Stammes- und Familienzwiste. Die innere Ordnung war

---

[58] „Das Thema der ‚Wohlgeborenheit‘ (εὐγένεια) war schon längst diskutiert. Weder Platon noch Aristoteles meinen, daß ein Stammbaum allein „Tugend" verbürge . . . Wenn ein athenischer Bürger schön und gut handelte, so handelte er eben adelig . . . es ist ein idealistischer Maßstab: man denkt an die besten Männer der alten Adelsgesellschaft, wie sie den Griechen . . . ja jederzeit vor Augen standen" (*Dirlmeier*, 366).

[59] Po 292 E; vgl. 259 B; ganz ähnlich Sokrates bei *Xenophon* (Mem. III, 9, 10).

[60] *J. Burckhardt* schreibt: „Von den früheren Staatsformen hatten das alte Königtum und die Aristokratie auf ursprünglicher Eroberung und selbstverständlicher Autorität beruht, die Tyrannis auf tatsächlichem Zugreifen, schon mit dem Anspruch das Interesse aller zu vertreten gegen die Wenigen" (op. cit. I, 202). Zur Erläuterung der Schwierigkeiten, denen diese Art Autorität in Friedenszeiten ausgesetzt war, zitiert B. den Ausspruch eines Thrakerkönigs: „in Muße und Frieden glaube er sich von Roßknechten nicht zu unterscheiden" (ebd. 293). — Anders als Burckhardt neigt *E. Meyer* dazu, politische Ungleichheit

weniger problematisch, weil die Einheiten klein waren, durch Verwandtschaft und gemeinsamen Kultus zusammengehalten wurden, und weil die
Subsistenz und äußere Sicherheit alle Kräfte in Anspruch nahm[61]. Mit der
Polis jedoch entstand eine umfassendere Friedensordnung. Daher ist die
politische Theorie, die unter den Ordnungsbedingungen der Polis, sie
reflektierend, ihren Anfang genommen hat, primär und prinzipiell eine
Theorie des Friedens, nicht des Krieges[62]. Im Felde der politischen Ethik
löst die Gerechtigkeit die Tapferkeit auf ihrem Platz als vornehmste Tugend ab[63],
und zur Gerechtigkeit gehört schon deshalb *Gleichheit*[64], weil sie weder im
blutigen noch im friedlichen Wettkampf zu einer eindeutigen politischen
Rangordnung führt. Das erste ist per definitionem ausgeschlossen, und der
friedliche Wettstreit liefert hier keine eindeutigen Ergebnisse.

Die vormalige aristokratische Kampfesethik wird sich bei teilweiser
Kontinuität der sie tragenden Familien und Individuen (zunächst) verwandeln in eine bürgerliche Adelsethik[65]. Diese jedoch ist im Vergleich zu

aus ökonomischer herzuleiten, die erst unter den Bedingungen der Seßhaftig-
keit, also eines relativen Friedenszustandes entstehen konnte („Die Ungleichheit des Besitzes führt zur Bildung eines Adels und einer Adelsherrschaft" /
Geschichte des Altertums III, 279). — Wieder anders *Fustel de Coulanges:* „Es
entspräche nicht der Wahrheit, wollte man behaupten, daß der als Erster König
wurde, ein glücklicher Soldat war. Die Macht rührte, wie es ausdrücklich
Aristoteles sagt, vom Kultus des Herdes her" (Der antike Staat, 211). „Die
Pflicht, die Gebräuche des Kultus auszuüben, ist das soziale Band gewesen.
Aus dieser religiösen Nötigung ergab sich für die einen das Recht zu befehlen,
für die anderen die Pflicht zu gehorchen" (386). — Wahrscheinlich haben alle
drei der von diesen Autoren genannten Faktoren und womöglich noch weitere
zusammengewirkt. Die Historiker finden besonders in der frühen Geschichte,
wo die Zeugnisse spärlich sind, das, was sie finden möchten.—
Wie immer es um die ursprüngliche Gleichheit oder Verschiedenheit
bestellt sein mag, hier ist lediglich wichtig, daß vor Entstehung der Polis
Königtum und Aristokratie vorherrschend waren.

[61] Vgl. *Aristoteles:* „Denn der Krieg zwingt zu Zucht und Gerechtigkeit, aber
der Genuß des Glücks und die Muße im Frieden macht den Menschen eher
vermessen. Also brauchen jene, denen es vollkommen gut geht ... ganz
besonders viel Zucht und Gerechtigkeit" (Pol VII 1334 a 25—30).

[62] *Verdroß-Droßberg* spricht im Blick auf *Platon* von der „bisher kaum gewür-
digten Konzeption eines *pazifistischen Staates*" (op. cit., 117; vgl. 157; — vgl.
N 625 D ff.; 688 C; 803 D; 922 A; P 547 E f.; auch P 373 E ist wohl im Sinne
dieser Stellen zu verstehen). *Aristoteles* führt den Platonischen Pazifismus in
Pol VII weiter.

[63] Vgl. N 629 A ff.; *Jaeger* I, 149 ff.; *Strauss* 4, 141 ff. Strauss zeigt, daß für *Hobbes*
und seine Zeit die alte Adelsethik mit ihrer Kardinaltugend Tapferkeit ähnlich
problematisch wird wie für Platon und seine Zeit. Wie Platon setzt Hobbes
an die Stelle der Tapferkeit die Gerechtigkeit, aber anders als Platon eine ganz
aus dem Aristokratischen zum bürgerlich Egalitären emanzipierte Gerechtigkeit.

[64] Vgl. P 349 B ff.; GORGIAS 488 E f.; 508 A.

[65] Vgl. *Jaeger* I; *E. Schwartz:* Ethik der Griechen, 36 ff.

einer reinen Adels- oder einer reinen Gleichheitsethik ein kompliziertes, dialektisches Gebilde (s. u. § 12). Das Zusammenspiel von Aristokratie und Demokratie in einer Polis erfordert einen höheren Grad von Bewußtheit und Bildung. Da Bildung Muße voraussetzt, haben zunächst die alten Oberschichten Zugang zu ihr. Doch wirken sie auch als Interessenten und Mäzene, womit sie Leuten aus unteren Schichten (Beispiel Sophisten, Sokrates) wenn nicht zum Aufstieg so doch zu kultureller, gesellschaftlicher Bedeutung verhelfen. Schließlich kommt es dahin, daß nicht mehr die Abstammung aus einer alten, angesehenen Familie zu politischer Führung qualifiziert, sondern der Besitz der neuen (politischen) Bildung, sofern er sich öffentlich durch Tüchtigkeit oder mitreißende Rhetorik ausweist. Wenn man den plutokratischen Faktor einmal ausklammert, heißt sonach der neue Gegensatz, aus dessen Vermittlung die Polis lebt: gebildet und ungebildet[66]. Wenn diese geschichtliche Gestalt Polis, eine Frühform städtischer Kultur, Kontinuität und Bestand hätte haben können, dann nur als eine Aristokratie der Bildung. Dies war die Einsicht ihrer Gebildetsten, nämlich Sokrates', Platons, Aristoteles' und weniger anderer, die jedoch nicht politisch tragend wurde. Daher war die Kontinuität der Polis eine Bildung, die sich von ihrem zum Untergang verurteilten politischen Substrat ablöste und ohne es geschichtlich wirksam wurde.

Es macht die Größe der Jaegerschen „Paideia" aus, die politische Geistesgeschichte des antiken Hellas als so verstandene Bildung beschrieben zu haben. An Tyrtaios zum Beispiel hebt er heraus, „wie er überall hinter die überkommenen Formen und hinter die alten Heroenideale eine völlig neue sittlich-politische Autorität stellt, aus der sie neu erzeugt werden: den Gedanken der Polisgemeinschaft, die alle einzelnen trägt und für die alle leben und sterben[67]", und schreibt über die antike Tyrtaios-Rezeption: „Das ist echt griechische Art der ‚Bildung'. Die einmal geprägte Form lebt als ein Gültiges auch auf späterer und höherer Stufe fort, und an ihr hat jedes Neue sich zu bewähren. So hat der Philosoph Xenophanes . . . hundert Jahre später den Tyrtaios umbildend zu zeigen versucht, daß nur die Kraft des Geistes den höchsten Rang im Staate einzunehmen verdiene, während Plato diese Entwicklung fortführend neben und über die Tapferkeit die Gerechtigkeit setzt und fordert, in dem idealen Staate, den er in den ‚Gesetzen' aufbaut, Tyrtaios in diesem Sinne ‚umzudichten' . . .“[68].

---

[66] „Somit war es für Plato . . . fast ein unvermeidlicher Gedanke, daß jener ursprüngliche Militär- und Besitzadel sich müsse umwandeln lassen in einen Adel der Gesinnung und der wissenschaftlichen Bildung" (P. Natorp: Plato's Staat und die Idee der Sozialpädagogik, 169).

[67] Jaeger I, 129.

[68] Jaeger I, 137 (zu N 629 A ff.; 660 E); vgl. das 106 über Hesiod, 285f. über Pindar, 310 über Aischylos und III, 163 über Isokrates Gesagte. — Gegen die Einbeziehung Hesiods in diesen Zusammenhang argumentiert A. A. T. Ehr-

Diese Bildung findet nach Jaeger in dem ethisch-politischen Denken von Platon und Aristoteles ihren ideellen Höhepunkt[69], aber praktisch ist sie, was bereits an der Person und dem Schicksal des Sokrates deutlich wird, in eine tödliche Krise geraten.

Ihren praktisch-politischen Höhepunkt hatte diese Bildung in Athen, und zwar kurz vor Ausbruch der Endkrise, als sie der reale Integrationsfaktor der Polis war. Zu der Zeit war die politische Wirklichkeit ihr am ehesten gemäß, so wie zugleich umgekehrt „die vollkommene Durchdringung aller geistigen Produktion mit dem Gedanken des Staates" die Merkwürdigkeit und Großartigkeit Athens ausmacht. In der attischen Kultur, dieser „höchstentwickelten Bewußtheit der gemeinschaftsgebundenen und gemeinschaftsbildenden Funktion alles individuellen geistigen Schaffens" werden die beiden bestimmenden Kräfte: „die vorwärtstreibende des Individuums und die bindende der staatlichen Gemeinschaft", das ionische und das spartanische (dorische) Prinzip ins Gleichgewicht gesetzt[70].

Hegel sagt von der Polis in dieser ihrer klassischen Form, sie sei „lebendiger allgemeiner Geist, der zugleich der selbstbewußte Geist der einzelnen Individuen ist"[71]. Aber, wie er auch schreibt: „die schönste Blüte des griechischen Lebens dauerte ungefähr nur 60 Jahre, von den Medischen Kriegen 492 v. Chr. Geburt bis zum Peloponnesischen 431 v. Chr. Geburt"[72], und auch schon während dieser Zeit war der Konflikt untergründig am Werke, der dann in der Gestalt des Sokrates offenbar wurde. Das Prinzip der „in allem sich erfassenden und sich zeigenden Subjektivität" und mit ihm „die Leidenschaften der Individuen und die Willkür"[73] sprengten die Polis, das „politische Kunstwerk"[74]. Sokrates trug seinen —realpolitisch gesehn geringen, ideologisch gesehn großen— Teil zu diesem Verfall bei[75], obwohl er die Polis aus dem neuen Prinzip wieder begründen

---

hardt (Politische Metaphysik von Solon bis Augustin, I, 108, Anm. 5) im Anschluß an *E. Wolf* (Griechisches Rechtsdenken, I, 143, Anm. 1). — Zur sublimierten Kriegerethik von Platons Philosophenherrschern vgl. *Jaeger* III, 41 und 163.

[69] *Jaeger* I, 34f.

[70] *Jaeger* I, 188; vgl. Jaegers Aufsatz „Die griechische Staatsethik im Zeitalter des Plato" (1924), jetzt in: W. J.: Humanistische Reden und Vorträge, 87—102.

[71] *Hegel:* Vorlesungen über die Philosophie der Geschichte; WG 11, 327.

[72] Ebd. 345.

[73] Ebd. 348.

[74] Ebd. 327; s. u. § 43.

[75] *Hegel* über Sokrates: „Wenn er nun aber, weil er das Prinzip, das nunmehr herankommen muß, ausspricht, zum Tode verurteilt wird, so liegt darin ebensosehr die hohe Gerechtigkeit, daß das athenische Volk seinen absoluten Feind verurteilt, als auch das Hochtragische, daß die Athener erfahren mußten, daß das, was sie im Sokrates verdammten, bei ihnen schon feste Wurzeln

wollte. Hegel nennt ihn den „Erfinder der Moral" als desjenigen Prinzips, das im Gegensatz zu einer unmittelbar gemeinschaftsbezogenen Sittlichkeit das Bewußtsein seines Tuns als eines Individuellen hat[76]. Nach ihm konnte diese neue Freiheit des Individuums erst unter den Bedingungen des Christentums politisch konstruktiv werden[77].

Jaegers Sokrates-Deutung ist, von der Hegelschen direkt oder indirekt beeinflußt[78], ähnlich dialektisch wie diese. Im Blick auch auf die Zwiespältigkeit der philologisch-historischen Sokrates-Forschung faßt er ihn allgemein als eine Gestalt, die „noch Gegensätze in sich vereinigt hat, die schon damals oder bald nach seiner Zeit zur Scheidung drängten"[79]. Er nennt Sokrates einen „Lehrer der ‚Politik'" im alten Sinne der allumfassenden Lebensordnung Polis[80] und betont, Sokrates stehe noch ganz auf dem Boden dieser Polis, „wie es in ergreifender Weise Platons Kriton bezeugt"[81]. Er ist zugleich „einer der letzten Bürger im Sinne des alten Polisgriechentums" und die Verkörperung „der neuen Form der sittlich-geistigen Individualität"[82]. Nach Cornford ist Sokrates der Entdecker der Seele als des primären Orts der Moralität im Sinne zugleich individueller und politischer Ethik. Er führt herauf „a morality of spiritual aspiration, to take the place of the current morality of social constraint"[83].

Anders als Solon und Aischylos hat Sokrates die „Erschütterung der inneren Autorität des staatlichen Gesetzes" erfahren und sieht die Notwendigkeit, die Polis zunächst in ihrem „inneren, sittlichen Sinn", durch dialektische Prüfung überkommener Verbindlichkeiten, wieder zu errichten[84]. Platon führt Sokrates' Ansatz theoretisch weiter[85] und zeigt, „wie der Staat hätte sein müssen, um ... seinen ursprünglichen Sinn zu der Zeit, als Sokrates der Künder eines neuen menschlichen Lebensziels ward, noch erfüllen zu können"[86], aber „im vollen Sinne Bürger ist der

gefaßt hatte, daß sie also ebenso mitschuldig oder ebenso freizusprechen seien" (ebd. 351; vgl. *Kuhn* 2, insbes. 108).

[76] Ebd. 350.

[77] WG 10, 443 ff.; s. u. § 46.

[78] Vgl. *Jaeger* II, 124.

[79] *Jaeger* II, 74.

[80] Ebd. 98 ff.

[81] Ebd. 122 f.; 106.

[82] Ebd. 128.

[83] F. M. *Cornford:* Before and after Socrates, 37; vgl. *Jaeger* I, 417; II, 103; s. u. § 14. — Im Blick auf Sokrates spricht *Kuhn* von „Innerlichkeit" und fügt hinzu: „wir scheuen uns nicht, diese sonst aus der Geschichte des Altertums verbannte Bezeichnung zu gebrauchen" (Kuhn 2, 124; vgl. 136 ff.; jedoch auch 202). Zu weiteren Differenzierungen dieses Problems s. u. S. 152 f., Anm. 14, insbes. die Hinweise auf *Stenzel.*

[84] *Jaeger* II, 128.

[85] Ohne sein Schicksal teilen zu können, hat *Platon*, wie *Jaeger* sagt, „athenisch und politisch genug gefühlt, um Sokrates voll zu verstehen" (II, 125 f.).

[86] *Jaeger* II, 126.

platonische Gerechte nur in dem Staate, den er in seiner Seele trägt"[87]. Die alte Polisgesinnung zieht sich aus der Wirklichkeit in die Subjektivität zurück. Jaeger weist auf Sokrates' Ausspruch in Platons APOLOGIE hin: „Ich bin euch, ihr Athener, zwar zugetan und Freund, gehorchen aber werde ich dem Gotte mehr als euch . . ."[88]. Er sieht darin die Weltanschauung und Religion der Polis grundsätzlich in Frage gestellt. Sokrates und Platon bereiten die Augustinische „Bürgerschaft zweier Welten" vor[89]. Für *diese* Welt kann das bedeuten, wie schon der Sokratesschüler Aristippos sah, daß der „Zusammenstoß des geistig freien Individuums mit der Gemeinschaft und ihrer unvermeidlichen Tyrannei" notwendig wird[90]. Der Weise tut gut daran, dem möglichst aus dem Wege zu gehen. Von der Voraussetzung ausgehend, daß das Politische ohnehin hoffnungslos ist, heißt ein Leitspruch der späteren griechischen Philosophie: „Meide die Politik! Lebe in der Zurückgezogenheit!"[91]

Welchen Ort Platon in dieser Entwicklung einnimmt, ist wohl von Jaeger nicht ganz richtig bestimmt[92]. Die Verinnerlichung politischer Ethik geht zwar tatsächlich so weit, daß der platonische Gerechte nur in dem Staat, den er in seiner Seele trägt, in vollem Sinne Bürger ist (P 592 A), aber solche politische Philosophie ohne politische (nur mit individueller) Praxis wird in der POLITEIA ausdrücklich als eine zweitbeste und Notlösung angesichts einer temporär schlechten Wirklichkeit gewertet. Es heißt, wenn der Philosoph, im Privatleben wie hinter einer Mauer vor einem Wintersturm schutzsuchend[93], selber rein von Ungerechtigkeit lebe, während er die anderen voll Frevel sieht, so sei das „nicht das Größte, weil er eben keinen Staat gefunden hat. Denn in einem solchen würde er selbst noch mehr zunehmen und mit dem Seinigen auch das allgemeine Wesen retten"[94]. Das private Glück in der Kontemplation (die sich auch politischen Gegenständen zuwenden kann) und in einem der so gewonnenen Einsicht gemäßen Leben ist, isoliert betrachtet, gut aber der anderen wegen schlecht und zwar so, daß es auch in seinem Selbstwert durch (politische) Gemeinschaftlichkeit gesteigert werden könnte. Es hieße der Polis das Wissen derer entziehen, die besonders zur Erkenntnis, auch zur Einsicht in das politisch Richtige, disponiert sind, und hieße weiter, anstatt möglichst die ganze Polis eine Gruppe vor anderen glücklich zu machen (P 420

---

[87] *Jaeger* III, 89; vgl. überhaupt 87ff.; vgl. P 590 D — 592 B.
[88] APOLOGIE 29 D; vgl. *Apostelgeschichte*, Kap. 5, Abs. 29.
[89] *Jaeger* III, 89; vgl. II, 128—130; vgl. *Wilamowitz*, Platon I, 397f.
[90] *Jaeger* II, 124f.
[91] *Epikur*, zit. in: Stoa und Stoiker (ed. Pohlenz), Zürich 1950, IX. — Zur politischen Bedeutung der epikureischen und kynischen Philosophie vgl. *Sabine*, 129ff.
[92] Vgl. jedoch zur weiteren Explikation der *Jaeger*schen Deutung § 14.
[93] Vgl. APOLOGIE 31 E; 32 A.
[94] P 496 D — 497 A; vgl. 549 C; vgl. *E. Kapp:* Platon und die Akademie.

B; s. o. § 4). Denn ohne die Forderung politischer Verantwortung (die freilich nicht unmittelbar da und anerkannt ist, sondern sich erst aus der Theorie ergibt) wären die dazu Veranlagten in der reinen Theorie am glücklichsten, sollen aber um der Polis willen wieder hinunter in die dunkle Höhle praktischer Politik[95].

§ 10. Die ökonomische, politische und ethische Krise der Polis; Platons Frage nach der Gerechtigkeit

Soviel sei im Anschluß an Jaeger[96] über die Entwicklung der politischen Ethik in Griechenland, vor allem in Athen, gesagt, um den geschichtlichen Ort der POLITEIA zu umreißen. Dieser Entwicklung entspricht im Sozial-Politischen ein Prozeß, der nach Glotz drei Stufen umfaßt: 1. „the city is composed of families which jealously guard their ancient right", 2. „the city subordinates the families to itself by calling to its aid emancipated individuals", 3. „individualism run riot destroys the city and necessitates the formation of larger states"[97]. Im politisch-ökonomischen Bereich gehört dazu der Wandel von einer vorwiegend agrarischen zu einer teilindustrialisierten, frühkapitalistischen Handelsgesellschaft (in der die Arbeit großenteils von Sklaven verrichtet wurde), von mehr dörflichen Lebensformen zu städtischen, von Königtum und Aristokratie zur Demokratie. Gleichzeitig wuchs die Bevölkerung[98].

[95] „Sokrates ist auch deshalb die Zentralfigur der Platonischen Dialoge, weil er in seinem zeitbedingten Nein und grundsätzlichen Ja zum Staate die eigene Entscheidung des Platon repräsentiert" (G. Möbus: Die politischen Theorien von der Antike bis zur Renaissance, 44). — Die Seele, welche Sokrates laut Cornford entdeckt hat, ist nur soweit vom Politischen emanzipiert, daß „die ‚Sorge um die Seele‘ und die Sorge um die vernünftige Ordnung der Polis immer schon zusammenfallen" (Müller, 34).

[96] Da unter den Gelehrten im wesentlichen Einhelligkeit besteht über das sich entwickelnde Verhältnis von Gemeinschaftsbezogenheit und Individualismus in Theorie und Praxis der Polis, reichte hier die vorwiegende Bezugnahme auf die das Ineinander der beiden Prinzipien analysierende Darstellung Jaegers, in deren Hintergrund Hegel steht. Im übrigen sei für die Geschichte der Polis, ihrer politischen Ethik sowie politischen Theorie und Praxis verwiesen auf die Werke von:
Barker, J. Burckhardt, Busolt, Dodds, Ehrenberg, Ehrhardt, Field (Plato and his Contemporaries), Friedell, Fustel de Coulanges, Glotz, Grote, Hirzel (Themis, Dike und Verwandtes), Jones, Knauss, E. Meyer, Möbus, v. Pöhlmann, Pohlenz (Griechische Freiheit), Sabine, E. Schwartz, Sinclair, Snell, Tarkiainen, Verdroß-Droßberg, Wilamowitz-Moellendorff (Antigonos von Karystos; Staat und Gesellschaft der Griechen), E. Wolf, Zimmern.

[97] G. Glotz: The Greek City (aus dem Französischen), 5.

[98] Viele der aufgezählten Autoren behandeln auch diese Seite der Polisentwicklung. Speziell zur Wirtschaftsgeschichte Glotz: Ancient Greece at Work;

Nun sind zwar Ackerbau und Viehzucht an sich auch friedliche Beschäftigungen, doch der Handel erfordert eine umfassendere Friedensordnung: zunächst die Stadt und dann einen Städtebund oder ein Reich. Andererseits ist die Landwirtschaft friedlicher als der Handel, denn in einer auf ihr basierenden Lebensform entstehen die Kriege wohl hauptsächlich aus dem Kampf um den Boden, nicht aus der landwirtschaftlichen Betätigung selber. Dagegen ist der Handel in sich selbst ein (zunächst friedlicher) Kampf von Menschen gegen Menschen. Er muß sich einmal durchsetzen gegen die ältere, agrarische Lebensform und die ihr Anhängenden und ist zweitens das Gegeneinander konkurrierender Gruppen. Damit der Handel sicher und ordentlich verlaufen kann, ist innenpolitisch eine starke Staatsmacht vonnöten und außenpolitisch die Erweiterung einer machtpolitisch garantierten Friedensordnung, also Imperialismus. Es muß polizeilich oder militärisch verhindert werden, daß die im Handelskampfe Unterliegenden zu den Waffen greifen. Athen konnte das auf die Dauer nicht verhindern, weil es an Sparta einen militärisch mindestens gleichwertigen Gegenpart hatte. Die spartanische Autarkiepolitik und der athenische Handelsimperialismus stießen zusammen[99]. Dies war, wie Thukydides gesehen hat, der wirtschafts- und außenpolitische Grund für den Peloponnesischen Krieg und damit der Anfang vom Ende der altgriechischen Ordnung einer Pluralität autonomer Stadtstaaten.

Popper[100] verurteilt von seinem Standpunkt die Kritik des Thukydides und Platon sowie vieler griechischer Aristokraten und Philoso-

---

Hasebroek: Griechische Wirtschafts- und Gesellschaftsgeschichte bis zur Perserzeit. Ebenfalls sind *M. Webers* Studien über Agrarverhältnisse im Altertum aufschlußreich, obwohl sie mehr römische als griechische Zustände analysieren.

[99] *Knauss,* 168 ff. — „Den wahrsten Grund freilich, zugleich den meistbeschwiegenen, sehe ich im Wachstum Athens, das die erschreckten Spartaner zum Kriege zwang" (*Thukydides,* op. cit., Kap. I, 23). Realistischerweise setzt Thukydides voraus, daß sich Sparta angesichts der Errichtung einer athenischen Hegemonie über Hellas nicht passiv verhalten konnte. Jedoch scheint das gleich Athen ökonomisch-imperialistische Korinth mehr noch als Sparta die zum Krieg treibende Kraft gewesen zu sein. Ein Hauptanlaß zum Krieg wäre dann der Antagonismus zweier Wirtschaftsimperialismen. *F. M. Cornford* (in der Einleitung zu seiner Ausgabe „The Republic of Plato", XIV) urteilt in diesem Sinne: „The Peloponnesian War was, to a greater extent than Thukydides seems to have realized, a struggle between the business interests of Athens and Corinth . . ."

[100] *Popper:* Die offene Gesellschaft und ihre Feinde I, 242 f. — Nach *A. H. M. Jones* (Athenian Democracy, 62 ff.) war der attische Bund mit Athen als Führungsmacht zunächst ein freiwilliger Zusammenschluß demokratischer Stadtstaaten, d. h. solcher Staaten, in denen die oligarchische Partei der demokratischen unterlegen war, und er behielt diesen Charakter im wesentlichen bei. Des Thukydides und anderer kritische Schilderung eines angeblichen athenischen Imperialismus beruhe auf oligarchischer Voreingenommenheit. — Im Hinblick auf Jones besteht jedoch der Verdacht, daß er den oligarchischen

phen[101] an der athenischen, zumal perikleischen Seeherrschafts- und Kolonial-politik als „antidemokratisch". Da er Imperialismus zur Überwindung „stammesgebundener Exklusivität und Selbstgenügsamkeit" für gerechtfertigt hält, kann er darüber hinwegsehen, daß jene Kritik zunächst einmal anti-imperialistisch war und ihre Maßstäbe aus dem Bestreben bezog, bestehende Gleichgewichtszustände zu erhalten. Wie der Ausgang des Krieges zeigte, war dieser Standpunkt realistisch, wenn auch vielleicht weltgeschichtlich betrachtet „reaktionär". Denn weder das unterliegende Athen vor dem Kriege, noch das siegende Sparta hinterher waren in der Lage, eine alle oder die meisten hellenistischen Stadtstaaten umfassende Friedensordnung zu errichten. Diese Unfähigkeit war nicht bloß außenpolitischer Natur und war daher nicht mit Appellen an die Einheit aller Griechen zu lösen[102]. Platon analysierte die Gründe der Krise tiefergehend als etwa Isokrates. Er sah, daß die menschliche Kraft, welche die Polis bisher zusammen-gehalten hatte, nämlich die Tugend Gerechtigkeit in eine Krise geraten war. Über das Gerechte[103] handelt denn auch seine POLITEIA. Ihre anderen beiden Hauptthemen praktischer Philosophie, nämlich die Paideia einer politischen Führungsschicht und die Verfassung des besten Staates, sind im Thema Gerechtigkeit zusammengeschlossen.

Zunächst wird gefragt nach der Gerechtigkeit des einzelnen Menschen. Dann schlägt Sokrates vor, sie vorgängig an den Staaten zu untersuchen, weil sie „in dem Größeren" leichter zu erkennen sein könnte (P 368 E). Die Gerechtigkeit ist demnach eine städtische oder staatliche, auf jeden Fall das Zusammenleben der Menschen betreffende Tugend[104]. Sie setzt bei dem äußeren Grund an, aus dem die Stadt entsteht, nämlich der Bedürf-nisbefriedigung durch Arbeitsteilung (P 369 B ff.), und ist zunächst einmal die sachgemäße oder, wie Platon sagt, naturgemäße Ordnung bei der gemeinsamen Besorgung des Nötigen. Nach Aristoteles ist die Polis „um

„bias" antiker Schriftsteller durch einen modern-demokratischen „bias" er-setzt.

[101] Vgl. *Jaeger* III, 318 f.

[102] *Jaeger* stellt dar, wie vom Panhellenismus eines *Isokrates* aus Platons Philo-sophie sich wie die „Auflösung von Politik in Ethik, die praktisch von aller Politik wegführen mußte" (III, 112), ausnahm. „Realpolitische" Ziele jedoch wie „Macht, Ruhm, Prosperität, Expansion" (Jaeger III, 111) weisen offenbar keinen Ausweg aus einer Krise, in welcher der außenpolitische Krieg mit einem Bürgerkrieg einhergeht. Es liegt eine tiefgreifende Störung in den Beziehungen der einzelnen Menschen, Gruppen und Staaten zu einer allge-meineren Ordnung vor.

[103] Nach *Diogenes Laertius* (Leben und Meinungen berühmter Philosophen, Kap. II, 60) hat Platons POLITEIA den Nebentitel „Über das Gerechte"; — vgl. *G. Krügers* Einführung zu seiner Ausgabe der POLITEIA, Zürich 1950, 11 f.

[104] *Aristoteles* nennt die Gerechtigkeit ἀρετὴ κοινωνική, Gemeinschaftstugend (Pol III 1283 a 38). Bei Platon ist sie als solche zugleich Individualtugend (s. u. §§ 12; 19).

des bloßen Lebens willen entstanden, besteht aber um des guten Lebens willen"[105]. Das ist eine konzentrierte Zusammenfassung der Platonischen Lehre über den Realgrund der Polis. Platon führt dieses „gut Leben" nach zwei Seiten hin aus: einmal bedeutet es die Befriedigung und Erzeugung von nicht notwendigen, sondern Luxus-Bedürfnissen (P 372 Cff.) — auch Muße, Feste, künstlerische Betätigung gehören in diesen Bereich nicht notwendiger Praxis —, zum anderen zielt es auf die ethische Ordnung der gesamten, notwendigen wie freien Praxis[106]. „Ethisch" ist hier zu verstehen aus dem Bezug auf „Tugend" (areté), wobei zu bedenken wäre, daß die Gerechtigkeit die umfassende Tugend ist[107]. Nach der POLITEIA ist sie die innere, das heißt sowohl die seelische wie die innenpolitische Ermöglichung der Polis, während die Tapferkeit ihre äußere, aber ebenfalls aus den Gesinnungen der Bürger hervorgehende (vgl. P 435 E) Ermöglichung ist, indem auf ihr die Sicherheit gegen äußere Feinde beruht. Arete, auch wenn man die Tugenden Weisheit und Besonnenheit in die Betrachtung einbezieht, bezeichnet eine Harmonie zwischen der Verfassung des einzelnen Bürgers und der Polis und ist so *politische Tugend*.

Der älteren griechischen Ethik, die Platon weiterführt, liegt der Gedanke fern, daß die gemeinsame Besorgung des Notwendigen und des Luxus als Basis einer umfassenden Friedensordnung ohne Tugend geschehen könne, daß man also das Gemeinwesen scheiden könne in einen sittlichen oder aber Not- und Verstandes-Staat einerseits und eine egoistische Gesellschaft andererseits und daß die Gesellschaft als „System der Bedürfnisse" (Hegel) durch Freisetzung eigennütziger Interessen am besten funktioniere. Im Gegensatz dazu sieht Platon in den leicht die Grenze des Notwendigen und Möglichen überschreitenden Begierden die Ursache äußeren (P 373 Dff.) und inneren Krieges. Das gut Leben, das hauptsächlich auf die aus Bedürfnisbefriedigung entspringende Lust ausgerichtet ist, beschreibt er so: „. . . nach Art des Viehes immer auf den Boden sehend und zur Erde und den Tischen gebückt nähren sie sich und bespringen einander auf der Weide; und wenn sie aus habsüchtiger Begierde nach diesen Dingen ausschlagen und stoßen, so töten sie sich auch untereinander mit eisernen Hörnern und Hufen aus Unersättlichkeit" (P 586 B)[108].

[105] Pol I 1252 b 30.

[106] Zum Doppelsinn der Prägung εὖ ζῆν vgl. *Dirlmeier*, 271 (Anm. 7, 4).

[107] „Unter den berühmten Dichtersprüchen des 6. Jahrhunderts findet sich der von den späteren Philosophen öfter zitierte Vers, daß in der Gerechtigkeit alle Tugend zusammengefaßt sei" (*Jaeger* I, 149). — Zum Begriff des Ethischen s. u. § 12.

[108] Das scheint die Gegenposition zum modernen *Hedonismus* zu sein, der die Aggressivität aus Triebfrustration herleitet. Platon vertritt jedoch — im Einklang mit der sonstigen antiken Ethik — keineswegs die Position radikaler Askese, sondern spricht sich für vernünftige Triebbefriedigung aus (P 558

3. Politische Ethik

§ 11. Vertragstheorie und Gerechtigkeit

Unter den Bedingungen der das Notwendige und Angenehme rational besorgenden Stadt, die eben dadurch zu einer üppigen und expansionslüsternen wird (P 372 Eff.), entfaltet sich nach Platon zugleich mit den positiven Möglichkeiten des Menschen seine Begierde und Streitsucht stärker als in frugalen Verhältnissen. Die POLITEIA erwägt zwei Wege, unter Berücksichtigung dieser Tendenz zu einer gesetzmäßigen Ordnung zu kommen, der eine ist die Einführung von Gesetzen durch vertragliche Übereinkunft, der andere ist der Weg einer zugleich wissenschaftlichen und ethischen Bildung und ihr gemäßen hierarchischen Gliederung des Gemeinwesens. Wissenschaft und Bildung sind nötig, weil Gesetze im Hinblick auf ein Ziel: das gute Leben, den besten oder bestmöglichen Staat, gemacht werden müssen, und dieses Ziel zunächst einmal erkannt werden muß. Es kann nicht einfach in einem Kompromiß vorhandener Interessen liegen, es sei denn man setze die Vernünftigkeit der Interessen, so wie sie gerade sind, voraus, was eine transpolitische, metaphysische Proposition ist.

Indem mit dem neuen Ansatz der Frage nach der Gerechtigkeit die im ersten Buch der POLITEIA gefundenen Lösungen als ungenügend zurück-

D ff.). Die Vernunft soll nicht nur über die Triebsphäre herrschen, sondern — das liegt ohnehin im Platonischen Begriff von Herrschaft — auch für sie sorgen (*Derbolav* Platonkritik in seinem Aufsatz „Ursprungsmotive und Prinzipien des Platonischen Staatsdenkens", insbes. 284; 278 ff. erscheint von daher unzutreffend). Zur vernünftigen Triebbefriedigung gehört freilich die Unterscheidung zwischen notwendigen und nicht notwendigen Begierden. Sie nimmt *H. Marcuse* (Der eindimensionale Mensch, Neuwied 1967) in seiner etwas anders gelagerten Unterscheidung (vgl. H. M.: Zur Kritik des Hedonismus, in: Kultur und Gesellschaft I, Frankfurt 1967, 128 ff.) zwischen *wahren und falschen Bedürfnissen* wieder auf und kommt so zu der These, daß es in der modernen Gesellschaft eine falsche Art von Triebfreisetzung (Entsublimierung) gibt, die „mit dem Anwachsen unsublimierter wie sublimierter Formen der Aggressivität vereinbar" (Eindimens. Mensch, 97), ja geradezu deren Ursache ist. Die freundliche Aufforderung „Make Love, not War" verkennt, so gesehen, das ihr zugrunde liegende Prinzip, das *R. Musil* formuliert hat: „Letzte Zuflucht Sexualität und Krieg" (Der Mann ohne Eigenschaften, Hamburg 1952, 1618).

gelassen werden, entwickelt die Rede des Glaukon die Auffassung derjenigen[1], die das „von dem Gesetz Auferlegte das Gesetzliche und Gerechte
nennen"[2]. In dieser Formulierung faßt Platon die Dialektik zusammen,
in die der alte Nomos zu seiner Zeit geraten war. Recht und Gesetz drohten
in der Antithese Nomos—Physis zerrieben zu werden, da hier unter
Nomos eine bloße Konvention und Setzung verstanden wurde, welche der
menschlichen Natur im Grunde nicht gemäß ist, sondern ihr eine äußerliche
Zwangsordnung auferlegt[3]. Die alte Verwurzelung des Nomos im Göttlichen und im Ethos als dem von alters geheiligten Brauch[4] war zweifelhaft
geworden und damit zugleich die Stellung des sich aus den alten Ordnungen
der Familie, Phratrie, Phyle, Polis emanzipierenden Individuums zu einem
ihm nun abstrakt gegenüberstehenden, wenn auch möglicherweise durch
seine demokratische Beteiligung zustande gekommenen Staatsgesetze. An
einer anderen Stelle der POLITEIA geht Platon, nicht zufällig im Zusammenhang mit Fragen des Handels und des Eigentums, noch einmal auf diese
äußerliche Begründung von Recht und Gerechtigkeit ein und sagt, sie
geschehe so, daß ein Mensch „nur durch eine zweckmäßige Gewalt über
sich selbst andere ihm einwohnende schlechte Begierden zurückhält, nicht
etwa indem er sich selbst überzeugt, daß es so besser wäre, auch nicht indem
er sie durch Vernunft zähmt, sondern aus Not und Furcht"[5].

Die Vernunft tritt (wie nach der Hobbesschen Staatstheorie) nur
soweit in Aktion, als sie Mittel sucht und beibringt, Not und Furcht durch
eine äußerliche Ordnung, den Not- und Verstandesstaat, zu überwinden.

---

[1] Welche Leute das sind, s. u. Anm. 9.
[2] ὀνομάσαι τὸ ὑπὸ τοῦ νόμου ἐπίταγμα νόμινόν τε καὶ δίκαιον (P 359 A).
— *Xenophon* (Mem. IV, 4, 12) läßt den Sokrates in einem Dialog mit Hippias
etwas Ähnliches sagen: φημὶ γὰρ ἐγὼ τὸ νόμινον δίκαιον εἶναι. Doch
genau besehen ist dies die umgekehrte Position: nicht wird das Gerechte dem
Gesetzten, sondern eher das Gesetzliche dem Gerechten subsumiert. Doch
kommt es Sokrates, wie *Horvath* (Die Gerechtigkeitslehre des Sokrates und
des Platon, 258 ff.) gezeigt hat, weniger auf Subsumtion an als auf die Synthese und Harmonisierung von „Naturrecht" und „positivem Recht". *Hippias*
vertritt also bei Xenophon gegen Sokrates den gleichen Standpunkt wie
Thrasymachos gegen den Platonischen Sokrates in der POLITEIA. „Identifikation
des Gerechten und Gesetzlichen bedeutet . . . bei Thrasymachos und Sokrates
Grundverschiedenes" (Horvath, ebd.).
[3] Dazu *E. Barker*: Greek Political Theory, 74 ff., siehe auch die beiden Fragmente des Sophisten *Antiphon*, Barker, 95 ff. — Zum Nomos-Physis-Gegensatz
s. o. § 5.
[4] Vgl. *Ritter* 6, 240 f.; — *R. Hirzel*: Themis, Dike und Verwandtes, insbes.
320 ff.; — *H. Kleinknecht*: Der νόμος in Griechentum und Hellenismus; —
Fustel des Coulanges: Der antike Staat (*Ehrenberg*, op. cit. 306, urteilt über dies
Werk: „sachlich wie methodisch phantastisch, aber bedeutende Konzeption
mit zum Teil tiefer Erkenntnis der religiösen und sippengebundenen Kräfte
des Staates"); — *M. B. Foster*: On Plato's Conception of Justice in the
REPUBLIC, insbes. 212 ff.; — *F. Flückinger*: Geschichte des Naturrechtes I.

Da unter den Bedingungen zivilisierten Zusammenlebens einem Menschen Leid hauptsächlich von anderen Menschen zugefügt wird, die wie er ihre Interessen verfolgen, ist der Ausweg ein Vertrag, in dem sie sich gegenseitig darüber einigen, einander kein Leid zuzufügen (P 359 A) und im Falle der Verletzung dieses Vertrages Wiedergutmachung oder Sanktionen eintreten zu lassen. Welche Taten und welches zugefügte Leid von da an als recht oder unrecht gelten, bestimmen die Vereinbarungen des Vertrages oder die vertraglich eingesetzten Schiedsrichter.

Platons Kritik an dem auf diese Weise zustande gekommenen Recht zielt darauf, daß das ihm zugrunde gelegte Gerechte nur die auskalkulierte Mitte ist zwischen dem eigentlich angestrebten Unrechttun, ohne Strafe zu leiden, und dem am meisten gefürchteten Unrechtleiden, ohne sich rächen zu können. Das auf diese Weise Rechte „werde nicht als gut geliebt, sondern durch das Unvermögen, Unrecht zu tun, sei es zu Ehren gekommen, denn wer es nur ausführen könnte und der wahrhafte Mann wäre, würde auch nicht mit einem den Vertrag eingehen" (P 359 A/B). Wie Glaukons Rede des weiteren ausführt, kann diese Art Gerechtigkeit nur um ihrer Folgen, nicht auch um ihrer selbst willen angestrebt werden (P 358 A). Ihren Bedingungen genügt vollständig, wer sich äußerlich korrekt verhält. Es reicht also, vor den anderen gerecht zu scheinen (P 365 B/C), und jeder muß auf den andern achten, daß er sich an diese Spielregeln halte. Dagegen fordert Adeimantos, Gerechtigkeit und Ungerechtigkeit „an sich nach der eigentümlichen Kraft, mit der sie der Seele einwohnt, auch wenn sie Göttern und Menschen entgeht"[6], zu erkennen und sieht darin die Möglichkeit, daß nicht einer den andern hüten müßte, kein Unrecht zu tun, sondern jeder in der Orientierung an einer solchen Gerechtigkeit sein eigener bester Hüter sein würde[7]. Er plädiert also, um modern mit Kant zu sprechen, für Autonomie, und um mit Riesman zu sprechen, für Innen- statt Außenlenkung[8] und damit für individuelle Freiheit. Dagegen ist ein politisches oder gesellschaftliches System, in dem jeder auf jeden anderen mehr als auf sich selbst aufpaßt, wohl durch und durch unfrei.

Die Vertragstheorie von Recht und Gerechtigkeit, die Glaukon (nicht als seine eigene Position[9]) entwickelt, ist vom zweiten Buch der POLITEIA

---

[5] P 554 D; vgl. P 360 („ ... daß niemand mit gutem Willen (ἑκών) gerecht ist, sondern nur aus Not ...").

[6] P 366 E; vgl. 367 E; 427 D; 445 A; 580 C. Es handelt sich um ein Leitmotiv der POLITEIA. Zu seiner Aufhebung oder vielmehr Verwandlung s. u. § 12.

[7] P 367 A; s. u. § 16; vgl. N 560 B; APOLOGIE 39 D: es sei das edelste und leichteste, „nicht anderen wehren, sondern sich selbst so einrichten, daß man möglichst gut sei".

[8] D. Riesman: Die einsame Masse (The Lonely Crowd), Hamburg 1958. Innen- und außengeleitet heißt im englischen Original inner- bzw. other-directed.

[9] Einige Sophisten (Lykophron, Antiphon, Thrasymachos, Hippias, wahrscheinlich auch Demokrit) scheinen zuerst in der Geschichte die These vertreten zu

an der Kontrasthintergrund, vor dem sich Platons dialogische Suche nach dem Gerechten als Selbstzweck abspielt. Im ersten, früher als die anderen entstandenen Buch der POLITEIA wurden einige ungenügende Definitionen der Gerechtigkeit durch die These des Thrasymachos, „das Gerechte sei nichts anderes als das dem Stärkeren Zuträgliche" (P 338 C), sozusagen vom Tisch gefegt. Sokrates versucht dagegen durch Ableitung aus dem Sinn aller Techne, auch der politischen, nachzuweisen, daß der Gerechte, wenn er zur Herrschaft kommt und somit der Stärkere ist, nicht das ihm selbst sondern das den Regierten Zuträgliche bedenke[10]. Glaukon findet diesen Nachweis unbefriedigend und nimmt die zunächst spezifisch tyrannisch scheinende These, Gerechtigkeit werde von den Herrschenden gesetzt, in ihrer komplizierteren, demokratischen Form wieder auf. Im politischen Vertrag bestimmen alle das ihnen zuträglich Scheinende als das Gerechte. Daß ein einzelner Mächtiger es von sich aus setzen könnte, erscheint als ein Sonderfall der Setzungstheorie[11].

haben, daß Recht und auch Sitte bloße Setzungen seien entweder einzelner Mächtiger oder einer Menge von Gleichberechtigten (vgl. *Gough:* The Social Contract, 8 ff.; — *Verdroß-Droßberg*, op. cit., 54; *Müller*, 162 f.). Im zweiten Fall, der Setzung durch mehrere nach gegenseitiger Abstimmung, spricht man von „Vertragstheorie", die — zumal unter den Bedingungen des Christentums — durchaus mit einer nicht machiavellistischen, sondern moralischen Naturrechtslehre gekoppelt sein kann, wenn angenommen wird, daß es moralische Verbindlichkeit schon vor dem Gesellschaftsvertrag und neben den aus ihm hervorgehenden Gesetzen gibt (vgl. *Lewis:* Plato and the Social Contract). Wie *Gough* hervorhebt, hat die Vertragstheorie, ganz unabhängig von ihrer historischen Richtigkeit, gewöhnlich die Funktion, die Veränderung einer bestehenden Ordnung ideologisch vorzubereiten; denn wenn das überkommene Recht von Menschen gemacht wurde, so können Menschen es auch anders machen. (In einer Demokratie freilich kann die Vertragstheorie konservative Funktion bekommen, indem durch sie das demokratische Ideal, daß alle an allen wichtigen politischen Entscheidungen mitwirken, als realisiert hingestellt wird.) Über die Stellung der klassischen griechischen Rechtsphilosophie zur Vertragstheorie schreibt *Gough:* „Much of the political philosophy of Plato and Aristotle was designed to combat these subversive opinions" (13). Er weist aber auch darauf hin, daß *Sokrates* im KRITON (50 C ff.) sein Handeln nach einem stillschweigend bestehenden Vertrag zwischen ihm und den Gesetzen der Polis ausrichtet (18 f.). Dabei handelt es sich jedoch weder um einen Unterwerfungs- und Herrschaftsvertrag, noch um einen Gesellschaftsvertrag (vgl. Gough, 2 f.), noch wie bei *Hobbes* um eine Kombination beider (vgl. *I. Fetschers* Einleitung zu Hobbes: Leviathan, Neuwied 1966, XXV f.), da kein Vertragsabschluß zwischen partikularen oder (moralisch) vorintegrierten Individuen stattgefunden hat, sondern zwischen dem einzelnen Politen und dem die Polis zusammenhaltenden Nomos, von dem die einzelnen immer schon in der Einheit von individueller und politischer Ethik geformt sind.

[10] P 342 E; 345 D; 346 E.

[11] Am Anfang des zweiten Buches der POLITEIA deutet Glaukon den Standpunkt des Thrasymachos, den dieser im ersten Buch vertreten hatte, im Sinne der Vertragstheorie um. Während zunächst Thrasymachos die gleiche Position

Damit ist schon hier am Anfang der POLITEIA die im achten Buch weiter ausgeführte These nahegelegt, Demokratie sei eine durch alle gemäßigte Tyrannei aller. Denn wie die von Glaukon erzählte Geschichte von Gyges und dem Zauberring (P 359 Dff.) erweisen soll, fehlt dem nur gemäß dem Vertragskalkül gerechten Menschen lediglich die Macht, sein Mehrhabenwollen (pleonexía) zu befriedigen. Hierin besteht die „geheime Übereinstimmung ... zwischen den schockierenden Meinungen eines Callicles oder Thrasymachus und der von ihnen schockierten Gesellschaft"[12]. Unter den Bedingungen bloß äußerlicher Gerechtigkeit werden alle, auch der ‚kleine Mann', nur „durch das Gesetz und mit Gewalt ... zur Hochhaltung des Gleichen" (P 359 C) gebracht.

Daß die Gerechtigkeit durch Gleichheit definiert sei, ist eine allgemeine Voraussetzung der Polisethik jener Zeit. Platon geht davon im GORGIAS (484 A; 489 A) und der POLITEIA (349 C; 359 C), Aristoteles in der Nikomachischen Ethik (Buch V) aus. Aber was bedeutet hier Gleichheit? Glaukons Korrektur der Diskussionsbasis am Anfang des zweiten Buches der POLITEIA ist vor allem deshalb erforderlich, weil es im ersten Buch heißt, der Gerechte wolle vor dem Gleichartigen (ebenfalls gerechten Menschen) nichts voraus haben (349 C), während andererseits die Rede davon ist, daß einige Gerechte regieren sollen (347 C), womit sie wohl vor anderen ihresgleichen (vor den Ungerechten ohnehin) etwas voraushaben, vor allem indem sie ihnen in mancher Hinsicht vorschreiben können, was sie tun sollen. *Das Politische ist hiermit angesprochen als die Dialektik von Homogenität und Gliederung des Gemeinwesens.*

Mit Glaukons und Adeimantos' Reden erhält diese Dialektik ein neues Niveau, neu sowohl im Vergleich zum ersten Buch der POLITEIA wie zum Diskussionsniveau jener Zeit (von Sokrates abgesehen). Die Fundamente der Diskussion werden tiefer gelegt. Es wird jetzt sozusagen transzendental-politisch nach dem Ursprung oder der Verankerung des Politischen in der von der allgemeinen Gesinnung unterscheidbaren Seele und Gesinnung des einzelnen Menschen gefragt. Dabei sieht es zunächst so aus, als werde

wie Kallikles im GORGIAS zu vertreten scheint, sieht es beim zweiten Buch der POLITEIA so aus, wie *Taylor* (Plato, 268ff.) es beschreibt: „Callicles is a partisan of φύσις who honestly believes that in the „order of things" the strong man has a genuine right to take full advantage of his strength; Thrasymachus is pushing the opposite view of all morality as mere „convention" to an extreme." Gegenüber dem, was Sokrates-Platon als das ihrer Einsicht nach Rechte dagegenstellen, fallen diese beiden Positionen, die „rechte" und „linke" Setzungstheorie jedoch zusammen. Das hat *Horvath* (Die Gerechtigkeitslehre des Sokrates und des Platon, 258) gesehen, wenn er bezogen auf GORGIAS 489 A/B schreibt: „Sokrates zeigt, daß die vielen Schwachen zusammen stärker sind als die einzelnen Starken, daß also das von Kallikles in einen notwendigen Gegensatz zum positiven Recht gestellte Naturrecht des Stärkeren im Gegenteil mit dem positiven Recht notwendig zusammenfällt."

[12] *Kuhn* 3, 24; s. u. § 25.

die Zweiseitigkeit des Politischen im Sinne je autonomer Homogenität zur Einheit gebracht. Wenn nämlich Adeimantos gegen Ende seiner Rede die freie Selbstbestimmung des Einzelnen fordert und die Gerechtigkeit von daher bestimmt sehen möchte, so ist damit die Seite des Politischen, die mit arbeitsteiliger oder sonstiger Gliederung und schließlich mit der Herrschaft von Menschen über Menschen zu tun hat, in Frage gestellt. Adeimantos' Forderung hört sich an wie die Idealvorstellung moderner Demokratie als einer Gemeinschaft autonomer Individuen, die von sich aus politische und soziale Verantwortung entwickeln. Doch wie sich zeigen wird, leitet Platon aus dieser neuen Freiheit die Notwendigkeit zur Gliederung des Gemeinwesens ab[13].

§ 12. Die Gerechtigkeit als individuelle und politische Tugend;
die proportionale Gleichheit; der ethische Primat des Einzelnen

Der Austragungsort für die theoretische Dialektik des Politischen ist bei Platon der Begriff der Gerechtigkeit. In seinem Felde wird deutlich, was das Politische im philosophisch reflektierten Polissinne ist, nämlich die innere, vernünftige Begründung äußerer, arbeitsteiliger und herrschaftlicher Gliederung. „Politisch" (theoretisch verstanden) bezeichnet so die individuelle — und damit auch individuell verschiedene — Bezogenheit auf die Frage der besten Einrichtung des menschlichen Zusammenlebens[14]. Diese platonische Bedeutung des Wortes wird am ehesten von dem heutigen Sinn des Wortes „sozial" getroffen[15].

Als erste Bestimmung der Gerechtigkeit ergibt sich im weiteren Verlauf des Gespräches zwischen Glaukon, Adeimantos und Sokrates, daß von allen Tugenden besonders diese eine Verbindung individueller und politischer Tugend ist. Zuerst wird sie, wie gesagt, von ihrer politischen Seite

---

[13] Das Ideal der Autonomie und der Weg, der von ihm zu Platons hierarchischem Wissenschaftsstaat führt, ist bei *Moreau* angesprochen: „Il nous semble que c'est dans la notion d'autonomie que s'opère l'identification de l'idéal politique avec l'idéal individuel, identification qui s'accomplissant dans la conscience du gardien assure la sauvegarde de la cité. Si moderne que puisse paraître cette notion, elle n'est cependant pas étrangère à la pensée platonicienne; elle y joue même un rôle capital; on la voit se dégager en même temps que se détermine la conception de l'art royal, de la science du gouvernement" (La construction de l'idéalisme Platonicien, 431).

[14] Vgl. *L. Strauss:* On Classical Political Philosophy.

[15] Jedoch enthält 1. „politisch" den Bezug auf überschaubare Staatsgebilde, während „sozial", noch von den modernen Massenstaaten abstrahierend, eine Weltgesellschaft zur Perspektive nimmt; 2. beansprucht das Politische im Polissinne alle Seiten des Menschen, während das Soziale zur Beschränkung auf die menschliche Bedürfnisnatur tendiert. Es bezahlt insofern seine größere Extensität mit einem Verlust an Intensität.

her entwickelt, in welchem Zusammenhang Adeimantos feststellt, die Gerechtigkeit sei zu suchen im gegenseitigen Verkehr der Menschen untereinander (P 372 A). Inhaltlich besteht sie in der Zuordnung von Natur verschiedener Individuen zu den verschiedenen Geschäften oder Berufen des arbeitsteiligen Gemeinwesens Polis. „Daß jeder einzelne ... von Natur verschieden und jeder zu einem anderen Geschäft geeignet" sei[16], ist die Voraussetzung der Gerechtigkeit, welcher die POLITEIA nachforscht. Und es ist nicht wohl einzusehen, unter welcher anderen Voraussetzung politisch-soziale Gerechtigkeit in einem gegliederten Gemeinwesen möglich ist. Denn wenn alle Menschen von Natur gleich sind, ist es ungerecht, sie verschiedene gesellschaftliche Funktionen ausüben zu lassen und ist vor allem ungerecht, sie dafür verschieden zu belohnen. Jede nicht völlig homogene politische Ordnung wäre dann von vornherein ungerecht. Da nun aber solche Homogenität bis heute nur utopisch denkbar ist, hätte es die Politik bloß mit einem Mehr-oder-Minder prinzipieller Ungerechtigkeit zu tun.

Wie bereits zitiert, bedenkt Platon aber auch, daß Gerechtigkeit und Gleichheit zusammenhängen. In der Gerechtigkeit, hieß es dort, wolle niemand vor dem anderen etwas voraushaben. Wenn einer jedoch faktisch etwas voraushat und zwar von Natur, das heißt auf eine Weise, die durch gesellschaftliche Beeinflussung nie ganz zu verändern ist, dann besteht politische Gerechtigkeit offenbar darin, ihm die Entfaltung dieser Anlagen proportional zu den Anlagen anderer zu ermöglichen. Gleichheit wäre dann die Zuteilung nicht des abstrakt Gleichen, sondern des Angemessenen. Damit das auf gerechte, das bedeutet in der entwickelten Polis auch: bewußte, rationale Weise geschieht, ist die Zustimmung möglichst aller zu der Art der Verteilung und den Personen, die verteilen, erforderlich. Diese Gleichheit wäre demnach das Einverständnis (s. u. § 14 über sophro-sýne) aller oder der meisten mit der Verschiedenheit und Ungleichheit aller und der damit zusammenhängenden Gliederung ihres Gemeinwesens. Es ist keine politische Ordnung denkbar, die auf die Dauer ohne ein solches Einverständnis bestehen könnte. Insofern ist das Ideal einer individuell verankerten politischen Gerechtigkeit immer wirksam, indem es die Staaten entweder zusammenhält oder sprengt.

Platon hat dieses Immer-Seiende mit den gerade auf dem Gebiet politischer Ethik hochentwickelten Begriffen seiner Zeit aufgefaßt. Er hat versucht, der Polis wenigstens in der Theorie eine Kontinuität ihrer eigenartigen, gespannten Harmonie zwischen Einzelnen und Gemeinwesen zu verleihen. Die politische Gliederung der Polis sieht er gerechtfertigt, wenn sie

---

[16] P 370 A/B; vgl. 421 C; 428 E; 430 A; 453 Bff.; 474 C; — vgl. *M. B. Foster:* On Plato's Conception of Justice in the REPUBLIC. Gegen *Popper* betont Foster, daß für Platon Gerechtigkeit „essentially conformity to nature, not conformity to the interests of the state" sei (206).

beruht auf einer harmonischen Zuordnung verschiedener Naturen zu verschiedenen politisch bedeutsamen Funktionen. Um hier Klarheit zu schaffen gegenüber der zu seiner Zeit die alte Ordnung auflösenden Vielgeschäftigkeit[17], unterstützt er die aus den Diskussionen seiner Zeit aufgenommene Forderung, jeder müsse das Seine tun[18], was bei ihm gleichbedeutend wird mit der Forderung, jeder dürfe nur einem Geschäft nachgehen. Dem liegt also der Gedanke zugrunde, daß jedem, der geboren wird, *von Natur* ein bestimmter Platz in einem der natürlichen Verschiedenheit der Menschen gemäß gegliederten Gemeinwesen zukommt. Gerecht ist derjenige Staat, in dem möglichst jeder den ihm angemessenen Platz tatsächlich einnimmt, wozu ihn freilich erst die *Bildung* tauglich macht. Die Regierenden haben darauf zu achten, daß nicht nur an Eigentum, sondern in jeder Hinsicht „einem jeden weder Fremdes zugeteilt noch ihm das Seinige genommen werde" (P 433 A).

Auf diese Weise können Gleichheit und Gerechtigkeit zusammengehen, wobei sich ein doppelter Begriff von Gleichheit ergibt. In den NOMOI unterscheidet Platon ausdrücklich zwei Arten Gleichheit, von denen er sagt, sie würden mit demselben Namen bezeichnet. Die eine ist die direkte, numerische Gleichheit, die andere teilt dem Würdigeren mehr, dem Geringeren weniger zu „und gibt so jedem der beiden Angemessenes im Verhältnis zu ihrer Natur"[19]. Die ungerechte Zuteilung, wenn Ungleiche

---

[17] πολυπραγμοσύνη P 434 B/C; 551 E; vgl. GORGIAS 526 C. Dazu *Ehrenberg:* Polypragmosyne: A Study in Greek Politics, in: Polis und Imperium, 466 —501. E. geht besonders auf die politischen Aspekte dieses Begriffs ein, der um die Zeit des Peloponnesischen Krieges wie kein anderer die spezifische Stärke und Schwäche der Athener bezeichnete.

[18] Das Prinzip τὰ ἑαυτοῦ πράττειν klingt schon im CHARMIDES (161 Bff.) an und zwar als Definition der Sophrosyne. Es wird dort als eine bekannte Formulierung behandelt.

[19] Vgl. N 757 A—E; ferner 744 B/C; 965 A—C. — *Vlastos* (in „Isonomia", op. cit., 27 ff.) hält es für wahrscheinlich, daß *Platon* bereits bei seiner Erwähnung der „geometrischen Gleichheit" (ἡ ἰσότης ἡ γεωμετρική) im GORGIAS (508 A) darunter proportionale Gleichheit verstanden habe, und daß Sokrates dort mit der Einführung dieses Begriffs bezweckt habe, „to uphold ἰσότης against Callicles' assumption that if justice is ἰσότης, it would justify equality between the masses and their betters". Später sei die Lehre von den zwei Gleichheiten, wie *Isokrates* bezeugt, bei den konservativen politischen Theoretikern Athens wohlbekannt gewesen. *Verdroß-Droßberg* (op. cit., 28) vermutet, daß das Prinzip einer nach „geometrischer Gleichheit" austeilenden Gerechtigkeit wenn auch vielleicht nicht dem Namen, so doch der Sache nach ein Bestandteil der von *Pythagoras* gelehrten mathematischen Harmonie der Welt gewesen sei. In die gleiche Richtung gehen Vermutungen von *Vlastos* (a. a. O., 28); konkretere Hinweise bei *R. Hirzel:* Themis, Dike und Verwandtes, 277 f.; — *V. Goldschmidt:* Le paradigme dans la dialectique Platonicienne, 82 f.; — *J. Derbolav:* Ursprungsmotive und Prinzipien des Platonischen Staatsdenkens, 274.

Gleiches oder Gleiche Ungleiches erhalten, ist nach Platon (s. o. § 2) wie nach Aristoteles[20] Anlaß zu Streit und Aufständen.

Aristoteles hat die Unterscheidung der beiden Arten Gleichheit und Gerechtigkeit weiter ausgeführt[21]. Von ihm leiten sich die bis zur heutigen Naturrechtsdiskussion wichtigen Begriffe justitia distributiva und commutativa (directiva, correctiva), austeilende bzw. ausgleichende Gerechtigkeit her[22]. Die austeilende Gerechtigkeit verfährt nach proportionaler Gleichheit[23], das heißt die Zuteilung von Ämtern (politischer Weisungsbefugnis), Ehrungen, Geld (Einkommen) soll proportional zur Würdigkeit (axía) erfolgen[24]. Die ausgleichende Gerechtigkeit dagegen verfährt nach direkter, arithmetischer Gleichheit[25].

Aristoteles versucht, beide Arten Gleichheit durch mathematische Proportionen, die „geometrische" und die „arithmetische", zu verdeutlichen, und von ihnen her haben die beiden Gleichheiten offenbar ihren Namen. Bei der „geometrischen Proportion" verhält sich A zu B wie C zu D, wobei A und B Personen bezeichnen sollen und C/D die zu verteilenden Güter, Ehren, Gelder usf. Der arithmetischen Gleichheit dagegen entspricht, genau besehen, keine Proportion, sondern die Gleichung $A - B = B + C$. Hier bezeichnen A und C die Personen, und es geht um einen Ausgleich. B, das Glied, das zweimal vorkommt, bezeichnet das, was sich A zuviel genommen hat, so daß es C abgeht. Ein mathematisches Verhältnis liegt nur insofern vor, als A um soviel *mehr*, als B *weniger* hat. Es ist nun Sache des Richters, der vereinbarten Mitte zur Realisierung zu verhelfen, weshalb man, wie Aristoteles sagt, mancherorts die Richter „Mittler" nennt (NE 1132 a 32). Als Maß für die ausgleichende Mitte dient ihm bei den freiwilligen (Handels-)Verträgen das Vereinbarte, bei den unfreiwilligen das Gesetz, denn diese betreffen so substantielle Dinge wie Diebstahl, Mißhandlung, Mord. Nach Aristoteles fallen also auch diese die individuelle Sicherheit tangierenden Dinge (wie später bei Hobbes) unter eine der gesellschaftlichen Ordnung zugrunde liegende Vertragsgerechtigkeit. Modern gesprochen: in Sachen des Geschäftsverkehrs sowie des Zivil- und Strafrechts gilt ohne Ansehen der Person eine nicht proportionale, sondern direkte Gleichheit vor dem Gesetz. Es gibt keinen Anlaß zu vermuten, daß Platon darüber anders gedacht habe.

---

[20] *Aristoteles*, NE V 1131 a 22; Pol V 1301 a 26 ff.; Pol II 1266 b 38 f.

[21] NE V 1130 b 30 — 1132 b 20.

[22] τὸ διανεμητικὸν δίκαιον (NE V 1131 b 27) und τὸ δι- (oder 1132 a 18: ἐπαν-)ορθωτικὸν δίκαιον (1131 b 25); dazu *Dirlmeier*, 404 ff.; vgl. *Salomon:* Der Begriff der Gerechtigkeit bei Aristoteles, 24 ff.; *Trude:* Der Begriff der Gerechtigkeit in der aristotelischen Rechts- und Staatsphilosophie, 89 ff.

[23] τὸ κατ' ἀναλογίαν ἴσον (Pol V 1301 a 27).

[24] Pol V 1301 b 29 ff.

[25] „Gleichheit bedeutet einmal: jedem das Gleiche, einmal: jedem das Seine" (*Salomon*, op. cit., 26; überhaupt vgl. 24 ff.).

Daneben jedoch halten Platon und auch Aristoteles eine Verschiedenheiten berücksichtigende Gerechtigkeit für notwendig, deren politische Aufgabe es ist, jedem den ihm zukommenden Platz in der Gesellschaft zu vermitteln und so die Polis optimal zusammenzufügen. Von der proportionalen Gleichheit, auf der diese Gerechtigkeit beruht, sagt Platon, sie sei „die Scheidung des Zeus, und den Menschen steht sie immer nur in geringem Maß zu Gebote, alles aber, was davon etwa den Staaten oder auch einzelnen erreichbar ist, bewirkt alles Gute" (N 757 B). Diese Verschiedenheit der Menschen zu erkennen und zu beurteilen, ist aber deshalb so schwierig[26], weil der Maßstab der Beurteilung wesentlich dieselbe Gerechtigkeit ist, die durch die richtige Beurteilung allererst im Gemeinwesen wirksam wird. Platon muß, so scheint es, voraussetzen, daß die Scheidung des Zeus sich in den bestehenden Staaten immer schon irgendwie durchgesetzt hat, was ja auch anzunehmen ist, wenn anders Zeus der mächtigste Gott ist. Aber diese an sich bestehende Ordnung ist auch immer korrumpiert, weil sich die Menschen nicht neidlos darum bemühen, die Scheidung des Zeus zu erkennen und zu verwirklichen. Platon jedoch konstruiert seinen Staat-in-Gedanken sowohl in der POLITEIA wie in den NOMOI daraufhin.

Am meisten also im platonischen Staat, aber in geringerem Maße auch in den wirklichen Staaten ist der praktisch gangbare Weg, um die Scheidung des Zeus herauszufinden, der Wettstreit um die Tugend (vgl. N 731 A/B), deren umfassendste ja die Gerechtigkeit ist. Dieser Wettstreit macht die Scheidung des Zeus offenbar, indem „die durch Tugend Ausgezeichneten zu höheren Ehren" erhoben werden (N 757 C). Und Tugend ist hier kein vager Maßstab, da der Staat auf sie hin eingerichtet ist. Seine Gesetze entsprechen so weit wie möglich der göttlichen Gerechtigkeit. Darum kann Platon schreiben: „wer den bestehenden Gesetzen den willigsten Gehorsam leistet und darin den Sieg im Staate davonträgt, dem ... muß man die erste und einflußreichste Stelle im Dienste der Götter verleihen" (N 715 C). Das aber bedeutet, daß er eine führende Position einnehmen soll, da Gottesdienst im idealen Staat gleich Staatsdienst ist. Wer den Gesetzen dient, dient den Göttern (N 762 E), nicht seinem Neid oder seinem Ehrgeiz, und verdient eben dadurch zu herrschen. Damit ist zugleich gesagt: „Jeder muß aber über jeden Menschen die Ansicht hegen, daß, wer nicht Diener war, auch niemals zu einem Herrn werden dürfe ... und daß man sich mehr des guten Dienens als des guten Herrschens wegen zu rühmen habe" (N 762 E).

Unter diesen Voraussetzungen, die Platon zwar erst in den NOMOI expliziert hat, die aber in der POLITEIA bereits wirksam sind, ist das Streben nach Ehre und politischer Führung, da sie ja nicht um ihrer selbst, sondern

---

[26] Siehe auch *Aristoteles*, Pol III 1280 a 11 ff.

um eines anderen, höheren Prinzips willen angestrebt werden, keine die Brüderlichkeit[27] verletzende Pleonexie oder bloßer Ehrgeiz, sondern ist geradezu die Voraussetzung für die Verwirklichung der einen Seite der Gerechtigkeit. Wird dieses Prinzip politische Wirklichkeit, so begründet es eine Aristokratie als Meritokratie.

Daß Platon den Agon nicht bloß auf den sportlichen oder musischen Bereich beschränkt, sondern auch personale und materielle Fragen politischer Ethik dadurch gelöst sehen möchte, zeigt sich auch am Schluß der POLITEIA, wo Sokrates zu seinen Gesprächspartnern sagt, er fordere „dieses im Namen der Gerechtigkeit zurück, daß, wie wirklich bei Göttern und Menschen von ihr gehalten wird, so ihr auch zugesteht, daß von ihr gehalten werde, damit sie nun auch die Siegesehren, welche sie durch die Meinung erwirbt, davontrage und den sie Besitzenden austeile" (P 612 D). Damit wird eine zweite methodische Beschränkung (nach jener ersten, die Gerechtigkeit zunächst im Großen zu untersuchen) zurückgenommen. Sie war auf Glaukons Vorschlag eingeführt worden, als er forderte, die Gerechtigkeit selber, wie sie unter Absehung von den Folgen an und für sich auf die Seele wirkt, „mag sie nun Göttern und Menschen verborgen bleiben oder nicht", zu betrachten[28]. Da die gesuchte Idee der Gerechtig-

---

[27] φιλία, in den NOMOI neben der Gerechtigkeit die sittliche Macht, die den Staat trägt; vgl. D. Nestle: Eleutheria, 97 ff.

[28] Dazu sehr subtil, subtiler als Platon: Kuhn 1, II, 41 ff. Die Rehabilitierung der Folgen und des Lohns der Gerechtigkeit scheint aber bei Platon einen einfacheren Sinn zu haben. Platon will sagen: Wer diesen Lohn nicht um seiner selbst willen anstrebt, sondern des Besten der Polis wegen, der verdient ihn wirklich, so wie wiederum das Beste der Polis, ihre Gerechtigkeit, die möglichst alle glücklich sein läßt, erreicht wird, indem sie nicht direkt, sondern um eines Höheren: des Guten selbst willen (s. u. § 38), angestrebt wird. Im übrigen ist es aber realistisch und gerechtfertigt, die Ehren und Güter, welche die Menschen geben können, anzunehmen und auch diese für ein Ziel des Handelns anzusetzen. Denn wie Thomas von Aquino, Cicero zitierend, sagt: „es liegt immer das darnieder und kann sich nicht zur Blüte erheben, was gerade bei einem Volke nicht gebilligt wird" (De Regimine Principum, Buch I, Kap. 3; vgl. N 631 E f.).

Wer in jenem schwierigsten, friedlichen und wahrhaft friedenstiftenden Kampf mit sich selbst (vgl. N 626 D ff.) siegt, der verdient auch Auszeichnung. Ein guter Staat vergibt sie. Platons Musterstaat ist „the image and magnified externalization of the justice that resides in the soul" (Kuhn 1, II, 44). Platons Staat soll nach Möglichkeit den Zusammenfall von Sittlichkeit und Glückseligkeit bewerkstelligen, von dem Kant sagt, man könne ihn nur als notwendig postulieren (Kritik der praktischen Vernunft A 222 ff.).

So betrachtet liegt eine ganz falsche Perspektive zugrunde, wenn van Paassen (Platon in den Augen der Zeitgenossen, 19) unter Anspielung auf die „jüngsten Geschehnisse" (den Faschismus) schreibt: „In den Augen auch der ihm nicht feindlich gesinnten Zeitgenossen war er wie gesagt ehrgeizig. Es bedarf keiner tiefen psychologischen Deutung, um diese Eigenschaft abzuleiten. Platon neigte zu einer asketischen Moral. Wir wissen jetzt allmählich,

keit nicht einen bloß kontemplativen Selbstzweck hat, sondern durchaus
Paradeigma für die (politische) Praxis sein soll, da es weiter eine Fiktion ist,
daß den Göttern etwas verborgen bleibt, und da schließlich die Götter der
Polis freundlich zugetan sind, gehört die Frage nach Lohn und sonstigen
Folgen zu einer vollständigen Untersuchung der Gerechtigkeit. Wenn die
göttliche Scheidung auch nur angenähert erkannt werden kann, so gilt es,
sich desto mehr darum zu bemühen und den „durch Tugend Ausgezeichneten zu höheren Ehren"[29] zu verhelfen. Es ist eine Hauptaufgabe der
Regierenden, diese Rangordnung zu erkennen und wirksam werden zu
lassen, denn nur wenn das geschieht, ist die Polis auf eine an sich bestehende
„natürlich-göttliche" Ordnung gegründet und hat ein Maß, das sie nicht
selber setzt. Nur ein solches jedoch ermöglicht den Staat als Friedensordnung, während ein Maß, das einerseits etwas sein soll, an das man sich
halten kann und andererseits von der Gemeinschaft, die sich darauf gründen
will, selber gesetzt wird, nicht friedenstiftend, sondern im Gegenteil der
Hauptstreitpunkt sein wird. Der auch bei Platons Annahme einer an sich
bestehenden Ordnung notwendige Wettstreit muß, damit er friedlich sei,
erstens verstanden werden als ein bloßes Mittel, die verborgen zugrunde

daß diese Askese charakterologische Gefahren mit sich bringt. ... Gerade die
Askese macht empfänglicher für die Sünden des Geistes: Grausamkeit, Ehrgeiz, Hochmut, Herrschsucht, Machtwille ... Jemand, der sich selbst so viel
versagt, meint — selbstverständlich meistens unbewußt und bona fide —, daß
er doch irgendwie ein Anrecht auf Entschädigung hat."
    Platon aber ist kein radikaler Asket, sondern tritt für *vernünftige*, das heißt
dem persönlichen und politischen Glück dienliche Triebbefriedigung ein. Und
für diese vernünftige Lenkung der Bedürfnisse und Begierden erwartet er
keine (womöglich finanzielle) „Entschädigung", sondern *gerechten Lohn: bewußt
und bona fide*. Die christliche Überbietung der Lohnethik ist bei *van Paassen*
zu einem gleichheitsideologischen Ressentiment („equal depravity" — vgl.
Lakoff: Equality in Political Philosophy, Cambridge/Mass. 1964 das Kapitel
über Calvin) gegen Adelsethik und das Streben nach Vollkommenheit verkehrt. Dabei kann diese Überbietung durchaus als eine Weiterführung der
sokratisch-platonischen Aufhebung der Adelsethik verstanden werden, freilich
nicht vom gängigen Standpunkt eines demokratisch-anthropologischen Christentums aus. Das solchermaßen säkularisierte Christentum wacht eifersüchtig über
die gleiche Verworfenheit und Niedrigkeit aller Menschen. Vollkommenheits-
streben kann es nur noch mißverstehen.
[29] N 757 C. — *Aristoteles* schreibt über die Würdigkeit (ἀξία), nach der die
proportionale Gerechtigkeit sich richten soll: sie gelte nicht für alle als dieselbe, „sondern die Demokraten sehen sie in der Freiheit, die Oligarchen im
Reichtum, andere im Geburtsadel, und die Aristokraten in der Tugend" (NE
V 1131 a 26—29). Dabei ist mit dem zuerst Aufgezählten wohl gemeint, daß
in der Demokratie alle Freien (Vollbürger) als prinzipiell gleich würdig betrachtet werden (vgl. *Jones:* Athenian Democracy, 45), nicht daß denjenigen mehr
zustehe, die sich am meisten für die Freiheit aller einsetzen (wie *Salomon* op.
cit., 131 nahelegt), und auch nicht, daß die Austeilung in freier, nicht durch
geschriebene oder ungeschriebene Gesetze geregelter Konkurrenz der Individuen vor sich gehe.

liegende Ordnung und die rechte Mitte zwischen politisch-sozialer Gleichheit und Ungleichheit offenbar zu machen, und muß zweitens sein ein
Agon um die Tugend, das heißt um Auszeichnung im Rahmen der politischen Gemeinschaft und für sie.

Gerechtigkeit als umfassende Tugend ist demnach Erkenntnis und
Nachvollzug einer umfassenden Ordnung[30]. Konkret scheint sie darin zu
liegen, daß „der von Natur Schusterhafte auch recht tue, nur Schuhe zu
machen und nicht anderes zu verrichten, und der Zimmermännische nur
zu zimmern und die anderen ebenso" (P 443 C; vgl. 397 E). Aber an eben
der Stelle in der Mitte der POLITEIA, wo Platon dieses Ergebnis der bisherigen Untersuchung resümiert, sagt er, daß damit bloß „eine Art von
Schattenbild[31] der Gerechtigkeit" erkannt sei. Er erinnert so daran, daß die
im zweiten Buch begonnene Untersuchung, welche die Gerechtigkeit
zunächst im Größeren des Staates aufspüren sollte, nur als ein methodischer
Umweg und Kunstgriff zur Erkenntnis der Gerechtigkeit des Einzelnen
eingeführt worden war. Ort der Gerechtigkeit ist aber beides: die Seele
und das Handeln des Einzelnen, sowie die Verfassung und die Praxis der
Polis. Darum heißt es am Ende des methodischen Umwegs, der nur wegen
seiner Einseitigkeit ein solcher ist, ein gerechter Mann sei einem gerechten
Staat „in Beziehung auf eben diesen Begriff der Gerechtigkeit nicht verschieden, sondern ähnlich" (P 435 B). Die umfassende, dialektische
Methode besteht darin, die Gerechtigkeit so, wie sie sich am Einzelnen und
an der Stadt zeigt, gegeneinander zu betrachten und zu reiben, damit „wie
aus Feuersteinen die Gerechtigkeit herausblitze" (P 435 A).

Bei aller Ähnlichkeit (nicht Gleichheit) ihrer personalen und ihrer
politischen Manifestation ist jedoch nach Platon der einzelne Mensch der
primäre Ort der Gerechtigkeit und sonstigen Tugend. Gegen die vielen
„liberalen" Kritiker Platons, die ihm eine angebliche Unterordnung des
Individuums unter den Staat ankreiden, ist festzuhalten, daß Platon in der
POLITEIA ausdrücklich umgekehrt den Primat des Einzelnen[32] betont,

---

[30] Durch Gerechtigkeit ist die menschlich-politische Ordnung ein Teil der umfassenden göttlichen Weltordnung. Vgl. GORGIAS 508 A: „Es sagen ja doch
die Weisen . . ., daß Gemeinschaft (κοινωνία) und Freundschaft, Schicklich-
keit, Besonnenheit und Gerechtigkeit es seien, die Himmel und Erde, Götter
und Menschen zusammenhalten, und deshalb nennen sie dieses Ganze Weltordnung (κόσμος)" (vgl. TIMAIOS 90 C/D). In einer Deutung von Anaximan-
ders Spruch übersetzt *Jaeger* κόσμος mit „Rechtsgemeinschaft der Dinge"
(I, 217f.). Zur Frage, ob hier „Soziomorphismus" vorliege, s. u. § 37 die Auseinandersetzung mit *Topitsch*.

[31] εἴδωλον — hierzu ist das Höhlengleichnis zu vergegenwärtigen.

[32] „Primat des Einzelnen" ist hier in der Richtung zu verstehen, wie *W. Jaeger*
den platonisch-aristotelischen Satz: „der beste Staat ist derjenige, der den
Staatsbürgern das beste Leben gewährt", deutet. Jaeger schreibt: „Damit ordnet Aristoteles keineswegs im liberalen Sinne den Staat der Wohlfahrt der
Individuen unter, sondern er leitet wie Platon die Wertkategorien für den

indem er Sokrates einmal sagen läßt, „es wäre lächerlich, wenn jemand glauben wollte, das Mutige sei nicht aus den Einzelnen in die Staaten hineingekommen ... oder das Wißbegierige ... oder das Erwerbslustige" (P 435 E), und es ihn ein anderes Mal als ausgeschlossen hinstellen läßt, daß die Staatsverfassungen nicht ihren Ursprung „aus den Gesinnungen derer, die in den Staaten sind"[33], nehmen. Sofern die Einzelnen aber Vernunft haben, werden sie sich Gedanken über ihr Verhältnis zu anderen ihresgleichen machen, und sofern sie Tugend haben, beziehen sie sich aus sich selber auf die Gemeinschaft mit anderen und damit auch auf die umfassende politische Gemeinschaft.

Diesen rationalen Sinn verinnerlichter Gegenseitigkeit[34] hat auch des Sokrates These im GORGIAS (469 Bff.), daß Unrecht leiden besser sei als

Staat ... aus den für die Seele des einzelnen Menschen geltenden ethischen Normen ab" (W. J.: Aristoteles, 289).

Der Unterschied zwischen diesem *ethischen* und dem *liberalen* Primat des einzelnen liegt jedoch nicht darin, daß im zweiten Fall die Wohlfahrt der Individuen das Maß des Gemeinwesens sei und im ersten Fall nicht. Dies gilt selbst dann, wenn Wohlfahrt rein materiell verstanden wird. Denn der Tugend- und Wissenschaftsstaat Platons macht ja den Anspruch, auch die materiellen Bedürfnisse optimal zu befriedigen. Freilich liegt das Optimum hier nicht in der steten Expansion der Bedürfnisse zugleich mit der Vermehrung der Mittel ihrer Befriedigung, sondern *im Zuträglichen*. Was das ist, darüber können nach Platon am besten die Weisen bestimmen, während nach liberal demokratischer Ansicht „alle" und damit praktisch das Vermittlungssystem der Interessen den Ausschlag gibt.

Zum Primat des einzelnen bei Platon vgl. auch *Nettleship:* Lectures on the Republic of Plato, 146; *Field:* Die Philosophie Platons, 98; *Kuhn* 3, 10 ff. — Zum Unterschied des Platonischen und liberalistischen Primats des Einzelnen s. u. § 31.

[33] ἐκ τῶν ἠθῶν τῶν ἐν ταῖς πόλεσιν (P 544 E). Die Übersetzung von ἦθος mit „Gesinnung" ist einseitig, aber nicht falsch, insofern dieses deutsche Wort Innerlichkeit bezeichnet, die sich in Taten, also auch politisch, äußert. Sie betont die modernste Komponente des Wortes in seiner Platonischen Verwendung zu stark. ἦθος bezeichnet nicht die Befindlichkeit partikularer Subjektivität, sondern meint Verhalten und Gesinnung von Menschen, die in umgreifenden und immer auch politischen Ordnungen leben (s. u. § 24).

Im Hinblick auf *Aristoteles*, der in seiner Lehre das Allgemeine der Polis in einer gewissen Gegenstellung zu den Sokratisch-Platonischen Neuerungsbestrebungen (s. u. §§ 17ff.) zur Sprache bringt, schreibt *J. Ritter:* „‚Ethisch' ist das in der Polis in Institutionen, Brauch, Sitte eingelassene und zu ihnen gebildete Handeln in der Breite, die vom geziemenden Verhalten bis zur hohen Tugend reicht ... ‚Ethische Tugend wird aus Gewohnheit'; Aristoteles sagt daher auch, daß das Wort, ἦθος' nur wenig von ‚ἔθος': Gewohnheit abweiche" (Ritter 6, 239; vgl. Ritter 7; *E. Schwartz:* Ethik der Griechen, 14ff.).

[34] Indem sie sich auf die sophistische Argumentation einlassen, mag es zunächst so scheinen, als wenn Sokrates-Platon nur das recht verstandene individuelle Interesse ins Spiel bringen und es zu einem utilitaristischen Egoismus vermitteln wollen (vgl. *Foster:* On Plato's Conception of Justice ..., 210).

Unrecht tun. Das ist kein Satz unmittelbarer Moralität, sondern er wird abgeleitet aus dem gesellschaftlichen Miteinander. Da nämlich, wenn jemand etwas tut, es notwendig auch ein zugehöriges Leiden geben muß (GORGIAS 476 B) und dies, wenn es als Unrecht empfunden wird, wieder andere zu unrechtem Tun veranlaßt, bis es schließlich auf den ersten Täter zurückfällt (GORG. 470 A), so ist — mittelbar auch für diesen selber — Unrecht-Tun als Anfang solcher Kausalreihe schlechter als Unrecht-Leiden, deren vorläufiges Ende. Und diese Gleichheit (GORG. 488 E) als Gegenseitigkeit gilt auch für den Stärksten, da die Vielen von Natur stärker sind als der Eine (GORG. 488 D). Das vermeintliche größte Gut, selbst frei zu sein und über andere zu herrschen (GORG. 452 D), erweist sich damit als illusionär (GORG. 491 D; s. u. § 32).

Angesichts des faktischen Vorhandenseins anderer und des aus Gründen der Notwendigkeit oder des vollkommenen Lebens ebenso faktischen Umgangs mit ihnen, ist Freiheit als Machtegoismus ebenso illusionär wie eine rein private („moralische") Tugend[35]. Platon sieht zwei Möglichkeiten: entweder es besteht eine gewisse Übereinstimmung und Ähnlichkeit der Ordnung, die sich der einzelne in der Tugend selber vorsetzt (nicht ohne dazu erzogen worden zu sein), mit der äußerlich scheinenden politischen Ordnung, oder aber eine nun tatsächlich nur äußere Ordnung oder Unordnung unterwirft sich die Individuen durch Zwang. Natürlich gibt es Zwischenformen, die eher real sind, als diese beiden Extreme. Aber der Versuch, ganz aus dem zwischen ihnen eingeschlossenen Bereich des Politischen herauszutreten, ist von Übel[36]. Angesichts der Realität des Zusammenlebens vieler Menschen geriete er notwendig auf den ihn selbst widerlegenden Weg, eine partikular konzipierte Tugend und Freiheit an andere herantragen zu müssen: endete somit beim zweiten Extrem und wäre entweder (mit der nötigen Macht versehen) Zwang, Tyrannis, oder (wenn die anderen Widerstand leisten) latenter oder offener Bürgerkrieg, der Normalzustand der plutokratischen Oligarchie und radikalen Demokratie.

---

[35] „Die ‚Innerlichkeit' der Gerechtigkeit ist also gewiß nicht die Innerlichkeit der Gesinnung, nicht der gute Wille, der allein in der Welt gut zu heißen vermag. Diese Innerlichkeit ist vielmehr wie der Maßstab so auch der Ursprung aller wahren Äußerung im menschlichen Tun, kein Heiligtum des Herzens, das nur Gott sieht, sondern eine Herrschaftsordnung und Seinsverfassung der Seele, die sich in allen Handlungen bewahrt und vollbringt" (*Gadamer:* Platos Staat der Erziehung (1941), jetzt in: Gadamer, 207—220, loc. cit. 216).

Das deutsche Wort „Gesinnung" bezeichnet freilich im allgemeinen mehr als bloße Innerlichkeit, nämlich genau das, was Gadamer beschreibt: den inneren Ursprung vernünftig-sittlicher Handlungen. In diesem Sinne, den auch *Hegel* meint, wenn er vom Platonischen „Gesinnungsstaat" spricht (s. u. § 24), wird es hier gebraucht.

[36] Vgl. *R. Polin:* Etique et Politique, Paris 1968, insbes. 134—166.

Primat des Einzelnen heißt also nicht, daß dieser sich über die Realität des Politischen hinwegsetzen könne. Wenn die politische Wirklichkeit selber — das heißt eine mächtige Minderheit oder überwiegende Mehrheit — einen solchen Versuch macht, der zum Verfall der politischen Ordnung führt, so zeigt sich der ethische Primat des Einzelnen darin, daß einige wenige gegen diese Realität an der die beste Möglichkeit des Politischen ausmachenden Harmonie von individueller und politischer Tugend festhalten können. Doch bekommt solche Beharrung einen utopischen Zug. Der Staat der POLITEIA, der nach Platons (wohl richtigem) Verständnis der Lage unter den Bedingungen politischen Verfalls entworfen wurde, ist daher Paradeigma[37] (Vorbild, Muster), das praktische Realität zunächst nur im Dasein des ihm gemäß lebenden Einzelnen hat, sofern dieser sein Leben auch unter widrigen politischen Umständen so einrichten kann, wie er es für richtig hält. Eine derartige Verlagerung des wahrhaft Politischen in den Einzelnen ist möglich, weil nach Platon die Gerechtigkeit „zwar etwas dieser Art" (daß der von Natur Schusterhafte recht tue, nur Schuhe zu machen) ist, „aber nicht an den äußeren Handlungen in bezug auf das, was dem Menschen gehört, sondern an der wahrhaft inneren Tätigkeit in Absicht auf sich selbst und das Seinige[38], indem einer nämlich jegliches in ihm nichts Fremdes verrichten läßt . . . und sich selbst beherrscht und ordnet und Freund seiner selbst ist . . . und auf alle Weise einer wird aus vielen" (P 443 C/D).

Grote kritisiert Platon, weil seine Lehre von der Gerechtigkeit als einem *bonum per se* und der behauptete enge Zusammenhang zwischen der Gerechtigkeit und dem Glück „inconsistent" sei „with that reciprocity which Plato himself sets forth as the fundamental, generating, sustaining, principle of human society"[39]. *Aristoteles* mit seiner auf Platons Thrasymachos (P 367 C; 392 B) anspielenden These, daß Gerechtigkeit ein *bonum alienum* sei, nur diejenigen Verpflichtungen umfasse, „which each individual agent owes to others", komme dagegen der Wahrheit (den „constant phenomena und standing conditions of social life") näher[40]. Bei Aristoteles steht jedoch neben der in der Tat im Vergleich mit Platon heteronom bestimmten Gerechtigkeit (s. u. §§ 19; 23) die Tugend der Großgesinntheit[41], die eine Erhebung über den ganzen Bereich rechnender Gegen-

---

[37] P 592 B; 472 C/D; s. u. §§ 28; 44.

[38] . . . τὴν ἐντός [πρᾶξιν], ὡς ἀληθῶς περὶ ἑαυτὸν καὶ τὰ ἑαυτοῦ (P 443 C/D).

[39] G. Grote III, 155. — Sofern *Platon* die soziale Wechselseitigkeit beschreibe, sei er Philosoph und Analytiker, sofern er zur Gerechtigkeit als einem bonum per se mahne, sei er ein *Prediger*. Darin liege ein praktischer Widerspruch, „which is the more inconvenient because he passes backwards and forwards almost unconsciously, from one character to the other" (156 ff.).

[40] Ebd. 130; 136; 155 f.

[41] μεγαλοψυχία. — „Die magnanimity faßt gewissermaßen die übrigen Tugenden als Tugenden des überlegenen, freien einzelnen zusammen, so wie die

seitigkeit und selbst noch über die von anderen erwiesene Ehre darstellt. Die Gegenseitigkeit wird überboten durch ihre selbstverständliche und freiwillige Übererfüllung[42].

Gemäß dem Ideal der klassischen politischen Ethik, an dem sowohl Platon wie Aristoteles modelliert haben, sind die vernünftigen äußeren Bedingungen des Zusammenlebens in der politischen Gemeinschaft so verinnerlicht, daß sie den Besten, die freilich zugleich eine sozial-ökonomische Sonderstellung haben sollen, nicht als ein Fremdes, etwa als eine Einschränkung natürlicher Rechte durch gesellschaftliche Pflichten, gegenüberstehen. Gerade dieser innere, aufgehobene Bezug auf die anderen in der Gemeinsamkeit des Politischen erhebt die Besten über den Durchschnitt der Bürger. Dies war der zunächst wenig reflektierte Sinn aristokratischer Polisethik. In der klassischen Philosophie kommt er in der Antwort auf die Sophistik[43] zu dialektischem Bewußtsein. Davon zeugt in eingehender Weise die Anekdote, die Diogenes Laertius über Aristoteles berichtet: „Als ihm einer mit der Frage kam, welcher Gewinn ihm aus der Philosophie erwachsen sei, sagte er: ‚Daß ich ohne Befehl tue, was andere nur aus Furcht vor den Gesetzen tun‘ "[44].

Darin daß die gute Polis auf eine so verstandene Tugend der Bürger gegründet sein müsse, sind sich Aristoteles und Platon weitgehend einig und auch darüber, daß die Philosophie zu dieser Tugend hinführen könne. Für den später und als Athener Metöke etwas außerhalb der Polis lebenden Aristoteles stellt sich freilich stärker als für Sokrates und Platon die Frage, ob man in einem schlechten Staat nicht besser nur das Nötigste, zu dem man gezwungen wird, für die Gemeinschaft tun solle. Aber auch er gelangt auf diesem Wege nur zu einer partiellen ethischen Neutralisierung[45] der

Gerechtigkeit die übrigen Tugenden als Tugenden des dem Gesetz gehorchenden, sich zum Mitbürger richtig verhaltenden Bürgers zusammenfaßt" (*Strauss* 4, 57; zu *Hobbes*' Verwerfung der magnanimity vgl. ebd. 60 ff.; *Strauss* 2, 194). — *Grote* geht — woraus er keinen Hehl macht (op. cit. 123; 166) — vom Hobbesschen Standpunkt an die klassische politische Philosophie heran. (Zu Grotes Bindung an Hobbes vgl. *W. H. Greenleaf*, in: Hobbes-Forschungen, Berlin 1969, 10.)

[42] NE IV 1123 a 34 — 1125 a 35.

[43] „Zwar galt Gerechtigkeit und Tugend des staatlichen Mannes gerade auch als das ethische Ziel der sophistischen Erziehung. Aber Sokrates hat enthüllt, was das eigentlich Geglaubte dieses Ethos war: daß Gerechtigkeit nur die vorsorgliche Übereinkunft aller Schwachen ist, daß Sitte nicht mehr an sich gilt, sondern als Form gegenseitigen Sichbewachens, daß das Recht nur mehr aus gegenseitiger Angst seine Geltung behält. Recht ist das, worauf einer gegen den anderen mit Hilfe aller übrigen bestehen kann, und nicht das Rechte, in dem er sich selbst versteht" (*Gadamer*, 189).

[44] *Diogenes Laertius*, op. cit., Kap. V, 20.

[45] „Gegenüber der strengen Parallelisierung von Ethos und Polisform bei Platon wird unter Aufnahme der sophistischen Einsicht in die Relativität der Verfas-

Politik und damit zu einer relativ größeren, nicht absoluten Unterscheidung zwischen Ethik und Politik (s. u. §§ 17 ff.).

§ 13. Arbeitsteilung und „Seelenteile"

Um die Gerechtigkeit zunächst an dem Größeren, nämlich an der Polis zu untersuchen, schlägt Sokrates in der POLITEIA vor, einen Staat in Gedanken und Worten entstehen zu lassen (P 369). Zuerst wird die Notwendigkeit verschiedener Künste (téchnai) behandelt, die das zum friedlichen Zusammenleben Notwendige besorgen. Da die üppige Stadt mit den benachbarten Stadtstaaten in Konflikt gerät, bedarf es weiter einer Kriegskunst und eines Kriegerstandes, wenn nicht zum Angriff, so doch auf jeden Fall zur Verteidigung (P 373 D ff.). Als einer ausgezeichneten neben und über den Friedenskünsten und der Kriegskunst bedarf es aber außerdem einer Kunst und Wissenschaft, welche die übrigen Künste zweckmäßig einsetzt und koordiniert. Diese ist die Kunst des Ganzen, die téchne politiké, die Regierungskunst. Den innenpolitischen Notwendigkeiten liegt nach Platon ein Verweisungszusammenhang der Technai zugrunde. Aus ihm ergibt sich eine rationale Herrschaftsbegründung. Platon konstruiert die Polis als Technokratie[46].

Herrschend ist jeweils die gebrauchende Kunst über die herstellende. Denn nach Platon bezieht sich „eines jeglichen Gerätes und Werkzeuges sowie jedes lebenden Wesens und jeder Handlung Tugend und Schönheit

sungen deren Theorie ethisch partiell neutralisiert und damit einer (im aristotelischen Sinne) empirischen Forschung und strukturellen Analyse zugänglich gemacht" (*Bien*, 295).

[46] „It turns out ... that the philosopher-ruler is not peculiar but that his claim to power is justified by the same principle which is at work throughout all society" (*Sabine*, 50; vgl. überhaupt die Kapitel „Reciprocal Needs and Division of Labor" und „Classes and Souls" in Sabines Buch 48 ff.). — Schon *Mill* sah diesen Zusammenhang und schreibt: „Das Verlangen nach einem wissenschaftlichen Regenten, welcher seinen unwissenschaftlichen Mitbürgern über sein Verhalten keinerlei Rechenschaft schuldet, ist selbst nur ein Teil dieser umfassenden Ansicht von der Notwendigkeit der Arbeitsteilung" (J. S. Mill: Plato, 110). — Gegen den Vorwurf, Platon entwickle in der POLITEIA einen totalitären Obrigkeitsstaat, führt *H. J. Krämer* (1, 257) aus: „Die Forderung Platons zielt ... nicht etwa auf irgendeine beliebige Aristokratie ..., sondern die Herrschaftsform, um die es sich allein handelt, ist genau bestimmt als die Herrschaft der Sachverständigen, als Technokratie." — Auch *Popper* nennt Platon einen Sozialwissenschaftler und Sozialtechniker (op. cit.), aber wo, wie bei *Popper*, die Demokratie zur Weltanschauung wird, gilt es gleich, welche Art Aristokratie dagegen steht. Auch unterscheidet Popper zwischen einer „Sozialtechnik der Einzelprobleme" und einer „utopistischen Sozialtechnik" (op. cit., 49; 213 ff.). Die erste Art soll mit liberaler Demokratie zusammen

und Richtigkeit[47] auf nichts anderes als auf den Gebrauch, wozu eben jegliches angefertigt ist oder von der Natur hervorgebracht... Notwendig also ist auch der Gebrauchende immer der Erfahrenste und muß dem Verfertiger Bericht erstatten... Wie der Flötenspieler dem Flötenmacher Bescheid sagen muß von den Flöten... und ihm angeben muß, wie er sie machen soll, dieser aber muß Folge leisten... Der eine also als Wissender gibt an, was gute und schlechte Flöten sind, der andere aber verfertigt sie als Glaubender... Von demselben Gerät also hat der Verfertiger einen richtigen Glauben (pístis)... die Wissenschaft (epistéme) davon aber hat der Gebrauchende"[48]. Der Flötenmacher jedoch, um bei Platons Beispiel zu bleiben, hat durchaus auch Wissenschaft, die sich als Weisungsbefugnis gegenüber einem Zulieferer, z. B. einem Holzfachmann äußern könnte. Und ebenso wie nach unten bis hin zum ungelernten Handlanger geht das System nach oben hin weiter. Da Flötespielen eine „schöne Kunst" ist, stößt man bei diesem Beispiel bald an die obere Grenze. Diese Art Kunst dient schließlich denen, die sich privat oder öffentlich am Flötenspiel vergnügen wollen, worüber nur noch ein politischer oder religiöser Zweck im Fest oder Kult stehen kann. Anders bei einer Notwendiges besorgenden Kunst, etwa der des Sattlers. Sie dient dem Reiter und dieser wiederum im Kriege dem Strategen. Er gehört entweder selbst zu den Regierenden oder

bestehen können, ohne diese in eine Technokratie der Sachverständigen zu überführen, die zweite dagegen, der *Platon* und auch *Marx* anhängen, neigt nach Popper zu einem autoritären Totalitarismus. (Ob die Sozialtechnik der Einzelprobleme und kleinen Schritte beim heutigen Stand der Technik so politisch harmlos ist, wie Popper sie hinstellt, erscheint zweifelhaft. Denn entweder gehen alle diese kleinen Schritte auf Grund der sie bestimmenden einheitlichen Methode in eine bestimmte Richtung, so daß ein umfassender, auch die Politik maßgeblich beeinflussender Trend entsteht, oder sie sind disparat und zufällig, so daß ihnen in einer wesentlich auf Technik und Sozialtechnik basierenden Gesellschaftsordnung eine anarchische und chaotische Politik entspricht.)

Die modernen Perspektiven beiseite lassend weist *Knauss* auf den revolutionären Charakter der sokratisch-platonischen Forderung nach Leitung durch Fachwissen auch im politischen Bereich hin. Er sieht darin eine Bedrohung des Gemeindecharakters der Polis (212f.). Dieser war jedoch zur Zeit des Peloponnesischen Krieges bereits von sich aus dialektisch geworden, welche Dialektik die Sophisten, Sokrates, Platon nur zu entfalten brauchten.

Zum Thema *Technokratie* bei Platon vgl. auch: *A. Uchtenhagen*: Zur Lehre von der Macht. Platon, Aristoteles, Machiavelli und *Foster*: The Political Philosophies of Plato and Hegel. F. arbeitet die Widersprüche heraus, die sich durch die Ausdehnung handwerklichen Sachverstandes auf die politische Kunst zu ergeben scheinen.

[47] ἀρετὴ καὶ κάλλος καὶ ὀρθότης.
[48] P 601 D/E; vgl. KRATYLOS 390 Bf.; allgemein zur Ableitung richtiger Herrschaft aus dem Verweisungszusammenhang der Künste: GORGIAS 517 Ef.; POLITIKOS, passim.

ist von ihnen zu seinem Amt berufen worden. So machen schließlich die
Regierenden Gebrauch von allen Künsten und damit in gewisser Weise
von den sie ausübenden Menschen. Da diese jedoch (falls es sich nicht um
Sklaven, Metöken usf. handelt) Bürger wie die anderen sind, sollen sie
alle anderen nur zu deren eigenem Besten gebrauchen[49].

Sonach liegt im Verweisungssystem der Künste ein geschlossenes,
zirkuläres System vor, in das die Menschen der Notwendigkeiten des Lebens wegen eingespannt sind. Herrschaft dient hier der rationellsten
Abwicklung des Notwendigen, und Gerechtigkeit ist rationale Personal-
politik als Heranführung der geeigneten Menschen an die notwendigen
Funktionen[50] und als Zuteilung eines angemessenen Lohnes für die in
Wahrnehmung dieser Funktionen geleistete Arbeit. Daß sich Gerechtigkeit
nicht bloß auf äußere Handlungen, sondern vor allem auf die „wahrhaft
innere Tätigkeit in Absicht auf sich selbst" (P 443 D) beziehe, bedeutet
zunächst nicht mehr als daß derjenige, der Schuster, Wächter, Philosophenherrscher wird, diese Funktion aus Vernunftgründen oder aus Vertrauen
in die Vernunft der Polis und ihrer Leiter akzeptiert. Wenn die Polis aus
solchermaßen mit sich und ihrer Beschäftigung Zufriedenen besteht,
dann wird sie selber nicht in sich gespalten, sondern eins sein, was, wie
Platon mehrmals betont, die zugleich individuelle und politische Folge
der Tugend ist. Tugend bezeichnet hier die Zufriedenheit mit dem gut-
seinen-Zweck-Erfüllen, das darum seinerseits bereits Arete (Tauglichkeit,
Tüchtigkeit) heißt und sowohl von Menschen wie von Tieren wie von
Sachen ausgesagt werden kann[51].

Wie es demnach in der Polis verschiedene Berufe gibt, die zu Ständen
zusammengefaßt werden können (zum wirtschaftenden, kriegführenden
und Wissenschaft treibenden, regierenden Stand), so gibt es nun nach
Platon auch bei der menschlichen Person eine Struktur, deren einzelne
Teile man erkennen kann. Er nennt sie Seelenteile, da die Seele das Bewegende und Bestimmende des Menschen ist. Die Teile der Polis leitet
Platon zunächst aus der Notwendigkeit ihres Entstehens und Bestehens ab,

---

[49] Im Anschluß an *Aristoteles* wenden *Jones* (op. cit., 46) und *Bien* (297 f.) die
Unterscheidung von Herstellung und Gebrauch auf die Politik an und kommen so zu der Frage, ob nicht auch die Politik eine von den Künsten ist, „in
which the best judge is not the artist himself but the user of the product".
Doch paßt die Übertragung nicht recht, da die Politik primär keine Kunst
des Herstellens, sondern des Handelns ist. Auch besteht gewöhnlich ein Unterschied dazwischen, ob man die Folgen einer politischen Entscheidung zu
spüren bekommt oder sie umfassend beurteilen kann.

[50] Vgl. P 423 D: „daß man . . . jeden zu dem einen Geschäft, wozu er geeignet
ist, hinbringen müsse"; s. o. § 12.

[51] Vgl. P 601 D; GORGIAS 506 D; *Jaeger* I, 26 f.; *Krämer* 1, 39, Anm. 39. Nach
Liddle/Scott: A Greek-English Lexicon, bedeutet ἀρητή ohne Festlegung eines
Anwendungsbereiches: goodness, excellence.

das Vorhandensein von verschiedenen Teilen oder Kräften der Seele weist
er nach aus dem möglichen inneren Widerstreit, in den ein Mensch geraten
kann (P 436 A—441 C). Dieser zweite methodische Gang zum Begriff der
Gerechtigkeit beginnt dort, in der Mitte des vierten Buches, wo der erste
an sein Ziel gelangt ist. Zunächst gibt er sich als die Anwendung der am
„größeren Gegenstand", der Polis, gewonnenen Erkenntnisse auf den
Einzelnen (P 434 D). Dazu aber ist eine eigene Untersuchung erforderlich,
die im Gegensatz zu der mehr konstruierend, in Form eines Gedanken-
experiments verlaufenden Analyse der Staatsteile phänomenologisch ist[52].
Durch sie wird nachgewiesen, daß es drei Seelenteile gibt, die den drei
großen Ständen der idealen Polis entsprechen (P 441 C). Platon nennt die
drei Seelenteile den begehrlichen, den muthaften (sich ereifernden) und den
vernünftigen[53]. Man darf wohl auch sprechen von der Begierde, dem
Willen und der Vernunft.

Vom begehrlichen Seelenteil heißt es, er sei „das meiste ... in der Seele
eines jeden und seiner Natur nach das Unersättlichste" (P 442 A). Der
erregte Willen ist ein zeitweise noch stärkeres, aber für sich allein schwan-
kendes Vermögen, das aus sich selbst den Anschluß an die leitende Vernunft sucht, um nicht unter die Fremdherrschaft der Begierde zu geraten
(P 440 Bff.). Das Vernünftige ist der kleinste Teil der Seele (P 442 C),
aber dennoch zur Herrschaft über die anderen Kräfte berufen, weil es,
wie Platon sagt, wissend ist und das Vermögen der Vorsorge[54] enthält.
Es bringt nur wenig eigene Energie mit, aber ist die Instanz, welche die
vergleichsweise große Kraft der beiden anderen Teile in die sowohl für sie
wie für die ganze Seele und den ganzen Menschen beste Richtung zu lenken
vermag.

Diesen entscheidenden Gesichtspunkt führt Platon erst viel später aus,
wenn er gegen Ende der POLITEIA (s. o. § 12) die anfängliche Frage beant-

---

[52] „Diese Seelenlehre wird gewonnen am Phänomen der inneren Selbstentzwei-
ung der Seele", schreibt *Gadamer* (216), obwohl er im übrigen wie viele andere
von einer Übertragung des am größeren Bilde des Staates Gewonnenen auf
die Seele spricht (s. u. § 14). Wie *W. Jaeger* vor allem für den problematischen
mittleren Seelenteil nachgewiesen hat, konnte Platon nicht nur auf die vorhandene Theorie und Tatsache einer (ständischen) Gliederung des Gemeinwesens zurückgreifen, sondern fand in der Hippokratischen Medizin eine
psychologische Typenlehre vor, auf der er mit seiner Theorie der drei Seelenteile und der von je einem dieser Kräfte beherrschten Menschentypen aufbauen
konnte (W. J.: A New Word in Plato's Republic. The Medical Origin of the
Theory of the θυμοειδές, Scripta Minora II, 309—316).

[53] ἐπιθυμητικός, θυμοειδής, λογιστικός. — An einer späteren Stelle wird
in der Ausdehnung der gleichen Unterscheidung auf drei verschiedene Menschentypen gesprochen vom weisheitsliebenden, siegliebenden (ehrgeizigen,
streitsüchtigen), gewinnliebenden (φιλόσοφος, φιλόνικος, φιλοκερδής).

[54] προμήθεια (P 441 E).

wortet, ob der Gerechte oder der Ungerechte der Glückliche sei[55]. Im Anschluß an die Analyse der schlechten Verfassungen und der ihnen entsprechenden Menschen wird dort als positives Gegenbild eine lustimmanente Rechtfertigung der Herrschaft der Vernunft und der Vernünftigen entwickelt. Lust, Glück und Gutes hängen für Platon zusammen (s. u. § 38). Er macht jedoch geltend, daß den verschiedenen Seelenteilen verschiedene Arten von Lust entsprechen. Wie der vorwiegend weisheitsliebende Mensch, da ihm zugleich Begierde, Ehrgeiz und Gewinnstreben nicht fremd sind, auch die Erfahrungen des überwiegend davon bestimmten Menschen macht (P 581 C—582 C), ebenso nimmt die Vernunft an den beiden anderen Seelenkräften Anteil. Sie ist auch die letzte Instanz der Beurteilung ihrer Tätigkeiten (P 582 D). Die Beurteilung jedoch ergibt, daß deren Art Lust nicht ungetrübt ist, sondern im Wechsel von Lust und Schmerz besteht (584 C), wobei der Schmerz überwiegt, wenn die Lust unkundig (585 A), ohne Vorsicht verfolgt wird. Die Lust des Vernünftigen dagegen entsteht aus der Teilhabe am immer Gleichen und Wahren (585 C). Und dieses Wahre bleibt bei Platon nicht formal (überweltlich, „metaphysisch"), sondern wird hier praktisch bestimmt als die von der Vernunft, dem obersten Vermögen, erkannte und realisierte Harmonie der drei Seelenkräfte: „Folgt ... die ganze Seele dem Weisheitsliebenden und ist ihm nicht aufsässig, so gelangt jeder Teil dazu, daß er nicht nur sonst das Seinige verrichtet und gerecht ist, sondern jeder erntet auch an Lust das ihm Zugehörige und Beste und soviel irgend möglich das Wahrhafte" (P 586 E).

Platon verdeutlicht das über die Seele Gesagte mit dem Bild eines Menschen, der vorgestellt werden soll als zusammengesetzt 1. aus einem großen Tier mit rundherum vielen Köpfen zahmer und wilder Tiere, 2. einem kleineren Löwen und 3. einem noch kleineren Menschen. Nun gibt es für dieses Gebilde zwei Möglichkeiten: entweder die Wesen, aus denen es zusammengesetzt ist, aneinander zu gewöhnen und miteinander zu befreunden, oder sie sich untereinander beißen und im Streite verzehren zu lassen (P 589 A). Im Sinne der Vernunft und Gerechtigkeit ist es, „des Menschen inneren Menschen" (598 A) zu bilden, damit er „zu Kräften kommt und sich auch des vielköpfigen Geschöpfs annehmen kann, wie ein Landmann das Zahme nährend und aufziehend, dem Wilden aber, nachdem er sich die Natur des Löwen zu Hilfe genommen, wehrend, auf daß er, für alle gemeinsam sorgend, nachdem er sie untereinander und mit ihm

---

[55] P 358 A; Buch I, pass.; s. o. S. 79f., Anm. 28; dazu *Dirlmeiers* Bemerkung: „Man kann, wenn man den Gesamtaufbau von Staat und NE je als Ganzes betrachtet ... eine Parallele feststellen: beide beginnen mit dem Eudaimonia-Thema, beide suspendieren es (Platon aber nicht so radikal wie Aristoteles), beide nehmen es, nachdem ein gewaltiger Weg durchmessen ist, wieder auf und bringen es zum Abschluß" (397). — Zum Zusammenhang Lust — Gutem bei Platon s. u. § 38 die Hinweise auf Stenzel, Kuhn, Voigtländer.

selbst befreundet, sie so erhalte" (598 A). Diese innere Vernunftherrschaft, nicht zur Unterdrückung der Triebe oder zu ähnlichen „moralischen" Zwecken, sondern zum Besten der einzelnen menschlichen Kräfte und zur Harmonie des Ganzen, heißt nun bei Platon *Selbstbeherrschung*. Aus ihrem Begriff entwickelt er neben der technischen eine zweite, *ethische* Rechtfertigung politischer Herrschaft.

§ 14. Selbstbeherrschung, Besonnenheit, politische Herrschaft

Nach W. Jaeger hat der Begriff Selbstbeherrschung im ethischen Denken des Sokrates seinen Ursprung[56]. „Selbstbeherrschung" ist eine angemessen interpretierende Übersetzung von egkráteia, denn der griechische Begriff faßt, wie Jaeger schreibt, „das sittliche Handeln bereits als etwas im Innern des Individuums Entspringendes, nicht nur als die äußere Unterwerfung unter das Gesetz, wie es der herrschende Begriff der Gerechtigkeit forderte. Aber da das ethische Denken der Griechen von dem Gemeinschaftsleben und von dem politischen Begriff der Herrschaft ausgeht, so erfaßt es den inneren Vorgang durch die Übertragung des Bildes einer wohlregierten Polis auf die Seele des Menschen"[57]. Einmal entwickelt Platon die beschriebenen Strukturanalogien zwischen Polis und Seele, zum andern spricht er ausdrücklich von der inneren Politeia[58]. Friedländer schreibt: „Auf der Homologie von Seele und Staat beruht der ganze Bau der platonischen POLITEIA"[59]. Diese neutrale Formulierung ist wohl der Jaegerschen Rede von „Übertragung" vorzuziehen[60], denn Platon trans-

---

[56] *Jaeger* II, 103; — das Wort ἐγκράτεια ist nach Jaeger eine attische Neuprägung aus der Zeit des Sokrates.

[57] Ebd.

[58] ἡ ἐν αὐτῷ πολιτεία (P 591 E; 608 B); ἡ πολιτεία ἰδίᾳ ἑκάστου τῇ ψυχῇ (P 605 B).

[59] *Friedländer* I, 200. Mit behutsamer Hermeneutik behandelt die Frage einer Strukturanalogie zwischen Polis und Seele auch *O. Utermöhlen* in seiner Schrift „Die Bedeutung der Ideenlehre für die platonische Politeia", insbes. 11 ff.

[60] Sie ist wohl auch dem vorzuziehen, was *Kuhn* (3, 27) sagt: „Die Herrschaftsordnung im Staat zeigt wie in großen Lettern geschrieben die Herrschaftsordnung in der Seele an, und erzeugt sie zugleich durch Paideia." Denn dieser Satz enthält eine unausgetragene Dialektik. Zunächst betont er den Primat der Seele, erweckt dann jedoch die Frage: in welchem Sinne ist die politische Ordnung, vermittelt durch Bildung, zugleich der Ursprung der seelischen Ordnung?
Von *Übertragung* sprechen in diesem Zusammenhang auch *Gadamer* (215) und *Derbolav* (Ursprungsmotive und Prinzipien des Platonischen Staatsdenkens, 280). Diese Auffassung stammt anscheinend aus den Interpretationen, die bei Platon einen Primat des Staates oder der Gesellschaft im Sinne eines modernen Etatismus oder Sozialismus zu finden vermeinen; vgl. *M. Pohlenz*: Aus Platos Werdezeit, insbes. 228 ff., der sich wiederum auf *v. Pöhlmann* beruft. Bei *Cornford* ist die These, die Psychologie der POLITEIA sei politisch prädeter-

miniert (Psychology and Social Structure in the REPUBLIC of Plato, 246f.;
264f.) ganz offensichtlich ihrerseits von der Absicht vorbestimmt, Platon
historisch-ethnologisch zu relativieren. So versucht er die ethisch-soziale Gliederung des Platonischen Staates auf die altgriechischen Vorstellungen über
die Rolle der Altersklassen im Gemeinwesen zurückzuführen und demgegenüber Platons ethisch-psychologische Ableitung der Gliederung als sekundär
und künstlich zu erweisen. Er verfehlt dabei die entscheidende Frage, ob nicht
tatsächlich die Gliederung des altgriechischen wie jedes Gemeinwesens auf
einer nur begrenzt variablen Seelenstruktur beruhe (s. u. § 37 die Auseinandersetzung mit *Topitsch*). Das nämlich ließe sich im Sinne Platons behaupten,
und ihm wäre es dann darum gegangen, diesen ohnehin bestehenden Zusammenhang bewußtzumachen und so auf den Weg seiner günstigsten Ausprägung zu bringen. Daß die Einsicht in diesen Zusammenhang bei der Sozial-
struktur ansetzt, sagt Platon selber. Doch das hat nach ihm sekundäre, methodische Gründe. *Popper* (vgl. auch *Fite:* The Platonic Legend, 9f.) nimmt
natürlich die Übertragungsthese auf und spricht von „Platons politischer
Theorie der Seele ... d. h. die Spaltung der Seele analog zu der in Klassen
gespaltenen Gesellschaft" (op. cit., I, 429). Seine Interpretationsvoraussetzung
ist dabei die *Freud*sche Psychologie, die ihm einen leider unausgeführt bleibenden Ansatz zu einer immanenten Kritik Platons liefert: „Nach der Freud-
schen Lehre versuchen die Seelenteile, die Platon die herrschenden genannt
hat, ihre Herrschaft durch eine ‚Zensur' aufrechtzuerhalten, während die
rebellischen proletarischen Triebe, die der sozialen Unterwelt entsprechen, in
Wirklichkeit eine verborgene Diktatur ausüben; denn sie bestimmen die
Politik des scheinbaren Herrschers ..." (Die offene Gesellschaft ... I, 429).

Mayr gibt in diesem Punkte Popper recht. Ausschlaggebend ist dabei
offenbar, daß Platon ein Bild der Seele zeichnet, „das dem der heutigen Psychologie nicht entspricht" (20). Dabei ist doch die Freudsche Psychologie, die
Popper gegen Platon geltend macht, zu großen Teilen ein den Platonischen
Mythen ähnlicher Geschichtsmythos, dem jedoch anders als bei Platon die
begriffliche, ethisch-politische Auslegung fehlt. Auch ist zu fragen, ob nicht
Freud die Dreiteilung der Seele von Platon übernahm, wobei er sein Es, Ich,
Überich erhielt, indem er von den Platonischen Seelenteilen ihre ethisch-
politische Bedeutung subtrahierte. Aber wie dem auch sei, *Mayr* kommt zu
dem Schluß, Platon tue der Seele Gewalt an, und der Staat, der nach Platon
die Ordnung für die Entfaltung der individuellen Talente und Anlagen sein
soll, werde zur eigenen, starren Ordnung, die das Individuum einseitig in
fertige Abteilungen und Klassen preßt. In der Theorie zwar stelle Platon das
Individuum als den primären Pol hin, ordne jedoch in seiner programmatischen
Praxis den einzelnen dem Staatsgefüge unter (Mayr, 20f.; s. u. § 32).

Im Gegensatz zu diesen Autoren sieht *P. Natorp* (Plato's Staat und die
Idee der Sozialpädagogik, 159ff.), daß Platon gerade wegen seiner „psychologischen Ableitung der drei Grundfunktionen des Staatslebens" zu keinem
allgemeinen, sondern einem nur für die Oberklasse verbindlichen Kommunismus kommt. Er erkennt der Lehre von den Seelenteilen Vorrang vor der
Lehre von den Staatsteilen zu. Daraus nämlich, daß der begehrliche Teil der
Seele der größte ist und die meisten Menschen von ihm bestimmt werden,
folgt, daß diesen Energien ein angemessenes Betätigungsfeld im Gemeinwesen
eingeräumt werden müsse. Zu dem gleichen Ergebnis wie Natorp kommt
M. B. Foster (On Plato's Conception of Justice).

Weitere Literatur zum Thema Seelenstruktur — Staatsstruktur bei *Diès:*
Introduction XXXVI, Anm. 1.

formiert gerade in dieser Hinsicht, wie Jaeger selbst nachweist, das ethische Denken der Griechen. In der POLITEIA führt zwar der Zugang zur inneren Gerechtigkeit über die äußere, politische. Aber nachdem das transzendental-politische Zentrum der Gerechtigkeit erreicht ist, stellt sich der wirkliche Zusammenhang als eine Umkehrung des methodischen Weges dar. Die Struktur des besten Staates erweist sich als die veräußerlichte und vergrößerte Seelenstruktur[61]. Die Tugend Selbstbeherrschung (egkráteia als die bewußtere sophrosýne der Besten) ist weniger eine verinnerlichte Gerechtigkeit und mehr deren innerer, personaler Ursprung. In dieser Bestimmung wird sie zum Prinzip agonaler politischer Gliederung.

Wie Jaeger im Anschluß an Xenophon ausführt, ist die mit Selbstbeherrschung zu umschreibende „sokratische Askese" „nicht die Mönchstugend, sondern die Herrschertugend", die polisbezogen einem (unpolitischen) Kosmopolitismus gegenübersteht[62]. Entgegen solchem, wie Jaeger sagt, „neumodischen" Partikularismus bleibt der Individualismus des Sokrates der Notwendigkeit politischer Vermittlung eingedenk. Er ist ein „bürgerlicher" (im Sinne von cives, citoyen) Individualismus, der „seine politische Aufgabe und sein Glück als Erziehung zu einer auf freiwilliger ‚Askese' beruhenden Herrscherrolle auffaßt"[63]. Der Polis-Herrscher herrscht kraft seiner Vorbildlichkeit, und seine Herrschaft ist von daher ethisch gerechtfertigt als Erziehung[64].

Die Polis, deren Theorie vor allen anderen Platon und Aristoteles entwickelt haben, ist also nicht so ohne weiteres eine Gemeinschaft von Freien und Gleichen zu nennen im modernen Sinne von Freiheit und Gleichheit. Zwar gilt auch von den Platonischen Philosophenherrschern in gewisser Weise, da sie ja nicht zuletzt zum Dienst an der Polis ausgebildet werden und ihr dann im „Reihendienst"[65] vorstehen, daß sie „die Polis in der Bestimmung eines Bürgers"[66] führen, „der — als guter Bürger — es

---

[61] Dazu *Taylor:* Plato, 265—273; und s. u. § 17.

[62] *Jaeger* II, 102f. — *Xenophon* stellt Mem. II, 1 dem Sokrates im Gespräch den *Aristippos* gegenüber, „der weder Herr noch Sklave, sondern ein Freier sein will, nur mit dem einen Wunsch, ein möglichst angenehmes Leben zu führen". Den Aristippos läßt er abschließend sagen: „Um dem allen zu entgehen, lasse ich mich nicht in einen Staat einspannen, sondern bleibe überall ein Fremder" (*Jaeger* II, 381, Anm. 194; vgl. 124f.; vgl. *Aristoteles*, Pol 1324 a 16). — Falsches Bewußtsein enthält diese Ansicht, insofern sie sehr wohl eine, wenn auch negativ politische Entscheidung fällt, die keineswegs garantiert, daß der so Denkende „dem allen" entgeht. Wenn er nicht jeweils rechtzeitig weiterzieht, wird er in die Krisen und die Konflikte einer Politik hineinverwickelt, um die er sich, solange alles gut ging, nicht gekümmert hat.

[63] *Jaeger* II, 102f.   [64] *Jaeger* III, 163.

[65] „Reihendienst" gibt es nach *Bien* nur in der Aristotelischen Theorie der Polis, nicht bei Platon (296); jedoch s. o. S. 32.

[66] Erstes ist *Ritter-*, zweites *Aristoteles*-Zitat bei Ritter 6, 242. — Die Aristotelische Formulierung ist fast wörtlich übernommen aus N 643 E; vgl. 762 E,

versteht, sowohl unter ‚politischer' Herrschaft zu stehen, wie diese auszuüben"[66]. Aber gerade aus der oben (§ 11) mit den Begriffen Freiheit und Gleichheit erläuterten Forderung des Adeimantos, daß jeder sein eigener Hüter sein solle (P 367 A), folgen für Platon Differenzierungen, die dann in dem erörterten Begriff proportionaler Gleichheit zutage treten.

In Analogie zur Verschiedenheit der Künste und zur Verschiedenheit der Einsicht in ihren Gesamtzusammenhang gibt es individuelle Unterschiede der Selbstbeherrschung. Das System der untergeordneten Künste besorgt die gesellschaftliche, kollektive Beherrschung der Natur, die Selbstbeherrschung leistet die individuelle Beherrschung der menschlichen Begierdenatur. Dieselbe Vernunft (Einsicht, Weisheit) als Zentrum der Seele soll herrschen in dieser doppelten Hinsicht und zwar „politisch", das heißt nicht zur Unterdrückung, sondern zur harmonischen Einheit der Polis: 1. der sie konstituierenden Einzelnen in sich und 2. der Einzelnen miteinander und mit ihrer Polis[67]. Diese Vernunft bildet sich in einer Wissenschaft, die zugleich Reflexion der Technai, selber politische oder Sozial-„Technik" und weiter allgemeine Theorie menschlicher Praxis in

doch ist bei Platon ein μετὰ δίκης hinzugefügt, was wohl einen Hinweis auf proportionale Gerechtigkeit in der Form des alten, aristokratischen Rechts bedeutet (vgl. Ritter 4, 26). Zu der wechselweisen Ausübung von Herrschaft als wesentlicher Bestimmung der antiken Demokratie vgl. *H. Schaefer*: Das Problem der Demokratie …

[67] In der POLITEIA wird immer wieder betont, welche Bedeutung das Einig-Sein-mit-sich, Mit-sich-selbst-Übereinstimmen, Sich-selbst-Freund-Sein für das harmonische Zusammenleben in der Polis hat (insbes. P 352 A; 411 E; 442 C; 443 Dff.; 554 D/E; 589 A — 591 D; auch 7. Brief 332 D; zur Rolle, die der Begriff Arete in der Bedeutung „Symmetrie der Teile oder Kräfte" in der griechischen Medizin spielte: *Jaeger* II, 39). Die innere Unordnung dagegen, besonders bei den Herrschenden, erzeugt politische Zwietracht, Bürgerkrieg (στάσις). Wenn *Zeller* (Die Philosophie der Griechen in ihrer geschichtlichen Entwicklung) im Blick auf diese Harmonie sagt, der Platonische Staat sei „nur ein Kunstwerk" (905 f.), so scheint hier ein Mißverständnis der *Hegel*schen Ausführungen über die Polis vorzuliegen (s. u. § 42). Kunst ist hier nicht im modernen, ästhetisch-autonomen Sinne zu verstehen. Und wenn *Zeller* weiter schreibt: „Die Tugend besteht ihm [Platon] — nach griechischer, und vor allem nach pythagoreischer Anschauung — in der Harmonie, in der Zusammenstimmung aller Teile und ihrer Unterordnung unter den Zweck des Ganzen", so wäre 1. mit Zeller selbst darauf hinzuweisen, daß damit durchaus ein ethisch-politisches, kein bloß ästhetisches Ideal intendiert sein kann (Zeller: „… und wäre … damit an sich … eine freiere Bewegung des Staatslebens … nicht ausgeschlossen") und daß 2. bei Platon primär *keine Unterordnung unter den Zweck des Ganzen* (dies Prinzip gilt eher in der totalen oder totalitären Demokratie), sondern ausdrücklich unter den Zweck des (bzw. der) Besten stattfindet. — Zu Zellers liberaler Platonkritik ergänzend *P. Märkel*: Platos Ideal-Staat.

der Einheit von individueller und politischer (sozialer) Ethik ist[68]. Es ist
die praktische Seite derjenigen Wissenschaft, die bei Platon in der Einheit
von Theorie und Praxis Philosophie heißt. In ihr werden die sich potentiell
aus allen Ständen rekrutierenden Philosophenherrscher ausgebildet.
Je nachdem wie weit es einer in dieser Theorie-Praxis bringt, bemißt sich
seine Eignung zu politischer Führung, die in der POLITEIA entweder als
Selbstbestimmung oder als Erziehung beziehungsweise Hilfe zur Bestimmung durch das wahre Selbst, die Vernunft definiert ist.

Eine dergestalt mit politischer Herrschaft von Menschen über Menschen zu vereinbarende Gerechtigkeit enthält für die Regierten die Zumutung, die Selbstbestimmung eines anderen im Konfliktfall seiner eigenen
überzuordnen, ja für seine eigene zu nehmen. Sie sollen der Vernunft der
Philosophenherrscher freiwillig in der eigenen Seele den obersten Platz
einräumen zur Stärkung oder Überlagerung der als schwächer anerkannten
eigenen, obwohl gerade bei ihnen die unteren Seelenkräfte vergleichsweise
noch stärker entwickelt sind als bei den Vernünftigeren und dement-
sprechend gegen solche Vernunft-von-außen rebellieren werden[69]. So
empörend das modernen Vorstellungen von Freiheit als Gleichheit vorkommen mag und so unwahrscheinlich es ist, daß Menschen die Überlegenheit einer anderen Vernunft akzeptieren, nachdem sie sich einmal

---

[68] Platon führt hier eine bestimmte Tradition weiter: die größten nämlich unter
den Sophisten traten mit dem Anspruch auf, diese umfassende Wissenschaft
zu lehren. Nach dem Mythos, den *Protagoras* in dem nach ihm benannten
Platonischen Dialog erzählt, gliedern sich Wissenschaft und Kunst in zwei
Teile: in die das Lebensnotwendige besorgende Weisheit (περὶ τὸν βίον
σοφία; δημιουργικὴ τέχνη) und in σοφία πολιτική im engeren Sinne, zu
der besonders auch ἀρετή, sofern sie lehrbar ist, gehört (PROTAGORAS 321 Cff.).
Jaeger führt dazu aus: „Die erste Stufe ist die technische Zivilisation. Protagoras nennt sie nach Aischylos die Prometheusgabe ... Trotz dieses Besitzes
wären sie [die Menschen] zu kläglichem Untergang verurteilt gewesen, da
sie sich ... gegenseitig vernichteten, wenn nicht Zeus ihnen die Gabe des
Rechts verliehen hätte, das sie fähig machte, Staat und Gemeinschaft zu gründen" (I, 379). Ersteres wurde noch nicht unter den Begriff Naturbeherrschung gefaßt.
Doch kommt in der von *Aischylos* gestalteten Prometheussage das Bewußtsein
darüber zum Ausdruck, daß nicht nur in der Politik und überhaupt im Bereich
des Handelns, sondern auch im Bereich der herstellenden Technik Überschrei-
tungen der menschlichen Machtvollkommenheit möglich sind. — Zur Problematik einer obersten, Handeln und Machen zugleich anleitenden Kunst s. o.
§§ 7; 13.

[69] *Zeller* fragt zu diesem Punkt der Überlegungen Platons: „Wie ließe sich ...
hoffen, daß die Masse der Menschen dieser Herrschaft sich freiwillig unter-
werfe, deren Notwendigkeit und Vernunftmäßigkeit einzusehen sie nicht im
Stande ist, deren Strenge sie nur als eine unerträgliche Beschränkung ihrer
sinnlichen Natur empfinden kann?" (Op. cit., 920; vgl. *J. Wild:* Plato's Theory
of TEYNH, 275). — Nur die Religion kann wohl ein solches Vertrauen in die
politische Führung bewirken.

daran gewöhnt haben, ihren Verstand und eigenen Willen für im wesentlichen gleichwertig zu halten (sie werden sich eher dem irrationalen, „fanatischen Willen" eines Scharlatans unterordnen), so unbezweifelbar richtig ist doch Platons Vorgehen, wenn seine Voraussetzung der substantiellen Verschiedenheit zwischen Menschen stimmt. Er spricht denn auch die Zumutung *freiwilliger Unterordnung* offen aus, indem er Gerechtigkeit als eine ungleiche Verteilung auch der Tugenden entwickelt. Von der Weisheit (sophía, phrónesis, euboulía) nämlich, die zur politischen Führung befähigt, heißt es, sie komme von Natur nur einem kleinen Teil der Polis zu, und durch diesen kleinsten Stand würde „die ganze naturgemäß eingerichtete Stadt weise" (P 428 Bff.). Eine ähnliche ständemäßige Zuordnung der Tugend ergibt sich für die Tapferkeit (429 Bff.).

Neben der so gegliederten Gerechtigkeit ist nur die Besonnenheit (sophrosýne) Tugend aller[70], bedeutet jedoch für die unteren Stände nichts anderes als die eben entwickelte Forderung, daß sie sich bei der auch von ihnen zu leistenden Selbstbeherrschung von den weiseren und beherrschteren (dies beides geht zusammen) helfen lassen sollen. „Besonnen" ist eine solche Stadt, in der „die Begierden in den Vielen und Schlechten ... von den Begierden und der Vernunft in den Wenigeren und Edleren"

---

[70] P 431 E. — Sophrosyne wird nicht, wie *Gauss* (Philosophischer Handkommentar zu den Dialogen Platons II, 2, 156) behauptet, „hier lediglich begriffen als die achtungsvolle Selbstunterordnung des untersten Standes", sondern sie ist für alle Stände harmonische Selbstbeherrschung. Einmal mit Platon vorausgesetzt, dem obersten Stand gehörten die Wissenden an und Tugend sei Wissen, so folgt aus der Definition der Sophrosyne, die Gauss aus dem CHARMIDES herleitet, daß für die unteren Stände Sophrosyne auf Selbstunterordnung hinausläuft. Die Definition, die freilich im CHARMIDES nur vorläufigen Charakter hat, lautet (nach Gauss): „Selbstbescheiden ist der Mensch, der weiß um das, was er weiß und was er nicht weiß." Gauss macht sie gegen die POLITEIA geltend, wo Sophrosyne „ein ziemlich äußerliches Verhältnis geworden" sei. Dabei sind bei Platon die unteren Stände dadurch gekennzeichnet, daß sie die obersten Handlungsnormen nicht oder nicht im gleichen Maße kennen wie die Philosophenherrscher. Darum auch zu wissen, ist ihre Besonnenheit oder Selbstbescheidung. Wie zu zeigen ist, kommt den Philosophenherrschern ebenfalls eine spezifische Form der Anerkennung von Nichtwissen zu, nämlich im Hinblick auf die „Idee des Guten" (s. u. § 35), und auch bei ihnen ist Sophrosyne Gehorsam, nämlich im Hinblick auf das Gute selbst, sofern sie davon doch etwas erkennen können (s. u. §§ 38; 39).

Zur Frage, ob die Sophrosyne gemäß der POLITEIA den ganzen Staat durchziehen müsse oder nur eine Spezialtugend des dritten und untersten Standes sei und zu den aus dieser Frage sich ergebenden Differenzierungen im Begriff Sophrosyne vgl. *Cornford*: Psychology and Social Structure in the REPUBLIC of Plato, 248 ff. Zum Unterschied zwischen Besonnenheit und Gerechtigkeit bemerkt C. allgemein: „Justice is a principle of differentiation and specialization ...: Sophrosyne is a principle of agreement, harmony, unity" (248).

Zur Geschichte des altgriechischen Begriffs der Besonnenheit: *H. North*: Sophrosyne. Self-Knowledge and Self-Restraint in Greek Literature.

beherrscht werden (P 431 D; vgl. 389 D). Die Besonnenheit ist daher politisch gesehen bei den unteren Ständen wie bei den untergeordneten Künsten eine Einstimmung aus „richtigem Glauben" (s. o. § 13) darüber, wer regieren soll (P 431 E—432 A). Ethisch, das heißt diese Politik individuell fundierend, ist die Besonnenheit derjenige Teil Selbstbeherrschung, den in der Polis alle „Freien" aufbringen müssen: die Regierer aus eigener Erkenntnis und Einsicht, die Regierten aus dem richtigen Glauben, der durch Eingewöhnung in die Gesetze entsteht, welche die Wissenden geben[71]. Die Freiheit der Regierten liegt darin, sich soweit selbst zu bestimmen, daß sie dort, wo ihre eigene Einsicht und sittliche Kraft nicht ausreicht, freiwillig den Gesetzen als einer vorgegebenen Richtschnur folgen. Der Sklave dagegen ist frei (im modernen, Hobesschen Sinne natürlicher Freiheit), den Willen des Herrn nicht als Gesetz, sondern unmittelbar als Zwang zu nehmen[72]. Diese Art Freiheit ergreift nach Platon in der totalen Demokratie die ganze Stadt, um folgerichtig in die Knechtschaft der Tyrannis umzuschlagen (P 564 A; 569 C).

Wenn man Platon zu verstehen versucht, bevor man ihn kritisiert, so zeigt sich, daß er es unternimmt, eine technisch- und ethisch-rationale Begründung für Herrschaft zu geben, und zwar nicht für jede Art Herrschaft, sondern allein für die Herrschaft der Vernunft als Herrschaft der Vernünftigsten. Diese werden sorgfältig ausgewählt und ausgebildet, damit sie den Anforderungen gewachsen seien, denen sie in der vordersten Reihe des Kampfes gegen die in der menschlichen Natur lauernde Unvernunft ausgesetzt sind. Der die Polis durchziehende Wettstreit um die Tugend und zugleich die politische Führung (der sich unter berufener Aufsicht und nach bestimmten Regeln abspielt) ist in Wahrheit dieser gemeinsame Kampf[73] der Freien gegen das Tier mit den vielen Köpfen (s. o. § 13), das an das apokalyptische „Tier aus dem Abgrund" denken läßt. Der Feind ist dabei der stets drohende, immanente Verfall des Ge-

---

[71] Nach *Egermann* (Platonische Spätphilosophie . . ., 137f.) sind „zwei Formen von Sittlichkeit, eine niedrigere, von Metaphysik gelöste, und eine reine, an höchste Normerkenntnis geknüpfte, und entsprechend zwei Fassungen von Phronesis und Tugendlehre . . . nicht Ausdruck einer Entwicklung und eines Wandels in Platons philosophischem Denken; sie finden sich, auf verschiedene Zwecke bezogen, nebeneinander", treten nur in den Nomoi stärker in den Vordergrund als in der Politeia.

[72] Vgl. Kriton 52 D mit Kontext und *Aristoteles*, Met. 1075 a 19—22, wo er zum Beispiel für die durchgängige Immanenz des Guten und der Ordnung in einem konkreten Ganzen anführt: „Es ist wie in einem Hauswesen, wo auch den Freien am wenigsten zukommt, nach Belieben zu handeln, sondern es für sie in allem oder doch dem meisten gleich um die Ordnung (des Ganzen) geht" (Übersetzung von *D. Nestle*: Eleutheria, 112).

[73] Auf diesen Kampf bezugnehmend ruft Sokrates aus: „Denn groß . . . o lieber Glaukon, groß und nicht wie es gewöhnlich genommen wird, ist der Kampf darum, ob man gut werde oder schlecht . . ." (P 608 B).

meinwesens. Und der Siegespreis in diesem Kampf, den die politische
Ordnung nicht unterbinden, sondern auf friedliche, geordnete Wege leiten
soll, damit er die „Scheidung des Zeus" (s. o. S. 78) an den Tag bringt,
ist die Harmonie der Einzelnen und des Ganzen. Sofern die politische
Gemeinschaft dieses Ziel in der rechten Anordnung der Stärkeren und
Schwächeren erreicht, basiert sie auf Gerechtigkeit, die von daher definiert
ist als die gestufte, proportionale Gleichheit in der Analogie von seelischer
und politischer Ordnung. Die Stärkeren helfen den Schwächeren, diese
Harmonie, welche die Voraussetzung des Friedens ist, zu erlangen und
zu bewahren.

§ 15. Zur Dialektik der Selbstbestimmung (Platon und Hegel, I)

Vorausgesetzt, daß zu jedem Staat eine Gliederung seiner Bürger nach
Ständen oder sonstigen Schichten oder Berufs- oder Einkommensgruppen
gehört, so ist das von Platon entwickelte Gliederungsprinzip, das einmal
nach Wissen und Können und zugleich nach (politischer) Tugend verfährt,
vergleichsweise das vernünftigste. Der Wettstreit um die Arete, der sich
im Rahmen eines geregelten Ausbildungsganges abspielt, enthält für die
Zurückbleibenden die prinzipiell gleiche, nur folgenreichere Zumutung
wie die Niederlage in einem fairen sportlichen Wettkampf, vorausgesetzt,
alle erkennen die gleichen Maßstäbe als verbindlich an. Die klassische
Theorie der Polis als einer konstitutionellen Aristokratie setzt einen solchen
allgemeinen Maßstab unter dem Begriff der Tugend voraus, der zugleich
das Geziemende wie das Hervorragende umgreift (s. o. § 12). Das erste
ergibt sich im Agon um das zweite[74]. Während Tugend in der althelle-
nischen Adelsgesellschaft zum fixen Prädikat eines Erbadels geworden war,
und eine solche Aristokratie ihrem Begriff immer weniger entsprach,
bestimmten Sokrates und Platon sie aus ethisch-politischer Vernunft neu,
und Platon fordert als erster die systematische Ausbildung dieser Vernunft.
Daß er dabei manches in der Form von Mythos und Gleichnis vorträgt,
ist nicht entscheidend, denn fast immer werden diese Erzählungen vorher
oder hinterher philosophisch expliziert. So schlägt Platon zunächst vor,
die Bürger der Polis, wenn nötig einschließlich der Regierenden, durch
einen Mythos von der Naturgegebenheit ständischer Gliederung zu über-
zeugen (P 414 Bff.). Er selbst nennt dieses Vorgehen eine Täuschung,

---

[74] Es ist zweifelhaft, ob es durchschnittliche Tugend gibt, wenn nicht auch
überdurchschnittliche und wenn diese nicht entsprechend gefördert wird, weil
alle Moral nur nach dem Prinzip funktioniert: Man muß das Unmögliche
verlangen, damit das Mögliche geleistet wird.

nachdem er vorher gesagt hat, daß „die wahre Lüge[75] ... alle Götter und Menschen hassen" (P 382 A). Aber der Ständemythos ist eben keine Lüge in diesem Sinne, sondern eine „heilsame Täuschung" (P 414 B), die für die Ungebildeten etwas anschaulich macht, das an anderer Stelle der POLITEIA auf doppelte Weise begrifflich abgeleitet wird. Daß der bildende Gott denen, welche „geschickt sind zu herrschen, Gold bei ihrer Geburt beigemischt, weshalb sie denn die wertvollsten sind, den Gehilfen aber Silber, Eisen hingegen ... den Ackerbauern und übrigen Arbeitern" (P 415 A), wird sonst als die verschiedene Eignung zu den verschiedenen gesellschaftlichen Funktionen und als die unterschiedliche Kraft der Selbstbeherrschung beschrieben. Aber dadurch, daß die heilsame Lüge so offen als solche eingeführt wird, täuscht sie nur in dem Sinne wie nach Platon alle poetische Darstellung fingiert und täuscht[76]. Der Mythos faßt nur das bildlich, was er ausdrücken soll: nämlich daß die Bürger der gegliederten Gemeinschaft Polis sich als Menschen gleicher Abstammung, also Brüder, und die Unterschiede innerhalb dieser Gleichheit als gott- und naturgegeben betrachten sollen (414 E f.). Der Mythos ist wahr, nicht für die bestehende, sondern für die ideale Polis.

Ungleich bedenklicher ist die Art und Weise von Täuschung und Betrug[77], welche die Regierenden nach Platon zum Zwecke der Familien- und Nachwuchsplanung anzuwenden haben (P 459 C ff.). Seit Aristoteles[78] ist über diesen Teil der POLITEIA die entschiedenste Kritik geäußert worden. Platons Gesprächsführer Sokrates selber sträubt sich zunächst gegen das Ansinnen des Polemarchos und Adeimantos, das Problem der Weiber- und Kindergemeinschaft durchzusprechen (P 449 A ff.). Er sagt, er sei selbst in dieser Frage noch ungewiß und suchend und halte es „für ein geringeres Vergehen, unvorsätzlich jemanden getötet zu haben, als einen verführt in bezug auf das, was schön und gut ist und gerecht und gesetzlich" (P 450 E f.). Was er dann aber doch vorträgt, ist nicht Familienplanung[79], sondern

---

[75] Die „wahre Lüge" (ἀληθῶς ψεῦδος) ist das τῷ ὄντι (oder τῇ ψυχῇ περὶ τὰ ὄντα) ψεῦδος (P 382 C; 382 B): der Abgrund zwischen dem was ist und der Seele, die es erkennen sollte.

[76] P 602 D; 392 C ff. — Diese Deutung und Bewertung des γενναῖον ψεῦδος wird gestützt durch *Cornfords* These, daß „jede Feststellung, die nicht eine buchstäbliche Feststellung einer Tatsache in Prosa ist, ψεῦδος genannt werden kann" (zit. bei *Manasse* II, 77; *Derbolav*, op. cit., 299; ähnlich *Field*: Die Philosophie Platons, 172 ff. und *Mayr*, 106 ff.). *Mayr* schreibt: „Lüge ist, daß die Bürger unter der Erde waren, dort erzogen und geformt wurden, Lüge ist, daß sie tatsächlich metallisches Gold, Silber usw. in sich hätten. Wahr dagegen ist, daß sie alle Brüder sein sollen, ihre Heimat schützen müssen, daß ihre natürlichen Anlagen verschieden sind" (108).

[77] Zur generellen Weite des griechischen Gewissens in bezug auf Unwahrheit und Täuschung vgl. *J. Burckhardt*, op. cit., II, 326 ff.   [78] Pol II 1261a 9 ff.

[79] Während die POLITEIA die Ehe auf Zeit und einen behördlich verordneten Geschlechtsverkehr empfiehlt, stellen die NOMOI die Forderung auf, „daß die

bedeutet — für den Wächter- und Herrscherstand — nichts anderes als die Auflösung der Familie in den Staat[80]. Die beiden obersten Stände bilden einen einzigen Clan, in dem niemand außer den Philosophenherrschern weiß, wer tatsächlich mit wem verwandt ist. Daher wird jeder in jedem „einen Bruder oder eine Schwester oder einen Vater oder eine Mutter oder deren Nachkommen oder Voreltern" vermuten müssen (P 463 C). Und das Gesetz bestimmt nun sowohl, daß die Mitglieder des Standes sich ihrem Alter entsprechend mit diesen Verwandtschaftsnamen bezeichnen, als auch, „daß das ganze Betragen den Namen gemäß sein soll" (P 463 D). Denn das ist Platons Absicht bei dieser Einrichtung: daß die Familienbindungen unmittelbar politisch werden, indem ihre natürliche und herkömmliche Kraft zum Zusammenhalt des Staates entscheidend beiträgt. Die Mitglieder des Wächter- und Herrscherstandes sollen in bezug auf alles: Menschen und Sachen (Eigentum) das Wort „mein" gemeinsam brauchen (P 464 Aff.). Davon verspricht sich Platon das Aufhören aller Zwietracht bei der den Staat bestimmenden Schicht. Erstens jedoch gibt es auch in Familien genug Streit, und zweitens ist die große Familie, die an der Spitze des Platonischen Staates stehen soll, gar keine Familie. Der die Familie ausmachende natürliche Zusammenhalt wird zu einem künstlichen, wodurch eben die Kräfte der Vereinigung, die in den Staat eingebracht werden sollen, verlorengehen.

Der zweite Zweck, dem die Frauen- und Kindergemeinschaft dienen soll, ist die Züchtung möglichst hochwertigen Nachwuchses. Sicher lassen sich Menschen wie Tiere im Hinblick auf bestimmte Merkmale züchten. Aber diese Merkmale für den Menschen zu bestimmen so, daß etwas Gutes dabei herauskommt, dürfte mehr als schwierig sein, ein Problem, das Sokrates in ironisch-ernster Verzweiflung ausrufen läßt: „O weh ... wie ausnehmend vollkommen werden ... unsere Oberen sein müssen ..." (P 459 B). Aber sie müssen nicht nur das Ziel der Züchtung genau kennen, sondern können es auch nur mit List und Betrug verfolgen. Warum setzt an dieser Stelle bei Platon das Prinzip der Bildung ganz aus, so daß noch

---

Bürger unseres Staates nicht schlechter sein dürfen als Vögel und viele andere Tiere, welche in großen Scharen aufwachsen und bis zur Fortpflanzung ein vereinzeltes, vom ehelichen Verkehr entferntes und keusches Leben führen, sind sie aber zu dem angemessenen Alter gelangt, von nun an paarweise, indem sich nach Neigung Männchen zum Weibchen und Weibchen zum Männchen findet, in gottgefälliger und geziemender Weise fortleben und unveränderlich der ersten Liebesbeziehung treu bleiben" (N 840 D/E; vgl. dazu K. Lorenz über die Graugänse in: „Das sogenannte Böse", Wien 1963, 239—308). An anderer Stelle der Nomoi freilich sagt Platon, zum besten Staat gehöre die Weiber- und Kindergemeinschaft (N 739 C). Wie beide Ideale zusammen bestehen können, ist unerfindlich.

[80] Auch Mayr (138 ff.) kann in diesem Punkte die Platonische Position nicht durch philologische Genauigkeit relativieren und mildern.

nicht einmal die oberen Stände dazu erzogen werden können, von sich aus eine vernünftige Partnerwahl zu treffen?

Unsere Untersuchung ist hiermit an den Punkt gelangt, wo das Hegelsche Motto seine Anwendung und Auslegung findet. Den Geist, das Wahrhafte seiner Welt, das Platon nach Hegel erkannt hat, um es aus seinem Staate zu verbannen[81], bestimmt Hegel näher als das „Prinzip der subjektiven Freiheit"[82] oder auch als „Freiheit des Gewissens"[83] und führt dazu aus, Platon habe es „teils nicht beachtet, teils sogar absichtlich verletzt"[82]. Denn nach Hegel ist der „Mangel an Subjektivität ... der Mangel der griechischen sittlichen Idee selbst"[84], und Platon ist einerseits über das Prinzip der griechischen Sittlichkeit hinausgegangen, hat es aber andererseits aufgenommen, reflektiert und hat es innerhalb seiner überspitzt. Insofern Platon das Alte gesteigert restauriert sehen möchte, fragt er „nur, wie die Organisation des Staates die beste sei, nicht wie die subjektive Individualität"[85].

Hegel nennt es eine „große Erhebung der modernen Welt über die alte", daß das Individuum und das Gegenständliche, das es sich als seines

---

[81] WG 18, 278. Ähnlich sagt Hegel in der Vorrede zur Rechtsphilosophie, daß „die platonische Republik ... wesentlich nichts aufgefaßt hat als die Natur der griechischen Sittlichkeit, und daß dann im Bewußtsein des in sie einbrechenden tieferen Prinzips, das an ihr unmittelbar nur als eine noch unbefriedigte Sehnsucht und damit nur als Verderben erscheinen konnte, Plato aus eben der Sehnsucht die Hilfe dagegen hat suchen müssen, aber sie, die aus der Höhe kommen mußte, zunächst nur in einer *äußeren* besonderen Form jener Sittlichkeit suchen konnte, durch welche er jenes Verderben zu gewältigen sich ausdachte, und wodurch er ihren tieferen Trieb, die freie unendliche Persönlichkeit, gerade am tiefsten verletzte" (vgl. Rechtsphil. § 185 Anm.; s. u. § 30).
Die vorliegende Arbeit schließt sich Hegels zweiseitiger Beurteilung der POLITEIA an, doch macht sie mit Hilfe der neueren Platonphilologie geltend, daß es in der POLITEIA offenbar nicht auf die „äußere Form" der dort konstruierten Polis ankomme. Deren konkrete Institutionen werden abgesehen von den Einrichtungen zur Bildung der Wächter nur beiläufig behandelt. Freilich ist eine griechische Polis als geschlossene Gesellschaft anvisiert, aber eben nicht als äußere, sondern als innere „Form" jener Sittlichkeit. Die Institutionenfrage hat Platon in der POLITEIA weitgehend offengelassen, geradezu damit sie je nach Zeit und Umständen konkret angegangen werden kann. Dazu muß man sich gegebenenfalls selbst etwas einfallen lassen. — Zu Platon und Hegel vgl. *Foster:* The Political Philosophies of Plato and Hegel, ein Buch, das mehr Beachtung verdient, als es bisher gefunden hat (vgl. *Manasse* II, 201ff.).
[82] WG 18, 289.
[83] WG 18, 278.
[84] WG 18, 294; vgl. jedoch § 32.
[85] WG 18, 289. Mit dieser Bemerkung tut Hegel Platon sicher unrecht. Die POLITEIA handelt ja vom Staat hauptsächlich als von der Bildung der *Subjekte,* die ihn leiten sollen. Auch paßt dies gar nicht zu Hegels Rede vom Platonischen „Gesinnungsstaat" (s. u. § 24).

gegenübersetzt, größere Selbständigkeit erhalten haben, fügt jedoch kritisch hinzu, daß so beide Seiten „schwerer unter die Einheit der Idee" zurückkehren[86]. Wird diese Rückkehr nicht von der geistigen Individualität freiwillig geleistet, so folgt für Hegel wie für Hobbes der Krieg aller gegen alle und als sein Korrektiv der demokratische Not- und Verstandesstaat oder die Diktatur. Da Hegel den Staat jedoch auch positiv als „Wirklichkeit der sittlichen Idee"[87] begreift, ist er einer der wenigen modernen Interpreten Platons, die ihn dialektisch umfassend angehen können. Bei aller Kritik[88] stellt Hegel an Platons politischer Theorie heraus, daß er den Geist zu ihrem Prinzip gemacht habe. „Geist" kann hier in praktischer Absicht näher definiert werden als vernünftig-sittliche Selbstbestimmung.

Man muß die historischen Unterschiede berücksichtigen, um zu erkennen, welch ein revolutionäres Prinzip Platon in der Nachfolge des Sokrates geltend gemacht hat, indem er Politik und Ethik auf die Spitze der Subjektivität stellt (s. o. § 9). Und gleichfalls ist historische Bildung erforderlich, um würdigen zu können, daß Sokrates und Platon dieses neue Prinzip nicht abstrakt, sondern konkret aus der Wirklichkeit ihrer Zeit entwickelten, um es ihr als Maßstab vorzuhalten. Denn jede neue Freiheit sieht sich, wenn sie mit realistischer Vernunft verbunden auftritt, der Aufgabe gegenüber, diejenige Lebensordnung, die bis dahin durch die Selbstverständlichkeit traditionaler Sitte oder durch despotische Macht garantiert wurde, nun aus sich fortzuführen oder zu ersetzen, anderenfalls sie mit der bloßen Zerstörung der alten Institutionen sich auch selber den Boden der Wirklichkeit entzieht. Dem hat Platon Rechnung getragen in seiner Philosophie, die eben darum zu einem großen Teil politische Philosophie war. Insbesondere die POLITEIA ist der Versuch, die Polis, so wie sie geworden war und zu Platons Lebzeiten, wenn auch angeschlagen, weiterbestand, aus ethisch-wissenschaftlicher Subjektivität neu zu begründen. Auf die Frage, warum dieser Versuch sich als utopisch erwies, haben die heutigen Platoninterpreten demokratischer Weltanschauung eine moralisch-sozialtechnische Antwort bereit, eine philosophisch-theologische hat Hegel gegeben. Beides ist später zu diskutieren und ebenso ist darzulegen, daß Platon selbst das wenn nicht Utopische, so doch Unzeitgemäße seiner politischen Philosophie erkannt hat. In seinen Dialogen kommt dies durchgängig als ästhetisch-ironische Distanzierung zum Ausdruck (s. u. §§ 41 ff.).

Damit sind jedoch nicht alle Thesen und Vorschläge Platons so sehr relativiert, daß man sie nicht konkret erörtern und kritisieren dürfte. Barbarei liegt vor, wenn die entwickelte Form eines Prinzips seine eigene, alles Nachfolgende bestimmende Frühform nicht mehr als solche erkennt

---

[86] WG 18, 294.
[87] Rechtsphil. § 257.
[88] Ins einzelne gehende Kritik der Platonischen Stände-, Eigentums- und Familienpolitik findet sich WG 18, 289 ff. und Rechtsphil. § 185; § 206; § 46.

und sie nach zeitgebundenen, äußerlich herangetragenen Maßstäben verurteilt[89]. Andererseits ist klar, daß auch Platon den besonderen Bedingungen
seiner Zeit Tribut zahlen mußte. Und in dieser Beziehung kann es nun sein
und ist auch in der Geschichte immer wieder vorgekommen, daß revolutionäre Prinzipien der Subjektivität und Freiheit alte Zwänge gesteigert
restaurieren, um sich ihres wirklichen Bestandes zu versichern[90]. Ein
solcher Umschlag ist in der POLITEIA zwischen dem vierten und dem
fünften Buch greifbar. Kurz nachdem Sokrates ausgeführt hat, daß die
ständische Gliederung nur ein Schattenbild der Gerechtigkeit sei und diese
in Wahrheit in einer „inneren Tätigkeit in Absicht auf sich selbst und das
Seinige" bestehe (P 443 C/D), erfolgt im fünften Buch ein Rückfall hinter
die Sittlichkeit der Polis in die Welt der Clan-Familie[91]. Zu solchen Zügen
der POLITEIA, die anläßlich des Problems Frauen- und Kindergemeinschaft
am klarsten zutage treten, bemerkt Zeller: „Wir haben ... hier die Erscheinung, daß der griechische Geist in demselben Augenblick, indem er
sich aus der Wirklichkeit in seine Idealität zurückzieht, doch zugleich diese
Losreißung der Einzelnen vom Staat als sein Verderben erkennt, und ihre
gewaltsame Unterordnung unter ihn fordert[92]." Hier hat zur Genüge die
Kritik angesetzt, die auch in weniger dialektischen Formen als bei Hegel
und Zeller Berechtigung haben mag. Aber es wird zu prüfen sein, welche
Grenzen dieser Kritik gesetzt sind, will sie nicht das Politische in seiner
anfänglichen, für die Zukunft den Weg vorzeichnenden (insofern klassischen) Ausformung zerstören. Es könnte sein, daß sie sich damit die Voraussetzungen ihrer eigenen Liberalität entzieht.

[89] Dazu *Manasses* (II, 64 ff.) Lob *Whiteheads*, der anders als die gleichgeschaltete
Schar der Platonkritiker „aus völlig originellem geschichtlichem Verständnis
... die historischen Bedingtheiten der politischen Ansichten Platons von
seiner Bedeutung für das Werden des Freiheitsgedankens" getrennt habe (67 f.).
[90] *B. Willms* (Die totale Freiheit; Fichtes politische Philosophie, Köln/Opladen
1967) hat an der neuzeitlichen revolutionären Subjektivität eine ähnliche
Struktur aufgezeigt.
[91] Eine großartige Bewußtheit und Aufrichtigkeit der POLITEIA liegt darin, daß
Platon diesen Umschlag als solchen akzentuiert durch eine Unterbrechung des
Argumentationsganges, die vom Anfang des 5. bis zum Anfang des 8. Buches
(P 543 A) dauert.
[92] *Zeller*, op. cit., 919.

4. Zusammenfassung

§ 16. Der hierarchisch gegliederte Bildungsstaat der POLITEIA

Weder durch die bedenklichen Seiten noch durch eine gewisse ironisch-ästhetische Relativierung bei Platon selbst wird jedoch der Argumentationsgang der POLITEIA grundsätzlich widerlegt, solange die ihn tragende Voraussetzung bestehen bleibt. Denn der Ausgangspunkt ist ja die Annahme eines Ideenwissens, das heißt eines Hinblickens auf Paradeigmata des Denkens und Handelns, das nicht alle Menschen in gleicher Weise zu leisten vermögen, zumal zu dieser Theorie eine anspruchsvolle Praxis gehört. Sofern es nicht dem Zufall oder göttlicher Schickung überlassen bleiben muß, ob einzelne Menschen oder Staaten Zugang zu diesem Normwissen finden, tun die Menschen und die Staaten gut daran, sich um diese oberste theoretische und praktische Wissenschaft zu bemühen. Ist eine solche Wissenschaft möglich, so erfordert ihre Verwirklichung wie andere Künste und Wissenschaften einen geregelten, systematischen Ausbildungsgang, der institutionell gesichert werden muß. Auf dem Wege solcher Überlegungen kommt Platon zu der These, daß die wichtigsten Gesetze in einem Staat die Ausbildung der Wächter und Philosophenherrscher betreffen müßten.

Später (§§ 33 ff.) sollen die inhaltlichen Probleme des höchsten Normwissens diskutiert werden, hier geht es um einen zusammenfassenden Rückblick auf die involvierten personal-politischen Fragen unter der Voraussetzung, daß ein solches Wissen möglich sei. Der POLITEIA kann man entnehmen, daß Platon, wenn dieses Wissen allen Bürgern eines Staates vermittelt werden könnte, nichts dawider hätte, dafür auch institutionell Sorge zu tragen. Anfangs stellt Adeimantos es als ideal hin, daß jeder sein eigener bester Hüter sei (P 367 A), und am Ende der Untersuchung über die Gerechtigkeit sagt Sokrates, daß es für Herr und Knecht „das beste sei, von dem Göttlichen und Verständigen beherrscht zu werden, *am liebsten . . . so, daß jeder es als sein eigenes in sich selbst habe*[1]". Wenn letzteres durchgängig möglich wäre, würde dann wohl die Scheidung in Herrschende und Beherrschte hinfällig. Eine gewisse Anlage zu solcher Vernunftselbstherrschaft billigt Platon jedem zu und gibt damit teilweise dem Protagoras

---

[1] P 590 D (Sperrung R. M.); vgl. 367 A; 405 A/B; 554 D.

recht, den er in dem nach ihm benannten Dialog ausführen läßt, Zeus habe die bürgerliche Wissenschaft und Tugend, Scham und Recht, Gerechtigkeit und Besonnenheit[2] allen Menschen zugeteilt, „denn es könnten keine Staaten bestehen, wenn auch hieran nur wenige Anteil hätten wie an anderen Künsten" (322 D). In der POLITEIA sind Besonnenheit und Gerechtigkeit die alle Stände betreffenden Tugenden (wenn auch jeweils in verschiedener Ausprägung), und in der Erklärung zum Höhlengleichnis heißt es, die „Kunst der Umlenkung"[3] vom Verfallensein an das sich immer wandelnde Vorhandene zum Blick auf das immer Gleiche bestehe nicht darin, jemandem das Sehen erst einzupflanzen, sondern indem sie voraussetzt, daß er dies schon habe und nur nicht dort hinschaue, wohin er soll, will sie ihm behilflich sein (P 518 D). Desgleichen heißt es vom Guten, das als „Idee des Guten" der höchste Punkt philosophischer Erkenntnis und die eigentliche Rechtfertigung der Philosophenherrschaft ist (s. u. §§ 35 ff.), es sei dasjenige, was mehr oder minder bewußt „jede Seele anstrebt und um deswillen alles tut, ahnend es gebe so etwas"[4], — eine Bestimmung, die den Aristotelischen Ansatz der Ethik vorwegnimmt[5].

Die Philosophenherrscher sind keine Götter unter Menschen, sondern Bürger unter Bürgern, aber sind auch besonders ausgebildete Fachleute und die Besten der Polis. Auf ihren unter anderem technokratischen Spezialistencharakter weist hin, daß ihre Ausbildung eine Techne genannt wird. Ob freilich die Wissenschaft, die sie so lernen, auch eine Techne ist, nämlich eine politische oder Sozial-Technik als leitende Wissenschaft der ganzen Polis, wie sie die Sophisten lehren wollten, ist fraglich (s. o. § 7). Auf jeden Fall impliziert der hier verwendete Begriff Techne, daß das höchste Normwissen zumindest seiner pädagogischen Vermittlung nach im Verweisungszusammenhang der Künste steht, welche die Polis als ein System rationaler Besorgung des Nötigen und Angenehmen fundieren.

Es ist daher falsch, wenn behauptet wird, der Staat der POLITEIA sehe Erziehung nur für die beiden obersten Klassen der Wächter und Philosophenherrscher vor. Wie die Wächter in der Kriegskunst und die dazu besonders Geeigneten in der Regierungskunst ausgebildet werden, so werden die zum dritten, dem Bauern-, Handwerker- und Kaufmannsstande Gehörigen in ihren spezifischen Belangen erzogen. Daß solche Künste vorhanden sind, setzt die POLITEIA allenthalben voraus, nachdem anfangs die Entstehung der Polis aus der arbeitsteiligen Besorgung des Nötigen beschrieben worden ist (P 369 f.). Darum brauchte sich Platon zu seiner

---

[2] πολιτικὴ τέχνη (Protagoras 319 A); πολιτικὴ σοφία (321 D); πολιτικὴ ἀρετή (322 E); αἰδὼς καὶ δίκη (322 C); δικαιοσύνη καὶ σωφροσύνη (323 A) werden in diesem Zusammenhang abwechselnd gebraucht.
[3] τέχνη τῆς περιαγωγῆς (P 518 D).
[4] P 505 D/E; vgl. GORGIAS 499 E.
[5] Vgl. NE I 1094 a ff.

Zeit nicht besonders zu kümmern, denn diese Seite der Polis funktionierte offenbar zufriedenstellend. Dagegen schien die Kriegsausbildung ungenügend zu sein, da Athen gerade gegen Sparta unterlegen war; und vor allem befand sich — seit Perikles' Tod — Athen wie auch andere griechische Städte in einer politischen Führungskrise[6]. Der Kampf zwischen Besitz-Oligarchie und radikaler Demokratie war nicht dazu angetan, geeignete Männer an die Spitze der Polis zu bringen und sie genug Unterstützung finden zu lassen, falls sie doch mehr oder weniger durch Zufall in die ihnen gemäßen Positionen gelangt waren. Von seiten der oligarchischen Partei machte sich schließlich nur noch der Zynismus der Macht geltend (KALLIKLES im GORGIAS, Thrasymachos in der POLITEIA), wogegen die Demokraten ihre abstrakten Gleichheitsvorstellungen setzten. Der Sieg der radikalen Demokratie machte dann jede vernünftige politische Gliederung unmöglich. Die Polis war aus inneren Gründen nicht mehr autonom, und so übernahm eine äußere Macht die Ordnungsfunktionen, die sie von sich aus nicht mehr zu erfüllen imstande war.

Angesichts des schlechten Extrems zeigte Platon Neigung, in das andere, nicht bessere Extrem einer recht starren Hierarchie zu fallen[7]. Gegen die „fortschrittliche" Auflösung der Polis entwickelte er einen „traditionalisme raisonné"[8], der in seiner Rationalität einesteils viel fortschrittlicher war als jenes konservativ getarnte Chaos aus gleichheitsideologischen Gründen, anderenteils als Versuch, ursprünglich gewachsene Formen geplant zu erneuern, unter der Gefahr stand, die alten Sitten und Einrichtungen ohne ihre Gewachsenheit und Entwicklungsmöglichkeit zu wiederholen. Die vernünftige, weder fortschrittliche noch reaktionäre, noch konservative, sondern auf immer geltende Gesetze des Politischen ausgerichtete Mitte seiner Staatstheorie jedoch ist die Idee eines sittlichen Gemeinwesens, das seine Gliederung aus der Vermittlung des äußerlich Notwendigen mit der unterschiedlichen Bildungsfähigkeit seiner Bürger ableitet. Die Bildung berücksichtigt dabei die drei am Anfang des MENON aufgezählten Elemente:

[6] Nach T. Ramm (Die großen Sozialisten I, 39) beschäftigt sich Platon nicht nur aus aristokratischer Geringschätzung des dritten Standes fast ausschließlich mit der Herrscherbildung, sondern dahinter steht eine nüchterne, machtpolitische Überlegung: „Die Wächter haben die militärische Gewalt inne, von ihnen droht daher die Gefahr des Machtmißbrauchs. Der dritte Stand ist ungefährlich" (vgl. P 375 Cff.).

[7] Sehr gut wägt J. S. Mill (Plato, 105) eine starke und eine schwache Seite der Platonischen Staatsphilosophie gegeneinander ab. Über die schwache schreibt er: „Der Irrtum Plato's bestand . . . darin, daß er nur die Hälfte der Wahrheit sah, und zwar war dies . . . die Hälfte, welche er durch die Einrichtungen und Sitten seines Landes vernachlässigt und in den Hintergrund gedrängt fand. Seine Lehre war ein übertriebener Protest gegen die Meinung, daß jeder Mann zu jedem Amte tauge . . ."

[8] Formulierung von Luccioni: La pensée politique de Platon, 133.

Natur (Anlage), Gewöhnung (Übung), Belehrung-Lernen[9] und ist umfassend ebensosehr intellektuell wie ethisch.

Als die Entwicklung der Polis ihrem Ende zuging, stellte sich die ewige Aufgabe eines guten Staates mit großer Deutlichkeit. Platon hat sie auf paradigmatische Weise gelöst, konnte sie freilich nur lösen mit den Materialien seiner Zeit. So fand er den Naturunterschied der Individuen, der beim Menschen immer schon geschichtlich vermittelt ist, in einer bestimmten politischen Überformung vor, nämlich in der Unterscheidung gewöhnlicher Bürger von den Resten eines alten Geburtsadels und dem neuen Geldadel[10]. Wilamowitz schreibt: „Niemand kann auch nur von ferne das perikleische oder aristophanische Athen verstehen, der diese tatsächlich anerkannte Vorzugsstellung einer mehr oder weniger geschlossenen Oberschicht neben der sonst eifersüchtig gehüteten demokratischen Gleichheit nicht immer im Gedächtnis behält"[11]. Die Vorzugsstellung einiger innerhalb einer Gemeinschaft von Gleichen mußte Platon als zur Natur der Polis gehörig erscheinen. Wie immer diese Ungleichheit faktisch zustande gekommen war (ob durch kriegerische Auszeichnung, politisches Geschick, oder finanziellen Erfolg der Betreffenden selber oder ihrer Vorfahren), Platon begründet die Gliederung der Polis neu auf die Vernunftnatur des Menschen. Dabei ist Vernunft so zu verstehen, daß sie, den Einzelnen betreffend, auch dem Leib zu seinem Recht verhilft und, auf die Polis bezogen, auch das Ökonomische und die Verteidigung mitbedenkt,

---

[9] „Kannst du mir wohl sagen, Sokrates, ob die Tugend gelehrt werden kann? Oder ob nicht gelehrt, sondern geübt? Oder ob sie weder angeübt noch angelernt werden kann, sondern von Natur den Menschen einwohnt ...?" (MENON 70 A).

[10] Neben den Vollbürgern gab es in der Polis verschiedene unterprivilegierte Schichten, zuunterst die *Sklaven*, denen in der demokratischen Spätphase der Polis die ganze Last der gröberen Arbeit zufiel. Man muß daran stets denken als an die Schattenseite der Polis. Bei unserer Betrachtung bleibt diese Seite im Schatten, weil nach Freiheit und Gleichheit, Unfreiheit und Ungleichheit auf der Lichtseite gefragt wird. Wir nehmen die Polis so, wie sie heute noch interessant ist, nämlich als eine Gesellschaft mehr oder weniger Gleichberechtigter und damit als den Ursprung aller bürgerlichen Gesellschaft. Von Platons POLITEIA her ist das völlig legitim, denn trotz aller Bemühungen hat man in dem dort entworfenen Idealstaat bis heute keine Sklaven eindeutig ausmachen können. Für sie ist auch gar kein Platz, da ja der dritte Stand alle Arbeit außer Kriegführen, Studieren und Regieren verrichtet. Boshaft kann man formulieren, daß bereits dieser Stand so unterdrückt sei, daß es der Sklaven nicht mehr bedürfe. Doch heißt es ja in dem Ständegleichnis: „ihr seid nun also ... alle, die ihr in der Stadt seid, Brüder" (P 415 A). Diese und andere derartige Äußerungen verbieten, im dritten Stand (dem ja auch die reichsten Kaufleute zugehören) Sklaven zu sehen, ohne daß ausdrücklich ihre Gleichheit vor dem Recht erwähnt würde oder die Tatsache, daß sie niemandes verkäufliches Eigentum sind.

[11] *Wilamowitz-Moellendorff:* Platon I, 25.

um in jeder Hinsicht das Bestehen der Polis zu sichern. Vor allem aber wird die Vernunft praktisch in den Friedenstugenden Gerechtigkeit und Weisheit, die den inneren Zusammenhalt der Polis gewährleisten.

Soll Vernunft auch politisch wirksam sein und sich nicht entweder historisch oder utopisch oder kontemplativ von der Lebenswirklichkeit distanzieren, so muß sie die nicht von ihr gesetzten Faktoren einkalkulieren. Dabei ist grundlegend die Anerkennung der Tatsache, daß Vernunft nicht freischwebend vorkommt, sondern nur in konkreten Individuen und Gruppen und daß sie mit diesen zunächst einmal *wächst*, das heißt sich erst dann selbst erfassen und weiterbilden kann, wenn sie durch Natur und Gewöhnung in einer Anfangsform bereits geworden ist. In Hellas war sie auf diese Weise, die sie noch nicht selbst machen kann, entstanden und zeigte sich bei Einzelnen und Gruppen in verschiedener Ausprägung, z. B. in Athen mehr als in anderen Staaten und in Sokrates mehr als in anderen Individuen. Nun erst konnte sie sich der Aufgabe zuwenden, sich selbst zu bilden, direkt durch Belehrung eines Schülers durch einen Lehrer, indirekt durch Beeinflussung ihrer natürlichen und sozialen Voraussetzungen. Strebte sie (politische) Tugend, das heißt ihre Einordnung und Dienstbarmachung für die koinonía politiké an, so mußte sie versuchen, in der Polis die Bedingungen für ihre möglichst günstige Entwicklung zu fördern oder zu erzeugen und mußte außerdem Rücksicht nehmen auf das, was bis dahin Tugend geheißen hatte und auf die Art, wie dessen Entwicklung gefördert wurde. So kam es, daß für den Platonischen Bildungsstaat der Geburtsadel in zweifacher Hinsicht wichtig wurde: einmal weil Eltern, wenn sie von der gleichen Art sind, meistens ihnen ähnliche Kinder erzeugen (P 415 A), also aus biologischen oder Züchtungsgründen, zum anderen wegen des damit in der Aristokratie verbundenen Prinzips noblesse oblige[12]. Denn offenbar tun Familientraditionen, die von den Nachkommenden Auszeichnung verlangen, eine zwar nicht sichere, aber oft genug durchschlagende Wirkung[13]. Die alten Traditionen, welche die Tugend als vornehmlich kriegerische Bestheit förderten, wollte Platon gewandelt für

---

[12] Vgl. dazu *Jaeger* I und *Jaeger* II, 324 ff.

[13] „Aber vor allem liegt für Pindar in dem Gedanken an die Vorfahren ... der große erzieherische Antrieb des Vorbilds" (*Jaeger* I, 284). J. spricht von dem „Weg von Pindar zu Platon, von der Aristokratie des Blutes zur Aristokratie des Geistes und der Erkenntnis" (I, 310). Falls eine solche Umformung der Adelsethik nicht gelingt, ist sie nach einer gewissen Zeit erschöpft. In Europa hielt sie sich mit Unterbrechungen und Erneuerungen durch bis zur Mitte der Neuzeit. Im Blick auf den verfallenden Adel des 18. Jahrhunderts schreibt *Swift*, ironisch das Ideal für die Wirklichkeit setzend: „... worthy Followers of their most renowned Ancestors, whose Honour had been the Reward of their Virtue; from which their Posterity were never once known to degenerate" (Gulliver's Travels, II, 6).

die Bildung von Vernunft und Gerechtigkeit fruchtbar machen (s. o. §§ 8; 9); desgleichen übernahm er in seinen Idealstaat die alten Formen der Erziehung durch Gymnastik und „Musik"[14].

Der Bildungsstaat der POLITEIA beruht also nicht auf einem abstrakten Intellektualismus, ihm liegt keineswegs die These zugrunde, jedem Beliebigen oder intellektuell Begabten sei durch bloße Belehrung das höchste Normwissen und die entsprechende politische Tugend beizubringen, sondern die Faktoren allgemeiner Charakter und Gewöhnung werden gebührend berücksichtigt. Darum führt Platon jedoch nicht wie Aristoteles eine Trennung von ethischen und dianoetischen Tugenden ein, die entweder durch Gewöhnung oder aber durch Belehrung entwickelt werden könnten, sondern der Bildungsgang der Wächter und Philosophenherrscher ist Gewöhnung und Belehrung zugleich. Sein Ziel jedoch sind Vernunft und Einsicht als Basis auch der von Aristoteles „ethisch" genannten Tugenden, wie ja der ganze Bildungsgang nicht von alter Sitte und Gewohnheit bestimmt wird, sondern von der die unmittelbare Sittlichkeit dialektisch übersteigenden Vernunft. Sowohl die Traditionen des adelsethischen Abstammungspositivismus, wie des demokratischen Institutionenpositivismus, wie des sophistischen Intellektualismus nahm Platon nur so auf, wie sie durch die außen- und innenpolitischen Wirren seiner Zeit und durch den Sokratischen Zweifel gebrochen worden waren[15]. Dabei mußte er ausgehen von der faktisch sehr unterschiedlichen Aufgeschlossenheit gegenüber Theorie und Praxis einer Neubegründung der Polis auf Vernunft. Das mag zu anderen Zeiten anders sein, daß es jedoch im damaligen Athen so war, bezeugt auch Aristoteles: „Wenn ... die Worte allein den Menschen tugendhaft machen könnten, so würden sie wohl mit Recht nach Theognis vielen und großen Lohn davontragen, und man müßte sich solche Reden beschaffen. Nun aber scheint es, daß sie zwar die Kraft haben, die edelgearteten unter den jungen Leuten zu ermahnen und anzuspornen und einen vornehmen und wahrhaft das Schöne liebenden Charakter an die Tugend zu fesseln; die große Menge aber vermögen sie nicht dahin zu bringen. Denn diese gehorchen ihrer Natur nach nicht der

---

[14] Die Elementarerziehung der POLITEIA ist nach *Sabine* keine Erfindung Platons, sondern seine Umformung bestehender Gepflogenheiten: „The reform may be said roughly to consist in combining the training usually given to the son of an Athenian gentleman with the state-controlled training given to a youthful Spartan and in revising pretty drastically the content of both" (61).

[15] Über den PROTAGORAS schreibt *Jaeger:* „Sokrates bezweifelt nicht etwa die offensichtlichen Erfolge der Sophisten auf dem Gebiet der intellektuellen Bildung, sondern die Möglichkeit, auf dem gleichen Wege die Tugenden des Bürgers und Staatslenkers zu übermitteln." Sokrates nehme mit seiner These, daß Tugend nicht lehrbar sei, „einen Grundgedanken der pindarischen Adelsethik wieder auf" (II, 173; s. o. § 7).

Ehrfurcht (aidós), sondern der Angst, und lassen sich vom Schlechten nicht durch die Schande, sondern nur durch die Strafe abhalten" (NE X 1179 b 4—13). Daraus folgert er ganz in Platons Sinne: „Also müssen Erziehung und Beschäftigungen durch Gesetze geregelt werden. Denn das, woran man sich gewöhnt hat, ist nicht mehr schmerzlich"(b 34—35).

B. PLATON UND ARISTOTELES

1. Politische Ethik und Vernunft

§ 17. Die Einheit von Politik und Ethik

Über den allgemeinen Zusammenhang von Tugend, Erziehung und Gesetz sind Platon und Aristoteles also der gleichen Auffassung. Unterschiede zeigen sich bei der Frage nach dem Ursprungsgrund dieser die Polis tragenden Mächte. Während Platon hier einen transzendentalpolitischen Ansatz vertritt, geht Aristoteles in die Richtung einer historisch-soziologischen *Theorie* der Polis[1].

Das schwer zu fassende Zentrum der politischen Philosophie Platons, das mit dem Zentrum seiner gesamten Philosophie identisch ist und mit Worten wie „transzendentalpolitisch" nur bonmothaft umschrieben wird, kann im Kontrast zu der Aristotelischen, fast kongenialen Theorie der Polis weiter herausgearbeitet werden. Aristoteles, der zwanzig Jahre lang Platons Schüler war, hat die Philosophie seines Lehrers teils fortgeführt, teils kritisiert und verändert. Den hier gesuchten Grund (arché) der Platonischen (politischen) Philosophie jedoch, der, insofern sie hermeneutische Theorie ist, auch der Grund der Polis ist, scheint er auf

---

[1] Diese „realistische" Wendung ist die Abwendung vom praktischen Anspruch der Philosophie und die Abwendung von *Platon*. Ob man in diesem Zusammenhang von einem „resignierten Verzicht" des *Aristoteles* auf mehr denn private Wirksamkeit sprechen kann (*E. Kapp:* Theorie und Praxis bei Aristoteles und Platon, 189), läßt sich auf Grund der von Kapp angegebenen Stelle (NE 1180 a 26 ff.) nicht entscheiden.

Die heutigen „politischen Wissenschaftler" loben natürlich Aristoteles für diese Hinwendung zur Empirie, das heißt zur scheinbar reinen Theorie als Faktenregistratur und -analyse, und feiern ihn als ihren Vater (*Sabine*, 89 ff.; 115 ff.; *Prélot:* Histoire des Idées politiques, 73 ff.; 106 f.). Bei *Prélot* wird Platon unter dem Titel „L'Utopisme Philosophique" abgehandelt (51 ff.); davon Abstand nehmend habe Aristoteles eine Revolution und ein „Wunder" vollbracht: „d'un coup, la politique cesse d'être doctrinale pour devenir expérimentale. Elle forme, chez Aristotle, une connaissance détachable, quoique non détachée, de la philosophie, d'une part, et de l'art, d'autre part" (75). — Ähnlich spielt *A.-H. Chroust* (Aristotle's Criticism of Plato's „Philosopher King") den „Empirismus" und „Realismus" des Aristoteles gegen den „Utopismus" Platons aus.

exemplarische Weise verfehlt zu haben[2]. Weder im positiven, noch im negativen Bezug wird er in seiner praktischen Philosophie wirksam außer in den allgemeinen Wendungen, die besagen, daß die beste (tugendgemäße und glückliche) Lebensform für den Einzelnen und die Polis dieselbe sei[3]. Es gilt jedoch, die genaue Struktur dieser Identität oder Verbindung zu erfassen, die sich nach Platon im Gesellschaftlichen, Institutionellen *nur äußert*.

Von Aristoteles her kann man das wesentliche Merkmal der klassischen politischen, das heißt an der Polis orientierten Philosophie in der engen Verbindung von Politik und Ethik sehen. Im Blick auf Aristoteles schreibt Ritter: „Die praktische Philosophie ist als ‚Ethik' Politik"[4]. Aber auf Platons Philosophie sind diese Bestimmungen mit Vorsicht anzuwenden. Abgesehen von der Terminologie ist der Gegensatz von theoretischer und praktischer Philosophie, von Theorie und Praxis bei Platon wirksam und wird als solcher reflektiert[5]. Die POLITEIA als Ganze ist geradezu der Ver-

---

[2] *Gadamer* schreibt: „Daß Aristoteles den Plato mißverstanden habe, ist eine Auskunft, die mit Recht als Unmöglichkeit empfunden wird. Aber ebenso sicher ist es, daß das eigentlich Platonische in dieser Kritik nicht in der Positivität, die es selbst heute noch für uns hat, zu seinem Rechte kommt" (Gadamer, 5). Doch scheint das „eigentlich Platonische" nicht bloß in einer der „Lebenswirklichkeit" näheren Darstellungsart zu liegen, die bei der von Aristoteles vorgenommenen Projizierung „auf die Ebene begrifflicher Explikation" verlorengehe, sondern es besteht ein Unterschied im Begrifflichen, nämlich in der Frage nach den subjektiven Ursprüngen und dem obersten Orientierungspunkt sittlichen Handelns. Das Problem, wie eine praktische Philosophie aus platonischem Geiste begrifflich, systematisch zu entfalten sei, ist freilich offen, aber sie scheint lösbar.
Zu Gadamers aristotelischem Standpunkt, den er einnimmt, sofern er nicht bloß interpretiert, vgl. *Gadamer*, 5ff.; 176ff.; derselbe: Über die Möglichkeit einer philosophischen Ethik.

[3] Pol III 1288 a 37—39; VII 1323 b 40; 1324 a 5—8; 1325 b 30; 1333 b 37; NE I 1094 b 7.

[4] *Ritter* 6, 238. Weitere Literatur zum Zusammenhang von Ethik und Politik bei Aristoteles: *Ritter* 2; 3; 4; — *A. Schwan*: Politik als ‚Werk der Wahrheit'. Einheit und Differenz von Ethik und Politik bei Aristoteles, in: Sein und Ethos (Walberberger Studien I), Mainz 1963, 69—110; — *W. Anz*: Zum Verhältnis von Politik und Ethik bei Aristoteles, in: Säkularisation und Utopie. Ebracher Studien, Stuttgart 1967. — Zum altgriechischen Zusammenhang von Ethik und Politik allgemein: *Knauss*, 232ff.
Nach *Bien* ist Platons POLITEIA „ungeschieden sowohl Ethik wie Politik, d. h. sie ist zugleich ausdrücklich weder das eine noch das andere" (313, Anm. 129; vgl. 294). — Das „ungeschieden" kann man bezweifeln und kann im übrigen an die Biensche, von *Machiavelli* herkommende Unterscheidung von „Politik an sich" und „Ethik an sich" die Frage richten, ob es nicht vielmehr so sei, daß man Ethik und Politik auch *für sich* nehmen könne, daß sie aber *an sich* eng zusammenhängen — gerade auch bei Machiavelli (vgl. *R. Polin*: Ethique et Politique, Paris 1968, 122ff.).

[5] Z. B. P 517 Bff.; Po 258 Cff. — Das zeigt sich auch am Begriff epistéme. Wie

such seiner Vermittlung. Als theoretische Vermittlung von Theorie und Praxis enthält sie folgerichtig das Postulat einer auch praktischen Vermittlung. Das wird am augenfälligsten in Platons Erklärung des Höhlengleichnisses, wo er fordert, die Philosophen dürften sich nicht in der Kontemplation genügen, sondern müßten zurück in die Höhle praktischer Politik. Ferner kommt die Trennung und Verbindung von Theorie und Praxis darin zum Ausdruck, daß die POLITEIA mit den nötigen Einschränkungen und Differenzierungen durchaus als eine politische Programmschrift gelesen werden darf, mit der ihr Verfasser Platon sich seiner Vaterstadt Athen als ein politischer Führer oder als ein Gesetzgeber in der Art Solons anbietet[6]. Auch in dieser Hinsicht ist die Trennung von Theorie und Praxis bewußt gesetzt, und es wird nach Möglichkeiten der Verbindung gesucht[7].

Anders verhält es sich mit der Zweiheit von Politik und Ethik. Sie folgt nicht notwendig aus dem Gegensatz Theorie—Praxis, weil es unter Umständen die Möglichkeit einer scheinbar unpolitischen, privaten Praxis gibt. Eine solche jedoch wird von Platon ausdrücklich mit zugleich ethischen und politischen Gründen als ethisch und politisch zweitbeste Lösung gewertet (s. o. § 9). Der anderen wegen, die in derselben Polis schlecht leben, ist die Möglichkeit eines guten Privatlebens auch für denjenigen selber schlecht, der es von sich aus führen könnte. Daß solche Verantwortung ohne weitere Vermittlung zugleich ethisch und politisch ist, zeigt sich an der Naivität, mit der Platon zu ihrer Verwirklichung Zwang in die von ihm entworfene Polis einführt[8]. Für die unteren Stände ist Zwang gerechtfertigt als Nachhilfe zur Selbstbeherrschung, für die

Gould (The Development of Plato's Ethics, 31) ausführt, bezeichnet epistéme traditionell: praktische Gewißheit, knowing how, Kenntnis, die eine Tätigkeit ermöglicht. Platon war erstens „clearly the inheritor of this tradition", tat jedoch zweitens „what was perhaps the decisive step in dissociating practical from intellectual ability, and by the time of the REPUBLIC at least was already troubled by the consequences of his own dissociation".

[6] *K. Hildebrandt* (Platon) hat diesen Aspekt der politischen Philosophie Platons einseitig herausgearbeitet, wie schon der dramatische Untertitel „Der Kampf des Geistes um die Macht" zeigt, der in der Neuauflage (1959), nachdem sich ergeben hatte, daß dasjenige, was in Deutschland um die Macht kämpfte, durchaus nicht Geist war, dem konventionellen Untertitel „Logos und Mythos" weichen mußte. Weitere Hinweise zur Frage Philosophie — Politik — Verwirklichung bei Platon s. u. §§ 44/45.

[7] Zur Entwicklung des Theorie-Praxis-Verhältnisses in der klassischen griechischen Philosophie vgl. *W. Jaeger:* Über Ursprung und Kreislauf des philosophischen Lebensideals, in: Scripta Minora I, 347—393; speziell zu Platon: *A. J. Festugière:* Contemplation et vie contemplative selon Platon.

[8] Neben dem Zwang spielt freilich die argumentierende Überredung und „freundliche Zusprache" eine große Rolle und zwar nicht nur gemäß den NOMOI, sondern schon in der POLITEIA (vgl. P 499 E f.). Den Zwang kann man zwischenmenschlich und gesellschaftlich vermittlungslos nennen, und im

Bildungsfähigen aller Stände ist er gerechtfertigt als Erziehung, und selbst
für die noch in Ausbildung befindlichen Philosophen ist er nötig und
gerechtfertigt (P 519 C/D) um der anderen willen, die weniger Einsicht
und Arete haben. Zugleich jedoch soll dieses System einer strengen
Lenkung aller durch wenige, die auch erst durch einen langen Erziehungsgang zu ihrer Autonomie kommen, in der Psyche eines jeden begründet
sein und ist nur die äußere, kollektive Seite ihres eigenen inneren Ethos,
das von den Herrschenden nicht prinzipiell anders, sondern vorbildlich
verkörpert wird. Dieses geschlossene System von Innen und Außen hat
nur, wie später zu erörtern ist (§§ 37ff.), in der philosophischen Dialektik,
die entweder den Polisrahmen sprengt oder zur „Idee des Guten" führt,
eine Öffnung.

Gibt es bei Aristoteles eine praktische Philosophie, die eine Einheit der
unterschiedenen Bereiche Politik und Ethik ist, so gibt es bei Platon,
zumindest in der POLITEIA, eine politische Philosophie, die als solche
wesentlich Ethik ist und außerdem die theoretische Philosophie für sich
in Anspruch nimmt. Will man die von Ritter zur Kennzeichnung der
aristotelischen Einheit von Ethik und Politik gebrauchten Kategorien auf
Platon anwenden, so müßte der oben zitierte Satz umgekehrt heißen:
Seine praktische Philosophie ist als Politik Ethik. Der von Platon in der
POLITEIA zunächst eingeschlagene Weg, die Gerechtigkeit am Bilde des
Staates, politisch, im Großen, zu betrachten, führt in dialektischer Umkehrung des Ansatzes zu dem Ergebnis, daß die Politik Ethik im Großen ist[9].

Hinblick darauf leuchtet es ein, wenn *Bien* Platon Vermittlungslosigkeit in
bezug auf den Zusammenhang von Theorie und Praxis vorwirft (passim).
Aber auch der Zwang kann individuell, in der Person des Zwingenden durch
allerlei gute oder schlechte Rechtfertigungsgründe und in der Person des
Gezwungenen durch rationalen Gehorsam höchst vermittelt sein.

   Diesen inneren Kern des Begriffs Vermittlung vernachlässigt *Bien* ganz.
„Vermittlung" bezeichnet bei ihm ein gesellschaftlich kontrollierbares Geschehen zwischen Individuen oder mehr noch Institutionen. Nur so ist zu erklären,
daß er zu der Auffassung kommt, Platons theoretische und praktische, philosophische und politische Intention ziele in ihrem Kern darauf, „Theorie und
Praxis, Philosophie und Politik in eins zusammenfallen zu lassen, oder konkret: sie durch ein und dieselbe Figur realisieren zu wollen" (269; vgl. 294).
Denn was diese „Figur" des Philosophenkönigs, die im Verwirklichungsfalle
keine Figur, sondern eine Person ist, an individuell vernünftiger Vermittlung
der bei Platon sehr wohl unterschiedenen Bereiche von Theorie und Praxis
leistet, interessiert diesen Vermittlungsbegriff nicht. Es steckt in ihm ein gutes
Teil Hobbesscher, totalitär demokratischer Verachtung individueller Vernunft.
Im übrigen dürfte es schwierig, wenn nicht unmöglich sein, einen Vermittlungsbegriff, der nicht in der Leistung des Individuums zentriert ist, philosophisch zu entfalten (s. u. § 21; vgl. *Maurer:* Vermittlung, in: Historisches
Wörterbuch der Philosophie).
[9] Die Platonische Politik sei „une morale agrandie", hat *A. Fouillée* gesagt.
Luccioni (La Pensée Politique de Platon) zitiert diese treffende Bemerkung in

Der lebendige Grund dieser Philosophie, aus dem sie sich selbst hervorgehen sieht und auf den sie die Polis gegründet sehen möchte, ist die Seele der Menschen, und deren herrschende Mitte wiederum ist die Vernunft. Wenn die Vernünftigen herrschen, ist sie zugleich der tragende Grund der Polis. Diese Art Einheit kommt bei Aristoteles explizit nicht vor. Sie ist in seiner praktischen Philosophie am greifbarsten als stillschweigend vorausgesetztes Objekt empirisch-analytischer Zergliederung. War Platon der Arzt der todkranken Polis, der sich ihrem unsterblichen Paradeigma zuwandte, als er ihren hoffnungslosen Zustand erkannte, so

dem ausgezeichneten Kapitel „Morale et Politique" (107 ff.; loc. cit., 117). Er kommt dort zu der These, daß für Platon „la politique devient . . . comme l'auxiliaire de la morale; elle lui est subordonnée" (117). Darin liege die Originalität der politischen Theorie Platons (118; dazu auch *Lachièze-Rey:* Les idées morales, sociales et politiques de Platon, insbes. 105 ff.). — Ganz ähnlich *W. Jaeger:* „Wenn es zuerst so scheinen könnte, als sei es Platos Hauptabsicht, einen von wenigen regierten besten Staat zu schaffen und Erziehung und Ethik ganz seinen Zwecken unterzuordnen, so ist es im Verlauf des Werkes sonnenklar geworden, daß er vielmehr umgekehrt die Politik auf die Ethik gründet, nicht nur weil die politische Erneuerung mit der sittlichen Erziehung des Menschen anfangen muß, sondern weil es nach Platos Ansicht für die Gemeinschaft und den Staat kein anderes Prinzip des Handelns geben kann als für das sittliche Verhalten des Einzelnen" (Jaeger III, 99). Damit zum Teil wörtlich übereinstimmend *Taylor* (Plato, 265): „politics is founded on ethics, not ethics on politics". —
Knauss (232—276) sieht diesen zentralen Punkt geschichtlich, dialektisch. Er deckt die Aporie auf, die darin liegt, daß Platon bewußt und planerisch wiederholen wollte, was in den Zeiten der intakten Polis aus der Unmittelbarkeit der Sitte resultierte. Die POLITEIA sei „der edelste Ausdruck des griechischen Staatsdenkens — und zugleich seine Zerstörung" (270). Einerseits habe der platonische Staat „den Menschen überwältigt", andererseits habe „der Mensch als Träger der Ethik . . . sich des Staates vollkommen bemächtigt" (269). In dieser allzu bewußten Gleichsetzung von Politik und Ethik, die nur erfolge, indem beide Seiten für sich aufs höchste gesteigert würden, bereite sich die von *Aristoteles* im Ansatz vollzogene Trennung von Ethik und Politik vor (273). Seit Aristoteles könne vom Menschen schlechthin gesprochen werden, „während bisher dies Wort immer den Bürger gemeint hatte, den Polisangehörigen, der Mensch allein in vollem griechischen Sinne hatte sein können" (273). Daraus folgt jedoch, daß die von Knauss aufgestellten Behauptungen über das Verhältnis von Mensch und Staat bei Platon historisch unangemessene Kategorien verwenden. Nach *Dirlmeier* (269 Anm. 6, 1) sind auch die Kategorien „Ethik" und „Politik" selbst noch auf Aristoteles nur mit Vorsicht anzuwenden. Aber viel enger ist die Einheit des Ethischen und Politischen bei Platon, ist jedoch als solche reflektiert, so daß man sehr wohl bereits nach dem Primat des einen oder anderen fragen kann.
Ähnlich wie Knauss *Barker* (Greek Political Theory, 171): „The old harmony of the interests of the State and the individual, interrupted by the teachings of the Radical Sophists . . . is thus restored in the teaching of Plato, but restored on a new and higher level, because it has been elevated into a conscious sense of harmony."

war (übertrieben formuliert) Aristoteles der Anatom des Leichnams, der
gegen seinen Lehrer nüchtern geltend machte, der Blick auf jene Unsterblichkeit aus reiner Vernunft dürfe nicht von den konkreten Strukturen
des vorliegenden Körpers ablenken. So trugen auch seine, auf das Studium
von 158 Verfassungen gegründeten Analysen zur geschichtlichen Unsterblichkeit der Polis bei. Daß sie historisch waren, an einem Leichnam
vollzogen wurden, schien er nicht zu merken oder es kümmerte ihn nicht.
Er hielt sich an den Vorteil, in das innere Gehäuse eines in seiner höchsten
Form vergangenen Lebens eindringen zu können. Platon dagegen ging es
um das Leben, und er war wie Sokrates bereit, notfalls um dessentwillen
den vorhandenen Leib zu opfern und an seiner Stelle einen anderen wenigstens in Gedanken zu konstruieren. Sokrates opferte seinen Leib um
der vollkommenen Polis willen, Platon opferte in der POLITEIA die Polis
um ihres wahren Paradeigmas willen[10].

So eng die Verbindung von Ethik und Politik bei Aristoteles sein mag,
es gibt bei ihm diese beiden Disziplinen, deren Trennung und Ausführung
in verschiedenen Werken auf ihn selbst zurückgeht[11]. In diesem Dualismus wird die sokratisch-platonische Einheit der Tugend, die eine Neubegründung der Polis aus der vernünftigen Einheit von Gesinnung und
(politischem) Handeln intendierte, wie zwischen den Mühlensteinen der
Realität zerrieben. Es bereitet sich das vor, was Jaeger die „Trennung des
individuellen innerlichen Bereichs von dem Allgemeinen" (Politischen),
die „doppelte Buchführung der modern-christlichen Welt" nennt[12].

---

[10] Nach *Kapp* (Theorie und Praxis, 193) gibt Platon das geborene Athenertum
preis: „hat es in der Theorie als erziehungstechnisch ersetzbar behandelt,
wenigstens bis zum Alter von 50 Jahren" (vgl. o. S. 45, Anm. 18 das Zitat
von *Sabine*).

[11] *W. Jaeger* sieht wie in der Frage des Idealstaates, so auch in betreff des Zusammenhangs zwischen Politik und Ethik eine Entwicklung in den Auffassungen
des Aristoteles, die ihn zunehmend von der Platonischen Position wegführt.
Er geht so weit, zu sagen, „daß der innere Zusammenhang der Politik mit
der Ethik in der früheren Periode offenbar weit enger war als später, wo
Aristoteles der Form nach die Einheit beider Disziplinen zwar noch wahrt
und sie systematisch sogar zu einer großartigen äußeren Totalität aufbaut, wo
aber die Loslösung der Individualethik unter der Oberfläche dieser überkommenen platonischen Syzygie praktisch so gut wie vollzogen und die spätere
hellenistische Selbständigkeit der Ethik bereits angebahnt ist" (W. J.: Aristoteles, 289). Zur Konfrontation Platons mit Aristoteles in dieser Frage vgl.
Grote, III, 166.

[12] *Jaeger* II, 112.

§ 18. Ethische und dianoetische Tugenden; Theorie und Praxis

Sokrates' Gedanke, so wie Platon ihn aufnimmt, ist es gewesen, die Einheit der Tugenden und damit der Polis aus dem Wissen[18] neu zu begründen. Die meisten Dialoge vor der POLITEIA kreisen um das Problem Tugend — Lehrbarkeit — Kunst — Wissenschaft. Was besonders der PROTAGORAS, CHARMIDES, MENON vorbereiteten, wird in der POLITEIA zu dem Ergebnis zusammengefaßt, daß die Tugend — wie der gute Mensch und der gute Staat, denen sie einwohnt — eine ist. Die überkommenen Einzeltugenden Tapferkeit, Frömmigkeit, Besonnenheit, Gerechtigkeit, Weisheit sind nur verschiedene Äußerungen einer von dem obersten menschlichen Vermögen, der Vernunft, bestimmten individuellen und politischen Ordnung.

Eine viel tiefergehende Trennung jedoch, als sie die Gegebenheit von Einzeltugenden bedeutet, deren Zusammenhang nicht reflektiert wird und nicht reflektiert zu werden braucht, solange die überkommene Ordnung der Polis selbstverständlich und sicher erscheint, trägt Aristoteles in die Tugend hinein mit seiner Unterscheidung ethischer und dianoetischer Tugenden[14]. Während bei Platon in der POLITEIA die Tugend und die

---

[18] Dazu *Jaeger* II, insbes. 116f.; 228ff.; 237ff. — Gegen den naheliegenden Vorwurf des „Intellektualismus" führt *Stenzel* aus: „Ein Intellektualismus läge vor, wenn in der Gleichung Tugend = Wissen das Wissen und Erkennen modern gefaßt wird. Aber wir dürfen eben nicht fragen: was für eine Tugend, welche sittliche Handlung kann aus Wissen — wie wir es verstehen — sich ergeben, sondern: was für ein Wissen muß Sokrates-Platon meinen, wenn er eine so überschwengliche Wirkung von ihm erwartet?" (Kl. Schriften, 175; vgl. *Hirschberger: Die Pronesis in der Philosophie Platons vor dem Staate*). Um was für ein Wissen es sich handelt, hat nach Hirschberger vor allem *Gould* (op. cit.) näher untersucht, doch macht seine These, dabei handele es sich um ein „knowing how" im Sinne von „moral ability" aus dem Sokratisch-Platonischen Satz „Tugend ist Wissen" fast eine Tautologie. Wenn Episteme in diesem Zusammenhang „praktische Gewißheit" bedeutet, dann ebenso sehr im Sinne von *Überzeugung* wie im Sinne von Techne. Gould entwickelt zwar diese Seite ebenfalls (21ff.), doch geht Platon auch über sie noch hinaus in Richtung auf eine ethisch-politische Wesens- und Normwissenschaft (s. u. § 34).

[14] *Aristoteles* reflektiert die Einheit der Tugenden, indem er die von Sokrates und seinen Nachfolgern begonnene Reflexion ausdrücklich ablehnt: „Ganz allgemein täuschen sich jene, die sagen, die Tugend sei eine gute Verfassung der Seele oder ein Rechthandeln oder ähnliches. Viel richtiger reden da jene, die (wie Gorgias) die Tugenden einfach aufzählen, anstatt sie so zu bestimmen" (Pol I 1260 a 25—28; vgl. Kontext). Insofern Aristoteles damit nicht bloß ständische sowie Alters- und Geschlechterdifferenzen der Tugend meint, wird hier das zentrale Bemühen Sokrates-Platons um die Einheit der Tugend beiseite gestellt. Auch hierfür gilt, was *Dirlmeier* im Hinblick auf das mit dem Problem der Tugendeinheit zusammenhängende „Ideenwissen" sagt: „Es ist überaus eindrucksvoll zu sehen, wie das philosophische Denken, wenige Jahr-

Tugenden in dem richtigen, das heißt natur- und vernunftgemäßen
Verhältnis der Seelenkräfte gründen, spaltet Aristoteles diesen auf menschliche Einheit bezogenen Tugendbegriff, indem er einige Tugenden, so die
Weisheit, Auffassungsgabe und Einsicht[15] einem bestimmten Seelenteil,
nämlich dem vernünftigen im eigentlichen Sinne[16] zuordnet, andere, so die
Großzügigkeit und Besonnenheit[17] dem an der Vernunft teilhabenden[18],
den Aristoteles in der Nikomachischen Ethik wie Platon in der POLITEIA
als einen mittleren Seelenteil zwischen dem vernünftigen und dem ver-
nunftlosen annimmt[19].

Die Philologie versucht herauszufinden, wieweit die Unterscheidung
ethischer und dianoetischer Tugenden bereits bei Platon vorangelegt ist[19a],
aber wie dem auch sei, bei Platon hat sie nicht angenähert eine solche
Bedeutung wie bei Aristoteles, denn nach diesem ist die Vernunft (nous)
zwar das höchste Vermögen des Menschen, ist aber praktisch-politisch
recht ohnmächtig[20]. Er schreibt: „Was einem Wesen von Natur eigentümlich ist, ist auch für es das beste und genußreichste. Für den Menschen
ist dies das Leben nach der Vernunft, wenn anders sie am meisten der
Mensch ist" (NE X 1178a 5—7). Die Tätigkeit nach der Vernunft nennt
Aristoteles im Gegensatz zu den menschlichen Tätigkeiten, die immer
vieler äußerer Dinge bedürfen, göttlich. Die Tätigkeit Gottes jedoch ist

zehnte nach dem Höhenweg der Politeia, erneut gezwungen war, in die Qual
der Situation vor der Politeia hinabzusteigen und „realistisch" zu sein. Das
war nun natürlich kein naiver Realismus mehr, sondern ein hart erkämpfter"
(Dirlmeier, 604; vgl. *Kapp*, op. cit., 181f.). In der Frage der Tugendeinheit
geht Aristoteles ja auch nicht einfach auf die vorplatonische Position etwa
des Gorgias zurück, sondern bei ihm ist die Unmittelbarkeit vorhandener
Einzeltugenden gesetzt aus der Trennung ethischer und dianoetischer Tugenden und damit zusammenhängend der Scheidung ethisch-politischer Praxis
und philosophischer Theorie.

[15] σοφία, σύνεσις, φρόνησις — NE I 1103 a 5.
[16] τὸ λόγον ἔχον, τὸ μὲν κυρίως καὶ ἐν αὑτῷ — 1103 a 2.
[17] ἐλευθεριότης; σωφροσύνη — 1103 a 6.
[18] λόγου μετέχον — 1102 b 14/25.
[19] Zum einzelnen: *Dirlmeier*, 292f.
[19a] Vgl. *Dirlmeier*, 294; 442f; *F. Egermann*: Platonische Spätphilosophie und Platonismen bei Aristoteles.
[20] Nach *Bien* (307) geht Aristoteles „von der Anerkenntnis der wesentlichen
Schwäche der Vernunft in dieser Welt aus". Und so wie Bien Aristoteles
erklärt, hat die (philosophische) Vernunft in der Tat eine äußerst schwache
Position. Sofern sie nämlich nicht schon ohnehin in der außerphilosophischen
Wirklichkeit vorkommt, hat sie ihren Ort zunächst nur in den räumlich und
institutionell außerhalb der Polis liegenden philosophischen Akademien. Deren
Chance liegt nach Bien-Aristoteles darin, zu einer Art Volkshochschule zu
werden, in welche die Gebildeteren unter den Bürgern gehen, um sich über
ihre ethische und politische Existenz, also ihre ohnehin in der Polis gelebte
Praxis aufklären zu lassen. Auf diese Weise gelangen sie möglicherweise zu
einer „,verbesserten', weil aufgeklärten Praxis" (298f.).

Theoria (Betrachten, Denken), und von den menschlichen Tätigkeiten wird diejenige die am meisten erfüllende sein, die ihr am nächsten verwandt ist (NE 1178 b 21—23). Dies ist auch für den Menschen die Theorie, zu der er Zugang findet, sofern er philosophisch veranlagt ist und in äußeren guten Verhältnissen lebt. Denn, wie Aristoteles sagt: „Die Natur genügt sich selbst zum Denken nicht[21]; dazu bedarf es auch der leiblichen Gesundheit, der Nahrung und alles anderen, was zur Notdurft des Lebens gehört" (NE 1178 b 33—35). Dieser ganze Bereich des materiell wirklichen Lebens und seiner ökonomisch-politischen Ordnung ist für ihn nur Vorbedingung[22], nicht auch gleichermaßen das praktische Betätigungsfeld der höchsten Form menschlichen Geistes. Deren eigentlicher Ort ist allein die Theorie, weshalb sich philosophische Vernunft in den Pragmatien im wesentlichen beschreibend verhalten und weitgehend der normativen Kraft des Faktischen überlassen kann[23]. Der Unterschied dieses Ansatzes vom Platonischen liegt, wie L. Strauss im Anschluß an Wild sagt, darin, „that all the subjects treated thematically in Plato's writings are discussed from a practical point of view — in other words, that in discussing them Plato never loses sight of the elementary Socratic question of how one ought to live — whereas Aristotle's analyses have left that question far behind"[24].

Vernünftige, theoriegemäße Praxis ist demnach in erster Linie nicht das gut und richtig Leben allgemein, sondern das Philosophieren als Denken, Schreiben, Vortragen, Diskutieren. Dieses „theoretische Leben

---

Philosophie ist demnach diejenige Art höherer Vernunft, die gebildete Bürger als eine Art Hobby betreiben. Praktischen Effekt kann man sich davon kaum versprechen. Denn erstens werden nur wenige diese Aufklärungsakademien besuchen, und zwar im allgemeinen diejenigen, welche keinen politischen Einfluß und darum Zeit haben, und zweitens ist auch bei ihnen die Frage, was sie von dem in der Akademie Gehörten wirklich aufnehmen und praktisch werden lassen. Nicht nur Platon, sondern auch Aristoteles hatten wesentlich konkretere Vorstellungen von ethisch-politischer, mit Philosophie zusammenhängender Erziehung. Das kommt gerade an der Stelle zum Ausdruck, die Bien zum Beweis seiner These von der Schwäche der Vernunft bei Aristoteles zitiert (NE X 1179 a 33 ff.).

[21] οὐ γὰρ αὐτάρκης ἡ φύσις πρὸς τὸ θεωρεῖν.

[22] Vgl. *Aristoteles:* Met. I 982 b 19—24; Pol VII 1329 b 27—30.

[23] In seiner Satire „Platos amerikanische Republik" (Plato's American Republic, trad. Halfeld, Hamburg o. J. (etwa 1930)) läßt D. *Woodruff* den wiedererstandenen Sokrates sagen: „Nun gleicht der Geist des Aristoteles in vieler Beziehung einem Korkenzieher, er ist genau so kraftvoll und gewunden wie dieser und versteht es, schätzenswerte Dinge zu öffnen, damit wir uns daran ergötzen. Da ich aber weiß, wie oft sich Aristoteles im Unrecht befindet, hat sein Ruf mich doch ein wenig überrascht. Im allgemeinen macht er es sich nämlich allzu leicht mit seiner Überzeugung, daß ein Ding schon deshalb, weil es da ist, rechtens ist" (85).

[24] *Strauss* 1, 348.

als solches ist nach Aristoteles ethosfrei, und ebenso steht an keiner Stelle, daß aus dem Vollzug der Theorie sich irgendwelche Konsequenzen für das Ethos und die ‚anderen‘, d. h. sittlichen Tugenden ergeben"[25]. Gerade so jedoch wohnt der vita contemplativa die höchste, gottähnliche Erfüllung (eudaimonía) inne, die als solche einzigartig und „abgesondert"[26] ist. Erst an zweiter Stelle rangiert diejenige Erfüllung, welche die Realisation der sonstigen menschlichen Möglichkeiten-zum-Guten (aretaí) zu gewähren vermag (NE X 1178 a 9).

§ 19. Aristoteles' heteronome Bestimmung der Gerechtigkeit und das Problem der Gleichheit

Es macht bei Aristoteles tatsächlich Schwierigkeiten, „areté" mit „Tugend" zu übersetzen[27]. Aretaí sind vorgefundene, durch Gewöhnung und Belehrung auszubildende Fähigkeiten oder Charakteranlagen, „Vorzüge", wie Dirlmeier übersetzt. Bei Aristoteles fehlt zunächst das Element, das den (etwas obsolet gewordenen) deutschen Begriff Tugend[28] mit der sokratisch-platonisch verstandenen areté verbindet, nämlich der Gemeinschaftsaspekt, der innere Bezug auf das politisch (oder menschlich) Allgemeine. Diese „politische" Seite der Ethik diskutiert Aristoteles erst im Felde des Begriffs Gerechtigkeit[29], — ob als inneren Bezug, bleibt zu prüfen. Bei Platon ist eine solche Bezugnahme von vornherein vorhanden und höchst wirksam, indem er Tugend allgemein als ein Wissen bestimmt und indem dieses Wissen nicht ein abstrakt intellektuelles ist, sondern sich unter anderem auslegt als politische Reflexion, die eine bestimmte Ordnung der politischen Wirklichkeit zumindest postuliert[30]. Gerechtigkeit

---

[25] *Bien*, 303.

[26] κεχωρισμένη (NE X 1178 a 22). Wir beziehen mit *Joachim* und *Gigon* auf εὐδαιμονία (20/21), unentschieden anders übersetzt *Dirlmeier*, 233; vgl. 594, Anm. 233, 5.

[27] „Gerade an den ‚Tugenden‘ des Geistes sieht man klar, daß ἀρετή eben nicht = ‚Tugend‘ ist; denn wie uns Aristoteles selber aufmerksam macht (1103 a 7), sagt man nicht: Intelligenz ist eine Tugend" (*Dirlmeier*, 442; vgl. *Ritter* 2, 78 ff.).

[28] Als man zu der Auffassung kommt, daß für Tugend in der Politik und im Geschäftsleben kein Platz sei, verengt sich dieser Begriff auf den Bereich des Privaten, vor allem auf die das Privateste betreffende Sexualmoral, und wird mit dieser problematisch. Ein schönes Beispiel für die sexualethische Verengung ist *C. M. Wielands* Platonroman „Geschichte des Agathon" (1766[1]).

[29] Aber s. o. § 12 die Hinweise auf die μεγαλοψυχία.

[30] Daß *Platons* Philosophie sich nicht bloß postulierend, sondern auch hermeneutisch, hypoleptisch zur politischen Wirklichkeit seiner Zeit verhält, ist gesagt worden (s. o. § 7). Vgl. dazu *Hegels* Urteil in der Vorrede zur Rechtsphilosophie: „daß selbst die platonische Republik, welche als das Sprichwort eines leeren Ideals gilt, wesentlich nichts aufgefaßt hat als die Natur der griechischen Sittlichkeit". Zur Frage der Verwirklichung s. u. §§ 44; 45.

ist wirklich die umfassende Tugend, weil sie die innerseelische Ordnung genau so betrifft wie den Zusammenhang der Menschen in der politischen Gemeinschaft. Sie kann zu einem solchen Einheitspunkt werden, weil Tugend epistéme ist und von daher nicht nach Gewohnheit oder Gefühl das Richtige anzielt, sondern die Zusammenhänge einsieht. Sie erkennt so, daß das auf einige (die Philosophen) beschränkte gut Leben selbst für diese unbefriedigend bleibt (P 497 A).

Aristoteles dagegen zitiert zwar das Sprichwort „In der Gerechtigkeit ist alle Tugend zusammengefaßt"[31], um dann jedoch die Gerechtigkeit so zu zergliedern, daß nicht mehr erkennbar ist, woher ihr die Fähigkeit zu jener inneren, transzendentalen Synthesis der Polis kommen könnte. Der Untersuchungsgang des fünften, der Gerechtigkeit gewidmeten Buches der Nikomachischen Ethik läuft auf eine doppelte Bestimmung dieser areté hinaus. Sofern sie nämlich eine spezielle, nicht unmittelbar die ganze Tugend ist, bezeichnet Gerechtigkeit die Aktualisierung[32] der ganzen Tugend im Umgang mit anderen Menschen[33]. Gerechtigkeit und Tugend allgemein sind „an sich identisch, nicht aber für sich, sondern für sich genommen bezeichnet Gerechtigkeit die Beziehung der Tugend auf andere, Tugend schlechthin jedoch heißt die entsprechende persönliche Haltung ohne weitere Bestimmung"[34]. Damit ist, von Platon aus betrachtet, etwas Ungeheuerliches gesagt, nämlich daß die Gerechtigkeit in

---

Ein reines Postulat dürfte man freilich vermittlungslos und abstrakt in bezug auf die Wirklichkeit nennen. Doch — abgesehen von den hermeneutischen Elementen — gipfelt ja Platons Lehre vom besten Staat in dem Philosophen-Königs-Satz, und dieser ist charakteristischerweise seiner grammatischen Form nach kein Postulat, sondern ein wenn-so-Satz. Er genügt damit sogar dem *Hobbes*schen Kriterium für Wissenschaftlichkeit (vgl. Leviathan, Kap. V; VII; IX). Natürlich legt er den Rat nahe, einen bestimmten Weg einzuschlagen, aber man kann ihn auch — der Kontext unterstützt das — als eine pessimistische Aussage darüber verstehen, warum das Elend der Politik *nie* aufhört.

[31] NE V 1129 b 30; s. o. § 10.

[32] χρῆσις = Gebrauch, Anwendung (NE 1129 b 31/32).

[33] οὐχ ἁπλῶς ἀλλὰ πρὸς ἕτερον (1129 b 26/27; 32; 1130a 13; vgl. 1130a 3/4: ἀλλότριον ἀγαθὸν δοκεῖ εἶναι ἡ δικαιοσύνη μόνη τῶν ἀρετῶν. Dazu bemerkt *Grote* (III, 129, Anm. n): „that justice is ἀλλότριον ἀγαθόν — is the very proposition which Thrasymachus is introduced as affirming and Socrates as combating, in the first book of the Republic" (P 367 C). Vgl. Grote, 156 und überhaupt das ganze Kapitel XXXIV dieses Buches, das eine von *Hobbes* her verstandene aristotelische Position gegen Platon geltend macht (s. o. § 12). Grote war der erste, der die Politeia unter die Bedingungen des Leviathan zu subsumieren versuchte. So wurde er zum Vorläufer der modernen Platonkritik. *Manasse* (II, 11) verkennt diesen Zusammenhang (s. u. § 45).

[34] ἡ ἀρετὴ καὶ ἡ δικαιοσύνη ... ἔστι μὲν γὰρ ἡ αὐτή, τὸ δ' εἶναι οὐ τὸ αὐτό, ἀλλ' ᾗ μὲν πρὸς ἕτερον, δικαιοσύνη, ᾗ δὲ τοιάδε ἕξις ἁπλῶς, ἀρετή (1130 a 11—13).

sich selbst kein Sein, keine Wirksamkeit habe, denn für sich genommen ist sie Relation zwischen spezifisch verfaßten Personen, genauer zwischen deren Haltung (héxis). An sich, ihrem (gesellschaftlichen) Sein nach genommen ist sie freilich etwas, aber nicht sie selbst, sondern Tugend. Denn Tugend hat Sein als eine wesentliche Modifikation der Hexis. Wie schwierig es für Aristoteles ist, eine solche Beschränkung der Gerechtigkeit auf Relation auszudrücken, zeigt die Formulierung „eine entsprechende Haltung" (toiáde héxis). An dieser Stelle wird der Gedankengang undeutlich. Denn wem soll die Haltung entsprechen? Der Tugend? Dann hieße der Schlußsatz: eine solche, nämlich tugendgemäße Haltung heißt Tugend, womit eine teilweise Tautologie ausgesprochen ist, aus deren Vollzug die Gerechtigkeit ganz herausfällt. Oder soll die Haltung auch der Tugend *in ihrer näheren Bestimmung durch Gerechtigkeit* entsprechen? Dann hätte auch die Gerechtigkeit als Modifikation der Hexis personale Substanz und wäre nicht bloße Relation. Der Bezug auf die anderen steckte bereits in der persönlichen Haltung, sofern diese tugendgemäß ist. Gerechtigkeit, politische Ethik und Politik fielen, kantisch gesprochen, nicht bloß in den Bereich der Heteronomie, hegelisch gesprochen des Seins-für-andere, sondern auch der Autonomie und Freiheit.

Aristoteles beläßt es an dieser Stelle wie an anderen bei einer gewissen Undeutlichkeit, die eine Präzisierung im Sinne Platons nicht ganz ausschließt. Die Ausführungen jedoch, die er im weiteren Verlaufe des fünften Buches gibt, gehen eher in die Richtung einer heteronomen Bestimmung der Gerechtigkeit, führen von Platon weg und enden bei einer Distanznahme zur sokratisch-platonischen Verinnerlichung der Polis-Ethik. Denn die auf die zitierten Stellen folgende inhaltliche Bestimmung der Gerechtigkeit als eines „besonderen Teils der Tugend"[35] lautet: das Gerechte ist das Gesetzliche und das Gleiche[36]. Im Vergleich zu Sokrates-Platons politischer Ethik ist diese Bestimmung traditionell. Damit ist kein negatives Werturteil gefällt, sondern man kann Aristoteles dafür bewundern, daß er, der aus einem Randgebiet Griechenlands kam[37], die Polis so wie sie gewesen und geworden war, genauer als irgendein Athener begriffen und dargestellt habe, genauer gar als sein Lehrer Platon, der,

---

[35] ... τὴν ἐν μέρει ἀρετῆς δικαιοσύνην NE 1130 a 14; vgl. 1130 b 30.

[36] διώρισται ... τὸ δὲ δίκαιον τό τε νόμινον καὶ τὸ ἴσον 1130 b 8/9; τὰ μὲν γάρ ἐστι τῶν δικαίων τὰ κατὰ πᾶσαν ὑπὸ τοῦ νόμου τεταγμένα 1138 a 5/6; s. o. § 11.

[37] „Für ihn hat die Stadt Athen, die er aus politischen Gründen zweimal ... verlassen mußte, eine gänzlich andere Bedeutung als für ihre Bürger Sokrates (der sie außer aus Anlaß einer Erfüllung seiner soldatischen Bürgerpflicht nie verlassen hat) und Platon. Gegenüber deren wesensmäßiger (im Falle des Sokrates — vgl. den KRITON — sogar totaler) Zugehörigkeit war die seine eine solche der freien Wahl und darum freilich doch eine engere als bei den durch alle Städte wandernden Sophisten. ‚Ihm war Athen nur (— aber auch

um die Polis zu retten, ihr Wesen verändern wollte. Aber die Bestimmung der Gerechtigkeit durch Nomos[38] und direkte bzw. proportionale Gleichheit war zur Zeit des Aristoteles nicht nur konventionell, sondern war historisch geworden.

Aristoteles selber geht im fünften Buch der POLITIK davon aus, daß „zwar alle im Begriff der Gerechtigkeit und der proportionalen Gleichheit übereinstimmen, aber dies dann doch verfehlen" (Pol 1301a 26—28). Der Demos hatte Heraklits Mahnung nur zu gut beherzigt und hatte für das Gesetz wie für die Mauer gekämpft[39], zumal auch innerhalb der Mauern. Dazu bemerkt Knauss, nachdem er die Bedeutung des Nomos als „Lebensgesetz", nicht nur als Sammelbezeichnung der positiven Gesetze der Polis herausgearbeitet hat[40]: „Die starke Stellung des Nomos im Machtkampf kommt so gerade in den Kämpfen, die im Grunde nomoswidrig sind, zum Ausdruck. Jede Partei meint den Nomos, nur daß es eben ein anderer Nomos ist als der der Gegenpartei"[41].

Diese Kämpfe zunächst ignorierend schreibt Aristoteles im Sinne des alten, tragenden Polisethos: „wo die Gesetze nicht regieren, da gibt es keine Politeia" (Pol IV 1292a 32). Da die Gerechtigkeit ihren Ort in zwischenmenschlichen, damit politischen oder politisch beeinflußbaren Beziehungen hat, gibt es da auch keine Gerechtigkeit[42]. Für den Platon der POLITEIA und des POLITIKOS jedoch gibt es umgekehrt in der Polis, so wie sie geworden ist, keinen Nomos, wenn er nicht aus der wissenden Gerechtigkeit der Einzelnen, vor allem der die Polis Leitenden hervorgeht. Zu dieser Personalität des Nomos wiederum bemerkt Aristoteles kritisch: „Darum lassen wir auch keinen Menschen regieren, sondern das Prinzip (logos), weil der Mensch für sich handelt und Tyrann wird. Der Regierende aber ist Wächter über das Gerechte und ... über die Gleichheit" (NE V 1134a 35f.). Dagegen ließe sich im Sinne Platons sagen: wenn das Gesetz Logos ist, so sollte offenbar der regieren, der ihn am besten einsieht. Wenn es schon Wächter über das Gerechte geben muß, so ist er dazu am meisten geeignet. Über die Gleichheit freilich, die wesentlich mit der Gerechtigkeit zusammenhängt, können wohl am besten die Gleichen selber wachen, aber

---

immerhin —, G. B.) die erste von 158 Politien'" (*Bien*, 312; der letzte Satz ist Wilamowitz-Zitat).

[38] *Nomos* vor allem in dem Sinne, wie ihn Aristoteles gegen Platons Argumente im POLITIKOS hochhält: „Außerdem sind die auf Gewohnheit beruhenden Gesetze (ἃ κατὰ τὰ ἔδη) wichtiger ... als die geschriebenen, und wenn also ein Mensch als Herrscher zuverlässiger ist als die geschriebenen Gesetze, so ist er es doch nicht mehr als die Gewohnheitsgesetze" (Pol III 1287b 5—8). Zum Begriff Nomos s. o. § 11 die Hinweise auf *Ritter, Kleinknecht* usf.

[39] *Heraklit*, Diels I, 160, Nr. 44.

[40] *Knauss*, insbes. 98ff.

[41] *Knauss*, 160.

[42] ἔστι γὰρ δίκαιον, οἷς καὶ νόμος πρὸς αὐτούς NE V 1134a 30.

es kommt darauf an, was unter Gleichheit verstanden wird. Aristoteles entwickelt es ebenfalls im fünften Buch der Nikomachischen Ethik und gelangt zu der referierten Unterscheidung von proportionaler und direkter Gleichheit (s. o. § 12). Gerade die proportionale Gleichheit jedoch, mit der schließlich auch die platonischen Philosophenherrscher zu rechtfertigen sind, war durch die radikale Demokratie als Endform der Polis problematisch geworden. Sie war ein Hauptstreitpunkt beim Kampf innerhalb der Mauern[43].

Der Nomos als selbstverständliches Innestehen in einer überkommenen, göttlichen Ordnung war fraglich geworden. Es gab nicht das Gesetz, sondern wie Aristoteles im Einklang mit der herkömmlichen griechischen Redeweise sagt, Gesetze, wobei indessen impliziert war, daß diese eine Einheit bildeten und von einem einheitlichen Ethos bestimmt waren. Gesetze jedoch sind, das konnte einem aufgeklärteren Zeitalter nicht verborgen bleiben, nicht einfach da, sondern werden gemacht und erlassen. Wenn die Gerechtigkeit inhaltlich durch solcherart Gesetze bestimmt wird, so folgt, daß man von Bürgern, zumal den zur Regierung kommenden „die der jeweiligen Verfassung entsprechende Tugend und Gerechtigkeit" fordern muß, denn, wie Aristoteles weiter sagt, „wenn das Gerechte nicht überall dasselbe ist in den Verfassungen, dann ist auch die Gerechtigkeit verschieden" (Pol V 1309a 36—39). Noch weiter in diese „legalistische"[44], ja behavioristische Richtung geht dann der Satz: „Man kann sich auch fragen, wozu es der Tugend bedarf, wenn einer gleichzeitig Fähigkeiten und Verfassungstreue besitzt; diese zwei Eigenschaften sollten allein das Erforderliche leisten können"[45]. Diese in der antiken wie in der modernen Demokratie in der Luft liegende Frage, die leicht auf eine sozialtechnische

[43] D. Nestle (Eleutheria, 104) bemerkt: „Solange Aristoteles nur beschreibt, bleibt die hier vorliegende Schwierigkeit verdeckt; diese besteht darin, gegenüber der allseits aktuell gewordenen Forderung nach Gleichheit, die Sonderstellung des Eleutheros gegenüber der Masse der Halbfreien und Unfreien einleuchtend zu begründen ..." Doch ging es zunächst weniger um das Verhältnis der Vollbürger zu den übrigen Polisbewohnern, sondern vielmehr um Rangordnungsfragen innerhalb der Bürgerschaft. Bei *Aristoteles* findet sich ein Hinweis darauf, wenn er Pol III 1280 a 7ff. auf den Konflikt zwischen demokratischem und oligarchischem Gerechtigkeits- und Gleichheitsbegriff zu sprechen kommt.

[44] *Dirlmeier*, 438; vgl. *Trude* (Der Begriff der Gerechtigkeit in der aristotelischen Rechts- und Staatsphilosophie), der seine Untersuchung so zusammenfaßt: „Aus der platonischen inneren Gerechtigkeit wird ... [bei Aristoteles] eine gleichsam äußere Gerechtigkeit, welche es jedoch möglich macht, das Recht viel tiefer in seiner Totalität und Vielgestaltigkeit zu erfassen" (176).

[45] Vgl. *M. Salomon* (Der Begriff der Gerechtigkeit bei Aristoteles, 22f.): „gerecht im Sinne von νόμινος ist nicht der ἀνὴρ ἀγαθός, sondern der πολίτης (Pol 1276 b 16). ... Das Subjekt der Ethik und das Subjekt des Rechts sind seinsmäßig nicht identisch". — Bei Aristoteles ist also die römische und neuzeitliche Ausbildung einer eigengesetzlichen Rechtssphäre und damit die Trennung von Recht und Ethik bereits angelegt.

Liquidierung politischer Ethik abzielt, beantwortet Aristoteles jedoch im Sinne Platons, indem er zu bedenken gibt, daß ein bloß äußerlich richtiges soziales Verhalten ohne eine innere Zentrierung in bewußter Selbstbeherrschung die Einzelnen wie den von ihnen bestimmten Staat daran hindern könnten, sein wahres Interesse und Bestes zu verfolgen[46].

Aber dieser vorsichtige Einwand gegen die Reduktion der Politik auf Sozialtechnik und die damit verbundene behavioristische Auflösung politischer Ethik ändert nichts daran, daß die aristotelische „Politik" negativ als diejenige praktische Wissenschaft zu definieren ist, in der die Gerechtigkeit nur am Rande erörtert wird, und wenn, dann in dem oben referierten Sinne[47]. Der auch jenen Stellen beigefügte Hinweis, daß damit nicht „die ganze und eigentliche Gerechtigkeit" gegeben sei, deutet auf die „ethischen" Schriften. Dort jedoch findet sich, wie dargestellt wurde, in wesentlicher Hinsicht ein Rückverweis auf die „Politik", die konkrete Formen des „Gesetzlichen" untersucht.

In der Ethik wird aber auch deutlich, was es mit der Trennung und Verbindung von „dem Gerechten" (díkaion) und „der Gerechtigkeit" (dikaiosýne) auf sich hat, die in der eben zitierten Stelle aus der „Politik" anklang (V 1309 a 36—39). Bei Platon findet keine derartige Trennung statt, sondern der philosophische Begriff der Gerechtigkeit hat zum Inhalt und zur Form das Gerechte, so wie es sich im tatsächlichen Handeln der Bürger bewährt und zeigt oder zeigen sollte. Im Falle der wissenschaftlichen Polis, welche die POLITEIA entwirft, wäre das Gerechte die praktische Durchführung der philosophischen Einsicht in die Gerechtigkeit, wie sie der Blick auf die „Idee des Guten" gewährt. Bei Aristoteles jedoch ist die Gerechtigkeit keine Tugend der Einsicht (diánoia), sondern eine „ethische Tugend". Das worauf hinblickend[48] sie verwirklicht wird, ist keine der Veränderung enthobene immerseiende Idee, sondern formal eine Mitte zwischen zwei Extremen. Und inhaltlich findet sie ihren Maßstab an dem, „was sich gehört"[49]. Dies ist dasjenige, woran die jeweilige Politeia, die

---

[46] Pol V 1309 b 11—14. Auch hier ist daran zu erinnern, daß bei Aristoteles neben die Gerechtigkeit die Adelstugend megalopsychía tritt, die, was näher zu untersuchen wäre, eine Art von verinnerlichter Gerechtigkeit ist.

[47] Pol III 1280 a 7 ff.; 1282 b 16—21; V 1301 a 25 ff.

[48] ἀποβλέπων, vgl. P 472 C; 532 A; 540 A; 618 D; dazu *Dirlmeier*, 301.

[49] „Das sittliche Wissen erkennt das Tunliche auf Grund einer Überlegung, die die konkrete Situation auf das bezieht, was man überhaupt für recht und richtig hält ... Man hat mit Recht darauf hingewiesen, daß die letzte Aussage des Aristoteles über das, was richtig ist, in der unbestimmten Formel des ‚wie es sich gehört' (ὡς δεῖ) besteht. Nicht die großen Leitbegriffe einer heroischen Vorbildsethik und ihre ‚Tafel der Werte' sind der eigentliche Inhalt der aristotelischen Ethik, sondern die Un-scheinbarkeit und Un-trüglichkeit des konkreten sittlichen Bewußtseins ..." (*Gadamer*: Über die Möglichkeit einer philosophischen Ethik, 19 f.; vgl. *Bien*, 284 ff.). Zur Zweideutigkeit dieses

Erzieherin der Menschen⁵⁰, diese als an das Rechte gewöhnt hat, beziehungsweise, woran sie die Politeia und den Nomos gewöhnt haben. Es ist in den einzelnen Staaten verschieden und veränderlich. Dem muß der philosophische Begriff der Gerechtigkeit gemäß sein, darf sich nicht an einer einheitlichen Idee der Gerechtigkeit orientieren, sondern muß ausgehen von der Beschreibung faktischer Vielfalt. In welcher Richtung Aristoteles über die bloße Beschreibung hinausgeht, ist zu fragen.

§ 20. Aristoteles' Naturtheorie der Polis
(Auseinandersetzung mit J. Ritter, I)

In der Nikomachischen Ethik führt Aristoteles zu seiner Feststellung „vom Gerechten dagegen sehen wir, daß es sich verändert" aus: „Es verhält sich aber nicht geradezu so, sondern nur gewissermaßen. Bei den Göttern mag es allerdings wohl überhaupt nicht so sein, bei uns dagegen gibt es zwar etwas Naturgemäßes, aber als durchaus Bewegtes. Doch auch so ist das eine naturgemäß und das andere naturwidrig" (NE V 1134 b 27—30). Dies betrifft die zeitlichen, geschichtlichen Unterschiede des Gerechten, und über die örtlichen, geographischen heißt es ganz ähnlich: „Ebenso ist das bloß menschliche und nicht naturgegebene Gerechte nicht überall dasselbe, da es auch nicht die Staatsformen (politeïai) sind; und trotzdem ist überall eine einzige von Natur die beste" (1135 a 5). Die Natur (phýsis), die vorsokratische Grundkategorie der Philosophie, scheint hiermit von Aristoteles in ihre alten Rechte wiedereingesetzt⁵¹. Das stände im Einklang mit seinem sonstigen Historismus.

Bei Platon war die Natur hinter der Idee zu einem sekundären Prinzip geworden, indem das Naturgemäße zwar weitgehend identisch war mit dem der Idee Gemäßen, dieses jedoch in einer bestimmten, entscheidenden Hinsicht darüber hinausging⁵². So ist der Staat der Politeia als der ideegemäße zugleich der natürlich richtige, welcher der natürlichen Verschiedenheit der Menschen Rechnung trägt. Die Argumentation aus dem Naturbegriff ist großenteils formelhaft erstarrt in der stellenweise oberflächlich gebrauchten Wendung „von Natur" (phýsei). In den Nomoi wird deutlich, warum der Naturbegriff so zurücktrat. Er war im Nomos-

---

Ethikprinzips, dem entweder Traditionalismus oder demokratisch-oligarchische Setzung oder beides in undurchsichtiger Verflechtung zugrundeliegen kann, s. u. § 21.

⁵⁰ πολιτεία γὰρ τροφὴ ἀνθρώπων ἐστίν (Menexenos, 238 C). Platon scheint damit auf eine gängige Redensart anzuspielen.

⁵¹ Dabei jedoch erweitert um die sokratische, praktisch-politische Dimension.

⁵² Vgl. Mannsperger: Physis bei Platon; Kube: Techne und Arete, insbes. 108 ff.; s. u. § 38.

Physis-Streit zum Gegenbegriff des Gesetzes, der Technik, aller Gemacht-heit und Künstlichkeit geworden. Das Lebensgesetz der Polis war den Menschen nicht mehr von Natur, damit wurde der Naturbegriff selber zwiespältig. In den Nomoi kommt das einmal darin zum Ausdruck, daß die menschliche Natur allgemein als schwach und böse dargestellt wird, weswegen der dieser Natur gemäße (nach Platon zweitbeste) Staat ein Geflecht gegenseitiger Kontrollen sein muß[53]. Zum anderen referiert Platon die Ansicht derer, die Natur und Zufall (týche) zusammennehmen und sie der Kunst (téchne), dem Produkt einer bloß menschlichen Ver-nunft, entgegensetzen[54]. „Und auch von der Staatskunst sagen sie, ein kleiner Teil derselben sei mit der Natur, der größte aber mit der Kunst verbunden, und so auch die ganze Gesetzgebung nicht mit der Natur, sondern mit der Kunst, deren Setzungen nicht wahre seien … das Ge-rechte aber sei überhaupt nicht von Natur, vielmehr seien die Gesetzgeber fortwährend miteinander in Zwiespalt und träfen hier stets Veränderungen; und jegliches, was sie abänderten, sei dann, wenn sie es taten, gültig." Auch die Götter seien menschliche, staatliche Setzungen. Was sich jeweils, unter Umständen mit Gewalt, durchsetzt, muß dann für das Gerechte ge-halten werden (N 889 D—890 A). Dagegen schlägt der Gesprächspartner Kleinias wohl im Sinne Platons vor, „die alte Rede zu unterstützen, daß die Götter sind und … so auch dem Gesetze und der Kunst zu Hilfe kommen, (und weiter) daß beide der Natur oder einem der Natur nicht Nachstehenden entstammen, wenigstens wenn sie gemäß dem richtigen Logos Erzeugnisse der Vernunft sind"[55].

Aristoteles steht prinzipiell auf dem Boden dieser platonischen Ver-mittlungstheorie. Doch spaltet sich bei ihm die vermittelnde Instanz, die Vernunft, in eine theoretische und eine geringer geschätzte praktische Seite[56]. Die Vernunft ist auch oder gerade als solche das höchste Vermögen

---

[53] N 713 C; 854 A; 875; 947 E; vgl. § 5.
[54] N 889; dazu *Gaiser* 2, 232.
[55] N 890 D; der letzte Teilsatz lautet in Griechisch: εἴπερ νοῦ γέ ἐστιν γεννή-ματα κατὰ λόγον ὀρθόν.
[56] Dazu neuerdings die Arbeiten Günther *Biens*, von denen zunächst der Aufsatz „Das Theorie-Praxis-Problem und die politische Philosophie bei Platon und Aristoteles" erschienen ist. Da es hier primär darum geht, Platon mit Hilfe seines großen Schülers besser zu begreifen und nicht darum, die praktische Philosophie des Aristoteles in ihrer reichen Differenziertheit darzustellen, muß es genügen, ohne feinere Nuancen festzustellen, daß bei Aristoteles Theorie und Praxis sehr viel weiter auseinandertreten als bei Platon. Nach Bien (289 ff.) holt weniger schon Sokrates, sondern eigentlich erst Aristoteles die Philo-sophie vom Himmel herab, um sie in den Städten einzubürgern. Um den Preis einer Trennung zwischen theoretischer und praktischer Philosophie, zwischen Vernunft als Phronesis (praktischer Klugheit) und Vernunft als „Vollzugsorgan der Theorie" (288) wird er zum Begründer einer eigenstän-digen praktischen Philosophie. Dieser Preis der Spaltung ist nach Bien nicht

des Menschen, und das ihr gemäße Leben kann die höchste Erfüllung
gewähren (s. o. § 18), aber es ist ein Leben mehr um willen der Theorie
als aus der Theorie. Als Leben gemäß der Theorie ist es nur ein Privatleben, die unpolitische Zurückgezogenheit des Philosophen. Verdroß-
Droßberg sagt im Prinzip zutreffend, aber überspitzt: „Während ...
Platon die Philosophie als die Krönung der Staatskunst, diese aber als
angewandte Philosophie angesehen hat, trennt Aristoteles beide Bereiche.
Der Glaube an eine Erneuerung der Polis aus dem Geiste der Philosophie
ist somit bei Aristoteles gänzlich verschwunden. Die Politik wandert nun
ihre eigenen Wege, während sich die Philosophie in das Reich der reinen
Betrachtung zurückzieht[57]". Bei Platon findet sich zwar der gleiche Primat
der Theorie wie bei Aristoteles (s. u. §§ 36; 40), aber wegen der anderen,
die in der Höhle bleiben, müssen auch die Philosophen wieder hinunter.
Sie sollen nach Platon dazu gezwungen werden (s. o. §§ 3; 4). Dabei
müssen wenigstens einige Philosophenherrscher, und zwar die leitenden,
von sich aus die Verantwortung für die anderen Bürger der Polis für ein
noch höheres Prinzip ansehen als das private Leben gemäß der Vernunft,
denn sonst würde ja, so wie Platon sie darstellt, kein wahrhafter Philosoph
in die Höhle praktischer Politik hinabsteigen. So erscheint denn von
Platon her gesehen Aristoteles einem philosophischen Egoismus nachzu-
hängen[58], der freilich darin seine Rechtfertigung findet, daß die Vielen
von dem Theorie-Glück der Philosophen nichts wissen wollen.

zu hoch, da erst so die der menschlichen Seele und dem menschlichen Handeln
spezifische Vernünftigkeit erfaßt werden könne (283 f.; 288).

Dagegen ist — unabhängig davon, ob Aristoteles die Konsequenzen
gesehen hat oder nicht — einzuwenden: Wenn es keine umfassende Vernunft
gibt, an welcher die spezifische Vernunft des menschlichen Bereichs teilhat, so
ist auch diese in Frage gestellt, weil impliziert ist, daß die Menschenwelt
außervernünftigen Kräften unterliegt.

Hiermit hängt das Problem einer erst vom Menschen herzustellenden
Vernünftigkeit der Welt und die Vico-Hobbessche These, daß wir nur erkennen können, was wir machen können, zusammen. Zum Problem Theorie—
Praxis, Machen—Handeln vgl. *M. Riedel*: Theorie und Praxis im Denken
Hegels, Stuttgart 1965, 224 ff.; derselbe: Zum Verhältnis von Ontologie und
politischer Theorie bei Hobbes, in: Hobbes-Forschungen, Berlin 1969; *W. Hennis*: Politik und praktische Philosophie, Neuwied/Berlin 1963, 47 ff. (vgl. dort
auch die Hinweise auf *H. Arendt* und *H. Kuhn*). Während sich diese Autoren
kritisch zum Primat des Machens äußern, analysiert *B. Willms* (Die Antwort
des Leviathan, erscheint voraussichtlich 1970, und: Revolution und Protest
oder Glanz und Elend des bürgerlichen Subjekts, Stuttgart 1969) im Anschluß
an Hobbes den „poietischen Subjektivismus" mit anscheinend interesselosem
Wohlgefallen.

[57] *Verdroß-Droßberg*, op. cit., 128.
[58] Die Platonische Position ist nicht weit von dem Satz des Chinesen *Konfuzius*
entfernt: „Wer nur bedacht ist, sein eigenes Leben rein zu halten, bringt die
großen menschlichen Beziehungen in Unordnung" (zit. bei *B. Snell*: Die Entdeckung des Geistes, 402).

Er findet aber auch darin seine Rechtfertigung — und ist so gesehen gerade nicht Egoismus, sondern kluge Selbstbeschränkung der theoretischen Vernunft —, daß nach Aristoteles die Praxis, sowohl die ethische als auch die politische, besondere Formen der Vernunft oder Halbvernunft erfordert. Sie sind, wie die ethischen Tugenden, welche die Praxis regieren, nicht eindeutig bloß dem vernünftigen Seelenteil zugeordnet. Aristoteles spricht von Klugheit, richtiger Auffassung und sittlicher Anschauung[59]. Sie allein können im konkreten Fall das Handeln richtig lenken. Die Mitte, die sie dabei nach Aristoteles zum Maßstab nehmen, ist bestimmt durch Sitte und Herkommen, durch das, was sich nach Auffassung der meisten gehört (s. o. § 19). In diesem Rahmen sind sie durchaus rationale Vermögen, welche die vorgefundenen Werte in Beziehung zur konkreten Situation gegeneinander abwägen. *Wo das schlichte Innestehen in einer überkommenen Lebensordnung fraglich geworden ist, müssen sie also versagen.* Und in diesem Falle kann ihnen nach Aristoteles keine die unmittelbaren, beschränkten Ordnungen transzendierende philosophische Vernunft zur Hilfe kommen. Die Philosophie gelangt zwar zu der Einsicht, daß ein von Natur Gerechtes den verschiedenen, sich wandelnden Formen konkreter Gerechtigkeit zugrundeliegt. Aber erstens ist selbst dieses als ein „für uns Bewegtes" (s. o.), also (fast schon nachantik) geschichtlich-prozessual zu denken, und zweitens ist Natur hier, gleich ob es die göttliche Natur oder die Natur für den Menschen ist, kein praktischer, sondern ein kontemplativer, historischer Begriff. „Naturrecht" liefert bei Aristoteles nicht wie später in der Welt des Christentums und seiner Säkularisationen Maßstäbe, mit denen Einzelne oder Gruppen ihr Handeln selbst gegen bestehende Ordnungen rechtfertigen könnten. Auch Veränderungen können im Rahmen des alten Naturrechtes nur aus dem Herkömmlichen und Bestehenden motiviert werden. Wenn sie faktisch den Nomos der Polis sprengen, gleich ob das um willen bewahrender Neubegründung geschieht wie bei Sokrates und Platon oder in kosmopolitischer oder einfach egoistisch-destruktiver Absicht wie bei einigen Machtpolitikern, Sophisten und der Menge, so ist damit das Ende der Polis erreicht.

Kann man dieses Ende als Vollendung begreifen, wie Ritter es tut, wenn er zur Verteidigung von Aristoteles' unphilosophischer, scheinbar bloß historischer „Orientierung an den gegebenen Verhältnissen der Polis" schreibt: „Die Legitimitätskrise der Institutionen, die von den Sophisten zu der Radikalität vorgetrieben wurde, daß diese nur Brauch und Satzung sein sollten, wird von Aristoteles positiv und in ihrer Notwendigkeit daraus begriffen, daß da, *wo die Polis am Ende ihrer Entwicklung steht,*

---

[59] φρόνησις; ὀρθὸς λόγος; αἴσθησις — vgl. *Dirlmeier*, 298ff.; 320f.; 440f.; *Gadamer:* Über die Möglichkeit einer philosophischen Ethik, 19ff.; *Bien*, 36.

ihre Institutionen erst in ihr volles Wesen gekommen sind und so nicht mehr aus dem, „*was die Väter meinten", begründet werden können"*[60]? Woraus begründet sie aber Aristoteles, wenn weder aus dem Herkommen, noch der Idee, noch dem Gesellschaftsvertrag? Er rekurriert auf die „Natur"[61]. Dieser Begriff jedoch ist, so wie Aristoteles ihn ansatzweise bereits prozessualistisch auffaßt, praktisch unbrauchbar. Er liefert, wie dargelegt wurde, keine Maßstäbe für konkretes Handeln. Der platonische Chorismos zwischen der Welt der Veränderung und den Ideen ist eine durch „geometrische Gleichheit", Analogia Entis (s. u. § 38) überbrückte Trennung um willen der (zumal auch politischen) Praxis, die sich ja in der immer anders erscheinenden Sinnenwelt, in der zwielichtigen Höhle vollziehen muß. Die mehrseiende Welt der Ideen steht, ohne der normativen Kraft des Faktischen zu erliegen, der normbedürftigen Welt dauernder Veränderung zu Diensten, ebenso wie im Staatsentwurf der POLITEIA die Philosophen derer wegen, die in der Höhle bleiben, auch dorthin zurückkehren. Weil das so ist und sein soll, darum heißt ja auch die höchste Idee „Idee des Guten" (s. u. §§ 38—40). Gerade sie ist eine praktische Idee. Der aristotelische Chorismos dagegen[62] trennt die Theorie von der Praxis, zumal der politischen. Auch die Entwicklung der Polis betrachtet Aristoteles theoretisch, von außen: wie einen Naturvorgang. Ritter hat das dargelegt[63], wobei er keineswegs verschweigt, daß das Telos, in dem eine natürliche Entwicklung zu ihrem Ziel und zu ihrer Vollendung kommt, zwar nicht für die Natur, wohl aber für die betreffende individuelle Gestalt tatsächlich das Ende ist. In Politik und Geschichte bedeutet es Krieg, Tod, Untergang und hat für die Polis diese Folgen gehabt[64].

Sicher kann man hieran geschichtsphilosophische Spekulationen knüpfen und die These aufstellen, daß die Polis als eine nur bedingt fort-

---

[60] *Ritter* 6, 248.

[61] *M. Salomons* Deutung, nach der Aristoteles das die Polis bestimmende Recht teils auf die Zweckmäßigkeit, teils auf die φιλία qua Humanität und irrationale Mitmenschlichkeit gründe, dürfte, was das zweite betrifft, ein krasser Anachronismus sein (M. S.: Der Begriff der Gerechtigkeit bei Aristoteles; derselbe unter dem Namen *M. S. Shellens:* Das sittliche Verhalten zum Mitmenschen im Anschluß an Aristoteles). Und die Zweckmäßigkeit bestimmt nur die einzelnen Rechtsbestimmungen und Institutionen, und zwar vor allem quantitativ (z. B. das genaue Strafmaß), bestimmt nicht ihre generelle Richtung. Dennoch ist Salomons detaillierte Studie über die Gerechtigkeit sehr wertvoll. Seine These, daß es bei Aristoteles Naturrecht im später geläufigen Sinne gar nicht gebe, verdiente eine sorgfältigere Prüfung, als hier möglich ist.

[62] S. o. S. 120, Anm. 26.

[63] *Ritter* 6, 249 f.; 3, 192. Diese Naturtheorie der Polis wird letztlich dadurch ermöglicht, daß die Natur zwar nicht wie bei den übrigen Lebewesen das Handeln des Menschen unmittelbar führt, aber doch „verborgen und hintergründig in den gewollten und gesetzten Zielen treibt" (*Ritter* 2, 64).

[64] Vgl. *Ritter* 2, 89 f.; 3, 196 f.

schrittliche Form menschlichen Zusammenlebens untergehen mußte[65].
Nur so konnten die in ihr gebildeten Ansätze für spätere, vollkommenere
oder wenigstens ausgedehntere Gesellschaften fruchtbar werden. Und nur
so konnte Aristoteles, der Metöke aus Stageira, nach der Schlacht von
Chaironeia, welche die makedonische Oberhoheit über Hellas einleitete[66],
ohne das blickverzerrende Engagement eines Sokrates und Platon die
Anatomie der Polis durchführen. Dennoch ist es fraglich, ob seine Neigung
zum Institutionenpositivismus gegen die von daher konservativ-revo-
lutionär scheinenden Tendenzen Platons als ein überlegenes Prinzip gelten
können. In diesem Sinne schreibt nämlich Ritter: „Wenn es gilt, daß die
‚väterliche Sitte' in der Reife der Polis zu ihrer Erfüllung kommt, dann
beruhen alle Versuche, das sittliche und politische Handeln auf einen
Begriff des Guten zu gründen, der den Institutionen nicht immanent ist,
zuletzt darauf, daß die Auflösung ihrer Legitimität aus der Herkunft als
ihr Verfall und so als die Notwendigkeit genommen wird, sie zu ersetzen
und das ethische Handeln und das politische neu zu begründen[67]."
    Eine solche Neubegründung jedoch mußte wenigstens versucht
werden, da, wie Ritter im Anschluß an Aristoteles selber darlegt[68], die
„Reife der Polis" kein natürlicher, sondern ein politisch-geschichtlicher
Vorgang oder Zustand war. Als solcher wurde er von Gruppen und
Individuen getragen, die in Leidenschaft und Not um das gut und richtig
Leben kämpften. Die Institutionen konnten ihnen dabei schließlich nur
noch wenig helfen, weil sich zeigte, wie veränderbar sie sind. Weder ihre
legitime noch illegitime Herkunft gab einen Maßstab für ihre Richtigkeit
ab. Der Verfall der Polis brauchte nicht aus einem Vergleich mit alt-
väterlichen Zuständen abgeleitet zu werden, sondern war in Krieg und
Bürgerkrieg offensichtlich. Es ging weder um eine neue, noch eine alte,
noch eine reaktionäre, noch eine fortschrittliche, als vielmehr überhaupt
um eine den meisten oder den Ausschlaggebenden einleuchtende Begründung des ethischen und politischen Handelns, nachdem die alte

---

[65] Nach *Ritter* war die Polis der Kairos einer ersten günstigen Konstellation von
Geschichte und menschlicher Natur. *Aristoteles* brauchte darum die Polis-
Praxis in seiner praktischen Philosophie nur hermeneutisch zu entfalten, weil
„mit der Polis ein Staat in die Geschichte getreten ist, der — seinem Prinzip
nach auf die menschliche Natur gegründet — in der Bestimmung steht, sie
zur Verwirklichung im Stande eines menschlichen Lebens zu bringen und
damit auch — zum ersten Male — die Möglichkeit gibt, den Menschen als
Menschen in seiner Natur zu begreifen" (Ritter 3, 193; vgl. 2, 68ff.; 4, 26ff.).
Die Polis hat freilich „in ihrer beschränkten Partikularität das mit ihr gesetzte
universale Prinzip nicht zu beständiger, ihm angemessener politischer Form
bringen können" (3, 196f.).

[66] „Aristoteles . . ., der angesichts des Werdens eines Weltreiches das politische
Inventar der Polis aufnimmt . . ." (*Ryffel*: METABOLE POLITEION, 7).

[67] *Ritter* 6, 248; vgl. 3, insbes. 191.

[68] *Ritter* 2, 61ff.; 3, 191ff.

9*

Unmittelbarkeit der Aidos und ungeschriebenen Gesetze hinfällig geworden war, für welche die überlieferten, kultisch fundierten Lebens-
ordnungen mehr als bloße von Menschen gemachte und von Menschen
zu verändernde Institutionen waren. Wenn Ritter weiter entwickelt, daß
in der „Natur als Ende", das heißt in der reif gewordenen Polis „der
Mensch zum Subjekt und die menschliche Natur zur Substanz der ethischen
Institutionen und damit zum Richtmaß allen politischen Handelns und
aller rechtlichen Satzung geworden ist"[69], so wären hier die Verbindungen
zu dem sophistischen Satz, daß der Mensch das Maß aller Dinge sei, zu
klären. Auch ist fraglich, ob Aristoteles nicht in zu enge Nachbarschaft
zur Sophistik gerückt wird, wenn Ritter ihm diese Einsicht zuschreibt,
daß „der Mensch als Mensch zum Subjekt und Maß der ethischen und
politischen Ordnung in der Stadt geworden ist"[70].

Die Hegelsche, tautologische Formel „der Mensch als Mensch" gibt
zunächst gar nichts her, und es ist in keiner Weise auszumachen, wie sie
ein Maß für die ethisch-politische Praxis abgeben oder deren Norm bezeichnen könnte. Ritter entwickelt diese Formel denn auch (nicht mit
Hilfe von Aristoteles, sondern von Hegel) weiter zu der anderen: „der
Mensch als Bedürfnisnatur" und verweist — ebenfalls mit Hegel —
warnend auf die Einseitigkeit, die mit diesem Subjekt der modernen
bürgerlichen Gesellschaft gesetzt ist[71]. Aber darin liegt nicht das Problem,
denn auch Einseitiges kann — zumindest für eine Weile — zum Maß
genommen werden. Viel schwerwiegender ist, daß die menschlichen Bedürfnisse nicht einfach Natur sind. Die vitalen Bedürfnisse Nahrung,
Kleidung, Wohnung, Sexualität sind zwar von Natur, was hier aber
heißt, daß sie sich sehr weit von ihrem Ursprung entfernen können. Die
Bedürfnisse allgemein, die sekundären noch offensichtlicher als die primären, haben kein natürliches Maß. Sie können, wenn eine übergeordnete Vernunft kein Maß weiß und durchsetzen kann, zum Motor eines
blinden Progresses werden (s. o. Einleitung). Für Platon stellt sich in diesem Zusammenhang die Frage nach der Schwäche und Schlechtigkeit der
menschlichen Natur[72].

[69] *Ritter* 6, 249 f.

[70] *Ritter* 3, 191.

[71] *Ritter:* Hegel und die Französische Revolution, Köln 1957 (auch edition suhrkamp Nr. 114); vgl. Ritter 3, 199.

[72] Dazu wenig konkret *F. P. Hager:* Die Vernunft und das Problem des Bösen
im Rahmen der Platonischen Ethik und Metaphysik, besser *Gaiser* (s. o. S. 57,
Anm. 57), vgl. auch S. 33 f., Anm. 33.

§ 21. Exkurs: Theorie und Praxis
(Auseinandersetzung mit J. Ritter, II)

Ritter selbst weist darauf hin, daß Aristoteles nicht den Versuch unternimmt, ethisch-politische Normen aus einer alles Sein umfassenden Naturteleologie oder aus der Natur des Menschen unmittelbar abzuleiten: „Geht man von dem in seiner langen Geschichte auf die Entgegensetzung zum „positiven Gesetz" fixierten Naturrechtsbegriff aus, dann ergibt sich der auffällige Tatbestand, daß Aristoteles in der ganzen „Ethik" wie „Politik" umgreifenden praktischen Philosophie einzig E. N. V 1134 b 18 seq. . . . ein „von Natur Rechtes" . . . einem Rechten gegenüberstellt, „das sie setzen" . . . Aber dieses „von Natur Rechte" wird nicht wie bei Wolff und der späteren Naturrechtstheorie unmittelbar aus der menschlichen Natur deduziert. Statt aus der menschlichen Natur mit der Praxis auch alle Pflichten und jegliches Recht wie die politischen Ordnungen herzuleiten, geht Aristoteles von der gegebenen politischen Wirklichkeit aus. Er fragt von dem, was ist — es in sich auslegend —, nach dem zurück, was ihm zugrunde liegt, um dieses zugrunde Liegende als der Wirklichkeit der Polis einwohnend aufzuweisen. Daher ist die menschliche Natur, die als Grund auch für Aristoteles von Natur das erste ist, im Gang der politischen Untersuchung und ihrer hermeneutischen Methode gemäß das Letzte"[73].
Aber auch eine so verstandene Natur, die geschichtlich und gesellschaftlich wird um den Preis, daß das geschichtlich sich entwickelnde Gesellschaftliche seinerseits zu einer Gegebenheit von der Art eines objektiven Prozesses wird, vermag in Konfliktsituationen nicht weiterzuhelfen. Das demonstriert bei Ritter zum Beispiel der Satz: „Daher entscheidet sich, ob gesatzte Verfassungen und Gesetze „richtig" sind, zuletzt daran, ob sie das ethisch-institutionell Rechte und so die Polis in ihrem substantiellen Leben zerstören oder bewahren"[74], das heißt *diese Lebensfrage entscheidet sich möglicherweise erst dann, wenn es zu spät ist.* „Ob gesatzte Verfassungen und Gesetze Bestand haben", hängt nämlich — im Horizont der Gegenwart gesehen, in der die Entscheidungen fallen — nach Aristoteles-Ritter nicht davon ab, ob sie (wie Platon meinte) im Blick auf die rechten Normen und aus der nötigen Erfahrung des Faktischen gesetzt sind, sondern davon, „ob die ethisch-institutionellen Ordnungen tragfähig sind, auf deren Normen des Rechten sie beruhen" (ebda). Über diese Tragfähigkeit jedoch bestimmen nicht die Menschen aus richtiger

---

[73] *Ritter* 4, 16; vgl. die dort gegebenen Hinweise auf *Dirlmeier, Strauss* u. a.; vgl. Ritter 2, 3.
[74] Ebd. 25.

Einsicht, sondern der „weltgeschichtliche Prozeß"[75], dieses hegelianische Subjekt der Geschichte, das bei Hegel als solches nicht vorkommt[76].

Durch diesen Prozeß ist zwar mit der Polis eine „Gemeinschaft von Freien und Gleichen in die Welt gekommen", in der die menschliche Praxis als wissenschaftsbestimmte Kunst (téchne) „über die Unmittelbarkeit natürlicher Akte grundsätzlich hinausgehoben" ist[77], aber es gibt offenbar keine oberste und leitende Kunst als Praxis einer ethisch-politischen Normwissenschaft, wie Platon sie unter den Titeln téchne politiké, epistéme basiliké oder politiké oder oikonomiké[78] suchte. Die Philosophie ist nicht (unter anderem) diese Wissenschaft, sondern ist nach Ritter „das Organ", durch das die neue Wirklichkeit, die epochale Wende, die der weltgeschichtliche Prozeß mit der Polis genommen hat, „zu ihrer [theoretischen] Wahrheit und ihrem Begriff kommen will" (ebda, 26). Mit der Polis ist der Mensch vor die Notwendigkeit der Freiheit gestellt worden, „um actu in einem menschlichen, seiner Natur gemäßen Leben Mensch zu sein, die Unmittelbarkeit der Natur und des Naturstandes hinter sich lassen" zu müssen (30); aber ein einigermaßen sicherer, rationaler Weg zu seiner zweiten, politisch-technischen (gesellschaftlichen) Natur ist ihm nicht gleichfalls als ein natürlich-geschichtliches Seinsgeschick zugekommen. Insofern ist nach Ritter die Weltgeschichte kein

---

[75] *Ritter* 4, 33; vgl. 3, 191; 193; 198.

[76] Dazu *Maurer*: Hegel und das Ende der Geschichte. — Zur Kritik des (pseudohegelischen) Prozessualismus vgl. auch *K. R. Popper*: Das Elend des Historizismus (The Poverty of Historicism), Tübingen 1965. Freilich entwickelt Popper keine Alternative zum Prozessualismus („Historizismus"), weil die von ihm gegen jeden „Holismus" befürwortete „Stückwerk-Technologie" gerade ohne umfassende Planung zu dem weltgeschichtlichen Prozeß zusammenfließt, der den Menschen, obwohl von ihnen gemacht, wie eine naturwüchsige Macht entgegensteht.

[77] *Ritter* 4, 29; vgl. 2, 73ff. — Wenn Ritter Wendungen wie „in die Welt kommen", „in die Geschichte treten" gebraucht, so ist das wohl insofern berechtigt, als der Anfang von Vernunft und rationaler Praxis noch nicht durch ebendiese menschliche Vernunft gesetzt ist. Diese Wendungen legen jedoch nahe, daß da ein Prozeß von außen in Gang gesetzt worden ist. Hinter ihnen scheint eine Verbindung von Offenbarungs- und Prozeß-Positivismus zu stehen und das moderne Mißtrauen in die umfassende Natur. Nach Platon und Hegel dagegen gibt es eine sich entfaltende Naturanlage zur Vernunft (vgl. N 890 D; s. o. § 16; vgl. *Maurer*: Endgeschichtliche Aspekte der Hegelschen Philosophie).

[78] PROTAGORAS 319 A; 321 D; EUTHYD. 291 C; GORG. 464 B; Po 259 C. — Zu ἐπιστήμη/τέχνη bemerkt *Kuhn* (3, 15): „Plato läßt weder in den frühen noch in den späten Dialogen eine scharfe Unterscheidung zwischen diesen beiden Begriffen zu. Wissen ist zugleich Sich-Auskennen und mehr noch: ein auf Kenntnis beruhendes Können." — Vgl. *B. Snell*: Die Ausdrücke für den Begriff des Wissens in der vorplatonischen Philosophie, Berlin 1924. — *J. Gould*: The Development of Plato's Ethics, insbes. 31.

Naturprozeß, sondern ein Prozeß der Entzweiung[79], in dem die Freiheit wirksam ist. Von ihr her ist der Prozeßcharakter aufgehoben, aber nicht im Bereich ethisch-politischen Handelns, das auf technisches Machen angewiesen ist. Hier in ihrem eigensten Felde bleibt vernünftige Freiheit eigentümlich ohnmächtig, da sie sich als die gleichgesetzte Freiheit vieler selbst im Wege steht. Sie kann nicht den Prozeß lenken, weil das Zusammentreffen der vielen Freiheiten der Motor des Prozesses ist. So wird sie zurückgeworfen auf den Teilbereich der reinen und empirisch-historischen Theorie. Die Praxis wird damit aber auch partikulär, indem sie die höheren Formen der Vernunft außer sich hat.

In seiner Schrift „Die Lehre vom Ursprung und Sinn der Theorie bei Aristoteles" analysiert Ritter die von Aristoteles herkommende „Gleichsetzung von Theorie und Wissenschaft" (d. h. vor allem die Trennung der höchsten Wissenschaft als kontemplativer Metaphysik von den Technai und der Praxis) und schreibt, in dieser Gleichsetzung bleibe verborgen, „daß mit ihr der Begriff jener Freiheit in die Geschichte getreten ist, auf dem bis heute die Stellung der Wissenschaft und der wissenschaftlichen Bildung in der geistigen Welt beruht, sofern es in ihr nicht um die Ausbildung des Fachmannes für die Praxis, sondern um Bildung des Menschen durch Teilhabe an freier Erkenntnis geht"[80]. Im platonischen Staat jedoch treiben wenigstens die Philosophen beides: Bildung um der freien Erkenntnis und um der Praxis willen. Ein ähnliches, einander nicht ausschließendes Verhältnis der beiden Arten Bildung liegt nahe, wenn Ritter zum „Übergang der Theologie vom Mythos zur theoretischen Wissenschaft" ausführt: „Das Wissen des Göttlichen wird zum Wissen der Gründe und Ursachen der Dinge, weil die göttliche Weltordnung die Welt des Menschen in seinem geschichtlichen und gesellschaftlichen Dasein ist[81]." Denn wenn die göttliche Weltordnung wenigstens annäherungsweise ergründet werden kann, so ist damit offenbar die Aufgabe gestellt, die geschichtliche, gesellschaftliche, politische Ordnung des Menschen jener vorgegebenen, umfassenden Ordnung möglichst gemäß zu machen. Platon nahm von daher die Möglichkeit einer ethisch-politischen Normwissenschaft an. Nicht so Aristoteles, es sei denn diese praktische Wissenschaft habe die Form einer Hermeneutik geltender Ethik und vorhandener Institutionen[82]. Wenn diese Ordnungsprinzipien jedoch in sich selbst nicht nur dialektisch und fraglich werden, sondern sich real in Krieg, Bürgerkrieg und sonstige Unordnung auflösen, so erscheint den darin Verwickelten die Verbindung zur göttlichen Welt-

---

[79] *Ritter* 4, 33 ff.; vgl. *Maurer:* Hegel und das Ende . . ., 138 f.; 171 f.
[80] *Ritter* 1, 34; dazu *Aristoteles,* Met. 982 b 25—28.
[81] *Ritter* 1, 49.
[82] Dieses Urteil bedürfte bei einer näheren Beschäftigung mit Aristoteles sicher einer Modifikation; vgl. *Barker* (Greek Political Theory, 11); *Bien,* 270.

ordnung unterbrochen oder diese selbst in Frage gestellt. Die griechischen
Götter verschwanden auf diese Weise.

Aktuell bezogen fallen gewisse Parallelen ins Auge zwischen der
aristotelischen Position und dem „westlichen" Pragmatismus-Empi-
rismus-Pluralismus, der ebenfalls eine ethisch-politische Normwissenschaft ablehnt, außer wenn sie als Soziologie, Politologie usf. unverbindliche Einzelvorschläge zur allmählichen Veränderung des Bestehenden
vorlegt. Solchem Reform-Konservatismus, *der praktisch auf eine besonders
tiefgreifende Veränderung hinauslaufen kann*, stehen die „totalitären" Ideologien
gegenüber, die eine naturrechtlich oder utopisch oder biologisch vorgestellte Ordnung gegen das Bestehende realisieren wollen. Ritter neigt der
aristotelisch-angelsächsischen Position zu, welche die Reste des normativen
abendländischen Geistes in der politisch neutralen Sphäre einer religiösen, metaphysischen, historischen Bildung *neben* sich hat. Doch gilt
ihm die Gleichsetzung einer in diesem Bereich heimischen Theorie mit
Wissenschaft und deren Absetzung von der Praxis im Jahr 1961 nicht
mehr so selbstverständlich wie zehn Jahre früher[83]. In seinem Vortrag
„Die Aufgabe der Geisteswissenschaften in der modernen Gesellschaft"
stellt er sich dem Primatanspruch der nicht mehr im geschichtlichen Zusammenhang der (theoretischen) Philosophie, sondern „durch ihre Zuordnung zur Praxis"[84] begründeten Wissenschaften. Nach Ritter ginge
mit der Unterwerfung auch der „Geisteswissenschaften" unter diesen
Anspruch eine mehr als zweitausendjährige Epoche der Trennung von
Theorie und Praxis zu Ende, eine Zeit, die im Hellenismus begann, während bei Aristoteles noch die Theorie-Praxis-Spannung in der Einheit der
Polis ausgeglichen wurde[85].

Nach unserer Darstellung begann diese Epoche bereits mit Aristoteles[86],
während Platon die Spannung in seinem Paradigma einer aus Philosophie
als der obersten ethisch-politischen Normwissenschaft entworfenen Polis
wenigstens theoretisch zur Harmonie brachte. Wenn man wie Ritter,
Platon und Aristoteles in dieser Hinsicht gleichsetzend, die Trennung
erst nach Aristoteles beginnen läßt, wird der Sinn der theoretischen Wissenschaft unklar. Oder ist vielleicht deutlich, was folgender Satz meint: „die
theoretische Wissenschaft gehört zur Polis, um für sie die Zusammenhänge der Welt offen zu halten, in denen sie mit ihrer Praxis an sich und
‚immer schon' steht, ohne sie jedoch, auf den Verfolg ihrer praktischen
Zwecke und Aufgaben eingeschränkt, als ihre Welt zu begreifen und
gegenwärtig haben zu können"[87]? Gibt es demnach eine Wissenschaft

[83] Vgl. *Ritter* 1, 34.
[84] *Ritter* 5 12.
[85] *Ritter* 5, 10.
[86] So auch *Bien*, op. cit., passim.
[87] *Ritter* 5, 9f.

vom Ganzen, die, gleich ob sie primär theoretisch oder praktisch ist
(s. u. § 38), gewisse praktische und auch politische Konsequenzen hat,
oder gibt es sie nicht[88]? Bei Platon gibt es sie zumindest dem Anspruch
nach.

[88] Wenn man die Aristotelesinterpretation des Ritterschülers *Bien* zur Verdeutlichung des von Ritter Gemeinten heranziehen darf, so ist diese Frage mit ja
und nein zu beantworten, wobei deutlicher wird als bei Ritter, inwiefern mit
ja und inwiefern mit nein. Nach Biens Aristoteles ist Philosophie, wenn sie
die Praxis zum Gegenstand nimmt, in gewisser Weise eine zugleich deskriptive
und normative Wissenschaft. Wie die durch sie geleistete Vermittlung von
Theorie und Praxis wissenschaftstheoretisch genau aussieht, kann man zwar
bei Aristoteles-Bien auch nicht recht erfahren, weil es dort keine Theorie der
Dialektik gibt; aber die gesellschaftlich-institutionelle Seite der Sache wird
deutlich. Auch gibt es statt einer Theorie philosophischer Dialektik Reflexionen
über die *hermeneutische*, „*hypoleptische*" *Methode:* das ist der Versuch, „die der
Welt menschlicher Praxis immanente Vernünftigkeit" nicht deduktiv, sondern
ausgehend von den allgemeinen Meinungen der Menschen, besonders der
Gebildeten zu begreifen und zur Sprache zu bringen (284 ff.; vgl. *Ritter 2*, 64 f.).
Damit ist die Ausgangsbasis dieser Methode angegeben. Sie ist ungefähr die
gleiche wie bei der Dialektik (s. u. § 37). Gar nicht klar ist jedoch, was nun
die Philosophie mit diesem Ausgangsmaterial macht, ob sie es registriert,
ordnet, beurteilt, transzendiert — oder was immer sie tun mag, um seine
immanente Vernünftigkeit, die ja wohl oft sehr verborgen ist, zutage zu
fördern. Wenn Bien hier von „Vermittlung" spricht, so ist dies eine Bezeichnung für eine Unbekannte (s. o. § 17).
    Im übrigen bezeichnet bei *Bien* die tragende Kategorie „Vermittlung" ein
gesellschaftliches Geschehen innerhalb und zwischen Institutionen. Da ist
erstens die Polis und zweitens die „von der Polis ausgesonderte Schule"
(295 ff.). In diese kommen aus der Stadt die interessierten Bürger, um sich
über ihre — auch ohne das bereits vernünftige — Praxis (weiter) aufklären
zu lassen. „Als Formel schematisiert stellt sich das Verhältnis so dar: P1—
Th—P2, wobei P1 die vorphilosophische, vorausgesetzte Praxis und ihr Ethos
bezeichnet, P2 die durch Philosophie „verbesserte", weil aufgeklärte Praxis"
(53). Aufgabe der „Schule" ist, „gegenüber Platons unmittelbar philosophisch-
politischer Intention . . . das Bemühen, dem τυχὼν ἀνήρ, dem ‚Bürger', ein
selbständiges und in sich genügendes sittlich-erfülltes Leben theoretisch zu
ermöglichen" (295).
    Zur Kritik dieser, offensichtlich am modernen Modell der Volkshochschule
orientierten Konzeption ist bereits einiges gesagt worden (§ 18). Weiter ist
einzuwenden, daß erfahrungsgemäß die Masse der „mündigen" Bürger um
die theoretische Ermöglichung eines sich selbst genügenden sittlich-erfüllten
Lebens nicht verlegen ist, solange es ihnen einigermaßen gut geht. Ihnen
reicht teils die *praktische* Ermöglichung, teils machen sie sich ihre Weltanschauung selbst oder nehmen sie aus jeder verfügbaren und nicht wie philosophische Akademien die Anstrengung des Begriffs erfordernden Quelle. Wenn
jedoch ernsthafte Konflikte in diesem System des Meinens (Hegel) auftreten,
erfährt die scheinbar institutionell außerhalb der Stadt liegende Schule erstens,
daß sie eng mit dem Schicksal der Stadt verflochten ist, und zweitens dürfte
sich zeigen, daß eine Lösung oder vorgängige Verhinderung von Katastro-
phen durch solche freiwilligen Akademien nicht möglich ist.

Die Frage nach der Existenz einer solchen Wissenschaft, mag sie nun Philosophie oder Soziologie oder Politologie oder Wissenschaftstheorie heißen, wäre auch an die moderne Forderung etwa Schelskys zu richten[89], daß — anders als das Humboldtsche Bildungsideal vorsetzte — *praktische* Wissenschaft (also Theorie nicht um ihrer selbst, sondern um der Praxis willen) die Bildung einschließlich ihrer höchsten Formen bestimmen solle. Die Frage lautet hier: Geht es nur darum, Techniken der Bewältigung bestimmter Spezialprobleme oder auch eine ethisch-politische Leitwissenschaft als Wissenschaft vom Ganzen zu vermitteln? Im ersten Fall wäre der vernünftige Zusammenhang der Anwendung aller Techniken einfach vorausgesetzt. Durften antike Theoretiker eine solche Voraussetzung vielleicht machen[90], so wäre sie unter den Bedingungen der

---

[89] Vgl. *Ritter* 5, 6 ff.

[90] Nach *J. Kube* (TECHNE und ARETE) gehen die Sophisten von dieser Voraussetzung aus. Ihre Lehre ist pragmatisch, „bietet dem Handeln kein Ziel, nur einen Weg" (109). Sie fragen nicht nach Grund und Ziel menschlicher Praxis, da sie annehmen, „daß die sich bei richtiger Situationsanalyse jeweils ergebenden Ziele, auf den großen Zusammenhang gesehen, ebenfalls ‚richtig' sind" (108). Die partikularen, technisch zu bewältigenden Ziele ergeben sich aus den Notwendigkeiten menschlicher Selbstbehauptung gegenüber einer gleichgültigen Umwelt (227 ff.). Andererseits jedoch wird diese Welt als gar nicht gleichgültig und vielmehr sehr menschenfreundlich angesetzt, indem man sich ohne eine aufs Ganze gehende Wissenschaft und Technik darauf verläßt, daß „jede einzelne Seinskonstellation objektiv bestimmt ist durch eine selbstverständliche, hinter allem waltende und sich bei willkürlichen Eingriffen nach immanenten Gesetzlichkeiten wiederherstellende Geschehensordnung, die auf Grund ihrer Regelmäßigkeiten Erfahrung ermöglicht" (113). So gesehen ist die Welt heil, und es ist das beste für den Menschen, in ihren Prozeß einzuschwingen (112). Dagegen fragt Platon: „Darf man im Bereich des Menschen immanente Gesetzlichkeiten annehmen, die — wie die Tendenzen der φύσις überhaupt — immer wieder zu einem ‚guten' Gleichgewichtszustand treiben, oder verdeckt man sich damit nicht gerade den Blick für die subjektive Bedingtheit dieser ‚Natur' auf sozialem Gebiet?" „Dieses Eingehen auf die jeweils wechselnden Gegebenheiten, die aber doch in einer höheren Werdensordnung aufgehoben sind [s. u. § 40 *Topitsch*], ist Platon verdächtig, es zu leicht in Opportunismus umschlagen kann." Der hierbei als grundlegend gesetzte Begriff der Wirklichkeit (phýsis) ist zweideutig, weil er einerseits „die Gesetzlichkeiten des sozialen Bereichs mit denen der übrigen φύσις auf eine Stufe stellt und als objektives Regulativ menschlichen Verhaltens voraussetzt, sie aber andererseits selbst in ihrer Bedingtheit antilogisch [ideologiekritisch] zu durchschauen lehrt" (117). Gegen solches Einerseits—Andererseits stellt Platon seine Konzeption einer „ruhenden Ordnung, die im Werden immer erst verwirklicht werden muß" (112).

Von diesen Überlegungen aus bietet sich die Möglichkeit, in der Moderne eine große sophistische Bewegung zu erkennen, die grob umrissen von *Hobbes* über *Marx* bis zu *Popper* und *Habermas* reicht, mit welchem letzteren sie anfängt, sich selbst historisch zu betrachten und zusammenfassend zu reflektieren. Unter ihrem gemeinsamen Nenner, nämlich daß sie auf jenes Einer-

wissenschaftlichen Zivilisation, wo es nicht angeht, daß etwas „immer schon" geschieht, ohne begriffen und entweder gutgeheißen oder verändert werden zu können, schlechthin unvernünftig und leichtsinnig. Es ist an das zu erinnern, was Gaiser im Blick auf Platon sagt: „die früheren Menschen, die ‚noch näher bei den Göttern wohnten', brauchten die wahren Seinsverhältnisse noch nicht zu voller Bewußtheit aufzuklären, weil sie ihnen in anderer Weise gegenwärtig waren; jetzt, da die unmittelbare Verbindung mit dem Göttlichen nicht mehr besteht, hat die Philosophie die Aufgabe, sich des göttlichen Seinsgrundes ... in neuer Weise zu vergewissern"[91].

Zu dieser neuen Bewußtheit gehört die sophistische, kritische Einstellung gegenüber der Tradition, die von Sokrates-Platon übernommen wird. Was sie an der Sophistik kritisieren, hat A. Müller am Ende seiner Untersuchung sehr gut zusammenfassend formuliert: „Zielscheibe der platonischen Kritik ist mit Vorrang die sophistische Apologie der herrschenden Zustände, die das Äußerliche der Tradition für deren Kern ausgibt und demzufolge die Gegenwart der Anwendung der Substanz dieser Tradition für unbedürftig erklärt" (366). Die sophistische Lehre hat danach die Struktur einer offiziellen Rechtfertigung des Bestehenden, welche jedoch näher besehen die Gegenwart ihrer Substanz beraubt, indem sie ihre Selbstbegründung auf das Herkommen als eine äußerliche unterstützt, während es darauf ankäme, die alte Substanz der Polis unter gewandelten gesellschaftlichen Umständen rational neu zu begründen. Während die kleinen Sophisten nur zwischen den Fronten im Trüben fischen, indem sie aus der ethischen Unsicherheit der Leute Geld machen, ist der große Sophist Protagoras für Platon der ideologische Exponent einer zur totalen Demokratie tendierenden, dabei scheinbar konservativen Polis, mit dem auseinanderzusetzen sich lohnt. Im Dialog PROTAGORAS deckt Sokrates seine unsichere Einstellung zu einer rationalen Neubegründung der ethischen Substanz der Polis, das heißt ihrer aristokratisch-ethischen Fundierung der Politik auf. Im POLITIKOS (289 A ff.) kritisiert Platon die Unreflektiertheit oder Heuchelei, die darin liegt, die Gesetze und Normen demokratisch oder oligarchisch setzen und gleichzeitig auf den guten alten Brauch zurückführen zu wollen (s. o. § 6). Dieser Schizo-

---

seits—Andererseits hinausläuft, sind ihre in untergeordneten Punkten voneinander verschiedenen und einander bekämpfenden Richtungen wie Positivismus, Pragmatismus, Marxismus, Neomarxismus vereinigt.
[91] *Gaiser* 2, 225; s. u. § 26; vgl. *Ryffel*, op. cit., 127 (dort Verweis auf N 687 E; 688 B). Zu Platons philosophischer Wiederholung und Umbildung der Dichtertheologie: *Müller*. Doch wird bei diesem Autor nicht klar, worin die neue, philosophische, rationale Weise, sich des göttlichen Seinsgrundes zu vergewissern, besteht. Platons Bemühen, „den verlorenen Weg in die Nähe des Göttlichen wiederzufinden" (Müller, 11), ist bei ihm meist nur in solchen erbaulichen Metaphern expliziert.

phrenie, die er diagnostizierte, fiel Sokrates zum Opfer. Aristoteles wollte das Auseinanderstrebende vermitteln und ging dabei in wesentlicher Hinsicht, die vernünftige Einheit der Tugend und die Gerechtigkeit als ein bonum per se oder alienum betreffend, auf die sophistische Position zurück (s. o. §§ 18/19).

Daß auch bei dem an Aristoteles orientierten Ritterschen Standpunkte ein in sich gebrochener, historistischer Konservatismus resultiert, hat neuerdings Habermas zu zeigen versucht, wobei er freilich die Rittersche der Schelskyschen Position zu weit annähert[92]. Ist der sophistische Konservatismus äußerlich, so ist der Rittersche, der eine Grundhaltung der bürgerlichen Gesellschaft philosophisch reflektiert, innerlich. Die Substanz der Herkunft soll in der Subjektivität bewahrt werden, welche zu diesem Zwecke institutionell die historischen Wissenschaften als ein „Organ der geistigen Kompensation" entwickelt. Kompensiert werden soll auf diese Weise die zu einem äußeren, entfremdeten System der Naturbeherrschung und Bedürfnisbefriedigung gewordene Gesellschaft. Kompromittiert die sophistische Position gerne das, was sie vorgibt bewahren zu wollen, so bringen nach Habermas Ritter und Schelsky das „positivistische Selbstverständnis der Epoche, anstatt es zu begreifen, nur zum Ausdruck", wenn auch ungern. Da nach ihrer eigenen Theorie jene positivistisch verstandene gesellschaftliche Wirklichkeit die eigentliche ist, kommt es zu einem „objektivistischen Selbstverständnis" der Subjektivität und der ihr zugehörigen hermeneutischen Wissenschaften: sie entziehen „ein sterilisiertes Wissen der reflektierten Aneignung wirkender Traditionen" und sorgen „für eine Musealisierung von Geschichte überhaupt"[93].

Nach Habermas ist diese Position mit einem Widerspruch und einem freiwilligen Eingeständnis der eigenen Schwäche behaftet, die sich bei näherem Zusehen als ein zu heilender Minderwertigkeitskomplex erweist: „Ritters und Schelskys Analysen gehören zu der Klasse von Untersuchungen, die das Selbstverständnis der Adressaten verändern können und im Handeln orientieren sollen. Auf das praktische Bewußtsein können sie aber nicht etwa darum Einfluß nehmen, weil sie Bestandteil nomologischer Wissenschaften wären und technisch verwertbare Informationen anböten, sondern einzig, weil sie selber zu der abgedankten Kategorie der historisch gerichteten Reflexion gehören[94]." Anders ausgedrückt: sie sind — und zwar Ritter sehr viel mehr als Schelsky — dem Prinzip klassischer politischer Philosophie verpflichtet, so wie L. Strauss es mehr im Anschluß an

---

[92] *J. Habermas:* Zur Logik der Sozialwissenschaften, Philosophische Rundschau, Beiheft 6, Tübingen 1967, 19ff.; vgl. *Maurer:* Endgeschichtliche Aspekte der Hegelschen Philosophie, in: Philos. Jahrbuch 76, 1968, 98, Anm. 25.

[93] *Habermas:* Zur Logik der Sozialwissenschaften, 23.

[94] *Habermas,* a. a. O. 22.

Platon als an Aristoteles versteht[95]. Von einer Abdankung praktischer
Philosophie, die ebenso sehr historisch wie gegenwärtig ausgerichtet ist
und den Anspruch macht, vernünftige, theoriegemäße Praxis mitzu-
ermöglichen, kann denn auch bei Ritter nicht die Rede sein. Er interpretiert den Aristoteles sehr viel platonischer, in Richtung auf ein paradig-
matisches Bild der Polis, als etwa Bien. Eine Abdankung praktischer
Philosophie scheint da eher bei der von Habermas vertretenen „Sozialphilosophie" vorzuliegen, die viel Affinität zum technischen Humanismus
mit seiner „Depotenzierung des Handelns"[96] gegenüber dem Machen
zeigt[97]. Bei der Ritterschen Position entsteht der Schein einer Abdankung,
weil sie jenes Warten auf eine günstigere Zeit kennt, von dem Diès in
bezug auf Platon spricht: „En attendant, on forme les esprits et les
coeurs . . .[98]."

Daß dieses Warten nicht ganz sinnlos, weil von vornherein zur Ver-
geblichkeit verurteilt ist, zeigt ein Blick auf die großen Epochen des
Verhältnisses von Theorie und Praxis. Sie scheinen einem Ablauf zu gehorchen, der gemäß dem von Hegel entdeckten oder behaupteten universal
geschichtlichen Gesetz die Phasen 1. ursprüngliche, unmittelbare Einheit,

---

[95] *Strauss* 2 und 3.

[96] *M. Riedel:* Zum Verhältnis von Ontologie und politischer Theorie bei Hobbes
in: Hobbes-Forschungen, Berlin 1969, 103 ff.; vgl. S. 128, Anm. 56 die Hinweise auf *Hennis* usf.

[97] Sicher ist es gerade *Habermas*, der in Aufnahme der Kritik instrumenteller
Vernunft durch *Horkheimer, Adorno, Marcuse* auch nach der Vernunft „lebens-
praktischer Verständigung" (der Vernunft des Handelns im Unterschied zur
Herrschaftslogik des Machens) fragt. Er kritisiert die „Eliminierung des
Unterschieds von Praxis und Technik", zu der Technik und Wissenschaft als
Ideologie tendieren (Technik und Wissenschaft als ‚Ideologie', Frankfurt/M.
1968, 160; 91). Aber da sein Begriff der alten praktischen Philosophie und
„Politik" einseitig aristotelisch orientiert ist, bleibt seine Konzeption einer
möglicherweise zu entwickelnden neuen politisch-sozialen Wissenschaft als
„Versöhnung der klassischen und modernen Studienart" (*Vico*, vgl. Theorie
und Praxis, 18) reaktiv. Falls diese Wissenschaft gegenwärtig würde in der
„öffentlichen, uneingeschränkten und herrschaftsfreien Diskussion", so ginge
es, wie er sagt, um die „Angemessenheit und Wünschbarkeit von handlungs-
orientierenden Grundsätzen und Normen im Lichte der soziokulturellen
Rückwirkungen von fortschreitenden Sub-Systemen zweckrationalen Handelns" (Technik und Wissenschaft . . ., 98). Wenn die Subsysteme instrumenteller Theorie *und* Praxis jedoch ungehindert weiter fortschreiten — und wer
sollte sie auch im Liberalismus daran hindern? —, so würden also in dieser
Wissenschaft-als-Diskussion nur ihre Rückwirkungen registriert und bespro-
chen. Es wäre eine recht sekundäre Wissenschaft, mehr ein Diskussionsspiel,
und offenbar würde sie nicht helfen, die Subsysteme theoretisch und praktisch
zu einem System zusammenzufassen. Der politische Anspruch von *Habermas*
wird damit so unklar wie der des Platonischen *Protagoras*. Habermas ist Protagoras.

[98] *A. Diès:* Introduction zur Ausgabe der Platonischen POLITEIA in der Samm-
lung Budé, Paris 1932, IX.

2. Entzweiung und 3. rational vermittelte Wiedervereinigung aufweist. Husserl, der Hegel kaum kannte, unterscheidet nämlich ganz in diesem Sinne drei Epochen:

1. „Das natürliche Leben ... als naiv geradehin in die Welt Hineinleben, ... die als universaler Horizont immerfort in gewisser Weise bewußt da ist, aber dabei nicht thematisch ist". Dieser Stufe entspricht im Theoretischen, sofern dieses überhaupt schon vom Praktischen zu unterscheiden ist, die „religiös-mythische Einstellung", in der die Welt nur „praktisch thematisch" wird — in Geschichten von göttlichem und menschlichem Handeln, die normativ auf menschliche Praxis bezogen werden[99]. Das natürliche Leben mit seinem mythisch-religiösen Welthorizont nennt Husserl daher die „praktisch-universale Einstellung".

2. „Nur bei den Griechen haben wir ein universales (‚kosmologisches') Lebensinteresse in der wesentlich neuartigen Gestalt einer rein ‚theoretischen' Einstellung, und als Gemeinschaftsform ... die entsprechende wesentlich neuartige der Philosophen, der Wissenschaftler." Die theoretische Einstellung, wie sie in reiner Form im Platonischen THEAITHET zum Ausdruck kommt, ist, wie Husserl schreibt, „ganz und gar unpraktisch". „Sie beruht ... auf einer willentlichen Epoché von aller natürlichen und damit auch höherstufigen, der Natürlichkeit dienenden Praxis im Rahmen ihres eigenen Berufslebens." Die reine Form dieser Einstellung bedeutete das Entstehen „zweier geistig zusammenhangloser Kultursphären" und das „Zerfallen des konkreten Lebens des Theoretikers in zwei zusammenhanglose sich durchsetzende Lebenskontinuitäten"[100].

3. Neben diesen beiden ist aber noch eine „dritte Form der universalen Einstellung möglich ..., nämlich die im Übergang von theoretischer zu praktischer Einstellung sich vollziehende Synthesis der beiderseitigen Interessen, derart, daß die in geschlossener Einheitlichkeit und unter Epoché von aller Praxis erwachsende Theoria (die universale Wissenschaft) dazu berufen wird (und in theoretischer Einsicht selbst ihren Beruf erweist), in einer neuen Weise der Menschheit, der im konkreten Dasein zunächst und immer auch natürlich lebenden, zu dienen. Das geschieht in Form einer neuartigen Praxis, der der universalen Kritik alles Lebens und aller Lebensziele ...". Das ist eine Praxis, „die darauf aus ist, durch universale wissenschaftliche Vernunft die Menschheit nach Wahrheitsnormen aller Formen zu erhöhen", sie zu befähigen „zu einer absoluten Selbstverantwortung auf Grund absoluter theoretischer Einsichten"[101].

---

[99] E. Husserl: Die Krisis der europäischen Wissenschaften und die transzendentale Phänomenologie, ed. Biemel, den Haag 1954, 327 ff.
[100] Ebd. 326 ff.
[101] Ebd. 329; vgl. B. Snell: Die Entdeckung des Geistes, 401 ff. — Habermas bezweifelt wohl zu recht, daß Husserls Philosophie geeignet ist, ihr Programm einer

Aristoteles hätte nach diesem Schema die erste großartige Ausgestaltung der zweiten Stufe geleistet mit gewissen vorsichtigen Übergängen zur dritten; bei Platon ließe sich die Geburt der zweiten Stufe aus der ersten beobachten. Aber noch mehr: bei ihm gibt es einen entschiedenen Vorgriff auf die dritte Stufe und etwas, das es bei dem Husserlschen, offenbar progressiv gemeinten Dreiphasengesetz nicht gibt, nämlich eine Vermittlung aller drei Einstellungen aus dem Geiste der dritten und zwar so, daß er nach den *pädagogisch-politischen* Bedingungen der Möglichkeit „einer absoluten Selbstverantwortung auf Grund absoluter theoretischer Einsichten" fragt. Dabei kommt es durch das Gegenwärtighalten der ersten Einstellung nicht zu der Position eines abstrakten Intellektualismus, dem gemäß praktisches Wissen immer zuerst ein Bewußtseinszustand wäre, auf den hin eine Handlung in zeitlicher Reihenfolge eintritt[102].

Aber zunächst wurde zusammen mit der Ausbreitung der nicht mehr mythischen, sondern geschichtlichen Religion des Christentums die zweite Einstellung herrschend. Erst seit der Renaissance wurde die Theorie wieder weltlich und praktisch[103], wie es schien, in universalem Ausmaß.

neuen Synthese von Theorie und Praxis zu konkretisieren oder gar realisieren (Technik und Wissenschaft ..., 147 ff.). „Bildungsprozesse darf Husserl ... nicht von einer Phänomenologie erwarten, die die alte Theorie von ihren kosmologischen Inhalten transzendental gereinigt hat" (ebda. 153). „Theorie im Sinne der großen Tradition ging darum ins Leben über, weil sie in der kosmischen Ordnung einen idealen Zusammenhang der Welt, und das hieß: auch den Prototyp für die Ordnung der Menschenwelt, zu entdecken vermeinte" (ebda. 152). Hier stellt aber Habermas die „große Tradition" einseitig dar. *Platon* und erst recht alle mit dem Christentum sich auseinandersetzende Philosophie suchte über die kosmische Ordnung *und Unordnung* hinweg nach einem Orientierungsgrund (s. u. §§ 36—39; vgl. *M. Theunissen:* Gesellschaft und Geschichte, Berlin 1969, S. 6, Anm. 14).

[102] „The question which we must ask is this: ... does Plato suggest that ἐπιστήμη is to be thought of as evinced *in* action, as a manner of acting, or as a prior state of mind upon which action follows?" (*Gould*, op. cit., 30). Nach Gould kommt das erste der Sache näher. Vgl. *Wild* (Plato's Theory of Texnh, 268): „art is neither ‚applied science' nor a blind ‚practice', but a kind of science, growing by various degrees into activity".

[103] Daß dies aus einer Verbindung und Trennung von Theorie und Praxis geschieht, wie sie *Husserl* als dritte Einstellung beschreibt, bezeugt *Spaemann* im Blick auf *Descartes:* „Das Verhältnis von Theorie und Praxis in Descartes Idee einer Universalwissenschaft bedeutet eine eigentümliche Umkehrung des traditionellen Verhältnisses. Theorie wird auf radikale Weise aus allen Zusammenhängen gelöst, in denen sich das denkende Subjekt vorfindet und die es mit seiner Welt verknüpfen. Im Cogito stellt sich die weltlose, denkende Subjektivität der Totalität der Wirklichkeit gegenüber. Andererseits aber geschieht diese Emanzipation der reinen Theorie in praktischer Absicht. Für die aristotelische Tradition war die reine Theorie Selbstzweck, höchste Form menschlicher Praxis. Bei Descartes hört sie auf, dies zu sein." Von den Problemen, die sich für Descartes aus einer reinen Theorie in praktischer Absicht

Aber — und davon vor allem handelt Husserls Buch — dieser große Aufbruch hat nicht gehalten, was er zu versprechen schien. Der ursprüngliche Impuls wirkt immer einseitiger, wird zu einer in Objektivismus und Naturalismus abgleitenden Rationalität, die sich selbst nicht zu erfassen vermag, indem sie „die Realität des Geistes als vermeintlich realen Annex an den Körpern" nimmt oder mit Descartes in einem psycho-physischen Dualismus stecken bleibt[104]. Was zunächst eine neue, Theorie und Praxis umgreifende Universalwissenschaft zu sein schien, verengt sich in ihrer Entfaltung auf eine Methode unendlich progressiver Naturbeherrschung, in welcher das menschliche Subjekt der Herrschaft verloren zu gehen droht[105]. Die neue, anwendbare Theorie erweist sich als entweder einseitig oder gespalten. Sie ermöglicht eine wissenschaftlich fundierte Praxis des Machens, der keine gleicherweise fundierte Praxis des Handelns zugeordnet ist[106]. Die in Analogie zu den Naturwissenschaften" ausgebildeten „Geisteswissenschaften" sind ästhetisch oder historisch, handeln nicht vom gegenwärtigen Geist als dem leitenden Organ einer vernünftigen Praxis.

Während die klassische deutsche Philosophie die Kantsche Kritik der reinen, naturwissenschaftlich und technisch gewordenen Vernunft einseitig aufnimmt und großartig ausführt aber unter Verkennung des Machtcharakters der längst etablierten Naturwissenschaften (man versucht, ihre Ergebnisse, die primär eine technische Interpretation erfordern, immer noch theoretisch und ontologisch, als interesselose Erkenntnis der Natur zu interpretieren), führt erst Marx einen neuen Abschnitt in der dritten (Husserlschen) Einstellung zum Verhältnis von Theorie und Praxis herauf, indem er das Ende der aristotelisch-kontemplativen Philosophie verkündet und, in gewisser Weise auf Platon zurückgreifend, eine neue, Machen und Handeln zugleich bestimmende Einheitswissenschaft postuliert, entwirft und zu einem geringen Teil auch ausführt. Daraus, daß er vorgab, sie im wesentlichen ausgeführt zu haben, und überhaupt aus dem Wunsch, eine solche Wissenschaft zu besitzen, entsteht das Bedürfnis nach einer dritten Klasse von (psychologisch-soziologisch-ökonomisch-politischen) Wissenschaften, die neben oder über den Natur- und Geisteswissenschaften stehen sollen. Näher besehen lösen die dieses Bedürfnis oberflächlich befriedigenden Wissenschaften das sie hervortreibende Problem einer Vermittlung von technischem Machen und wissenschaftlich oder vernünftig geleitetem Handeln nicht. Sie wollen — glücklicherweise

---

für die Ethik ergeben, handelt der Spaemannsche Aufsatz (Praktische Gewißheit. Descartes' provisorische Moral, in: Epirrhosis (Carl-Schmitt-Festschrift), Berlin 1968, 683—696, loc. cit., 683).

[104] *Husserl*, a. a. O. 337 ff.

[105] a. a. O. 1 ff.

[106] Dazu großartig *Brechts* Drama „Leben des Galilei".

ohne politisch-institutionell dazu in der Lage zu sein — die Methode der technischen Naturbeherrschung auch auf Mensch und Gesellschaft anwenden, sind Wissenschaften vom Handeln als Machen, sind damit im Ansatz trotz aller gegenteiligen Beteuerungen unmenschlich, indem sie den Menschen statt zum Subjekt zum Objekt wissenschaftlich gerechtfertigt scheinender Maßnahmen machen. Sie stehen in der Hobbesschen Tradition, bezweifeln individuelle Vernunft und erklären das Individuum zu einem Teil des großen Menschen, des großen Tieres der großen Maschine, des sterblichen Gottes „Leviathan".

Trotz dieser Schwierigkeiten scheint sich ein weder durch Liberalismus noch Positivismus aufzuhaltender Zug zu einer neuen Integration von Theorie und Praxis (als Machen und Handeln) abzuzeichnen. Es wird Zeit, daß die Philosophie, die weder Geistes- noch Natur- noch Sozialwissenschaft ist, hierzu ihre Ansprüche anmeldet. Allein sie als Dialektik der Voraussetzungen (Ideologien, Vorurteile, Dezisionen, Axiome) ist imstande, neue, bei wachsender Macht der technischen Mittel immer gefährlichere Einseitigkeiten rechtzeitig, das heißt vor dem Versuch experimenteller Verwirklichung (der in der Geschichte anders als in der reinen Wissenschaft nicht zu seinen Ausgangsbedingungen zurückkehren kann) zu durchschauen und den Primat des Handelns geltend zu machen.

§ 22. Vernunft und Herrschaft

Ein solcher Anspruch der Philosophie wird bei Ritter — mit aller Vorsicht — angedeutet. Wenn aber in die gegenwärtige „ethische Neutralisierung des Politischen" (oder politische Neutralisierung des Ethischen) derjenige Begriff des Politischen eingeführt werden soll, „der von Aristoteles in der praktischen Philosophie begründet wird"[107], so ist Aristoteles wohl mindestens soviel durch Sokrates-Platon auf den Kopf zu stellen, wie jener diese auf die Füße gestellt hat (s. u. § 43). So wichtig der aristotelische Hinweis auf die Bedeutung der Institutionen, der Gewohnheit, der opinio communis und der faktischen Entwicklung ist, heute hat die Entwicklung faktisch zu dieser Neutralisierung geführt. Warum sich also nicht im Gewordenen einrichten, die Ersetzung politischer und sonstiger Ethik durch Sozialtechnik unterstützen und im übrigen den Prozeß sozialwissenschaftlich analysieren[108]?

Dem widerspricht freilich die von Aristoteles betonte enge Verbindung von Ethik und Politik, mit der die enge Beziehung von — modern ge-

---

[107] *Ritter* 6, 253; vgl. Ritter 2, 77; 3, 180.
[108] Vgl. *H. Marcuse* (Der eindimensionale Mensch, 126): „Wenn die gegebene Gesellschaftsform das oberste Bezugssystem für Theorie und Praxis ist und bleibt, dann ist an dieser Art Soziologie und Psychologie nichts falsch."

10 Maurer, Platon

sprochen — Werten und Tatsachen zusammenhängt. Wenn jedoch diese Verbindung angemessen berücksichtigt werden soll, so ist zu fragen, ob es wirklich Aristoteles ist, der sie in ihrer bisher höchsten geschichtlichen Ausprägung dargestellt hat. Von Platon her gesehen scheint nämlich bei Aristoteles der erste Grund für die Größe und den Untergang der Polis nur beiläufig berührt zu werden. Es war dies der mit Sokrates und Platon seiner selbst bewußt werdende Versuch, das Politische und Ethische auf die Spitze der Subjektivität zu stellen: das politische Kunstwerk zu schaffen (s. u. § 43).

Die Sophisten und die demokratische Bewegung tendierten ebenfalls dahin, doch hielten sie das Räsoniervermögen und das Mehrhaben-Wollen für die freizusetzende Subjektivität. Wird die menschliche Natur jedoch so verstanden, dann hat sie in sich kein Maß, und die sokratisch-platonische Dialektik war durchaus geeignet, diese Maßlosigkeit noch zu steigern, „radikalisierend zu wirken", wie heute der Vorwurf von seiten des demokratischen Reform-Konservatismus lauten würde. Platons ausdrückliche Ansicht dazu war jedoch, daß die räsonierende Pleonexia das Ziel einer individualethischen Begründung des Politischen nicht erreichen könne. Sie kommt höchstens bis zu einem System gegenseitiger Kontrolle der Freien und Gleichen, in dem jeder primär nicht sich, sondern den andern kontrolliert und auf diese Weise neidvoll über seine Freiheit, d. h. Interessensphäre wacht. So ergibt sich in der Tat ein Maximum an *garantierter* Freiheit, das, je nachdem wie sehr die Wichtigkeit der Garantie betont wird, den Keim des Umschlags in ein Maximum an Unfreiheit bereits in sich trägt. Denn die Freiheit ist hier ein äußerliches behavioristisches Sakrament, das alle allen vermitteln; ihr fehlt die Zentrierung in den Individuen, die allein frei sein könnten und möchten. Daher kann dann auch ein Tyrann die Überwachung der Freiheit übernehmen. Die Angst, daß einem anderen das gelingt, woran ich selbst nur durch die anderen gehindert werde, nämlich die Pleonexia und den Willen zur Macht auf ihre Kosten auszuleben, fordert einen übermächtigen Garanten der Freiheit[109].

Nach Platon bedarf es philosophischer Dialektik, um dieses System interessierten Räsonnements, in das sich der alte Nomos aufgelöst hatte, seinerseits aufzulösen. Es gehört Vernunft dazu, den Unsinn des Ganzen zu durchschauen und zu sehen, daß Gerechtigkeit immer zugleich gegen sich selbst und andere geübt wird, daß politische Freiheit in dem bewußten Vollzug dieses Zusammenhangs gründet. Gemäß der nach Anlage und Bildung verschieden starken Teilhabe der Einzelnen an dieser Vernunft und aus der verschiedenen Fähigkeit, sie in der Selbstbeherrschung praktisch werden zu lassen, entwirft Platon sein Muster des besten Staates. Er wird von solchen bestimmt, denen die menschliche

---

[109] S. u. S. 305, Anm. 39 das *Tocqueville*-Zitat.

Vernunftnatur das Maß aller Dinge ist, wobei Vernunft in einem noch zu erörternden Sinne ebensosehr setzende wie vernehmende Vernunft ist. Platon legt offen, daß dieser Staat ein Herrschaftsstaat[110] ist, doch enthält die POLITEIA (vor allem in der Verfallsreihe der Verfassungen) die These, daß andere Staatsformen nicht weniger aber eine schlechtere Art Herrschaft implizieren[111]. Denn einmal werden dort die Herrschenden nicht sorgfältig ausgewählt und ausgebildet, und zum andern liegt möglicherweise eine auf die Dauer gefährliche Verschleierung der Herrschaft vor.

[110] *H. Freyer* (Die politische Insel, 42f.) führt aus, daß Platon fast der einzige „Utopist" sei, „der weiß, daß das Wesen des Staats, auch des vollkommnen Staats und gerade des vollkommnen, die Herrschaft ist. Alle andern gedenken die Herrschaft, die sie zur alten Welt rechnen, abzuschaffen oder überflüssig zu machen. Die marxistische Formel, daß anstelle der Herrschaft von Menschen über Menschen die bloße Verwaltung von Sachen treten solle, klingt bei vielen an . . .", so schon bei *Morus* und in „*Campanellas* religiösem Demokratismus". Vor allem die modernen demokratischen Utopien laufen aller politischen Erfahrung zuwider, der gemäß „die unheimliche Konzentration der Machtmittel, des Wirtschaftslebens und der Verteilungsgewalt, die in diesen Utopien stattfindet, . . . unerhörte Machtpositionen entstehen lassen" müßte (vgl. *Freyer*, 163). „In den demokratischen Utopien werden diese Machtpositionen verschleiert oder verleugnet oder ignoriert, — genau so, wie sie sich in den modernen Demokratien meist in eine anonyme und geheime Existenz versteckt haben . . . Platon weiß auch, daß es eine Lüge, höchstens aber eine übertragene Redeweise ist, wenn man sagt, daß Normen oder Ideen oder Gesetze ‚herrschen'. Nur Menschen können herrschen. In der Alternative, die Aristoteles später formuliert hat, ob es besser sei, wenn das beste Gesetz oder wenn der beste Mann herrsche, steht Platon aus tiefer Einsicht auf der Seite des Menschen." — Ähnlich *Hegel:* „das Gesetz herrscht nicht, sondern die Menschen sollen es herrschen machen: diese Betätigung ist ein Konkretes; der Wille des Menschen, so wie ihre Einsicht, müssen das Ihrige dazu tun" (WG 15, 266).

[111] Ähnliche Überlegungen stellt *Aristoteles* an, wenn er von der despotisch werdenden Demokratie spricht, — s. u. §§ 25; 27.

2. Aristoteles' Platonkritik

§ 23. Die Gerechtigkeit gegen sich selbst und die unmittelbare Sittlichkeit

Aristoteles kritisiert den platonischen Staat im ausdrücklichen Bezug an den bekannten Stellen seiner POLITIK[1]. Jedoch enthalten seine Schriften zur Politik und Ethik durchgehend eine fast kongeniale Auseinandersetzung mit Platon, die oft dort, wo jener nicht ausdrücklich genannt wird, noch tiefgreifender ist. Dirlmeier hält den Schluß des fünften Buches der NE wohl zu recht für eine Kritik an Sokrates-Platons Verinnerlichung der Gerechtigkeit[2]. Indem Aristoteles die Frage, ob man sich selbst Unrecht tun könne, abgesehen von einer Subtilität verneint, trifft er die ethisch-politische Theorie des Platon an der Wurzel und erklärt implizit den Tod des Sokrates, so wie Platon ihn im KRITON interpretiert hat, für eine Torheit.

Wenn Sokrates nicht das Zentrum seiner sittlichen Persönlichkeit, in dem er mit den anderen Bürgern seiner Polis gemäß der Idealität des Nomos eins ist, also sein politisches Gewissen sozusagen durch die Flucht aus dem Gefängnis verletzt hätte, dann hätte dieser Flucht nichts im Wege gestanden. Denn er war davon überzeugt, daß das Gericht der Athener (die Polis in einer äußerlichen, zufälligen Gestalt) ihm Unrecht getan hatte. Die Polis jedoch darf dann, wenn sie rechtens handelt, nicht als eine äußerliche, zufällige Institution dastehen. Diesen Makel nimmt Sokrates von ihr, indem er selbst noch das gegen ihn und zwar seiner Überzeugung nach formal richtig, inhaltlich falsch gefällte Todesurteil in seinen Willen aufnimmt. Er opfert sich der vollkommenen Polis, das heißt derjenigen, mit welcher sich jeder Bürger auch gegen seine partikularen Interessen und in Extremfällen sogar gegen seine eigene Selbsterhaltung identifizieren kann. Damit opfert er jedoch zugleich, und das macht die Zweideutigkeit seiner Handlungsweise wie seiner Lehre aus, die reale Polis ihrem Ideal auf. Sein Gehorsam gegenüber der Polis entspricht dem Gehorsam des Fénelon gegen die politische Kirche[3]. Beide sammeln damit

---

[1] Insbes. Pol II 1260 b 27 ff.; IV 1291 a 10 ff.; V 1316 a 1 ff.; vgl. *Ritter* 2, 83 ff.

[2] *Dirlmeier*, 437 ff.

[3] Dazu *R. Spaemann*: Reflexion und Spontaneität. Studien über Fénelon, Stuttgart 1965.

glühende Kohlen[4] auf die Häupter ihrer institutionellen Freunde, die ihnen um der flexiblen Erhaltung der Institution willen zu Feinden wurden. Beide sprengen die Institution von innen, da sie sehen, daß sie entweder von der Gesinnung der in ihr Vereinten getragen wird oder ohnehin ortlos und dem Verfall preisgegeben ist. So gesehen wird ihre Haltung eindeutig. Sie ist bei Sokrates ausgerichtet auf eine Neubegründung der Polis aus der *individuellen*, aber *politisch* (verantwortlich) denkenden Vernunft.

Die politische Schwäche dieses neuen Prinzips erkennend betonte Aristoteles die vorrationale, darum zu ihrer Zeit nicht unvernünftige Sittlichkeit, die im alten Hellas allein imstande war, eine Menge von Menschen zu einem Gemeinwesen zusammenzuschließen. Seine Position ist realistisch, aber angesichts des faktischen Verfalls dieser Sittlichkeit historisch. Sofern Aristoteles sie in der POLITIK durch eine mannigfach differenzierte und das Einzelne bedenkende politische Technik ergänzt, ist sie zugleich utopisch ebenso wie der platonische Entwurf eines besten Staates, der an die Vernunft einzelner und das Vertrauen der vielen in diese Einzelnen apelliert[5]. Denn ein Kollektiv, das von unmittelbarer Sittlichkeit vorintegriert, jene ins einzelne gehende Sozialtechnik hätte durchführen können, fehlte zu jener Zeit ebenso wie ein vom Vertrauen der Menge getragener Adel, dessen Platons Konzeption zur Verwirklichung bedurft hätte[6]. Daher ist Aristoteles' Kritik an Platons politischer Theorie nicht falsch, aber einseitig. Sie trifft überdies zwar die schwache, aber wie erwiesen werden soll, nur die zweitwichtige Seite der POLITEIA.

§ 24. Die Einheit des Staates

Die aristotelische Kritik setzt an bei der Frauen-, Kinder- und Gütergemeinschaft (Pol II 1261 a ff.), die Platon nur für die Wächter eingeführt

---

[4] In Platons Darstellung wird diese Absicht ausdrücklich. So wenn er *Sokrates* im KRITON unter anderen Gründen, die gegen eine Flucht aus dem Gefängnis sprechen, anführen läßt, dadurch würde das Ansehen der Richter befestigt, so daß es aussähe, als wenn sie recht gerichtet hätten (53 B). Noch deutlicher spricht Sokrates' Prophezeiung in der APOLOGIE. Sie gibt den konkreten Weg an, auf dem die Hinrichtung des Sokrates das Gegenteil von dem bewirken wird, was die Ankläger und Richter bezweckten. Es wird von nun an mehrere, jüngere und unwilligere Sokratesse geben, die den Athenern den Spiegel vorhalten (APOL. 39 C/D). Wenn der *zweite Platonische Brief* echt ist, hat sich Platon selber als „einen verjüngten Sokrates" bezeichnet (314 C). (So bezogen verliert diese Briefstelle die Schwierigkeiten, die *Howald* in seiner Ausgabe „Die echten Briefe Platons" damit verbindet.)

[5] Dazu *H. D. Rankin*: Plato and the Individual.

[6] „Neither the enlightened monarchy which Plato had suggested, nor the mediating middle class on which Aristotle set his hopes, could avail to save the city-state; and to be rescued from itself it had to lose its cherished independence" (*Barker*: The Political Thought of Plato and Aristotle, 497).

sehen möchte. Als wenn sie alle Stände beträfe, wendet Aristoteles ein, daß damit der Staat zu sehr eins würde. Er sagt dagegen, daß der Staat seiner Natur nach eine Vielheit sei. „Wird er immer mehr eins, so wird er aus dem Staat ein Haus und aus dem Hause ein einzelner Mensch", was weder möglich noch erstrebenswert sei (Pol 1261 a 14—22). Offenbar geht es der POLITEIA jedoch nicht um die Einheit als vielmehr um die Einigkeit der Polis. Es heißt, der beste Staat sei derjenige, „welcher dem einzelnen Menschen am allernächsten kommt" (P 426 C). Im Kontext ist von Zu-sammenordnung (sýntaxis) und Gemeinschaft (koinonía) die Rede. Der Staat wird nicht wie bei Hobbes[7] als großer Mensch konstruiert, sondern die Einheit des „Individuums" bleibt für den Staat nur ein Näherungs-punkt, eine Art Ideal, von dem ganz außer Frage steht, daß es kein (utopisch) reales, sondern ein bloß regulatives Prinzip ist[8]. Es dient dem realen Ziel der Einheit des Individuums. Nicht im Hinblick auf den Staat, sondern im Hinblick auf den Menschen fordert Platon ausdrücklich, daß er einer werde aus vielen (P 443 E), also das werde, was er von Natur ist. Die Einheit, genauer Zusammenordnung des Staates ist nur nötig um-willen der Einheit der in ihm lebenden Menschen. Soviel einer von sich aus in der Lage ist, diese Einheit zu erreichen, soviel bringt er allererst Einstimmigkeit in den Staat, falls seine individuelle Energie in einem ent-sprechend eingerichteten Staat politisch, d. h. nicht um „des Staates", sondern um der anderen Menschen willen fruchtbar werden kann[9]. Es

---

[7] Die verbreitete Ansicht, daß „das Bild vom Gemeinwesen als einem ,großen Menschen'" auf Platon zurückgehe (C. *Schmitt:* Der Leviathan in der Staats-lehre des Thomas Hobbes, Hamburg 1938, 5; vgl. *Ritter* 2, 76), mag richtig sein, aber beruht auf ungenauer Platoninterpretation. Zwischen Platon und Hobbes liegt hier ein sehr wesentlicher Unterschied. Platon propagiert gerade nicht die Gleichschaltung der Individuen zum Zwecke der Lebenserhaltung möglichst aller. Das war auch nicht die traditionelle Bedeutung dieses Bildes vom Staate. Aber bei Hobbes sind — um mit dem Bild zu sprechen — die Unterschiede z. B. zwischen Kopf und Hintern bloß gesetzt, da von Natur alle Menschen gleich sind. Zur Frage „organischer Staatstheorie" bei Platon s. nächste Anmerkung.

[8] Es sei verwiesen auf *Mayrs* Auseinandersetzung mit der These, Platon pro-pagiere den „organischen" Staat (Mayr, 26ff.). Eine Übersicht über die Lite-ratur zu diesem Thema gibt Mayr S. 243, Anm. 21 und 22. Vgl. auch *Ryffel*, op. cit., 93, Anm. 233, und *Hirzels* Exkurs zum Problem „Die πόλις ein ζῷον (Themis, Dike . . ., 423ff.), wo es über Platon heißt: „Bei den Griechen stellt sich uns besonders Platons Staat als ein solches ζῷον dar, . . . doch hat er noch mehr vom Kunstwerk an sich (ein ἄγαλμα und kein ζῷον nach Polyb. VI 47, 9), wie denn beide Begriffe, der des Kunstwerks und des ζῷον für die Griechen öfter in einanderflossen . . .". — Zur Frage Staat als Kunstwerk s. u. § 43.

[9] „Bei Platon findet sich nirgends eine Stelle, an der er von der Stadt sagt, sie habe eine eigene Absicht oder ein eigenes Wohl, das von dem Wohl der Gesamtheit ihrer Glieder irgendwie unterschieden ist oder das auch nur in

wurde dargelegt, daß aus diesem Ziel individueller Einheit die Gliederung des platonischen Staates folgt. Angesichts ihrer ist nicht erfindlich, wie Aristoteles in Fortführung seiner Kritik an Sokrates-Platon schreiben kann: „Der Staat besteht außerdem nicht nur aus vielen Menschen, sondern auch aus solchen, die der Art nach verschieden sind. Aus ganz Gleichen entsteht kein Staat." (Pol 1261 a 22—24.) Diese Kritik könnte sich eher auf gewisse Passagen der NOMOI (insbes. 739 C/D) beziehen als auf die POLITEIA.

So berechtigt Aristoteles' Platonkritik dort sein mag, wo sie bestimmte institutionelle Konsequenzen trifft, die Platon als Sohn seiner Zeit aus seinem Prinzip des ethisch-politischen Primats des Einzelnen glaubt ziehen zu müssen, so wenig trifft sie dieses Prinzip selber, das Luccioni so umschreibt: „Platon n'a voulu considérer dans les actes de la vie politique que leur rapport avec une inclination rationelle de l'homme vers le bien suprême, celui de son âme"[10]. Aristoteles konnte es in seiner weltgeschichtlichen Bedeutung nicht begreifen, sonst hätte wohl er schon die zentrale Kritik formuliert, die Hegel gegen Platon geltend macht, wenn er im Zusammenhang seiner Kritik der modernen Staaten, in denen man „alles nach positiven Gesetzen geleitet wissen will", schreibt: „Ebenso ein Einseitiges ist aber auch die Gesinnung für sich, an welchem Mangel die Platonische Republik leidet" (WG 25, 265f.).

Aber Aristoteles konnte diese Kritik gar nicht so vorbringen, weil er selber auch auf dem Boden der Polis als des Tugend- und Gesinnungsstaates steht[11]. Er nimmt sogar noch unmittelbarer als Platon diese Position ein, obwohl er noch weiter als dieser die sie in Frage stellenden Ereignisse miterlebt hat. Aristoteles reflektiert die innere Struktur der Arete und politischen Ethik weniger und macht gegen Platon zwar einerseits die Wichtigkeit des institutionellen, legalistischen Momentes geltend, andererseits aber ein unmittelbares Innestehen in einer wenig reflektierten Sittlichkeit. Deren enge Verbindung mit dem anderen, dem institutionellen Moment wird dabei als selbstverständlich vorausgesetzt, obwohl die Polis institutionell eine Vielzahl verschiedener Formen hervorgebracht hat, die zur Zeit des Aristoteles längst gegeneinander ausgespielt wurden.

Gedanken als dem Wohl der einzelnen Glieder entgegengesetzt vorgestellt werden könnte." (*G. C. Field*: Die Philosophie Platons, 98).

[10] *Luccioni*, op. cit., 116.

[11] Vgl. insbes. Pol III 1280 b 5—12; s. u. S. 159, Anm. 20; S. 168f. Um mit *Ries*manschen Kategorien zu sprechen: Gesinnung ist bei Aristoteles vorwiegend Ethos als Traditionslenkung in der Polemik gegen Sokrates-Platons Prinzip vernünftiger Innenlenkung. Der Übergang zur gesinnungs-losen Außenlenkung als kollektiver Selbstüberlistung zum Zwecke des Überlebens bleibt der klassischen politischen Ethik fremd, obwohl es bei Aristoteles Ansätze dazu gibt (damit sind nicht seine Ansätze zur Konstituierung einer relativ eigenständigen Rechtssphäre gemeint).

In diesem doppelten Ansatz ist die aristotelische Ethik und Politik, wie Dirlmeier herausgearbeitet hat, durchgängig im Gegenzug zu Platon entwickelt, und ihre Betonung des Zusammenhanges von Ethik und Gewohnheit[12] gegen die sokratisch-platonische Begründung der Ethik auf die individuelle Einsicht kann zugleich als eine Kritik des Platonischen Gesinnungsstaates genommen werden. So gesehen ist auch die bei Aristoteles angelegte disziplinäre Trennung von Ethik und Politik, wobei diese mehr institutionstechnische, jene vor allem Fragen der gewohnheitsmäßigen Haltung (héxis) behandelt, implizit Platonkritik[13]. Ausdrücklich jedoch konnte er die Platonische und gemeingriechische Identität von Ethik und Politik nicht kritisieren, da er selber auf ihrem Boden steht. Es ist sogar möglich, zu sagen, daß seine disziplinäre Trennung von Politik und Ethik, welche deren institutionelle Identität betont, mehr im Geiste der Polis war als die sokratisch-platonische, intellektuelle Distanzierung von der Wirklichkeit der Polis um ihrer Wiederherstellung willen. Damit hängt zusammen, daß die politische Technik, die Aristoteles entwickelt, der Freiheit und individuellen Entfaltung einer Menge von Individuen gemäßer war als die konkreten Maßnahmen, die Platon gelegentlich vorschlägt. Andererseits freilich verbreiterte, wie angedeutet, Aristoteles die Kluft zwischen Philosophie und politischer Wirklichkeit, zwischen kontemplativer Theorie als bei-sich-selbst-Sein des Individuums und politischer Praxis als Sein-für-andere bis zur Unüberbrückbarkeit.

Es ist so schwierig, die praktische und theoretische Dialektik der Polis zu beschreiben, weil in jener Zeit, für das, was dort in die Geschichte trat, nämlich für „Individuum", „Subjektivität", „Gesinnung", „Innerlichkeit" usf. noch keine Begriffe vorhanden waren[14]. Deshalb ist es in

---

[12] Vgl. NE II 1103 a 17; s. o. S. 82, Anm. 33.

[13] Im Anschluß an *Krämer* 1 macht *Bien* darauf aufmerksam, „daß die aristotelische Pragmatientrennung . . . platon-kritisch zu verstehen ist . . . als Kritik an der platonischen Einheitsphilosophie" (288, Anm. 49).

[14] In seiner Abhandlung „Individuum und Allgemeinheit in Platos Politeia" schreibt *G. E. Burckhardt* (10 ff.): „Plato kennt nicht den Begriff ‚Individuum' und ‚menschliches Individuum' . . . Das griechische Wort ἕκαστος drückt die Besonderheit ἕκας aus, aber die Besonderheit, die der einzelne Mensch mit jedem Einzelding gemeinsam hat in seiner Beziehung auf ein Allgemeines. Von dem unbeseelten Körper unterscheidet sich dadurch der beseelte, daß ihm von innen her aus sich selber die Bewegung kommt (Phaidr. 245 E). . . . Wenn auch nicht in unserem Sinne begrifflich formuliert, so ist der Sache nach die Frage nach dem Verhältnis von Individuum und Allgemeinheit, von Einzelmensch und Staat bei Plato wie überhaupt in der Literatur seiner Zeit in lebhafter Bewegung . . ." Über den anderen Begriff, der im Altgriechischen die in sich zentrierte Einzelheit zu bezeichnen scheint, sagt *E. Wolf* (Platon. Frühdialoge und Politeia, 15): „‚Seele' (ψυχή) bezeichnet bei Platon sowohl die Individualität des Menschen als auch seine Sozialität." Im Hinblick z. B. auf den PHAIDON und den Schlußmythos der POLITEIA bedürfte dieser Satz der Modifizierung.

gewisser Weise unhistorisch, bei Aristoteles eine Kritik zu vermissen, die Hegel mit den Begriffen seiner Zeit leicht genug formulieren konnte. Auch zu Hegels Platonkritik ist anzumerken, daß der Begriff der Gesinnung sich um seiner emotionalen Komponente willen nur bedingt zur Übersetzung von ethos eignet. Ebenso problematisch ist seine Anwendung auf den Platonischen Staat, der mehr ein Wissenschafts- als ein Gesinnungsstaat ist. Er basiert ökonomisch auf dem System der Künste und ethisch-politisch auf der wissenschaftlich erfragten richtigen Proportion zwischen der größeren (ethisch-politischen) Vernunft Weniger und der geringeren Vieler. Auch „Wissenschaft" ist dabei nicht im modernen

Überhaupt erscheint es problematisch (s. o. § 9; s. u. § 32 die Hinweise auf *Stenzel* und *L. Strauss*), Individualität, Subjektivität, Reflexivität als spezifisch moderne Errungenschaften zu betrachten. Zumindest gab es bereits im griechischen Denken die entscheidenden Ansätze, die sich dann in dem dafür fruchtbaren Klima des Christentums entfalten konnten. In bezug auf das Politische ist es denn auch allgemein üblich, etwa vom Verhältnis des Einzelnen zu Gemeinschaft, Gesellschaft, Staat bei Platon zu sprechen. *E. Barker* schreibt: „A sense of the value of the individual was thus the primary condition of the development of political thought in Greece" (Greek Political Theory, 2; zum Unterschied dieses altgriechischen vom modernen Individualismus S. 8). *Fites* Behauptung, „that the modern appreciation of ‚personality' was something unknown not only to Plato but to the Greeks generally" (The Platonic Legend, 87) und *Adornos* Bemerkung: „Das Individuum ..., wie dessen Name bis heute gebraucht wird, reicht der spezifischen Substanz nach kaum allzuweit hinter Montaigne oder den Hamlet, allenfalls auf die italienische Frührenaissance zurück" (Individuum und Organisation, in: Die Herausforderung, München 1963, 143), ist also wohl, so undialektisch formuliert, falsch.
    Die Rolle, welche die Subjektivität in der theoretischen Philosophie Platons spielt, ist bisher kaum untersucht worden (gewisse Ansätze bei *E. G. Ballard*: Socratic Ignorance). Bei *Krämer* 1 findet sich eine höchst interessante Andeutung in diese Richtung. Dort heißt es: „Cassirer hat darauf hingewiesen, daß hier [Theaithet 184 D] zum ersten Mal in der Geschichte der Philosophie die Einheit des Bewußtseins gefordert ist, dasselbe, was später in anderer Weise etwa bei Kant als transzendentale Apperzeption ... erfaßt wird" (475). Von daher ergeben sich auch Verbindungen zu *Fichte* und zur *Hegel*schen „Logik", wo freilich nicht die Einheit des Selbst auf die Einheit eines „Eins" als Seinsprinzip zurückgeführt wird, sondern eher umgekehrt die Selbsthaftigkeit aller Einheit, d. h. der Geist als universales Prinzip demonstriert wird. So gesehen bezeichnet das Krämer-Platonische Eins den gemeinsamen Grund der Philosophie von Platon über Leibniz zu Hegel und zugleich den *Indifferenzpunkt theoretischer und praktischer Philosophie*. Krämers Deutung des Platonischen ἕν schlägt jedoch eine andere Richtung ein und endet bei *N. Hartmann*scher Ontologie (s. u. § 36). Ebenso problematisch ist der entgegengesetzte Versuch, das Platonische ἀγαθόν und ἕν direkt „transzendental", fichteanisch zu interpretieren, wie *Baumgartner* (Von der Möglichkeit, das Agathon als Prinzip zu denken. Versuch einer transzendentalen Interpretation zu Politeia, 509 b) es unternimmt. Der Mittelweg, den *Perpeet* einschlägt (s. u. S. 252. Anm. 24), erscheint am angemessensten.

Sinne theoretischer Distanzierung von einer Objektwelt zum Zwecke deren
Erfassung und Beherrschung zu verstehen, sondern mehr als ein ver-
trauensvolles Innestehen in einer menschlichen Zwecken entgegen-
kommenden Teleologie (s. u. § 38).

§ 25. Die Verfallsreihe der Verfassungen

Des Aristoteles Vorbeigehen am Zentrum der Platonischen Philosophie zeigt sich auch in seiner Kritik der in der POLITEIA (Buch 8) ausgeführten „Verfallsreihe der Verfassungen" (Pol V 1316 a 1—b 27). Als
solche nämlich versteht sie Aristoteles. Die Verfassungspathologie ist
jedoch bei Platon nur die Fassade für den viel mehr beschriebenen Verfall
der politischen Ethik, eine Fassade, die durch Schematisierung der institutionellen Konsequenzen dieses primären Verfalls zustandekommt.
Aristoteles bemängelt, daß Sokrates in der POLITEIA „nicht die besondere
Form der Veränderung der vollkommensten und ersten Staatsform"
beschreibe (Pol 1316 a 3/4) und fragt erstaunt: „aus welcher Ursache soll
sich die beste Verfassung gerade in die spartanische verändern" (1316 a
17/18; vgl. P 545 A)? Die Frage hat in der Tat Berechtigung und verfehlt dennoch die Intention Platons. Denn sein Wissenschaftsbegriff ist
weniger historisch als der des Aristoteles, impliziert aber trotzdem eine
tiefsinnige und realistische Deutung der politischen Entwicklungsge-
schichte Griechenlands.

Anknüpfend an das oben (§ 8) in der Nachfolge Gaisers und Mayrs
Gesagte, läßt sich die Frage des Aristoteles wohl beantworten. Die platonische beste Verfassung geht in eine der spartanischen ähnliche Timokratie über, weil diese beste Verfassung das zu Platons Zeit nur noch
mythisch gegenwärtige Königtum ist, von Platon rückwirkend ange-
reichert durch diejenigen Erkenntnisse des politisch Besten, die sich beim
stufenweisen Verfall des Königtums in sein negatives Gegenteil, die
totale Demokratie und Tyrannis ergeben haben. Mehr noch im POLITIKOS
als in der POLITEIA ist das wahrhaft aristokratische Königtum eine nach
rückwärts projizierte Utopie, die aber insofern nicht utopisch ist, als ihre
„wissenschaftlichen" und „technischen" Voraussetzungen gegenwärtig
sind[15], und die insofern nicht vergangen, sondern zukünftig ist, als gemäß
dem von Platon angenommenen Kreislauf- oder vielleicht besser Sinus-
kurvenmodell der Geschichte[16] auch in der Zukunft Zeiten göttlicher
Lenkung und gottbegnadeter Herrscher liegen. Was Platon nicht wissen

[15] Nach *Gaiser* 2 nahm wie Aristoteles so schon Platon trotz seines im übrigen
zyklischen oder sinuskurvenartigen Geschichtsbildes eine „fortschreitende
Höherentwicklung der Technai" an (32; 323; Anm. 300/S. 436 und überh.
205 ff.).

[16] Vgl. *Gaiser* 1, 11.

konnte, war, daß sein Prinzip der *personalen Vermittlung des Politischen als eines höchstwichtigen Zweitbesten* einen Aufstieg bedeutete, der von keinem Kreislauf oder keiner Kurvenschwingung der Geschichte wieder ganz rückgängig gemacht werden konnte.

Von den politischen Gestalten jedoch, die ihm historisch vorlagen, kam die spartanische Timokratie dem ihm vorschwebenden „Gesinnungs"-Staat am nächsten[17]. Als subjektiv verankerte Gemeinschaftsgesinnung, als Tüchtigkeit aus individuellem „Wissen" ist die Tugend individuell unterschiedlich entwickelt. Dem ist politisch durch Einrichtung einer Hierarchie Rechnung zu tragen, deren Spitzenpositionen prinzipiell auf dem Weg der Bildung allen Bürgern zugänglich sein müssen. In Sparta sah Platon eine solche Hierarchie teilweise verwirklicht, tadelte jedoch, daß die dort zum Maßstab für den Rang im Staate genommene Gesinnung und Tüchtigkeit sich vorwiegend auf den Krieg statt auf den Frieden bezog (P 547 E f.; N 625 D ff.). Das gefragte Wissen war strategisches und sonstiges auf den Krieg bezogenes Geschick, und die regierende Tugend hieß Tapferkeit statt Gerechtigkeit (s. o. § 9). Der Maßstab für den Wert eines Bürgers ist so gar nicht die Tugend, sondern die Ehre, die sich zunächst nach Kriegserfolgen bemißt, dann aber bereits nach Reichtum (Übergang von der Timokratie zur Oligarchie). Als eine Art Neid der Ehrgeizigen entwickelt sich in dieser Verfassung „die Furcht, die Weisen ans Regiment zu bringen", so daß es bald dahin kommt, daß „einfache und strenge Männer dieser Art nicht mehr vorhanden sind" (P 547 E). Damit jedoch ist ein Zustand eingetreten, in dem die Menschen sich nicht mehr darum bemühen, die Scheidung des Zeus in bezug auf den („politischen") Wert der Individuen zu erkennen (s. o. § 12), sondern den Wert eines Menschen wie den einer Sache nach Geld bemessen. Denn das Geld ist ein eindeutigerer Maßstab als die Ehre. Aber als Maßstab für die politische Bedeutung eines Bürgers, das heißt die Bedeutung des einen für die andern und für das Heil der ganzen Polis, ist das Geld nur gesetzt, bezeichnet nicht die wirkliche politische Funktion eines Bürgers, zumal dann nicht, wenn ein Gegensatz von Reichen und Armen besteht (P 550 D ff.)[18].

---

[17] Im Fragment KRITIAS ist aber der in mythischer Vorzeit wirklich gewesene beste Staat kein Ur-Sparta, sondern ein Ur-Athen. Dazu *R. Harder* (Plato und Athen, in: Kl. Schriften, 212 ff.): „Die ‚Idee' Athen ... hat noch Wirklichkeit gehabt in der Stadt der Marathonkämpfer. In Alt-Athen war etwas vom ‚wahren' Staat verwirklicht. Dieser Gedanke hat Plato bis ins Alter nicht losgelassen. Im Atlantis-Mythos kehrt er nochmals zu ihm zurück. Von Alt-Athen schreitet er weiter zu Ur-Athen ... Es bleibt denkwürdig, daß Plato nicht darauf verzichten wollte, den überwirklichen Staat wenigstens in der Vorstellung auf Erden anzusiedeln und daß er ihm, als er ihn in die mythische Wirklichkeit einführt, die Farben seines Athen gegeben hat" (221).

[18] Platon sagt ähnlich wie später *Christus*, daß Tugend und Reichtum einander fast ausschließen (P 550 E), wobei *Platon* politische Tugend (Gerechtigkeit)

Damit daß der Reichtum sich immer mehr auf bestimmte Familien und Personen konzentriert, zeigt sich sein unpolitischer (heute müßte man sagen: asozialer) Charakter. Es kommt zum Aufruhr gegen die offen politische Plutokratie, zum Klassenkampf (P 556 E f.). Die sich im Falle des Sieges der Armen etablierende Demokratie führt wieder die politische Gesinnung als Maßstab für die Eignung zum politischen Führertum ein, aber diese Gesinnung muß sich nun versammlungstechnisch, demagogisch, propagandistisch zur Geltung bringen. Es kommt dahin, daß der demokratische Staat jemanden schon dann in Ehren hält und ihm die Regierungsgeschäfte anvertraut, „wenn er nur versichert, er meine es gut mit dem Volk" (P 558 B f.). Daß so etwas möglich wird, hängt nach Platon mit der schon im oligarchischen Staate entstandenen „Bildungslosigkeit und schlechten Erziehung" (P 552 E) zusammen. Für eine Erziehung, die in den Stand gesetzt hätte, die in der Polis anfallenden Aufgaben rational zu bewältigen, sind kein Interesse und Geld vorhanden, da das Interesse allgemein auf privaten Reichtum geht und auch das politische Interesse nur auf die politischen Bedingungen für die Anhäufung und den Genuß solchen Reichtums. Weder aus der bisher herrschenden Schicht der Reichen noch aus der revolutionären Schicht der Armen sind Leute zu erwarten, die in politischer Wissenschaft und Technik so ausgebildet wären, daß ihre Versicherungen, es gut mit dem Volk zu meinen, viel mehr sein könnten als demagogische Fassade. Außerdem kann unter den Bedingungen, der durch die Plutokratie demoralisierten Masse Gut-Leben zunächst nur bedeuten, daß ein solches Leben, wie es bisher nur die Reichen führten, durch möglichst gleiche Verteilung des Reichtums nun in entsprechend abgeschwächter Form allen möglich wird. Das Leben der Reichen war jedoch nicht gut, indem es nicht die stete, vernünftige Rücksicht auf die übrigen Bürger der Polis enthielt, sondern aus dem Staate herausholen wollte, was herauszuholen war. Dieses Prinzip geht nun, da nur solche Führer sich in der totalen Demokratie halten können, die dem Volk das gleiche versprechen, auf alle über. War das Politische vorher der Interessenkampf Einzelner und ihrer Familien und Anhänger, so wird es nun zum Interessenkampf prinzipiell aller, welches Prinzip jedoch nur durch bestimmte Wortführer der Menge praktisch werden kann.

Dies ist die Chance der Tyrannis: einmal der demokratischen Tyrannis gegenüber den unterliegenden Interessen, die von der siegreichen Partei in jedem Fall so dargestellt werden, als seien sie gegen das Gemeinwohl gerichtet gewesen und seien als solche zurecht unterlegen oder gar ver-

---

meint und das Neue Testament in seinem Begriff der Gerechtigkeit diese Seite keineswegs ausschließt. Die zweifellos vorhandenen Übereinstimmungen zwischen platonischer und christlicher Ethik sind bis zur Nivellierung der ebenso vorhandenen Unterschiede überbetont bei *C. Ritter*.

brecherisch gewesen; zum anderen aber der offensichtlichen Tyrannis eines Gewaltherrschers. Er verkörpert dann den Zwang, welchen die auf privaten, egoistischen Genuß bedachten Individuen vom Politischen als der Sphäre des Allgemeinen erwarten und zwar in der Demokratie nicht anders als in der Plutokratie. Über die politische Moral eines Plutokraten schreibt Platon, daß er in Vormundschaftsfragen und „anderen Geschäftsverhältnissen, worin er sich einen guten Ruf bewahrt, weil man ihn für gerecht hält, doch nur durch eine zweckmäßige Gewalt über sich selbst andere ihn einwohnende schlechte Begierden unterdrückt, nicht etwa indem er sich selbst überzeugt, daß es so besser wäre, auch nicht indem er sie durch Vernunft zähmt, sondern aus Not und Furcht, weil er für sein übriges Eigentum zittert" (P 554 C/D; s. o. § 11). In der Demokratie steht es insofern noch schlechter um den Staat, weil diese Haltung, die das Allgemeine für einen äußerlichen Zwang ansieht, allgemein und offen wird, während sie in der Oligarchie bei der reichlichen Befriedigung Einzelner und Resten von Ehrfurcht vor den Herrschenden in der Masse erst langsam wächst. In ihrer demokratischen Öffentlichkeit und Allgemeinheit korrigiert sie sich zwar bis zu einem gewissen Grade selbsttätig und gegenseitig, lauert aber als eine durchgängige latente Asozialität nur auf einen Anlaß zum Losbrechen. Die despotische, totalitäre Demokratie ist der paradoxe Versuch, eine plutokratische Oligarchie für alle einzurichten. „Alle" hindern sich nur gegenseitig daran, aus dem großen Gleichheitskuchen ein übergleiches Stück herauszuschneiden, — das durchgeführte System des Mißtrauens und Neides. Der Anlaß zur Auflösung des Politischen tritt spätestens dann ein, wenn einmal nicht genug Güter zur — gemäß der sich durchsetzenden Interessen — „gleichen" Verteilung anfallen, also im Falle einer Wirtschaftskrise.

Platon beschreibt nun, wie gesagt, diesen Verfassungsverfall von seinem Kern her, nämlich als Verfall der Gesinnung, der politischen Ethik. Was verfällt, ist die unmittelbare Polisgesinnung, die Platon geschichtlich verwirklicht sah — wenn auch auf schiefe Weise — im spartanischen Prinzip der Ehre. Der Verfallsprozeß macht deutlich, was Rettung bringen könnte, nämlich die bewußte, gebildete Zähmung egoistischer Begierden durch politische Vernunft, die von einzelnen ausgehend vermittels Erziehung und Herrschaft die ganze Polis durchdringt. Zu Platons ethisch-rationaler Deutung des Verfalls der Polis gehört daher seine Lehre von den Seelenteilen in ihrer Zuordnung zum Politischen. So entspricht der — auch personalpolitisch — wohlgeordneten Polis die wohlgeordnete Seele (s. o. § 13/14). Die Polis ist dann in Ordnung, wenn die richtig geordneten Seelen sie bestimmen. Nun sind bei Platon die drei Seelenteile, der begehrliche, der sich ereifernde und der vernünftige den drei Sphären des Politischen zugeordnet: dem Ökonomischen, dem Kämpferischen (Machtpolitischen) und dem Überlegenden, Wissenschaftlichen. Das Ideal ist die Herrschaft der Vernunft (mit Hilfe der leiden-schaftlichen Einsetzung für das richtig Erachtete) über das Begehrliche und Ökonomische. Die Vernunft ist dabei die Sphäre des sich-selbst-Überzeugens, -Beherrschens, des aus-sich-Bestimmens (der Freiheit und Autonomie, wie man modern sagen müßte) unter Berücksichtigung des Allgemeinen. Letzteres macht die Vernunft zur politischen. Das Begehr-liche ist der Bereich des Angewiesenseins und damit der Abhängigkeit von Äußerem, das Ökonomische als Besorgung des Lebensnotwendigen ist die rationale Organisation dieses Bereichs, des, wie Platon sagt, größten aber nicht wichtigsten. Diesen Bereich nicht der Herrschaft der Vernunft zu unterwerfen, heißt: das Zentrum, die Seelenburg[19] des Menschen, das Aus-sich seines Handelns äußeren Einflüssen preiszugeben. Die Irrationalität der Begierden und die Freisetzung des Ökonomischen ist Unfreiheit.

Platon sagt nirgendwo, daß diese unterste der drei Sphären unwichtig sei. Sie macht nach ihm die Basis der Polis und der Seele aus. Doch darf sie nicht sich selbst überlassen werden, wodurch sie ihrer überragenden Größe wegen zum Herrschenden würde, sondern gehört an den Zügel der Vernunft, die ihr soviel Freiheit gibt, daß sie das Nötige und Angenehme besorgen kann, die aber verhindert, daß die ganze Person und ganze Polis in diese Sphäre der Abhängigkeit hineingerissen werden. Den Verfall der Verfassungen schildert Platon als das allmähliche Überwuchern des Begehrlichen und Ökonomischen, von dem jeweils die nächste Generation einer noch an politischer Ethik orientierten Generationenfolge etwas weiter erfaßt wird, bis sie „die Burg in der Seele des Jünglings in Besitz nehmen, nachdem sie gemerkt haben, daß es darin fehlt an schönen Kennt-nissen und Bestrebungen und an richtigen Grundsätzen, welche doch immer die besten Hüter und Wächter sind in den Seelen gottbefreundeter Männer" (P 560 B). Platons Polemik gegen die demokratische Freiheit, so wie sie im damaligen Athen offenbar verstanden worden ist, richtet sich dagegen, daß sie Freiheit für das Begehrliche und Ökonomische und Freiheit *von* der politischen Vernunft und Ethik war. Er verstand sie als den Schrei nach Außenlenkung, den das Volk ausstieß, weil es den An-strengungen der Selbstbeherrschung und Selbstbeschränkung, „dem Rauch der Knechtschaft, wie sie unter Freien ist", entgehen wollte. Es besteht dann die Gefahr, aus dem Rauch der Knechtschaft „in die Flamme einer von Knechten ausgeübten Zwingherrschaft" zu kommen (P 569 B/C). Denn der Tyrann ist nach Platons Darstellung der absolute Knecht seiner Begierden (P 571 A ff.) und als solcher der Exponent der von „allen" erstrebten „Freiheit".

---

[19] τῆς ψυχῆς ἀκρόπολις P 560 B.

§ 26. Eigentum, Ökonomie, Oligarchie.

Bei Aristoteles tritt diese platonische Zuordnung einer ethisch wertenden Psychologie zur Politik und Ökonomie in den Hintergrund. Damit fehlt bei ihm das Scharnier, das bei Platon Politik und Ethik beweglich zusammenhält[20]. Anders formuliert: Das Zurücktreten dieses spezifisch platonischen Kernstücks der praktischen Philosophie ermöglicht die disziplinäre Trennung von Politik und Ethik. Sie ermöglicht zweitens eine realistischere Sicht der ökonomischen Dinge und der plutokratischen Oligarchie. Aristoteles sagt: „Es ist ... unbeschreiblich, welche Lust es gewährt, etwas als sein Eigentum bezeichnen zu können. ... Die Eigenliebe (tò phílauton) wird zwar mit Recht getadelt. Aber da handelt es sich ... um die übertriebene Liebe zu sich selbst, so wie beim Geldgierigen" (Pol II 1263 a 40—b 3). Die aristotelische Kritik an der zu weit gehenden Vereinheitlichung des Staates bei Platon trifft denn auch neben der Weiber- und Kindergemeinschaft den von Platon für die Wächter und Philosophenherrscher[21] vorgesehenen Kommunismus des Eigentums (Pol 1262 b 37 ff.).

[20] Es heißt zwar in der POLITIK: „Das Vollkommene ist für die Gemeinschaft wie für den einzelnen dasselbe, und der Gesetzgeber muß eben das in die Seelen der Menschen einprägen" (Pol VII 1333 b 37/38; vgl. III 1280 b 5—12; s. o. S. 112, Anm. 3) und ganz in der Nachfolge *Platons:* „Der Staatsmann hat als Gesetzgeber auf alles zu achten im Hinblick auf die Seelenteile und ihre Tätigkeiten, vor allem auf das Bessere und auf das Ziel" (1333 a 37—39). Doch die Theorie-Praxis-Trennung sprengt diese Einheit, wie in demselben (siebenten) Buch der POLITIK, aus dem die beiden Zitate stammen, deutlich wird. 1324 a 14 ff. stellt *Aristoteles* die Fragen: 1. „ob das Leben in der staatlichen und politischen Gemeinschaft das wünschbarere ist, oder eher das Leben des Fremden, der von der staatlichen Gemeinschaft abgelöst ist", 2. „welche Staatsform ... und welcher Zustand des Staates der beste sei, mag nun das Leben im Staate für alle wünschbar sein oder doch für die Mehrzahl". Aristoteles bemerkt dazu: „Da aber nur die zweite Frage eine Aufgabe des politischen Denkens und Forschens ist und nicht die Frage nach dem Einzelnen, und wir jetzt eben jenen Gegenstand gewählt haben, so wird die erste Frage nur nebenher zu behandeln sein." Daraus folgt, daß „der Staatsmann als Gesetzgeber" von der Philosophie als politischer Wissenschaft im Stich gelassen wird, wenn er vor der Aufgabe steht, „auf alles zu achten im Hinblick auf die Seelenteile ...". Bei der Lösung dieser Aufgabe können ihm dann wohl nur eine instinktiv richtige Einsicht (ὀρθὸς λόγος; αἴσθησις; φρόνησις; vgl. *Dirlmeier,* 298—304; s. o. § 20) und die Orientierung an Sitte und Gewohnheit helfen. Wenn die Sitten verdorben und die Gewohnheiten schlecht sind, wird seine Stellung unhaltbar.

[21] „... ihnen allein von allen in der Stadt sei es verboten, mit Gold und Silber zu schaffen zu haben". Der Sinn dieser Maßnahme ist, daß es der Stadt gut gehe (P 417 A 5/6). Das bedeutet auch „gut-gehen" im Sinne von Wohlstand. Der unterste der Stände ist freigesetzt, nach Besitz und Reichtum zu streben, aber nur in dem Rahmen, den ihm der oberste, besitzlose Stand bestimmt (dazu *Cornford:* Plato's Commonwealth, in: The Unwritten Philosophy and

Für die Besitz- gilt dasselbe wie für die Familienverhältnisse: „Was den meisten gemeinsam ist, erfährt am wenigsten Fürsorge. Denn um das Eigene kümmert man sich am meisten, um das Gemeinsame weniger oder nur soweit es den einzelnen angeht" (Pol 1261 b 33—35). Wenn Aristoteles das für seine Zeit feststellen kann, so bedeutet es, daß die Polisgesinnung als freiwillige Verantwortung für das Allgemeine an der Klippe des Eigentums gescheitert ist. Platon will diesem Mangel mit jenem Wächter- und Philosophenstand der POLITEIA abhelfen, dem nur das Allgemeine das Eigene sein soll. Dazu entwirft er in den NOMOI einen Agrarstaat, in dem ein Handelskapitalismus und darauf gestützt die plutokratische Oligarchie, der Anfang des Verfassungsverfalls, keinen Platz hat. Wenn es freilich gelingt, die Bevölkerungszahl konstant zu halten, dann ist ein Wirtschaftsapparat von der Dynamik eines Freihandelssystems wie des athenischen zur Zeit des Perikles überflüssig. Platons wirtschaftspolitisches Ideal ist offenbar die relative Autarkie des alten, agrarischen Athen und des durch die Eroberung Messeniens konsolidierten Sparta.

Aristoteles hält zwar an dem Autarkie-Ideal fest, aber stellt sich der Konsequenz, daß mit dem frei erwerbbaren Eigentum auch der Unterschied des Eigentums gesetzt ist. Und damit ist politisch zugleich die Tendenz zur Oligarchie gegeben, da ein noch so privates Eigentum öffentliche Implikationen hat und öffentliche Interessen entwickelt. Fühlt Platon sich wirtschaftspolitisch dem alten, grundbesitzenden Adel verbunden, so Aristoteles, wie Ritter im Anschluß an v. Fritz und E. Kapp betont, „der neuen Klasse von Bürgern . . . die den Überseehandel betreibt" und es

---

Other Essays, 47—67; *Natorp: Plato's Staat und die Idee der Sozialpädagogik*). Dieser individuell desinteressierte Stand allein könnte also auch festsetzen, welche Beträge für allgemeine Staatszwecke wie z. B. Tempelbau, Rüstung, Kriegführung aufgewendet werden müssen. Über den herrschenden Stand schreibt Platon: „Besäßen sie aber selbst eigenes Land und Wohnungen mit Gold, so würden sie dann Hauswirte und Landwirte sein anstatt Wächter, und rauhe Gebieter anstatt Bundesgenossen der anderen Bürger werden und würden so, hassend und gehaßt, belauernd und selbst belauert, ihr ganzes Leben hinbringen, weit mehr die Feinde drinnen fürchtend als die draußen . . ." (P 417 A/B). Aus dem Besitzstreben folgt nach Platon notwendig Streit, und es geht ihm (wie später *Hegel*) darum, diese ganze, im übrigen für nötig erachtete Sphäre der Konkurrenz und des Besitzneides unter die Kontrolle eines Standes zu bringen, dessen Interesse am gesellschaftlichen und staatlichen Miteinander direkt (personal, ethisch) politisch ist und nicht vermittelt wird durch einen zunächst auf Sachen gerichteten Egoismus.

Wie schon *Thomas Morus* (vgl. *Barker: Greek Political Theory*, 448f.) wollte *Marx* diesen Stand zum einzigen und allgemeinen machen. Ihm schwebte also eine in dieser Hinsicht ungegliederte Gesellschaft vor, eine ideale Polis im Großen, die als solche die Kontrolle des Besitzes ausübt. Die Formel „Herrschaft der Sozietät über den Reichtum", diese Quadratur des Kreises, steht schon in seiner Schrift „Zur Kritik der Hegelschen Rechtsphilosophie. Einleitung" (Frühschriften, ed. Landshut, Stuttgart 1953, 213).

dabei zu einem „maßvollen Wohlstand" bringt[22]. Wohl nur ein solcher Mittelstand hätte den Ausgleich zwischen Oligarchie und Demokratie durchführen und tragen können, den Aristoteles „Politeia" nennt und der ihm als ein praktisch mögliches Ideal vorschwebt.

§ 27. Die Frage nach dem besten Staat bei Aristoteles und die politische Realität

Mit dem Schwanken zwischen Demokratie und Oligarchie und einer relativen Stabilisierung in einer mehr zur Demokratie hin liegenden Mitte zwischen den beiden Extremen hat Aristoteles unter dem Titel „Politie" die politische Wirklichkeit seiner Zeit idealtypisch beschrieben. Wie in der „Ethik", so bestimmt er auch in der „Politik" das Beste als eine solche Mitte zwischen schlechten Extremen. Aber er unterscheidet hier zwischen der schlechthin und der relativ besten Verfassung und behandelt die Frage, „welches die unter bestimmten Voraussetzungen beste Verfassung ist", vorrangig (Pol IV 1288 b 21—28). „Denn man darf nicht nur auf die beste Verfassung hinschauen, sondern auch auf die mögliche und diejenige, die leicht und allgemein zu verwirklichen ist" (Pol 1288 b 37—39). Hinter der Behandlung der an sich bloß zweitbesten[23] Verfassung, die unter den Bedingungen der Zeit nur eine Mischung zwischen Demokratie und Oligarchie sein konnte, verblaßt denn auch die Darstellung der besten, die Aristoteles wie Platon in Königtum und Aristokratie gegeben sieht[24]. Wie für Platon, so ist auch für Aristoteles diese beste Verfassung dadurch bestimmt, daß in ihr die nach Fähigkeit und Tugend dazu geeignetsten Leute regieren und so der ganze Staat „auf die Tugend hin"[25] besteht[26].

---

[22] *Ritter* 6, 243, Anm. 22; vgl. Pol IV 1295 b 1 ff.; doch s. u. § 27.

[23] Pol 1289 b 15.

[24] Pol 1289 a 30—33; s. u. § 28.

[25] κατ' ἀρετὴν συνεστάναι — Pol 1289 a 33. Auch die *Sklaven* sind nach *Aristoteles* Glieder dieses Tugendstaates, vgl. Pol I 1260 b 2—7: „Klar ist also, daß der Herr den Sklaven zu der ihm entsprechenden Tugend bringen muß ... Darum irren auch jene, die den Sklaven die Vernunft absprechen und erklären, man müsse ihnen bloß befehlen. Die Sklaven müssen vielmehr noch mehr ermahnt werden als die Kinder." Die Sklaverei erhält so bei Aristoteles geradezu den Sinn, auch von der Natur benachteiligte Menschen zur Tugend und damit zum Glück zu bringen.

[26] In der POLITEIA fragt *Platon*, anders als später in den NOMOI, geradewegs nach dem besten Staat. Der beste Staat jedoch ist ihm der Staat der Besten, und die wichtigste Gegenposition ist nicht die Tyrannis, der Staat der oder des Schlechtesten, sondern die Demokratie, das heißt im Idealfall der Staat aller. Zur Zeit Platons war er freilich bestenfalls der Staat der meisten, des „Volkes" als einer Partei in der Gegenstellung zum Adel und zu den Reichen.

Während aber bei Platon gerade die Besten um willen der Polis leben sollen und das beste, nämlich das philosophische Leben nicht nur im Dienste der reinen Theorie, sondern auch der Polis zu stehen hat, geht Aristoteles in mehrfacher Hinsicht über die Polis hinaus oder auch hinter sie zurück. Einmal wird, wie dargelegt, das politisch unverantwortliche Leben für die reine Wissenschaft als eine legitime Möglichkeit diskutiert. Unmittelbar politisch sind aber die Passagen der POLITIK interessanter, die sich ebenso gut oder sogar eher auf Aristoteles' Schüler Alexander den Großen als auf Platons Philosophenherrscher beziehen könnten. Es ist dies vor allem die Stelle im dritten Buch: „Wenn nun ein Einzelner oder mehrere ... sich in der Arete so sehr auszeichnen, daß die Arete aller anderen zusammen sich mit der ihrigen nicht vergleichen läßt und auch nicht die politische Fähigkeit ... ein solcher wird wie ein Gott unter den Menschen wirken müssen. ... sie sind sich selber Gesetz, und wer versuchte, ihnen Gesetze zu geben, würde sich lächerlich machen ..." (1284 a 3—17; vgl. 1284 b 25—34; 1277 a 12ff.). An der Möglichkeit, solche außerordentlichen Individuen unter den Bedingungen seiner Zeit durch ein Königtum alten Stils, also eine „Herrschaft, die auf freiem Willen beruht" (vgl. Pol V 1313 a 5), doch in eine Art Polisgemeinschaft zu integrieren, scheint Aristoteles zu zweifeln. Eine einmal vorherrschend gewordene „arithmetische" Gleichheit erträgt keine Königsherrschaft mehr[27]. Auch in der makedonischen Verfassung scheint er mehr eine Tyrannis als ein Königtum zu sehen.

Bei Aristoteles gibt es nicht die dialektische Überlegung, daß „das äußerste Tun in irgend etwas ... immer eine große Hinneigung zum Gegenteil zu bewirken" pflegt, die Platon im Hinblick auf die Freiheit anstellt[28],

---

Der Hauptgegensatz heißt daher für Platon Aristokratie — Demokratie (*Verschiedenheit — Gleichheit*). Damit hat er wohl das realiter treibende Prinzip, aber das Prinzip weniger der Realpolitik und mehr der politischen Ethik erfaßt.

    Dagegen heißt der politische Hauptgegensatz, so wie *Aristoteles* ihn aus der Wirklichkeit aufnimmt: Demokratie — Oligarchie (*Gleichheit — Ungleichheit*). (Der Gegenpol zur Gleichheit ist hier besser nur negativ zu fixieren, da die oligarchische Ungleichheit des Besitzes nach der klassischen anders als nach der calvinistischen, von *A. Smith* und anderen säkularisierten Ethik einen nur zufälligen Unterschied ausdrückt.) Aristoteles' Ansatz ist zugleich vordergründiger und realistischer. Sein Argument: „Adlige und Tüchtige gibt es nirgendwo mehr als hundert, Reiche und Arme dagegen überall sehr viele" (Pol V 1302 a 1—2; ich lese mit Gigon und anderen: εὔποροι δὲ καὶ ἄποροι), ist schwer zu widerlegen.

[27] Pol V 1313 a 2—9; vgl. 1301 b 26—28.

[28] P 563 Ef.; 8. Brief 354 D/E. Doch steht auch bei *Aristoteles* die Betrachtung über die radikaldemokratische Freiheit des „Leben-wie-einer-will" im Kontext einer Untersuchung darüber, „wie sich die Verfassungen verändern und untergehen, und wie sie sich erhalten und Dauer haben" (Pol V 1310 a 12—38; s. u. § 29).

und er erwähnt das makedonische Königtum, dem er und seine Familie näher verbunden waren, in seiner POLITIK nur beiläufig. Aber seine Wertung des großen Einzelnen als einer politischen Figur legt nahe, daß die makedonische Herrschaft über Hellas doch eine tiefere Spur in der politischen Theorie des Aristoteles hinterlassen hat. Was Knauss über Platon sagt, gilt mehr noch von Aristoteles: „So zeichnen sich bei ihm bereits zwei zukünftige Menschentypen ab, die beide eine Verneinung der Polis bedeuteten: der große Herrscher und der große Weise, oder in ihrer mehr alltäglichen Form: der Mensch, der nach Erfolg und Macht strebt, und der andere, der sein Glück abseits vom Staate im Privatleben findet"[29]. Wenn L. Strauss schreibt: „The political philosopher first comes into sight as a good citizen who can perform this function of the good citizen in the best way and on the highest level"[30], so bezieht sich das offenbar auf Platons Philosophie, dergemäß gerade die Besten, die den Bereich der Polis transzendieren (mit Hilfe der Bildung, die ihnen die gute Polis vermittelt), ihr Leben in den Dienst des Gemeinwesens stellen und damit in die dunkle Höhle praktischer Politik zurückkehren sollen. Nach dem allgemeinen Maß der Polis bemißt sich auch ihre Freiheit und Gleichheit. Dagegen war Aristoteles bereits der Theoretiker des nachklassischen, makedonisch-hellenistischen Zeitalters der Polis, in dem Alexander der Große zum Vollender der griechischen Freiheit und Gleichheit wurde wie später Napoleon zum Vollstrecker der Französischen Revolution. Der Sieg der radikalen oder plutokratisch modifizierten Gleichheit in der Polis war der Sieg der makedonischen Könige über die Polis und war zugleich die (innere) Emigration der Philosophie aus der Polis.

Des Aristoteles zu einem großen Teil wirklichkeitshermeneutische Konstruktion einer zweit-besten, im Gegensatz zur erst-besten real möglichen Verfassung, die er entstehen läßt durch eine Mischung von Demokratie und Oligarchie, soll in der gegenseitigen Korrektur dieser wie bei Platon negativ beurteilten Extreme proportionale Gleichheit ermöglichen. Die „Politie" ist eine Vermittlung der radikaldemokratischen, „arithmetischen" Gleichheit mit der „geometrischen" Gleichheit nach Würdigkeit, also mit dem Prinzip der Meritokratie (vgl. Pol V 1301 b 29 f.). Fähigkeit und Tugend sollen eine der Aristokratie wenigstens angenäherte politische Funktion bekommen. Dabei ist nicht ganz klar, wie aus der faktischen, plutokratischen Ungleichheit ein meritokratisches Moment in die Politie eingebracht werden kann, es sei denn man nehme an, daß der Reichtum vorwiegend befähigten Männern die für politische Betätigung notwendige

---

[29] *Knauss*, 274; vgl. *H. Kleinknecht:* Der νόμος im Griechentum und Hellenismus 1025. Bezogen auf Pol III 1284 a 3 ff. schreibt Kleinkn.: „Diese philosophische Theorie wurde im Hellenismus geschichtliche Wirklichkeit."

[30] *L. Strauss:* On Classical Political Philosophy, in: Plato: Totalitarian or Democrat?, 156.

Muße ermögliche. Aristoteles jedoch macht einmal darauf aufmerksam, daß in der Spätform der griechischen Demokratie, wo man die Armen für die Teilnahme an politischen Versammlungen entlohnt, eher die Masse Zeit zu politischer Tätigkeit hat als die Reichen, weil diese sich um ihre Geschäfte kümmern müssen[31], und fordert zum andern, daß der Gesetzgeber einer Stadt dafür sorgen müsse, daß „die Besten Muße pflegen können und nicht in unwürdige Verhältnisse geraten, nicht nur als Beamte, sondern auch als Privatleute" (Pol II 1273 a 32—35). Er tadelt am karthagischen Staate, daß man dort die Reichen zu regierenden Beamten mache, weil sie nun einmal die nötige Muße haben. Hierdurch erscheine das Geld ehrwürdiger als die Tugend, und der ganze Staat würde geldgierig. (Pol 1273 a 21 ff.).

Daß andererseits von den radikal gewordenen demokratischen Tendenzen seiner Zeit das Prinzip proportionaler Gleichheit gefördert werden könnte, erscheint nach Aristoteles' eigener Darstellung unmöglich. Zwar betont er die Notwendigkeit, zu differenzieren, wenn man von Demokratie spricht (Pol IV 1290 a 30 f.) und verteidigt an einer Stelle die demokratische Fundamentalthese, daß „die Entscheidung eher bei der Menge als bei der geringen Zahl der Besten zu liegen habe" (Pol III 1281 a 40 ff.) gegen die sokratisch-platonische Option für den Fachmann, aber im übrigen akzentuiert er von den verschiedenen Formen der Demokratie, die er aufzählt (Pol IV 1291 b 30 f.), vor allem die vierte, radikale Form. Er sagt, es sei diejenige, „die sich als letzte in den Staaten durchgesetzt hat" (Pol 1292 b 41 f.), beschreibt also damit die politische Wirklichkeit seiner Zeit. Und dieses Ende der Polis ist tatsächlich — ohne die Zweideutigkeit des griechischen und aristotelischen Telos-Begriffs — ihr Ende, ist nicht die Reife einer geschichtlichen Gestalt, sondern bereits deren Fäulnis[32].

---

[31] Pol IV 1292 b 41 — 1293 a 10. — Großgrundbesitz in einer feudalaristokratischen Gesellschaft ermöglicht den Besitzenden Muße, sofern sie ihre Güter nicht oder nur teilweise selber verwalten. Dagegen ist ein aus Handel und industrieller Produktion hervorgehender Reichtum vergleichsweise instabil und bedarf dauernder Fürsorge, zumal in einer demokratischen, auch auf soziale Gleichheit bedachten Gesellschaft. Vgl. *Jaeger* III, 59.

[32] S. o. § 20. — Gegen *Ehrenberg* (und alle anderen, die spätestens von der Schlacht bei Chaironeia (338 v. Chr.) an die Verfallszeit der Polis beginnen lassen) plädiert *Nörr* dafür, der Polis „eine lange oder gar mehrere Blütezeiten" zuzuerkennen (Vom griechischen Staat, 369). N. schreibt über den antiken Großstaat, er könne nicht erklärt werden, „wenn man ihn allein als durchorganisierte, der Souveränität des Monarchen unterstellte territoriale Masse und nicht (zugleich auch) als Überbau über untergeordnete ‚politische' Einheiten begreift, die mehr sind als bloße Selbstverwaltungssprengel" (362; vgl. 357 f.). Als ein solches „mehr", das freilich nach N. nicht in der Machtpolitik, sondern in den Möglichkeiten menschlicher „Selbstverwirklichung" im Rahmen der Polis zu suchen ist, habe die Polis bis in die Zeit der römischen Kaiser weiterbestanden (369 f.).

Aristoteles unterscheidet zwischen solchen Demokratien, die „nach dem Gesetz", das heißt hier: personalpolitisch von den „Besten unter den Bürgern" regiert werden, und einer anderen Form, in der die abstrakte Gleichheitsideologie zwar das Prinzip gestufter Gleichheit abgeschafft hat, aber dafür statt faktisch-totaler Gleichheit eine andere, und zwar schlechte Art Ungleichheit heraufgeführt hat: „Wo aber die Gesetze nicht entscheiden, da gibt es die Volksführer. Denn da ist das Volk Alleinherrscher, wenn auch ein aus vielen Einzelnen zusammengesetzter. Die Menge ist ja Herr, nicht als jeder Einzelne, sondern als Gesamtheit ... und so entspricht denn diese Demokratie unter den Alleinherrschaften der Tyrannis" (Pol 1292 a 4—18). Auch sonst bringt er diese Art der Demokratie wie Platon — wenn auch nicht gemäß seiner psychologisch-ethischen Argumentation — mit der Tyrannis zusammen[33]. Und wie Platon spricht er — wenn auch nur beiläufig — von der Verderbtheit der politischen Zustände[34].

Aus dieser Überreife der Polis macht sich Aristoteles heraus und preist die vergangene erste Form der Demokratie. Er nennt in dem Zusammenhang die Bauern die beste Schicht des Volkes (dēmos) und schreibt, daß man die beste Form der Demokratie nur dort einrichten könne, „wo das Volk von Landwirtschaft und Viehzucht lebt. Weil sie gerade das Notwendige besitzen, so halten sie sich bei ihrer Arbeit auf und begehren nicht nach fremden Dingen, und es ist ihnen lieber, zu arbeiten, als Politik zu treiben und zu regieren ... Eine solche Staatsverfassung muß gut sein (denn die Ämter werden immer durch die Besten verwaltet, und das Volk will es so und beneidet die Tüchtigen nicht) ..."[35]. Aristoteles kehrt hiermit der Polis, so wie sie geworden war, den Rücken. Er hält die Bedingungen für eine gute Demokratie und Staatsverfassung dort gegeben, wo die Mehrheit des Volkes auf dem Land lebt, so daß die städtische Bevölkerung (agoraîos óchlos) in den demokratischen Versammlungen nicht das Übergewicht erhält (Pol 1319 a 30—38), wertet also den früheren Zustand

---

Das mag historisch richtig sein, doch ändert es nichts daran, daß — zunächst äußerlich gesprochen — die welthistorische Rolle der Polis, weil dazu Macht gehört, mit Chaironeia zu Ende war. Zweitens jedoch war die Polis nach ihrem Selbstverständnis wesentlich durch die Freiheit nach außen definiert. Eine Polis, die nicht mehr eine selbständige Außenpolitik treiben kann, ist nur noch in einem reduzierten Sinne Polis. Das *J. Burckhardt*sche Urteil: „Mit dem Eintritt des Hellenismus in die Weltgeschichte verliert ... der Begriff des Griechentums seine ethisch-politische Bedeutung, um dafür ein Weltinteresse der Kultur zu vertreten" (op. cit., I, 307), bleibt auch gegen die Argumente Nörrs bestehen.

[33] Pol II 1274 a 5—7; 1312 V b 5/6; 1313 b 38/39; VI 1319 b 27—32.
[34] ... διὰ τὴν μοχθηρίαν τῶν πολιτειῶν — RHETORIK III 1403 b 35.
[35] Pol VI 1318 b 6ff.; vgl. IV 1292 b 22 — 1293 a 10.

Athens und der anderen griechischen Stadtstaaten[36] positiv gegen ihren späteren, wo ein Großteil der Bürger nicht mehr arbeitet, sondern sich dauernd um den Markt und die Stadtmitte herumtreibt, stets bereit, Volksversammlungen und anderen politischen Veranstaltungen beizuwohnen[37].

Man kann diese die reaktionäre Seite der POLITIK des Aristoteles nennen, der andere Seiten entgegenstehen. Aber für alle Seiten der politischen Theorie dieses Philosophen zeigt diese eine, daß er eine theoretische Bestandaufnahme der vergangenen und gegenwärtigen Poliswirklichkeit gibt, ohne zu erwägen, wie es mit der Polis weitergehen könnte. Denn auch jene von den „Besten" bestimmte Demokratie auf agrarischer Grundlage bleibt wie die „Politie", die Mischung zwischen totaler Demokratie und kapitalistischer Oligarchie, eine nur angedeutete Alternative zu den bestehenden Aporien. Im Gegensatz zu Platon (NOMOI) geht Aristoteles denn auch mit keinem Wort auf die Möglichkeit einer gegenwärtigen Verwirklichung dieser Verfassung ein. Weder schlägt er wie Platon drastische Maßnahmen vor, um die Sprengung einer solchen Verfassung durch Bevölkerungswachstum zu verhindern, noch zeigt er wie dieser Wege auf, auf denen sichergestellt werden könnte, daß die zur Regierung Kommenden tatsächlich die Besten und nicht bloß die Reichsten oder Ehrgeizigsten sind (vgl. Pol 1318 b 27 f.). Für die POLITIK scheint demnach das gleiche zu gelten, was Gigon über die Nikomachische Ethik schreibt: „die aristotelische Ethik konnte vielleicht als eine Ethik der Gebildeten in einer Zeit relativer Sekurität ihre Wirkung tun. Daß sie versagte, . . . wo die Menschen Pathos brauchten, um schwierige Situationen zu bewältigen, liegt auf der Hand. Denn die unerfüllbaren Forderungen haben die Menschen seit jeher ganz anders zum Handeln getrieben als die erfüllbaren"[38].

---

[36] Vgl. *Schwartz:* Ethik der Griechen, 28. *Eleutheropulos* (Die Philosophie und die sozialen Zustände des Griechentums, 268) macht darauf aufmerksam, daß dieses auch die Zustände sind, die *Aristoteles* aus seiner Kindheit und Heimat kennt.

[37] Pol VI 1319 a 28 f. — *J. Burckhardt* urteilt: „Ferner waren die Bürger von den vielen Volks- und Gerichtsversammlungen her (dem ἐκκλησιάζειν καὶ δικάζειν) offenbar nervös geworden, denn die beruhigende Kraft der täglichen Arbeit fehlte den meisten" (op. cit., I, 210; vgl. 220; 254; zu Aristoteles' Darstellung der politischen Wirklichkeit seiner Zeit vgl. ebd. 243 ff.). In diesem Zusammenhang zitiert er *Fustel de Coulanges:* „Les hommes passaient leur vie à se gouverner", vgl. überhaupt Fustel: Der antike Staat, 405 ff.; *Eleutheropulos,* 164 ff. Die heutigen Vorstellungen von unmittelbarer Demokratie dürften auf Ähnliches hinauslaufen. — Nach *Jones* (Athenian Democracy, 50; 108 ff.) sind diese Vorwürfe politisch motivierter Herumtreiberei übertrieben.

[38] *O. Gigon* in der Einleitung zu seiner Übersetzung der NE, S. 51.

3. Platons Selbstkritik

§ 28. Vom besten Staat zum Gesetzesstaat

Dem Problem, das schon Platon veranlaßt, die Position der POLITEIA später zu modifizieren, gibt im POLITIKOS Sokrates der Jüngere Ausdruck, wenn er gegen die unumschränkte Herrschaft der gemäß ihrer Einsicht königlichen Männer sagt: „Das übrige, o Fremdling, scheint ganz untadelig gesagt, daß sie aber auch ohne Gesetz herrschen sollen, ist hart anzuhören" (Po 593 E). Am Leitfaden dieses Problems wurde bisher der Weg verfolgt, der von der POLITEIA zu Aristoteles' POLITIK führt. Es scheint der Weg vom utopischen Bildungsstaat, der konkret politisch bei einem „aufgeklärten Despotismus"[1] endet, zurück zum griechischen, zunehmend kommerziell fundierten, zur Demokratie sich entwickelnden Gesetzesstaat zu sein[2] und damit der Weg zurück zur Wirklichkeit, über die Platon in doppelter Weise hinausgegriffen hatte: einmal hin zu den Sternen, d. h.

---

[1] „enlightened despotism" (*Sabine*, 41).

[2] Ähnlich sieht *Sabine* (68 ff.; vgl. auch *Luccioni*, op. cit.; *Morrow*: Plato's Cretan City, 544—590) die Entwicklung vom Platon der POLITEIA hin zu Aristoteles. Nach dieser Sicht der Dinge erkannte *Platon* selber, daß die Gesetzlichkeit in der POLITEIA nicht angemessen berücksichtigt sei. Sabine schreibt: „The situation presented a dilemma and the fact that Plato himself saw and stated it is the true measure of his intellectual greatness. Probably no critic from Aristotle on has ever stated an objection against Plato which he could not have learned from reading Plato" (70).
Wie dargestellt, sah Platon jedoch auch das andere Dilemma, das von Sabines demokratischem Reformkonservatismus nicht angemessen berücksichtigt wird, nämlich das Problem, wie und im Hinblick worauf Gesetze zu machen seien, wenn das Hergebrachte seine Selbstverständlichkeit verloren hat: ob dann die Gesetze zustandekommen sollten als resultierende Vektoren demokratisch vermittelter (oder manipulierter) Interessen, oder ob sie besser im Hinblick auf ein nicht machbares Gutes von speziell dazu geeigneten und ausgebildeten Leuten gemacht werden (s. u. §§ 38 f.). Ein weiteres Dilemma betrifft das Verhältnis von (politischer) Ethik und Gesetzlichkeit. Es läßt sich ebenfalls auf die Alternative demokratisch — aristokratisch zuspitzen und führt zu der Frage: Wenn das Gesetz nur einen Kompromiß und Interessenausgleich enthält, bedeutet das nicht, daß überdurchschnittliche, vorbildliche Arete keinen Ort in dieser Mittelmäßigkeit mehr hat, so daß die jeweiligen Kompromisse notwendig auf immer niedrigerem Niveau stattfinden, d. h. daß sie immer mehr von einer solchen Gesinnung diktiert werden, die bei auftretenden Schwierigkeiten bald bereit ist, alle Gesetzlichkeit über den Haufen zu werfen (vgl. P 563 D)?

zu normativen und anspruchsvollen Ideen jenseits der Realität, und zum andern zurück in die Zeiten einer agrarisch fundierten Adelsethik. Aber die POLITEIA fällt nicht zwischen die beiden Stühle Reaktion und Utopie, ist weder die Ideologie eines herzustellenden Hirten- und Bauernvolkes mit übergeordneter Feudalaristokratie, noch einer Gelehrtenrepublik, noch einer den Staat überflüssig machenden Gesellschaft „mündiger" Individuen, sondern ist Theorie der Polis, der Stadt, zu der freilich die NOMOI (durchaus im Einklang mit der griechischen Realität der klassischen Zeit) die Betonung einer gesunden Wechselwirkung zwischen städtischem und ländlichem Leben hinzubringen[3]. Die Polis jedoch war der Ort, an dem der Begriff Gesetz dialektisch wurde. Es wurde offensichtlich, daß der Nomos nicht einfach von den Göttern oder Vorfahren kommt, sondern daß man Gesetze *machen* kann. Die Gesetzgebung war das zentrale Problem der seit den Sophisten zur Frage stehenden politischen Wissenschaft und Technik.

Platon und Aristoteles nun sind sich darüber einig, daß Gesetze nicht einfach auf Grund des Verfahrens ihrer Formulierung und Verabschiedung gut und richtig sind. Beide sind keineswegs Vertreter eines verfahrenstechnischen Legalismus oder Positivismus. Beide fragen nach dem, was dem Gesetz maßgebend zugrundeliegen soll. Und beide sind deshalb Gegner der sophistisch-demokratischen Vertragstheorie, die das Gesetz als resultierenden Vektor eines vorgesetzlichen Interessengeschiebes konstruiert. Wie dargelegt (s. o. § 11), ist die POLITEIA als Ganze eine Antwort auf die macht- und vertragstheoretische Setzungstheorie von Recht und Gerechtigkeit. Statt unmittelbarer oder durch Übereinkunft zustande gekommener Macht soll die Tugend teils der Besten, teils aller (s. o. § 14) der leitende Gesichtspunkt für das Staatsgesetz sein. Maßgeblich für die Tugend ist wiederum die Einsicht, letztlich die nur Wenigen zugängliche Erkenntnis der „Idee des Guten". Kraft ihrer überlegenen Vernunft stehen diese Wenigen über den Gesetzen außer über denen, die, aus der Einsicht des ersten Gesetzgebers kommend, ihren Bildungsgang regeln, auf Grund dessen sie allererst auf methodischem Wege zu ihrem überlegenen Wissen gelangen können.

Ähnlich macht Aristoteles das Prinzip des Tugendstaates gegen den Macht- und Vertragsstaat geltend, aber ohne den sokratisch-platonischen „Intellektualismus" und ohne den Rahmen des Gesetzes zu sprengen. Er berücksichtigt die im Felde des Gesetzesbegriffs aufgebrochene Dialektik, wenn er schreibt: „An die politische Tugend und Schlechtigkeit denken nur ene, die sich um gute Gesetze kümmern. Und in der Tat muß ein Staat,

---

[3] *Barker* (Greek Political Theory, 20) und *Wilamowitz* (Platon I, 38; 666f.) weisen darauf hin, daß die Wechselbeziehung zwischen städtischem und ländlichem Leben, die zu den Idealvorstellungen politischer Philosophie bei Platon und Aristoteles gehört, im Perikleischen Zeitalter großenteils noch Realität war.

der in Wahrheit und nicht bloß dem Namen nach ein Staat ist, sich um die
Tugend kümmern. Denn sonst wäre die Gemeinschaft ein bloßer Bei-
standsvertrag, der sich von anderen solchen Verträgen nur durch die
räumlichen Verhältnisse unterschiede, und das Gesetz wäre eine bloße
Abmachung, und wie der Sophist Lykophron sagt, ein gegenseitiger Bürge
der Gerechtigkeit, aber nicht in der Lage, die Bürger tugendhaft und
gerecht zu machen" (Pol III 1280 b 5—12). Er ergreift also im Kampf um
den Nomos wie Platon dafür Partei, daß das Gesetz, insofern es Setzung
ist, von der Tugend sein Maß empfangen müsse. Da er jedoch anders als
Platon im allgemeinen eine Polis voraussetzt, die vom Kampf um das
Gesetz noch nicht gesprengt ist, kann er die Tugend zu einem großen
Teil als ethische Tugend bestimmen, die mit dem Nomos in einer vor-
gängigen Wechselwirkung steht. Die Tugend empfängt ihrerseits das Maß
aus Sitte, Gewohnheit und Herkommen, alles Realitäten, die in den Staaten
jeweils teils in geschriebenen, teils in ungeschriebenen Gesetzen bereits
artikuliert sind. Dahinter wird nur einmal, worauf Ritter hinweist (s. o.
§ 21), als eine letztbegründende Instanz die Natur (phýsis) sichtbar.

Mit den skizzierten Unterschieden vertreten demnach Aristoteles wie
Platon das Prinzip des Tugendstaates. Deswegen ist für sie der beste Staat
die Aristokratie, die Herrschaft der Tüchtigen, in dem die Arete das Maß
des Einflusses der einzelnen Bürger oder Gruppen auf das Ganze und zugleich der oberste Zweck und das oberste Ordnungsmaß der Polis sein soll.
Aber wie referiert steht dieses Ideal nur im Hintergrund der Aristotelischen
POLITIK, während ihre Hauptaufmerksamkeit dem praktischen Ideal des
best*möglichen* Staates gilt.

Dieses Zurücktreten der Frage nach dem schlechthin besten Staat
zeichnet sich schon bei Platon im POLITIKOS ab. Bei diesem Dialog macht
es Schwierigkeiten, das in seinem zweiten Teil über die „königliche Kunst"
Gesagte mit dem anfangs erzählten Mythos zur Deckung zu bringen.
Anders als bei den Gleichnissen der POLITEIA (mit Ausnahme des Schlußmythos) ist hier das Erzählte nicht einfach eine zusammenfassende Veran-
schaulichung des im übrigen begrifflich Auseinandergelegten. Auch die
Gaisersche These von der Gleichzeitigkeit von Fortschritt und Zerfall kann
das Problem nicht ganz lösen. Das zeigt z. B. folgende Passage bei Gaiser:
„Die Verwirklichung der richtigen Ordnung ist also, je länger je mehr,
von der theoretischen Erkenntnis der richtigen Normen aller Ordnung abhängig. Diese Einsicht wird im Laufe der Zeit — schließlich durch die
Philosophie — für Einzelne erreichbar. Aber die praktische Gestaltung des
ganzen Lebens nach dieser Erkenntnis ist deswegen auf die Dauer nicht
möglich, weil der Kosmos im ganzen immer mehr der Auflösung und
Verschlechterung anheimfällt"[4]. Der nach Erkenntnis beste Staat wäre

---

[4] *Gaiser* 2, 276.

sonach zunächst noch nicht möglich, weil die Erkenntnis noch nicht weit
genug entwickelt ist, und dann nicht mehr möglich, weil die Erkenntnis
in den fortgeschrittenen Stadien des realen politischen Verfalls nichts mehr
nützt. Gaisers Interpretation scheint hier zwischen dem „mythischen" und
dem „rationalen" Teil des Politikos ins Leere zu stoßen. Denn wenn die
Zeit herangekommen ist, da nicht mehr der Gott und seine Dämonen die
Welt lenken, dann ist der reale Verfall unausweichlich, mögen sich auch
Wissenschaften und untergeordnete Künste weiter vervollkommnen. Der
beste Staat, der auf Wissenschaft und Bildung beruhen soll, wäre dann eine
reine Utopie.

Oder sind vielleicht diejenigen, welche jene leitende Wissenschaft und
Kunst erlangen, wenn auch nicht Götter und Dämonen, so doch göttliche
oder dämonische Menschen, so daß auf diese Weise die Verbindung
zum Mythos gegeben wäre? Wenn es solche Männer gibt, was nach alt-
griechischer Anschauung durchaus möglich ist[5], so wäre die Welt noch
gar nicht endgültig in ihre Verfallsphase eingetreten; jene Männer, wenn
sie an die Regierung kommen, könnten sie noch einmal retten. Aber
Sokrates und Platon, falls sie sich selbst als solche Männer ansahen, kamen
nicht an die Regierung, und falls sie oder andere ihrer Art Könige geworden wären, so hätten sie keine Herrschaft nach Art des Mythos auf-
richten wollen, weil er offen läßt, ob jene Menschen einer anderen Weltzeit
glücklicher waren. Nach Platon[6] hängt ihr Glück oder Unglück davon ab,
ob jene „Pfleglinge des Kronos, da sie so vieler Muße genossen ... dies
alles recht gebrauchten zur Philosophie" und zur Vermehrung der Erkenntnis (Po 272 B/C). Die Herrschaft der dämonischen Menschen jedoch,
falls es solche gibt, soll auf Einsicht gegründet sein. Ihr Dämon ist kein
Gespenst, sondern die Vernunft[7]. Wenn aber der Staat dieser Philosophenherrscher besser ist als jene mythische Ordnung, dann ist wohl der Mythos
nicht ganz ernst gemeint.

Weiter führt in der Frage des Verhältnisses zwischen dem Mythos und
dem Argumentationszusammenhang im Politikos die Klärung des Begriffs „Nachahmungen" (mimémata, Po 293 E; 297 C; 300 C/E). Wenn es
Platon ernst mit dem Mythos wäre, so müßte die dort geschilderte göttliche
Ordnung die beste sein und als solche nachgeahmt werden. So faßt Platon
das Problem auch später in den Nomoi. Dort nimmt er auf einen Mythos
bezug, nach dem „eine sehr glückliche Herrschaft und Wohngemeinschaft
unter Kronos bestanden haben soll, von welcher die unter den jetzt bestehenden am besten verwaltete eine Nachbildung ist" (N 713 B). Und dort
wird auch völlig klar, daß der Mythos nicht eine gleichnishafte und histori-

---

[5] Vgl. *K. Schneider:* Die schweigenden Götter, 29 ff.
[6] *Gaiser* 2, 210.
[7] Dazu *Cornford* (Principium Sapientiae, 139 ff.) über Sokrates und seinen „Dämon"; vgl. o. S. 30, Anm. 27.

sierende Umschreibung der Philosophenherrschaft ist. Es heißt nämlich
ausdrücklich: „Indem ... Kronos einsah, daß ... keine menschliche Natur,
wenn sie unumschränkt alle menschlichen Angelegenheiten verwalte, ein
Übermaß von Übermut und Ungerechtigkeit zu vermeiden imstande sei,
... setzte er damals als Könige und Herrscher über unsere Staaten nicht
Menschen, sondern Dämonen, gottähnlicheren und besseren Ursprungs,
gleichwie wir jetzt mit den Herden der Schafe und anderer zahmer Tiere
es machen: wir bestellen nicht Rinder zu Leitern der Rinder-, nicht Ziegen
zu denen der Ziegenherden, sondern wir, ein edleres Geschlecht als sie,
gebieten ihnen" (N 713 C/D). Damit ist eine Schwierigkeit angesprochen,
die sich aus dem von Platon in der Politeia (Buch I) gezogenen Vergleich
zwischen der Regierungs- und der Hirtenkunst ergibt (P 343 A/B; 345 C/D).
Die Unterschiede zwischen Menschen sind nämlich in keinem Falle so groß
wie zwischen dem Hirten und der Tierart, die er hütet.

Der Politikos trägt der daraus sich ergebenden Schwierigkeit Rechnung. Nachdem dort zuerst die gesuchte Regierungskunst als eine Art
Hirtenkunst bestimmt worden ist (Po 261 Dff.), heißt es nach Erzählung
des Mythos: „Daß wir nämlich, gefragt nach dem Herrscher und König
aus der gegenwärtigen Umkreisung und Art des Werdens, vielmehr aus
dem entgegengesetzten Zeitlauf den Hirten der damaligen menschlichen
Herde beschrieben haben und also einen Gott statt eines Sterblichen, daran
haben wir sehr gefehlt"[8]. Der Unterschied zwischen den zur Regierung
Berufenen und den zum Regiertwerden Bestimmten ist somit weder der
von Göttern und Menschen noch von Hirten und Herden noch, wie der
Politikos später anführt, von Weisel und Normalbienen (Po 301 E). Die
Politeia scheint das nicht zu berücksichtigen, und es klingt wie eine
direkte Revision der These von den Philosophenherrschern, wenn es in den
Nomoi anschließend an das weiter oben Zitierte heißt: „auch ... versichert, der Wahrheit gemäß, diese Sage, daß es für die Staaten, welche
nicht Gott, sondern ein Sterblicher lenkt, ... keine Rettung von Unheil
und Mühsalen gebe" (N 713 E). Diese pessimistische Aussage wird jedoch
eingeschränkt durch den darauf folgenden, sozusagen praeskriptiven Teil
des Mythos: „aber wir müßten mit Aufbietung aller Mittel die Lebensart,
wie sie unter Kronos bestanden haben soll, nachahmen und dem gehorsam,
was sich an Unsterblichem in uns befindet, unser häusliches und öffent-
liches Leben gestalten, das von der Vernunft Überlegte als Gesetz uns vor-
setzend"[9].

---

[8] Po 274 E f.; dazu *Friedländer* III, 265; 270.

[9] N 713 E — 714 A. Der letzte Teil des zitierten Satzes in Griechisch (mit
dreifacher Assonanz und figura etymologica bzw. Paronomasie): τὴν τοῦ νοῦ
διανομὴν ἐπονομάζοντας νόμον. Ganz ähnlich ist N 835 E die Rede von der
„Vernunft, die es unternimmt, Gesetz zu werden": ὁ λόγος ... νόμος ἐπιχειρῶν
γίγνεσθαι. Zur Frage des Zusammenhangs von Mythos, Geschichte und Ver-
nunfttheorie bei Platon s. o. § 8 die Hinweise auf *Gaiser* und *Mayr*.

Es findet also keine grundsätzliche Zurückziehung einiger Kernthesen der POLITEIA statt. Im ganzen betrachtet, entwickeln ja auch die NOMOI einen Vernunft-, Tugend- und Bildungsstaat, der seine Spitze hat in jener nächtlichen Versammlung (N 961 A ff.), die den Philosophenherrschern der POLITEIA entspricht[10]. Nur daß daneben in den NOMOI die Momente des Kultischen[11] und des Gesetzlichen (im Sinne herkömmlicher Gepflogenheiten[12] wie im Sinne einer gegenseitigen, demokratischen Kontrolle der Regierungsinstanzen) ungleich stärker als in der POLITEIA betont werden. Die Notwendigkeit einer solchen Kontrolle leitet Platon aus der Schwäche der menschlichen Natur ab. Wie dargelegt (s. o. § 5), ergibt sich daraus jedoch kein durchschlagender Einwand gegen die in der POLITEIA befürwortete Philosophenherrschaft, weil der Bildungsgang dieser Regierer der menschlichen Schwäche gründlich Rechnung trägt.

Daraus, daß die Physis im Falle des Menschen problematisch wird, folgt jedoch für die NOMOI etwas anderes, nämlich daß sie, statt primär eine Nomos-Physis-Dialektik, eine dem Nomos immanente Dialektik entfalten[13].

---

[10] Zur prinzipiellen Übereinstimmung der Staatskonzeption der POLITEIA und der NOMOI vgl. S. Moser: Platons Begriff des Gesetzes; — H. Herter: Platons Staatsideal in zweierlei Gestalt. — Derbolav (Ursprungsmotive und Prinzipien . . ., 289 ff.) konstatiert gewisse Retraktationen des greisen Platon, die jedoch an dem prinzipiellen Ziel, „die politische Wirklichkeit ‚vernünftig' zu machen", nichts ändern (297). — Schon Aristoteles schreibt über die Struktur des NOMOI-Staates: „obwohl er [Platon] diese den bestehenden Staaten näher anpassen will, kommt er doch schrittweise wieder auf die andere Verfassung [die der POLITEIA] zurück" (Pol II 1265 a 2—4). — Auch Sabine stellt heraus, wie sehr Platon an der Staatskonzeption der POLITEIA festhält. Er begrüßt die Schritte, die Platon in Richtung auf einen liberalen Gesetzesstaat macht, und kritisiert ihn zugleich von diesem Standpunkt aus, den er mit den Idealen der geschichtlich wirklich gewesenen Polis in Zusammenhang bringt (68—86). — Dagegen stellt L. Strauss am Ende eines Aufsatzes über Platon anscheinend mit Genugtuung fest: „Plato brings the regime of the LAWS around by degrees to the regime of the REPUBLIC. Having arrived at the end of the LAWS, we must return to the beginning of the REPUBLIC." (History of Political Philosophy, ed. Strauss/Cropsey, 61.)

[11] Dazu Müller, insbes. 357 ff.; Morrow: Plato's Cretan City, 297—496; auch Reverdin: La religion de la cité Platonicienne.

[12] Vgl. Sabine: „Plato had learned from Socrates — and he never changed his mind — that he must hold to reason, but he became less certain that he must despise convention" (72).

[13] Heinimann (Nomos und Physis, 120 ff.) spricht von einer „Doppelbedeutung von νόμος", die in der Literatur seit der Zeit des Peloponnesischen Krieges auftaucht. Zunächst bedeutet nómos „die altverehrte, selbst über den Göttern stehende und alles beherrschende Macht", daneben aber „die nur konventionelle Geltung" von Recht und Unrecht. Diesem zweideutig gewordenen Nomos tritt „die von der ionischen Naturphilosophie und besonders von der Medizin gewonnene und von der Sophistik verbreitete Einsicht der Normhaftigkeit der Physis" gegenüber (125). — In der späteren Sophistik und damit auch für Platon wird die Physis ebenfalls zweideutig, was jedoch die Synthese

Weil die menschliche Natur in sich selbst gespalten und zweifelhaft ist, wird eine politische Zusammenordnung so gearteter Individuen zur Aporie. Eine Lösung des Problems scheint zunächst in der gegenseitigen Kontrolle dieser Individuen zu liegen. Aber die Kontrolle bedarf der Maßstäbe, und zwar nicht nur individueller, sondern allgemein und politisch verbindlicher: also der Gesetze. Wenn diese wiederum nur die Resultate individueller Interessenvektoren sein sollen (Vertragstheorie), so sind sie im Konfliktfall keine Maßstäbe, sondern bloße Setzungen, um die, statt daß sie Eintracht herstellen würden, ein dauernder Kampf entbrennt[14]. Der Nomos muß daher, nicht in jeder, aber doch in einer gewissen entscheidenden Hinsicht etwas Vorgegebenes sein, das entweder von der Vernunft aller oder einiger erfaßt und verwirklicht werden muß, sofern es nicht auf unmittelbarere Weise Geltung hat. Platon nimmt auch in den Nomoi nach wie vor an, daß die Einsicht in die nicht setzbaren Paradeigmata des Rechten individuell verschieden ist, und er versucht in diesem Spätwerk zwischen dem Gesetzlichen im demokratischen Sinne (das, gleich ob man ein vorgegebenes „Naturrecht" annimmt oder nicht, auf gegenseitige Kontrolle und gesetzesstaatlich-formale Richtigkeit hinausläuft) und im erkenntnisaristokratischen Sinne individuell verschiedener Einsicht zu vermitteln. Primär ist dabei der zweite, aristokratisch-personale Gesetzesbegriff, und es geht deshalb hauptsächlich um eine politische Auslegung der mythisch eingeführten Forderung, das Unsterbliche in uns nachzuahmen, d. h. das von der Vernunft Erkannte zum Gesetz zu nehmen.

Wenn nun das maßgebende Eine, auf das die Regierenden gemäß den Nomoi[15] wie der Politeia hinschauen müssen, nicht einfach die Natur ist, was ist es dann? Ist es eine im Mythos recht vage beschriebene göttliche Ordnung, die in Urzeiten bestanden haben soll, oder ist es eine überzeitliche Idee und göttliche Vernunft, an der die Menschen teilhaben können? Die Nomoi akzentuieren daneben ein Drittes, in dem die ursprüngliche Ordnung fortwirkt und sich die Ideen jeweils bereits verwirklicht haben; es sind dies die „ungeschriebenen" oder auch „herkömmlichen" Gesetze,

---

von wahrer Physis und wahrem Nomos durch die Vernunft ermöglicht. (Vgl. *J. Kube:* Techne und Arete, insbes. 114.)

[14] S. o. §§ 5; 12; s. u. § 35 die Auseinandersetzung mit *Kelsen.*

[15] Vgl. N 961 Eff., insbes. 965 B: „. . . der zu allem vorzüglich tüchtige Meister und Wächter müsse nicht bloß imstande sein, auf das Viele seinen Blick zu richten, sondern dem Einen nachstreben, es erkennen und, nachdem er es erkannte, nach diesem alles zusammenschauend ordnen"; vgl. N 705 E f.: „Denn nur von demjenigen Gesetze nehme ich an, daß es mit Recht aufgestellt werde, welches, in der Weise eines Bogenschützen, stets auf das zielt, was allein durchgängig etwas von dem unvergänglich Schönen (ἀεὶ καλόν τι) zur Folge hat, alles andere aber insgesamt gering achtet, ob es nun in einem gewissen Reichtum oder in sonst etwas derartigem ohne das Vorerwähnte bestehe."

von denen es heißt: „sie sind das die gesamte Staatsverfassung Zusammen-
haltende, indem sie zwischen den schriftlich aufgezeichneten und nieder-
gelegten und den noch aufzuzeichnenden Gesetzen insgesamt mitteninne
liegen, durchaus wie herkömmliche und uralte Satzungen, welche richtig
festgestellt und zur Gewohnheit geworden die später niedergeschriebenen
mit aller Sicherheit umhüllen und ihnen Halt verleihen"[16]. Diese Gesetze
sind jedoch kein absoluter Maßstab, wie sich zeigt, wenn etwas später der
das Gespräch leitende „Athener" zu einem ihm schlecht erscheinenden
Nomos dieser Art kurzerhand bemerkt: „wollen wir nun nicht durch eine
Verfügung diesem Herkommen steuern?"[17]. Generell trifft wohl die Gaisersche These zu: „was dann aber in der Gegenwart ,nachgeahmt' werden
soll, ist im Grunde nicht die früher verwirklichte Staatsordnung, sondern
die Idee selbst, die jetzt unter anderen geschichtlichen Bedingungen auf
andere Weise in Erscheinung treten muß"[18].

Von daher läßt sich auch die im POLITIKOS in der Frage des Nomos
bezogene Position erfassen. Nachzuahmen ist nach der Argumentation des
POLITIKOS die nicht an Gesetze oder sonst schriftlich Fixiertes gebundene,
sondern „seine Kunst zum Gesetz machende"[19] Herrschaft des gemäß
seiner Einsicht königlichen Mannes (Po 293 Eff.). Die in der POLITEIA
entwickelte Philosophenherrschaft wird damit zu einem praktisch nicht
unmöglichen, aber unwahrscheinlichen Ideal erklärt. Grund dafür ist,
daß „jene eine richtige Staatsverfassung ... nur unter wenigen ... oder
dem einen" bestehen kann (Po 297 C); denn „wenn uns dies die einzige
richtige Staatsverfassung ist, ... müssen sich die übrigen dadurch erhalten,
daß sie sich der Schriften von jener bedienen, indem sie das beobachten,
was jetzt gelobt wird, wiewohl es nicht das richtigste ist", nämlich, „daß
keiner im Staate sich untersteht, irgend etwas gegen die Gesetze zu tun"
(Po 297 D/E). Offenbar auch im Hinblick auf die POLITEIA sagt Platon,
bevor er den besten Staat wegen des Mangels wahrhaft königlicher Männer[20] in den Hintergrund stellt, es gelte, einen Fehler zu suchen, „der uns
gar nicht gewohnt ist noch auch leicht zu sehen"[21]. Hinzu kommt die un-

---

[16] N 793 B; vgl. 797 A — 798 B; s. u. § 29.

[17] τοῦτον δὴ τὸν νόμον ἆρ' οὐκ ἀποψηφιζόμετα; — N 800 D.

[18] *Gaiser* 2, 282; s. o. § 8.

[19] τὴν τέχνην νόμον παρεχόμενος — Po 297 A.

[20] Vgl. N 875 C/D: „vorzüglicher als das Wissen (epistéme) ist weder ein Gesetz
noch eine Einrichtung noch ist es dem göttlichen Rechtswillen (thémis)
gemäß, daß der Geist (noũs), wenn anders er seiner Natur nach ein wahrhaft
freier ist, von irgendetwas abhängig oder dessen Sklave sei, sondern vielmehr
alles beherrsche. Nur aber — findet sich doch nirgends ein solcher, es sei denn
auf kurze Zeit; darum gilt es, das Zweite, gute Einrichtungen und das Gesetz
zu wählen, welches vieles sieht und beachtet, für alles aber es nicht vermögend
ist".

[21] Solche Selbstkritik ist aber keine bescheidene oder realistische oder resig-
nierende Rücknahme der Position der POLITEIA, sondern zeigt ein Bewußtsein

mittelbar darauf erwähnte Gefahr, daß die wenigen Geeigneten von der Masse nicht anerkannt werden und daher politisch untätig bleiben müssen (298 A f.; 301 C/D). Die Herausstellung dieses Fehlers korrespondiert in Inhalt und Aufbau des POLITIKOS jenem zuerst erwähnten, der darin lag, die zur Regierung Berufenen wie Götter unter Menschen oder Hirten unter Herden aufzufassen (s. o. S. 170f.). Die Unterschiede zwischen den Menschen sind nach Platon kleiner und vor allem schwerer zu bemerken, als er zunächst geneigt war anzunehmen, aber sie sind darum politisch nicht weniger entscheidend. (Vgl. N 757 B/C).

Aller dieser Schwierigkeiten wegen wird als „zweiter Weg nach dem besten" (Po 300 C; 297 E; N 875 D) der *Gesetzesstaat* ins Auge gefaßt. Er ist nur ein Zweitbestes, weil in ihm die „Scheidung des Zeus" einer zweckmäßigen Nivellierung zum Opfer fällt. Der durch demokratische Setzung und durch Sitte und Gewohnheit bestimmte Gesetzesstaat resigniert vor der Schwierigkeit, die Scheidung des Zeus zu erkennen und fruchtbar werden zu lassen. Diese jedoch konstituiert, wenn die Bildung dazukommt, einen Unterschied zwischen den Menschen, der nach Platons oft gebrauchten Beispielen immerhin so groß ist wie zwischen Arzt und Kranken oder zwischen Steuermann und sonstiger Schiffsmannschaft. Es ist der Unterschied zwischen den in einer Wissenschaft und Kunst Sachverständigen und den Laien, den es nach Platon auch für eine umfassende politische Wissenschaft und Kunst gibt. Wie die POLITEIA lehrt, besteht sie in der Ausrichtung individueller und politischer Praxis nach primären Paradigmen.

Wenn im POLITIKOS nur der Gesetzesstaat in seinen verschiedenen Formen Monarchie, Aristokratie und gesetzliche Demokratie als *Nachahmung* (s. u. § 42), nämlich der einen richtigen, gänzlich von ihnen abgesonderten Staatsverfassung (Po 297 C; 302 C/D) bezeichnet wird, so folgt daraus nicht, daß jener beste Staat nicht auch in Ausrichtung auf ein vorgegebenes Maß der beste wäre. Von ihm liegt bisher realiter vor, „was so von den Wissenden nach Vermögen aufgezeichnet ist", und davon heißt es, das seien doch überall „nur Nachbildungen des Wahren" (Po 300 C). Auch hier handelt es sich nur um Nachahmung einmal, weil die richtige Einsicht angesichts der schnell wechselnden politischen Szene schon durch ihre schriftliche Fixierung falsch werden kann (Po 294 B/C), zum andern weil die Kunst der wahrhaft königlichen Männer, auch oder gerade wenn sie von ihnen frei gehandhabt werden kann, vom nachahmenden Hinblick auf die Idee des Guten bestimmt wird (wie die POLITEIA sagt) oder die

von Platons geschichtlicher Sonderstellung. Platon zählt sich zweifellos zu den wenigen wahren Staatsmännern, und sofern die POLITEIA ein geschichtlicher Anfang (s. o. § 6) und sofern andererseits nicht allein der Gott selber der eine wahre König ist, ist Platon als Nachfolger des Sokrates dieser eine.

',Meßkunst"[22] nicht bloß des relativ Großen und Kleinen, sondern des ',Angemessenen"[23] ist (wie es der POLITIKOS ausdrückt / 283 Cff.).

Weil nun aber die Idee des Guten und das wahrhaft Angemessene nicht von einem deus malignus vorgespiegelt wird, sondern der Gott es gut mit der Polis meint (P 381 Cff.) und sie, wenn sie dazu bereit ist, durch ihre Besten Einsicht nehmen läßt in die Paradigmen der göttlichen Ordnung, beinhalten Mythos und Logos im Grunde dasselbe. Nur enthält der POLITI-KOS-Mythos eine geschichtliche oder vielmehr geschickliche Verfallstheorie, die nicht recht zu anderen, begrifflich explizierten Teilen der Platonischen Lehre paßt und auch von Gaiser nicht ganz passend gemacht werden kann (s. o. S. 169f.). In die Lehre von einem Kosmos, der von einem guten Gott bestimmt wird, könnte jene Verfallstheorie nur hineinpassen, wenn der teilweise Untergang im Anschluß an P 380 A/B als eine heilsame Strafe für die Menschen aufzufassen ist. Aber wie dem auch sei, dieses kosmische Geschehen entbindet nicht von der geschichtlichen Pflicht zur Nachahmung der göttlichen Ordnung, welche der gleiche Mythos nach den NOMOI den Menschen aufgibt[24]. Der teilweise Untergang ist demnach geradezu die Strafe dafür, daß die Menschen ihre Vernunft in der politisch zweckmäßigsten Anordnung der Vernünftigeren und weniger Vernünftigen nicht gebraucht haben.

Zum Vernunftgebrauch gehört aber auch, zweitbeste Wege zu überlegen, wenn der beste verstellt ist. Und der zweitbeste Weg führt nach der Lehre des POLITIKOS zum Gesetzesstaat. Dieser ist im Gegensatz zum besten Staat dadurch definiert, daß in ihm nach Gesetzen regiert wird, die in Versammlungen entweder des ganzen Volkes oder bloß der Reichen beschlossen werden (Po 298 Cff.). Der beste Staat, der allein bestimmt wird von den gemäß ihrer Einsicht dazu geeigneten Männern, ist in jeder konkreten Situation frei zur Erhaltung oder Veränderung des herkömmlicherweise für richtig Gehaltenen. Er ist also weder konservativ noch progressiv noch reaktionär, sondern bemißt sich nach nicht prozessualen Maßstäben, wobei freilich bei Platon ganz zweifellos vorausgesetzt ist, daß

---

[22] μετρική — Po 283 D.

[23] ἡ τοῦ μετρίου φύσις (Po 283 E); τὸ μέτρον (284 B); τὸ μέτριον καὶ τὸ πρέπον καὶ ὁ καιρὸς καὶ τὸ δέον καὶ πάνθ' ὁπόσα εἰς τὸ μέσον ἀπῳκίσθη τῶν ἐσχάτων (284 E); es wird auch bezeichnet als das „Genaue selbst" (284 D) und „des Werdens notwendiges Sein" (ἀναγκαία οὐσία τῆς γενέσεως (283 D).

[24] S. o. S. 144. Vgl. die großartige Passage N 709 A — C, wo *Platon gegen die skeptische und die unmittelbar religiöse Betrachtung des Weltlaufs*, die nahe legt, „daß Gott alles ist, und neben Gott Zufall und Gelegenheit die menschlichen Angelegenheiten durchgängig bestimmen", geltend macht, „daß an beides ein drittes, die Kunst sich anschließen müsse". Denn es mache einen Unterschied, „ob bei Gelegenheit eines Sturmes die Steuerkunst eingreife oder nicht". Die gleiche Einstellung spricht schon aus PROTAGORAS 344 B — E. Es ist, wie *Xenophon* bezeugt (Mem., Kap. I, 7ff.), *Sokratisches* Ethos.

die Wissenden, die ihn leiten, die Weisheit derer, die vor ihnen waren, kennen. Der Gesetzesstaat dagegen ist teils konservativ und teils fortschrittlich (im Sinne eines weg-von-überlieferten-Bindungen). Das konservative Element folgt erstens unmittelbar aus dem Gesetzesethos, das beinhaltet, daß weder Einzelne noch die Menge gegen das einmal aufgestellte Gesetz handeln dürfen, solange nicht ein entsprechendes neues Gesetz über dieselbe Materie nach einem ebenfalls gesetzlich geregelten Verfahren beschlossen worden ist (Po 300 Aff.). Hinzu kommt zweitens ein mehr inhaltlicher Konservatismus, der anerkennt, daß eventuell schon bestehende Gesetze auf langer Erfahrung beruhen (Po 300 B) und daher nicht leichtsinnig verändert oder abgeschafft werden dürfen. Am meisten jedoch rechtfertigt sich der Gesetzeskonservatismus nach dem von Platon zugrundegelegten Vernunftmaßstab daher, daß bei gesetzgebenden Versammlungen immer einige Ratgeber verständig geraten und die Menge überreden (Po 300 B). So wird es möglich, daß das Gesetzliche auch Nachahmung des Wahren ist (Po 300 C). Wenn die Nachahmung der mythischen „Lebensart unter Kronos" durch die Meß- und Regierungskunst der Philosophenherrscher eine erste Annäherung ans Ideal ist, so ist der Gesetzesstaat eine Nachahmung dieser Nachahmung. In seiner geschichtlichen, konservativ getönten Bezogenheit auf das Wahre hat er ein Maß und einen Ausgleich zu dem ihm auch einwohnenden Element individuellen oder kollektiven Beliebens (Po 298 C/D). Im Vergleich zum besten Staat ist dieser zweitbeste sowohl maßloser wie unbeweglicher und neigt zu konservativer Verschleierung einer womöglich andersartigen Realität (s. o. § 21).

Nach Platon kann der Gesetzesstaat, obwohl er nach der zunächst gegebenen Darstellung demokratisch oder oligarchisch regiert wird, sowohl die Form einer Monarchie wie Aristokratie wie Demokratie annehmen (Po 301 A/B; 302 C—303 A). Denn wie referiert, bemißt sich der Wert eines Staates nicht primär nach der Anzahl der Regierenden, sondern nach deren Einsicht in das „Angemessene" (Po 292 Aff.; 283 Dff.). In allen seinen Formen beruht der Gesetzesstaat auf einer Nachahmung der politischen Verwirklichung solcher Einsicht. Die gleichen Regierungsformen, zu denen sich der Gesetzesstaat ausprägt, können deshalb auch gesetzlos sein und heißen dann Tyrannis, Oligarchie und (hier hat das gute und schlechte den gleichen Namen) Demokratie (P 302 Df.). Der gesetzlose Staat ist nicht mehr Nachahmung, d. h. erkennt keine absolut und geschichtlich vorgegebenen Maßstäbe an, und hält sich auch nicht an die von ihm selbst gesetzten Gesetze. Hier herrscht die *Willkür* entweder eines Mannes oder einiger oder der Masse. Aber auch hier gibt es noch ein relativ Bestes, *und dieser drittbeste Staat ist — rein von ihrer Form her — die Demokratie.* Denn da, wie Platon sagt, „die Gewalten in ihr unter viele ins kleine zerteilt sind", vermag die Demokratie im Vergleich zu den übrigen

Staatsformen „weder im Guten und Bösen etwas Großes". „Darum, sind alle diese Staaten gesetzmäßig, so ist sie unter allen der schlechteste; sind sie aber insgesamt gesetzlos, dann ist diese die beste" Staatsform (Po 303 A). Aristoteles stimmt dem prinzipiell zu[25].

Ist der beste Staat für Platon ein teils mythisches, teils realutopisches Paradigma und für Aristoteles der Hintergrund seiner Real-Politik, so ist der nach Platon zweitbeste und nach Aristoteles bestmögliche in seinen verschiedenen Formen eine Typisierung der griechischen Wirklichkeit zwischen Solon und Perikles. Damit, daß beide außerdem noch ein drittes und schwächstes Ideal vorsehen, tragen sie der spätesten Entwicklungsphase der Polis Rechnung, in welcher das Streben nach Freiheit und Gleichheit die alte ideologische Einheit von Arete, Nomos und göttlicher Seinsordnung sprengte. Dieses Nachgeben vor der normativen Kraft des Faktischen hindert Aristoteles jedoch nicht, zu sagen, die „gesetzlosen" Staaten seien insgesamt schlecht; und für Platon läßt sich nur aus formalen Gründen und weil es eine Art von gesetzlosem Staat gibt, der auch im Schlechten schwach ist, selbst hier noch ein Bestes ausmachen. Es fehlt diesem Staat der Inhalt, der ihn nach Maßstäben der klassischen politischen Theorie zu einem wirklich guten gemacht hätte, nämlich die Verbindung von Nomos und Arete, die sich von einer ethisch-politischen Einheits- oder Doppelwissenschaft bestimmen oder wenigstens auslegen läßt.

[25] Als wenn ihm nicht gegenwärtig wäre, daß es sich um Platon handelt, oder aus einem anderen Grunde die direkte Bezugnahme vermeidend, schreibt *Aristoteles*: „Es hat auch einer der Früheren dasselbe gesagt ... Er erklärte nämlich, wenn alle Verfassungen gut wären ..., so wäre die Demokratie die schlechteste, wären sie aber schlecht, so wäre sie die beste. Wir nennen aber diese insgesamt verfehlt ..." (Pol IV 1289 b 5—9; vgl. überhaupt 1289 a 26 bis b 12). Vgl. *Thomas von Aquino*: „Wie es also nützlich ist, daß eine zum Guten gewendete Kraft mehr eins sei, damit sie desto eher die Kraft hätte, das Gute zu bewirken, um so schädlicher ist es, wenn eine dem Bösen zugewandte Kraft eins statt geteilt ist ... Wie daher bei der gerechten Herrschaft die Regierung je einheitlicher um so nutzbringender und also das Königtum besser als die Aristokratie, diese aber besser als die Politie ist, so wird bei einer ungerechten Herrschaft das Gegenteil eintreten ... hier ist eine Tyrannis noch schädlicher als eine Oligarchie, eine Oligarchie wieder schädlicher als eine Demokratie." (De regimine principum, Kap. I, 3, in: Ausgewählte Schriften zur Staats- und Wirtschaftslehre des Thomas von Aquino, ed. Schreyvogel, Jena 1923, 23 f.)

II. Der Aspekt Freiheit

§ 29. Die Athenische Entwicklung von gemäßigter zu radikaler Freiheit im Urteil Platons und Aristoteles'

Nun gibt es aber bei Platon noch ein weiteres Kriterium für Gesetzlichkeit, das er aus den Vorstellungen seiner Zeit übernommen hat. Voll ausgeprägt faßbar wird es in den Nomoi. Dort wird als fünfter Berechtigungsgrund für das Herrschen und Beherrschtwerden Pindars Feststellung zitiert, daß die Stärkeren über die Schwächeren herrschen und auch herrschen sollen. Der den Dialog leitende „Athener" sagt, dies sei naturgemäß, um dann jedoch fortzufahren: „Die stärkste Berechtigung aber dürfte wohl... die sechste sein, welche verlangt, daß der Unkundige gehorche, der Verständige aber der Leitende und Herrschende sei. Doch möchte ich, hochweiser Pindaros, behaupten, daß das wenigstens wohl nicht der Natur zuwider geschehe und daß der Natur gemäß die Herrschaft des Gesetzes nicht durch Zwang, sondern über Freiwillige gebiete" (N 690 B/C). Es geht demnach keineswegs um die Abschaffung aller Herrschaft, sondern um die Zustimmung der Beherrschten zur Herrschaft der Gesetze, wobei impliziert ist, daß diese nicht von „allen", sondern von besonders dazu Berufenen formuliert und ausgelegt werden. Damit diese Herrschaft jedoch freiwillig anerkannt werde, ist wichtig, wie der „Athener" an anderer Stelle betont, daß die Gesetze nicht befehlend und drohend „im Tone des Gewaltherrschers", sondern eher überredend und belehrend in der Sprache „liebevoller und verständiger Väter und Mütter" gehalten seien[1].

Bereits im Politikos finden sich Hinweise darauf, daß es bei gesetzlicher Herrschaft auf die Zustimmung der Betroffenen ankomme, so wenn das „gesetzliche" Königtum von der „gesetzlosen" Tyrannis (Po 302 E f.) zunächst dadurch unterschieden wird, daß das eine, von seiten der Beherrschten gesehen, eine freiwillige, das andere eine gewaltsame Herrschaft sei (Po 276 D/E)[2]. Für die Herrschaft des gemäß seiner Einsicht königlichen Mannes freilich sei es gleich, ob sie mit oder gegen den Willen der Betroffe-

---

[1] N 859; überhaupt 857 C ff.; vgl. 720 A—E.

[2] Nach *Xenophon* (Mem. Kap. IV, 6) lag schon für *Sokrates* der Unterschied zwischen Königtum und Tyrannis darin, daß ersteres „sich auf den freien Willen des Volkes und die Gesetze des Staates gründet", letztere „allein nach dem Willen des Herrschers ausgeübt wird". Gesetzlichkeit und Zustimmung von seiten der Regierten werden hier einfach parallelisiert; ob ein innerer Zusammenhang besteht, bleibt offen.

nen geschehe (Po 293 Bff.). Der POLITIKOS kennt also sowohl diese Position, die nach der autoritativen Seite, wie die Gegenposition, die nach der
radikaldemokratischen Seite aus dem Gesetzesstaat ausbricht. Die NOMOI
dagegen versuchen beide Seiten im Gesetzlichen zu vermitteln. Sie entwerfen einen Staat, der sowohl die Kontrolle „von unten", wie die gegenseitige Kontrolle der regierenden und rechtsprechenden Instanzen, wie die
erkenntnisaristokratische Bestimmung „von oben" in sich enthält. Sie
zeichnen damit typisierend das Bild der attischen „Demokratie" bis Perikles
nach, die freilich das aristokratische Element mehr in der Form eines Blut-
und Geldadels in sich hatte.

In der geschichtlichen Wirklichkeit ist jene Staatsform durch die radikale
Demokratie gesprengt worden. Sie ist der Versuch, die Zustimmung aller
zu den Gesetzen in möglichst jedem Zeitpunkt zu aktualisieren. Die Gesetze hören damit auf, ein Maßstab zu sein und werden im Grenzfall zu
punktuellen Willensbekundungen des Volkes. Die Frage ist, ob hier überhaupt noch von Gesetzen die Rede sein könne, oder ob nicht vielmehr
Sokrates in der POLITEIA recht hat, wenn er sagt: „Und zuletzt weißt du ja,
daß sie sich auch um die Gesetze gar nichts kümmern, mögen es nun geschriebene sein oder ungeschriebene, damit auf keine Weise irgend jemand
ihr Herr sei" (P 563 D).

In der POLITEIA stellt Platon dieser radikalen Demokratie die im Vergleich zur Kontrolle von unten oder Bindung an Herkömmliches „gesetzlose" Philosophenherrschaft entgegen. In den NOMOI möchte er die Gegensätze vermitteln. Das gelingt ihm aber nur, indem er ein Ethos beschwört,
das durch keine politische Kunst und Wissenschaft hervorgebracht werden
kann und dessen faktischen Verfall Platon selbst und andere beklagten.
Es ist das Ethos der sittlichen Scheu (aidós/N pass.) und der ungeschriebenen Gesetze[3]. Wenn es auf die Zustimmung der Bürger zu den Gesetzen
und zu den Regierenden ankommt, und nicht alle gleich vernünftig sind,
hält allein die Aidos die Menschen davon zurück, ihren Willen uneingeschränkt geltend zu machen und damit Gesetz und Regierung überhaupt
in Frage zu stellen. Thukydides läßt den Perikles im Blick auf diese Gefahr
an die Ehrfurcht der Athener vor den Gesetzen appellieren[4]. Und auch
nach Platon war es diese Ehrfurcht, die Athen die richtige Mitte zwischen
den beiden Grundformen der Staatsverfassung: der Allein- und der Volks-

---

[3] S. o. § 5; S. 173 f. — Zur Geschichte des Aidos-Begriffes: *C. E. von Erffa:*
'ΑΙΔΩΣ; zu seiner Bedeutung für die altgriechische Ethik: *Jaeger* I, 417 f.;
Jaeger III, 187 f.; 316. — Zum Problem „ungeschriebene Gesetze": *Hirzel:*
'ΑΓΡΑΦΟΣ ΝΟΜΟΣ.
[4] *Thukydides:* Geschichte des Peloponnesischen Krieges, Kap. II, 37. Das Wort
αἰδώς fällt hier nicht, aber der Sache nach ist dasselbe angesprochen wie bei
Platon in den NOMOI.

herrschaft finden und bewahren ließ[5]. Später jedoch ist, wie der „Athener" sagt, „gewissermaßen derselbe Unfall uns begegnet wie den Persern, indem jene das Volk jeder Art von Sklaverei zuführten, wir dagegen die große Menge zu jeder Art von Freiheit antrieben" (N 699 E).

Die Art Freiheit, welche die radikale Demokratie vor allem anstrebte, sei zuerst nach dem Urteil des Aristoteles[6] dargestellt, damit Platons Position im Kontrast herausgearbeitet werden kann. Aristoteles bestimmt diese Freiheit als „Leben wie einer will"[7]. In dieser Formel fallen, wie Aristoteles sieht, die Begriffe *Gleichheit und Freiheit* zusammen[8]. Denn wenn jeder, gleich *was* er will, sich frei soll entfalten dürfen, so muß zunächst einmal der Wille jedes Einzelnen als gleichberechtigt anerkannt werden, und institutionell gesehen müssen alle „so gleichmäßig als möglich an der Regierung teilhaben" (Pol IV 1291 b 36/37). Die politisch-soziale Gleichheit ist die öffentliche, politische Seite der Freiheit, die notwendig zur Freiheit gehört, da der Wille der Einzelnen nicht für sich und im bloß Privaten verbleibt.

Aber auf diesem Wege entfremdet und verliert sich die Freiheit, denn konsequenterweise müssen nun weiter auch direkte, nicht-proportionale Gleichheit und Gerechtigkeit zusammenfallen[9]. Nicht jedoch sind Freiheit und Gerechtigkeit unmittelbar identisch, was allein im Sinne totaler Freiheit läge, da nur dann, wenn der Wille und die daraus folgenden Handlungen jedes Einzelnen moralisch und rechtlich garantiert wären, jeder wirklich tun kann, was er will. Das jedoch ist unmöglich, weil jeder in Gemeinschaft und Gesellschaft als dem Ort von Moral und Recht mit vielen anderen Willen zusammenstößt. (S. u. § 31) Von der zunächst absolut scheinenden Forderung nach totaler Freiheit bleibt daher bei Betrachtung der Konsequenzen nur die Gleichheit übrig. Die Resignation der nach schrankenloser Freiheit strebenden Demokratie vor sich selber hört auf die Formel: Da nicht alle in diesem Sinne frei sein können, sollen wenigstens alle darin

---

[5] N 693 D; 698 B ff.; überhaupt N Buch III.
[6] Vgl. dazu *D. Nestle:* Eleutheria, 102—112; — *M. Pohlenz:* Griechische Freiheit, 102—105.
[7] τὸ ζῆν ὡς βούλεταί τις (Pol VI 1317 b 12/13; 1319 b 30); statt dessen auch: „das Tun-was-einer-will" (τὸ ὅ τι ἂν βούληταί τις ποιεῖν — V 1310 a 32 / τὸ πράττειν ὅ τι ἂν ἐθέλῃ — VI 1318 b 40) oder: „tun, was einem gerade einfällt" (ποιεῖν ὅ τι ἂν δόξῃ — VI 1318 b 39).
[8] Pol V 1310 a 28—34. Zu dem für die Demokratie grundlegenden Zusammenhang zwischen Freiheit und (arithmetischer) Gleichheit ferner Pol IV 1291 b 34—37; V 1301 a 30/31; V 1317 a 40 — b 17; — vgl. *Hirzel:* Themis, Dike und Verwandtes, 262f.; *Schlier:* ἐλεύθερος usf., 485f.; *Tarkiainen,* op. cit., 284 ff.
[9] Pol V 1310 a 30 und VI 1317 b 3/4, dort heißt es: „denn die demokratische Gerechtigkeit besteht darin, daß man nicht der Würdigkeit, sondern der Zahl nach die Gleichheit walten läßt" (s. o. § 12).

gleich sein, daß keiner frei ist, sondern jeder möglichst gleichmäßig durch jeden eingeschränkt wird[10].

Solche Überlegungen, die darauf zielen, wie man von der *Freiheit als unendlicher Forderung* zu einer politischen *Freiheits-Ordnung* kommen kann, waren bereits in den antiken Anfängen der Vertragstheorie (s. o. § 11) enthalten. Aber in der politischen Wirklichkeit und der sie auslegenden Theorie des Aristoteles stieß das Streben nach Freiheit zuvörderst mit der Notwendigkeit zu einer *Herrschaftsordnung* und deren alter Begründung auf einen nicht bloß setzbaren Nomos zusammen. Aristoteles tadelt daher die demokratische Freiheit und sagt: „das Leben gemäß der politeía ist nicht als Knechtschaft aufzufassen, sondern als Heil" (Pol V 1310 a 34—36), und: „an andere gebunden zu sein und nicht alles tun zu dürfen, was man will, ist zuträglich; denn die Freiheit zu tun, was man will, vermag nicht das Schlechte, das sich in jedem Menschen findet, zu zügeln" (Pol VI 1318 b 38 bis 1319 a 1). Die Gesetze haben ja nach Aristoteles nicht bloß äußere Ordnungsfunktion, sondern betreffen den Lebenszweck der Menschen: ihr Glück und ihre Arete, die eng zusammenhängen. Er kann darum für eine allgemeine und staatlich geregelte Erziehung mit den Worten plädieren: „man darf nicht meinen, daß irgendeiner der Bürger sich selbst angehöre, sondern alle gehören dem Staate"[11]. Wenn nun aber Pohlenz hierzu bemerkt, das sei „ganz in Platos Sinne" gesprochen[12], so gilt das, wie sich gezeigt hat und weiter zeigen wird, zwar für Platons zweitbesten, den Gesetzesstaat der NOMOI, aber nicht für das Staatsideal der POLITEIA.

Die politische Theorie des Aristoteles versuchte, das die Polis sprengende Freiheitsstreben in einer herkömmlichen, teilweise rationalisierten und in der Trennung von Ethik und Politik veräußerlichten Polissittlichkeit aufzufangen. Er führte gegen die totale Freiheit vor allem die „ethischen

---

[10] Der *Neid* erfüllt hier Wächterfunktion. Über die Rolle des Neides in der Polis: *J. Burckhardt*, op. cit. II, 341; *Hirzel*: Themis, Dike, . . ., 299 ff. Für *Platon* war Neidfreiheit eine wichtige Voraussetzung für gutes Zusammenleben. Er bekämpfte die griechische Vorstellung vom Neid der Götter. (Vgl. *Milobenski*: Der Neid in der griechischen Philosophie, 21 ff.)

[11] Pol VIII 1337 a 27—29. Man muß dies aber aus dem Zusammenhang verstehen, in dem es vorkommt. Es gilt im Hinblick auf einen allgemeinen, staatlich geregelten Unterricht. Noch weniger absolut formuliert *Platon*, wenn er für eine allgemeine Schulpflicht das ähnliche Argument anführt, daß „die Kinder mehr dem Staate als ihren Erzeugern gehören" (N 804 D). Dabei bleibt offen, ob sie nicht noch mehr sich selbst gehören oder zu diesem Zustande kommen sollten, wodurch andererseits nicht ausgeschlossen ist, daß sich der Staat um ihrer selbst willen um ihre Bildung kümmert. So radikal wie Aristoteles spricht Platon nur im Hinblick auf Eigentumsfragen. Hier sagt er, daß weder die Bürger noch ihre Habe primär ihnen selbst gehören, sondern zuerst dem Staat und dann der Sippe (N 923 A/B).

[12] *M. Pohlenz:* Griechische Freiheit, 104; ebenso schon *R. v. Pöhlmann*, op. cit., I, 424.

Tugenden" ins Feld und fragte nach Institutionen, die, getragen von diesen Tugenden der Mitte und Mäßigung die Freiheit in die Polisharmonie integrieren könnten. So kommt er zu seinem praktischen Ideal der „Politie" als einer aristokratisch und plutokratisch modifizierten Demokratie. Im Ethischen Theoretiker der Polis (außer insofern er auch die außerpolitischen Lebensweisen des Philosophen und Fremden anerkennt), bemüht er sich im Politischen um Institutionen, die in ihrer Liberalität dem radikaldemokratischen Freiheitsstreben, so weit der Rahmen der Polis das zuläßt oder vielleicht noch weiter, entgegenkommen, und macht sich im übrigen aus der Polis, so wie sie geworden ist, hinaus, wenn ihm keine Vermittlung mehr möglich erscheint (s. o. §§ 21; 27).

Aristoteles hat keine immanente Einspruchsmöglichkeit gegen die asozialen Folgen von Freiheit als „tun was man will", weil er Sokrates-Platons Freiheitsbegriff der Selbstbestimmung und Selbstbeherrschung aus dem Bereich politischer Ethik weitgehend ausschließt. Die primäre Einheit von Politik, Ethik, Psychologie und Philosophie entfällt bei ihm. Er kann der neuen Freiheit schließlich nur die alte Tugend entgegenhalten, und diese sagt nicht, was einer wollen, sondern was er tun soll. Nach ihrer Maßgabe konnten ja die „Freien", die Vollbürger tun, was sie wollten, weil vorausgesetzt war, daß sie der Polis dienen wollten[13]. Dieses Polisethos sicherzustellen, ist nach Aristoteles nicht Sache der Politik oder politischen Theorie. Platon dagegen macht eben das zur Aufgabe ethisch-politisch angewandter Philosophie. *Er übernimmt jene anarchisch scheinende Freiheitsdefinition, fragt jedoch, was man und die Besten wollen sollen, damit sie in der Polis leben können, wie sie wollen.*

§ 30. Der durch Bildung vermittelte Zusammenhang von Freiheit und Ungleichheit

Nestle stellt die These auf, „daß Eleutheria für Platon kein philosophisches Wort ist; es fehlt in den ontologischen Partien. Aber Platon überläßt das Wort auch nicht seinen Gegnern. Im Gegenteil: er kämpft mit ihnen um die wahre Freiheit ..."[14]. Wenn man einmal die bei Nestle implizierte

---

[13] „Freiheit zur Hingabe an die Polis" — *Nestle:* Eleutheria, 72; vgl. 136 f.
[14] *D. Nestle:* Eleutheria, 91. — Zum Platonischen Freiheitsbegriff überhaupt: *Nestle,* 89—101; — *Pohlenz:* Griechische Freiheit, 89—102; — *Kuhn* 1, II, 58 ff.; — *Tarkiainen,* op. cit., 284—292; — *Stenzel:* Das Problem der Willensfreiheit im Platonismus, in: Kl. Schriften, 171 ff.; — *Mayrs* Arbeit enthält, obwohl der Titel anderes vermuten läßt, kaum eine Entfaltung des Platonischen Begriffs der Freiheit. Die Arbeit ist sehr wertvoll als eine Auseinandersetzung mit dem modernen Vorwurf, Platon sei kein „freiheitlicher" Denker. Einer solchen ideologischen Verwendung von „Freiheit" jedoch braucht kein distinkter Begriff zugrundezuliegen. Zu Mayr s. u. § 32.

Gleichsetzung von Philosophie und „Ontologie" und die damit verbundene Ausschließung der Ethik und politischen Theorie aus dem inneren Kreis der Philosophie beiseite läßt, besteht wenig Anlaß, an der Richtigkeit der These zu zweifeln. Es liegt dann ein wesentlicher Unterschied zwischen Platons Stellung zur Gleichheit einerseits und zur Freiheit andererseits. Denn wie sich gezeigt hat, lehnt Platon die demokratische Gleichheitsforderung weitgehend ab, wenn er auch in POLITIKOS und NOMOI einräumt, daß die Unterschiede zwischen den Menschen (die „Scheidung des Zeus"), auf die es in Politik und politischer Ethik ankommt, schwer zu erkennen sind. Er entwickelt sein Ideal eines gegliederten Staates in Absetzung vom Homogenitätsideal der radikaldemokratischen Gleichheitsforderung, er argumentiert offen gegen Gleichheit und für Ungleichheit, nicht jedoch setzt er dem Polis-Ideal einer Gemeinschaft von Freien einen Staat der Unfreiheit entgegen. Er kritisiert nicht generell die Theorie und Praxis der Freiheit, sondern das Übermaß demokratischer Freiheit[15]. Wie Aristoteles polemisiert er gegen das ungezügelte „tun, was man will" (P 557 Bff.) weil es der zum Umschlag in das Gegenteil des Erstrebten verurteilte Versuch sei, „schon dem Rauch der Knechtschaft, wie sie unter Freien ist", zu entgehen (s. o. § 25).

An modernen Vorstellungen von Demokratie gemessen muß die Konzeption der POLITEIA dennoch wie ein Staat der Unfreiheit aussehen. In diesem Zusammenhang ist jedoch eine wesentliche systematische und historische Differenz zwischen den Begriffen Gleichheit und Freiheit und innerhalb des Freiheitsbegriffes zu bedenken. In sich selbst ist der Begriff der Gleichheit unproblematisch. Gleichheit ist meßbar und mathematisierbar wie relative Größe und Kleinheit. Nur in der Anwendung auf die

---

Allgemein über griechische Freiheit: *Pohlenz*, op. cit.; — *Schlier:* ἐλευθερός usf.; — *Nestle*, op. cit.; — *W. Warnach:* Freiheit (Antike), in: Historisches Wörterbuch der Philosophie, Bd. 1, erscheint voraussichtlich 1970.

[15] Zur negativen Wertung radikaldemokratischer Freiheit: P 557 B — 569 C; N 698 B — 701 E; 8. Brief 354 D/E. — Zur negativen Wertung tyrannischer Freiheit (Freiheit als Herrschaft über Unfreie): P 572 E; 576 A; 567 D — 568 A; 577 A — 580 C; N 687 A — 688 D; 962 E.

Meistens jedoch wertet Platon Freiheit positiv, so die Freiheit von Begierde (P 329 C), die Freiheit der Polis von Fremdherrschaft (P 395 C; Po 307 E) und auch die Freiheit, zu tun was man will, wenn man das Rechte will. Zu den Hauptmängeln des Tyrannendaseins und der tyrannisch beherrschten Stadt gehört es, daß sie nicht tun können, was sie wollen (P 577 D/E; vgl. ALKIBIADES I 134 E — 135 A; GORGIAS 466 D — 468 D).

Vor allem jedoch wird die Freiheit, sofern sie durch Vernunft, Besonnenheit, sittliche Scheu sowie freiwilligen Gehorsam gegen das Gesetz und die nach dem Gesetz Regierenden (N 690 C; 700 A) gezügelt ist, positiv gewertet, nämlich als Basis einer die Polis primär zusammenhaltenden Freundschaft (philía) zwischen den Bürgern (P 576 A; N passim — vgl. *Nestle*, op. cit., 91; 97f.).

Menschen und ihre Beziehungen untereinander wird der Gleichheitsbegriff kompliziert. Denn außer eineiigen Zwillingen sind schon von Natur nie auch nur zwei Menschen einander annähernd so gleich wie beispielsweise zwei aus dem gleichen Material und nach den gleichen Maßen gefertigte Tische oder wie zwei Strecken oder zwei Summen oder gar „das Gleiche selbst", von dem im PHAIDON die Rede ist (74 Aff.). Und selbst „identische" Zwillinge werden einander durch unterschiedliche Lebensschicksale ungleich. Im gesellschaftlichen und politischen Bereich muß der Gleichheitsbegriff denn auch differenziert werden, so spricht man z. B. von Gleichheit vor dem Gesetz, von sozialer und von Chancengleichheit. Davon ist die erste relativ genau zu definieren, ist die dritte, falls die Chancen unterschiedlich sind und unterschiedlich genutzt werden können, ein Ausgangspunkt für Ungleichheit, und ist die zweite Gleichheit im umfassendsten aber unklarsten Sinne. So gut wie alle möglichen Aspekte politischer Gleichheit waren in der Polis unter verschiedenen Namen[16] im Spiel, wobei der Trend von einer begrenzten zu einer schlechthinnigen Anwendung dieses Maßstabs ging. Im Felde des Gleichheitsbegriffs ist also die historische Differenz zwischen der griechischen und der modernen Demokratie gering.

Anders bei der Freiheit. Was die allgemeine Diskussion des Freiheitsbegriffs zur Zeit Platons betrifft, mag es zunächst genügen, mit W. Jaeger festzustellen, „daß das Ideal der Freiheit, das die neuere Zeit seit der Französischen Revolution wie kein anderes beherrscht hat, in der klassischen Periode des Griechentums keine vergleichbare Rolle spielt, obgleich ihr der Freiheitsgedanke als solcher nicht fernliegt"[17]. Speziell zum Platonischen Freiheitsbegriff sei Manasse zitiert, der ausführt: „während Platon die antike Demokratie und die in ihr gewährte Freiheit bekämpft, sind

---

[16] Vgl. hierzu neben „Gleichheit" (ἰσότης; τὸ ἴσον) die vielen Komposita politischer Bedeutung mit der Vorsilbe ἰσ-/ἰσο z. B. ἰσηγορία; ἰσογονία; ἰσοκρατία; ἰσονομία.
   Über ἰσότης — ἰσονομία Hirzel: Themis, Dike..., 228 ff. Nach Hirzel 240 ff. und Vlastos (op. cit.) hat ἰσονομία nie bloß „Gleichheit vor dem Gesetz" bedeutet, sondern ging von Anfang auf soziale Gleichheit, besonders die Gleichheit des Besitzes.
[17] Jaeger II, 104. Jaeger fährt fort: „Was die Demokratie der Griechen vor allem erstrebt, ist Gleichheit ... im staatsbürgerlichen und rechtlichen Sinne. Freiheit ist für die Bezeichnung dieser Forderung ein vieldeutiges Wort. Sie kann ebensogut die Unabhängigkeit des Individuums wie die des ganzen Staates ... bezeichnen. Man spricht wohl gelegentlich von einer freien Verfassung oder nennt die Bürger eines solchen Staates frei, doch damit will man ausdrücken, daß sie keines Menschen Sklaven sind. Denn in erster Linie liegt in dem Worte „frei" (ἐλεύθερος) stets der Gegensatz zum Sklaven (δοῦλος). Es hat nicht den allumfassenden, undefinierbaren ethischen und metaphysischen Gehalt wie der moderne Freiheitsbegriff ... Der moderne Gedanke der Freiheit war in seinen Ursprüngen ein naturrechtlicher. Er hat überall zur Aufhebung der

ihm die Voraussetzungen des darüber hinausgehenden modernen Freiheitsglaubens unbekannt"[18]. Auch Nestles begriffsgeschichtliche Untersuchung bestätigt diese historische Differenz. Eleutheria bezeichnet demnach bis zur Zeit des Peloponnesischen Krieges vornehmlich ein Gruppenphänomen: die Freiheit des Gemeinwesens und im Gemeinwesen, nicht aber die partikulare Freiheit *von* der Familie, dem Kultverband, der Polis oder generell von einer gemeinsamen Lebensordnung. Insofern hat Hobbes recht, wenn er schreibt: „The Libertie, whereof there is so frequent and honourable mention, in the Histories, and Philosophy of the Antient Greeks ... is not the Libertie of Particular Men; but the Libertie of the Commonwealth"[19].

Mit dem Sieg der radikalen Demokratie jedoch, die von Perikles um den Preis ihrer späteren Entfesselung gerade noch in Schach gehalten werden konnte, wurde das individuelle Leben-wie-man-will zum vornehmlichen Inhalt eines emanzipativen Freiheitsideals. Damit machte sich zum erstenmal eine Seite der Freiheit geltend, die in der neuzeitlichen Theorie und Praxis eine große Rolle spielen sollte[20]. Wenn dabei der *nackte Wille*

Sklaverei geführt. Der griechische Begriff des Freien im Sinne der klassischen Zeit ist ein positiver staatsrechtlicher Begriff. Er beruht auf der Voraussetzung der Sklaverei als feststehender Einrichtung, ja, als der Grundlage der Freiheit des bürgerlichen Teils der Bevölkerung."

[18] *Manasse* II, 51; vgl. 200. Im Anschluß an das Zitierte schreibt Manasse: „Es könnte aber der Fall sein, daß Platon selbst geschichtlich dazu beigetragen hat, diese Voraussetzungen zu schaffen. Wie das gemeint ist, wird zur Sprache kommen, wenn wir uns Whitehead zuwenden" (darüber Manasse, 64 ff.). Zur Erläuterung dessen, was M. über die Platon unbekannten Voraussetzungen des modernen Freiheitsbegriffes sagt, zitiert er später „*Hegels* großartige Platonkritik" in den Grundlinien der Philosophie des Rechts § 185 Anm. Dort heißt es unter anderem: „Das Prinzip der *selbständigen in sich unendlichen* Persönlichkeit des Einzelnen, der subjektiven Freiheit, das innerlich in der *christlichen* Religion und äußerlich ... in der *römischen* Welt aufgegangen ist, kommt in jener nur substantiellen Form des wirklichen Geistes nicht zu seinem Recht. Dies Prinzip ist geschichtlich später als die griechische Welt ..." M. bemerkt dazu, daß hiermit „im Gegensatz zu den oberflächlichen Angriffen und Verteidigungen Platons das Wesentliche, was das moderne Empfinden — man könnte auch sagen, den modernen politischen Glauben — von Platons politischer Philosophie scheidet, in wahrhaft geschichtlicher Weise ausgesprochen ist ... Dies gilt trotz allem, was Hegels Freiheits- und Staatsbegriffe von den modernen Begriffen der demokratischen Freiheit und des demokratischen Staates unterscheidet" (204; vgl. 227 f.).

[19] Leviathan, Kap. II, 21.

[20] „Die Griechen und Römer ... wußten nichts von diesem Begriff, daß der Mensch als Mensch freigeboren, daß er frei ist. Plato und Aristoteles, Cicero und die römischen Rechtslehrer hatten diesen Begriff nicht ..." (*Hegel*: Einleitung in die Geschichte der Philosophie, Hamburg 1940, 63). Das sei einer der Gründe, weshalb man nicht zum Standpunkt der Platonischen Philosophie zurückkehren könne (ebd., 74 f.). Wie Hegels Werk zeigt, begriff er

als letzte Bestimmung genommen wird, ist diese Art Freiheit politisch verantwortungslos. Dies macht ihre negative Seite aus. Ihre positive ist der in ihr enthaltene Anspruch auf die Entfaltung der im Menschen als Individuum angelegten Möglichkeiten. Hiermit ist aber die Frage gestellt, *was* am oder im Menschen sich entfalten solle und dürfe, damit er erstens nicht sich selbst und anderen schade, und damit nicht zweitens die Freiheit in ihrer Verwirklichung sich selbst zerstöre. Denn das Selbst (die Seele) ist ein komplexes Gebilde. Schon innerhalb des Individuums, nicht erst in den zwischenmenschlichen und politischen Beziehungen gibt es eine Dialektik der Freiheit, die nach Platon nur dadurch zu lösen ist, daß dasjenige Vermögen der Seele herrscht, das allein sich selbst und anderes zu bestimmen vermag, nämlich die Vernunft[21]. Nur in der Leitung durch Vernunft kommen auch die anderen menschlichen Kräfte zu harmonischer Entfaltung (s. o. § 13).

Noch wichtiger aber wird Freiheit als Bestimmung durch Selbstbestimmung, wenn man den Bereich der zwischenmenschlichen Beziehungen und damit schließlich das Politische in die Betrachtung einbezieht. Denn dann wird vollends deutlich, daß nur eine Person, die sich selbst in Harmonie mit dem Ganzen beherrschen kann, mit anderen gleichartigen Personen so zusammenzuleben vermag, daß sie nicht primär von außen bestimmt wird, also unfrei ist. Dabei kann, wie Platon gesehen hat, diese Außenlenkung, die aus dem irrationalen Leben-wie-einer-will hervorgehend und sich gegen ihren Ursprung kehrend eine politische Ordnung erzwingt, zwei Formen haben: Sie ist entweder die höchstens halbfreiwillige Unterwerfung unter die Willkür Einzelner (Tyrannis) oder unter die Willkür aller oder der Masse oder der Tonangebenden (totalitäre Demokratie, Oligarchie). Wenn es sich dabei handelt um die Willkür „aller", die aber doch zu einer Ordnung kommen wollen und sich Gesetze geben, deren Inhalt durch das Formale eines gegenseitigen Vertrages bestimmt ist, kann man statt von Unterwerfung unter den allgemeinen Willen auch von Anerkennung der Notwendigkeiten gesellschaft-

---

dabei jedoch gerade die moderne Freiheit als vernünftige, sittliche, religiös gebundene. Eingelassen in die substantiellen Mächte von Religion, Familie, Staat und ihren höchsten Ausdruck in der Philosophie findend, ging sie nicht fort bis zum Tun-was-einer-will, und wo sie es in der Wirklichkeit tat, sah Hegel durchaus ihre Gefahren, behandelte sie unter dem Titel „Die absolute Freiheit und der Schrecken" (Phänomenologie des Geistes VI, B, 3). Hegels Freiheitsbegriff ist geradezu der Versuch, die Gefahren der absoluten Freiheit zu bannen. Nachdem die Emanzipation über diesen Vermittlungsversuch hinweggegangen ist, steht heute ein wirklichkeitsbestimmender Freiheitsbegriff zur Debatte, der Platon und Aristoteles keineswegs fremd war. Daher haben ihre Auseinandersetzungen mit dieser Art Freiheit heute eine ganz andere Aktualität als zur Zeit Hegels (s. u. S. 205ff. und Nachwort).

[21] N 875 C; Protagoras 352 A ff.

lichen Zusammenlebens sprechen. Diese vornehmere Ausdrucksweise ändert aber nichts daran, daß auch in diesem Fall eingestandenermaßen das Tun-was-man-will durch eine politische Zwangsordnung beschränkt wird. Nach Platon rührt diese Heteronomie daher, daß die undifferenzierte Forderung nach der Entfaltung der menschlichen Kräfte, diejenigen (der unmittelbaren Energie nach größten) „Teile" der Seele begünstigt, die kein Maß in sich selber haben, nämlich das Mut- und Zornartige und das Sinnliche. Die natürlichen Bedürfnisse und Begierden des Menschen erreichen zwar in der jeweiligen Sättigung eine Art natürliche Grenze, die nicht beliebig verschiebbar ist, aber in vermittelten gesellschaftlichen Verhältnissen können sie, z. B. durch das Geld in schrankenlose Pleonexie ausarten[22].

Wenn daher diese Antriebskräfte nicht schon innerhalb des Individuums ihr Maß von der Vernunft empfangen, muß es umwillen des Zusammenlebens der Individuen von außen kommen. In Platons bestem Staat betreffen die wichtigsten Gesetze die Erziehung, weil allein durch sie die innere Herrschaft der Vernunft gefördert werden kann, welche eine bloß äußere Herrschaft der Gesetze oder des funktionalen Verstandes oder der Willkür zu einem Zweitwichtigen herabsetzt. Allein die Bildung kann in Freiheit eine von Natur nicht vorhandene, sondern nur angelegte Harmonie von Individuum und Allgemeinem herstellen, weil sie von außen und innen zugleich kommt, und im Idealfall zwar von außen kommend doch nur die inneren Keime entwickelt[23]. Man darf vielleicht so weit gehen, zu sagen, daß Platon *um der Freiheit willen* den besten Staat als einen Bildungsstaat konzipiert. *Und gerade wenn die Bildung nicht Dressur oder Manipulation werden, sondern Erziehung in und zur Freiheit sein soll, muß sie die natürlichen, aber immer bereits gesellschaftlich überformten Anlagen, die sie entfalten will, als gegeben voraussetzen, darf sie nicht auch noch machen wollen.* Darum ergibt sich für den Bildungsstaat eine (hierarchische) Gliederung, wenn die Menschen eine verschiedene Anlage zur vernünftigen Selbstbestimmung aufweisen, oder solange — aus welchen Gründen auch immer — gleiche Anlagen nicht gleichmäßig ausgebildet worden sind; denn der jeweilige geschichtliche Zustand ist wie eine zweite Natur, die man wie die erste nicht zerstören darf, wenn man mit ihr etwas Neues machen will.

Für den Standpunkt politischer Ethik, den Platon und Aristoteles zumindest für ihre Zeit maßgebend entwickelt haben, erweist sich also der *notwendige Zusammenhang* von *Freiheit und Ungleichheit und von Freiheit und*

---

[22] Nach *Aristoteles* ist vor allem das Geld das Mittel, das dazu verführt, als Ziel und Zweck (τέλος) genommen zu werden. Damit entsteht ein Pseudozweck und ein Ziel, das im Unbegrenzten (ἄπειρον) verschwindet (Pol I 1256 b 30 ff.; vgl. VII 1323 a 35 ff.).

[23] Vgl. Platons MENON und *J. Stenzel:* Platon der Erzieher, insbes. 320 ff.

Herrschaft. Wie Pohlenz[24] sagt, bedeutet nach Platon die Philosophenherrschaft „für die Gesamtheit nichts anderes als die Selbstbeherrschung für den Einzelnen. Sie ist die Herrschaft des Geistes in der menschlichen Gemeinschaft, die damit ihre wahre Freiheit erlangt". Wenn nämlich individuelle und politische Ethik, sofern beide praktisch wirksam werden, gleichsinnig zusammenbestehen sollen, so folgt aus dieser Forderung unter den Bedingungen ethisch und politisch relevanter Unterschiede der Menschen politische Ungleichheit. Diese kann auch beim aristokratischen Staat der POLITEIA mit einer fundamentalen ethischen Gleichheit zusammengehen, indem nach Platon eine, sich freilich bei Regierenden und Regierten verschieden äußernde Besonnenheit (sophrosýne, s. o. § 14) das ganze Gemeinwesen durchziehen muß. Sie enthält das Moment der Zustimmung der Beherrschten zur Herrschaft. Sie ist, genauer gesagt, für die Beherrschten das Einverständnis mit der theoretischen und praktischen Auslegung des der Polis wie ihren Bürgern vorgegebenen Maßes durch diejenigen, die auf Grund sorgfältiger Auswahl und Ausbildung am ehesten dazu imstande sind, dieses Maß zu erkennen und von sich aus ihr Leben danach auszurichten. In letzterem besteht die Besonnenheit der Regierenden.

Wenn eine solche Harmonie zwischen privater und politischer Ethik nicht möglich ist, so heißt das nichts anderes, als daß die eventuell höherstehende Privatmoral sich außer in zufälligen Einzelsituationen nicht verwirklichen könne. Sie wird eben damit von der Ethik zur Moral, von möglicher Praxis zur Betonung des bloßen guten Willens. Diese Zusammenhänge erkennend, schreibt der liberale und als solcher platonkritische Sabine in einer Teilzusammenfassung seiner Platoninterpretation: „The problem of the good state and of the good man are two sides of the same question, and the answer to one must at the same time give the answer to the other. Morality ought to be at once private and public[25] and if it is not so, the solution lies in correcting the state and improving the individual until they reach their possible harmony. It may very well be doubted whether, in general terms, any better moral ideal than this has ever been stated[26]."

---

[24] *Pohlenz*, op. cit., 101; s. o. § 14.

[25] Ganz ähnlich wie Sabine sah schon der liberale Historiker *E.* Meyer „das große Problem, mit dem Platon ringt", darin, „wie der Mensch durch richtige Erziehung so geleitet werden kann, ... daß individuelle und soziale Moral zusammenfallen" (op. cit., V, 355).

[26] *Sabine*, 52. — In seiner Verwendung des Wortes „morality" scheidet Sabine begrifflich nicht zwischen Moral und Ethik, was mit seiner mangelhaften Hegelrezeption (Sabine, 620ff.) zusammenhängen mag. Zu dem hier gemeinten Unterschied zwischen Moral und Ethik vgl. *J*. Ritter: Moralität und Sittlichkeit. Zu Hegels Auseinandersetzung mit der kantischen Ethik, in: Kritik und Metaphysik (Heimsoeth-Festschr.), Berlin 1966, 331—351.

§ 31. Der ethische und der liberalistische Primat des Individuums
(Platon und der Liberalismus, I)

Aber dieses Lob von dieser Seite verdient Mißtrauen. Zwar sind nach
Platon das Problem des guten Staates und des guten Menschen zwei Seiten
derselben Frage, doch daraus folgt bei ihm *nicht*, daß Moralität *zugleich*
privat und öffentlich sein sollte, sondern — um den modernen Ausdruck
„Moralität" durch den alten „Tugend" zu ersetzen — nach Platon kommt
die Tugend durch die Einzelnen ins Gemeinwesen (s. o. §§ 12 ff.). Dieselbe
Tugend tritt daher in ganz verschiedenen Formen auf und zwar ursprünglich individuell verschiedenen Formen, die sich jedoch zu bestimmten
Typen zusammenordnen lassen und so als Grundlage einer ständischen
Gliederung dienen können. Nur in solcher Differenzierung ist die öffentliche und private Moralität identisch, wobei weiter zu beachten ist, daß
man statt „öffentlich" und „privat" genauer „allgemein" und „einzeln"
sagen müßte. Denn die Tugend der Besseren, das heißt die bewußtere
Form derjenigen Tugend, die als Besonnenheit (sophrosýne) das ganze
Gemeinwesen durchzieht, verdient nach Platon — ohne „öffentlich"
werden zu können — mehr allgemeine Wirkung als die Tugend der Menge,
die freilich auch vorhanden sein muß, damit die höhere Tugend wirken
kann. Die Besonnenheit ist für diejenigen Bürger, die auf Grund ihrer
Art und Ausbildung den unteren Ständen zugehören, weitgehend Gehorsam gegen die vom obersten Stand verwalteten Gesetze, während die
Tugend des obersten Standes oder auch des einen Königs der Gehorsam
gegen das von ihm erkannte Gute ist, das er zum Maß der Gesetze zu
machen hat. Bei Platon sind also individuelle und politische Ethik nicht
unmittelbar identisch[27]. Zwar gibt es bei ihm in bezug auf Ethik nicht
jene „doppelte Buchführung der modern-christlichen Welt", von der
W. Jaeger spricht (s. o. § 17), aber es gibt individuelle und ständische
Differenzierungen, die dann zu Trennungen werden, wenn die Herrschenden nicht auf Grund überlegener Einsicht und Tugend herrschen oder
wenn die Menge nicht bereit ist, solche Herrscher anzuerkennen. Das
ordnende Prinzip heißt auch hier: proportionale Gleichheit — „proportional" zur Verschiedenheit der Individuen und „Gleichheit" (nicht

---

[27] Dazu *Kuhn* 3, 10 ff. Dort heißt es z. B.: „Der einzelne und die Polis sind also
gleichförmig ... Was dem Staat nützt oder schadet, das nützt oder schadet
dem einzelnen Bürger, und dieser Satz gilt auch in der Umkehrung. Das bedeutet aber nicht, daß das Menschlich-Gute und das Politisch-Gute zusammenfallen. Wir müssen etwas genauer hinhören, um zu erfahren, wie sich nach
Plato dies wechselseitige Verhältnis gestaltet. Nur so können wir uns vor dem
Irrtum derer hüten, die Plato entweder zum Schirmherrn der modernen
Demokratie oder ... zum Anwalt totalitärer Herrschaft machen wollen." Als
ein Beispiel des erstgenannten Irrtums führt Kuhn *R. W. Hall* an (s. u.).
Weitere Autoren dieser Richtung zählt *Mayr* (237, Anm. 10) auf.

Identität, Zusammenfall) sowohl der privaten und politischen, wie der durchschnittlichen und der vorbildlichen Arete. Am nächsten kommt diese Gleichheit der Identität bei den Philosophenherrschern, die wissen, daß völlige Identität nicht möglich ist und daß darum dem ganzen Bereich des Politischen sekundäre Bedeutung zukommt.

Die Platonische Staats- und Gesellschaftskonzeption wird also bestimmt von einem *substantiellen Pluralismus*, der als solcher konsequenterweise institutionell Ausprägung findet in einem gegliederten Gemeinwesen (und zwar so wie Platon die Verteilung von intellektuellem und ethischen Vermögen annimmt, einem hierarchisch, aristokratisch gegliederten)[28]. Die Harmonie von Individuum und Staat geht hervor aus der inneren Harmonie der (tonangebenden) Individuen, die schon als innere auf das Zusammenleben in der Polis bezogen ist, jedoch ohne daß diese soziale Geschlossenheit wie bei einer funktionalen Gesellschaftsethik der oberste Bezugspunkt der Platonischen Ethik wäre. Weder herrscht bei Platon, wie Pohlenz, Popper und viele andere behaupten, der Primat des Staates, noch wie Sabine und andere meinen, eine gleichberechtigte (und damit im einzelnen unbestimmte) Wechselwirkung zwischen dem Individuum allgemein und dem Staat, sondern es herrscht der Primat des ethisch-vernünftigen Individuums. Es kann im besten Staat alle seine Kräfte entfalten. Kann in diesem Sinne tun, was es will, weil es das Rechte will. Und das heißt bei Platon Freiheit (s. u. § 32).

Die liberalistischen Vorstellungen vom Primat des Individuums führen fast notwendig zu einem Mißverständnis dieser Konzeption. Man lobt die Harmonie von Individuum und Staat, die bei Platon herauskommt, tadelt aber die ethisch-politischen Differenzierungen, die er einführt, und

---

[28] Wie *W. Fite* (The Platonic Legend, 70 ff.) zu polemischen Zwecken referiert' waren ältere, von Hegel beeinflußte angelsächsische Platoninterpreten (Norman *Wilde*; *Bosanquet*) der Ansicht, daß der substantielle Pluralismus einer im Sinne Platons gegliederten Gesellschaft mehr persönliche Freiheit gewähre, „than to be obtained through a democratic system of choice and election". *Hegel* entwickelt dieses Problem als die *Dialektik von Freiheit und Gleichheit:* „Schon die oberflächliche Unterscheidung, die in den Worten Freiheit und Gleichheit liegt, deutet darauf hin, daß die erstere auf die Ungleichheit geht ... Diese subjektive Freiheit der nach allen Seiten sich versuchenden ... nach eigener Lust sich ergehenden Tätigkeit ... enthält teils für sich die höchste Ausbildung der Besonderheit dessen, worin die Menschen ungleich sind ..., teils erwächst sie nur unter den Bedingungen jener objektiven [in Gleichheit staatlich garantierten] Freiheit, und ist und konnte nur in den modernen Staaten zu dieser Höhe erwachsen" (WG 10, 414).
    Zum Zusammenhang Freiheit — Ungleichheit auf Pamphletniveau, aber unter Ausbreitung eines reichhaltigen und interessanten historischen Materials *E. R. v. Kuehnelt-Leddihn:* Freiheit oder Gleichheit? Die Schicksalsfrage des Abendlandes (erweiterte deutsche Ausgabe von „Liberty or Equality"), Salzburg 1953.

macht Platon damit allerdings zu einem Totalitaristen, weil so der spezifische Unterschied zwischen seiner Konzeption eines guten Gemeinwesens und der durch einen absoluten Staat oder eine absolute Gesellschaft mit Zwang oder Manipulation hergestellten Harmonie von Einzelnem und Allgemeinem hinwegfällt. Platons Problem ist die Entwicklung einer politischen Ethik in den Einzelnen je nach den Voraussetzungen, die sie dazu mitbringen. Dagegen ist das Problem der liberalistischen Konstruktion des Politischen nicht primär pädagogisch-ethischer, sondern institutioneller und sozialtechnischer Art. Es liegt darin, ausgehend vom abstrakten Individuum als einer Vielzahl gleichgesetzter, zunächst eher irrationaler und egoistischer als rationaler und sozialer Handlungsorigines, zu einer staatlich-gesellschaftlichen Ordnung des Überlebens und Wohlstands zu kommen, dergestalt, daß möglichst viel von der ursprünglichen, anarchischen und asozialen Freiheit erhalten bleibt[29]. Von historisch-genetischen Theorien einmal abgesehen, läuft der Liberalismus faktisch darauf hinaus, daß das Individuum anscheinend im Guten und Bösen freigesetzt wird, um aber gleichzeitig oder auch vorgängig durch eine altruistische[30], aus den Notwendigkeiten gemeinschaftlichen Überlebens abgeleitete Moral, ein ebenso hergeleitetes Naturrecht[31] und ganz entsprechend vertragstheoretisch legitimierte Staatsgesetze eingefangen zu werden. Gegen die für natürlich erklärte asoziale Freiheit und für geschichtlich erklärte Ungleichheit ist eine (z. B. plutokratisch) gemäßigte Gleichschaltung der Individuen durchzudrücken, die aber keinesfalls zu einer inneren, ethischen, sondern nur zu einer äußeren, sozialtechnischen Harmonie von Staat und Individuum sowie privater und öffentlicher Moral führen darf[32]. Gemäß der liberalistischen Konzeption können und

---

[29] Um Mißverständnisse nach Möglichkeit abzuwenden, sei ausdrücklich darauf hingewiesen, daß „*Liberalismus*" und „*liberalistisch*" hier in diesem explizierten und weiter zu entfaltenden Sinne gebraucht wird. „Liberalistisch" ist also nicht identisch mit „*liberal*", das entweder allgemein „freiheitlich" bedeutet oder sich weniger auf Prinzipien als auf deren Anwendungs- und Ausführungsweise bezieht, so wie *B. Russell* sagt: „The essence of the liberal outlook lies not in *what* opinions are held, but in *how* they are held" (Philosophy and Politics, 22). Damit ist der platonische Ansatz, der nach der einen Wahrheit fragt, durchaus vereinbar, wenn der Vertreter der liberalen Position zugesteht, das Was, die Substanz von Überzeugungen sei nicht beliebig und könne nicht über der Wichtigkeit des Wie, der Modalitäten der Verwirklichung vernachlässigt werden.

[30] Hierzu *Maurer*: Altruismus, in: Historisches Wörterbuch der Philosophie, Bd. 1, Basel/Stuttgart voraussichtl. 1970.

[31] Vgl. *Marxens* Kritik der „Menschenrechte", insbesondere des die Freiheit betreffenden Artikels („La liberté consiste à pouvoir faire tout ce qui ne nuit pas à autrui"), in: Frühschriften, ed. Landshut, Stuttgart 1953, 190 ff.

[32] Vgl. *R. Dahrendorfs* Gegenüberstellung des Harmonie- und des Konfliktmodells der Gesellschaft in seinem Aufsatz „Lob des Thrasymachos".

dürfen die Individuen nicht aufhören, in gleichzuschaltender Weise Partikulares zu wollen, nämlich die Durchsetzung ihrer egoistischen Interessen gegeneinander und gegen das Allgemeine. Das Gemeinwohl ist zunächst überhaupt nicht vorhanden und ergibt sich allererst aus dem Kampf der Interessen. Der Staat erscheint demnach als ein notwendiges Übel, und die antike, ethische Harmonie des Einzelnen und Allgemeinen als ein unendliches fernes Ideal, das nur mit dem resignierenden Postulat „ought to" (sollte eigentlich) anvisiert werden kann. Sabines Lob Platons ist sozusagen von dem Seufzer darüber begleitet, daß jener von seinen für falsch erachteten Voraussetzungen (Verschiedenheit der Menschen) aus zu einer politischen Harmonie kommt, der sich der Liberalismus nur durch eine gemäßigte und verdeckte Gleichschaltung annähern kann. Da es sie eigentlich nicht geben sollte, wird sie nicht als solche begriffen und Platon als angeblich unmittelbare Identität von privater und öffentlicher Moral untergeschoben. Die liberalistischen Vorstellungen vom (natürlichen, religiösen, „moralischen") Primat des Individuums vor Staat und Gesellschaft verstellen die Sicht darauf, daß es bei Platon einen ethischen Primat des Individuums als Primat des ethischen Individuums gibt (s. o. § 12)[33].

---

[33] Das ist gemeint, wenn *Hegel* schreibt: „Plato hat . . . den Geist, das Wahrhafte seiner Welt erkannt und aufgefaßt . . ." (s. o. § 15). Hegels Geistbegriff impliziert den Begriff einer vernünftigen, nicht durch beliebiges Meinen und irrationales Wollen (vgl. WG 19, 141 f.) bestimmten Freiheit, deren Subjekt sich selbst beherrscht und daher des Zwanges von außen nicht bedarf oder —sofern Zwang um des friedlichen Zusammenlebens der Menschen willen doch nötig ist — ihn in seinen eigenen Willen aufnimmt. Ganz ähnlich — „das Gesetz soll in den eigenen Willen aufgenommen werden" — formulierte auch *G. E. Burckhardt* in seiner Platoninterpretation (op. cit., 54).

Man mag dergleichen für einen typischen Ausdruck deutscher Staatsgesinnung halten, und die bekannte Reductio auf Kadavergehorsam und ad Hitlerum ins Werk setzen. Doch hat neuerdings auch *R. W. Hall* (Plato and the Individual) Ähnliches mit Hilfe Platons unter dem Begriff der „moral freedom" (25; 216) gegen die undifferenzierte liberalistische Freiheit geltend gemacht (insbes. 216 ff.). Einmal weist er darauf hin, daß auch der moderne Individualismus diese und andere Freiheiten, zu denen er sich bekennt, zugleich restringiert („otherwise social anarchy would result"), und verteidigt zum andern die Restriktionen, die Platon eingeführt sehen wollte, mit einem recht plausiblen Argument. Sittliche Freiheit ist Freiheit zur Selbstverantwortung, das heißt gegebenenfalls zur Selbstbeherrschung. Diese nach Hall bei Platon und beim modernen Individualismus gemeinsame Voraussetzungen hat verschiedene Konsequenzen, je nachdem wie man moralisches Experimentieren beurteilt. „One of the basic tenets of contemporary individualism is that because there is no one right way of life, the individual should be free to experiment and decide for himself what sort of life he wants. Through trial and error the individual will gradually discover what is his good . . . The limitation of the individual's freedom of activity results from Plato's denial that

the individual can learn the good from his mistakes. Plato believes that the individual only becomes worse through his moral errors."
Während Hall im übrigen dazu neigt, die prinzipielle historische Differenz zwischen antikem und modernem Individualismus zu verwischen, kommt *H. D. Rankin* in seinem Buch zum gleichen Thema (Plato and the Individual) vorsichtiger abwägend zu der gegen Popper und Levinson gleichermaßen gerichteten These, daß Platon gerade in der POLITEIA einen „individual-orientated appeal" für eine bessere Persönlichkeits- und Gesellschaftsstruktur mache (136 ff.). — Ähnlich bereits *v. Pöhlmann* (op. cit., II, 98 ff.). In bezug auf Platon spricht dieser von einem „individualistischen Sozialismus" (95).

Was zum Thema *Individuum bei Platon* noch aussteht, ist die — etwa durch einen Vergleich des PARMENIDES mit der *Hegel*schen LOGIK zu klärende — Frage, ob es bei Platon Ansätze nicht bloß zu einer Politik, sondern auch zu einer Metaphysik der Subjektivität gebe. In diesen Umkreis gehört auch die Frage nach dem Zusammenhang der („logischen") Dialektik von Eins und Vielem und der ethisch-politischen Dialektik der Wenigen oder des einen wahrhaften Königs und der Menge. Bei *Zeller* (op. cit., 919 ff.) gibt es hierzu einige — und zwar kritische — Andeutungen. So heißt es über den „Zusammenhang von Platos Politik und seinem philosophischen Prinzip": „Dieser liegt . . . in jenem Dualismus, welcher sich metaphysisch in der Transzendenz der Ideen, anthropologisch in der Lehre von den Teilen der Seele, ethisch in der Forderung des philosophischen Sterbens ausspricht. Die Idee steht hier der Erscheinung, die Vernunft der Sinnlichkeit viel zu schroff gegenüber, als daß von der naturwüchsigen Entwicklung der Einzelnen und der Gesellschaft ein befriedigendes Ergebnis erwartet werden könnte." Bei *G. E. Burckhardt* (op. cit., 12) steht der ebenfalls unausgeführt bleibende Hinweis: „Plato verankert die psychologische und ethische Frage nach dem Verhältnis des Einzelmenschen zur gesellschaftlich-staatlichen Gesamtheit in den Gründen der Logik und Metaphysik." Ähnlich wie Zeller *Horvath* (Die Gerechtigkeitslehre des Sokrates und des Platon), der jedoch sieht, daß die Platonische „Idee" wenigstens *einem* Seienden, nämlich dem menschlichen Individuum, nicht schroff gegenübersteht, weil sie (um mit Hegel zu reden) wie das Selbst ein konkret Allgemeines ist: „In der Kompetenzverteilung zwischen dem ‚königlichen Mann' und dem Gesetz spiegelt sich im Grunde nur der tiefe Unterschied, der zwischen Platonischer Idee und Allgemeinbegriff besteht" (Horvath, 273).

Vlastos wiederum stellt in seinem Aufsatz „Slavery in Plato's Thought" die These auf, daß Platons Ansichten über „slavery, state, man, and the world, all illustrate a single hierarchic pattern; and that the key to the pattern is in his idea of *logos* with all the implications of a dualist epistemology" (303). Das bleibt jedoch ohne eine nähere Analyse des behaupteten Zusammenhangs zwischen Platons theoretischer und praktischer Philosophie eine äußerliche Beobachtung. Ähnliches gilt von dem marxistischen Versuch, die beiden Seiten der Philosophie Platons zusammenzubringen, indem man seinen sogenannten objektiven Idealismus als Rechtfertigungsideologie für Geistesaristokratie und Sklavenhaltergesellschaft erklärt (vgl. *G. Mende:* Zum Streit um Platon). Hier wird der scheinbare Dualismus Platons ideologiekritisch auf eine politisch motivierte, aber als solche verschleierte Position zurückgeführt wie auf westlicher Seite schon bei *A. Rüstow*, der in seiner, dem haßerfüllten Ton nach an *W. Fite* erinnernden Darstellung Platons zu dem Ergebnis kommt: „Der überlagerungsmäßigen feudal-herrschaftlichen Zweischichtigkeit von Platons Staatskonstruktion entspricht genau der idealistische Dualismus seiner

Das liberalistische Konfliktmodell der Gesellschaft mag eine richtige Beurteilung der äußeren Bedingungen der Freiheit für eine bestimmte Geschichtsepoche enthalten. Der Liberalismus ist aber von dem Punkt an nicht mehr liberal, sondern „liberalistisch", wo diese Bedingungen für die Sache selbst genommen werden und man ihnen eine dauernde Bedeutung zumessen möchte. Heinrich Heine hat über die deutsche Kritik äußerer Freiheit gespottet:

> „Die praktische äußere Freiheit wird einst
> Das Ideal vertilgen,
> Das wir im Busen getragen — es war
> So rein wie der Traum der Lilien!"[34]

Doch nannte er selber Amerika — offenbar in der Orientierung an jenem Ideal: „dieses ungeheure Freiheitsgefängnis"[35]. Der Drehpunkt, an dem dieses Ideal der Freiheit als eines durch demokratischen Kompromiß und Polizei befriedeten Kampfes aller gegen alle nicht erst möglicherweise in der Praxis, sondern bereits innerhalb der Theorie in sein Gegenteil umschlägt, läßt sich an Hand der liberalistischen Politologie von Hobbes und seinen Nachfolgern genau beschreiben. Ein Hobbesianer, der sich mit Platon ausführlich auseinandersetzte, war G. Grote, einer der Väter moderner Platonkritik (vgl. §§ 12; 19; 45). Bei ihm zeigt sich, daß der Versuch, Staat, Recht und politische Ethik, also ein System der Beziehungen zwischen Menschen, auf das partikulare Individuum und damit das Allgemeine auf die Negation des Allgemeinen zu begründen[36], zum Begriff heteronomer Gerechtigkeit führt. Das Individuum als Trieb- und Bedürfnisnatur, dem man für einen fiktiven Zustand vor dem Gesellschaftsvertrag das Recht auf alles zuspricht, muß es sich gefallen lassen, daß man es zwecks Erhaltung und Befriedigung seiner Natur unter die Bedingungen staatlich geordneter Gerechtigkeit subsumiert. Diese Subsumtion soll zwar praktisch eine (durch Furcht) freiwillige Unterwerfung sein, was aber nichts daran ändert, daß die neue Gerechtigkeit die ursprüngliche Freiheit radikal beschneidet, indem sie sogleich nach der freiwilligen Unterwerfung die Form des Zwanges durch die Common Power, das ist im normalen Konfliktfall die Polizei, annimmt. Die libe-

---

metaphysischen Weltkonstruktion. Makrokosmos wie Mikrokosmos setzen sich zusammen aus einer höheren herrschenden bzw. zum Herrschen berufenen Oberschicht, und einer niederen zum Dienen bestimmten Unterschicht. Dieser dualistische ‚Idealismus' ist geradezu eine metyphysische Projektion der soziologischen Überschichtungsstruktur" (Ortsbestimmung der Gegenwart, II, 142; vgl. 139).

[34] *Heine:* „Deutschland", Caput 25.
[35] Zit. bei *Dahrendorf:* Die angewandte Aufklärung, München 1963, 22.
[36] Vgl. *M. Villey:* Le droit de l'individu chez Hobbes; *Maurer:* Stellungnahme, — beides in: Hobbes-Forschungen, Berlin 1969.

ralistische Freiheit ist wie ein Blankoscheck, von dem sich beim Versuch der Einlösung sogleich herausstellt, daß er nur bis zu einem geringen Betrag gedeckt ist.

§ 32. Der Platonische und der moderne Freiheitsbegriff

Hobbes als Begründer des Liberalismus, der „die Rechte des Menschen im Unterschied zu seinen Pflichten als politische Grundtatsache betrachtet"[37], brach mit der platonisch-aristotelischen Tradition, die ausgehend vom Menschen als politischem Wesen, den (Polis-)Staat als den Ort seiner maximalen Entfaltung und Freiheit begriffen hatte. Dennoch bleibt der von Platon am klarsten erfaßte Polis-Zusammenhang von Arete (Tugend, Tüchtigkeit, Bestheit und damit Verschiedenheit) mit der Freiheit in der europäischen Geschichte lebendig bis hin zu Hegel, der sich um eine Vermittlung dieser alten Ethik mit den politischen Bestrebungen des Zeitalters der Französischen Revolution bemühte[38]. Das konnte er, wie Barker gesehen hat, weil er die Reformation als eine Entpolitisierung und Verinnerlichung des Christentums verstand, die es ermöglichte, den Staat als den Bereich des Allgemeinen auf die allgemeine, nicht bloß wie bei Platon auf die Gesinnung einzelner zu gründen[39].

Manasse kritisiert nun aber Hegels Kontinuitätsdenken, indem er schreibt: „Daß die Freiheit, die das demokratische Athen seinen Bürgern im Verein mit einer imperialistischen Machtstellung gewährt hatte, mit der Innerlichkeit zusammentreffen und den Begriff einer in jedem Menschen zu respektierenden Freiheit erzeugen könnte, ist eine Denkmöglichkeit, die Platon und seiner Zeit fremd war. Wenn Hegel die Innerlichkeit und die politische Freiheit bei den Griechen auf den gemeinsamen Nenner der Freiheit bringt, dann ist das von seinem Denken her vielleicht berechtigt. Historisch ist es ein Anachronismus"[40]. Kuhn bestreitet nicht nur die geschichtliche Kontinuität des Freiheitsbegriffes im Hegelschen Sinne, sondern stellt allgemein fest: „there is no equivalent to the modern term of freedom or liberty in the Greek vocabulary"[41]. Aber auch ohne ein solches Äquivalent beschreibt er die Entwicklung von der großen griechischen Tragödie bis zur „wahren Tragödie" der großen griechischen Philosophie als den Weg einer Emanzipation des Individuums und eines

---

[37] *Strauss* 2, 188.
[38] Dazu *Ritter:* Hegel und die Französische Revolution, Köln/Opladen 1957.
[39] *E. Barker:* The Political Thought of Plato and Aristotle, 520 ff.; s. u. S. 200, Anm. 48 das *Rohrmoser*-Zitat.
[40] *Manasse* II, 11.
[41] *Kuhn* 1, II, 58.

„growth of the self-consciousness of the human agent"[42]. Es sei durchaus berechtigt, in diesem Zusammenhang mit Hegel von der Entwicklung des Bewußtseins der Freiheit zu sprechen[43].

Daß wiederum Manasse im Anschluß an Whitehead geneigt ist, Platon einen wichtigen Platz in der Vorgeschichte des modernen Freiheitsbegriffs zuzuweisen, wurde bereits angeführt und ebenfalls, daß Manasse Hegel an einer anderen Stelle als der oben zitierten als einen Kronzeugen für die historische Differenz im Begriffsfeld Freiheit heranzieht. Offenbar liegen gewisse Schwierigkeiten und Unklarheiten beim Begriff der Freiheit und seiner Geschichte vor, die, wenn man Manasse zum Maßstab nimmt, vom modernen Freiheitsbegriff herrühren. Dieser ist nämlich nach Manasse gar kein Begriff, sondern ein zugleich „politischer" und „metaphysischer Glaube"[44]. Als solcher ist er (wie Hobbes hervorgehoben hat) in der Politik, wo es rational zugehen sollte, gefährlich. Auch Manasse spielt darauf an, wenn er schreibt: „Ob Freiheit im Staate auf die Dauer möglich ist, das ist noch nicht zu entscheiden; wenn sie es nicht ist, dann hätte Platon die Dialektik von Freiheit und Tyrannei richtiger gesehen als seine modernen Kritiker"[45]. Der moderne („westliche", nicht „östliche") „Glaube an den absoluten Wert der Freiheit" wird nun aber von Manasse wenigstens teilweise seiner anscheinenden Unmittelbarkeit entkleidet und begrifflich expliziert. Er ist der Glaube „an den Wert der Entscheidung jedes einzelnen als Mitverantwortlichen nicht nur für seine privaten, sondern auch für die öffentlichen Angelegenheiten"[46]. Manasse fügt

---

[42] *Kuhn* 1, I, 3.

[43] *Kuhn* 1, II, 59.

[44] *Manasse* II, 175; 204; vgl. M. über *Foster*, 201ff.; vgl. *Foster*: The Political Philosophies of Plato and Hegel, 177ff. Ähnlich spricht auch *Popper* oft von „Glauben" (crede), und auch *Sabine* läßt die Freiheit in letzter Instanz durch einen unmittelbaren, keiner weiteren Rechtfertigung bedürftigen *Willen* definiert sein (41; 47).

Es sieht demnach ganz so aus, als wenn das Freiheitsverständnis nicht über die Antinomien hinausgekommen ist, in die es am Ende des Mittelalters geriet (vgl. *O. H. Pesch*: Freiheit (Mittelalter), in: Historisches Wörterbuch d. Philos., 1. Bd.; s. u. § 40). Dazu *Hegel*: „Von keiner Idee weiß man so allgemein, daß sie unbestimmt, vieldeutig, der größten Mißverständnisse fähig und ihnen deswegen wirklich unterworfen ist, wie von der Idee der *Freiheit*, und keine ist mit so wenigem Bewußtsein geläufig" (WG 10, 380). Die alte Frage ist offen, was am Menschen primär Subjekt der Freiheit ist: der Wille oder die Vernunft. In diesem Zusammenhang tadelt *Manasse Foster*: „Da er sich . . . anders als Cornford bedingungslos gegen den Intellektualismus stellt, opfert er am Ende die philosophische Haltung in einem Glaubensakt, ohne daß es deutlich würde, daß er die möglichen Folgen solch eines Opfers voll durchdacht hätte" (II, 206). — Vieles spricht dafür, daß Foster in dieser Hinsicht repräsentativ eine verbreitete Einstellung verkörpert.

[45] *Manasse* II, 228.

[46] *Manasse* II, 175.

hinzu: „Dieser Glaube ist historisch aus sokratisch-platonischen sowie aus christlichen Ursprüngen entstanden".

Wenn der moderne Freiheitsglaube diesen doppelten Ursprung hat und von ihm her zwei Seiten aufweist, so müßte er sich durch eine Dialektik dieser Seiten auf seinen zugrundeliegenden *einen* Begriff bringen lassen (falls er nicht eine Kombination schlechthin unvereinbarer Komponenten ist). Das hat Hegel versucht. Die Schwierigkeit, vor der er, wie schon Hobbes stand, lag darin, daß eine Religion oder Weltanschauung, die den „absoluten Wert des Individuums"[47] verkündet, entweder zur Anarchie oder zu einer terroristischen Ordnung führen muß, wenn nicht eine fundamentale Versittlichung und Sozialisierung der Individuen bereits durch eben die Überzeugung stattfindet, die das Individuum zum absoluten Wert erhebt und es seiner persönlichen, nicht politisch oder gesellschaftlich vermittelten Beziehung zum Absoluten versichert. Dieselbe Überzeugung, welche die Innerlichkeit freisetzt, muß sie zugleich zügeln[48]. Das ist der Sinn von Hegels Polemik gegen die „Torheit unserer Zeiten, Staatsverfassungen unabhängig von der Religion erfinden und ausführen zu wollen"[49].

Manasse tadelt an Hegel, daß er diese Problematik an Platon und seine Zeit heranträgt. Das mag für die Zeit berechtigt sein, und Platon war ein

---

[47] *Hegel,* z. B. WG 11, 380; 19, 114.

[48] „In der Erhebung zur göttlichen Wahrheit wird der unmittelbare natürliche Wille im Subjekt gebrochen und die Voraussetzung zur Verwirklichung auch der über die Gesellschaft hinausgreifenden Allgemeinheit gewonnen. Mit dem Verlust der durch die christliche Religion bewahrten Bedingungen der den Staat gründenden substanziellen Bestimmung im Subjekt ist das philosophische Problem des Staates in der Nach-hegelschen Geschichte unlösbar geworden. Mit dem Scheitern der im Marxismus erhofften Befreiung vom Staat ist an die Stelle der ausgefallenen, noch von Hegel vorausgesetzten Bedingungen in der Subjektivität, grundsätzlich der Terror in allen seinen mannigfaltigen Gestalten und Ausprägungen getreten. Die totalitäre Praxis moderner Diktatur ist nur eine Möglichkeit. Die Permanenz einer Diktatur durch Erziehung aller durch alle ist eine andere Möglichkeit. Die vielbeklagte allgegenwärtige Diktatur der Manipulation ist sicher die sanfteste Form des Terrors, aber auf die Dauer gesehen vielleicht die gefährlichste" (*G. Rohrmoser:* Staat und Revolution in: Studium Generale 21, 1968, 673f.).

Am Schluß dieser Passage berührt R. die beiden real wirksamen Möglichkeiten der neuen Polis und des neuen Leviathan. Ersterer beruht auf dem Versuch der Abschaffung absolut verankerter Innerlichkeit und der Etablierung einer vorsokratischen Polis, deren letzte Dimension die Politik ist; die zweite beruht auf dem Versuch, die Probleme jeder Art von Innerlichkeit zunächst äußerlich, im „idealen" Grenzfall jedoch durch die Realisierung des fiktiven Vertrags aller mit allen als die Manipulation aller durch alle zu lösen.

[49] Siehe *Maurer:* Endgeschichtliche Aspekte der Hegelschen Philosophie, op. cit., 111.

Sohn seiner Zeit, aber er transzendierte sie auch, und mit ihm und seinem Lehrer Sokrates gingen alle diejenigen über ihre Zeit hinaus, die an das sich emanzipierende Individuum appellierten, nun von sich aus, in Freiheit das zu leisten, zu dem es vorher keine Alternative sah[50]. Beides, eine vor-individuelle Gebundenheit und ein ungebundener Individualismus waren typisch für die Reife der Polis. Dagegen wurde die Notwendigkeit einer Vermittlung beider Komponenten zu einer sittlich-vernünftigen Auto-nomie[51] nur von wenigen, herausragenden Individuen gesehen, die damit in ihrer Zeit fremd wurden. Sofern sie jedoch in der Zeit lebten und als Große anerkannt waren, ging auch die Zeit über sich hinaus und war ein wichtiger Schritt in der Entwicklung des Bewußtseins der Freiheit nicht bloß als eines magischen Wortes, sondern auch als eines Begriffes.

So konzipiert Platon, wie dargetan, die Freiheit durchaus als die Selbstverantwortung möglichst vieler, faktisch freilich nur weniger. Für diese wenigen ist die Freiheit ein durchgehendes Kontinuum von ihrer (vernunftgeleiteten) Innerlichkeit bis zu ihrem sozialen Ort und ihrer politischen Funktion. Und über ihren je individuellen Geist bekommt bei ihnen die Freiheit auch eine metaphysische Dimension. Ihr letzter Horizont ist nicht das Politische, sondern die transzendente „Idee des Guten" (s. u. §§ 38—40).

So ist sie zugleich auch individuelle Freiheit, während rein politische Freiheit immer auf die eine oder andere Weise kollektiv ist. Die „Idee des Guten" jedoch steht dem Ethischen und Politischen nicht gleichgültig oder feindlich gegenüber, sondern leistet, wie sich zeigen wird, seine Fundierung. In diesem Sinne ist Freiheit das „Sein des Guten", das sich in dem Menschen vollzieht, „dessen Handeln auf das Gute (nicht ein Gutes) geht"[52]. Freiheit ist demnach, wie Warnach fortfährt, „nicht Unabhängigkeit, sondern das feste Beharren bei dem für ihn [den Men-schen] Besseren".

Nun mag man einwenden, Platon begreife damit nur die eine Seite der Freiheit: die Freiheit zu etwas. Doch könnte dies ja tatsächlich die primäre Seite der Freiheit sein. Je nachdem wie sie bestimmt wird, schließt sie die andere Seite, die Freiheit von etwas, ein. Definiert man z. B.: Freiheit ist Tun-was-einer-will, so liegt zunächst auch eine Bestimmung nur der

---

[50] *Solmsen* (Plato's Theology, 17) schreibt über *Sophokles:* „The intrinsic goodness and ‚nobility' of these Sophoclean characters keep their desires and efforts within definite limits ... The high-minded personality sets up new standards and values; it does not trample standards underfoot ... But the individual has emancipated himself and is determined to consider himself the sole judge of what is essential for his happiness. He will not long confine himself to those, somehow legitimate, aspirations which are typical of Sophocles' cha-racters" (vgl. o. S. 185, Anm. 13).

[51] Vgl. *Moreau:* La construction de l'idéalisme Platonicien, 426 ff.; s. o. § 11.

[52] *W. Warnach:* Freiheit, in HWP I (op. cit.).

wozu-Seite der Freiheit vor. Das Wovon ist aber mitgegeben als die Abwesenheit des Zwanges, etwas tun zu müssen, was man nicht will. Wie erwähnt wurde, arbeitet Platon mit dieser „demokratischen" Freiheitsdefinition und kommt von daher auch zu Bestimmungen der wovon-Seite der Freiheit (s. o. § 30).

An der Figur des Tyrannen jedoch und ihrer rhetorisch-sophistischen Theorie wird dieses Freiheitsverständnis dialektisch. Gorgias sagt, die Überredungskunst ziele auf das größte Gut, „kraft dessen die Menschen sowohl selbst frei sind als auch über andere herrschen"[53]. Der Tyrann oder der vermöge seines Rede- und Manipulationsgeschicks sich durchsetzende Politiker ist demnach im Besitz des höchsten Guts. Er allein scheint tun zu können, was er will. Doch wenn er es tut und dabei nicht zugleich das Rechte will, erreicht er das Gegenteil von dem, was er will, weil wie Polos im GORGIAS zugeben muß, „wer so zu Werke geht, notwendig zu Schaden kommt"[54]. Sokrates' Dialektik bewirkt den Umschlag des im Tyrannen zur Vollendung gekommenen Prinzips Tun-was-einer-will in sein Gegenteil. Indem die Tyrannen tun, „was ihnen dünkt, das Beste zu sein", kommen sie dahin, nichts von dem, was sie eigentlich wollen, zu tun[55]. Diese Verkehrung ergibt sich nicht nur aus den Folgen ihrer Handlungen, sondern liegt auch in dem Handeln selbst, indem es von dem steten angstvollen Hinblick auf die zu beherrschenden Massen diktiert wird (vgl. P 577 E ff.).

Die Definition der Freiheit durch Tun-was-einer-will erweist sich also als unzureichend und gefährlich, denn man kann durchaus wollen, was der eigenen Freiheit entweder direkt zuwiderläuft oder im Umweg über die Verletzung der Freiheit anderer. Daher ist es nach Platon zur Verwirklichung der Freiheit nötig, das Rechtmäßige und Gute zu wollen, das heißt dasjenige, wodurch unter anderem die Freiheit als ein Gutes zustande kommt. Aus der so verstandenen Freiheit folgt auch die Freiheit *von* der Herrschaft des begehrlichen, an äußere Dinge versklavenden Seelenteils und im politischen Bereich die Freiheit aller Mitglieder eines Gemeinwesens von der ungerechten Herrschaft eines selbst innerlich unfreien Tyrannen. Es gibt also nach Platon keine Freiheit von einer (vernunftgemäßen) ethisch-politischen Ordnung, sondern es gibt nur Freiheit innerhalb ihrer. Obwohl er durchaus die auch wahre Freiheit in Frage stellenden Mängel der Polis seiner Zeit erkannte, sah er in den auftretenden Emanzipationsbestrebungen weniger den Versuch, die Polis in Richtung der wahren Freiheit zu reformieren als vielmehr den verderblichen Ver-

---

[53] GORGIAS 452 D.
[54] Ebd. 470 A; s. o. S. 82f.
[55] GORGIAS 466 D/E; s. o. § 12; vgl. *Xenophons* „Hieron" mit den Interpretationen von *Strauss* und *Kojève* in: Strauss 5.

such, Freiheit im Herausgang aus ethisch-politischer Ordnung überhaupt erlangen zu wollen. Daher kann — schon gemessen an den Maßstäben seiner Zeit — der Eindruck entstehen, er sei generell freiheitsfeindlich oder zumindest negativ gegenüber der Freiheit *von* etwas eingestellt.

Dieser Eindruck verstärkt sich, wenn man einen oder den modernen Freiheitsbegriff oder -glauben zur Wertungs- und Interpretationsbasis nimmt. Freiheit als „Tun des Guten" hat nämlich politische Konsequenzen, die auch diesen Freiheitsbegriff dialektisch werden lassen. Für das Gemeinwesen ergibt sich aus diesem Freiheitsbegriff das Desiderat, solche Leute regieren zu lassen, die besser als andere wissen, was das Gute sei und wie es zu tun sei. Für die meisten wird damit Freiheit, wie Platon einräumen muß, zwar nicht zur Heteronomie, aber doch zu einer Autonomie des Vertrauens und des Gehorsams (s. o. § 14). Auf der anderen Seite sind die wenigen zur Herrschaft Berufenen Hervorbringer der Freiheit der Polis, „denn sie verhelfen jedem zur Entfaltung seiner wahren Natur und damit im Sinne Platons zur Freiheit"[56]. Hierzu bemerkt Mayr, „daß politisch gesehen damit, daß ein anderer besser um das wahre Wesen eines Menschen wissen soll als dieser selbst und ihn daher ... leiten soll, Zwang hereinkommt"[57], und zwar einmal, „weil sich so selbstlose Herrscher nicht finden und zum anderen, weil die Bürger auch nicht die berechtigten Befehle guter Herrscher als ihren eigenen Willen annehmen würden[58]. Zusätzlich zu solcher mehr pragmatischen Argumentation reißt er eine prinzipielle Differenz auf, wenn er hinzufügt: „Unsere heutige Menschenauffassung ist durch die christliche Idee vom Mitmenschen als Bruder, der wie jeder andere das höchste Gut erkennen kann, und die demokratische Idee von der Gleichberechtigung aller wesentlich anders geformt als die Platons"[59].

Mayr wird so ausführlich zitiert, weil bei ihm kurz und relativ klar die Voraussetzungen zur Sprache kommen, von denen aus der Platonische Freiheitsbegriff und Hegels Vermittlungsversuche entweder unakzeptabel erscheinen oder von vornherein gar nicht als sie selbst in den Blick kommen. Es macht dabei offenbar keinen Unterschied, ob man mit Crossman sagt, keiner könne die höchsten Werte erkennen (s. o. § 2), oder mit Mayr, alle

---

[56] *Mayr*, 242, Anm. 56. Mayr bezieht Platons Rede von den δημιουργοὶ ἐλευθερίας τῆς πόλεως (P 395 B/C) allgemein auf die Herrscher, also vor allem auf die Philosophenkönige. Das ist vom Text her unmittelbar nicht gerechtfertigt. Dort bezieht sie sich allein auf die Wächter, deren Aufgabe es ist, sich um die äußere Freiheit der Polis, nämlich die Freiheit von Fremdherrschaft zu kümmern. Doch ist es wohl sachlich richtig, die Philosophenkönige als Hervorbringer der wesentlichen Freiheit, nämlich der Freiheit zum Tun des Guten zu bezeichnen.

[57] Ebd.

[58] *Mayr*, 233.

[59] Ebd.

könnten sie erkennen (oder aber, es gäbe sie gar nicht), denn Platon ist
von allen diesen Extremen gleich weit entfernt. Er lehrt, einige von Natur
dazu besonders Geeignete könnten sie zum Besten der Allgemeinheit mit
Mühe erkennen, wenn sie dazu durch eine besondere Ausbildung und von
der Sophrosyne aller getragen instand gesetzt werden — und wenn ihnen
göttliche Fügung zur Hilfe kommt. Die Frage, ob man nicht das gleiche,
was Platon bei einigen für möglich hielt, durch eine Demokratisierung
der Bildung bei allen oder der Mehrheit erreichen könnte[60], ist müßig,
solange man zwischen den gegensätzlichen Voraussetzungen schwankt,
alle oder aber keiner könnten dieses Ziel erreichen. Es besteht hier offenbar
ein problematisches Verhältnis zwischen ursprünglich religiöser Demut und
kollektiver Überheblichkeit, zwischen der „christlichen Idee vom Mitmenschen" und der „demokratischen Idee von der Gleichberechtigung
aller", überhaupt zwischen Religion (oder quasireligiöser Weltanschauung)
und Politik, — ein Verhältnis, das zu klären wäre. Denn von so schwankenden Voraussetzungen aus dürfte es unmöglich sein, die Komponenten
des bisher philosophisch oder populär unter Freiheit Verstandenen zu
einem Begriff zusammenzubringen. Zu einem Begriff nämlich der praktischen Philosophie gehörte wohl, daß er seine Voraussetzungen einholt
und seine Konsequenzen aushält.

Nach dem hier Gesagten hat der Begriff der Freiheit die beiden Seiten
des Wovon und Wozu. Freiheit ist somit keine bloße Möglichkeit, sondern
die Wirklichkeit eines Tuns-aus-sich, das heißt eines Tuns, das nicht
primär von äußerem Druck bestimmt ist. Außer diesem Ursprung hat das
freie Tun eine Ausrichtung, nämlich auf das Gute. Dieses ist — bezogen
auf Freiheit — so definiert, daß allein es als Zweck des Handelns ein Tun-
aus-sich ermöglicht. Das Telos ermöglicht dem Ursprung die maximale
Entfaltung. Im Begriff eines Tuns-aus-sich liegt, daß es auch eine andere
Richtung nehmen kann, da es zunächst nur aitiologisch, nicht zugleich
teleologisch bestimmt ist. Die Erreichung des Ziels ist nicht notwendig,
aber mit dem Nichterreichen tritt notwendig eine Minderung der Ur-
sprungsfreiheit ein. Es kommt also auf die Seinsmächtigkeit des Zielguten
an, darauf, welche Wirkung es auf das freie Individuum und seine Welt
auszuüben vermag, und darauf, ob es ihm die innerliche Kraft und die
äußeren Bedingungen für die rechte Entscheidung einzuflößen vermag.
Das heißt, zum Begriff der Freiheit gehört neben dem Wovon und dem
Wozu noch ein Drittes, nämlich ein tragender Grund für das Handeln
aus sich. Das Gute muß nicht bloß ein die Realität transzendierendes Ziel
(ein Wert) sein, sondern auch die dieser ganzen Freiheitsbewegung zu-
grundeliegende Vermittlung zwischen Ursprung und Ziel. Gibt es keine
solche immer schon geschehende Vermittlung, so ist Freiheit nichts anderes

---

[60] Darüber skeptisch *Strauss* 3, 38.

als ein Spiel des Zufalls, das Dezisionen im Hinblick auf scheinbare Ziele enthält. Freiheit ist gleich Willkür. Gibt es dagegen einen solchen tragenden Grund, so haben die freien Entscheidungen von ihm her eine gewisse Notwendigkeit, haben teil an einer umfassenden Vernunft. So heißt es in der von Philipp von Opus nach Platons Tod herausgegebenen Fortsetzung der Nomoi: „Die Notwendigkeit der Seele, die den Nous erlangt hat, ist von allen Notwendigkeiten bei weitem die stärkste. Von nichts anderem beherrscht, in sich selber herrschend, ist sie ihr eigener Gesetzgeber; und wenn eine Seele, der besten Einsicht folgend, das Beste beschlossen hat, dann wird dem vernunftgemäßen Wollen vollendete Unwandelbarkeit zuteil, und kein Stahl ist ... unbeugsamer als es"[61].

Am deutlichsten hat Stenzel diese wesentliche Seite des platonischen Freiheitsbegriffs herausgearbeitet[62]. Zunächst geht er auf die modernen Voraussetzungen zum Verständnis Platons ein und sagt: „Dem Reichtum moderner ... Analysen des ethischen Problems überhaupt und des Problems der Freiheit im besonderen gegenüber könnte es fast so scheinen ..., als gäbe es für die antike Philosophie, gerade für den Platonismus, diesen ganzen Fragenkomplex im eigentlichen Sinne gar nicht! Als fehlte ihr irgendeine Innerlichkeit, ... die erst in einer späteren Zeit sich aufgeschlossen hätte"[63]. Umgekehrt fehlt bei dem für die Moderne repräsentativen Kantischen Ansatz eine genügende Aufmerksamkeit auf den Inhalt des Tuns, auf dasjenige „Gute ...", was im bestimmten Falle gut ist". Während bei Kant „die subjektiv-formale Stellungnahme des Ich" im Zentrum steht, herrscht in der antiken Ethik eine „Fragestellung, an die Kant gar nicht heranzukommen scheint"[64]. Das gleiche Ungenügen haftet dem neuzeitlichen Begriff des Gewissens an, wozu Stenzel bemerkt: „In dem Augenblick, in dem ich über die subjektive Sphäre des guten Gewissens — ein nicht ganz ins Griechische übersetzbares Wort — hinausgehe und Verständigung über mein Verhalten erstrebe, tritt sofort die schlichte Sacherkenntnis an eine entscheidende Stelle des ganzen ethischen Vorganges ..."[65]. Aus der richtigen Erkenntnis der Sachlage ergibt sich demnach die Entscheidung[66]: Sie wird nicht willkürlich gefällt und wird auch

---

[61] Epinomis 982 B/C (Übersetzung: Warnach).

[62] J. Stenzel: Das Problem der Willensfreiheit im Platonismus, in: Kl. Schriften, 171—187, auch in: Studien zur Entwicklung der Platonischen Dialektik, 181 ff.

[63] Stenzel, a. a. O. 171. — L. Strauss (1, 329 f.) versucht, diese problematische Auffassung auf eine Übernahme und Ausweitung der Schillerschen Unterscheidung von Naivem und Sentimentalischem zurückzuführen.

[64] Stenzel, a. a. O. 174.

[65] a. a. O. 180; vgl. 187.

[66] Zur Problematik der Entscheidung aus sokratisch-platonischer Sicht — Kuhn 2, 104 f. K. spricht in diesem Zusammenhang von einem „abgründigen modernen Mißtrauen dem Sein gegenüber". Das Gute muß je bereits verwirklicht sein. Allein auf dem Boden des seinsmächtigen Guten gibt es den Unterschied

nicht (deterministisch) vom Kausalnexus der Dinge durch den Menschen
hindurch vollzogen, sondern sie ergibt sich in einem „Mittelzustand zwischen Tun und Leiden"[67]. Ihn trifft die Dialektik. Das zugehörige Verb
dialégesthai ist medial und verweist damit schon grammatisch auf das
„Sinn- und Rechenschaftsgeben und -empfangen", welches der ursprüngliche Sinn von Dialektik ist[68].

In diesem medialen Geschehen scheint nun das verloren zu gehen, was,
wie Stenzel schreibt, für uns Moderne die „entscheidende letzte, wichtigste
Freiheit des Handelns" ist, nämlich die Freiheit, wissend schlecht und böse
handeln zu können[69]. Stenzel sagt nicht, warum diese Freiheit von Sokrates-
Platon abgelehnt wird, nämlich aus dem immanenten Grunde, weil sie die
Freiheit zur Unfreiheit, also die praktische Negation der Freiheit ist. Allgemein gesprochen ist wegen dieses Umschlags der Freiheit in Unfreiheit
diejenige Art Herrschaft schlecht, die nicht zugleich das Beste der Beherrschten besorgt, handele es sich nun um Menschen oder Dinge[70]. Und
ebenfalls ist schlecht jene angebliche Herrschaftslosigkeit der totalen Demokratie, welche versucht, ihren abstrakten Gleichheitsbegriff der faktischen Verschiedenheit der Menschen aufzuprägen. Die richtige Erkenntnis
der Sachlage ist nicht identisch mit der Beherrschung oder gewaltsamen
Veränderung der Lage, wobei es gleich ist, ob einzelne herrschen oder
eine Gesellschaft von angeblich Gleichen. Das Nicht-Ich (um einmal einen
neuzeitlichen Ausdruck zu gebrauchen) hilft dem individuellen oder kollektiven Subjekt nur dann beim Finden der richtigen Entscheidung und damit
bei der Erhaltung und Erlangung der Freiheit, wenn die Herrschaft über
Menschen oder Dinge nicht zur Tyrannis wird (s. u. § 42). Nur dann tritt
„jene unbekannte Kraft" hervor, „die den eigentlichen Willensentschluß
auf rätselhafte Weise überflüssig macht", „jene Wirklichkeit und Wirksamkeit der Dinge selbst, die im Augenblick des Erkanntwerdens von ihnen

zwischen richtiger und falscher, vernünftiger und willkürlicher (irrationaler)
Entscheidung. Dazu noch einmal *Kuhn:* „Das, wofür wir uns . . . entscheiden,
ist nicht das Gute. Das Gute ist vielmehr, verkannt oder in Wahrheit aufgefaßt, das Prinzip aller Entscheidung. "(2, 93).
[67] *Stenzel*, 183; St. führt dazu a. a. O. 181 aus: „Das Erfassen des eigentlich
seienden Objektiven zieht das Subjekt in die eigentümliche Ordnung der
Dinge hinein. Die Aktivität des Subjekts wird für die schwere Aufgabe gebraucht, lernend bis in die Region des eigentlich Seienden vorzudringen. Uns
klingt ein solcher Wirklichkeitsbegriff magisch-pantheistisch".
[68] a. a. O. 183; 177 f.
[69] a. a. O.; zur Frage des Zusammenhangs von Tugend und Wissen s. o. S. 117,
Anm. 13; s. u. § 34.
[70] Daß die „Erfahrung, Umgestaltung und Organisation der Natur als des
bloßen Stoffs von Herrschaft" auch den Menschen zum Herrschaftsobjekt
mache, ist eine der Thesen von *H. Marcuse:* Der eindimensionale Mensch,
Neuwied 1967[2], Vorrede und passim.

ausgeht, die in diesem Augenblick an den Dingen bloßgelegt wird und in der angedeuteten Sphäre der Medialität ihr eigentliches Leben entfaltet"[71].

In bezug auf solche Überlegungen spricht Stenzel davon, daß uns manche philosophische (das heißt wohl theoretische und praktische) Möglichkeiten nur noch an der Antike bewußt werden können. Die von Kant geforderte Einheit theoretischer und praktischer Vernunft bleibt ein Postulat und die Maßstäbe des Gewissens bleiben Wünsche, wenn es jenen tragenden Grund der Freiheit nicht gibt[72]. Dieses Problem ist erst neuerdings in aller Schärfe hervorgetreten. Dazu noch einmal Stenzel: „2000 Jahre trennen Hegel von Aristoteles; er hat uns gesagt, was dazwischen liegt und das Antlitz der Welt geändert hat: Die neue Freiheit des Ich. 100 Jahre trennen Hegel von uns. Was ist in diesen paar Jahren seitdem geschehen? Die Freiheit des Ich ist labil geworden, die reale Dialektik ist einen Schritt weiter gegangen"[73].

Man kann hinzufügen, daß die neue Freiheit problematisch wurde, indem sie — wenigstens als Bewußtsein und Forderung — allgemein wurde. Sie trat dadurch endgültig aus dem privaten Bereich heraus und wurde im Weltmaßstab politisch. Damit nun diese Freiheit nicht zur Negation ihrer selbst wird, bedarf es einer neuen Polis, das heißt einer neuen politischen Ethik und einer Bildung, die in Freiheit zu diesem Ziel lenkt.

---

[71] *Stenzel,* a. a. O. 181.
[72] a. a. O. 187; vgl. *Stenzels* Thesen zum Thema „Was ist lebendig und was ist tot in der Philosophie des klassischen Altertums", in: Kl. Schriften, 300—306.
[73] *Stenzel,* Kl. Schr., 317; vgl. Überhaupt Stenzels Vortrag über „Hegels Auffassung der griechischen Philosophie", in: Kl. Schr., 307—318.

III. Politik, Wissenschaft, Metaphysik

1. Der Weg zur Idee

§ 33. Demokratische und aristokratische Bildung

Bei allen Differenzen stimmt die Moderne mit Platon darin überein, daß die Bildung die einzige freiheitliche Vermittlung der Individuen zur Gemeinschaft sei. Bei Sokrates-Platon gehört zu einer solchen Bildung, 1. daß ihr primärer Ort im Nous des Einzelnen, nicht beim Kollektiv liegt, 2. daß ihr primärer Zweck nicht die Unterwerfung unter die von demokratisch oder oligarchisch beliebigen Individuen für notwendig erachteten Vorkehrungen zum gemeinschaftlichen Überleben und Gutleben ist. Dieses wäre die totalitäre Definition der Bildung als Anpassung und Einpassung oder auch Einformung („Information"). Platon schwebt eine andere Definition vor, wonach Bildung die Entfaltung der jeweiligen Anlagen nach Maßgabe eines Zieles ist, das zunächst „Tugend", insbesondere „Gerechtigkeit" und noch darüber „die Idee des Guten" heißt.

Die Gerechtigkeit ist noch ein relatives Maß. Sie hat es mit Gleichheit und Anpassung zu tun (s. o. § 9). Dennoch ist sie nach Platon kein fremdes, heteronomes Gut (s. o. § 19), ist vielmehr die nicht von den andern auferlegte, sondern in den eigenen Willen aufgenommene Rücksicht auf und Verantwortung für die anderen (s. o. § 12). Sie ist die Ableitung eines Verhaltensmaßstabes aus der gesellschaftlichen Relation, wobei die in Beziehung gesetzten Handlungsorigines als verschieden angenommen werden, weshalb die Gerechtigkeit das Urteil darüber enthält, wie jemand seine eigenen und die Kräfte der andern beurteilt und welchen Ort er sich und den andern in einem gegliederten Gemeinwesen zuweisen würde. Darüber können wiederum nicht alle gleich gut urteilen, sondern die auf Grund ihrer Anlagen, Ausbildung, Erfahrung und Moral Einsichtigeren können es besser[1]. Insofern enthält die Gerechtigkeit Elemente einer nicht funktional ableitbaren, sondern schlechthinigen Beurteilung von Menschen und Gesellschaftsstruktur. Sie ist ein relatives Maß, das auf die Notwendigkeit eines absoluten Maßes verweist. Im Felde des Gerechtigkeitsbegriffs entwickelt sokratisch-platonische Dialektik die Notwendigkeit einer meta-

---

[1] *Aristoteles* macht darauf aufmerksam, daß die Selbstbeurteilung in jedem Fall prekär ist: „fast alle Leute urteilen schlecht in ihren eigenen Angelegenheiten" (Pol III 1280 a 15).

physischen Grundlegung praktischer Philosophie im Wege über eine Ethik, die wesentlich transzendentale (verinnerlichte) ‚Politik' ist.

Jedoch gehört zur Metaphysik und überhaupt zur Theorie Muße, und wenn diese Theorie politisch praktisch werden soll, gehört dazu weiter der entsprechende Rang ihrer Adepten in einer sozialen Hierarchie. Eine vorrationale Form einer solchen Hierarchie findet sich in einem traditions-gelenkten und herkömmlich-aristokratisch gegliederten Gemeinwesen. Die Gesamtstruktur ist vergleichsweise fraglos akzeptiert, und die Urteile über den Ort der Einzelnen in Familie, Phyle, Polis sind durch die Abstammung präformiert. Hier sind bestimmte Leute der Sphäre lebensnotwendiger Arbeit enthoben und können in einem späteren Stadium „sich bilden"[2]. Und hier hat auch Sokrates' aristokratische Ironie ihren Ort, mit der er zu Glaukon sagt: „Wie anmutig du bist, ... daß du scheinst die Leute zu fürchten, sie möchten meinen, du wollest unnütze Kenntnisse aufbringen. Das aber ist die Sache, nichts Geringes, jedoch schwer zu glauben, daß durch jede dieser Kenntnisse ein Sinn der Seele gereinigt wird und auf-geregt, der unter anderen Beschäftigungen verlorengeht und erblindet, obwohl an dessen Erhaltung mehr gelegen ist als an tausend Augen; denn durch ihn allein wird die Wahrheit gesehen. ... So sieh nun lieber gleich, ... ob du ... deiner selbst wegen vorzüglich die Sache untersuchst, nur aber auch niemandem mißgönnen willst, wer etwa noch einen Nutzen davon haben kann"[3]. Die von Pohlenz (s. o. § 29) auf Platon ausgedehnte Aristo-telische Ansicht, die Bildung müsse von dem Gesichtspunkt bestimmt sein, daß keiner sich selbst angehöre, sondern jeder dem Staate, ist dagegen unaristokratisch und lebt aus dem Ethos totaler Polis und totaler De-mokratie, das alle Wissenschaft und Bildung an dem Maßstab eines hand-greiflichen und von jedem überschaubaren Nutzens mißt.

Nun ist aber, wie Platon klar sah, die Aristokratie zu seiner Zeit in Verfall geraten. Außerdem ist ihre Bildung dichterischer und mythischer statt philosophisch-wissenschaftlicher Art gewesen (was Platon kritisiert[4]), und die zeitgenössische Affinität des noch bestehenden Adels zur Philoso-phie, ist, wie Platon im GORGIAS (484 Cff.) beschreibt, von der Art, daß Glaukon von einem gewissen Alter an vor ihm ebensoviel Furcht wegen des Vorwurfs der Kultivierung unnützer Kenntnisse haben muß wie vor dem Demos. Die alte Adelserziehung ist eine Formung des Individuums

---

[2] ἑαυτὸν πλάττειν — (P 500 D).

[3] P 527 D — 528 A; vgl. P 525 B — D. Vgl. ferner Sokrates' Analyse der von den Sophisten vermittelten Bildung im PROTAGORAS, die mit den Worten schließt: „in dem allen nahmst du Unterricht nicht als Kunst, um ein Gewerbe daraus zu machen, sondern zur Bildung, wie es einem von freier Herkunft, der sich selbst leben will, geziemt" (312 B). — Zur hier auftretenden Bedeutung des Adjektivs ἐλεύθερος das die Funktion eines fixen Prädikates der Adligen und Besitzenden hat, vgl. *D. Nestle*, op. cit., 16 ff.

[4] Vgl. *Müller*, pass.

nach bestimmten ständischen Normen; „der selbstbewußte Einzelne wird geradezu als gefährlich empfunden", wie Schwartz schreibt[5]. Platon schwebt eine andere, neue Aristokratie vor. Es geht ihm um die Lösung des Problems, wie ohne eine Überbewertung des Abstammungsprinzips gesichert werden könne, daß einige, dazu besonders geeignete und ausgebildete Personen Muße und Freiheit haben, „die Wahrheit" zu bedenken, und Macht haben, ihre Erkenntnisse politisch wirksam werden zu lassen[6]. Die Macht ist nötig, denn das „Sich-Bilden" weniger soll durchaus auch allen zugute kommen (P 550 D; s. o. § 4). Solche Bildung befähigt zur Leitung des Ganzen und verdient es, mit Macht verbunden zu sein, gerade weil sie nicht beim prima facie Nützlichen hängenbleibt, nicht eine vorhandene (immer unsichere) Ordnung fraglos akzeptiert und nur versucht, sich in ihr bestmöglich einzurichten, sondern nach einem (transzendierenden) Maß für das Ganze fragt. Da die meisten ohnehin die Befriedigung und Vermehrung der primären Bedürfnisse für die wichtigste Tätigkeit halten und an allgemeinerer Erkenntnis kein Interesse haben, ergibt sich eine natürliche und im Ansatz freiwillige Scheidung. Ihr Desinteresse qualifiziert die Masse zur Arbeit in den untergeordneten Künsten und zum Kriegsdienst, während die Wenigen, die nach umfassenderem Wissen streben, sorgfältig zu prüfen und systematisch zu fördern sind.

§ 34. Ethischer Rationalismus und Technokratie
(Platon und der Liberalismus, II)

Jaeger und andere (s. o. § 2) haben gesehen, daß erstens diese Platonische Konzeption eines gegliederten Gemeinwesens steht und fällt mit der Möglichkeit und dem Inhalt eines höheren oder gar absoluten Wissens. Zweitens hängt ihre Richtigkeit davon ab, ob die intellektuellen und ethischen Unterschiede der Menschen einander direkt proportional sind oder gar noch enger zusammenhängen (Problem Tugend—Wissen), wobei freilich zu bedenken ist, daß „intellektuell" hier ein teilweise unpassendes Wort ist, da es die gewöhnliche, aristotelische (und biblische) Trennung von Theorie und Praxis, Vernunft und Handeln („der Geist ist willig, doch das Fleisch ist schwach") bereits voraussetzt.

Um nun mit dem leichteren Zweiten anzufangen, so ist wohl gegen die sokratisch-platonische These der Einheit von Tugend und Wissen, so wie Sokrates sie im PROTAGORAS vorträgt, daß nämlich „niemand aus freier Wahl dem Bösen nachgeht oder dem was er für böse hält" (PROT. 358 C; 345 E ff.), kaum etwas einzuwenden. Denn Wissen steht hier zunächst in

---

[5] *E. Schwartz:* Ethik der Griechen, 41 f.
[6] Ähnlich *Aristoteles,* Pol II 1273 a 31.

der Bedeutung von Überzeugung, und es ist in der Tat so gut wie unmöglich, etwas zu tun, von dem man überzeugt ist, daß es in überwiegender und entscheidender Hinsicht schlecht sei[7]. Was es auch sei, ein Diebstahl, ein Ehebruch, ein Mord: zumindest in dem Zeitpunkt, der zur Tat den Ausschlag gibt, muß der Täter davon überzeugt sein, daß es für ihn gut sei, so zu handeln. Und hinter den momentanen Überzeugungen eines Handelnden stehen wohl immer allgemeinere, die nicht von ihm allein gehegt werden und denen er mehr oder weniger reflektiert anhängt, so z. B. die Ansicht, daß die bestehende Eigentumsordnung ohnehin ungerecht sei, daß die Liebe oder Lust oder Bedürfnisbefriedigung die Institutionen transzendiere, daß ein Menschenleben gegen ein anderes oder auch gegen Sachen aufgerechnet werden könne. Bei diesen allgemeineren Überzeugungen setzten Sokrates und Platon an, und auf sie, nicht auf die unmittelbare Tatsituation, bezieht sich der Satz „dieses Zuschwachsein gegen sich selbst ist also nichts anderes als Unverstand, und das Sichselbstbeherrschen nichts anderes als Weisheit"[8]. Platons Idee war dabei, die Gestalt des Sokrates gewissermaßen zu institutionalisieren[9], indem im besten Staat die vorhandenen und möglichen allgemeinen Ansichten der dialektischen Prüfung durch dazu besonders geeignete, ausgebildete und freigestellte Individuen unterworfen werden sollten, so daß von ihnen her Klarheit und Sicherheit der Überzeugungen das Gemeinwesen durchherrschen.

In Beziehung hierauf war die mittelalterliche politische Theologie und Ethik platonisch (s. u. § 45). Und nicht zuletzt dagegen, daß einige (Adel und Klerus) für alle Tugend und Wissen besitzen sollten, richtete sich die protestantische und demokratische Revolution. Sie führte zu der in der „westlichen Zivilisation" heute verbreitet akzeptierten Ansicht, daß jeder

---

[7] Vgl. *Thomas v. Aquins* Interpretation von NE 1094 a 1: „Quia non appetunt malum nisi sub ratione boni, inquantum scilicet existimant illud bonum: et sic intentio eorum per se fertur ad bonum, sed per accidens cadit supra malum" (in Eth. L. I, 1, 1, Nr. 10 — Marietti-Ausgabe; vgl. *U. Matz:* Thomas v. Aquin, in: Klassiker des politischen Denkens I, 122).

[8] τὸ ἥττω εἶναι αὑτοῦ ἄλλο τι τοῦτ' ἐστὶν ἢ ἀμαθία, οὐδὲ κρείττω ἑαυτοῦ ἄλλο τι ἢ σοφία (PROT. 358 C). Der sokratische Satz „Tugend ist Wissen" ginge also bei *Platon* wesentlich über den Ausdruck eines „knowing how" (s. o. § 18 *Gould*) hinaus in Richtung auf eine philosophia practica universalis als ethisch-politische und wie zu zeigen ist (s. u. §§ 35 ff.) metapolitische, metaontologische Wesens- und Normwissenschaft. Wie der Erziehungsgang der Philosophenherrscher zeigt, ist Platon klar, daß eine solche Wissenschaft allein nicht ausreicht. Um die richtigen Maßstäbe in einer konkreten Situation beherzigen zu können, bedarf es anderer als bloß intellektueller Fähigkeiten. Übung und Erfahrung müssen hinzukommen.

[9] *K. v. Fritz* über Platon: „er glaubte, daß es möglich sei, einen Staat als Institution von solcher Konstruktion zu schaffen, daß darin Männer wie Sokrates nicht in Gefahr wären, hingerichtet zu werden, sondern selbst als Lenker des Staates fungierten" (Platon in Sizilien, 14; vgl. jedoch 33; 137).

für sich selbst die richtigen Überzeugungen herausfinden müsse, was not-
wendigerweise zu einem moralischen Pluralismus führt[10]. Es ist klar, daß
es unter diesen Voraussetzungen weder ein allgemeines ethisches Wissen,
noch Tugend, noch eine Vereinigung beider in sokratisch-platonischer Ausrichtung auf eine objektive sittliche Wahrheit gibt[11].

Jedoch ist auch in einem solchen pluralistischen System eine Art ethisches Wissen und darauf beruhendes Handeln möglich, nämlich eine teils
instinktive, teils verstandesmäßige Erfassung der jeweiligen Strömungen,
die es in einem Agon der Anpassung bestimmten Individuen erlaubt,
besser voranzukommen als anderen[12]. Auf diese Weise ergibt sich auch
hier eine gewisse Ungleichheit und Gliederung, die sogar eine entfernte
Verwandtschaft zum Platonischen Begriff der Gerechtigkeit zeigt, der ja
auch Differenzierungen auf Grund einer vorausliegenden Gleichheit und
verinnerlichten Gegenseitigkeit einführt, bloß daß Platon bei diesem Standpunkt nicht stehenbleibt.

Und in noch einem Punkte ist die neoliberale Position geneigt, Platon
entgegenzukommen, nämlich sofern sie unter den Bedingungen der wissenschaftlichen Zivilisation mit technokratischen Momenten durchsetzt ist.
So wird man Platon im allgemeinen zugeben, daß es im technischen Bereich
Unterschiede der Fähigkeit zwischen den Menschen und die Möglichkeit
eines geringeren und höheren Wissens und Könnens gebe und daß sich
daraus unter den Bedingungen der Arbeitsteilung notwendig Weisungs-
befugnisse für die Ausübenden der übergeordneten Techniken herleiten.
Die Möglichkeit einer obersten politischen Techne verneint man ebenso[13]

---

[10] Vgl. § 31 das von *Hall* Gesagte. — Ob dieser Pluralismus nicht bloß ideologisch und scheinbar ist und tatsächlich auf Gleichschaltung hinausläuft, kann
an dieser Stelle außer acht bleiben.

[11] *Sabine* schreibt Sokrates und Platon den Glauben (belief) zu, „that there is
objectively a good life, both for individuals and for states, which may be
made the object of study, which may be defined by methodical intellectual
processes, and which may therefore be intelligently pursued" (36). Von diesem
Guten betont er, es sei nach Platon „objectively real, whatever anybody
thinks about it, and it ought to be realized not because men want it but because it is good" (41). Unter Voraussetzung der modernen Subjekt-Objekt-
Dichotomie mag das zutreffend sein. In Wahrheit jedoch ist das Platonische
Gute zugleich subjektiv und objektiv (s. u. § 38).
  Die skeptische Überzeugung, der auch Sabine anhängt, ist etwa in der
oben (§ 2) zitierten These *Crossmans* ausgedrückt, daß alle Menschen gleich
seien in ihrem Nichtwissen der obersten Normen. Diese Voraussetzung rechtfertigt das in gewissen Grenzen freie Spiel von Meinungen, Willensregungen
und Taten im moralischen Pluralismus. Der neue Begriff „Manipulation" besagt, daß auch in diesen Grenzen die Freiheit „hintenherum" beeinträchtigt
wird.

[12] Dazu *H. Spencer:* Die Prinzipien der Ethik (Principles of Ethics), dtsch.
Stuttgart 1901[2].

wie das, worauf sie basieren könnte, nämlich auf einer praktischen Wissenschaft als der Vermittlung von technischem und ethischem Wissen, von Machen und Handeln sowie von individueller und politischer Ethik.

Freilich gibt es bei den Vätern des Liberalismus, so bei Locke, jene Berufung auf ein höchstes politisches Normwissen, das man Naturrecht nannte, und im mittleren Liberalismus bei J. S. Mill ein Pathos der Tugend[14], das gleichfalls auf eine substantielle ethische Rationalität[15] zu deuten scheint. Aber näher betrachtet ist auch der Lockesche Begriff des Naturrechts wesentlich wie bei Hobbes bestimmt als eine Funktion vertraglich gesetzter Prinzipien zur Lebenserhaltung möglichst aller[16]. Und hinter dem Millschen Tugendbegriff schaut bereits ein funktionaler Altruismus in der Art Comtes und Spencers[17] hervor. Die Seiten des Naturrechts und der Tugend, die nicht in funktionaler Rationalität aufgehen, werden teils aufs moralische, soziale Gefühl zurückgeführt[18], teils auf die andere Unmittelbarkeit, die schon Protagoras in dem nach ihm benannten Platonischen Dialog gegen Sokrates[19] und dann wieder Aristoteles gegen Platon geltend machte, nämlich auf Sitte und herkömmliche Landesgesetze[20]. Beides sind Prinzipien, die keiner ethisch-politischen Normwissenschaft bedürfen.

Daneben jedoch zeigt sowohl der alte wie auch der neue[21] Liberalismus eine gewisse Affinität zu wissenschaftlicher Politik im Platonischen Sinne.

[13] Z. B. *Fite*, op. cit., 201 ff. das Kapitel „The scientific prepossession"; — *Popper*: Der Zauber Platons, 213 ff.; derselbe: Das Elend des Historizismus (The Poverty of Historicism), Tübingen 1965, 47 ff.

[14] Vgl. *J. S. Mill*: Plato, insbes. 78 ff.

[15] Zur Unterscheidung substantieller und funktioneller (instrumenteller, operationeller) Vernunft vgl. *K. Mannheim*: Mensch und Gesellschaft im Zeitalter des Umbaus, Leiden 1935; — *M. Horkheimer*: Zur Kritik der instrumentellen Vernunft, Frankfurt/M., 1967; — *H. Marcuse*: Der eindimensionale Mensch, op. cit.

[16] Vgl. *Sabine*, 523 ff.; *Strauss* 2, 210 ff.

[17] Vgl. *Maurer*: Altruismus, in: HWP I (op. cit.).

[18] *Mill*, op. cit., 78; 83.

[19] PROTAGORAS 322 A ff. *Grote* knüpft hieran Ausführungen über „die Entwicklung und Verbreitung des Gemeingefühls, — der allen gemeinsamen, festgewurzelten, sittlichen und gesellschaftlichen Gesinnung in einem Gemeinwesen ..., welche von selbst erwachsen ist und sich selbst behauptet, und welche, geprägt, vervielfältigt und im Umlauf erhalten wird durch die verabredungslose Verschwörung der Gesamtheit — durch die allgegenwärtige Wirksamkeit des Königs Nomos", die *Mill* beifällig zitiert (op. cit., 46 f.). — Das sind Worte aus einer anderen Zeit. Wie angedeutet wurde, stand Platon vor der Frage (die sich auch heute stellt), welches Maß für Ethik und Politik es gebe, wenn eine relativ unmittelbare und allgemein akzeptierte ethisch-politische Ordnung zerbricht.

[20] Vgl. *Mill*, op. cit., 80 f.

[21] Beim Neoliberalismus verstärkt sich diese Tendenz durch die Vorstellung, daß sich angewandte Sozialwissenschaften in Analogie zu den so erfolgreichen

So lobt Mill als eine „Wahrheit von unermeßlicher Bedeutung und ausnahmslos allgemeiner Anwendbarkeit" Platons These, „daß die Herrschertätigkeit ein Beruf ist, der erlernt sein will, daß das Regieren nicht etwas ist, das man in Mußestunden oder so beiläufig neben hundert anderen Beschäftigungen zu treiben vermag, oder wozu jemand taugen kann, der nicht eine umfassende und weitherzige allgemeine Erziehung genossen, und hierauf durch ein eindringendes und berufsmäßiges ... Studium gestrebt hat, sich nicht bloß praktische Gewandtheit, sondern eine wissenschaftliche Beherrschung des Gegenstandes zu erwerben"[22]. Es fragt sich nur — einmal angenommen eine solche „autoritäre" Modifikation der modernen Demokratie wäre möglich, etwa durch Beschränkung des passiven Wahlrechts auf qualifizierte Personen —, welche Wissenschaft die in einem geregelten Gang auszubildenden Politiker lernen sollen.

Nach heutigen Auffassungen wäre es eine der „Sozialwissenschaften" (Ökonomie, Soziologie, Politologie) oder ein Auszug aus allen diesen. So wie die Sozialwissenschaften geartet sind, wäre das der Versuch, eine funktionale Techne politike als oberste und leitende der angewandten Wissenschaften zu etablieren. „Funktional" heißt hier, daß die Voraussetzungen und Normen, welche diese Wissenschaft und Technik entfaltet, systemimmanent sein sollen. Die Sozialwissenschaften haben die Funktion, aus dem vorhandenen Funktionieren die Regeln des weiteren nach Möglichkeit besseren oder wenigstens „fortschrittlichen" Funktionierens teils empirisch, teils logisch abzuleiten. Sie nennen sich daher „ideologiefrei", was auf das Gleiche hinausläuft wie die Benennung „funktional", nämlich auf den Vorsatz, keine Prinzipien und Wertungen „von außen" in ein als methodisch geschlossen vorgestelltes System der gesellschaftlichen Wechselwirkung von Theorie und Praxis einzuführen[23]. Ihre allgemeinste und tragende Voraussetzung ist denn auch streng systemimmanent, hier jedoch in dem Sinne, daß das ganze System — zumindest in seinem Anspruch, die menschliche Lebenswirklichkeit zu sein — hinfällig ist, wenn diese

---

[22] *Mill*, op. cit., 105; vgl. 101. Zu einer ähnlichen Beurteilung Platons vgl. *Sabine* (63) und *R. Dahrendorf*, der eine gewisse Affinität zu C. W. *Mills'* Ruf nach Soziologen-Königen als zeitgemäßer Variante der Platonischen Philosophen-Könige zeigt (Die angewandte Aufklärung, op. cit., 191f.; 197f.).

[23] Solche methodische Geschlossenheit ist die andere Seite der „offenen Gesellschaft". Ihre hoffnungsvolle und offene Zukunft soll ganz auf der Linie wachsender Naturbeherrschung und der gesteigerten Anwendung der Methoden wissenschaftlich-technischer Naturbeherrschung auf die Gesellschaft liegen. Wenn jedoch die Sozialtechnik die Gesellschaft ähnlich behandelt wie die bisherige Technik die Natur, so ist damit erstens die Freiheit und zweitens die Existenz der Gesellschaft in Frage gestellt. Der Unterschied von Handeln und Machen wird hier mißachtet.

Naturwissenschaften und der zugehörigen industriellen Technik entwickeln lassen.

Voraussetzung nicht zutrifft, was jedoch systemimmanent, außer durch eine umfassende Katastrophe, nie nachgewiesen werden kann. Es ist dies die Voraussetzung der *Machbarkeit der Welt*[24]. Sie kann in verschieden radikalen und totalen Formen auftreten. Eine der allgemeinsten Formen ist in dem Protagoreischen Satz ausgesprochen „der Mensch ist das Maß aller Dinge"[25]. Für Platon war er die zusammenfassende Formulierung des radikaldemokratischen und sophistischen Standpunktes, auf den seine Philosophie sich polemisch bezog. In der POLITEIA ist er gegenwärtig als die tyrannische oder vertragliche Setzungstheorie des Gerechten. Vor diesem Hintergrund ist Näheres über das Zentrum der POLITEIA: die Lehre von der „Idee des Guten" auszumachen.

§ 35. Platons transzendentale Politik

Häufig werden spätere disziplinäre Trennungen an Platon herangetragen. Alles mit der „Ideenlehre" Zusammenhängende wird dann zur Metaphysik oder Erkenntnistheorie gerechnet. So schreibt z. B. Fite, der die ethische, politische und psychologische Seite Platons und seiner Lehre behandelt, einleitend: „I shall say as little as possible about his meta-

---

[24] Dazu *Dahrendorf:* Die angewandte Aufklärung, 197f. — Große Teile der Philosophie *Heideggers* sind einer Kritik dieser Grundvoraussetzung der technischen Zivilisation gewidmet. Zu Heideggers Einbeziehung auch Platons in diese Kritik s. u. §§ 38—40.

[25] KRATYLOS 386 A; THEAITETOS, passim. — Zu den mit Platons Darstellung dieser Lehre verbundenen philologischen Problemen vgl. *A. Neumann:* Die Problematik des Homo-Mensura-Satzes.

Zu den historisch-philosophischen Problemen, die sich ergeben, wenn man Protagoras und die Sophistik als Vorläufer des modernen anthropologischen Subjektivismus nimmt, vgl. *Heidegger:* Die Zeit des Weltbildes, Zusatz 8, in: Holzwege, Frankfurt 1957, 94ff. Nach H. entspringt die Philosophie in ihrem traditionellen, „metaphysischen", zweideutigen Sinne (s. u. §§ 38—40) aus dem Kampf der griechischen Grunderfahrung des Seienden (als eines nicht einfach dem Menschen Verfügbaren) gegen die Sophistik. Die nach dem Maßstabe der abendländischen Tradition klassische griechische Philosophie ist somit von der Sophistik abhängig und zwar so entscheidend, daß sie zum Ende des Griechentums wird, welches Ende mittelbar die Möglichkeit der Neuzeit vorbereitet (95). Aber, wie H. in bezug auf die griechische Philosophie, auch auf den Homo-Mensura-Satz schreibt: „Eines ist die Bewahrung des jeweilig beschränkten Umkreises der Unverborgenheit durch das Vernehmen des Anwesenden (der Mensch als μέτρον). Ein Anderes ist das Vorgehen in den entschränkten Bezirk der möglichen Vergegenständlichung durch das Errechnen des jedermann zugänglichen und für alle verbindlichen Vorstellbaren" (98). Die anthropologische Position des Protagoras ist nur mittelbar mit der modernen Anthropologie als Grundvoraussetzung von Theorie und Praxis identisch.

physics"[26]. Auch hier, da es sich um eine Arbeit zur politischen Philosophie handelt, soll darüber so wenig wie möglich gesagt werden, aber so wenig wie bei Fite wird es nicht sein können. Zumindest muß deutlich werden, warum Platons politische Theorie steht und fällt mit der Möglichkeit der „Idee des Guten" und ihrer Erkenntnis.

[26] *W. Fite*, op. cit., 6. — Besonders bei den englischen und amerikanischen Autoren besteht die Tendenz, Platons praktische, politische Philosophie von seiner theoretischen, „metaphysischen" zu isolieren. Ganz seltsame Formen nimmt dieses Bestreben unter den Bedingungen kontinentaler Anglophilie bei *H. Gauss* an, der von sich schreibt: „wir selber haben leider nicht das Privileg, Engländer zu sein — wir gehören nicht „Great Britain" an, sondern nur „Greater Britain" ..." (Philosophischer Handkommentar..., II, 2, S. 213, Anm. 1). Während nämlich im englischen Sprachraum Platons politische Philosophie eher vorrangig behandelt wird, schlägt bei Gauss das bisher im 20. Jahrhundert im deutschen Sprachraum vorherrschende unpolitische Platonbild durch. Verbunden mit der Weltanschauung des „Greater Britain" führt das zu einer Scheidung zwischen dem eigentlich philosophischen Platon und einer (sein halbes Werk umfassenden) „,Konzession' an die Zeitbedürfnisse" (a. a. O. 127). Ja sogar von einer „Entgleisung" Platons ist in diesem Zusammenhang die Rede (121), so daß dann die Frage naheliegt, „ob es nicht besser gewesen wäre, der ,Staat' wäre überhaupt nicht geschrieben worden" (157).

Auch der neueste, von *L. Edelstein* unternommene Versuch, den 7. Platonischen Brief als unecht zu erweisen (s. o. § 6), basiert auf einer völlig verhärteten Voraussetzung der Trennung von Theorie und Praxis. Das „dogma which the diologues preach" (Plato's Seventh Letter, 29), ist nach E. das Dogma der reinen Theorie. Platon war „the greatest of the theoretical philosophers" (66). Die unter seinem Namen überlieferten Briefe, insbesondere der siebente, müssen daher unecht sein, und es bleibt nur zu erklären, wie der Autor des 7. Briefes dazu gelangte, „to transform the Plato devoted to the ideal of theoria into the Plato for whom praxis is at least as important as theoria, if not more so" (67). Die Erklärung ist einfach: „Thus one may say that the Plato of the Seventh Letter was invented in a period in which the deed had become more important than the word" (68; vgl. 167 ff.).

Diese etwas abwegigen Ansichten brauchten nicht erwähnt zu werden, wenn hinter ihnen nicht die Auffassung stünde, die *Crossman* artikuliert: „The concept of the philosopher-king violates the nature of the philosopher" (so ähnlich auch *Kant* / s. o. § 5); der wahre Wissenschaftler „cannot ape the self-certainty and presumption of practical men" (op. cit., 293). Die Praxis ist sonach dem unwissenden und anmaßenden Vorurteil zu überlassen oder aber — positiv ausgedrückt — einer spezifisch pragmatischen Vernunft, der allzu viel Wissenschaft nur schadet. So sieht es *Fite* und polemisiert von da aus gegen die „scientific prepossession" des Platonismus (op. cit., 201 ff.). Er steht auf dem Boden der aristotelischen Trennung zwischen theoretischer und praktischer Vernunft, die eher eine Klugheit als eine Wissenschaft sein soll. Wenn Platons Staatskonstruktion nur „the expression of abstract philosophy" wäre, erschiene sie ihm in einem viel positiveren Licht (113). Philosophie hat nach dieser Meinung theoretisch und abstrakt zu sein. Angewandte Wissenschaft gibt es nur im Bereich technischen Machens.

Am besten nähert man sich diesem Problem von der schon mehrfach
berührten Frage her, ob die bei Platon vom PROTAGORAS an thematisch
werdende Techne politike als die oberste und leitende Theorie und Praxis
der Polis in demselben Sinne Kunst und Wissenschaft sei wie die anderen,
untergeordneten Technai. Mit dieser Frage beginnt Sokrates im PROTA-
GORAS seine dialektische Prüfung der sophistischen Position (PROT.
318 Cff.). Die Aporie, auf die sie abzielt, ergibt sich daraus, daß die Techne
politike in ihrer Platonischen, an einer älteren Stufe der Polis orientierten
Bedeutung anders als stellenweise schon bei Aristoteles keine teils deskriptive, teils praeskriptive Institutionenmechanik, sondern mehr politische Ethik und Pädagogik ist. Sokrates fragt daher Protagoras, ob er die
ihm zulaufenden Jünglinge „zu tüchtigen Männern für den Staat bilden",
also Tugend lehren wolle (319 Aff.), und fügt später hinzu: „bis jetzt
nämlich glaubte ich, es wären nicht menschliche Bemühungen, wodurch die
Guten gut werden" (328 E). Protagoras gibt dann auf die Frage nach der
Gleichheit der politischen und der übrigen Künste eine negative Antwort.
Während es bei diesen Spezialisten und spezielle Schulung gibt, haben alle
Menschen Anteil an der bürgerlichen Tugend (322 Aff.) und sind auch alle
deren Lehrer (327 E). Es gibt nur graduelle Unterschiede. Protagoras
begreift sich selbst als einen, der nur um ein weniges besser als andere
Tugend lehren kann (328 B/C). Sein recht klar und unangreifbar scheinender Standpunkt wird ihm dann von Sokrates so verwirrt, daß jener
zum Schluß behauptet, Tugend sei gar nicht lehrbar, während dieser, der es
zunächst bezweifelte, nun für Lehrbarkeit plädiert (361 Aff.). Hinter dieser
Umkehrung, die wie ein dialektisches Spiel aussieht, steht Platons These,
daß jene halb unmittelbare Sittlichkeit, die das ganze Gemeinwesen gleichmäßig durchzieht, zu seiner Zeit in Verfall geraten war und zwar so,
daß die von den Sophisten angebotenen Lehren ihn nur verdeckten und
beschleunigten, während die sokratische, zum Nicht-Wissen führende
Dialektik ihn offen zu Tage brachte.

Nachdem Platon in anderen Dialogen den problematischen Zusammenhang von Tugend, Wissen, Herrschaft und Polis weiter entfaltet hat,
scheint dann die POLITEIA durch Deklaration eines absoluten, nur wenigen
zugänglichen Wissens eine (unsokratische) Lösung zu bieten. So wenigstens
wird Platon häufig interpretiert[27], und es liegt einem modernen Standpunkt
nahe, wenn man Platon nicht ganz preisgeben will, im Blick auf die technokratischen Elemente des Platonischen Ansatzes von einer „bleibenden

---

Damit vertritt *Fite* eine weithin akzeptierte Ansicht. Die Frage ist jedoch,
welchen Sinn es haben könnte, in einer zunehmend wissenschaftlichen Zivilisation, die das Handeln immer mehr unter die Bedingungen des Machens zu zwingen droht, gegen „wissenschaftliche Voreingenommenheit" zu polemisieren.
[27] Richtungweisend ist auch in dieser Hinsicht *Grote* gewesen (op. cit., III,
164f.; 239ff.).

modellhaften Bedeutung", die vom „historischen Lehrgehalt des Platonismus abstrahierbar und in andere Medien transformierbar" sei, zu sprechen. Zum „historischen Lehrgehalt", auf den „kritisch Verzicht zu leisten"
ist, gehört demnach vor allem „die Fiktion des absoluten Wissens und
einer letzten rationalen Wertsetzung sowie ... das uneingeschränkte Ideal
einer Wesenswissenschaft"[28].

Nun mag eine Trennung zwischen dem heute Brauchbaren und Un-
brauchbaren der Platonischen, auf Praxis bedachten Philosophie erwägens-
wert und möglich sein, doch muß sehr fraglich erscheinen, ob die Scheidung in dieser Weise vorgenommen werden könne. Denn Platon ging es
nicht um „Modelle"[29] — eine technologisch-funktionale Kategorie —,
sondern um die „Wahrheit". Gerade er stellt ja die Frage, ob
eine leitende politische Theorie und Praxis als koordinierende Instanz der
Technai und des sonstigen Lebensvollzugs der Bürger eines Gemeinwesens
ihre Maßstäbe allein „von unten" aus dem zu Koordinierenden ableiten
könne. Wenn Platon einen solchen Funktionalismus für möglich hielte,
so hätte er wohl keine aristokratische, sondern eine demokratische Staatsstruktur befürwortet. Und Aristokratie heißt bei ihm Herrschaft der Besten
in einem zugleich intellektuellen und ethischen Sinne. Platon versucht
nirgendwo den menschlichen Faktor aus der Politik auszuklammern, etwa
das Politische als eine Verwaltung von Sachen zu definieren[30]. Daher ist
für ihn Technokratie untrennbar zugleich Ethokratie, wobei Ethik so zu
verstehen ist, daß in ihr theoretisch und praktisch auch nicht-funktionale,
sondern gewissermaßen von außen kommende Maßstäbe wirksam sind.

Der oberste dieser Maßstäbe ist nach der POLITEIA die Idee des Guten.
Wer sie erkannt hat, scheint ein absolutes Wissen zu besitzen. Welcher Art
Absolutheit mit ihr verbunden ist, bleibt jedoch näher zu untersuchen,
wobei sich herausstellen wird, daß ähnlich wie bei der Polemik gegen das
Hegelsche „absolute Wissen" ebenfalls gegen Platon der endliche Stand-
punkt in absoluter Weise geltend gemacht wird (s. u. § 37).

Das Problem eines höchsten Normwissens erwächst in der POLITEIA
aus der von Sokrates nach längerer Erörterung eingeführten Definition der
Gerechtigkeit. Demnach herrscht in der Polis soziale Gerechtigkeit, wenn
jeder das Seine tut (P 433 A ff.). Diese äußere, institutionelle basiert auf einer
personalen, inneren Gerechtigkeit, die erstens in der bewußten Aufhebung
äußerer, sozialer Gerechtigkeit zur je eigenen Handlungsmaxime besteht
und damit zusammenhängend in der Herrschaft des vernünftigen Seelen-

---

[28] *Krämer* 3, 270; überhaupt 264 ff.
[29] „Modelle" gehören sicherlich zu den Voraussetzungen, welche die Philosophenherrscher nach Platon lernen müssen, dialektisch aufzuheben (P 510 B ff.;
s. u. § 37).
[30] Vgl. o. § 22.

teils über den leidenschaftlichen und sinnlichen, so daß bei Platon Gerechtigkeit primär zur Gerechtigkeit gegen sich selbst wird (s. o. §§ 12; 19; 23). Denn ohne eine innere Vernunftherrschaft zum Besten auch der übrigen menschlichen Kräfte und als eine bewußte Einstellung auf das Zusammenleben mit anderen Menschen wäre eine äußere politische Harmonie höchstens als Zwangsordnung möglich (es sei denn, es gäbe eine prästabilierte Harmonie der Leidenschaften und Begierden oder ein eingeborenes soziales, moralisches, altruistisches Gefühl entsprechender Mächtigkeit, wie später insbesondere einige englische Moralphilosophen gemeint haben). Mit dieser Zurückführung der Gerechtigkeit auf ihren Ursprung in der je einzelnen Psyche erweist Platon die schon vorher (P 428 A ff.) aus dem Prinzip der Arbeitsteilung abgeleitete These, daß in der Polis die Weisen herrschen müßten, als „naturgemäß"[31]. Denn wenn die Seele als das seine Handlungen bestimmende Organ des Menschen bereits von Natur so gegliedert ist, daß ein Teil vor allen anderen zur Leitung des Ganzen geeignet ist, so ist es freilich naturgemäß, dem auch politisch Rechnung zu tragen, zumal wenn sich zeigen sollte, daß die Seelenteile bei verschiedenen Menschen verschieden stark sind.

Aber wenn die Erkenntnis und Weisheit, welche die Vernunft als die oberste Kraft der Seele vermittelt, nicht ein Unmittelbares und Ruhendes ist, sondern eine Tätigkeit, ein Blicken auf etwas, — worauf wird da geblickt und was folgt konkret für die Politik aus dem Erblickten? Wenn die höchste Erkenntnis der Weisen inhaltlich nur besagt, daß ebendieselben Weisen unterstützt von einem Kriegerstand herrschen sollen, so scheint hier ein typischer Fall von Herrschaftsideologie vorzuliegen, auf den genau die Mannheimsche Definition paßt: „Der Begriff der Ideologie reflektierte die dem politischen Konflikt verdankte Entdeckung, daß herrschende Gruppen in ihrem Denken so intensiv mit ihren Interessen an eine Situation gebunden sein können, daß sie schließlich die Fähigkeit verlieren, bestimmte Tatsachen zu sehen, die sie in ihrem Herrschaftsbewußtsein verstören könnten"[32]. Was Platon nicht zu sehen scheint, ist die Tatsache, auf die insbesondere Kelsen und Topitsch hingewiesen haben, daß die Idee des Guten als höchste Norm ganz leer ist, keine konkreten Anweisungen für die individuelle und politische Praxis enthält[33].

---

[31] κατὰ φύσιν — P 428 E.

[32] K. Mannheim: Ideologie und Utopie, dtsch. Ausg. Frankfurt 1952³, 36.

[33] H. Kelsen in seinem zuerst 1933 in den „Kantstudien" erschienenen Aufsatz: Die Platonische Gerechtigkeit, wieder abgedruckt in: H. K.: Aufsätze zur Ideologiekritik, ed. Topitsch, 198—231, insbes. 221 ff. Dort heißt es z. B.: „Das Gute ist und ist das Allerhöchste. Was es ist, worin es besteht, welches sein Kriterium, woran man es an den menschlichen Handlungen, an den gesellschaftlichen Ordnungen erkennt, das für die soziale Theorie und Praxis Entscheidende also, bleibt ungesagt. Der im Idealstaat regierende Philosoph

Dieser Kritik ist entgegenzuhalten, daß der vernünftige Seelenteil und die Philosophenherrscher als auch subjektiv vernünftiger Staatsteil zunächst gar nicht auf absolute Normen bezogen sind, sondern ihre leitende Stellung sich im Hinblick auf die Entfaltung und den harmonischen Zusammenhang der ihnen unterstehenden Kräfte und Individuen rechtfertigt[34]. Es scheint hier ein funktionales Wissen vorzuliegen, das seine Maßstäbe in einem relativen Mehr oder Weniger hat[35], wobei freilich die Vernunft und die Vernünftigsten eine Instanz darstellen, die sich selbst und anderes beurteilt, ohne von anderem beurteilt zu werden. Sie ist der aus sich selbst aktive Ursprung der Freiheit. Wenn sie sich selber nicht mitbeurteilen und an oberster Stelle einstufen müßte, wäre allenfalls denkbar, daß die entscheidende Instanz nur eine Art Schiedsrichter über einem von sich aus auf Harmonie angelegten Wechselspiel der Kräfte sein könnte. Da sie aber nicht darüber schwebt, sondern hineinverwickelt ist, wird selbst, wenn jene relative Harmonie zustandekommt, der Neid sie in Frage stellen.

Daher sieht Platon, daß im politischen Bereich, gerade wenn es auf ein Mehr oder Weniger ankommt, das Maß nicht aus dem Wechselspiel der Kräfte abgeleitet werden kann, denn je nachdem welche Kräfte da am Werk sind, bedeutet das einen Kampf auf Leben und Tod und womöglich den

wird das Gute schauen. Das genügt" (226). — „Die Mystik Platons, dieser vollkommenste Ausdruck des Irrationalismus, ist eine Rechtfertigung seiner antidemokratischen Politik, ist die Ideologie jeder Autokratie" (230).

Topitsch hat diese Kritik in seinem Buch „Vom Ursprung und Ende der Metaphysik" und seinen späteren Werken weitergeführt (insbes. 134 f.; 284; 291). —

Das Prinzipielle dieser Kritik findet sich bereits bei *Aristoteles*, der fragt, ob nicht die von Platon eingeführten Ideen, insbesondere die Idee des Guten μάταιος (nichtig, unnütz, leer) sei (NE I 1096 b 19 ff.). Doch A. bemüht sich mehr als Topitsch, die Idee des Guten so aufzufassen, wie Platon sie gedacht hat. Er schreibt: „Vielleicht könnte man meinen, die Kenntnis jenes [einen und allgemein ausgesagten oder abgetrennten und an-und-für-sich-bestehenden Guten] böte einen Nutzen im Hinblick auf die zu erwerbenden und zu verwirklichenden Güter. Wir hätten jenes so wie ein musterhaftes Beispiel (παρά-δειγμα) vor Augen und würden damit auch das Gute für uns besser erkennen und ... erlangen." (NE I 1096 b 30 — 1097 a 3; vgl. *H. Flashar*: Die Kritik der Platonischen Ideenlehre in der Ethik des Aristoteles, insbes. 236 f.). Er widerlegt dann freilich diesen Platon nahekommenden Gedanken recht unplatonisch durch Hinweis auf die bestehende Wissenschaftspraxis, in der die Erkenntnis des Guten-an-sich beiseite gelassen werde (ebd. 1097 a 3—6). Platon sieht nämlich gerade darin den entscheidenden, den Verfall besiegelnden Mangel der Polis und fordert eine oberste und leitende Normwissenschaft (Philosophie als τέχνη πολιτική).

Grote (III, 240 f.) nimmt die Aristotelische Kritik des Platonischen Guten auf und führt sie in die moderne Diskussion ein.

[34] P 586 E; 345 C ff.
[35] Vgl. Po 283 E.

Untergang des Gemeinwesens[36]. Wie im POLITIKOS dargelegt ist, steht außerhalb der reinen Mathematik das Größere oder Geringere nicht bloß im Verhältnis zu sich selbst, sondern vor allem im Verhältnis zum Angemessenen (tò métron/Po 283 E—284 B). Gerade des ewig unentschiedenen Wechselspiels der Kräfte wegen bedarf es einer Norm, die eine Einhegung dieser Kräfte gestattet. Gerade weil die Welt des Werdens, der Veränderung, der sinnlich wahrgenommenen Dinge die nächste Wirklichkeit des Menschen ist, bedarf es einer anderen Wirklichkeit, auf die hinschauend „der Mensch" (das heißt bei Platon: der Einzelne im politischen Verband und in politisch wirksamer Differenzierung) nicht einfach zum Spielball blinder Notwendigkeiten wird. Daraus, daß das Bedürfnis nach solchen Orientierungspunkten besteht, folgt natürlich noch nicht, daß es auch befriedigt werden kann. Und wenn die Normen nicht so klar und zwingend sind, daß sie allen oder den meisten unmittelbar einleuchten, besteht die Gefahr, daß der Fanatismus, das ist die Absolutsetzung irgendwelcher Normen, mangelnde objektive und unbezweifelbare Absolutheit durch Engagement und Gewalt zu ersetzen versucht.

Um die Berechtigung einer so ansetzenden Platonkritik zu prüfen, muß man genau zusehen, was es mit der Absolutheit auf sich hat, welche die „Idee des Guten" für sich beansprucht. Nachdem Sokrates die Untersuchung der Gerechtigkeit mit der These abgeschlossen hat, daß sie primär kein gesellschaftlich-funktionales Phänomen ist, sondern ihren Ort hat in der „wahrhaft inneren Tätigkeit in Absicht auf sich selbst und das Seinige" (P 443 C), will er sich dem Problem der Parallelität von Seelen- und Staatsverfassungen zuwenden (P 445 C f.). Die Frage des Adeimantos nach der Weiber- und Kindergemeinschaft zwingt ihn dann, sich noch näher auf institutionelle Dinge einzulassen. Aber das implizierte Problem einer optimalen Zuordnung natürlicher individueller Verschiedenheiten und politischer (sozialer) Funktionen führt über seine allgemeinste Fassung, nämlich den Gesichtspunkt der Staatseinheit (P 462 A ff.), zurück zur Gerechtigkeit (P 472 C). Sie wird nun nicht als der zentrale Bezirk reiner politischer Ethik anvisiert, sondern steht unter dem Gesichtspunkt Verwirklichung. So wie sie behandelt wurde, ist sie ein Ideal (parádeigma),

---

[36] *Kelsen* schreibt (op. cit., 230): „So etwas wie eine absolute Gerechtigkeit gibt es nicht, läßt sich begrifflich nicht bestimmen. Dieses Ideal ist eine Illusion. Es gibt nur Interessen, Interessenkonflikte und ihre Lösung durch Kampf oder Kompromiß. An Stelle des Gerechtigkeitsideals tritt in der rationalen Sphäre zwangsläufig der Friedensgedanke." Diese allzu schlagenden Formulierungen gleiten über den Abgrund hinweg, den sie selber aufzeigen. Ihnen gemäß ist nämlich die „rationale Sphäre" durch „*Kampf oder Kompromiß*" bestimmt. Der Friedensgedanke ergibt sich also keineswegs zwangsläufig, noch nicht einmal als bloßer Gedanke, sondern resultiert aus einem Sprung von der „rationalen Sphäre" ins Wunschdenken.

dem sich die Wirklichkeit mehr oder weniger nähern kann (P 472 C—473 A).
„Durch eine einzige Veränderung . . ., freilich keine kleine, auch nicht
leichte, aber doch mögliche" (P 473 C), sagt Sokrates, könne die Politik
auf den Weg dieser Annäherung gebracht werden. Und dann folgt die
konditional formulierte These über die Philosophenkönige.

Der die ganze POLITEIA durchziehende und im Problem der Bildung
zusammengehaltene Wechsel zwischen im engeren (äußeren) Sinne politischen Themen und transzendentalpolitischen (das heißt solchen der individuellen, inneren, geistigen Ermöglichung des Politischen) wird hier in
der Mitte der POLITEIA (P 473 B—535 A) besonders hervorstechend.
Es geht nun um die *Legitimation der Philosophie zur politischen Theorie und
Praxis.* Genau an der Stelle, wo sich die Philosophie mit unverschämten
Forderungen nach außen wendet, geht sie zugleich am weitesten in sich
selbst zurück, wird, wie man heute sagt, „metaphysisch". Dabei zeigt sich,
daß die transzendentale, das heißt (im Kantschen Sinne) individuelle,
geistige Ermöglichung des Politischen angewiesen ist auf eine in anderem
Sinne transzendentale Begründung auch noch dieser Ermöglichung. Das
Transzendentalpolitische wird durchlässig in Richtung auf Transzendenz,
auf die Idee des Guten als Grund „jenseits der Seiendheit". Ohne ihn wäre
der Geist und damit der Mensch ein ohnmächtiges und unbedeutendes
Anhängsel des objektiven Seins und Werdens, ja er käme noch nicht einmal
dahin, sich als Subjekt von dem sonstigen Seienden als Objekt zu unterscheiden.

§ 36. „Absolutes Wissen" und „Primat des Praktischen"

Bei der nun anzustellenden Untersuchung kann es sich in diesem
Rahmen nicht um eine Darstellung der Platonischen „Ideenlehre" womöglich unter Hinzuziehung seiner „ungeschriebenen Philosophie" handeln,
sondern lediglich um eine Beschreibung der zugleich erkenntnistheo-
retischen, ontologischen, metaphysischen und theologischen Mitte der
POLITEIA. Man könnte bei der Beschreibung sicher ohne diese späteren
Kategorien disziplinärer Trennung auskommen, die ohnehin nur zu
gebrauchen sind, wenn man sie jeweils durch ein „zugleich" verbindet,
das nicht im Sinne einer sekundären Synthese, sondern einer ursprünglichen,
jedoch als solcher reflektierten Einheit zu verstehen ist[37]. Aber als Ab-

---

[37] Es ist dasselbe Problem, das *Manasse* auf eine andere Platonische Einheit bezogen in seiner Kritik *Taylors* aufgreift: „T. sieht . . ., daß für Platon ethische
und intellektuelle Abläufe eine Einheit bilden, aber diese Einheit versteht er
immer schon als eine nachträglich gemachte; er begreift sie gleichsam unter
der Kategorie der Synthese" (Manasse II, 39). — Sehr viel besser trifft *Barker*

kürzungen sind diese Termini sinnvoll. Freilich muß man, wie sich zeigen wird, zwischen Ontologie und Metaontologie, Metaphysik unterscheiden[38].

Der erste Anlauf, den Sokrates in der POLITEIA nimmt, um jenes höchste *Norm- und Wesenswissen* näher zu kennzeichnen, das im Hintergrund des ethisch-politisch geklärten Gerechtigkeitsbegriffs sichtbar wurde, führt

die Platonische Wissenschaftseinheit, indem er sie mit *Hegel* vergleicht: „In brief the REPUBLIC is a ‚philosophy of mind‘ in all its manifestations". In der „Philosophie des Geistes" diskutierte Hegel „the inner operations of mind as consciousness and as conscience, its external manifestations in law and in social morality (the sphere of the State), and its ‚absolute‘ activity in art, religion, and philosophy" (Greek Political Theory, 169, Anm. 1; vgl. *Stenzel:* Kl. Schriften, 315).

[38] Vgl. zur hier gemeinten Unterscheidung: *Maurer:* Hegel und das Ende der Geschichte, insbes. 126—156.

Genau genommen müßte man, zumal im Blick auf Platon von „Metaontologie", nicht von „Metaphysik" sprechen, da sich nach ihm die höchste Erkenntnis auf ein Transzendentes, Metaontisches bezieht, das nicht nur die Physis, sondern die Seiendheit schlechthin transzendiert (s. u. § 38). Ja die Physis steht dem Transzendenten sogar näher (vgl. *Mannsperger:* Physis bei Platon, insbes. 300) als das Seiende nach seinem abstrakten Begriff genommen. Im Hinblick auf die spätere Depotenzierung der Natur in der „reinen Vernunft" naturwissenschaftlicher Weltanschauung, können freilich „Metaphysik" und „Metaontologie" synonym gebraucht werden.

Unter „Ontologie" wird also das verstanden, was *Heidegger* „Metaphysik" nennt, wenn er z. B. vom „festgemachten metaphysischen Grundgefüge des Seienden" spricht (s. u. § 38). Er meint damit die moderne, aber seit langem vorbereitete Herabsetzung der Natur und alles Seienden zum verfügbaren Material für eine Gesellschaft, die sich erst durch den unendlichen Progreß des Verfügens konstituiert.

Krämers und *Gaisers* große Untersuchungen zur „ungeschriebenen Lehre" (ἄγραφα δόγματα — nach *Krämer* 2, 72 eine Aristotelische Formulierung) Platons machen den *Unterschied zwischen Metaphysik und Ontologie* nicht, sprechen unkritisch von Platons „Ontologie", wobei ihr Ontologiebegriff (*Krämer* 1 und 2 passim, *Gaiser* 2 passim) ganz offensichtlich auf Vorstellungen beruht, die sich zwischen Neuscholastik und *N. Hartmann* bewegen und in deren Hintergrund die naturwissenschaftlich-historistische Weltanschauung steht. Was immer *philologisch* für oder gegen den Versuch sprechen mag, Platons „ungeschriebene Lehre" zu rekonstruieren und damit heute, nach 2400 Jahren zu schreiben (vgl. *K. v. Fritz:* Die philosophische Stelle ... insbes. 144 f.; neuerdings *Krämer:* Die grundsätzlichen Fragen der indirekten Platonüberlieferung, in: Abhdl. d. Heidelberger Akad. d. Wiss., Phil.-hist. Kl., 1968, 106—150), *philosophisch* ist es sehr bedenklich, Platon in der angedeuteten Richtung zu ergänzen. Er wird auf diese Weise zu einem höchstens zweitrangigen Philosophen, dessen historisch-systematisch-axiologischer Ort irgendwo zwischen Pythagoras und N. Hartmann liegt (vgl. *W. Perpeet:* Der systematisierte Platon, insbes. 270).

Auf diese Weise entsteht nämlich ein Platon, der vor allem zwei kritischen Ansätzen recht wehrlos ausgeliefert ist: 1. dem (im Prinzip schon Aristotelischen) Vorwurf, ein pythagoreischer Zahlenmystiker und Schamane mit politischem Anspruch zu sein, 2. der Heideggerschen Kritik der Metaphysik

zu dem Begriff der „immer seienden und nicht durch Entstehen und Vergehen schwankenden Seiendheit[39]".

als Ontologie und Onto-Theologie. *N. Hartmann* selber hat Platon anders verstanden. Er versuchte nicht, den Platonischen Indifferenzpunkt von theoretischer und praktischer Philosophie, von „Ontologie" und Ethik-Politik zu ontologisieren (s. u.). — Zu der hier vertretenen These, daß Platons Philosophie im Kern eine andere Art von Metaphysik ist, s. u. §§ 38 bis 40; zu dem zentralen inhaltlichen Problem des Guten und Einen s. u. S. 251 f., Anm. 24.

Mit den Rekonstruktionsversuchen von Platons „ungeschriebener Lehre" sind aber noch zwei weitere, nicht philologische, sondern zugleich philosophische Probleme verbunden: 1. wie Platons eigene Äußerungen (7. Brief, PHAIDROS) zum Problem geschriebener Philosophie zu verstehen sind, 2. ob es überhaupt möglich und sinnvoll ist, eine von einer bestimmten historischen Person überlieferte Philosophie durch ein „Rekonstruieren", das immer auch Konstruieren ist, perfekter machen zu wollen. Das scheint jedoch selbst für einen Philosophen wie Hegel, von dem es außer Zweifel steht, daß er systematische Form anstrebte, und von dem auch eigene Ausführungen dieser ·Tendenz vollständig vorliegen, problematisch zu sein (vgl. *Maurer:* Der fast integrierte Hegel, in: Philos. Rundschau 14, 1967, 208—220). Wenn man dann noch bedenkt, was die Hegelianer und Hegelgegner aus ihm gemacht haben und sich dazu die Aufgabe vorstellt, „das" Hegelsche System aus einigen von ihnen zufällig überlieferten Andeutungen zu rekonstruieren, weiß man ungefähr, was von den Zügen des Krämer-Gaiserschen Platon zu halten ist, die nicht auch durch die Platonischen Dialoge belegt sind.

Wenn man jedoch Platons eigene Äußerungen zu dem in Frage stehenden Problem betrachtet, muß der Krämer-Gaisersche Ansatz entweder als ein Mißverständnis oder aber als ein der Platonischen Intention direkt zuwiderlaufendes Beispiel historistischer Pleonexie erscheinen. Sie haben etwas Ähnliches unternommen wie Dionysios und „einige andere, die über diese Gegenstände geschrieben haben, aber nicht einmal sich selbst kannten" (7. Br. 341 B; vgl. 341 C/D; 344 D/E). Sie haben versucht, jene bewußte, spielerische Offenheit zu beseitigen, die über der Platonischen Philosophie liegt und nach Platon selber liegen soll, weil ihn, wie er selbst sagt, die Scheu zurückgehalten hat, etwas über die höchsten und ersten Dinge in direkter und ernster Form zu schreiben (7. Br. 344 D; PHAIDROS 275 C — 277 A; vgl. *R. Schaerer:* La Question Platonisienne, insbes. 246 ff.; *Strauss* 1, 349 ff. die teils zustimmende teils ablehnende Auseinandersetzung mit *Cherniss*, dem radikalen Kritiker aller Rekonstruierungsversuche der „ungeschriebenen Lehre"). Zu dem geschichtlichen Sinn, den die ästhetisch-dialektische Offenheit des Platonischen Philosophierens haben könnte, s. u. Nachwort.

So zweifelhaft das Rekonstruieren ist, so notwendig ist das Bemühen um eine systematische, d. h. von verschiedenen Seiten den einen Grundzug Platonischen Denkens erfassende Interpretation. Dazu haben *Krämer* und vor allem *Gaiser* (mit seinen Ausführungen zur Platonischen Geschichtstheorie) einen wesentlichen Beitrag geleistet. Es wäre schade, wenn soviel fundierte Forschung und systematische Kraft in eine philosophische Sackgasse führten.

[39] ... τῆς οὐσίας τῆς ἀεὶ οὔσης καὶ μὴ πλανωμένης ὑπὸ γενέσεως καὶ φθορᾶς (P 485 B), oder das „sich immer gleich verhaltende Seiende": ἀεὶ κατὰ ταυτὰ ὡσαύτως ὄντα (P 479 E; P 484 B).

Die Philosophen sind dadurch definiert, daß sie diese Ousia erfassen
können oder sich wenigstens darum bemühen, während die nicht-Philosophen „immer unter dem Vielen und mannigfach sich Verhaltenden
umherirren". Wie Platon später im Anschluß an das Höhlengleichnis
darlegt, kommen (natürlich) auch die Philosophen aus dieser nächsten,
von Entstehen und Vergehen bestimmten Wirklichkeit und sollen, sofern
sie sich in der Theorie darüber erheben, wieder dahin zurückkehren.
Das immer gleich sich Verhaltende ist nicht in dem Sinne mehr seiend
(P 515 D), daß es in der durchschnittlichen Wirklichkeit der Menschen
und Staaten am meisten vorkäme. Hier herrscht vielmehr eine großenteils
regellos scheinende, veränderliche Mannigfaltigkeit. Damit in dieser verwirrenden Vielfalt Orientierung möglich sei, sind immerseiende, diesem
Wechsel entzogene Normen nötig — modern, Kantisch gesprochen als
ein Postulat praktischer Vernunft. Man hat Platons „Metaphysik" aus
einem solchen Vorrang des Praktischen zu begreifen versucht[40] und in
gewisser Weise mag das angemessen sein (s. u. § 38). Aber keinesfalls ist
Platon ein Philosoph des „als ob", des bloßen moralischen Postulats in
praktischer Absicht, daher wird man bei diesem Deutungsansatz wenigstens mit Cornford sagen müssen, das Wesentliche der Ideenlehre sei die
Überzeugung, „daß die Unterschiede zwischen Gut und Böse, Recht und
Unrecht, Wahr und Falsch, Schön und Häßlich absolut sind und nicht,
entsprechend den Sitten, dem Geschmack und den Wünschen einzelner

---

[40] So *H. Cohen*, der dazu kritisch ausführt: „Es ist nur die Ausdrucksweise des
religiösen Affekts, dem Platon wie auch Kant sich hingaben, indem sie den
Vorzug des ethischen Problems in gewaltigen Worten betonen: Platon durch
die Transzendenz des Guten zum Sein . . .; Kant durch den Primat der praktischen Vernunft . . . Wenn im Überschwang des sittlichen Gefühls die Logik
gegen die Ethik herabgesetzt wird, so mag die religiöse Sittlichkeit darüber
triumphieren; die Ethik und die ethische Wahrheit wird dadurch nicht gefördert" (Ethik des reinen Willens, Berlin 1921³, 90 = 1904¹, 84). *N. Hartmann* knüpft hier an und wird Platon wohl eher gerecht, wenn er schreibt:
„so kann das Hinausgehen des ‚Logischen selbst' über seine eigenen Grundlegungen, wie es im ἀνυπόθετον geschieht, das Hinausgehen *ins Praktische*
bedeuten" (Platos Logik des Seins, 273); vgl. 269: „Auf Grund des Logischen,
und also dieses mit einbegreifend, entsteht das Ethische"; vgl. überhaupt zur
„Idee des Guten" 258 ff.).
  Stenzel nennt den „Primat der praktischen Vernunft" den „Grundzug
der griechischen Philosophie" (Metaphysik des Altertums, 91). Was die
Kantsche Formel hier bedeutet, führt er besonders im Blick auf Sokrates und
Platon aus. Gedanken des frühen *Heidegger* aufnehmend, nennt St. „metaphysisch" „ein primäres Verstehen, von dem das theoretisch-wissenschaftliche
erst abgeleitet ist" (115). Aus dem Kantschen „Primat der praktischen Vernunft" wird unter diesem Heideggerschen Einfluß in der Anwendung auf
Sokrates-Platon der „Primat des tätigen Prinzips" (115), was konkreter klingt
und von St. auch so verstanden wird. So heißt es z. B.: „aus der Verwurzelung
der sokratischen Begriffstheorie in der Praxis des tätigen Lebens ergibt sich
die Gleichsetzung von Erkennen und ‚das Bessere Auswählen'" (100; vgl.

oder sozialer Gruppen ‚relativ'"⁴¹. Aber Cornford sieht auch, daß Platons idealistischer Realismus noch darüber hinausgeht und die „politische Ethik mit der Struktur des Kosmos in Beziehung" setzt⁴². Die Ideen sind ebenso wenig wie logische Universalien bloße Normen oder zwar edle aber kraftlose Werte, sondern sind immer schon wirksame Seinsstrukturen, in einer Wirklichkeit, die nach Platon nicht weniger, sondern mehr seiend ist als die prima vista vorhandene. Die Ideen sind aber auch nicht, wie sich am klarsten an der obersten Idee des Guten zeigt, bloße Seinsstrukturen, sondern haben einen Bezug zu dem das vorhandene Seiende transzendierenden Tun des Menschen. Es gibt nach Platon, wie sich zeigen wird, *einen metaontologischen Primat des Praktischen.*

In der POLITEIA wird dieser transzendentale Realismus zunächst darin greifbar, daß Sokrates als Wesensmerkmal philosophischer Erkenntnis die Ausrichtung weder auf beliebige interessante Dinge, noch auf sittliche Werte, sondern auf die „Wahrheit" angibt (P 475 E). Konkreter bedeutet das die Suche nach dem jeweils zugrundeliegenden einen und distinktiven

---

102), und in bezug auf Platon: er strebe „hindurch durch die rein theoretische Sphäre der Erkenntnis . . . zu etwas Fundamentalerem, der praktischen tätigen Selbstbewegung der Seele Zugeordnetem" (114). Damit ist zugleich die Hauptrichtung von Platons philosophischer Entwicklung angedeutet. Auf eine „sokratische" Periode (105) folgt eine zweite, „in der sich alles . . . in der Idee des Guten zusammenfaßt", und als dritte die Periode „einer theoretisch durchgebildeten Seins- und Einheitslehre" (106). Innerhalb ihrer gibt es aber wiederum (in den Dialogen Parmenides — Sophistes — Politikos) einen Kreislauf „von der Kritik über die positive Erweiterung des Problembestandes und die ausdrücklichste Stellung der Seinsfrage bis zur Rückbeziehung des Gewonnenen auf die Probleme der Politik" (128). Es resultiert, indem Platon bis zuletzt an einem Seinsbegriff festhält, „der die Seinsidee vom in seiner Welt tätigen Menschen mit der *Erkenntnis des Seins*" zusammenschließt, eine Vereinigung von Theorie und Praxis, wie sie „nie wieder so erreicht worden" ist (151).
    Zum „Primat des Praktischen" bei Platon vgl. *Nettleship:* Lectures on the Republic of Plato; — *Diès:* Introduction, insbes. V ff.; LXIV; — *Moreau:* La construction de l'idéalisme Platonicien; — ferner *E. Heintel:* Sokratisches Wissen und praktischer Primat; — *U. Arnold:* Die Entelechie. Systematik bei Platon und Aristoteles (eine geniale Phantasie über dieses Thema).
⁴¹ *Cornford* im Kommentar zu seiner Ausgabe „The Republic of Plato", 176; zit. nach Manasse II, 78f., Anm. 22 b; vgl. Cornford: Principium Sapientiae. 46f.
⁴² *Manasse* II, 82. *Cornford* referierend schreibt M.: „Daß Platon diese Richtung einschlug, hängt offenbar damit zusammen, daß seine ‚Verkündigung' die Frage des rechten Sich-Verhaltens nicht mehr wie Sokrates als etwas Eigenständiges behandelt, sondern daß er auch inhaltlich wieder die Ethik mit den Fragen der Kosmologie in Verbindung bringt. Ursache dafür ist nach Cornford Platons Wendung zum Pythagoreismus" (76). Zu *Topitschs* Kritik solcher sozio-kosmischer Analogien s. u. § 37.

Begriff[43] oder der Natur[44] von etwas. Die Beispiele, die Platon wählt,
kommen zwar alle aus dem praktischen Bereich und decken sich (bis auf
das mehr theoretisch scheinende Begriffspaar Wahr und Falsch) mit der
oben angeführten Aufzählung Cornfords, aber so wie die Theorie allgemein formuliert ist, entfällt diese Beschränkung. Demnach sieht es bei
diesem ersten Anlauf so aus, als wenn der bloße Entschluß (der Philosophen), ein jeweils zugrundeliegendes Allgemeines zu erkennen, schon
zum Ziele führe, weil „das vollkommen Seiende auch vollkommen erkennbar ist" (P 477 A), weil „die Erkenntnis ihrer Natur nach zu dem Seienden
gehört" (P 477 B) und weil es ein (individuell verschiedenes) Vermögen[45]
solcher Wesenserkenntnis gibt. Da sich nun unter den so erkannten Ideen
auch ethisch-politische Normbegriffe wie Gerechtigkeit befinden, sind die
Philosophen zur politischen Führerschaft berufen (484 B).

Nachdem Sokrates von diesem metaphysischen Kern der Philosophie
wieder zu ihrem politischen Anspruch gekommen ist und von da weiter
zu einer ethisch-politischen Psychologie der Philosophen, wie sie sein sollen,
(P 484 Dff.), wird er von Adeimantos auf den Boden des Faktischen
zurückgeholt. In einer längeren Diskussion versucht er, den Hinweis zu
entkräften, daß diejenigen, die über die Jugendzeit hinaus sich der Philosophie widmen, sonderlich und für den Staat unbrauchbar werden (P 487
C/D), indem er unbeweisbar und unwiderlegbar von seiner Staatsutopie
her argumentierend die Schuld an der Verschrobenheit der Philosophen
der schlechten politischen Realität zuschiebt (488 Aff.). So kann er zu der
Ausgangsthese, daß Philosophen herrschen sollten, zurückleiten (503 B).
Diesmal aber will Sokrates eine genauere und vollständigere Erklärung
philosophischer Erkenntnis geben und kritisiert das bis dahin darüber
Gesagte als unangemessen und von geistiger Trägheit bestimmt (P 504
B/C). Wieder wird daran erinnert, daß auch der nun folgende „andere und
weitere Gang" (P 504 B) im Zusammenhang mit der Frage nach der

---

[43] εἶδος — darüber heißt es an dieser Stelle, wo das Wort zum erstenmal in der
POLITEIA nach seiner vollen Platonischen Bedeutung verwandt wird: „daß
jeder [Begriff] für sich eins ist; aber da jeder vermöge seiner Gemeinschaft
(κοινωνία) mit den Handlungen und körperlichen Dingen und den übrigen
Begriffen überall zum Vorschein kommt, daß auch jeder als vieles erscheint"
(P 476 A). Statt von χωρισμός ist also hier von κοινωνία die Rede. Offenbar
steht bei Platon die erkenntnistheoretisch-ontologische Sphäre in genauer
Analogie zur ethisch-politischen, wo ja auch das Problem eine wesentliche
Rolle spielt, wie groß innerhalb der κοινωνία πολιτική der Unterschied
zwischen der Masse und den kraft ihrer Einsicht zur Herrschaft Berufenen
sei (s. o. insbes. § 28). Der proportionalen Gleichheit im Politischen entspricht eine allgemeine Analogie Entis (s. u. § 38 die Hinweise auf Goldschmidt).
[44] φύσις — P 476 B; 490 B.
[45] δύναμις — 477 B; 508 Bf.

Gerechtigkeit stehe (also von daher einen praktischen Bezug hat), aber jetzt geht es, wie Sokrates dem Adeimantos auf dessen erstaunte Frage bestätigt, um „noch Größeres als die Gerechtigkeit" (P 504 D). Ein praktisches Normwissen, das an dem orientiert ist, was Platon bis dahin über die Gerechtigkeit entwickelt hat, ist insofern weder zureichend noch gar absolut, als erst durch „die Idee des Guten", „die größte Einsicht", „das Gerechte und alles, was sonst Gebrauch von ihr macht, nützlich und heilsam wird"[46].

Warum ist die Übersteigung der Gerechtigkeit, die doch zunächst ein ausreichender Maßstab zu sein schien, erforderlich? Wie oben dargelegt (§§ 32; 33), ist die Gerechtigkeit bis zu einem gewissen Grade funktional und relativ, macht den Menschen zum Maß zumindest aller ethisch-politischen Dinge. Sie enthält jedoch gerade dadurch eine existentiell wichtige Beurteilung und Selbstbeurteilung der Menschen durch Menschen, und als solche ist sie nicht funktional, sondern selbstursächlich, kann nur aus der je einzelnen Seele als Handlungsorigo des Menschen ins Gemeinwesen gelangen. Wenn sie nachweisbar und einrichtbar rein funktional

---

[46] P 505 A; vgl. 506 A. — Die weitere Begründung der Gerechtigkeit (vgl. dazu *Utermöhlen*: Die Bedeutung der Ideenlehre für die platonische Politeia, 100 ff.), die in Erkenntnistheorie, Ontologie und Metaontologie hinauszuführen scheint, steht im Zeichen der allerpraktischsten Frage nach der Nützlichkeit. Utermöhlens Hinweis darauf, „daß Platon in demjenigen Werke, welches der Ergründung des Hauptthemas, der δικαιοσύνη galt, sich über das τέλος τοῦ νοητοῦ, die Idee des Guten, . . . am deutlichsten ausgesprochen hat", kennzeichnet zugleich die Gemeinschaft von theoretischer und praktischer Philosophie bei Platon.
Es ist ein Zweck der vorliegenden Arbeit, zu zeigen, daß Platon damit zugleich eine nicht bloß theoretische, sondern auch praktische Gemeinschaft von Theorie und Praxis und von Ethik und Politik intendiert. So erscheint es problematisch, wenn *Utermöhlen* schreibt: „Der Idealstaat fungierte . . . als Hilfsmittel der Erkenntnislehre, die ihrerseits wiederum die ethischen Werte zum Objekt hatte. Der theoretische Charakter der ‚Politeia' tritt auf diese Weise deutlich hervor, sie ist nicht Ausdruck von ‚Platons politischen Aspirationen'" (109). Der Idealstaat kann kein bloßes Hilfsmittel sein, da Platon den engen Zusammenhang von Politik und Ethik behauptet, demgemäß es ethisch unverantwortlich ist, ethische ohne politische Aspirationen zu haben. Platonisch ist der Primat des Ethischen, der das Politische als eine notwendige Bedingung impliziert, und der *Primat des Theoretischen zum Besten der Praxis* (s. u. § 44). Man kann daher auch von einem wissenschaftlichen und metaphysischen (nicht pragmatischen oder moralischen) Primat des Praktischen und Politischen sprechen. Vgl. *Diès*: Introduction: „C'est par Socrate que le primat de la politique est devenu, pour Platon, le primat de la vérité, le primat de la science" (VIII) — und über den Aufstieg zur Idee des Guten: „si transcendent que soit le terme de cette ascension, si intellectuel et si techniques parfois qu'en puissent paraître les démarches, elle demeure toujours animée de cet esprit noblement pratique: s'instruire pour contempler, contempler pour agir" (LXIV).

wäre, könnte dem Neid der Boden entzogen werden. Da sie jedoch einen funktional-substantiellen Doppelcharakter aufweist, erfordert sie aus sich selbst weitere Begründung. Gerade um des Menschen willen bedarf es für sein individuelles und politisches Dasein eines nicht von ihm gesetzten Maßes. Das Gerechte und das Schöne[47] ist nicht schon als solches „gut", „nützlich" und „heilsam", sondern es muß zusätzlich gewußt werden, inwiefern es gut ist. Die Idee des Guten transzendiert die Gerechtigkeit als die Zusammenfassung aller Tugend, aber so, daß (wie Heidegger sagt) „das Problem des ἀγαθόν ... nur die Aufgipfelung der zentralen und konkreten Frage nach der führenden Grundmöglichkeit der *Existenz des Daseins* in der Polis" ist[48]. Es handelt sich offenbar um eine Transzendenz des Praktischen (des ganzen ethisch-politischen Bereichs) in praktischer Absicht oder vielmehr Zuversicht.

Wer vollzieht diese Überschreitung? Platons Sokrates sagt von der Idee des Guten oder dem Guten selber, es sei dasjenige, „was jede Seele anstrebt und um deswillen alles tut, ahnend, es gebe so etwas, aber doch nur schwankend und nicht recht treffen könnend, was es wohl ist ..." (P 505 D/E). Er fügt die Frage hinzu: „sollen über diese so wichtige Sache auch jene Besten im Staat so im dunkeln sein, in deren Hände wir alles geben wollen?". Wenn darüber alle gleich im Dunkeln sind, wie z. B. Crossman behauptet, so besteht kein Grund, den Staat in die Hände platonischer Philosophen zu geben. Sokrates' Frage betrifft die Fundamente. Seine Gesprächspartner wollen denn auch wissen, was nach Sokrates' Meinung oder Einsicht das Gute selbst ist, und er kommt diesem berechtigten Ersuchen in einer längeren Erörterung nach, in welcher er wenigstens einen „sehr ähnlichen ... Sprößling" des Guten behandelt (P 506 E bis 435 E). Dieser ganze Abschnitt der POLITEIA steht unter dem vorweg geäußerten Vorbehalt des Nicht-Wissens (506 B), der zum Abschluß wiederholt wird (533 A). Dort sagt Sokrates zwar zu Glaukon, wenn dieser imstande sei, zu folgen, wolle er ihm ein anderes Mal nicht mehr nur ein Bild, sondern die Sache selbst zeigen, aber setzt hinzu: „ob nun richtig oder nicht, das darf ich nicht behaupten, aber daß es etwas solches gibt, muß behauptet werden" (P 533 A).

So wenig absolut ist also das absolute Wissen. Derjenigen kritischen Richtung jedoch, die heute vor allem von Topitsch repräsentiert wird, erscheint die Platonische Philosophie damit um so schlimmer und gefährlicher, weil sie auf die bloße Behauptung, daß es eine transzendente „Idee des Guten" gebe, Herrschaftsansprüche gründet. Das erkenntnismäßig Unsichere gewänne damit *politische Absolutheit.* Oder ist anzunehmen, daß Sokrates-Platon den Anfang des besten, von Philosophenherrschern be-

---

[47] δίκαια καὶ καλά — P 506 A.
[48] *M. Heidegger:* Vom Wesen des Grundes, Frankfurt/M. 1955[4], 40.

stimmten Staates zwar darstellen (s. o. § 6), aber selbst noch nicht das absolute Wissen haben, das sie nicht bloß zu Philosophen, sondern auch zu Philosophenherrschern prädestinierte? Sie verwiesen dann nur auf mögliche „Retter der Verfassung"[49]. Doch darf man hier wohl mit dem Doppelsinn des Wortes „darstellen" spielen und sagen, die Darstellung sei der Anfang[50], der ja nach Platon primär theoretisch, dann pädagogisch, und erst zuletzt politisch ist. Die POLITEIA enthält bereits den pädagogischen Anspruch an die Vernunft, den die Philosophenherrscher, wenn es sie einmal gäbe, nicht besser, nur vielleicht wirksamer vorbringen könnten. Denn die Dialektik, in der die Philosophenherrscher zuletzt und zuhöchst ausgebildet werden sollen, ist eine Art von sokratischem Nichtwissen. So wenigstens zeigt sie sich von ihrer negativen Seite. Während nach Platon die übrigen Wissenschaften und erst recht die alltäglichen Ansichten der Leute bestimmte Voraussetzungen haben, die sie „unbeweglich lassen" und wovon sie keine Rechenschaft zu geben imstande sind, ist die Dialektik zunächst einmal die Kunst, diese Voraussetzungen als solche zu durchschauen[51] und Distanz zu ihnen zu gewinnen. Daher führt der Mißbrauch der Dialektik vor allem bei jungen Leuten dazu, daß sie immer zum Widerspruch lenken und lernen, alles, zumal das überkommene Recht und die Sitte zu zersetzen, wodurch „sie und alles, was die Philosophie betrifft, bei den übrigen in schlechten Ruf kommen"[52].

Diese negative Seite der Dialektik beweist, wie Platon seinem Lehrer Sokrates verpflichtet bleibt. Diogenes Laertius kann ihn deswegen zu den Skeptikern rechnen, worauf Hegel hinweist und dazu ausführt, „daß eine wahre Philosophie notwendig ... zugleich eine negative Seite hat, welche gegen alles Beschränkte, und damit gegen den Haufen der Tatsachen des Bewußtseins ... gegen diesen ganzen Boden der Endlichkeit" gekehrt ist[53]. Ähnlich, wenn auch mehr auf einen Fortschritt im Endlichen bedacht, schreibt Mill (übrigens ein Gegner Hegels) im Anschluß an Grote: „Der Feind, gegen den Plato in Wirklichkeit stritt ... war das Annehmen überkommener Meinungen und gangbarer Gesinnungen als letzter Tatsachen ..."[54]. So gesehen streiten Sokrates und Platon gegen ein in aller vorgeblichen Bescheidenheit absolutes Wissen über Gut und Böse oder zumindest über das pragmatisch Richtige, wie es die meisten entweder in der Berufung auf eine herkömmliche oder weithin akzeptiert scheinende

---

[49] οἱ σωτῆρες ... τῆς πολιτείας — P 502 D.

[50] Zu dem „ästhetischen" Spiel, das Platon selbst damit treibt: s. u. § 42.

[51] P 553 C; vgl. 510 B.

[52] P 539 B/C; vgl. Po 299 B ff. in einem ähnlichen Zusammenhang die Anspielung auf Sokrates, den „Verderber der Jugend"; s. o. § 6.

[53] *Hegel:* Verhältnis des Skeptizismus zur Philosophie, WG I, 213ff.; loc. cit. 230; vgl. 244.

[54] *J. S. Mill,* op. cit., 64f.; vgl. 73.

Sittlichkeit oder demokratische Setzung oder empirisch-funktionale Rationalität oder ein unmittelbares moralisches oder sonstiges Gefühl zu haben
vermeinen.

§ 37. Dialektik als bestimmte Negation

Der Absolutheitsanspruch, den Platon für das Wissen der Philosophenherrscher erheben soll, wäre damit zunächst einmal depotenziert; der Spieß
ist in der Weise umzudrehen, wie es Topitschs Buch gegen Hegel ehrlicher-
weise anführt. Dort heißt es sehr richtig, der „Idealismus" halte dem
empirischen und funktionalen Verstand dessen „Absolutsetzung des Endlichen" vor[55]. Mit der Umkehrung des Arguments ist jedoch noch nicht die
Rede von den „Leerformeln" widerlegt. Wie steht es mit der inhaltlichen,
praktischen Leerheit der „Idee des Guten"? Wird damit zwar nicht etwas
absolut gesetzt, dessen Absolutheit fraglich ist, statt dessen aber etwas,
dessen Absolutheit bloß darum nicht befragt werden kann, weil sie leer
ist? Oder ist die „Idee des Guten" als absolute, das heißt als das Höchste,
zu dem die Erkenntnis aufsteigen kann, zwar leer, wird aber diesem Mangel
abgeholfen, indem sie mit endlichen Bestandteilen aufgefüllt wird? Diesen
Verdacht enthält Topitschs These, daß Platon einmal die Struktur der
Seele „soziomorph" konstruiere, zum anderen den Aufbau der Welt. Es
entsteht so „die Konzeption eines ‚sozio-kosmischen Universums'...:
Natur und Gesellschaft bilden ein umfassendes soziales Gefüge, das von
einem göttlichen Herren regiert und durch ein universales Gesetz geordnet
ist". Zum Zwecke der Ableitung oder Rechtfertigung gesellschaftlicher
Normen wird eine vorhandene oder sein sollende Gesellschaftsordnung
nach zwei Seiten extrapoliert; es liege vor ein „Prozeß der Projektion (bzw.

---

[55] *E. Topitsch:* Die Sozialphilosophie Hegels als Heilslehre und Herrschaftsideologie, Neuwied 1967, 23. — Gegen diesen „idealistischen" Einwand, der
nach dem Selbstverständnis der großen Theoretiker des sogenannten Idealismus eher realistisch ist, setzt Topitsch keine Argumente, sondern die unmittelbare Berufung auf die „endliche Realität" als eine „letzte und absolute
Wirklichkeit, aus der wir hervorgegangen und der wir preisgegeben sind"
(op. cit., 17), die wir jedoch mit Hilfe der empirisch-funktionalen Wissenschaften erklären und verändern können (siehe E. T.: Vom Ursprung und
Ende der Metaphysik, 284). Ein widerlegendes Argument scheint T. jedoch
darin zu sehen, daß er „idealistische" Positionen als „Heilslehren" bezeichnet,
ohne diesen Anspruch bei ihnen selbst hinreichend nachgewiesen zu haben.
    Topitsch kommt aus der platonkritischen Tradition des Wiener Positi-
vismus, aus der auch *Kelsen* und *Popper* hervorgegangen sind (vgl. *Manasse* II,
166).

Introjektion) soziomorpher Modelle und ihrer Rückbeziehung auf das menschliche Gemeinschaftsleben"[56].

Daß bei Platon solche Vorstellungen, die bei ihm allerdings weder als Modelle noch als Übertragungen verstanden werden[57], am Werke sind, ist unbezweifelbar[58]. Topitsch weist es nach[59], aber fügt hinzu, es sei schwer zu entscheiden, „ob diese massiv soziomorphen Lehren von Platon wört-

---

[56] *E. Topitsch:* Die Sozialphilosophie Hegels, als Heilslehre und Herrschafts- ideologie, 10 f.; vgl. derselbe: Die platonisch-aristotelischen Seelenlehren in weltanschauungskritischer Beleuchtung; — Kosmos und Herrschaft; Ur- sprünge der ‚politischen Theologie‘, in: Wort und Wahrheit 10, 1955, 19 bis 30; — Mythische Modelle in der Erkenntnislehre, in: Stud. Gen., 18, 1965, 400 ff. — Ähnlich *Popper* (Die offene Gesellschaft . . ., I, 429) der zur Herkunft dieses ideologiekritischen Ansatzes auf *Freud* verweist.

[57] Zur Unterstützung seiner Übertragungsthese beruft sich *Topitsch* (Vom Ursprung und Ende . . ., 125) auf E. Pfleiderer, F. M. Cornford, M. Pohlenz, E. Hoffmann.

Wenn modern die menschliche Gesellschaft und ihr (veränderbares) Natursubstrat als die einzige und absolute Wirklichkeit verstanden wird, so muß von diesem Standpunkt natur- und sozialwissenschaftlicher Weltan- schauung aus jede tiefergehende Differenzierung der Wirklichkeit oder gar die Annahme einer wirklicheren Wirklichkeit (einschließlich der Behauptung eines Primats des Individuums vor der Gesellschaft) als „Übertragung" er- scheinen. Nach Platon ist jedoch umgekehrt die (auch von ihm als solche an- erkannte) nächste Welt des Menschen eine Übertragung und ein bloßes Ab- bild. Will man dagegen argumentieren, so ist es sicher unzureichend, einfach die eigene Position, da sie ja eigentlich gar keine Position, sondern ideologie- frei die Wirklichkeit selber sei, als richtig vorauszusetzen und dann nichts zu tun, als das zu Bekämpfende unter dieser Voraussetzung, also mit jeweils negativer Wertung wiederzugeben.

Was speziell die nach *Topitsch* auf einer unkritischen „Introjektion" be- ruhende These der Homologie von Seelen- und Staatsteilen betrifft, so könnte es ja sein, daß es tatsächlich solche widerstreitenden Kräfte der Seele, wie Platon sie annimmt, gibt, daß es tatsächlich das Beste ist, wenn die Vernunft unter ihnen bestimmt, daß tatsächlich die Kräftemischung individuell ver- schieden ist, daß eine dementsprechende Gliederung von Staat und Gesell- schaft tatsächlich die beste wäre, und daß schließlich die immer vorhandene politisch-soziale Gliederung — wenn auch womöglich in ganz verzerrter Form — diese natürlich-geschichtliche Anlage des Menschen widerspiegelt. Der Standpunkt, von dem *Topitsch* ausgeht, könnte dagegen eine ideologische Absolutsetzung der modernen Gesellschaft sein, die ihrerseits wieder ein besonders defizienter Modus jener Homologie von individueller und kollek- tiver Struktur ist. — Welcher Standpunkt im Bezirk dieser grundsätzlichen Voraussetzungen der richtigere ist, ergibt allein die dialektische Prüfung. Das Nebeneinander von Empirie und einsträngiger Logik helfen hier nicht weiter.

[58] S. o. § 12. Vgl. *G. Jäger:* ‚Nus‘ in Platons Dialogen, insbes. 106—143. Nach *Solmsen* freilich (Plato's Theology, 184) kam bei Platon der „cosmic approach to ethics . . . late and somehow remained secondary".

[59] Vom Ursprung und Ende . . ., 121 ff.

lich gemeint oder nur zu pädagogisch-politischen Zwecken in so handgreiflicher Weise formuliert worden sind"[60]. Und über die „Idee des Guten" schreibt er, nachdem er sie als eine „unaussagbare, überweltliche Heilswirklichkeit" bezeichnet hat: „Angesichts dieser Heilserfahrung verliert auch die soziomorphe oder technomorphe Interpretation des Universums sehr an Wichtigkeit, die intentionale anthropomorph wertende, statt nüchtern deskriptive Kosmologie wird von einer Art negativer Theologie überstrahlt"[61]. Wenn man einmal von Topitschs metaphorisch-polemisch überstrahlter Sprache absieht, ist diese Platonanalyse sehr wertvoll. Sie deutet an, daß Platons Soziomorphismus nur die pädagogisch-politische Übersetzung eines Theomorphismus sei, freilich eines solchen, dessen Gottesbegriff offen bleibt. Dazu stimmt genau, daß in der POLITEIA im Zusammenhang mit der „Idee des Guten" nicht vom Gott die Rede ist. Die Idee des Guten ist nicht der Gott[62], sondern, wie Heidegger schreibt, „die Transzendenz"[63].

Daß die „Idee des Guten" oder „das Gute selbst" über die Gerechtigkeit hinausgehe, ist bereits referiert. Dann sagt Sokrates jedoch, „daß dem Erkennbaren nicht nur das Erkanntwerden von dem Guten komme, sondern auch das Sein und Wesen habe es von ihm, indem das Gute nicht [weder eine noch die] Seiendheit ist, sondern noch über die Seiendheit an Rang und Macht hinausragt" (P 509 B). Als solche ist die Idee des Guten das „Nichtvoraussetzungshafte" und der „Grund von allem"[64], zu dem allein die Wissenschaft der Dialektik Zugang findet, indem sie auch noch die Voraussetzungen prüft und überschreitet, von denen die sonst der Wahrheit am nächsten kommenden mathematischen Wissenschaften ausgehen[65]. Die Dialektik läßt damit sowohl diejenigen Künste, die „sich entweder auf der Menschen Vorstellungen und Begierden beziehen oder auch mit Entstehen und Zusammensetzen ... zu tun haben" (P 533 B), hinter sich als auch die Geometrie und die ihr verwandten Wissenschaften (P 511

---

[60] *Topitsch:* Vom Ursprung und Ende . . ., 131.

[61] Ebd., 134. — *Topitsch* beruft sich hier auf *Festugière.* — Zur Konstatierung einer *negativen Theologie* kommt auch *Krämer* (1, 543; 555, Anm. 4) in seinem „Aufweis des ἀρχή-Denkers Platon". Über den Platonischen „Seinsgrund" als „Grenzbegriff" schreibt er: „Das Eins an sich ist demnach nicht näher bestimmbar. Platon wird damit — das Eins manifestiert sich als θεός („Nomoi" 716 C 4, vgl. θεῖον „Theaitet" 176 E 4) — im Prinzip zum Begründer der negativen Theologie."

[62] Vgl. *Solmsen* 72; weitere Zeugnisse in *K. Schneiders* „Kritischem Überlick über den Stand der Forschung zur Frage nach einer philosophischen Theologie Platons" (Die schweigenden Götter, 19 ff.).

[63] *Heidegger:* Vom Wesen des Grundes, 40.

[64] τὸ ἀνυπόθετον; ἡ τοῦ παντὸς ἀρχή (P 511 B; vgl. 510 B); πᾶσι πάντων ... ὀρθῶν τε καὶ καλῶν αἰτία (für alle alles Rechten und Schönen Ursache) 517 C.

[65] P 510 B; 511 B — D; 533 B/C.

B; 533 B), die sich zwar „etwas mit dem Seienden befassen . . . aber es wirklich zu erkennen nicht vermögen, solange sie Annahmen voraussetzend, diese unbeweglich lassen, indem sie, keine Rechenschaft davon geben können" (533 B/C). Wenn man Platons Dialoge als Beispiele für Dialektik nimmt, läßt sich sagen, sie sei die methodische Aufhebung nicht bloß mathematischer Hypothesen, sondern jeder Art von Voraussetzungen, die von der Doxa oder den nichtdialektischen Wissenschaften gemacht werden[66].

---

[66] Nach *Krämer* (1, 520 ff.) ist die „Dialektik, die bei Platon zur Wissenschaft vom reinen Sein wird, ... sokratischen Ursprungs". Durch Einbeziehung der Parmenideischen „ontologischen" Überlegungen über das Eine und Viele transformiert Platon die Sokratische „gegenseitige Erprobung" politisch-ethischer Prinzipien in „protreptisch-existentieller Funktion". Durch seine Gleichsetzung des Einen als Seinsgrundes mit dem Guten jedoch war — „zunächst" wenigstens — „die Arete zugleich vom Seinsgrund her ontologisch als eigentliche Seiendheit aufgewiesen und dadurch — im Geiste der sokratischen dialektischen Besinnung auf das Wesen der Arete — in ihrer Geltung sicherer begründet" (522 f.). Insofern besteht also auch nach Krämer kein radikaler Unterschied zwischen Platons „ontologischem" und Sokrates' „anthropologischem" Ansatz (vgl. 526). Doch primär sei Platon nicht „Ethiker, Politiker oder Erzieher", sondern „Ontologe und ἀρχή-Denker" gewesen (534 f.) (zur Kritik Krämers vgl. §§ 36; 38).

Im Gegenzug zu *Natorps* und *Stenzels* ethisch-pädagogischen Platondeutungen hatte schon *Gadamer* („Platos dialektische Ethik, 1931[1]) die „ontologische" Seite der Philosophie Platons akzentuiert. Platonische Dialektik ist demnach nicht „ein Niederschlag der faktischen Diskussionsdialektik" (15), sondern ist „einreihig stilisiert" (15) in Richtung auf die Dialektik von Einheit und Vielheit, und zwar Einheit und Vielheit besonders der Tugenden (53 ff.; 61 ff.). Als solche leistet Dialektik die Begründung des praktisch Guten „aus der allgemeinen ontologischen Idee des Guten" (1), mit der die Welt als das All des Seienden sich ontologisch einheitlich bestimmt, „ganz gleich, ob das Seiende, das so bestimmt wird, sich zu diesem Sein selber bestimmt — und d. h. Mensch ist, oder ein Seiendes, das sich nicht selber zu etwas zu bestimmen vermag" (7). — Wie solche Selbstbestimmung mit dem „Grundcharakter menschlicher Existenz, dem gemäß der Mensch ein „seines Schicksals und seiner Zukunft unmächtiges Wesen" ist (178), zusammenbestehen kann, bleibt bei Gadamer offen, zumal er mit Aristoteles die Möglichkeit einer praktischen Normwissenschaft und einer erkennbaren obersten „Idee des Guten" bezweifelt. Praktisch bezogene Philosophie kann demnach nur „dies faktische Daseinsverständnis *in seiner gleichbleibenden Durchschnittlichkeit* erforschen und sichtbar machen" (177 f.)!

Noch weiter entfernt von der faktischen Diskussionsdialektik siedeln diejenigen Forscher Platons Dialektikbegriff an, die meinen, der Fortschritt zu den „Gründen" und zum ersten Grund der „Idee des Guten" oder des „Eins" könne nur über mathematische „Hypothesen" führen (vgl. *Manasse* II, 155 f.). Damit ginge der in der Platonischen Philosophie immer vorhandene praktische Bezug verloren. Es ist aber wohl berechtigt, zwischen einem engeren und einem weiteren Begriff von Dialektik bei Platon zu unterscheiden. Dadurch wird verhindert, daß Platon soweit „verwissenschaftlicht" und sterilisiert wird, daß überhaupt nicht mehr gilt, was *L. Strauss* über klassische politische Philo-

Auf dem Wege zur transzendenten „Idee des Guten" ergibt sich damit zugleich die Übersicht[67] über die ganze Welt des Menschen. Die spezifisch philosophische Wissenschaft oder Methode der Dialektik ist also selbst dann, wenn ihr höchster Bezugspunkt, das „Gute selbst", unbestimmt bleiben sollte, nicht leer, sondern ist schon bei Sokrates und Platon prinzipiell ebenso bestimmt wie später bei Hegel, nämlich als *bestimmte Negation*. Auf der via negationis = via eminentiae (s. u. § 37) ergibt sich eine proportionale Gleichheit der Erkenntnisse. Dialektik ist die fortschreitende Synopse bestimmter Erkenntnisweisen und bestimmter Erkenntnisinhalte und -gegenstände, die durch beider Unzulänglichkeit (Endlichkeit) gesprengt wird[68]. Diese Mängel zeigen sich am ehesten bei

sophie schreibt: „philosophy, being an attempt to rise from opinion to science, is necessarily related to the sphere of opinion as its essential starting point, and hence to the political sphere" (On Classical Political Philosophy, in: Plato: Totalitarian or Democrat?, 167; s. u. S. 240, Anm. 1).

J. Adams Kommentar zur POLITEIA (The Republic of Plato, 2. Bd., 176) faßt den Platonischen Dialektikbegriff ganz von der Gesprächsdialektik her: „He [Sokrates-Platon] begins by offering a ὑπόθεσις on the subject to be discussed, and then proceeds to test his ὑπόθεσις by the conclusions to which it leads. If these conclusions are untenable, the original is cancelled . . ., and a new suggestion takes its place, only to suffer the same fate . . . until at last we reach an ἀρχή which will withstand every test . . . Thus each successive ὑπόθεσις serves as an additional step in the stair by which we ascend, and is useful to the dialectician just because he is willing to leave it and mount higher." *Taylor* begreift platonische Dialektik als eine im gleichen Sinne „aufhebende" Kritik der Einzelwissenschaften (op. cit., 289 ff.).

Utermöhlens genaue Interpretation der POLITEIA konkretisiert diesen weiteren, aber darum nicht unwissenschaftlichen, sondern eher metawissenschaftlichen Dialektikbegriff. Er wendet sich gegen die verbreitete Ansicht der Interpreten, 'die Dianoia (P 511f.) habe es nur mit Mathematik zu tun (Die Bedeutung der Ideenlehre für die platonische Politeia, 61ff.) und kann nachweisen, daß „auch Begriffe der Ethik . . . auf dianoetische Weise" und darüber hinausgehend auf dialektische Weise erfaßt werden können (89ff.). Die Mathematik hat *exemplarische* Funktion (63; 92) vgl. *Moreau: La Construction . . .*, 24).

Auch nach *Gadamers* neuesten Ausführungen zu Platon und zur Aristotelischen Platonkritik (Amicus Plato magis amica veritas) haben Zahl und Mathematik für Platon generell die Bedeutung eines Modells, an dem man „ein Sein neben und außerhalb der sichtbaren Wirklichkeit" exemplarisch demonstrieren kann. Dies wird in Absetzung von der *Krämer-Gaiserschen* Position gesagt (Gadamer, 251ff.; insbes. 256f.).

Zur Frage Mathematik-Dialektik bei Platon vgl. *Cornford:* Mathematics and Dialectic in the REPUBLIC VI.—VII. Weitere Literatur zum Problem Hypothesis — Dialektik und zum Zusammenhang des Sonnengleichnisses, Linienschemas, Höhlengleichnisses in der POLITEIA bei *Krämer* 4, 38, Anm. 1; 43, Anm. 3.

[67] σύνοψις — P 537 C; vgl. 531 D.

[68] „Si enfin Platon n'exalte . . . que les charactères formels du Bien, son universalité, sa transcendance idéale, sa réalité suprêmement agissante, rappelons-

den allgemeinen Voraussetzungen, die stets gemacht werden oder impliziert sind und alle Empirie präformieren. Dialektik ist daher vor allem Dialektik der Voraussetzungen und entfaltet einmal deren immanente Unklarheit (z. B. wenn der primär quantitative Begriff der Gleichheit auf Menschen angewandt wird) und zum zweiten ihre relative Widersprüchlichkeit (z. B. wenn Freiheit mit Gleichheit gekoppelt wird) (s. o. § 29). Der schließliche Inhalt der Dialektik ist nicht etwas, das sie hinzubringt, sondern das, was der Prüfung standhält. Falls sich zeigen sollte, daß es so etwas gibt, so ist klar, daß darauf das individuelle und politische Leben nach Möglichkeit basieren sollte, — auf jeden Fall dann, wenn dieser Grund von allem menschenfreundlich ist. Ist er es nicht, so ist freilich ein noch so fauler Kompromiß die beste Möglichkeit.

nous que son contenu positif et topique est fourni aux gouvernants par toute la réalité sociale dont ils ont la charge, et qu'il importait surtout de relever et sanctifier cette réalité sociale en la suspendant et l'exhaussant jusqu' à la plus haute des réalités intelligibles" (*Diès:* Introduction, LXIV).

2. Die Idee des Guten oder das Gute selbst

§ 38. Die Idee des Guten

Nun enthält jedoch diese Bestimmung von Dialektik bereits eine Voraussetzung, die besagt, daß sowohl in der Doxa wie in den nicht oder weniger dialektischen Künsten und Wissenschaften überhaupt eine Erkenntnis und ein Bezug auf Wahrheit und Wirklichkeit stattfinde[1], sei diese nun dem Menschen und der Polis günstig oder nicht. Wenn gar keine Erkenntnis mitwirkt, so führt auch keine Prüfung weiter. Denn das dialektische Inbeziehungsetzen des radikal Falschen zu sich selber oder zu anderem ebenso Falschem, kann, wenn die Dialektik ihrerseits nicht die Wahrheit hineinbringt, nur Falsches ergeben. Was die Dialektik also hinzubringt, ist nur das Bewußtsein über die grundlegende stillschweigende Voraussetzung der alltäglichen Meinung und der methodisch-hypothetischen Wissenschaften, die auch die Voraussetzung der Dialektik ausmacht, sofern sie *bestimmte*, nicht abstrakt allgemeine Negation ist. Die erkenntnistheoretische Seite der transzendenten Idee des Guten hat damit einen bestimmten, allgemeinen Inhalt, der alles Wissen fundiert. „Die Erkenntnis gehört von Natur zum Seienden, um zu erkennen, wie das

---

[1] „Sokrates war der Meinung, daß ein Nichtbeachten der Meinungen über das Wesen der Dinge einer Preisgabe des wichtigsten uns zur Verfügung stehenden Zugangs zur Wirklichkeit gleichkäme ... und deutete an, daß uns „der allgemeine Zweifel" an allen Meinungen nicht in den Kern der Wahrheit, sondern in eine Leere führe. Die Philosophie besteht daher im Aufsteigen von Meinungen zum Wissen ..., in einem ... durch Meinungen geleiteten Aufsteigen. Es ist dieses Aufsteigen, welches Sokrates in erster Linie im Sinne hatte, als er die Philosophie „Dialektik" nannte" (*Strauss* 2, 127f.) Philosophische Dialektik ist also von ihrem geschichtlichen Ursprung her ihrem obersten Zweck nach nicht negativ.

Bei *Strauss* wird das besonders wichtig im Hinblick auf die Frage nach einem den vielfältigen, zum Teil widersprechenden Rechtsauffassungen zugrundeliegenden „Naturrecht". Platons Lösung des Problems lautet nach Strauss: „Nimm irgendeine beliebige Rechtsmeinung, mag sie auch noch so phantastisch oder ‚primitiv' sein; ... du kannst gewiß sein, daß sie über sich hinausweist, daß die Leute, die diese fragliche Meinung hegen, eben dieser Meinung irgendwie widersprechen und somit gezwungen sind, in Richtung der einen wahren Gerechtigkeitsanschauung über sie hinauszugehen..."
(*Strauss* 2, 129; vgl. 101ff.).

Seiende ist" (P 477 B). Besteht keine solche vorgängige Beziehung, so gibt es außer durch Zufall weder wahre Meinung, noch Wissenschaft, noch Dialektik, denn die Beziehung könnte durch keinen intentionalen Akt des Menschen hergestellt werden. Jener Platonische Satz formuliert also die absolute Bedingung aller Erkenntnis und Erkenntnistheorie. Es ist ein Absolutes von der Art, über die Hegel schreibt: „Sollte das Absolute durch das Werkzeug uns ... überhaupt näher gebracht werden, ... so würde es wohl, wenn es nicht an und für sich schon bei uns wäre und sein wollte, dieser List spotten"[2]. Diese Erkenntnis wird noch nicht einmal durch das Werkzeug einer Methode bewerkstelligt oder vermittelt, sondern ist direkt, weil sie die fundamentale Voraussetzung betrifft, die Erkenntnis allererst ermöglicht. Ohne eine solche Voraussetzung stände die Erkenntnis nicht bloß unter dem Gesetz korrigierbaren Irrtums, sondern wäre nur durch Zufall oder durch eine unmittelbare göttliche oder dämonische Schickung einmal wahr. Es herrschte der prinzipielle Irrtum, der zugleich in der Natur des Bewußtseins und des Seins[3] begründet wäre. Schon am Anfang der POLITEIA klingt diese radikal negative Möglichkeit an in einer Weise, die Descartes' schließliche Auflösung des radikalen Zweifels vorwegnimmt. Platon hält dort als Voraussetzung für den weiteren Dialog fest, daß die Götter nicht täuschen (P 382 E). Die Rede von der Idee des Guten ist die nicht theologische, sondern metaontologische Entfaltung der gleichen These.

Um zu diesem obersten Prinzip der Einheit von Denken und Sein zu kommen, reicht es jedoch nicht hin, zu postulieren, daß „das vollkommen Seiende auch vollkommen erkennbar" sei, denn es könnte ja sein, daß es zwar ein vollkommen Seiendes gäbe, aber daß gerade es ein feindlicher oder gleichgültiger Täuschegott wäre, der den Menschen die sicherste Erkenntnis zur falschesten machte. Platons Lösung des Problems ist nicht ontologisch, bewegt sich nicht im Verhältnis von Sein und Denken[4], sondern ist metaphysisch, transzendiert in ein Jenseits des Seins[5]. Der Grund (arché), bis zu dem die vorläufige Dialektik der POLITEIA-Mitte vordringt: die „Idee des Guten" oder „das Gute selbst", ist nach Platon dasjenige, „was dem Erkennbaren die Wahrheit darbietet und dem Erkennenden das Vermögen"

---

[2] *Hegel:* Phänomenologie des Geistes, Einleitung.

[3] Platon spricht von dem „wahren Irrtum" (P 382 A), der zugleich in dem τῷ ὄντι ψεῦδος (382 C) besteht und darin, τῇ ψυχῇ περὶ τὰ ὄντα ψεύδεσθαί τε καὶ ἐψεῦσθαι (382 B). Bei der Prägung ἀληθῶς ψεῦδος weist der Zusatz „wenn es überhaupt möglich ist, so zu reden" darauf hin, daß auch die Sprache sich sperrt, den radikalen Irrtum zu bezeichnen. Er kann nur durch ein Paradox ausgedrückt werden.

[4] Wie das Schlußkapitel „Platon und Parmenides" von *Krämer* 1 (487 ff.).

[5] ἐπέκεινα τῆς οὐσίας — P 509 B. οὐσία wird im Folgenden, um den Heideggerschen Unterscheidungen Rechnung zu tragen, mit „Seiendheit" übersetzt.

(P 508 E). Wenn Manasse Heidegger referierend sagt: „Platon begreift noch die letzte Tiefe, bis zu der die Philosophie dringt, als den seienden Grund des Subjekt-Objekt-Verhältnisses"[6], so ist das unzutreffend. Von dieser Arché heißt es ausdrücklich, sie sei jenseits der Seiendheit. Heidegger berücksichtigt das auch und hat sich nie so direkt ausgedrückt, wie Manasse es darstellt. Die Zweideutigkeit, von der dieser im Blick auf Platon spricht[7], wird auch von Heidegger herausgestellt[8]. Eindeutig ist aber wohl das, was Heidegger in seiner früheren Platondeutung sagt, daß nämlich „das Gute" nicht „Transzendenz des Daseins", sondern Transzendenz umwillen des Daseins, also umwillen der Menschen und ihres Zusammenlebens in der Polis ist[9].

In der POLITEIA entwickelt sich die Frage nach der „Idee des Guten" aus der Frage nach dem rechten Leben. Wie ausgeführt wurde, ist „das Gute selbst" zunächst Transzendenz funktionaler Gerechtigkeit um der Gerechtigkeit willen. Nun hat sich gezeigt, daß es außerdem und vor allem Transzendenz der Seiendheit um des Menschseins willen ist. Da das Denken *nicht unmittelbar* mit dem, was es intendiert, identisch ist — ein Problem, das in dieser Allgemeinheit als das Verhältnis von Denken und Sein[10] spätestens seit Parmenides in der griechischen Philosophie thematisch war —, braucht es sozusagen einen des Seienden mächtigen Verbündeten über dem Seienden. Bei Parmenides ist „die Göttin" Lehrerin der Wahrheit, das heißt der rechten Gemeinschaft von Denken und Sein. Daß es dabei nicht nur um theoretische, sondern auch um praktische Wahrheit (um das Recht) geht, zeigt die Rolle, die Themis und Dike spielen, um die Auffahrt zur Göttin zu ermöglichen, und zeigt wohl auch der Hinweis auf die Ratlosigkeit der doppelköpfigen Menge[11]. Bei Parmenides jedoch zerfällt das Wahrheitsproblem wesentlich in eine theologisch-mythische und eine ontologische Seite. Tritt erstere zurück, so bleibt so etwas übrig wie Platons erster Anlauf zur Bestimmung des spezifisch philosophischen Wissens, der zu der schlichten Behauptung führt, die Er-

---

[6] *Manasse* I, 23.

[7] Ebd., 24.

[8] Vgl. *Heidegger:* Einführung in die Metaphysik, 137 ff.; — derselbe: Platons Lehre von der Wahrheit, 42 ff.; s. o. S. 218, Anm. 25.

[9] *Heidegger:* Vom Wesen des Grundes, 40 f.; s. o. § 36.

[10] Bei *Parmenides* heißt es: „denn dasselbe ist Denken und Sein": τὸ γὰρ αὐτὸ νοεῖν ἐστίν τε καὶ εἶναι — (Diels I, 231, Fragment 3). Das ist aber keineswegs unmittelbar und für alle so, sondern zunächst einmal nur für den zur Göttin durch die Fügung (μοῖρα) von θέμις und δίκη auffahrenden Weisen (ebd., 230, Frgm. 1). Vgl. hierzu und zu der parallelen Struktur des Parmenideischen Lehrgedichts und des Platonischen Höhlengleichnisses *Th. Ballauf:* Die Idee der Paideia. — Zur demokratischen Kritik der sich bei Parmenides (wie bei Platon) zeigenden erkenntnisaristokratischen Position *K. Heinrich:* Parmenides und Jona, Frankfurt/M. 1966.

[11] Diels I, 233, Frgm. 6.

kenntnis gehöre ihrer Natur nach zu dem Seienden (P 477 B). Das ist eine
Hypothese, die notwendig ist, damit es überhaupt (wahre) Erkenntnis
geben kann. Sie ist insofern eine berechtigte petitio principii, als es sich um
ein Prinzip handelt, das notwendig Voraussetzung seiner selbst ist. Doch
dagegen steht das andere Prinzip des radikalen Irrtums als ein solches,
das sich zwar selbst bestreitet (denn es ist ja unmöglich eine (wahre)
Erkenntnis von der Unmöglichkeit wahrer Erkenntnis zu haben); aber
das Denken kann auch diese Unmöglichkeit noch denken, freilich nicht
begrifflich, sondern nur als Vorstellung eines allmächtigen Täuschegottes.
   Nun ist es offenbar gleichgültig, ob eine Erkenntnis wahr oder falsch
ist, solange sie nicht mit anderen Erkenntnissen in Widerspruch gerät oder
solange nicht das Handeln auf Grund dieser Erkenntnis Unheil bringt.
Dabei ist der deus malignus durchaus so vorstellbar, daß er beliebig lange
den Menschen ein widerspruchsloses System als ihre Wirklichkeit vorzu-
gaukeln vermag. Täte er es immer und stetig, so wäre dieses System für die
Menschen die Wahrheit, und sie brauchten sich um die wahrere Wirklichkeit des täuschenden Gottes nicht zu kümmern. Wenn aber dieser Gott
nach hundert oder tausend Jahren oder nach einem andern Intervall den
Menschen eine andere scheinbare oder wahre Erkenntnis ermöglichte (wenn
sich Heideggerisch gesprochen das Sein einmal zuschickt und einmal ver-
schließt) oder wenn die ihnen mögliche Erkenntnis, indem die Menschen
sie zur Richtschnur ihres Lebens machen, ihnen Leid und Verderben bringt,
dann ist nicht mehr gleichgültig, ob es sich um die Wahrheit handelt oder
nicht. Sind ihnen aber Wahrheit und Irrtum gleich verderblich, so läuft es
praktisch auf dasselbe hinaus, ob sie sich um die Wahrheit bemühen oder
nicht. Freilich kann es tröstlich sein, für die Wahrheit zu leiden und zu
sterben, auch wenn man ohne die Wahrheit ebenso leiden und sterben muß.
Es scheint hier aber ein unangemessener Gebrauch des Wortes „Wahrheit"
vorzuliegen, insofern zur Wahrheit gehört, daß sie wirklichkeitsmächtig ist.
   Platon nun entwickelt am Anfang der POLITEIA in der ersten Dichterkritik dieses Dialogs als eine entscheidende Grundlage des Staates die
These, daß der Gott gut sei (P 379 A ff.). Er ist daher auch nicht Ursache
des Bösen (379 C), sondern wenn den Menschen Böses widerfährt, haben
sie grundsätzlich in Erwägung zu ziehen, ob sie nicht als Böse Strafe verdient haben, so daß ihnen „dadurch daß sie Strafe litten, von Gott geholfen
worden sei" (380 B). Daher ist es den Dichtern und allen übrigen in einem
gut regierten Staate verboten zu sagen, „daß Gott irgend jemandem
Ursache des Bösen geworden ist", weil, wie Platon hinzufügt, „es weder
fromm wäre, wenn es einer sagt, noch uns zuträglich, noch auch mit sich
selbst übereinstimmend" (380 C). Dieses ist der Mythos und seine politischen Implikationen, zu dem die „Idee des Guten" die metaphysisch-
dialektische Erklärung gibt. In der Mitte der POLITEIA geht es um eine
nicht theologische, sondern metaphysische Voraussetzung, die der Grund

von allem sein kann und zwar so, daß wahre Erkenntnis und ein darauf
gegründetes rechtes Leben und Zusammenleben in der Welt ihren Ort
haben können.

Das Gute selbst, das von Platon auch anläßlich der Überschreitung der
Gerechtigkeit nicht abstrakt-ontologisch, sondern ganz schlicht als das den
Menschen Zuträgliche bestimmt wird (P 505 A), ist die stillschweigende
Voraussetzung, welche die philosophische Dialektik als den bewegenden
Grund eines zweckgerichteten und dabei wie auch immer bewußten
Handelns erweist. Damit die Idee des Guten zurecht der Grund ethisch-
politischer Wirklichkeit sein kann, darf sie aber ebensowenig bloßer
„Wert" oder ein „Sollen" oder eine als-ob-Maxime sein (s. o. § 36) wie ein
bloß erkenntnistheoretisches Prinzip. Daher heißt es ja bei Platon, „daß
dem Erkennbaren nicht nur das Erkanntwerden von dem Guten komme,
sondern auch das Sein und das Wesen" (s. o. § 37). Andererseits kann das
Gute kein bloßer Seinsgrund sein, also nicht, wie Heidegger sagt „das
Seiendste des Seienden" als „‚Ursache' des Seienden"[12]. An diesem Punkt
überschreitet Platon den Standpunkt Parmenideischer Onto-Theologie[13]
und spricht von einem Jenseits der Seiendheit. Hier, bei Platon erst,
beginnt die abendländische Metaphysik als rationale (negative) Theologie,
das heißt als dialektische Übersteigung der Seiendheit auf deren transzendenten Grund hin. Anders als die Ontologie handelt die Metaphysik
zugleich und vor allem von dem, was aufhören kann zu sein, von dem
höchsten Seienden: dem Menschen. Er allein ist als Seiendes über das Sein

---

[12] *Heidegger:* Platons Lehre von der Wahrheit, 48. — Wenn diese Bestimmungen
das Wesen Gottes ausmachen sollen, so ist Heideggers Kritik eines solchermaßen verdinglichten Gottesbegriffs allerdings treffend.

[13] In seinem Aufsatz „*Hegels* Begriff der Erfahrung" sagt *Heidegger*, daß „seit
Platon und Aristoteles bis zu Nietzsche der Grund der Einheit des onto-
theologischen Wesens der Metaphysik so verborgen bleibt, daß nicht einmal
nach ihm gefragt wird. Statt dessen schwanken Ontologie und Theologie bei
wechselnder Hinsicht, ob die eine oder die andere Wissenschaft innerhalb der
ersten Philosophie die allererste und eigentliche sei" (Holzwege, Frankfurt/M
1957[3], 181).

Dagegen ließe sich die These stellen, daß jenes Nebeneinander von Ontologie und (mythischer) Theologie oder „Theiologie" (s. Heidegger, op. cit.)
zunächst spezifisch vorsokratisch, insbesondere Parmenideisch war, um dann
wieder bei der ersten philosophischen Aufschließung der christlichen, nicht
mehr mythischen, sondern durch Christus geschichtlichen Religion, also in der
Patristik und Scholastik hervorzutreten. Dagegen ist (dialektische, nicht
ontologische) Metaphysik etwas anderes. Sie begann mit Sokrates und Platon
und mag die immer wieder, etwa bei Kant und Hegel wirksame, höchste
Möglichkeit menschlicher Wissenschaft bezeichnen. Diese besteht in einer
menschenfreundlichen Überschreitung des Endlichen, einer *negativen Theologie*,
die einen reinen Begriff des Unendlichen ermöglicht. Diese philosophische
Dialektik haben Religion, Theologie und Weltanschauung bitter nötig.

hinaus, trägt im Wissen vom Tod ein Jenseits der Seiendheit in sich. Das rechte Sterben ist die Bewährung dieser immanenten Transzendenz und ist deshalb, exemplifiziert am Vorbild des Sokrates, ein wesentliches Thema der Platonischen Philosophie. Nicht bloß negativ ist das im Leben anwesende Jenseits des Lebens als die Überzeugung von der Unsterblichkeit der Seele gegenwärtig. Sie besagt nicht, daß der Mensch oder sein Eigenstes, die Seele, auch noch nach dem Tode in der Weise weiter existiere, wie bis dahin, sondern besagt, daß die Seele überhaupt nicht in der Weise seiend ist, wie das, was ihr als ihre oder die Welt begegnet[14]. Die Seele ist Teilhabe an jenem Jenseits der Seiendheit. Ihr zeitliches Dasein in Gemeinschaft mit einem seienden Körper ist sekundär, aber darum doch wichtig, wie der Schlußmythos der POLITEIA andeutet.

Nun begegnen aber der Seele unter dem Seienden auch andere verkörperte Seelen. Damit gewinnt der Bereich des Zusammenlebens hohe Bedeutung, wird zum Ort der Unterscheidung von Gut und Böse. Wäre er allein der Ort entweder des Bösen oder des Guten, so gäbe es nicht das Problem des rechten Lebens. Die Wirklichkeit ist gemischt und zwar so, daß Platon sagen kann: „es gibt weit weniger Gutes als Böses bei uns" (P 379 C). Dies ist ein Satz, der die unmittelbare Evidenz der Erfahrung für sich beansprucht. Das Gute und Böse sind so *für* die Menschen als verkörperte und miteinander umgehende Seelen, nicht für die Seiendheit, die sich gleichgültig zu dieser Unterscheidung verhält. Stünden die Menschen ganz unter ihrer Herrschaft, d. h. teils unter den Gesetzen des Immerseienden, teils unter dem Gesetz des Werdens und Vergehens, so fällten sie wertende Unterscheidungen, denen keine Wirklichkeit entspricht (wie Topitsch sagt). Es gäbe an sich weder gut noch böse, aber die Wirklichkeit legte dem Menschen ein fremdes Gesetz auf, wäre daher für ihn prinzipiell böse und seine Lage hoffnungslos, denn er kann nicht die ganze Wirklichkeit einschließlich seiner selbst allererst gut machen wollen.

Damit er überhaupt handeln und etwas anders machen kann, als es ist, braucht er erstens eine Distanz zur auch ihn großenteils bestimmenden Seiendheit und zweitens ein Ziel, das in diesem Freiheitsraum einen Anhaltspunkt gewährt. Beides, diese Offenheit sowie ihre teleologische und materiale Erfüllung, umschreibt die Platonische Formel von der Idee des Guten jenseits der Seiendheit. Gerade das Tun der Dialektik ist solche zielstrebige Negation. Daher ist die Idee des Guten die einzige Voraussetzung, welche die Dialektik nicht aufzulösen vermag, ohne sich selbst zu negieren.

---

[14] Vgl. *Aristoteles* über den Geist, den obersten Seelenteil: ὁ δὲ νοῦς ... θειότερόν τι καὶ ἀπαθές ἐστιν — (De Anima 408 b 29). Ähnlich *Hegel:* „Dies aber, daß die Seele unsterblich ist, soll heißen: sie ist ein anderes als die Natur, der Geist ist selbständig für sich" (WG 11, 285; in bezug auf Platon: WG 18, 206 f.; 212 f.).

Sie ist die dialektisch geprüfte Voraussetzung, die sich zunächst als der die Prüfung ermöglichende Grund erweist, dies jedoch indem er Dialektik als exemplarisches Handeln in der Einheit von Theorie und Praxis begründet. So führt Dialektik zum Grund des Handelns allgemein. Dabei zeigt sich, daß bewußtes, motiviertes, vernunftgelenktes Handeln nicht möglich wäre, wenn es sich nicht in einer Wirklichkeit vollzöge, deren Objektivität und Konkretheit transparent ist und zwar durchscheinen läßt eine vorgängige Einheit von Denken und Sein. Dieser ihr Grund ist zugleich Grund des Seins und Erkennens und eröffnet so die Möglichkeit eines ihm (dem Grund als Norm) entsprechenden *und damit rechten* Lebens und Zusammenlebens in relativer Distanzierung vom sonstigen Zusammenhang des Seienden. Die Idee des Guten als Grund von allem ist das gemeinsame Dritte von Denken und Sein, Mensch und Welt, Polis und Kosmos.

Von der Zielstruktur des menschlichen Denkens, Handelns und Machens wird demnach auf die Wirklichkeit geschlossen, in der es sich — sie mitkonstituierend — vollzieht[15]. Wie beim Handeln in dem vorgesetzten Zweck etwas wirkt, das (noch) nicht da, seiend ist, in dem Sinne, wie Seiendheit gewöhnlich verstanden wird, so ist auch die Wirklichkeit, die das Handeln trägt, nicht in dem vordergründigen Sinn von Dasein, Vorhandensein zu verstehen. Wenn das Handeln nämlich nicht so getragen würde, gäbe es gar kein menschliches Handeln, das ja kein reines Aus-Sich ist, sondern immer äußerer Bedingungen bedarf. Und in der willentlichen Ablösung von diesem Grund kann es sich nur selbst abschaffen, indem es sich aus individueller oder kollektiver Hybris ein Ziel setzt, das nicht mehr trägt. Ein Handeln dagegen aus solcher Art Vernunft, die diesen Grund bedenkt, ist nie bloßes Machen, das sich auch noch selbst zu produzieren oder abzuschaffen versucht. Es entspricht der Einheit von Sein (als Handeln) und Denken, die der Mensch — so defizient auch immer — ist. Allein dieses Denken vermag in der schließlichen Ablösung von aller Empirie[16] die Idee des Guten zu erkennen.

[15] „To the Greeks the statement that man is a rational being meant simply that man cannot help aiming at something; he is a creature of means and ends; everything that he does is from the constitution of his nature regarded by him as a means to something ... and now, turning from human action to nature as the object of science, we find the Greeks assigning essentially the same function to reason as before. For the presence of reason in the world, which is what makes it possible to understand things, means for them that every object in nature or art contains and expresses some good or end" (*Nettleship:* Lectures on the Republic of Plato, 219 ff.; vgl. *Moreau:* La Construction ..., bes. 24 f.; 464 ff.). Über das Problem Teleologie in der theoretischen Philosophie der griechischen Antike: *W. Theiler:* Zur Geschichte der teleologischen Naturbetrachtung bis auf Aristoteles.

[16] „... ohne sich überhaupt irgendeines sinnlich Wahrnehmbaren zu bedienen, sondern nur der Ideen selbst an und für sich, und so bei Ideen endigt ..." (P 511 C).

Die Idee des Guten ist die Voraussetzung ihrer selbst und alles übrigen, sofern es Welt für den Menschen und seine Götter ist. Sie ist die Setzung, die Grund (arché) sein muß, damit überhaupt Setzung: menschliches, zielgerichtetes Handeln in Theorie und Praxis möglich ist. Sie ist die einzige menschliche Setzung (ihres Setzungscharakters wegen heißt sie, wie Heidegger betont hat, Idee), die als solche sich selbst vorausliegt.

So ist sie kein Postulat und keine über der Realität schwebende Norm, sondern die zugleich einfache und höchst vermittelte Beschreibung der Wirklichkeit des Menschen als eines Handelnden[17]. Wenn die Idee des Guten als der Grund von allem nicht wirklich ist, ist auch die theoretische und praktische Verfolgung von als gut vorgesetzten Zwecken nicht möglich. Die Idee des Guten ist das, was nicht gedacht werden kann, ohne daß es (bereits) wirklich wäre. Sie ist ein ähnlicher Übergang vom Denken zum Sein wie der ontologische Gottesbeweis. Sie ist die logisch explizierbare „schöpferische Voraussetzung"[18], soweit sie der antiken Welt erkennbar war.

Denn die sich selbst und anderes setzende Voraussetzung geschieht nicht unmittelbar — weder in der Unmittelbarkeit des Denkens noch des Seins —, sondern ist die primäre Vermittlung von Denken und Sein als Selbstkonstitution, das heißt Konstitution des Selbst (des ἕν) der Dinge und vor allem des Menschen[19], der als einziges Seiendes in reflektierter Ausrichtung auf ein Gutes oder das Gute selber „setzen", das heißt sich und seine Welt bilden kann. Vermittlung ist dabei weder ein ontischer noch ein logischer Prozeß, sondern der Einlaß einer umfassenden Logik oder Vernunft. Und das bedeutet bei Platon primär keine Synthese von Denken und Sein, keine Ontologie, die eine dingliche Vernunft oder das Eine oder das Sein oder was immer als oberstes Seinsprinzip ansetzt, sondern bedeutet Metaontologie: die Bezogenheit des daseienden Geistes auf die seinsmächtige Kraft jenseits der Seiendheit.

---

[17] Vgl. *Moreau*, op. cit., 474 über die „Ideen": „On ne saurait donc voir en elles des entités inertes, des abstractions réalisées; elles expriment au contraire, en même temps qu'elles la déterminent, la vie même de l'esprit dans son progrès autonome. C'est par elles que l'existence prend un sens, s'élève au-dessus de la mobilité indéterminée, des apparitions et disparitions alternatives ... qui dominent encore l'existence physique, pour atteindre dans l'âme humaine la continuité d'une existence orientée vers une fin, se confondre avec l'histoire d'un sujet spirituel appliqué à réaliser de mieux en mieux son essence intime, à *devenir ce qu'il est* (γένεσιν εἰς οὐσίαν — Phil. 26 D). ... le Platonisme apparaît dans l'histoire de la philosophie comme la première et peut-être la plus vigoureuse prise de conscience intellectuelle, la saisie propre de l'esprit apercevant pour la première fois son activité dans la connaissance et cherchant sa situation dans l'existence."

[18] *Hegel:* „Logik" (WG 5, 249).

[19] Vgl. *Nettleship*, op. cit., 225.

Wenn demnach die höchste der Ideen die Idee des Guten oder das Gute selbst ist, so liegt darin, daß die metaontische Seinsenergie eine Affinität zur menschlichen Praxis zeigt. Sie ist das nicht-gesetzte Vorausliegende, das den Menschen ermöglicht, Wirklichkeit nach dem, was ihnen gut erscheint, zu setzen, also bewußt zu handeln und zu machen. Das Problem dabei ist offenbar, das Gute selbst, nicht bloß seinen Schein zum Maßstab zu nehmen. Entweder ein Nachbild oder ein bloßer Schein der Idee des Guten ist die menschliche Möglichkeit, zu entscheiden, was gut ist, die ihren extensivsten, wenn auch wohl nicht intensivsten Ausdruck im Problem der Rechtsetzung findet. Indem der Mensch den Grund von allem von sich aus nachvollziehen kann, ist er das höchste Seiende, aber nicht das Maß aller Dinge, sondern er steht über alles Vorhandene und Seiende hinaus in Beziehung zu dem, was das Maß aller Dinge ist und als solches an Rang und Macht über die Seiendheit prinzipiell hinausragt. Bei Platon ist das *vorangelegt*, was nach Hegel mit dem Christentum in die Welt getreten ist, nämlich der „unendliche Wert des Individuums". Daß es sich bei Platon zunächst um den unendlichen Wert des Wissenden handelt, der das Unendliche weiß[20], und erst in zweiter Linie — vermittelt durch die gemäß diesem Wissen gegliederte politische Gemeinschaft — um den Wert aller Mitglieder der Polis, ist gesagt worden.

Im Zusammenhang dieser Platondeutung kann Heidegger großenteils zustimmend zitiert werden, wenn er im Hinblick auf die „metaphysische" Rolle der Paideia bei Platon sagt: „Die Bemühung um das Menschsein und um die Stellung des Menschen inmitten des Seienden durchherrscht die Metaphysik. Der Beginn der Metaphysik im Denken Platons ist zugleich der Beginn des „Humanismus" ... Hiernach meint „Humanismus" den mit dem Beginn, mit der Entfaltung und mit dem Ende der Metaphysik zusammengeschlossenen Vorgang, daß der Mensch nach je verschiedenen Hinsichten, jedesmal aber wissentlich in eine Mitte des Seienden rückt, ohne deshalb schon das höchste Seiende zu sein. „Der Mensch", das bedeutet hier bald ein Menschentum oder die Menschheit, bald den Einzelnen oder eine Gemeinschaft, bald das Volk oder eine Völkergruppe. Immer gilt es, im Bereich eines festgemachten metaphysischen Grundgefüges des

---

[20] Vgl. *Mayrs* Schlußkapitel „Der Philosoph als Idee des Menschen". Dort heißt es: „Es ist vielleicht eines der größten Paradoxa, daß Platon, der doch das Individuum oft gewaltig beschränkt und gegen den sophistischen Individualismus zu Felde zieht, seinen Staat doch nur durch einen ins Höchste gesteigerten Individualismus verwirklichen kann. Ohne die Persönlichkeit des Philosophen ist die Politeia undenkbar..." (233); vgl. *Strauss* 1, 358. — Die Lösung dieses Paradox ist bei Platon vorangelegt. Sie gründet in der rechten Verbindung und Trennung von Politik und Religion und auf gewissen aristokratischen, und überhaupt ständischen Differenzierungen im Bereich politischer Ethik.

Seienden den von hier aus bestimmten „Menschen", das animal rationale, zur Befreiung seiner Möglichkeiten und in die Gewißheit seiner Bestimmung und in die Sicherung seines „Lebens" zu bringen"[21].

Die These, daß der Mensch bei Platon „in eine Mitte des Seienden rückt, ohne deshalb schon das höchste Seiende zu sein", läßt sich in unserem Sinne durchaus so verstehen, daß Platon vorbereitet, was der christliche Anthropotheismus vollendet[22]. Doch scheint die Vorbereitung schon so weit zu gehen, daß der Mensch zum höchsten Seienden wird, indem er durch die Philosophie eine Verbindung zu einem seinsmächtigen Jenseits der Seiendheit hat. Von dieser Transzendenz her ist nach Platon das Wesen des Menschen (der Seele) und der Polis primär zu bestimmen, nicht aber ist umgekehrt der Mensch von einem „festgemachten metaphysischen Grundgefüge des Seienden" aus bestimmt. Zur Befreiung seiner Möglichkeiten und zur Sicherung seines Lebens kann er nach Platon nur kommen in der Orientierung am Guten selbst jenseits der Seiendheit. Das „Grundgefüge des Seienden" ist daher nach Platon nicht wie Heidegger sagt, „metaphysisch", das heißt ist weder von einem seienden (verfügbaren) noch von einem verfügten (von Menschen gesetzten) Grund her bestimmt, sondern ist zunächst ontologisch, das heißt es ist von einer der vernehmenden Vernunft (dem logos) zugänglichen Eigengesetzlichkeit (den Ideen) durchherrscht. Darüber hinaus jedoch gibt es einen metaphysischen, nicht bloß „seienden" Grund der Seiendheit und ihrer Erkennbarkeit, der das Seiende und den Menschen inmitten des Seienden miteinander in Harmonie setzt, wenn der Mensch seine Vernunft gebraucht, um erstens auf die Idee des Guten hinzublicken und zweitens auf die ebenfalls ideenbestimmte Natur des Seienden.

Das Gute selbst ist also ebenso wenig ein ohnmächtiger „Wert" oder eine bloße (normative) „Idee" (gemäß dem, was man heute gemeinhin darunter versteht), wie es ein hypostasiertes Machtinstrument menschlicher Strebungen ist. Zwischen dem menschlichen Bereich und dem Guten selbst erstreckt sich, den Menschen als Seienden beherrschend der Bereich des Immerseienden, der — in seiner Eigengesetzlichkeit weder gut noch böse — letztlich dem Guten untersteht und von daher menschlichen Zwecken zugänglich ist. Der Gesamtbereich des Seienden, der den menschlichen Bereich umschließt, teilt sich in die Zone des „mehr Seienden", „immer Seienden", der Ideen als Seinsgesetze oder „ontologischer Prinzipien" und in die Zone des Entstehens und Vergehens, des „nicht-Seienden". Die Physis als eine Norm wäre auch in diesem Bereich zu suchen, aber, wie Mannsperger sagt: „In der ‚Politeia' ist eine durchgehende Stufung

---

[21] *Heidegger:* Platos Lehre von der Wahrheit, 49.
[22] Zum Begriff Anthropo-theismus vgl. *Maurer:* Hegel und das Ende der Geschichte, insbes. 139 ff. die Auseinandersetzung mit *Kojève.*

der Wirklichkeit angesetzt. Physis ist dabei das vermittelnde Element; in ihr als Normbereich stehen die Ideen...". Sie ist nicht selber Norm, sondern eben Normbereich: „Physis ist das große Kontinuum, das hinter allem Wirklichen steht... Gewiß ist ihm [Platon] das Recht in der Natur begründet, aber „die Natur" schlechthin ist unbekannt..."[23].

Dennoch erschließt philosophische Dialektik den gegenstrebigen Aufbau ontischer und metaontischer Wirklichkeit, dem ihre eigene Bewegungsstruktur entspricht. Das deutsche Wort „Wirklichkeit" ist geeignet, den Oberbegriff abzugeben, weil es nicht wie „Seiendheit" (ousía) das Vorhandensein oder die Anwesenheit bezeichnet, sondern eine Dynamik zugrunde legt, die *im un-endlichen Grenzfall* reines Wirken ist: eine Bewegung aus sich, die nicht auf ein Subjekt- oder Objekt-Substrat angewiesen bleibt, sondern auch dieses noch erwirkt. Die Bereiche dialektisch gegliederter Wirklichkeit nach Platon lassen sich folgendermaßen graphisch darstellen: (Siehe Skizze nächste Seite).

Die Figur vereint verschiedene Prinzipien und Möglichkeiten. Sie ist erstens die Kombination zweier Elemente, die zweitens kombiniert sind als größere und kleinere, umschließende und umschlossene, und sie enthält drittens die Möglichkeit eines unendlichen Regresses bzw. Progresses.

1. Nun soll der Kreis das Prinzip des vernünftigen Vermögens (dýnamis), des intentionalen Wirkens aus sich, überhaupt die spezifisch andere (s. o.) Seinsweise der Seele bezeichnen, so wie der Mensch dieses Prinzip aus seinem eigenen Lebensvollzug kennt. 2. Das Quadrat stellt das Prinzip des (beweglich oder unbeweglich) so-und-nicht-anders-Seins dar. 3. Die relative Größe und Kleinheit soll Unterschiede der Seinsmächtigkeit ausdrücken, wobei es aber auch denkbar sein muß, daß die kleinere Sphäre die nächstgrößere ermöglicht und trägt, jedoch von dieser gelenkt werden kann. Sie kann sich aber auch von solcher Orientierung oder Lenkung frei machen, weil das Abzielen auf das nächsthöhere Prinzip Freiheit impliziert. Darin liegt die Schwäche des Geistes und der Vernunft (s. o. § 13), die sich aber an dem je untergeordneten Bereich, der durch nicht-Anerkennung die Vernunft so schwach macht, rächt. Es kommt dann zu jener Inversion der Hierarchie, von der J. Wild im Blick auf die Ordnung der Technai spricht (s. u. § 43). 4. Die Möglichkeit des unendlichen Progresses bzw. Regresses weist auf eine gewisse Beliebigkeit dieser graphischen Darstellung. Aus der Figur ist nämlich nicht zu entnehmen, warum nur diese Kreise und Quadrate gedacht werden können. Die Figur hat außer durch Setzung keinen Anfang und kein Ende, wohl aber eine Mitte, nämlich einen mittleren Kreis oder ein mittleres Quadrat.

Unter diesen Voraussetzungen symbolisiert der mittlere Kreis das spezifisch Menschliche, seine ethisch-politische und erkennende, so jeweils

[23] *Mannsperger:* Physis bei Platon, 295 ff.

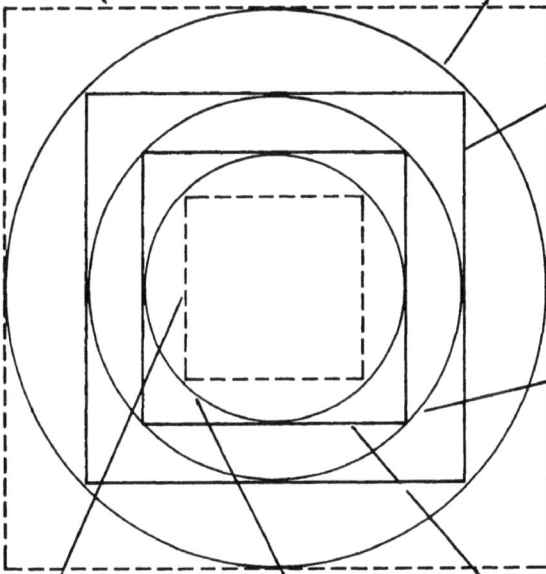

„Sein" (Heidegger)
(s. u. § 40)

Idee des Guten, das Gute selbst,
der Grund (arché)

Immer Seiendes,
das „Eins",
Ideen, Seinsgesetze,
Physis, Nomos

Bereich der ethisch-
politischen,
vernünftigen Praxis
des Menschen;
die Höhle,
aus der
wenigstens einige
herauskönnen,
um mit dem Licht
der Vernunft in sie
zurückzukehren

Materie

Begierde- und
Bedürfnisnatur
des Menschen

Das veränderliche Seiende,
„nicht-Seiende",
der Bereich des Entstehens
und Vergehens, das Viele

auf ein Telos ausgerichtete Praxis. Dieser Bereich ist eingebettet ins Seiende, hat, was Seinsmächtigkeit betrifft, das veränderliche Seiende unter sich und das unveränderliche über sich. Denn durch Erkenntnis der Seinsgesetze[24] und einer sich darauf gründenden Technik kann er das veränderliche Seiende seinen Zwecken dienstbar machen. Andererseits steht er selbst, sofern er sterbliche Bedürfnis- und Begierdenatur ist (kleinster Kreis), unter der Herrschaft des Werdens, d. h. des Entstehens und Ver-

---

[24] Der Bereich des Immerseienden enthält bei dieser Darstellung wohl die größten Probleme. Vielleicht müßte man anstelle von „Seinsgesetzen", was an neukantianische Platoninterpretation erinnert, eher von allgemeinen, erkennbaren Strukturen des Seins und Werdens (englisch „pattern", dazu *Manasse* II, 66 f. über Whitehead) sprechen, doch paßt dieser Ausdruck wieder nicht recht auf die „Ideen" und die „Natur". Doch ist unsere graphische Darstellung ohnehin bloß ein grober Umriß, der unendlich zu erweitern ist. So könnte etwa der Bereich des Immerseienden wieder in zwei Quadrate, die einen Kreis umschließen, aufgegliedert werden. Das große Quadrat symbolisiert dann das ἕν (das nach *Krämer* das oberste Prinzip in Platons systematischer Philosophie ist), der eingeschlossene Kreis den Bereich der ethisch-politischen Ideen (z. B. Gerechtigkeit), das kleine Quadrat den Bereich der sonstigen Ideen (von Zahlen und Dingen). Gemäß der POLITEIA müßte aber die „Idee des Guten" ein noch höheres Prinzip sein (vgl. *Baumgartner:* Von der Möglichkeit, das Agathon als Prinzip zu denken), das freilich inhaltlich, das heißt „weltlich", politisch, praktisch durch die Seinsgesetzlichkeiten und das „von Natur" Richtige zu füllen ist.
Cornford (The Republic of Plato, 245) drückt sich in diesem Zusammenhang sehr vorsichtig aus: „It may be conjectured that Plato contemplated a possible deduction of all pure mathematics starting from the concept of Unity, one aspect of the Good." Von den „moral forms" sagt er, sie seien „more obviously partial aspects of the Good". Nach *Krämer* jedoch ist für Platon umgekehrt das Gute eine Seite oder Wirkungsweise des Eins, wenn auch eine ausgezeichnete (vgl. Krämer 1, 136; 423 ff.; 502; 548; 2, 82 ff.; 4, 51; 61). Zwar heißt es bei ihm auch: „Mit dem Charakter des Eins-seins war damit die Arete [die Gutheit von Menschen und Dingen] zugleich vom Seinsgrund her ontologisch als eigentliche Seiendheit aufgewiesen und dadurch ... in ihrer Geltung sicherer begründet" (Krämer 1, 523), aber als Platons Philosophie als Einheit von Axiologie und Ontologie (1, 506; vgl. v. *Rintelen:* Die Frage nach dem Guten bei Plato), mit welcher er dem bedrohten Polis zur Hilfe kommen wollte, war doch nach Krämer letztlich Ontologie. Platon sucht, wie K. ausführt, „die Krise der griechischen Polis-Ethik im Ontologischen aufzufangen" (2, 86); er versucht, das (zweifelhaft gewordene menschlich) Gute im Grund des Seins festzumachen, was dadurch möglich ist, daß das „ἀγαθόν", als Seinsprinzip das Eins ist" (1, 518).
Die Einheit ist nach Krämer-Platon das durch alle Seinsschichten hindurchgehende, allvermittelnde Prinzip. Mit seiner hermeneutisch-systematischen Entfaltung gedenkt er, dem „jahrhundertelang lediglich paraphrasierend durch zahllose Platondarstellungen" geschleppten „philosophischen Halbunsinn von der Idee des *Guten*, die den Dingen Seiendheit und Erkennbarkeit (!), dem Erkennenden Erkenntnisfähigkeit (!) geben soll" (*Krämer* 1, 473; vgl. 4, 43 ff., Anm. 3), ein Ende zu bereiten.

Was aber enthält der Krämersche, mit Platon in Zusammenhang gebrachte Begriff des Eins, der, indem er die Welt im Innersten zusammenhält, auch Ontologie und Axiologie verbindet? Zunächst enthält er offenbar den Gedanken, daß Ordnung gut sei, und zwar so gut, daß eigentlich nicht Ordnung gut, sondern das Gute die Ordnung ist: „Das ἀγαθόν ist aber nicht als solches gut, sondern erst insofern es inhaltlich — als Prinzip von Ordnung, das heißt als Eins — bestimmt ist" (Krämer 1, 136; 5, 29f.). Was verbirgt sich hinter diesem seltsamen Satz? Teils eine einfache und grundlegende Wahrheit, teils ein philosophischer Galimathias.

Das hier als Wahrheit bezeichnete tritt hervor, wenn es heißt: „Ferner aber ist . . . alles gut, soweit es im Sinne der griechischen Arete Brauchbarkeit, Leistungsfähigkeit, d. h. aber Beständigkeit, Dauerhaftigkeit besitzt, d. h. aber wiederum als Eines und Identisches bei sich selbst verharrt" (Krämer 2, 85; vgl. Krämer 1, 537). Das Eins bezeichnet also Identität und zwar der Dinge und Menschen wie ansatzweise der Seele, des Bewußtseins (vgl. Krämer 1, 475 zu THEAIT. 184 D; s. o. S. 152f., Anm. 14; vgl. *Perpeet:* „Was Platon hier als ἕν nominiert, ist — so scheint uns — von ihm sachlich schon immer als Wesensverfassung der ψυχή expliziert . . . Das Gute ist die ψυχή in der Verfassung der Einheit" (Das Gute als Einheit, 29f.)).

Diese Identität ist allerdings Voraussetzung der Erkenntnis und Brauchbarkeit. Sie bedeutet eine primäre Ordnung in der Welt, denn wenn jedes jederzeit zugleich ein anderes sein könnte, wäre keine Orientierung weder im Denken noch Handeln möglich, und es gäbe vor allem gar nichts, das sich orientieren will.

Die Einheit ist damit eine, und wohl die wichtigste Bedingung des Gutseins, nicht aber umgekehrt ist das Gute Bedingung umwillen der Einheit. Das Gute als Prinzip, und zwar nicht als „Seinsprinzip" (Krämer 1, 474 und passim), sondern als seinsmächtiges Prinzip jenseits des Seins läßt sich recht konkret denken (s. o. S. 244ff.). Das Eins jedoch als oberstes Prinzip ergibt den eben angesprochenen Halbunsinn. Obwohl das Eins nach Krämer nur bestimmbar ist „auf dem Umweg über seinen Weltbezug, d. h. seine Derivate" (*Krämer* 2, 83; 4, 62), versucht er es doch zu umschreiben, wobei Folgendes herauskommt: „Um welche Art von Einheit handelt es sich also? Es ist die Einheit des noch undifferenzierten, jeder Individuation vorausgehenden Ursprungs, des absoluten Grundes selbst. Das Eins ist nicht monadenhaft punktuell, sondern eher das Umgreifende, also nicht das Kleinste, sondern das Größte, das Ur-Konkrete, sonst aber rein negativ." (Krämer 2, 83). Damit soll derjenige Seinsgrund soweit möglich begriffen sein, von dem her „mit der Einheit in der Vielheit, der Verfassung des Seienden schlechthin, . . . die Seiendheit alles Seienden" begründet ist (Krämer 1, 536f.). Wieso Platon „mit Hilfe dieser Konzeption . . . die Krise der griechischen Polis und ihrer Normen denkerisch zu überwinden" versucht (ebd.), ist dunkel. Sie erinnert eher an *Goethes* „Satyros", der unter anderem verkündet:

„Vernehmt, wie im Unding
Alles durcheinander ging . . .
Wie im Unding das Urding erquoll" usf.

Dies ist das Ende eines Ansatzes, dem das Gute die Ordnung und Einheit ist, als wenn es nicht auch schlechte Ordnung und Einheit gäbe. Die Ordnung ist ein instrumentales Prinzip; es kommt auf den Zweck an, dem sie dient. Gerade diese Einsicht ist in Platons Überschreitung der Gerechtigkeit enthalten, in deren Vollzuge ja in der POLITEIA die Idee des Guten eingeführt wird. Das

gehens. Aber auch dieser Bereich hat — teils von sich aus, teils von der Vernunft zu steuern — eine Ausrichtung auf ein Gutes (die Lust)[25], ist daher durch das gleiche Symbol des Kreises zu bezeichnen wie das Gute selbst. Zuinnerst wird das ganze System getragen von der Materie. Da nicht klar ist, ob und in welchem Sinne Platon den Begriff Materie kennt[26], ist dieses kleinste Quadrat gestrichelt. Vielleicht müßte dieser Bereich, was graphisch nicht darzustellen ist, zugleich als ein Quadrat und ein Kreis vorgestellt werden, da die Materie die noch selber ungeschiedene Ermöglichung der Differenzierungen ist.

Die beiden kleineren Kreise zusammen symbolisieren also den menschlichen Bereich, der verwickelt ist in den Bereich des Seienden (bezeichnet

ist im Gegensatz zu allem was *Krämer* anführt und konstruiert eine philologisch klare Tatsache.

Platons „System" gehört also wohl nicht „zum Typ der mathematisierend-analytischen Elementenmetaphysik, welche die Wirklichkeit (Diesseits wie Transzendenz) auf letzte Elemente ... oder auch Gründe, Ursprünge", letztlich auf das Eins „zurückführt oder umgekehrt daraus ableitet" (*Krämer* 2, 82f.). Zu diesem Typ nachkantischer und nachheideggerscher Ontologie gehört vielmehr Krämers Konstruktion. Wenn man Platons Philosophie durch ein „kontinuierlich fortschreitendes Schichtenmodell" (*Krämer* 2, 88 — in diesem Zusammenhang fällt bei K. das Stichwort *N. Hartmann*) verdeutlichen will, so wird man nicht vergessen dürfen, daß Platon Dialektiker war. Man wird *Heraklit* voraussetzen, aus dessen Lehre mehrere Fragmente erhalten sind, die das Prinzip gegenstrebiger Harmonie aussagen, so insbes. Diels, Frgm. 8: „Das widereinander Strebende zusammengehend; aus dem auseinander Gehenden die schönste Fügung"; vgl. Frgm. 10; 51; 53; 80. Daher muß man wohl mit mindestens zwei (gegensätzlichen) Elementen arbeiten, *deren eines den* Geist und seine Welt bewußter, freier Zielstrebigkeit symbolisiert (vgl. N 875 C; vgl. *Moreau:* La construction ..., insbes. 470ff.). Dieses Schema ist weniger exakt als die von Krämer und Gaiser erarbeiteten, aber ist Platon und der Sache, um die es geht, wahrscheinlich angemessener. Auf jeden Fall läßt es Platon nicht als einen mono-manischen mathematisch-mystisch-kosmologischen Spinner erscheinen, von dem man eigentlich nur sagen kann, daß er durch die modernen Wissenschaften obsolet geworden sei.

[25] Vgl. hierzu *J. Stenzel* über den Zusammenhang von Lust — Eros — Gutem bei Platon (Platon der Erzieher, 191—279). Dort heißt es z. B.: „Denn worauf beruht die Einsichtigkeit der hedonistischen Systeme? Darauf, daß die Lust so leicht als Triebfeder zum Handeln gedacht werden kann. Gerade diese Bedeutung aber muß Platon seinem Guten ebenfalls geben; er muß diese Idee so fassen, daß sie, erkannt, das Wissen zur Tat treibt, daß sie alle Menschen zu gemeinsamem Tun zusammenschließt" (259). *Voigtländer* (Die Lust und das Gute bei Platon, 213) hält als Ergebnis seiner Untersuchung fest: „Platon sieht sowohl im ‚Protagoras' und ‚Gorgias' als auch in allen späteren Dialogen in der Lust ein Moment, das für die empirische Existenz des Menschen große Bedeutung hat und aus diesem Grunde stets von neuem zusammen mit dem Guten, dem objektiv Richtunggebenden der menschlichen Existenz, zu behandeln ist; die Lust darf nicht schlechthin negiert, sie muß eingeordnet werden." Vgl. auch *Kuhn* 2, 101ff.

[26] Vgl. *D. J. Schulz:* Das Problem der Materie in Platons ‚Timaios'.

durch die beiden ausgezogenen Quadrate). Der Mensch ist nur Herr über das veränderliche Seiende, in dem Maße, wie er sich die Gesetze des einheitlich Immerseienden, die „Ideen" und die Natur der Dinge zu eigen macht. Er, der ja auch Seiendes und Natur ist, kann mit ihnen arbeiten, aber muß anerkennen, daß sie auch für ihn gelten, er also nicht das Maß aller Dinge ist, sondern sich des Maßes der Dinge bedienen kann.

Woher kommt ihm dazu die Kraft, wenn die Seiendheit ihn umschließt, zugleich unter, in und über ihm ist? Allein aus ihm selber, der ja, wie Topitsch zutreffend sagt, dem Druck einer übermächtig scheinenden Realität ausgesetzt ist, kann sie nicht kommen. Es muß also noch jenseits des Immerseienden ein gleich dem Menschen aus sich wirkendes Prinzip geben, das aber im Gegensatz zu ihm schlechthin seinsmächtig ist. Platon nennt diese höchste Wirklichkeit die „Idee des Guten", weil es, wenn dieses Prinzip nicht und nicht auch für den Menschen wäre, für ihn kein Gutes gäbe, also jede Verfolgung menschlicher Zwecke sinnlos wäre. Das transzendente und dabei sowohl seinsmächtige wie menschenfreundliche Gute ist wahrhaft das Maß aller Dinge. Zwischen ihm und allem Seienden liegt ein prinzipieller Unterschied, der jedoch für den Menschen in entscheidender Hinsicht einen Aspekt „geometrischer Gleichheit" aufweist[27]. Entsprechendes gilt von den übrigen dialektisch vermittelten Spaltungen dieser gegliederten Wirklichkeit. Die Differenz zwischen dem „Guten selbst" und allem Seienden ist das Paradigma der Unterschiede zwischen Seiendem. Indem die sokratisch-platonische Dialektik in einer via negationis, die zugleich via eminentiae ist, zur „Idee des Guten" hinführt, ermöglicht sie, wie Kuhn schreibt „gleichzeitig eine Hierarchisierung des Wirklichen und deren Supplement und Gegenstück, die absolute Unterscheidung"[28]. Die Ermöglichung im Sinne von Verfügbarmachung ist die Tat des Menschen

---

[27] Die Frage des χωρισμός bei Platon hat hier ihren Ort. Sowohl für Platons Erste, wie für seine Politische Philosophie, wie für das Problem des Zusammenhanges beider trifft zu, was *Heidegger* schreibt: „im Platonismus ist kein Zwiespalt, sondern nur ein Abstand. Freilich ist der Abstand kein nur mengenmäßiger, sondern ein solcher der Rangordnung" (Nietzsche, I, 218; vgl. jedoch auch 230f.). Vgl. *V. Goldschmidt* (Le Paradigme dans la Dialectique Platonicienne, 112; vgl. 82f.): „L'Univers platonicien n'est pas, comme le ressasse une tradition tenace et paresseuse, coupé en deux. Par des correspondances secrètes, l'Égalité géometrique lie ensemble ciel et terre, dieux et hommes" [Gorgias 507 E f.] et porte jusqu'aux confins du monde sensible l'action créatrice et conservatrice du Bien."
   Der gestuften, proportionalen Gleichheit im Politischen (s. o. § 12) *entspricht eine allgemeine Analogia Entis* (s. u. § 42).
[28] *Kuhn* 3, 17ff.; vgl. *Kuhn* 2, 89ff. — Die „absolute Unterscheidung" verläuft vor allem auch zwischen dem absolut und dem auf es bezogenen instrumental Guten. Dazu Kuhn: „Man könnte von einem Gesetz sprechen, wonach das in der Schätzung vom daseienden Leben aus Gute, wenn es nicht dem an sich Guten dient, um so schlechter wird, je besser es in seinem Bezirk ist" (2, 92).

vermöge der Wissenschaft und Technik. Diese Ermöglichung wird aber ihrerseits vorgängig möglich und wirklich nur durch eine nichtgemachte Natur, die sich menschlichem Machen teils als Objekt darbietet, teils als menschliche Vernunftnatur Subjekt des Erkennens, Handelns und Machens sein kann. Natur und Kunst (téchne) sind zusammen aufgehoben in einer umfassenden Vernunft (noûs), an welcher der menschliche Geist (noûs, lógos) teilhat.

§ 39. Der praktische Wert der Idee des Guten

Was aber leistet die „Idee des Guten" praktisch? — Sie vermittelt ein Bewußtsein prinzipieller Distanz zu allem Vorhandenen. Auf alles kann die Frage bezogen werden, ob es gut so ist, wie es ist, oder ob es besser anders würde, falls es verändert werden kann. So gesehen ist die Idee des Guten die onto-psychologische Ermöglichung des Handelns und Machens. Zum anderen folgt aus dieser obersten „Idee", daß nicht der Mensch und seine Möglichkeiten (einschließlich der Möglichkeit, das „Gute selbst" als eine Idee verfügbar zu machen[29]), das Maß aller Dinge sind, sondern eben das „Gute selbst"[30]. Insofern die Transzendenz, welche philosophische Dialektik eröffnet, der Ort ist, in dem eine gereinigte Volksreligion als das Wissen um eine absolute, aber den Menschen zugetane Macht, den ihr gebührenden Platz findet, kann Platon die Lehre vom Guten selbst in den Nomoi dann auch dahingehend formulieren, daß der Gott das Maß aller Dinge sei (N 716 C). So gesehen ist die „Idee des Guten" die philosophische Wiederholung jenes älteren Kernbegriffs der griechischen Ethik: der Aidos (s. o. § 19).

Das Gute selbst ist somit als Idee des Guten für den Menschen die rechte Mitte, die zwischen zwei schlechten Extremen liegt: zwischen dem Versuch totalen Machens[31] und einem faulen Konservatismus (der sich

---

[29] Dazu *Heidegger:* Platons Lehre ... und *Manasse* I, 24 f.

[30] An diesem Zentrum der Platonischen Philosophie zeigt sich, daß es gleich problematisch ist, zu behaupten, *Platon* sei konservativ, revolutionär, progressiv oder reaktionär. Wie auf alle große Philosophie passen die historisch-prozessualen Kategorien nicht recht auf Platon, es sei denn man bezeichne jeden Einwand gegen das totale Machen bereits als konservativ oder reaktionär. Die Fragestellung des § 6 war also vorläufig.

[31] Alles machen kann nach *Platon* nur die (mißbrauchte) künstlerische *Mimesis* (der Bedeutungsspielraum von μίμησις reicht hier bis hin zu dem, was wir Phantasie, Einbildungskraft nennen würden). Dieses Machen jedoch geschieht auf eine scheinbare Weise, die der Gefahr unterliegt, lügenhaft und ethisch verwerflich zu werden (P 596 C ff.; Sophistes 233 D ff.; s. u. § 42). Im Gegensatz zur „trugbildnerischen" Mimesis (s. u. § 42) bewährt die Techne, indem sie „auf den Begriff sehend" ihr Werk vollbringt, „ihre Sachkunde in aus-

auch äußern kann in der Beibehaltung einmal etablierter Weisen der Veränderung). Obwohl die Idee des Guten in den Dialogen nach der POLITEIA expressis verbis nicht mehr vorkommt, ist sie der Sache nach in der Bestimmung als rechter Mitte zum Beispiel im POLITIKOS und in den NOMOI gegenwärtig. Gemäß dem POLITIKOS ist die als „Meßkunst"[32] die Funktion einer obersten und leitenden, praktischen und angewandten Wissenschaft[33] erfüllende Philosophie geeignet zu bestimmen, „was Übermaß und Mangel ist" (Po 283), und zwar nicht relativ, im Verhältnis der Größen zueinander, sondern im Verhältnis „zum Angemessenen und Schicklichen und Günstigen und Pflichtgemäßen und allem, was in der Mitte zwischen zwei Extremen liegt"[34]. Sie ist so die oberste Zweckwissenschaft, die das richtige Maß der Mittel feststellt. Denn dieses folgt nicht, wie auch Aristoteles herausstellt (Pol VII 1323a 24 ff.), aus der Natur der Mittel selbst, denen zum Teil, so besonders dem allgemeinsten Mittel Geld eine Tendenz zu grenzenloser Vermehrung innewohnt (Pol I 1257b; s. o. S. 190), sondern ergibt sich nur im Hinblick auf die menschlichen, ethisch-politischen Zwecke, denen sie dienen sollen, und diese wiederum sind (nach Platon) zu orientieren am „Guten selbst". Das rechte Maß kann daher auch nicht von den untergeordneten Wissenschaften und Techniken erkannt werden, welche die Mittel bereitstellen. In den NOMOI sodann wird gefragt nach der rechten Mitte zwischen dem schönen und starken sowie häßlichen und kranken Leib (N 728 D/E), zwischen Monarchie und Demokratie (N 756 E), zwischen Lust und Schmerz (N 792 C/D), sowie nach dem zwischen Ermahnung und Gesetz Liegenden (N 822 D). Von da bestehen mannigfache Verbindungen zur Aristotelischen Mesotes-Lehre[35]. Denn auch bei Aristoteles ist ja die rechte Mitte kein fauler Kompromiß zwischen gut und

---

drücklicher Beschränkung auf eine bestimmte Zuständigkeit" (*Müller*, 312; vgl. *Verdenius:* Mimesis, 33 ff.).

   Stenzel diskutiert dieses Problem im Zusammenhang mit Platons Begriff der Willensfreiheit und stellt die wohl zutreffende These auf, „daß die Aktivität des wollenden und handelnden Menschen auf dem Boden der Platonischen Seinsidee nicht bedeutet, daß aus dem Nichts ins Nichts hinein eine absolute Produktivität wirkt ... diese Produktivität wird nicht einmal dem Schöpfergott im Timaios zugebilligt" (Metaphysik des Altertums, 123).

[32] μετρική — Po 283 D ff.

[33] ἐπιστήμη βασιλική εἴτε πολιτική εἴτε οἰκονομική — Po 259 C.

[34] πρὸς τὸ μέτριον καὶ τὸ πρέπον καὶ τὸν καιρὸν καὶ τὸ δέον καὶ πάνθ' ὁπόσα εἰς τὸ μέσον ἀπῳκίσθη τῶν ἐσχάτων — Po 284 E; vgl. *J. Kube*, op. cit., 220 ff.

[35] „Es erscheint beachtlich, daß beide, Platon und Aristoteles, bezüglich der Schwierigkeit exakter Bestimmungen in der politisch-ethischen Praxis im wesentlichen zu demselben Ergebnis gelangen. ... Die Unterschiede sind in keinem Fall so groß, daß sie die Gemeinsamkeit der Norm, des μέσον τῶν ἐσχάτων, nennenswert berühren." *Krämer* 1, 288; zur Platonischen Herkunft des Aristotelischen Mesotes-Begriffs vgl. 365 ff.; vgl. *Taylor:* Platon, 269 f.; *Ryffel:* METABOLE ..., 126; 135.

schlecht, sondern die schwer zu erreichende Areté als Tauglichkeit, Bestheit und Ziel[36].

Nach Platon ermöglicht die transzendente Idee des Guten, die als solche zu verwirklichen gar nicht in Frage kommt, die Erkenntnis der rechten Mitte für die Praxis. Denn der Ort der Verwirklichung ist und bleibt die Höhle, deren Wahrheit außerhalb ihrer liegt, aber von Menschen in sie hineingetragen werden kann. Für die Praxis liegt die rechte Mitte zwischen dem Ideal und dem status quo, wobei unter „Ideal" kein romantisches Hirngespinst zu verstehen ist, sondern eine das Handeln motivierende und hervorbringende Norm (parádeigma)[37]. Von der stets sich verändernden Realität aus können die immer gleichen Seinsprinzipien und das Gute selbst jenseits der Seiendheit prinzipiell erkannt werden und ergeben je nach Blickwinkel und Situation verschiedene konkrete Regeln und Anweisungen des Handelns.

Was für die oberste Norm, das Gute selbst, gilt, trifft auch zu für die Gerechtigkeit an sich und die Konstruktion des besten Staates. Sokrates hält es für richtig, nicht zu fordern, daß der gerechte Mann der Gerechtigkeit-an-sich ganz entsprechen müsse, sondern zufrieden zu sein, wenn er ihr nur so nahe als möglich kommt (P 472 B/C). Und von der Forschung ist mehrfach darauf hingewiesen worden, daß Platon dort, wo es tatsächlich um die Verwirklichung seiner Staatskonzeption ging, sich für einen den Gegebenheiten Rechnung tragenden Mittelweg und für eine gemischte Verfassung ausgesprochen hat (s. o. § 8). Daß die Nomoi eine nähere Vermittlung des Ideals mit den damaligen Realitäten darstelle, ist bereits gesagt worden.

Aber auch der beste Staat selber, den Platon in der Politeia konstruiert, ist bereits die Vermittlung eines Ideals mit den Gegebenheiten. Wie referiert, bezeichnet Platon es als das Beste, wenn jeder von sich aus, ohne äußeres Gebot oder gar Zwang die zur politischen Gemeinschaft nötige Selbstbeherrschung leisten könnte (s. o. §§ 11; 16) und die dazu erforder-

---

[36] *Aristoteles* übernimmt in diesem Zusammenhang Platonische Terminologie und Auffassungen (vgl. *Dirlmeier*, 268 und 271 zu σκοπός (NE I 1094 a 24) und ἄκρον (NE I 1095 a 16; vgl. NE II 1107 a 8); vgl. *Flashar:* Ideenkritik in der Ethik des Aristoteles, 231 f.; 236 f.).

Die Aristotelische Vermittlung zwischen Adels- und Bürgerethik, von Tugend als Bestheit und als Mitte liegt in der allgemeinen Bestimmung der μεγαλοψυχία: „Der Großgesinnte ist der Größe nach ein Äußerstes, nach dem was sich gehört eine Mitte; denn er schätzt sich seiner Würdigkeit gemäß ein; die anderen zeigen ein Übermaß oder einen Mangel" (NE IV 1123 b 13—15). Die Großgesinntheit bezeichnet die aristokratische Seite der proportionalen Gleichheit.

[37] „The conception of an ideal involves, on the one hand, that it is never wholly realized, on the other that it is continually being realized" (*Nettleship*, op. cit., 220).

liche Einsicht, Weisheit und Zucht hätte. Wenn das so wäre, bestünde in der wesentlichen Hinsicht Gleichheit. Dann bedürfte es gar keiner Regierung, und aller Besitz könnte gemeinsam sein. Im Hinblick auf diesen erstbesten Staat, der nach den Nomoi (anders als nach der Politeia) von einem durchgehenden Besitzkommunismus bestimmt ist (N 739 C), sagt Platon, er sei ein Staat für „Götter oder Göttersöhne" (N 739 D). Nach Cornford resultierte ein solcher Staat ethisch autonomer Individuen, wenn man Sokrates' Appell an den Einzelnen als allgemein erfolgreich ansetzen dürfte: „ . . . the clash of competing egoisms would disappear. No man's gain would be another's loss. Such a society would need no laws. There would be no distinction of ruler and subject, for each man would govern himself. There would be perfect equality and unlimited freedom. The name for such a state of society is Anarchy, or (if you think of the ruling faculty of insight as divine) Theocracy." Doch Platon denkt den sokratischen Ansatz institutionell und politisch weiter. Er ist, wie Cornford schreibt, „too much bent upon the reform of Greek society to be ready to postpone it to the millennium. So he turns to the other possible course: taking human nature as it is, and making the best of it. Plato's commonwealth is not the City of Zeus or the Kingdom of Heaven"[38]. In der Politeia heißt es zwar abschließend über den Paradigma-Charakter des skizzierten Staates: „denn auf der Erde glaube ich nicht, daß er irgendwo zu finden sei . . . Aber . . . im Himmel ist doch vielleicht ein Muster aufgestellt für den, der sehen will . . ." (P 592 A/B). Platons griechischer Himmel jedoch ist realistisch, er enthält kein schlechthinniges, sondern ein „naturgemäßes" Ideal. *Gerade in der Orientierung an der transzendenten „Idee des Guten" ergibt sich die „naturgemäß eingerichtete Stadt"*[39].

Philosophische Dialektik und ihr Resultat, die Erkenntnis des „Guten selbst", haben auch in bezug auf die Erkenntnis der menschlichen Natur die Wirkung, daß sie Wunschdenken, Ideologie und Vorurteile beiseite räumen. Die Erfahrung zeigt dann (oder zeigte zumindest zu Platons Zeit), daß bei den Menschen wesentliche Unterschiede in dem politisch wichtigen Verhältnis zwischen Vernunft und Begehrlichkeit (Lust-, Macht-, Geldstreben) bestehen. Diese Unterschiede sind nach Platon teils anlagebedingt (N 710 A), teils durch Erziehung zu entwickeln. Durch Absolutsetzung des Erziehungsfaktors kann man, zumal wenn man einen weltgeschichtlichen Erziehungsprozeß annimmt, zu der Vorstellung einer totalen Gleichheit und Selbstverantwortlichkeit kommen, die aber bis heute Vorstellung geblieben ist, und von der sich im ganzen gesehen nicht einmal sagen läßt, ob wenigstens eine Annäherung an sie stattgefunden habe. Es ist also bisher

---

[38] *F. M. Cornford:* Plato's Commonwealth, in: The Unwritten Philosophy and other Essays, 47—67; loc. cit. 59 ff.

[39] κατὰ φύσιν πόλις — P 428 E; vgl. 421 C.

und in absehbarer Zukunft gleich, ob man sagt, die faktischen Unterschiede
zwischen den Menschen seien natürlich oder geschichtlich bedingt. Auf
jeden Fall sind sie da und wirksam.

Wenn dem aber so ist, dann wird die Frage nach der besten Regierungsform und noch konkreter die Frage: wer, welche Art Leute regieren sollen,
unabweislich, denn die ebenfalls vorhandenen asozialen, das heißt zer-
störerischen Antriebe müssen, gleich ob sie natürlich oder geschichtlich
bedingt sind, umgebildet oder unterdrückt werden, so lange die Geschichte weitergeht. Und bis heute hat die politische Theorie auf diese
Frage keine bessere Antwort als Platon gefunden, nämlich daß die Besten
regieren sollen[40]. Auch gibt Platon eine recht ausführliche Antwort auf die
Frage: wer sind „die Besten"?[41] Sie müssen, wie referiert, gewisse günstige

---

[40] Auch jede rationale und konkrete (nicht utopische) Theorie der Demokratie
die sich nicht zu reiner Interessenpolitik bekennt, gibt darauf dieselbe Antwort. Der sonst recht kritisch zu Platon eingestellte *Horvath* (Die Gerechtigkeitslehre des Sokrates und des Platon, 276) schreibt: „Der Kern des Platonischen Staatsideals, daß die Vernünftigen herrschen, die Unvernünftigen aber
gehorchen sollen, ist ein unverlierbares Gut, über das keine rationale Politik
hinausgehen können wird." Und bei *E. Weil* (Philosophie der Politik, dtsch.
Neuwied/Berlin 1964, 265) heißt es: „Es ist somit lebenswichtig für die Gemeinschaft, für die Gesellschaft und für den Staat, daß jene [von den Wählern
mit der Regierung] Beauftragten die Besten der Bürger sind, und die Aristokratie wird zur Bedingung für das Funktionieren der Demokratie."
Den Staat der Politeia und die moderne Demokratie parallelisierend
bemerkt *E. Salin* (Platon und die griechische Utopie, 23): „wer Demokratie
im Sinne des 20. Jahrhunderts, das heißt Demokratie nicht als Herrschafts-
sondern als Ausleseprinzip versteht, hat angesichts der [von Platon] ge-
schilderten Art des Auf- und Niederstieges wenig Grund zum Anstoß". Im
gleichen Sinne polemisiert *van Paassen* (Platon in den Augen der Zeitgenossen,
12) gegen diejenigen, die meinen, es sei das „Kriterium der Demokratie, daß
die Geringeren und Unvernünftigen am Steuer sitzen". Er räumt freilich ein,
daß der Demokratie diese Gefahr drohe, „was wir alle nur zu gut wissen".
Schon *J. S. Mill*, einer der Väter des Liberalismus, akzentuiert diese Gefahr,
indem er Platon und seine Zeit mit der Moderne vergleicht. Nach Mill war
Platons Lehre „ein übertriebener Protest gegen die Meinung, daß jeder Mann
zu jedem Amte tauge, eine Redensart, welche die weitgehendste Formulierung
jener Gleichgültigkeit gegen spezielle Befähigung und gegen die Überlegenheit
eines Geistes über den anderen ist, zu welcher in allen volkstümlich regierten
Staaten, und in Athen sicherlich ebenso wie in den Vereinigten Staaten und
in Großbritannien eine mehr oder weniger starke Hinneigung vorhanden ist;
obwohl man irre gehen würde, dieselbe in irgend einem von diesen Ländern
für durchgängig allgemein oder für unheilbar zu halten" (Plato, 105f.) vgl.
auch *Sabine*, 63).
[41] *B. Russell* macht gegen Platon geltend, daß es keinen rechtlich definierbaren
und praktisch brauchbaren Weg gebe, die zur Regierung am besten Geeigneten
auszuwählen und auszubilden. Das sei „the ultimate reason for democracy",
obwohl diese Regierungsform dem Verfahren gleiche, eine Fußballmannschaft
nicht nach ihrem Können, sondern nach dem Zufall zusammenzustellen. Daß

intellektuelle und moralische Anlagen mitbringen, die dann systematisch durch téchne politiké und Philosophie zu entwickeln sind. Dabei umfaßt die politische Technik, die Sozial- und Verwaltungswissenschaft im Platonischen Sinne, nach jener musisch-gymnastischen Vorbildung erstens die theoretische und praktische Erziehung zur Tugend, vor allem zur Gerechtigkeit. Wie entwickelt wurde, beruht auch die Gerechtigkeit zum Teil auf funktionalen Einsichten, insbesondere auf der Einsicht, daß das Prinzip der Gegenseitigkeit die Polis begründet. Da die Relativität der Gerechtigkeit nach Platon jedoch über sich hinausweist, ist sie zwar die umfassende, aber nicht die höchste Tugend. Sie bedarf zu ihrer Vollendung der Weisheit (sophía, phrónesis, euboulía), und diese ist zuletzt die Erkenntnis der „Idee des Guten". Daher gehört zur Ausbildung der zur Regierung Geeigneten drittens die Dialektik. Der platonische beste Staat ist zugleich eine Technokratie, eine Ethokratie und ist bestimmt von metaontologischer Einsicht („Sophokratie").

Letzteres ist für Platon das Wichtigste, da schließlich allein die Idee des Guten die Regierenden dabei leiten kann, die rechte Mitte zwischen dem Machbaren und dem nicht-Machbaren zu finden. Die nur an den alten Sitten und Gebräuchen Hängenden verfehlen sie ebenso wie die, welche durch bloß negative Dialektik alles auflösen, um den Menschen zum Maß aller Dinge zu erheben, was aber unmöglich ist, da seine Natur dem Guten wie dem Schlechten, dem Maßvollen wie dem Maßlosen offensteht. Die Menschen können einander durch noch so ausgeklügelte Kontrollen nicht daran hindern, die Grenze des Machbaren zu überschreiten. Nachdem Platon in den Nomoi den Gesetzesstaat als ein System gegenseitiger Kontrollen entwickelt hat, fragt er am Ende, auf das Thema der Politeia zurückkommend: „Wenn es sich ergebe, daß jemand das Ziel[42], welches der Staatsmann im Auge haben muß, nicht kennt, würde er dann erstens wohl mit Recht den Namen eines Staatsoberhauptes führen sowie ferner das zu erhalten imstande sein, dessen Ziel er schlechterdings nicht kennt?" (N 961 B/C). Denn irgendwer, ob einer, einige oder „alle", fällen immer politische Entscheidungen, so daß diese Frage durch kein noch so kompliziertes Vermittlungssystem aus der Welt zu schaffen ist. Und die speziellen

der von Platon für die Regierenden skizzierte Bildungsweg nicht gangbar sei, schließt R. daraus, daß die Frage „what is a suitable training?" „would turn out to be a party question" (A History of Western Philosophy, New York 1967[13], 107; 114f.).

In einem Parteienstaat wäre sie — wie alle Fragen — natürlich eine Parteienfrage. R. setzt das fest voraus, was Platon kritisiert und verändert sehen möchte. Er scheint gar nicht zu merken, wie grundsätzlich Platons Herausforderung der Demokratie ist. Ein Phänomen totalitär werdender Demokratie ist die Alternativenblindheit.

[42] Ziel, Zweck: σκοπός. Platon bestimmt es auch als „eines und vor allem anderen Wertgehaltenes, im Hinblick auf das man alles übrige sehen muß" (N 962 E).

Wissenschaften und Techniken liefern höchstens die Mittel (Informationen, Wege der Ausführung) für Zweckentscheidungen und erleichtern im übrigen die Aufgabe nicht, sondern erschweren sie durch Erweiterung der menschlichen Möglichkeiten. So stellte sich für Platon, da er nicht annahm, daß diese wichtigsten Entscheidungen dem Zufall oder der Willkür überlassen bleiben müßten, von Anfang an die Frage nach einer das Ganze und die Zwecke bedenkenden politischen Wissenschaft und Technik als praktische Seite der Philosophie, und damit im Zusammenhang die Frage, ob alle in gleicher Weise Fachleute dieser Kunst sein könnten (die Existenz der Sophisten schien dem zu widersprechen) oder ob — wie bei den anderen Künsten — nur einige besonders Geeignete darin ausgebildet werden sollten. Auch hier ist nach Platon die Grenze des Machbaren zu beachten und ist Rücksicht zu nehmen auf die menschliche Natur und die Verschiedenheit der Individuen, die durch spezielle Ausbildung noch wesentlich gesteigert werden kann.

Die Idee des Guten als das oberste Ziel jedoch besagt inhaltlich und praktisch nicht bloß, daß diejenigen regieren sollen, welche sie erkennen können, sondern sie gibt auch den Grund dafür an. Die Weisen sollen das Gemeinwesen bestimmen, weil sie wissen, daß Machbarkeit eine *Disposition* des Subjekts und Objekts bezeichnet und damit eine Grenze, die zwar überschritten werden kann, aber deren Mißachtung Unheil bringt. Die Weisen sind definiert durch das Streben nach derjenigen Besonnenheit (sophrosýne), von der es im Charmides heißt, sie sei das Wissen darum, was einer „weiß und was er nicht weiß, das eine, daß er es weiß, und das andere, daß er es nicht weiß" (171 D)[43]. Wo die Grenze, an die menschliches Wissen und Macht stoßen, verläuft, kann jeweils konkret nur von der jeweiligen Situation aus *in der bewußten Absicht, diese Grenze zu erkennen*, beurteilt werden. Eine gewisse Hilfe leistet dabei die Maxime des mittleren Weges.

Es liegt auf der Hand, daß es einen großen Unterschied ausmacht, ob die das Gemeinwesen Bestimmenden ein solches vorgegebenes, aber darum nicht starres Maß annehmen oder nicht[44]. „Vorgegeben" heißt,

---

[43] Zur Problematik dieses Wissens vgl. *Kuhn* 2, 60 ff.

[44] *Kant* zielt auf das gleiche vorgegebene Maß, dessen Einhaltung nicht mehr gesellschaftlich, sondern nur noch durch die je eigene Einsicht und das Gewissen kontrolliert werden kann, wenn er zu Friedrich des Großen Ausspruch („wie etwa Friedrich II. wenigstens sagte") „er sei bloß der oberste Diener des Staates", anmerkt: „Man hat die hohe Benennungen, die einem Beherrscher oft beigelegt werden (die ... eines Verwesers des göttlichen Willens auf Erden und Stellvertreters desselben), als grobe ... Schmeicheleien oft getadelt; aber mich dünkt, ohne Grund. — Weit gefehlt, daß sie den Landesherrn sollten hochmütig machen, so müssen sie ihn vielmehr in seiner Seele demütigen, wenn er Verstand hat (welches man doch voraussetzen muß), und es bedenkt, daß er ein Amt übernommen habe, was für einen Menschen zu groß ist, nämlich das Heiligste, was Gott auf Erden hat, das *Recht der Menschen* zu

daß das Maß als Wahrheit zu *erkennen* und handelnd in Annäherung zu verwirklichen, aber nicht zu *machen* ist. Der Schein seiner Machbarkeit entsteht daraus, daß sich das eine und immer gleiche „Gute selbst" von verschiedenen, durch Technai zu entwickelnden Möglichkeiten des Handelns und Machens aus verschieden ausnimmt.

§ 40. Auseinandersetzung mit Heidegger und Topitsch

Man wird also Manasse recht geben müssen, wenn er in seiner Kritik von Heideggers Platondeutung zu dem Ergebnis kommt: „Platons Lehre von der Wahrheit besagt nicht, daß die Wahrheit einem anderen dienstbar gemacht ist[45]." Das aber hat Heidegger auch nicht behauptet, sondern hat gesprochen von einer „Zweideutigkeit" Platons (und Aristoteles') in dieser Hinsicht (s. o. § 38). Uns scheint dagegen, daß bei Platon statt Zweideutigkeit eine bewußte Voraussetzung und Vermittlung vorliegt. Die Voraussetzung besagt, daß die höchste Wahrheit, die als solche auch erkannt werden kann, nützlich und heilsam ist für den Einzelnen und die Polis, sie ist ein zugleich theoretisches und praktisches Prinzip.

Zum philosophischen Aufstieg aus der Höhle gehört die Rückkehr nach unten. Der Aufstieg geschieht dabei nicht primär umwillen der Höhle (der Polis, so schlecht und recht, wie sie faktisch ist), sondern umwillen der Wahrheit[46]; aber die erkannte Wahrheit, die höchste Idee als das Gute

verwalten, und diesem Augapfel Gottes irgend worin zu nahe getreten zu sein jederzeit in Besorgnis stehen muß" (Zum ewigen Frieden, A/B 27, Anm.).

Zu *Platons* Zeiten war jedoch — wie heute — die aristokratische Hybris im Abnehmen und die demokratisch-kollektivistische im Steigen begriffen. So ist es durchaus verständlich, wenn Platon mehr die zweite Form analysiert und bekämpft. Sie ist auch insofern gefährlicher, als bei ihr nicht der Einzelne eigenverantwortlich dasteht, sondern sich hinter dem Willen aller oder der meisten verstecken kann. Der kollektive Hochmut, der nicht einen, sondern „den Menschen" zum Maß aller Dinge machen möchte, ist zugleich wirkungsvoller und verborgener als der aristokratische, bei dem sich Einzelne überheben. Die demokratische Kontrolle beschneidet zwar den Einzelnen die Möglichkeit mißbräuchlicher Herrschaft über andere, aber sie ermöglicht die gegenseitige Unterdrückung aller durch Bedürfnisexpansion. Das hat *Marx* vor Augen, wenn er über die bürgerliche Gesellschaft schreibt: „Jeder Mensch spekuliert darauf, dem anderen ein neues Bedürfnis zu schaffen um ihn zu einem neuen Opfer zu zwingen, um ihn in eine neue Abhängigkeit zu versetzen und ihn zu einer neuen Weise des Genusses ... zu verleiten" (Marx: Frühschriften, ed. Landshut, Stuttgart 1953, 254). Das involviert bei Marx die platonische Unterscheidung zwischen wahren und falschen Bedürfnissen.

[45] *Manasse* I, 27.

[46] „... so wenig bei Platon die Ideenschau, die unerläßliche Bedingung für die richtige Staatsleitung, an sich im Dienst der Staatsleitung steht ..." (*Strauss* 4, 53).

selbst, negiert nicht die Polis, sondern vermag ihr als Leitstern zu dienen. Die Transzendenz offenbart kein solches höheres Prinzip, dem sich der Einzelne oder die Polis aufopfern könnte, sondern Aufopferung gibt es nur für die ethisch und politisch vorhandene Wirklichkeit, insofern sie jene höhere Wirklichkeit enthält. Sokrates ist kein Märtyrer im christlichen Sinne, sondern stirbt (nach Platon) *für* die wahre Polis und in bewußter Anklage *gegen* deren faktische Perversion. Über Sokrates hinausgehend radikalisiert Platon die Transzendenz und zwar auf philosophische, nicht wie jener auf unmittelbar existenzielle Weise. Er kommt aber nicht zu einer schlechthinnigen, vermittlungslosen, religiösen Transzendenz, etwa im Kierkegaardschen Sinne (die praktisch auf einen apolitischen und akosmischen Individualismus hinauslaufen müßte), sondern er ist Philosoph und zwar der für die folgenden Jahrhunderte (modifiziert durch Aristoteles) richtungweisende Philosoph, von dem her sich die Erste Philosophie als dialektische Vermittlung selbst des größten Gegensatzes versteht. Eine solche Vermittlung ist jedoch nur auf Grund einer bestimmten (religiösen) Voraussetzung möglich. Platon macht sie, wenn er sagt, daß Gott gut sei (P 379 A/C). Das Juden-Christentum hat die gleiche Voraussetzung, doch so, daß stärker noch als bei Platon die Frage aufbricht, was hier gut heiße und ob das menschlich Gute und das göttlich Gute nicht verschieden sein könnten. Während von den Juden Gott bei aller überplatonischen Transzendenz doch gemeinhin (einige Propheten kämpften dagegen) in der Weise einer heidnischen Volksreligion vorgestellt wird, nämlich als eine übermächtige, auch strafende, aber letztlich diesem ganz bestimmten Volke helfende Macht und Person, kommt es auf dem Felde der abendländischen zugleich antiken und christlichen Bildung zu dem Gegensatz zwischen dem Vermittlungsprinzip der Vernunft, die göttlich und menschlich sein kann, und dem vermittlungsfeindlichen Prinzip eines übervernünftigen göttlichen Willens. Mittels der Vernunft gibt es für das menschlich Gute eine aktive Teilhabe am göttlich Guten, dagegen führt der theologische Voluntarismus zu der Irrationalität und dem Atheismus des Praktischen. Praktisch läuft er darauf hinaus, daß die „Freiheit", verstanden als der nicht weiter motivierte *Wille*, für das Höchste und die Teilhabe am Göttlichen oder für das Höchste ohne solche Teilhabe angesehen wird (s. o. § 32). Es dürfte sich nachweisen lassen, daß hier einer der Hauptgründe des modernen Irrationalismus liegt[47].

Gegenüber einer unbegreiflichen Macht sind wohl prinzipiell drei Einstellungen möglich: 1. sie für dämonisch und böse zu erklären, 2. sie anzu-

---

[47] Zum *Willen* als Grundbegriff der modernen praktischen Philosophie seit *Hobbes*, der damit freilich skotistische und ockhamistische Traditionen aufnimmt und umbildet, vgl. *K.-H. Ilting:* Hobbes und die praktische Philosophie der Neuzeit, in: Philosoph. Jahrbuch 72, 1964/65, 84—102.

beten, 3. ihr eine erhabene und vielleicht im Endeffekt auch für die Menschen gute Gleichgültigkeit zuzuschreiben. Ob nun das Heideggersche „Sein" ein Gottesersatz ist oder nur gewisse Analogien zum Gottesbegriff aufweist, auf jeden Fall ist es eine Macht[48], welche dem Menschen mit erhabener Gleichgültigkeit begegnet. Nach Heidegger ist der ursprüngliche Name für Sein „phýsis", und phýsis ist: „das von sich her aufgehende Walten"[49]. Am Ende der griechischen Philosophie, bei Platon und Aristoteles[50] drängt sich statt dessen „als maßgebender und vorwaltender Name das Wort ἰδέα, εἶδος, ‚Idee' vor"[51]. Idea bedeutet nach Heidegger „den Anblick, den etwas darbietet . . . das jeweilige Aussehen"[52]. Die Auslegung des Seins als Idea ergibt sich zwar aus der Grunderfahrung des Seins als Physis, aber es besteht die Gefahr, daß „das, was eine Wesens*folge* ist, zum Wesen selbst erhoben wird"[53]. Dieser Gefahr ist die Philosophie seit Platon und Aristoteles, die „Metaphysik", weitgehend erlegen[54]. „Das Gesicht, das die Sache macht, wird jetzt entscheidend, nicht mehr sie selbst", schreibt Heidegger doppeldeutig[55]. In der ersten Bedeutung genommen, ist es immerhin die Sache selbst, die ein Gesicht macht. Macht sie ein gleichgültiges Gesicht, und ist dies nicht bloß Verstellung, so verhält sich also die Sache selbst zu den sie Betrachtenden gleichgültig. Im Begriff Gleichgültigkeit ist die bloße Subjektivität einer aufgefaßten Wirklichkeit negiert[56].

Nun hat freilich nach Heidegger das Sein als Physis auch ein anthropologisches Gesicht. Der Mensch gesteht dem Sein und seiner Wahrheit eine sozusagen personale, überlegene Partnerschaft, eine eigene Kausalität

[48] Vgl. *Heidegger*: Einführung in die Metaphysik, 154; Zur Sache des Denkens, Tübingen 1969, 17.

[49] Einführung in die Metaphysik, 139 ff.

[50] Ebd., 137.

[51] Ebd., 137.

[52] Ebd. 138; vgl. „Platons Lehre von der Wahrheit", 34 ff.

[53] Einführung . . ., 139.

[54] Vielleicht darf man mit *Müller* (76) vermuten, daß Heidegger mit diesem Platonverständnis das Opfer einer modernen Inanspruchnahme Platons, nämlich der *Natorp*schen Deutung der Ideenlehre geworden ist.

[55] Einführung . . ., 139. — 1. „Gesicht" ist Akkusativobjekt, „Sache" Nominativ und Subjekt des Satzes — das Aussehen der Sache zeigt etwas in ihr Liegendes, so wie sich auf dem Gesicht eines Menschen zeigt, was in ihm vorgeht; 2. „Gesicht" ist Nominativ und Subjekt, „Sache" Akkusativobjekt — das Gesicht, das menschliche Auffassungsvermögen schreibt der Sache vor, wie sie zu sein hat (*Kant:* die Bedingungen des Erscheinens werden bestimmt von den Anschauungsformen des erkennenden Geistes). Vgl. zur zweiten Bedeutung „Platons Lehre . . .", 46.

[56] Zur philosophischen Explikation des Begriffs *Gleichgültigkeit* vgl. *Hegel:* Phänomenologie des Geistes (ed. Hoffmeister), Hamburg 1952, S. 28; 81; 91; **145**; 161; 195; 197; 208; 215; 218; 246; 359; 425; 536; 541.

aus Freiheit zu[57], oder vielmehr er stellt diese gar nicht in Frage. Für ihn bedeutet das ein Innestehn und eine Geborgenheit im Sein, ein Vertrauen darauf, daß das Sein als Wahrheit = Unverborgenheit (ἀ — λήθεια) sich zu seinem Besten verbirgt oder entbirgt. Dies ist das „Positive" im „privativen" Wesen der ἀ — λήθεια[58]. Der Mensch läßt sich so von dem „von sich her aufgehenden Walten" durchwalten. Platons Philosophie besagt dagegen, daß der Mensch von Natur dazu bestimmt sei, auch selber zu walten, freilich unter Rücksichtnahme auf die Grenzen der Machbarkeit, die dort überschritten werden, wo die Harmonie von Technik und Natur[59] verletzt wird.

Heideggers Geltendmachen einer Grenze und Maß setzenden Vorgegebenheit ist also ganz im Sinne Platons, nicht aber jener waltende Machtcharakter des Seins, der menschliche Zielsetzungen und damit das menschlich Gute zu entwerten droht. Das Heideggersche Sein ist wie ein übermächtiger Wille, der dem menschlichen Willen zur Macht entgegensteht, ist damit eine Vorgegebenheit von der Art der Natur als der (womöglich prozessualen) Materie (s. die graphische Darstellung § 38). Wie diese von sich aus besteht (oder sich verändert), aber gleichgültig zu sein scheint gegen das, was mit ihr gemacht wird, so ist das Sein gleichgültiges, „von sich her aufgehendes Walten". Dieser Seinsbegriff ist, wie Heidegger oft genug deutlich werden läßt, eine Reaktion auf den modernen Technizismus, der den Menschen als Gesellschaft zum Maß aller Dinge macht und damit alles, neuerdings auch die Natur des Menschen, zur Materie, die manipuliert werden kann, herabsetzt. Die große abendländische Philosophie seit Platon interpretiert Heidegger als die teils offene, großenteils aber erst zu entlarvende Ideologie des totalen Machens, wobei er ihren Vermittlungscharakter bis zu Hegel hin verfolgt, aber unter dem Titel „Zweideutigkeit" destruiert[60].

Auf entgegengesetzte Weise macht Topitsch die Philosophie eindeutig. Sie ist ihm eine Art Schamanentum, das, statt die Menschen in dem zu bestärken, was sie tun können, nämlich den „Realitätsdruck" durch Ver-

---

[57] Auf eine solche Personifizierung deuten z. B. die Wendungen, daß „für die Griechen anfänglich die Verborgenheit als *ein Sichverbergen* das Wesen des Seins durchwaltet" (Sperrung R. M.), und daß die idéa dem Unverborgenen „dienen" könnte (Platons Lehre . . ., 32; 46).

[58] Platons Lehre . . ., 51.

[59] Vgl. N 890 D; s. o. § 28.

[60] Man kann sich des Eindrucks nicht erwehren, daß die philologische und „wissenschaftliche" Kritik der Heideggerschen Metaphysikkritik (insbesondere seiner Platonkritik) den springenden Punkt nicht erfaßt und sich bei allerlei richtigen Äußerlichkeiten aufhält. Vgl. *G. Ralfs:* Kritische Bemerkungen zu Heideggers Lehre von der Wahrheit, in: Kant-Studien 48, 1956/57, 525—549; — *Friedländer* I, 233 ff.; — *Krämer* 1, 555; — *G. Jäger:* ‚Nus' in Platons Dialogen, 90 ff.

änderung der Außenwelt vermindern, ihnen Illusionen über eine innere
Verbindung der Seele, des Gemeinwesens und menschlicher Wertungen
mit dem Kosmos vorspiegelt. Polar zu Heidegger kritisiert er Platon und
alle „Metaphysik" von den Voraussetzungen des technischen Humanismus
aus. Dabei unterläßt er es, zu prüfen, ob nicht die Metaphysik tatsächlich
so ist, wie Heidegger sie (kritisch) beschreibt, und andererseits erkennt er
nicht die platonische Voraussetzung: geradezu die Voraussetzung der Idee
des Guten als Grund der Welt, die im technischen Humanismus steckt.
Unreflektiert auf dem Boden dieser Einstellung stehend, nimmt auch
Topitsch (anders als etwa Schopenhauer) an, daß es gut sei, etwas Bestimmtes zu tun, nämlich nach Möglichkeit den Realitätsdruck durch
Handeln und technische Veränderung der Welt zu verringern. Bereits
damit ist aber vorausgesetzt, daß die Realität die Disposition hat, sich nach
menschlichen Zwecken formen zu lassen, und daß sie weiter das aktive
Subjekt, welches das für es Gute richtig erkennt, vorgängig ermöglicht,
denn dieses macht sich ja nicht von Anfang an selber. Diese allgemeine
Voraussetzung ist, wenn sie reflektiert wird, der Weg zur Erkenntnis eines
nicht mehr setz- oder machbaren Grundes.

Denn wenn die drückende Außenwelt nicht von sich aus eine solche
wäre, daß sie menschlichem Veränderungswillen nachgibt, und andererseits
das verändernde Subjekt nicht so disponiert wäre, daß es erkennen kann,
welche Veränderungen den Realitätsdruck verringern, also für es *gut* sind,
wäre das menschliche Handeln und Machen sinnlos; es gäbe dann zwar
Veränderung, aber keine Verbesserung, moderne Wissenschaft und
Technik wären auch Schamanentum. Und wenn zum anderen die Metaphysik, wie Heidegger behauptet, einem derartigen Nihilismus, ihn als solchen
verschleiernd, Vorschub leistet, weil sie seit Platon eine Ideologie des
Machens ohne Machbarkeit geworden ist, so wäre Topitsch selber ein
Metaphysiker in genau diesem (Heideggerschen) Sinne. Seine Metaphysik
als „Ideologiekritik" ist dann die Beschäftigung eines Mannes, der auf ein
Gespenst schießt, das er vor sich vermutet, während es als Realität hinter
ihm steht und seine Aktionen lenkt.

IV. Theologie und Kunst

§ 41. Platon: ein ästhetisch-theologischer „Metaphysiker"?

> „Die POLITEIA ist Musenwerk,
> philosophische Denkarbeit
> und politische Aktion zugleich"[1].

Doch vielleicht ist Platon Metaphysiker in noch einer anderen Bedeutung dieses Wortes. Nach einer vagen, aber verbreiteten Ansicht ist Metaphysik die Lehre von einer Hinterwelt. Sie enthält wie Philosophie und Kunst überhaupt ein gewisses Schweben über der Wirklichkeit. Zumal Platon ist Dichter und Denker in einem, wobei ihm die Dichtung die Mittel für die „metaphysische" Distanzierung von der Realität hergibt. Seine Dichterkritik widerspricht dem nicht. Psychologisch gesehen könnte sie geradezu aus einem künstlerischen Selbsthaß entspringen, könnte die überkompensierte Abwehr einer inneren Versuchung[2] sein. Zu dieser Deutung paßt gut die überlieferte Geschichte, daß Platon, als er Sokrates' Schüler wurde, seine eigenen dramatischen Versuche verbrannt habe[3], und dann weiter das Faktum, daß er in seinem Spätwerk NOMOI die in Wort und Gespräch entwickelte Staatsordnung (politeía) als die schönste, beste und wahrste Tragödie bezeichnet (N 817 B). Auch die modifizierenden Superlative ändern nichts daran, daß hiermit seine politische Philosophie unter den Oberbegriff Dichtung und Tragödie gestellt wird.

Freilich soll nach Platon die Philosophie die traditionelle höhere Bildung durch Epos und Tragödie aufheben und ersetzen[4], aber diese Aufhebung

---

[1] *Friedländer* III, 128.
[2] Vgl. dazu *Platons* Bemerkung, daß die sozialpädagogisch reglementierte Kunst die „Süßigkeit der Muse" verliere (N 802 C), sowie sein Geständnis, daß auch er von der „nur der Lust dienenden" Dichtung angezogen werde (P 607 C bis 608 B), sowie den ganzen Dialog PHAIDROS (dazu *Cornford:* Principium Sapientiae, 66 ff.). Daß Platon durchaus die Eigengesetzlichkeit der Dichtung kennt und diese umwillen der Wahrheit bewußt unterdrückt sehen möchte, geht auch aus P 387 B hervor.
[3] Über die beiden Versionen dieser Anekdote *Müller*, 7 ff.
[4] Man denke an den in der POLITEIA beschriebenen Bildungsgang der Philosophenherrscher. In den NOMOI empfiehlt Platon, der höheren Ausbildung philosophische Gespräche von der Art der NOMOI zugrundezulegen, da diese nicht ohne göttliche Eingebung geführt und daher einer Dichtung durchaus vergleichbar seien (N 811 C ff.).

wird zweideutig, wenn diese Philosophie z. B. das Miteinanderleben der
Menschen als ein Spiel und zwar ein gottgelenktes Marionettentheater darstellt (N 803 Cff.), wenn sie wie die Dichtung Mythen erzählt und wenn
sie sich in ihrer exoterischen Gestalt der Mimesis bedient und uns so gleich
der Dichtung „Menschen voneinander widersprechender Gesinnung vor-
führt" (N 719 D)[5]. Der Zusatz freilich, den Platon zu dieser Charakteristik
der Dichtung macht, nämlich daß der Dichter und sein Publikum bei
solcher Mimesis nicht wisse, „ob das eine oder das andere des Gesagten
wahr ist", trifft selbst für Platons Dialoge mit aporetischem Ausgang nicht
recht zu[6]. Wie Gadamer aufgezeigt hat, gibt es bei Platon eine ironische
Distanz zum mimetischen Spiel, ein bewußtes Spiel mit dieser „Unwahrheit", wodurch auf das verwiesen wird, worauf es ankommt: auf die
maieutische Funktion dieser Gespräche und damit auf ihren philosophischen,
der Wahrheit dienenden Zweck[7]. Desgleichen sind Platons Mythen nach
Gadamer nicht wie in der griechischen „Kunstreligion"[8] „unenträtselte
Gewißheit alten Glaubens", sondern „das ins Kosmische ausgezogene
Lineament der sich im Logos deutenden Seele"[9]. Sie haben ja auch meistens
eine begriffliche Ausdeutung bei sich. Und was schließlich die offenbar bei
Platon zum erstenmal auftretende Lehre vom Welttheater angeht, die bei
ihm mehr ist als bloß Gleichnis oder Metapher, so wird sie von einer
paradoxen Formulierung eingeleitet („es sind nun zwar die Angelegenheiten
der Menschen großen Ernstes nicht wert, aber es ist doch notwendig, sie
mit Ernst zu betreiben"/N 803 B) und von einer halben Revocatio abgeschlossen (804 B/C). Sie hat überdies die konkrete Funktion, den Vorrang
des Friedens vor dem Krieg zu erweisen (803 D/E).

Dennoch bleibt sowohl bei dem Spiel mit der Mimesis wie bei der
Hypothese vom Welttheater ein unauflösbarer Rest der Distanzierung von
der nächsten, ethisch-politischen Wirklichkeit des Menschen, die mit der
sonstigen Lehre Platons durchaus übereinstimmt. Während diese Distanznahme in der POLITEIA mimetisch-ironisch und dialektisch-metaonto-
logisch ist, wird sie in den NOMOI eindeutig religiös-theologisch. Das Bild
vom Welttheater hat, so gesehen (wie Platon selber sagt) die Funktion, das

---

[5] Zur Diskussion dieses Platonischen Arguments gegen die Dichtung vgl.
Verdenius: Mimesis, 5 ff. V. weist darauf hin, daß die Griechen geneigt waren,
„to regard their great poets as reliable sources and infallible authorities for all
kinds of practical wisdom".

[6] *Hegel* urteilt über diesen Punkt: „. . . die Verschiedenheit der Meinungen, die
vorkommt, ist untersucht, es ergibt ein Resultat als das Wahre; oder die ganze
Bewegung des Erkennens, wenn das Resultat negativ ist, ist es, die Plato
angehört" (WG 18, 181).

[7] *Gadamer,* 203 f.

[8] Zum Begriff „Kunstreligion" s. u. § 43.

[9] *Gadamer,* 202; vgl. die Antwort, die Sokrates auf des Phaidros Frage nach
seiner Stellung zum Mythos gibt (PHAIDROS 229 C — 230 A).

ganze konkrete Leben und Zusammenleben der Menschen als ein — an seinem Platz in der kosmischen Rangordnung freilich höchst wichtiges — Sekundäres hinzustellen. Der Athener bittet den Megillos, ihm zu verzeihen, daß er scheinbar das Geschlecht der Menschen so verächtlich mache, er habe es nur „im Hinblick auf Gott" getan, im übrigen sei „unser Geschlecht nicht verächtlich, sondern eines gewissen Ernstes wert" (N 804 B). Darum hat ja auch dieses Hinausgehen über alle menschlichen, politischen Verhältnisse neben der schon erwähnten Friedensgesinnung weitere praktische Konsequenzen, welche die inhaltliche Erfüllung des Friedens ausmachen: „Man muß sein Leben mit gewissen Spielen hinbringen, mit Opfern, Gesängen und Tänzen, damit man imstande sei, sich der Götter Huld zu erlangen, gegen die Feinde aber sich zu verteidigen und im Kampfe zu siegen" (N 803 E). Die Theologie der Nomoi führt zu einer Wiederbeschwörung der alten Polis als einer Kultgemeinschaft[10], und auch die Kriegstüchtigkeit kommt als ein Drittwichtiges und eine conditio sine qua non hinein.

Die bestehende Polis wird auf diese Weise nach zwei Seiten hin transzendiert: 1. auf ihre idealisierte Vergangenheit hin und 2. prinzipiell, durch eine theologische Herabsetzung aller Politik zu einem — im übrigen höchstwichtigen — Zweitbesten. Denn der Gott, dem der Kult gilt, ist ein anderer geworden. Er ist nicht mehr identisch mit den mythischen Göttern der archaischen Polis und der alten Dichter, welche die politische Aufgabe hatten, die Polis gegen die Gewalten der Natur und ihre politischen Feinde zu schützen[11], sondern es ist der schlechthin gute (und darum auch der

---

[10] Vgl. *Müller*, 357 ff.; *Reverdin:* La religion de la cité Platonicienne.

[11] *Manasse* II, 129. Im Anschluß an *Solmsen:* Plato's Theology, 3 ff.
Solmsen weist darauf hin (172 f., Anm. 1), daß *Sabine* die Ansicht vertritt, erst bei Platon, nicht schon in der politischen Wirklichkeit vor ihm gebe es eine enge Verbindung zwischen Religion und Polis. Doch ist wohl Sabines Verständnislosigkeit gegenüber dem Problem politischer Theologie ein schwacher Punkt seines sonst großartigen Buches.
Daß Platons Philosophie wesentlich *Aufhebung* (im Hegelschen Sinne dieses Wortes) der mythischen Dichtung und so der bewußte Versuch sei, den früher von der Dichtung ausgesagten göttlichen Grund *der Polis* nun durch die Philosophie neu und besser zu erschließen, ist neuerdings von *A. Müller* (Platons Philosophie als kritische Distanzierung ...) philosophisch und philologisch kompetent aufgewiesen worden (vgl. auch *Diès:* Autor de Platon, 523 ff.). Platons Theologie ist wesentlich eine politische, keine existenzielle oder Offenbarungstheologie. Wenn man an sie mit modernen Maßstäben herangeht, kommt man notwendig zu so skeptischen Urteilen wie *Dörrie*, *Verdenius* und *Schneider* (vgl. K. Schneider: Die schweigenden Götter, insbes. 18 ff.; 103).
Unter Ausklammerung des politischen Aspekts begreift *Cornford* in seinem nachgelassenen Werk „Principium Sapientiae" die Entstehung der (griechischen) Philosophie in einem allgemeinen kulturgeschichtlichen Rahmen.

guten Polis freundlich gesinnte) Gott als Maß aller Dinge, der philo-
sophisch-dialektisch von ihm unwürdigen Vorstellungen freizuhalten ist.
Manasses Frage, die er im Anschluß an Solmsen stellt, ob bei Platon am
Ende die philosophische Religion und die Interessen der Polis zusammenfallen[12], zielt also auf den kritischen Punkt des sokratisch-platonischen
Philosophierens, der ja auch als solcher vom athenischen Establishment
erkannt worden ist. Der ökonomischen, politischen und ethischen Krise
der Polis (s. o. § 10) lag die religiöse Krise zugrunde, denn jede Religion
hat wohl die von Hegel betonte und von Feuerbach absolut gesetzte Seite,
das „Wissen des Wesens" zu sein, „das eigentlich unser Wesen" ist[13].
Wenn das so ist, lassen sich aus der geschichtlichen Entwicklung der
Religion wichtige Rückschlüsse auf die prinzipielle Einstellung der Menschen zu Staat und Gesellschaft ziehen und möglicherweise auch Prognosen
für künftige politische Veränderungen ableiten. Wenn nun „Platons
Theologie im Grunde den Rahmen des Polisglaubens durchbricht", so daß
„die Stoiker, die den Gedanken einer kosmopolitischen Religion zur Entfaltung brachten, alles Grundsätzliche bereits bei Platon vorfanden"[14], so ist
damit die politische Auflösung der Polis vorweggenommen. Nur daß
Platon wie Sokrates (s. o. § 9) und zum Teil auch noch Aristoteles[15] eine
Vermittlung zwischen der polistranszendenten philosophisch-theologischen
Position und der griechischen politischen Realität suchten. Erst so brachten
sie die in der Polis entwickelte politische Vernunft zur vollen Entfaltung
und gaben ihr eine Form, in der sie den Untergang der Polis überlebte.

Der Philosoph ist demnach der „successor of the seer-poet" (107 ff.), „the conscious inheritor of a past in which the exceptional wisdom of the sage had been
attributed to divine inspiration and expressed in poetry" (126). Der Ort der
Philosophie bestimmt sich aus ihrer Verwandtschaft zu und Absetzung von
1. Sehertum (archaischem Schamanentum), 2. Dichtung, 3. empirischer Wissenschaft.

[12] *Manasse* II, 130.
[13] *Hegel*, WG 11, 215; vgl. WG 15, 257: „Das Volk, das einen schlechten Begriff
von Gott hat, hat auch einen schlechten Staat, schlechte Regierung, schlechte
Gesetze."
[14] *Manasse* II, 130; vgl. *Solmsen*, 163.
[15] Wie sich das bei *Aristoteles* genau verhält, kann hier nicht untersucht werden.
Es gibt bei ihm eine Verbindung von Politik und Philosophie und von Philosophie und Theologie. Dennoch scheint es richtig zu sein, wenn *Solmsen*
schreibt: „Plato was the last Greek to discuss the nature of the gods and man's
attitude to the deity in the context of a political system ... Aristotle and the
Hellenistic thinkers ignored this relationship completely" (op. cit., 177 f.;
vgl. *Bien*, 283 f.; 288 f.
Diese Positionen können nur zusammenstimmen, wenn man bei Aristoteles einen Bruch zwischen Theorie und Praxis annimmt. Gewisse Modifikationen dieser Annahme ergeben sich z. B. aus *Stenzels* Ausführungen zum
Verhältnis Theologie-Theorie-Praxis bei Aristoteles (Metaphysik des Altertums, 183).

§ 42. Zum Begriff der Mimesis

Über das philosophische Transzendieren der Polis und die Rückkehr der Philosophen in die politische Höhle, so wie es die POLITEIA darstellt, ist hinreichend gehandelt worden. Es bleibt noch genauer zu untersuchen, wie Platon die dichterischen Mittel in den Dienst der philosophischen Distanzierung stellt und wie das zu seiner Dichterkritik paßt.

Um beim Zweiten anzufangen: Zunächst richtet sich Platons Kritik der Dichtung gegen gewisse Züge ihres mythischen, ethischen und realistischen Inhaltes[16]. Sie ist, wie Gadamer hervorgehoben hat, zunächst keine prinzipielle Kritik, sondern macht theologische, wissenschaftliche und ethisch-politische Gründe gegen gewisse Inhalte der griechischen Dichtung von Homer bis zu Platons Gegenwart geltend[17]. Gadamer weist auch darauf hin, daß Platon mit dieser Kritik nicht vereinzelt dasteht, sondern Philosophen wie Xenophanes, Heraklit, Pythagoras, Anaxagoras und auch einige Dichter zu Vorgängern hat. Bestimmte Arten Dichtung, nämlich „Hymnen auf die Götter und Preislieder auf die ‚Guten'" können vor dieser Kritik bestehen[18]. Darüber hinaus jedoch richtet sich Platons Argumentation prinzipiell gegen Dichtung, und zwar gegen ihre Form, vor allem sofern es sich um Darstellung (mímesis) handelt[19]. Unter Mimesis im engeren Sinne versteht Platon einmal die schauspielerische Darstellung (P 394 B ff.), und zweitens die Darstellung direkter Rede im epischen, erzählerischen Zusammenhang (P 392 D ff.)[20]. Die dichterische Mimesis ist deshalb Täuschung, weil in ihr der Dichter sich selbst verbirgt (P 393 C) und „darauf ausgeht, unser Gemüt anderwärts hin zu wenden, als ob ein anderer der Redende wäre als er selbst" (P 393 A). In einer Erzählung oder einer sonstigen Rede, bei der klar ist, daß der Dichter spricht, können zwar auch Unwahrheiten[21] oder ethisch und religiös verwerfliche Ansichten vorkommen, aber die Kritik hat hier ein direktes Gegenüber, der Verstand

[16] P 363 A — 366 B; 377 C — 392 C; 589 D — 608 B; vgl. ION 536 D ff.
[17] *Gadamer*, 184f.; zum Folgenden überhaupt Gadamer: Plato und die Dichter (1934), wiederabgedruckt in: Gadamer, 179—204; *J. Stenzel:* Über den Zusammenhang des Dichterischen und Religiösen bei Platon, in: Kl. Schriften, 107—126; *R. C. Lodge:* Plato's Theory of Art; *Mayr*, 192ff.; *Müller*; weitere Literatur bei *Panofsky:* Idea, Vorwort zur 2. Aufl.
[18] *Gadamer*, 200.
[19] P 392 C — 398 B; 595 A — 608 B; vgl. *Gadamer*, 185f.; 195ff. — μίμησις ist, wie spätestens seit *Koller* (Die Mimesis in der Antike) feststeht, im allgemeinen mit „Darstellung", nur selten mit „Nachahmung" zu übersetzen, speziell zu Platon jedoch Koller, 17.
[20] Innerhalb des Begriffs λέξις (Redeweise) unterscheidet Platon 1. διήγησις (Erzählung) 2. μίμησις (Darstellung, Nachahmung) — P 392 C ff.
[21] Platon spricht von der „Erzählung entweder geschehener Dinge oder jetziger oder künftiger" (P 392 D). Er scheint nicht zu sehen, daß die dichterische Erzählung prinzipiell Fiktion ist (vgl. *K. Hamburger:* Die Logik der Dichtung,

des Zuhörers wird nicht durch allerlei Brechungen in die Irre geführt. Die Mimesis jedoch ist prinzipiell Täuschung als Vortäuschung von Realität und wird besonders gefährlich, wenn sie diesen ihren Charakter, statt ihn bewußt zu machen, zu tarnen versucht mit solcherart Tricks, wie sie die Gaukler verwenden, um die Leute zu täuschen[22]. Außerdem ist sie beim Schauspiel doppelt gefährlich, da nicht nur die Zuschauer in die Irre geführt werden, sondern mehr noch die Schauspieler sich in der Gefahr befinden, „von der Nachahmung (schlechter Beispiele) das Sein davonzutragen" (P 395 C/D).

Wenn Platon im 10. Buch der POLITEIA die Dichterkritik wieder aufnimmt und zu Ende führt, gebraucht er zwar anfangs den Begriff mímesis in diesem speziellen Sinne, indem er noch strenger als im 3. Buch für den Musterstaat fordert, daß in ihm Dichtung, sofern sie darstellend ist, überhaupt keinen Platz haben dürfe (P 595 A). Dann jedoch fragt er nach Darstellung im allgemeinen[23] und subsumiert darunter alle Dichtung, gleich ob sie Darstellung oder Erzählung ist, und darüber hinaus alle Kunst. Leitendes Beispiel ist nun die Malerei[24]. Während der Handwerker als Beherrscher einer Techne wenigstens einzelne, wirkliche Dinge macht, die *so sind wie* das eigentlich seiende Eidos, das er nicht macht (P 597 A), produziert der künstlerische Mimetés nur Trugbilder (phantásmata) als Abbilder von Erscheinendem (phainómena) (P 598 B; 599 A). Er nimmt die einzelnen Dinge, auch z. B. die einzelnen Fälle von tugendhaftem Verhalten (P 600 E) nicht als bloße Schattenbilder (eídola/P 598 B; 600 E), sondern so, als wenn sie für sich wirklich wären und Bestand hätten. Der Mimetés ist so „dreifach

---

Stuttgart 1957). μίμησις ist bei Platon teils ein engerer, teils ein weiterer Begriff als „Fiktion".

[22] P 602 D; vgl. *Müller*, 319 ff.

[23] μίμησις ὅλως — P 595 C.

[24] Nach *Koller* ist im dritten Buch der POLITEIA, „wo sich Platon zum erstenmal theoretisch mit der Mimesis befaßt, diese noch eine reine Ausdruckslehre der *Musik* (im weitesten Sinn, Musik als Tanz zu gesungenen Worten, als Rhythmos, Melos, Logos) und in zweiter Linie, durch eine Platonische Erweiterung, der *Dichtung* . . .; nicht aber allgemeine Grundlage für eine Theorie der Kunst". Dagegen orientiere sich die Auseinandersetzung des 10. Buches „vollständig an der Malerei", womit der ursprüngliche, vorplatonische Mimesisbegriff eine völlige Umwertung erfahre und nicht mehr wiederzuerkennen sei (op. cit., 21; vgl. 63 ff.). Mit *Verdenius* (s. u.), *Lodge* (op. cit., 167 ff.) und auch *Müller* kommt man jedoch zu der Auffassung, daß der Platonische Mimesisbegriff diese Differenzierungen durchaus zur Synthese bringt.

  Koller scheint hier den philosophischen Wald vor philologischen Bäumen nicht zu sehen. Sicherlich wird μίμησις von Platon „undogmatisch gebraucht", ist „keineswegs eine einheitliche durchgängige platonische Kategorie" (*Manasse*: Platons Sophistes und Politikos, 110; 115). Aber damit gleicht sie den meisten Platonischen Begriffen. Allgemein nimmt Platon sie aus dem Sprachgebrauch auf und bringt sie dialektisch zu philosophischer Bedeutung unter „Aufhebung" der ursprünglichen Vieldeutigkeit.

von der Wahrheit entfernt" (P 599 A). An erster Stelle rangiert nach Platon Gott, der Hersteller der Natur[25] und so z. B. auch „wahrhaft der Verfertiger des wahrhaft seienden Bettgestells" (also auch der Ideen der technischen Dinge) (P 597 D; 596 C); an zweiter Stelle kommt der Handwerker oder Techniker, der menschliche Demiourgos, der einzelne Dinge nach dem Entwurf des von ihm und seiner Wissenschaft erkannten Eidos schafft; und erst an dritter Stelle steht der künstlerische Mimetés, der die erscheinende Wirklichkeit für bare Münze nimmt (P 597 D/E), und so noch nicht einmal das wahrhaft Seiende *abbildet*[26].

Da nun die künstlerische Nachbildung an der Schattenbild-Wirklichkeit, die sie sich zum Objekt nimmt, nur eine schwache Stütze hat, ist sie darauf angewiesen, sich beim Subjekt, an das sie sich richtet, einzuschmeicheln. Sie muß daher auf die Zustimmung des größten, also des begehrlichen Seelenteils spekulieren und muß anknüpfen an die Widersprüche, die er in der Seele verursacht[27]. Wenn sie Menschen darstellt, wird deshalb die Dichtung sich nicht „die vernünftige und ruhige Gemütsverfassung, welche ziemlich immer sich selbst gleichbleibt", sondern die „gereizte und wechselreiche Gemütsstimmung" zum Gegenstand wählen. Denn diese geht der Menge, die selber vom begehrlichen Seelenteil bestimmt ist, leichter ein, während die Nachbildung der vernünftigen und ruhigen Gemütsverfassung, welche die Voraussetzung und die Folge der Erkenntnis der wahren Wirklichkeit ist und eines ihr entsprechenden Handelns, schwierig ist und wenig erfolgversprechend (P 604 E; 605 A).

Insofern jedoch Mimesis „Nachbildung" bedeutet[28], tritt bei Platon ein weiterer und zwar positiver Begriff von Mimesis hervor. Er wird greifbar, wenn Sokrates fragt, ob z. B. die Malerei darauf aus sei, „das Seiende nachzubilden, wie es sich (tatsächlich) verhält, oder das Erscheinende, wie es erscheint" (P 598 B). Hier ist ein Begriff von Mimesis angedeutet[29], der sowohl die technische Nachbildung des wahrhaft seienden Eidos, als auch

---

[25] φυτουργός — P 597 D; vgl. 597 B; 596 C.

[26] „Für den griechisch-platonischen Begriff der μίμησις, der Nachahmung, ist *nicht* das Wiedergeben, Abbilden entscheidend, dieses, daß der Maler dasselbe noch einmal bringt, sondern daß er dies gerade nicht kann und noch weniger zur Wiedergabe imstande ist als der Handwerker" (*Heidegger:* Nietzsche, I, 215).

[27] P 603 D ff.; vgl. *Manasse:* Platons Sophistes ..., 111; *J. Wild:* Plato's Theory of TΕΧΝΗ, 287 ff.; 271.

[28] Die *Schleiermacher*sche Platonübersetzung gibt die Bedeutungsverschiebungen, welche die Lebendigkeit des Begriffes mímesis in der POLITEIA ausmachen, vorzüglich wieder.

[29] Die „Unterscheidung der Mimesis in ‚ebenbildnerische‘, dem Gegenstand adäquate und ‚trugbildnerische‘, (perspektivisch) täuschende Darstellung", von der *Müller* (198f.) sagt, sie sei im SOPHISTES neu gegenüber der POLITEIA, ist also bereits in dem früheren Werk angelegt. Vgl. zu diesem Problem *Manasse:* Platons Sophistes ..., 109, Anm. 2.

die philosophisch-schriftstellerische Darstellung dieser ganzen Wirklich-
keitsstufung, als auch (vgl. N 667 Dff.) die künstlerische Darstellung der
(wahren) Realität positiv bezeichnet[30]. Dieser umfassende Mimesis-Begriff
der POLITEIA kehrt z. B. im POLITIKOS wieder, wenn es im Hinblick auf
Gesetze und Staatsverfassungen heißt: „Nun sind das doch überall nur
Nachbildungen (mimémata) des Wahren, was so von den Wissenden nach
Vermögen aufgezeichnet ist"[31]. Nicht mehr bloß Nachbildung, sondern
unmittelbar wahr ist allein das ethisch-politische Handeln des wahrhaft
Wissenden, falls es einen solchen durch göttliche Gnade gibt (Po 300 E).

Bezugnehmend auf ähnliche Verwendung des Mimesisbegriffs in
KRATYLOS, PHAIDROS, TIMAIOS, KRITIAS, NOMOI sieht ihn Verdenius im
Zusammenhang mit Platons „conception of a hierarchical structure of
reality", die darin besteht, daß es verschiedene Seinsebenen gibt, „each of
‚them (except the Good, which is absolutely real) trying, within its own
limits, to express the values superior to it." Von daher kann Verdenius
mit Diès sagen: „the idea of imitation is at the centre of his [Platons]
philosophy"[32]. Mimesis ist der Partnerbegriff zu Paradeigma[33], und ihr
Begriffsfeld erstreckt sich bis hin zur Synonymität mit jener „Verähn-
lichung mit Gott"[34], von der es im THEAITHET heißt, sie sei der Weg,
dem als Gegensatz zum Guten stets notwendigen Bösen zu entgehen[35]. Bei
alledem gehört zur Mimesis das Bewußtsein der Vorläufigkeit. Auch noch
die höchsten Formen der Mimesis sind *bloß* Nachahmung.

Daß Platon in seiner exoterischen Philosophie selber, wie er es bei den
Dichtern tadelt, sich hinter seinem Werk verbirgt, indem er für das Werk

---

[30] Dazu *Schubl:* Platon et l'art de son temps, pass.; *Heidegger:* Nietzsche I, 196ff.;
   Panofsky: Idea, 1ff.; *Müller,* 198f.; 292ff.
   Nach *Müller* bedeutet Mimesis in ihrem antiken Begriff „allgemein das auf
   ein absolutes Substrat verwiesene sinnfällig Gegebene, dem jedoch die Dynamik eignet, sich von seinem Substrat zu lösen und zugleich mit dieser Bewegung an dessen Stelle zu treten" (304; vgl. 306). Die wahre Mimesis wird
   von der Philosophie als „wahrer Tragödie" (N 817 A—D) aufgehoben.
   Müller schreibt zusammenfassend: „Die fortführende Bewahrung der Wahrheit der Mimesis, der archaischen Repräsentation des Göttlichen im Theater,
   macht in der Tat die Definition der philosophischen Theorie aus" (342).
[31] Po 300 C; s. o. § 28.
[32] *Verdenius:* Mimesis, 16; vgl. 13.
[33] „Auf den beiden urgriechischen Begriffsschöpfungen von Paradeigma und
   Mimesis, Vorbild und Nachahmung, beruht die gesamte griechische Paideia"
   (*Jaeger* II, 339). Auch Platons theoretische Philosophie beruht darauf, wie der
   Zusammenhang zeigt, der zwischen μίμησις und μέθεξις, einem der Platonischen Grundbegriffe, besteht (dazu *Manasse,* op. cit., 106ff.).
[34] ὁμοίωσις θεῷ — THEAITETOS 176 B.
[35] Vgl. *Manasse,* op. cit., 109. Auf Grund dieses Zusammenhangs konnte ja
   auch „imitatio", das lateinische Wort für μίμησις, im Titel von *Thomas von
   Kempens* „De Imitatione Christi" erscheinen.

die Form einer — zwar oft erzählten[36], aber wiederum nicht von ihm selber erzählten — Darstellung wählt, ist offenbar ein bewußter Hinweis auf den bloßen Nachbildungscharakter dieser geschriebenen Philosophie[37]. Dabei wird in den frühen und mittleren Dialogen die philosophische Aktion des begnadeten Weisen Sokrates dargestellt. Das bewußte mimetische Spiel hält durchgehend, auch wenn der Inhalt der mittleren und späten Dialoge weniger aporetisch und mehr dogmatisch wird, die Erinnerung an das sokratische Nichtwissen gegenwärtig[38]. Zumindest unter den damaligen politischen Bedingungen konnte dieses Negative nach Platon nicht positiv werden, so daß sozusagen die Wahrhaftigkeit das Spiel mit der dichterischen Täuschung gebot[39].

Trotz aller dieser Feinheiten und Modifikationen bedeutete jedoch die schlechthinnige Verurteilung der künstlerischen Poiesis einmal, wie Gadamer schreibt, einen „Angriff auf die tragende Substanz des griechischen Wesens und das Erbe seiner Geschichte"[40], und zum zweiten wären damit Platons eigene Dialoge nach Form und Inhalt mitbetroffen. Inhaltlich würde eine zentrale Position der Philosophie Platons in Frage gestellt, nämlich seine Lehre von der Idee, zuoberst der Idee des Guten, als Paradeigma. Denn nach der POLITEIA sollen die Philosophenherrscher „wie Maler indem sie auf das Wahrhafteste sehen und von dorther alles, auf das genaueste achtgebend, übertragen", das Gesetzliche und Schöne in bezug auf Recht und Unrecht festlegen (P 484 C/D; vgl. 500 E). Wie der Maler auf das tatsächliche Aussehen und die darin zum Vorschein kommende Schönheit eines nachzubildenden Gegenstandes blickt (vgl. N 667 Dff.), so sollen die Philosophenherrscher, nachdem sie das Gute selbst gesehen haben, „dieses als parádeigma gebrauchend, den Staat, ihre Mitbürger und sich selbst ... in Ordnung halten" (P 540 A). Und der Musterstaat, sofern Sokrates ihn in der POLITEIA institutionell ausmalt, ist wiederum ein parádeigma, ein normatives Beispiel, zur Orientierung für die diesen Staat Bestimmenden, das Sokrates wie ein Maler-mit-Worten entworfen hat (P 472 D; 501 E). Auch sonst werden die Malerei und das Schauspiel in der POLITEIA zur Verdeutlichung dessen herangezogen, was die Philosophie und Sokrates' philosophisches Gespräch leistet (P 377 E; 451 C; 529 E).

---

[36] Vgl. *Gadamer*, 202f.

[37] Vgl. *Schaerer:* La question Platonicienne, 190ff.

[38] „Sowohl der Charakter der ‚Abbildhaftigkeit' als auch die prinzipielle Spannung, die den Logos erst ermöglicht, läßt deutlich erkennen, daß das philosophische ‚Nichtwissen' des Sokrates in bestimmter Weise bis in die systematische Lehre Platons hineinreicht" (*Gaiser* 2, 10).

[39] Vgl. *Gadamer*, 201.

[40] Ebd. 186.

Die Kunst zeigt sich hier von einer positiven Seite, die Platon bei der Dichterkritik der POLITEIA ganz zu vergessen scheint. In den NOMOI analysiert er die Größe und Gefahr der Kunst objektiver (N 667 Bff.). Dort kritisiert er eindeutiger als in der POLITEIA nur die Art von Mimesis, die sich statt an der Angemessenheit und dem Nutzen der Darstellung allein an der Lust orientiert, die sie beim Publikum erweckt. Die Beurteilung der Kunst erfordert erstens die Erkenntnis des Wesens dessen, was dargestellt ist (N 668 C) und zweitens die Erkenntnis der Schönheit des Dargestellten und der Darstellung (N 669 A). Es gibt nämlich Kunst, „die durch Nachbildung des Schönen Ähnlichkeit besitzt" (N 668 B). Dabei ist Schönheit nicht ein anderes Wort für die Lust des Betrachters, also dafür daß irgendetwas irgendwelchen Menschen aus unerfindlichen Gründen gefällt, sondern das Kunstwerk läßt erkennen, daß die Schönheit in den Dingen selbst liegt, und hat so auch den „Nutzen", den Menschen die Einordnung in diese vorgegebene Harmonie zu ermöglichen. Darum ist ja auch gemäß der POLITEIA der Unterricht in der musischen Kunst geeignet, den jungen Leuten die erste und fundamentale Bildung zu vermitteln, was gar nicht möglich wäre, wenn es nicht solche Künstler gäbe, „die eine glückliche Gabe besitzen, der Natur des Schönen und Anständigen überall nachzuspüren" (P 401 C). Es gibt sie aber: Künstler können auch sein „Nachahmer des Rechten" (P 397 D), und künstlerische Mimesis ist entweder bloße Nachahmung der erscheinenden Welt oder auch Nachbildung und Darstellung der wahreren Wirklichkeit[41].

Die Kunst hat nach Platon, wie Verdenius aufweist, einen doppelten Aspekt: „in its visible manifestation it is a thing of the most inferior value, a shadow; yet it has an indirect relation to the essential nature of things"[42]; „in its poor images it tries to evocate something of that higher realm of being which also glimmers through phenomenal reality"[43]. Und jene indirekte Beziehung der Kunst zur wesentlichen Natur der Dinge muß sogar in mancher Hinsicht direkter sein als das Scheinen der höheren Realität

---

[41] Vgl. *J. Tate:* ‚Imitation' in Plato's REPUBLIC; *Schuhl,* op. cit.; *Panofsky,* op. cit.

[42] *Verdenius,* op. cit., 19.

[43] Ebd. 18. Nach *Schaerer,* auf den sich Verdenius beruft, ist für Platon „toute réalité, sauf le Bien, … imitatrice d'une autre et, en ce sens, futile, vaine, illusoire; inversement, toute réalité, sauf le Non-Etre pur, est modèle d'une autre réalité et, en ce sens, sérieuse, importante, nécessaire"; „le monde platonicien apparaît … comme entièrement soumis au principe d'imitation" (op. cit., 158; 161; vgl. *V. Goldschmidt:* Le paradigme dans la dialectique Platonicienne).

Die künstlerische Mimesis kann sich in diesen allgemeinen Mimesis-Zusammenhang einfügen, 1. indem sie *mehr* die Schönheit selbst darstellt, die in der sinnlichen Wirklichkeit nur durchscheint, *als* diese vordergründige Realität, 2. indem sie selbst beim mimetischen Aufbau einer bloß dargestellten, fingierten Wirklichkeit, diesen Fiktionscharakter nicht verschleiert, sondern bewußt macht. (Vgl. *Schaerer,* op. cit., 133; 190 und dazu die Rezension von

in den Phänomenen, damit die Verdoppelung der Realität durch die Kunst ethisch-pädagogisch so bedeutsam werden kann[44]. Doch dazu ist wiederum erforderlich, daß die Kunst ihre Grenzen beachtet. Verdenius' Hauptthese ist, daß Platons ganze Argumentation „is concentrated upon an attempt to circumscribe the limits of art as such and to assign to it its proper place in the whole of things"[45]. Die Kunst erlangt ihre spezifische Arete, wenn sie weder ist eine bloße, sklavische und Realität vortäuschende Kopie, noch aufgefaßt wird als ein Äquivalent zur Realität[46], sondern wenn sie bei einer angemessenen, „ebenbildnerischen" Darstellung der erscheinenden Wirklichkeit die paradigmatische Wirklichkeit durchscheinen läßt, indem sie z. B. „general values through the medium of human life" darstellt[47]. Die Kunst ist ein Spiel, und darunter versteht Platon, wie Verdenius, Schaerer zitierend schreibt: „every activity which is exercised with a view to something more important"[48].

Platon hätte also dem zustimmen können, was später Aristoteles sagt: „die Dichtung ist etwas Philosophischeres und Ernsteres als die Geschichte, weil die Dichtung mehr das Allgemeine, die Geschichte dagegen das Einzelne aussagt"[49]. Platons philosophische, das heißt hier ethisch-politische Kritik der Dichtung ist sehr differenziert. Prinzipiell gilt jedoch für Platon, daß die Dichtung und die Kunst überhaupt in die Krise der Polis hineinverwickelt sind. Wenn sie nicht gar den Verfall mitverursacht hat, so ist sie doch auf jeden Fall nicht in der Lage, ihm zu steuern oder auch nur seine Ursachen aufzudecken. Im Laufe der Entwicklung der Polis war der innere Mangel der Kunst, nur eine sinnlich vermittelte und womöglich verstellte Mimesis des Schönen und Rechten zu sein, offenbar geworden. Im Zeitalter der Sophistik nahm diese Krise eine solche Form an, daß die Kunst nie wieder ihre „ursprüngliche und wahre Stellung ... als höchstes Interesse des Geistes" zurückerlangt hat[50]. (Sokrates-)Platon mit seiner Kritik der „versinnlichenden Vorstellung des Göttlichen"[51] war der Vollender der Sophistik aber auch ihr Überwinder, insofern „als er in der Sophistik den Versuch erkennt, die Negation geistiger Vermittlung wissenschaftlich zu rechtfertigen und damit der Dichtung eine permanente

---

D. J. Allan in: Mind 48, 1939, 239—242; vgl. auch Lodge: Plato's Theory of Art, 136ff.)
[44] Vgl. Wild; Plato's Theory of TEXNE, 289.
[45] Verdenius, op. cit., 29.
[46] Ebd. 29 und pass. KRATYLOS 432 B stellt Platon heraus, daß die Richtigkeit des Abbildens anderen Gesetzen unterliegt als die Struktur der Sache selbst.
[47] Ebd. 13.
[48] Ebd. 21; R. Schaerer, op. cit.; vgl. Gundert: Zum Spiel bei Platon.
[49] Aristoteles, Poetik 1451 b 5—7.
[50] Hegel, WG 12, 149f.; vgl. 32.
[51] Ebd. 150.

Herrschaft in der Polis zu sichern"[52]. In der Dichtung wußte die Sophistik die alte Religion und Sittlichkeit in einer Form gegenwärtig, mit der sie fertig wurde, indem sie etwa von der anthropomorphen Darstellung der Götter leicht zum Atheismus und zum Menschen als Maß aller Dinge übergehen konnte. So gesehen ist „nicht die zeitgenössische Kunst in ihrer Entartung und die von diesem Kunstgeschmack bestimmte Auffassung der älteren, klassischen Dichtung" der Gegenstand der Platonischen Kritik, „sondern die zeitgenössische Sittlichkeit und die sittliche Erziehung, die sich an den dichterischen Gestalten der älteren Sittlichkeit aufbaute und die im Weitertragen alternder Gestalten gegen den Einbruch der willkürlichen Verkehrung durch den sophistischen Geist keine Widerstandskraft besitzt"[53].

§ 43. Das politische Kunst-Werk und das Problem einer Rehabilitation politischer Ethik

Wenn aber, trotz aller Kunstkritik, Platons Philosophie durch ihre metaphysische, paradigmatische Struktur eine nahe Verwandtschaft zur Kunst aufweist, ist es dann nicht vielleicht berechtigt, Platon als einen Ästheten abzutun? So liest man bei Popper, diesem Sammelbecken aller einseitigen Urteile über Platon: „Platon war ein Künstler; und wie viele der besten Künstler versuchte er, sich ein Modell, das ‚göttliche Urbild' seines Werkes vor Augen zu führen und es dann getreulich ‚abzubilden' . . . Der platonische Politiker komponiert Staaten um ihrer Schönheit willen. — Hier aber muß ich Einspruch erheben. Ich glaube nicht, daß man Menschenleben als Mittel verwenden darf um das Ausdrucksbedürfnis eines Künstlers zu befriedigen. Wir müssen, genau umgekehrt, verlangen, daß jedermann das Recht haben soll, sein eigenes Leben zu gestalten, wie er will, solange er dadurch das Leben anderer nicht zu sehr stört"[54].

Um das in eine diskutable Form zu bringen, was Popper hier meint, muß man den von ihm weniger kritisierten als vielmehr beschimpften Hegel[55] zu Rate ziehen. In Hegels Vorlesungen über die Philosophie der Geschichte nämlich wird das antike Hellas unter dem Titel „Kunstwerk" abgehandelt: „als das subjektive Kunstwerk, das heißt als die Bildung des Menschen selbst; als das objektive Kunstwerk, das heißt als die Gestaltung der Götterwelt; endlich als das politische Kunstwerk, die Weise der Verfassung und der Individuen in ihr" (WG 11, 315 ff.). Unter „Kunst" ver-

---

[52] *Müller*, 318.
[53] *Gadamer*, 197.
[54] *Popper:* Die offene Gesellschaft . . . I, 224.
[55] *Popper*, op. cit., II.

steht Hegel hier — so wie es im Platonischen Mimesisbegriff sichtbar wurde — zugleich technisches und künstlerisches Machen, wobei Technik auch die oberste téchne politiké mitumfaßt. Hegel nennt in diesem Sinne den griechischen „Geist" (worin zusammengefaßt ist, was die Griechen in der Welt ausrichteten und wie sie sich dabei selbst verstanden) den „umbildenden Bildner" (WG 11, 315). Dieses Umbilden geschieht auch gegen die Natur (ebd.), aber so, daß die Tätigkeit des Geistes „hier noch nicht an ihm selbst das Material und das Organ der Äußerung hat, sondern sie bedarf der natürlichen Anregung und des natürlichen Stoffes; sie ist nicht freie, sich selbst bestimmende Geistigkeit, sondern zur Geistigkeit gebildete Natürlichkeit"[56]. Das heißt, die Griechen nennen etwas, von dem auch sie selber zum Teil bestimmt werden, Natur und verstehen darunter ein nicht Machbares, sondern nur Umzubildendes. Diese Einstellung manifestiert sich auch in ihrer Religion mit ihren von Dichtern und Bildhauern geformten Göttern. Der Mensch weiß sich als ihr Schöpfer, „sie sind sogenanntes Menschenwerk". „Sie sind aber nicht nur dies, sondern die ewige Wahrheit und die Mächte des Geistes an und für sich, und ebenso vom Menschen nicht geschaffen als geschaffen. Er hat Achtung und Verehrung vor diesen Anschauungen und Bildern, vor diesem Zeus zu Olympia und

---

[56] WG 11, 314f. Im Verhältnis zu dem geschichtlich Früheren und Späteren nennt Hegel die griechische Freiheit „die Mitte zwischen der Selbstlosigkeit des Menschen, (wie wir sie im asiatischen Prinzip erblicken...) und der unendlichen Subjektivität als reiner Gewißheit ihrer selbst, dem Gedanken, daß das Ich der Boden für alles sei, was gelten soll. Der griechische Geist als Mitte geht von der Natur aus und verkehrt sie zum Gesetztsein ihrer aus sich; die Geistigkeit ist daher noch nicht absolut frei und noch nicht vollkommen aus sich selbst..." (ebd.). Geschult durch die Heideggersche Einfühlung in die griechische Rücksichtnahme auf die Natur erfaßt Kuhn das Gleiche, indem er über den Begriff téchne schreibt: „So ist die Techne einerseits wohl Unterwerfung des Vorgefundenen in Herstellung und Anordnung, zugleich aber Hilfeleistung für das Beherrschte und Besorgung des ihm Zuträglichen (συμφέρον) im Wissen um seine Bedürftigkeit und im Abzielen auf seine Tüchtigkeit (ἀρετή)" (2, 20). Nach J. Wild (Plato's Theory of ΤΕΧΝΗ, 268; 278ff.) ist die genuine Einsicht in die (nicht machbare) Natur der Dinge die Quelle der téchne.

In der selbstbewußten Sprache der technischen Zivilisation nimmt sich das so aus: „Admitted they [die alten Griechen] were a gifted people who produced great litarature, great architecture, and great sculpture, yet in the realm of science they showed a dilettantism and lack of interest which must seem repulsive to modern man, who has learnt by scientific method ... to master that nature which the Greeks feared" (Crossman, Plato Today, 1). Crossman referiert freilich nur diesen Standpunkt. Wie problematisch er ist, wird für ihn im politisch-sozialen Bereich deutlich, wenn es um die Anwendung der „scientific method", die ja eine Methode kollektiver Herrschaft des Menschen über die Natur ist, auf den Menschen selber und seine Natur geht (vgl. Crossman, 1ff.).

dieser Pallas auf der Burg, ebenso vor diesen Gesetzen des Staates und der
Sitte; aber er, der Mensch, ist der Mutterleib, der sie konzipiert, ... er das
Geistige, das sie groß und rein gezogen hat" (315). Von der weiteren Entwicklung der Geschichte her gesehen, ist das antike Griechentum zur Zeit
seiner Blüte dadurch gekennzeichnet, „daß der Einzelne mit der Beschränkung seines Daseins zufrieden ist, und den schrankenlosen Gedanken seines
freien Selbsts noch nicht erfaßt hat"[57]. Wie bereits angeführt, deutet Hegel
Platons Philosophie als den Versuch, die substantielle Einheit von Natur
und Geist (Physis und Techne) aus dem Geist neu zu konstituieren.

Popper mißdeutet diesen Versuch als Ästhetizismus. Im Zusammenhang
der oben zitierten Stelle schreibt er: „Die Politik ist für Platon die königliche Kunst. Sie ist Kunst nicht in dem metaphorischen Sinn, in dem wir
von der Kunst der Menschenbehandlung ... sprechen, sondern sie ist
Kunst in einem weit buchstäblicheren Sinn. Sie ist eine Kunst der Kompo-
sition wie die Musik, das Malen oder die Architektur." Andererseits nennt
Popper Platon einen Wissenschaftler und Techniker. Nach ihm war Platon
„einer der ersten Sozialwissenschaftler und zweifellos der bei weitem einflußreichste"[58]. Die Platonische Sozialwissenschaft mit ihrer Lehre von
den Philosophenkönigen entwickelt, wie Popper schreibt, „die Methode
des Planens im großen Stil, die utopische Sozialtechnik ... oder die Technik
der Ganzheitsplanung"[59], der Popper „die Sozialtechnik der Einzelprobleme, die Technik des schrittweisen Umbaus der Gesellschaftsordnung
oder die Ad-hoc-Technik" entgegensetzt[60].

Diese Analyse der Platonischen Philosophie beruht offenbar zu einem
guten Teil auf einer Verkennung der Übersetzungsprobleme, die sich an
das griechische Wort „téchne" knüpfen. Es bezeichnet „das Können im
Sinne des Sichverstehens auf etwas, des sich auskennenden und somit
beherrschenden Wissens"[61]. Ein ähnlich umfassendes Bedeutungsfeld
hatten die Wörter „ars", „art", „Kunst". Erst als sich eine besondere Art
menschlichen Könnens durch die Anwendung der exakten Naturwissenschaften auf die Beherrschung der Natur entwickelte und diese mit dem
Namen Technik bezeichnet wurde, verengte sich das Bedeutungsfeld von

---

[57] *Hegel:* Phänomenologie des Geistes, ed. Hoffmeister, Hamburg 1952, 491;
vgl. überhaupt zum vorliegenden Zusammenhang die Kapitel „Die natürliche
Religion" und „Die Kunst-Religion" der PHAENOMENOLOGIE, sowie das
Kapitel „Die Religion der Schönheit", WG 16, 95 ff.
[58] *Popper:* Die offene Gesellschaft . . ., I, 64.
[59] Ebd. I, 213.
[60] Ebd. I, 213 ff.; vgl. derselbe: Das Elend des Historizismus, 47 ff.
[61] *Heidegger:* Nietzsche, I, 192. Vgl. *Hirzel* (Themis, Dike . . ., 285 f.): „,Kunst-
werk' muß hier in einem allgemeineren Sinn verstanden werden, d. h. als das,
was nicht ein Spiel des Zufalls oder die Frucht natürlicher Entwicklung,
sondern durch menschliche Berechnung entstanden ist." (Vgl. überhaupt
Hirzel, 285—293).

„Kunst" zunächst auf die artes liberales, die im Mittelalter noch die artes mechanicae oder serviles neben sich hatten[62], und dann auf die „schönen Künste". Es handelt sich also bei Platon (Sokrates, Aristoteles) weder um Kunst in einem „metaphorischen", noch einem „buchstäblichen" Sinn, sondern um etwas in entscheidenden Punkten anderes, das nur unter Beachtung der historischen Differenz zu erfassen ist.

Bei Platon stehen die heute säuberlich getrennt scheinenden Bereiche noch näher beieinander. Andererseits liegt bei ihm, z. B. in seiner Kritik der dichterischen Mimesis eine Wurzel moderner Differenzierungen. Mimesis im weiteren Sinne jedoch bezeichnet zugleich 1. ein Handeln nach einem Vorbild und 2. ein Machen (téchne, poíesis) als Nachbildung eines Entwurfs, welchen die Seele (das Ich, das individuelle und kollektive Bewußtsein) nicht allein aus sich setzt, sondern durch ihr oberstes, vernünftiges Vermögen als gut erkennt. Es liegt darin eine primäre, substantielle Rationalität, welche die Frage nach dem Guten nicht bloß an kleinere Weltbezüge, sondern auch an das Ganze, sowohl das politische, wie das kosmische richtet. An der Polis seiner Zeit hatte Platon das Bild eines Systems vor Augen, in dem die rationalen Einzeltechniken beim Fehlen einer übergeordneten téchne politiké zu einem irrationalen, auf Zerfall gerichteten Gesamttrend zusammenwirkten[63]. Für die in einem ideologisch gewordenen Konservatismus befangene Polis gab es praktisch kein umfassendes Gutes mehr, das dem menschlichen Tun enthoben, diesem als Orientierungspunkt dienen konnte. Durch die Philosophie hoffte er dieses Gute neu zu finden und in der angewandten Philosophie einer leitenden téchne politiké praktisch werden zu lassen.

---

[62] Vgl. den Artikel ARTES LIBERALES / ARTES MECHANICAE, in: HWP I, von H. M. Klinkenberg.

[63] Vgl. J. Wild: Plato's Theory of ΤΕΧΝΗ, 278 ff. W. trägt freilich moderne Problematik an Platon heran (vgl. 267 f.; 292 f.). Er stellt die These auf, der totalitäre Staat, der eine äußerliche Ordnung erzwingt, werde dort nötig, wo die wahre, von Platon erkannte Hierarchie der Technai sich umkehre: „In this way the whole technical enterprise is pushed from behind by material pressure, rather than being guided from ahead according to plan, and becomes a gigantic system of routine, subject to various types of illicit control" (285 f.); „Art is regarded as the mere ability to produce articles. Distribution and use, the true guiding factor or ,cause' of the art, is viewed as a mere automatic consequence of production, and contemptuously dismissed as ,consumption'." Das laissez faire führe dahin, daß wesentliche Bedürfnisse übergangen werden, während „vast energy is consumed in the manufacture of articles which meet only accidental or apparent needs".

Diese Verkehrtheit sei schon bei den beschränkten technischen Möglichkeiten der Antike ernst genug gewesen, in der modernen Welt habe sie gigantische Ausmaße angenommen (292 f.). — Man sieht, die Kritik der Konsumgesellschaft, die der Platoniker Wild vorbringt, gleicht der „linken" Kritik dieser Erscheinungen.

Wenn es freilich einen solchen obersten Zweck des individuellen und
politischen Lebens, der die untergeordneten Zwecke und Mittel bestimmt,
nicht gibt, dann ist, wie Popper behauptet, Platon ein gefährlicher Ästhet,
der Staaten um ihrer Schönheit willen komponiert, wobei die Individuen —
wenigstens theoretisch — als ein bloßes Material fungieren. Dann gibt es
aber auch keine Freiheit als Autonomie im politischen Raum, dergestalt
daß möglichst alle, faktisch einige, sich aus eigenem Antrieb auf jenes Gute
ausrichten, aus dem auch die gesellschaftliche Harmonie folgt, das also
zugleich das Gemeinwohl ist. Wird das höchste Ziel der Politik darin
gesehen, ein materiell funktionierendes Gesellschaftssystem herzustellen
oder zu erhalten, so hat darin Autonomie keinen Ort, sondern allbe-
stimmendes Prinzip ist die gegenseitige Verrechnung atomarer Individuen
unter die Bedingungen ihres nebeneinander-Überlebens (s. o. § 31).

Auch so entsteht ein politisches Kunstwerk — ein künstliches Tier
oder künstlicher Mensch, wie Hobbes sagt[64] —, und es wäre genauer
herauszuarbeiten, worin sich die téchne politiké, die bei Hobbes am Werke
ist, von der Platonischen unterscheidet. Hobbes entwickelt, wie Strauss
betont hat[65], eine politische Wissenschaft und Technik, die dasselbe besser
leisten soll wie die nach seiner Meinung gescheiterte klassische politische
Philosophie. Doch liegt bei Hobbes ein ganz anderer, moderner Begriff
von Technik zugrunde, der in der Anwendung auf den Menschen und die
Gesellschaft zum Primat des Machens vor dem Handeln führt. Die Menschen werden hier nicht nur theoretisch zum Material („matter") des
Staatsbaus[66].

Dabei sei unter „Machen" (genauer unter totalem Machen) die Herstellung oder Setzung auch noch der Grenzen, der Gesetze, der Prinzipien,
platonisch gesprochen der Vorbilder (paradeígmata) durch den Menschen
verstanden. Machen ist also nicht imitativ[67], es scheint seine Prinzipien
und Zwecke aus dem Prozeß des Machens selbst zu entwickeln und hat
alles übrige, die ganze Natur als ein potentielles Material zum Objekt.
Auch das poietische Subjekt selbst wird objektiviert, sofern es sich in
politisch relevanten Taten äußert. Die Subjekte stehen einander nicht als
handelnde Personen gegenüber, die sich von sich aus kraft ihrer je eigenen

---

[64] LEVIATHAN, Einleitung.
[65] *Strauss* 2, 173 ff.
[66] LEVIATHAN, Titel und Einleitung.
[67] *Hobbes* spricht zwar davon, daß die menschliche Kunst die Natur nachahme,
   aber das heißt bei ihm, daß das Prinzip der Natur nachgeahmt wird: und dieses
   ist Technik, wenn auch zunächst die Technik Gottes. Diese entscheidende
   Voraussetzung macht gleich der erste Satz des LEVIATHAN, in dem die Natur
   bestimmt wird als „the Art whereby God hath made and governes the World".
   Zu Hobbes' „Operativismus" vgl. *H. Fiebig*: Hobbes' operative Theorie der
   Wissenschaft, Vortrag auf dem 9. Deutschen Kongreß f. Philosophie in
   Düsseldorf 1969.

Vernunft und ihres Gewissens auf ein Allgemeines, das ihnen den friedlichen Umgang miteinander ermöglichen würde, beziehen könnten, sondern
selbst noch (oder gerade) dieses schwierige Problem gegenseitiger Anerkennung[68] soll durch die Herstellung des Staates als eines äußeren
Vermittlungsmechanismus gelöst werden. Allein der die Gesellschaft und
ein praktisch wirksames Gesetz allererst konstituierende *Vertrag* ist einen
verschwindenden Augenblick lang Handeln, nämlich die Betätigung individueller Subjektivität in Richtung auf ein Allgemeines. Mit diesem
momentanen Aufblitzen[69] der Vernunft jedoch überlisten sich die Menschen nur selber. Im allgemeinen ist die individuelle Vernunft zu schwach,
als daß man darauf eine politische Friedensordnung bauen könnte. Darum
muß das momentane Handeln sogleich übergehen in ein Machen, das von
da an die handelnde Betätigung individueller Vernunft wesentlich ein-
schränkt[70]. Die Ethik wird zerteilt in eine innerliche Moral und andererseits eine äußere Konformität mit positiven Gesetzen[71].

Vom Inhalt der klassischen Ethik, die zugleich Politik und (bei Platon)
auch Ontologie und Metaontologie war, bleibt also bei Hobbes so gut wie
nichts übrig. Er ist einer der Theoretiker, die der sophistisch-epikureischen
Position[72] zum Siege verholfen haben. Gesichert war freilich dieser Sieg
nie und gerade jetzt wird er wieder in Frage gestellt, aber man darf wohl
sagen, daß Burckhardt einer in der westlichen Zivilisation verbreiteten
und ihrem Liberalismus völlig gemäßen Ansicht Ausdruck gab, als er
schrieb: „Endlich kam Epikur und erlöste die Denkenden wenigstens in
Gedanken, indem er die Polis auf das vernünftige Maß eines gegenseitigen
Vertrages um der Sicherheit willen herabsetzte; hier ist der Mensch nicht

---

[68] Vgl. *Strauss* 4, 28 ff. — Dazu *A. Kojève* über die Herr-Knecht-Dialektik der
Hegelschen PHÄNOMENOLOGIE am Anfang seines Buches „Introduction à la
lecture de Hegel" (Paris 1947).

[69] „Der Schrecken des Naturzustandes treibt die angsterfüllten Individuen zusammen; ihre Angst steigert sich aufs äußerste; ein Lichtfunke der Ratio
blitzt auf — und plötzlich steht vor uns der neue Gott" (*C. Schmitt:* Der
Leviathan in der Staatslehre des Thomas Hobbes, Hamburg 1938, 48).

[70] Dazu *M. Riedel* in: Hobbes-Forschungen, ed. Kosellek/Schnur, Berlin 1969,
107 f.

[71] Bei *Hobbes* gibt es freilich noch eine dritte Art von Moral, die jedoch diese
Entzweiung nicht aufhebt, sondern rechtfertigt. Dazu *Maurer* (Stellungnahme
. . .) über *Warrender* in: Hobbes-Forschungen, op. cit., 250 ff.

[72] Wie *Strauss* darlegt, lehnt Hobbes „die idealistische Tradition auf Grund einer
grundlegenden Übereinstimmung mit ihr ab". Er unternimmt formal dasselbe
wie die klassische politische Philosophie, fragt nach dem besten Staat und
will diesen auf die menschliche Natur gründen, aber inhaltlich folgt er, ohne
sich darauf zu berufen, der sophistischen Tradition. Damit stellt er sich die
Aufgabe, das Politische aus einer unpolitischen und asozialen menschlichen
Natur abzuleiten. (Strauss 2, 173 ff.; vgl. *M. Villey:* Le droit de l'individu chez
Hobbes, in: Hobbes-Forschungen, 173 ff.)

mehr um des Gesetzes willen, sondern das Gesetz um des Menschen willen vorhanden"[73]. Nach dem mittelalterlichen Rückschlag — so muß man nach den Maßstäben dieser Auffassung sprechen — setzten Marsilius von Padua und andere, vor allem aber Hobbes das begonnene Erlösungswerk fort. Und Hobbes vollendete es, indem er die Vertragstheorie in den ihr zukommenden Zusammenhang allgemein konstitutiven Machens[74] setzte. Abgesehen von einem bestimmten theologischen Vorbehalt wird bei ihm die Sicherheit und Bedürfnisbefriedigung des staatlichen Kollektivs ursprünglich Gleicher und Freier zum Maß aller Dinge, zuvörderst aber des staatlichen Gesetzes. Die konstitutive Subjektivität dieses Systems ist also keineswegs der autonome Einzelne, sondern dieser muß zum Zwecke seines Überlebens seine innersten Antriebe, sofern die Gefahr besteht, daß sie zum Handeln führen, an einen legalistischen Mechanismus entäußern, den ein absoluter Souverän verwaltet. Um des Friedens willen darf sich keiner von sich aus um das richtige Leben und das Gemeinwohl bemühen. Im Leviathan-Staat ist politische Ethik verboten[75].

Es bleibt zu fragen, inwiefern Popper und andere sich zum Liberalismus bekennende Platongegner, die das platonische politische Kunstwerk, das von einer leitenden téchne politiké bestimmt ist, ablehnen, mit der Hobbesschen großen Maschine prinzipiell einverstanden sind. Sie distanzieren sich natürlich mit Locke von den strengen, absolutistischen Konsequenzen, zu denen Hobbes fortgeht, aber können seinem Ansatz bei den Rechten und Ansprüchen freier und gleicher Individuen[76] nur zustimmen. Und ebenfalls darin stimmen Popper und der moderne Liberalismus überein, daß eine allgemeine positive Einstellung zur technischen Machbarkeit der Welt die Gesellschaft durchziehen müsse. Sie braucht sich nicht zu einer leitenden politischen Wissenschaft zu kristallisieren, weil sie als die Sozialtechnik der kleinen Schritte ohnehin allgegenwärtig ist. Auch ohne verboten zu sein geht die Möglichkeit politischer Ethik bei der Entäußerung des Handelns an das Machen verloren. An ihre Stelle tritt seit Hobbes eine Moral altruistischen Kalküls und Gefühls, die sich bei Comte konsequent zur Anbetung des Kollektivs („Soziolatrie") steigert.

---

[73] *J. Burckhardt,* op. cit., I, 268; vgl. 82.
[74] Vgl. *B. Willms:* Die Antwort des Leviathan, Habil-schr. Bochum 1968, insbes. 108 ff.
[75] Vgl. jedoch S. 285, Anm. 71.
[76] „Wenn wir die politische Doktrin, die die Rechte des Menschen im Unterschied zu seinen Pflichten als politische Grundtatsache betrachtet und die Funktion des Staates im Schutz oder in der Sicherung dieser Rechte sieht, Liberalismus nennen dürfen, dann müssen wir sagen, daß der Gründer des Liberalismus Hobbes war" (*Strauss* 2, 188). Zu anderen Deutungen, welche die liberale Seite der Hobbesschen Lehre betonen, B. *Willms:* Einige Aspekte der neueren englischen Hobbesliteratur, in: Der Staat 1, 1962, 93—106, insbes. 100 f.

Hobbes steht am Anfang dieser Entwicklung. Eine Rehabilitation des Politischen, das getragen wird von politischer Ethik, das heißt der nicht nur äußeren, gemachten, sondern auch inneren, durch personales Handeln vollzogenen Vermittlung des Allgemeinen durch die Individuen, müßte sich also mit ihm als dem Vater dieser Einstellung auseinandersetzen. Das hat Leo Strauss erkannt[77], daher müßten seine Arbeiten die Perspektive einer im Zusammenhang mit der vorliegenden Platondeutung zu leistenden Hobbesinterpretation, von der hier nur der kritische Teil angedeutet wurde, maßgeblich bestimmen. Auch bei Joachim Ritter wird die Absicht einer solchen Rehabilitation des Politischen offen ausgesprochen[78]. In seiner publizierten Lehre ist dabei zwar nicht Hobbes der polemische Bezugspunkt, wohl aber solche politischen Theoretiker (Kant, Max Weber)[79], die anders als Hegel[80], der zugleich ein Polis-Denker war, auf dem Boden des Hobbesschen Ansatzes stehen[81].

Doch scheint eine Erneuerung des Politischen, wenn überhaupt, eher möglich zu sein im Rückgriff auf Platon als auf Aristoteles[82]. Denn bei

---

[77] Vgl. jedoch B. *Willms'* kritische Anmerkung zu *Strauss*, die ihm, dem erbitterten Gegner des Historismus, Historismus vorwirft und mit der treffenden Behauptung endet: „Alle die gewiß großartigen Werke dieses Gelehrten bewahren ja politische Philosophie nur als Anspruch auf — zweifellos aber ein nicht geringes Verdienst." (Die Antwort des Leviathan, op. cit., Einleitung, 1.) Der Grund für diese Schwäche liegt vielleicht darin, daß Strauss in der gegenwärtigen Welt keine Ansatzpunkte dafür sieht, von dem Anspruch politischer Philosophie zum Anspruch auf „Philosophen"-Herrschaft weiterzugehen. Offenbar verbietet ihm das aber auch seine eigene Konzeption von Naturrecht, bei der das Problem Gleichheit — Ungleichheit (Verschiedenheit) unausgetragen bleibt. *Strauss'* Platoninterpretation (The City and Man, 50 ff.; History of Political Philosophy, 7 ff.) gibt wider Erwarten gar keinen Aufschluß über diese Fragen, bleibt im Gegensatz zu seinen sonstigen Arbeiten auffallend farblos.

[78] *Ritter* 6, 253; s. o. § 22.

[79] *Ritter* 6, 244 f.; 253.

[80] Vgl. dazu den interessanten „Epilogue" in *E. Barkers* „The Political Thought of Plato and Aristotle" (497 ff.).

[81] Auch der Marxismus und Neomarxismus zielen gegen den kapitalistischen Liberalismus auf eine Erneuerung des Politischen. Doch fehlt hier die eingehende Auseinandersetzung mit Hobbes. Aus gutem Grund scheint man Angst vor dem Leviathan zu haben. Von Hobbes her erscheint nämlich der Marxismus lediglich als der Versuch, den Leviathan-Staat durch die Leviathan-Gesellschaft aufzuheben, wozu er wohl bemerkt haben würde, daß diese Unterscheidung von Staat und Gesellschaft „insignificant speech" sei.

[82] Wie der Ritterschüler *Bien* feststellt, gibt es bei *Aristoteles* bereits eine wenigstens partielle ethische Neutralisierung der Politik (s. o. § 12). Es bleibt zu fragen, ob Aristoteles damit vernünftige Modifikationen einer allzu extremen Identitätstheorie von Ethik und Politik vornimmt, oder ob er den ersten, entscheidenden Schritt auf dem Wege zum Legalismus und Behaviorismus tut. Im zweiten Falle darf man anders als Ritter (6, 253) von Aristoteles wenig Hilfe gegen die ethische Neutralisierung des Politischen erwarten.

wesentlicher Übereinstimmung in Fragen politischer Ethik ist, wie dargelegt, der ganze Problemansatz des Schülers ein anderer als der des Lehrers: Aristoteles schätzt die Möglichkeiten der aktiven, handelnden, entwerfenden und verändernden Vernunft geringer ein als Sokrates-Platon und räumt statt dessen in Ethik und Politik den Mächten der Sitte, Gewohnheit und opinio communis die Hauptrolle ein. Vom aristotelischen Standpunkt muß die Konstatierung des faktischen Verfalls einer Tradition notwendig zur Resignation im Praktischen führen, da die Möglichkeit einer rationalen Erneuerung oder Weiterentwicklung des bis dahin mehr unbewußt und ungeplant Gelebten weitgehend ausfällt. Stenzel schreibt im Blick auf Platon und seine Zeit: „Handelt es sich doch um das ewig moderne Problem einer zu reiferem Selbstbewußtsein gelangten Zeit, das für uns heute wieder so lebendig ist wie nur je: wie kann durch die — als Fluch oder Segen — uns auferlegte Intellektualität hindurch, nicht an ihr vorbei, ein lebendiges Bildungsideal erstehen, das den ganzen Menschen angeht"?[83]

Aristoteles ließe sich nicht in dieser Weise aktualisieren. Er kann eher zu einem Gewährsmann der historischen „Geisteswissenschaften" gemacht werden, einer „freien", das heißt negativ gesehen[84]: politisch verantwortungslosen und scheinbar unverbindlichen Bildung, die im Praktischen Naturwissenschaft und Technik als Mittel losgelassenen Erwerbstrebens und uferloser Bedürfnisexpansion gewähren läßt. Freilich kann man hierin höchstens von Aristoteles selber unbeabsichtigte Folgen der von ihm konstatierten und akzeptierten Trennung von Theorie und Praxis sehen, und man wird auch nicht so weit gehen dürfen wie Kapp, wenn er fragt: „Wie war es möglich, daß für Aristoteles die ,wissenschaftliche Grundlage' der Politik auch dann noch ihren Sinn behielt, als die Hoffnung auf wesentliche Gestaltung der Praxis gar nicht mehr ernsthaft galt, und daß damit der geistreiche Denker ein Treiben initiiert hat, das die Achtung vor der Wissenschaft mehr gefährdet als alle Dummheit der Verächter des Geistes zusammengenommen?"[85]

---

[83] *Stenzel:* Platon der Erzieher, 250 f.

[84] Zu den positiven Aspekten praxisfreier Theorie, s. o. § 21.

[85] *E. Kapp:* Theorie und Praxis bei Aristoteles und Platon, 189; vgl. ders.: Platon und die Akademie. — Nach *Hennis* (Politik und praktische Philosophie, Neuwied / Berlin 1963, 38 f.) liegt in der Aristotelischen Trennung von Theorie und Praxis und der „offenbaren Geringerschätzung (nicht Geringschätzung) der Praxis ein Ansatzpunkt, den man nur zu radikalisieren brauchte, um die Politik, sei es aus dem Bereich wissenschaftlicher Erkenntnismöglichkeiten ganz zu eliminieren oder ... den Versuch zu machen, auch diesen Bereich nach dem Vorbild der theoretischen Wissenschaften zu bearbeiten", d. h. unter modernen Bedingungen: das Handeln dem Machen zu subsumieren.

Dennoch will *Hennis* wie *Ritter* von *Aristoteles* her die Rehabilitation des Politischen oder, wie er es ausdrückt, die „Rekonstruktion der politischen Wissenschaft" in die Wege leiten. Dazu bemerkt *B. Willms* vorwurfsvoll: „Solche

Je mehr sich nämlich zeigt, daß die moderne instrumentelle Vernunft übermächtige Mittel für problematische Zwecke bereitstellt, ergibt sich auch von Aristoteles, aber klarer von Platon her die Frage, wie diese Mittel zu zügeln und wozu sie einzusetzen sind. Vom platonischen Standpunkt ist dies die Frage nach einer ethisch-politischen Normwissenschaft und nach einer politischen Ordnung, in der sie den ihr gebührenden institutionellen Platz einnimmt, also nach „Philosophenherrschern" (vgl. § 21)[86]. Sie stellt

politische Theorie sagt . . . Aristoteles und meint Platon!" (Ein Phönix zuviel [Rezension von *Hennis* und *Schmölz*], in: Der Staat 3, 1964, 488—498; loc. cit. 492). Das scheint zunächst treffend, aber nach dem Maßstab Platonischen Denkens müßte eine solche Rekonstruktion ganz anders aussehen. Die „Politik" könnte nämlich nur wiederhergestellt werden von einer metapolitischen Ersten Philosophie aus. Diese Dimension fehlt bei *Hennis*. Da er von *Aristoteles* ausgeht, ist das nicht verwunderlich. Denn bei Aristoteles ist die politische Philosophie in ihrem praktischen Anspruch und ihrer Verbindung zur Ersten Philosophie bereits beschnitten. Eine (pragmatisch ausgerichtete) „Topik" (Hennis, 89 ff.) kann die philosophische Grundlegung nicht ersetzen. Aus diesen Gründen meint, wer Aristoteles sagt, noch lange nicht Platon. Aber wer Aristoteles sagt, meint in mancher Hinsicht schon *Hobbes*, obwohl Aristoteles zweifellos näher bei Platon steht als bei Hobbes.

Zum Zwecke einer eventuellen Wiederherstellung des Politischen wäre zunächst einmal zu fragen, warum es in Verfall geraten ist. Darauf haben *Rousseau, Hegel, Fustel de Coulanges, L. Strauss* die wohlbegründete Antwort gegeben: das Christentum hat das Politische, wenn nicht zerstört, so doch seine Zerstörung besiegelt. *Hegel* sah freilich diese Zerstörung nicht für total und endgültig an und suchte, wie immer, zu vermitteln. Der protestantische Staat sollte in gewisser Weise die Wiederherstellung oder besser erste Verwirklichung des platonischen Staates sein (vgl. *Hegel*: Grundlinien der Philosophie des Rechts, Vorrede; WG 10, 444; 11, 558 ff.; 568). Doch der protestantische Staat par excellence war nicht, wie Hegel meinte, Preußen, sondern England und USA. Und von der säkularisierten christlichen Metaphysik und Moral dieser Staaten aus erscheint das Bemühen um eine ethisch-politische Normwissenschaft mit praktischen Konsequenzen als Hochmut (Hobbes: pride), Verletzung der Gleichheit. Solange die Berechtigung dieser Säkularisation, die *Nietzsche* für das Christentum selber nahm, nicht geprüft ist, kann es wohl keine Rehabilitation des Politischen geben, sondern nur wie bei *Hennis* die Klage über den Verfall, oder wie bei *Schmölz* und *Mordstein* (Zerstörung und Rekonstruktion der politischen Ethik, München 1963; Menschenbild und Gesellschaftsidee, Stuttgart 1966) ein Rekonstruktionsprogramm, das auf der unzureichenden Basis eines nebulos gewordenen thomistischen Aristotelismus steht. Diese Prüfung jedoch fällt nicht in den Bereich politischer Wissenschaft und Philosophie, sondern in die politische Theologie und Metaphysik. In diesem Zusammenhang wäre auch *E. Voegelins* „Die neue Wissenschaft von der Politik", München 1959 zu behandeln.

[86] „Platon glaubte, daß wir gar nicht in einer Zeit leben, wo Staat ohne Philosophie überhaupt möglich wäre. Denn die Menschen denken, und wenn sie nicht richtig denken, so denken sie notwendig falsch, das heißt sie konstruieren zwangsweise das Paradeigma des schlechten Staates" (*E. Hoffmann*: Platon, 171).

sich auch für denjenigen, der mit Habermas der Ansicht ist, diese Frage müßte heute lauten: „auf welche Weise die Gewalt technischer Verfügung in den ,Konsensus handelnder und verhandelnder Bürger zurückgeholt werden kann', wie Technik, Wissenschaft und Demokratie unter den Bedingungen der fortgeschrittenen Industriegesellschaft zu vermitteln seien"[87]. Denn es läge ja im Interesse der Vernunft, auch einmal allgemein zu wissen: was im Gespräch der mündigen Bürger als ein inhaltlich, nicht bloß formal durchschlagendes Argument gilt, — nach welchen Normen oder Zielvorstellungen schließlich entschieden wird, — oder ob die zustande kommenden Dezisionen nicht mehr sind als institutionalisierte Abstimmungs- und Manipulationsmechanismen. Im letzteren Falle wäre Wahrheit operativ zu definieren als der Konsensus, den mündige Bürger in herrschaftsfreier Diskussion erzielen, und ein mündiger Bürger wäre gleicherweise zu bestimmen als jemand, der in solcher Diskussion den Mund auftut.

[87] Vgl. *J. Habermas:* Technik und Wissenschaft als ,Ideologie', Frankfurt/Main 1968 (edition suhrkamp 287), S. 117. — Daß H. von „Zurückholen" spricht, als wenn es einen solchen Zustand bereits gegeben hätte, könnte darauf hindeuten, daß nun auch die Position liberaler Aufklärung romantisch geworden ist.

V. Zur Frage der Verwirklichung

§ 44. Der Platonische Staat als Paradeigma

Wird mit der dem alten substantiellen Wahrheitsbegriff verpflichteten Suche nach einer theoretisch-praktischen, ethisch-politischen Normwissenschaft einer Verwirklichung der Platonischen Staatskonzeption 2300 Jahre nach ihrem Erscheinen das Wort geredet? Eine solche Absicht wäre, unmittelbar verfolgt, ebenso unplatonisch wie die Auffassung einiger Philologen und Philosophiehistoriker, die einen sterilen Begriff von Philosophie haben und diesen auf Platon übertragend entweder behaupten, seine Dialoge bezweckten keinerlei Einwirkung auf die politische Wirklichkeit oder, insofern sie solche Tendenzen aufwiesen, seien sie bedauerliche Fehltritte Platons. Außerdem ist Hegels, die historische Differenz betreffende Mahnung zu beherzigen, daß man bedenken müsse, „was der platonische Standpunkt nicht leistet, seine Zeit überhaupt nicht leisten kann"[1].

Dreierlei ist fraglich: 1. was es überhaupt bedeutet, die Platonische (Metaphysik, Ethik, Pädagogik und Politik vereinigende) Position verwirklichen zu wollen, 2. wie Platon selbst über die Frage der Verwirklichung urteilt, 3. ob einiges bereits verwirklicht worden ist, und welche Möglichkeiten der Verwirklichung heute gegeben sind (§ 45).

Zu 1. Wenn man nicht alle Platonischen Briefe und sonstigen Zeugnisse für Platons konkret-politische Absichten für unecht erklären will, so ist unbestreitbar, daß Platon nicht nur als Schriftsteller, sondern auch als politischer Berater Einfluß auf die politische Wirklichkeit seiner Zeit zu nehmen versuchte. Im englischen Sprachraum ist auch unbestritten, daß Platon in einigen seiner Dialoge (besonders der POLITEIA, dem POLITIKOS, den NOMOI) konkrete Überlegungen über staatliche Institutionen und politische Verhaltensweisen anstellt, daß er zumindest einige Momente eines Staatsideals konkret ausführt und andere umreißt. Es blieb einigen deutschen Gelehrten vorbehalten, diese Seite Platons soweit in den Hintergrund zu setzen oder zu relativieren, daß man ihn politisch nicht mehr ernst zu nehmen brauchte[2]. Dem entspricht bei der deutschen Neigung,

---

[1] WG 18, 178; jedoch s. u. Nachwort.

[2] Dieser Zug ist bei der deutschen Platonforschung des 20. Jahrhunderts so allgemein und, wenn man sie mit der angelsächsischen vergleicht, hervorstechend, daß es sich erübrigt, hierzu Beispiele aufzuzählen. Auch die Arbeiten *Stenzels*, *W. Jaegers*, *Gadamers*, obwohl sie Platons praktische Philosophie in den Vordergrund stellen, bewegen sich in der dünnen Höhenluft des Un-

alles in die Extreme zu treiben, andererseits der Versuch, aus Platon ein direkt anwendbares politisches Programm zu machen[3]. Beides dürfte gleich falsch und gefährlich sein. Neuerdings besteht in den westlichen Demokratien die Tendenz, Platon als politisch verwerflich zu betrachten. Aber auch so wird er politisch ernst genommen. Und es könnte ja sein, daß die Demokratie einen so mächtigen Herausforderer wie ihn braucht, um nicht trotz ihrer scheinbaren Bescheidenheit, Rationalität und ideologiekritischen Haltung zu einer pseudoreligiösen Weltanschauung und endgeschichtlichen Heilslehre zu degenerieren.

Es mag also als sicher gelten, daß Platon bestimmte Thesen darüber vorträgt, daß es im Gemeinwesen Herrschaft geben sollte, sowie darüber, wer herrschen soll und in welcher Weise. Überhaupt stellt Platon einen bewußt gegliederten Staat als vorbildlich hin und macht sich Gedanken über die Aufgaben der einzelnen Schichten und über die Ausbildung, die zur Erfüllung dieser Aufgaben tauglich machen soll. Freilich gehen seine Überlegungen auch über das Politische hinaus und werden im engeren Sinne philosophisch, wenn sie um den obersten und allgemeinsten Zweck der Polis kreisen. Dieser metapolitische und sogar metaontologische Zweck jedoch weist, wie sich gezeigt hat, auf Praxis qua Politik zurück, ist durchaus mit der Erhaltung und dem Glück der auf ihn ausgerichteten und dadurch guten Polis vereinbar. Daß seine Gedanken dennoch unpolitisch erscheinen

politischen und kehren nicht in die Höhle zurück. Maßgebend mag dabei jenes Schibboleth der Gelehrsamkeit wirken, dem *H. Leisegang* Ausdruck gegeben hat: „Die einen sind rein wissenschaftlich . . .; die andern stehen im Dienste eines Gegenwartsinteresses" (s. *O. Wichmann:* Platon, 1ff.).

Neuerdings freilich mehren sich die Stimmen gegen diesen vornehmen Ton und die damit verbundene Entpolitisierung Platons. So schreibt *K. v. Fritz:* „Die vor allem in den angelsächsischen Ländern auf Grund von modernen Überzeugungen in neuerer Zeit an Platon geübte scharfe Kritik hat die Tendenz, Platons politische Philosophie mit gewissen politischen Phänomenen neuerer Zeit in enge Beziehung zu setzen. Die ‚Wissenschaft', jedenfalls soweit sie von klassischen Philologen und professionellen Althistorikern ausgeübt wird, pflegt sich zu vornehm vorzukommen, um sich mit dieser Art von Kritik auseinanderzusetzen . . ." (Platon in Sizilien, 119). Gegen die Entpolitisierung Platons auch: *Müller,* insbes. 34ff.; 84; 218ff. und *Bien,* 290f., Anm. 50.

Zu dem verbreiteten Mangel angelsächsischer Platondeutung, wie er aus der Abtrennung der politischen Philosophie von Erkenntnislehre und Metaphysik entsteht, s. o. § 35.

[3] Ganz verdreht bei den nazistischen Autoren, die sich auf Platon berufen (s. u. § 45). — Auf eine wenig konkrete Weise, die es vielleicht nur wegen solcher Vagheit vermeiden konnte, Gewalt zu postulieren, erhofften andere eine kulturelle und politische („geistige") Erneuerung von Platon, so *K. Sternberg:* Moderne Gedanken über Staat und Erziehung bei Plato; — *E. Horneffer:* Der Platonismus und die Gegenwart; — sowie die Platoniker des George-Kreises, — darüber: *F. J. Brecht:* Platon und der Georgekreis; — *Müller,* 63ff.

können, liegt am machiavellistischen und hobbesschen Begriff des Politischen, der indessen neuerdings stärker in Frage gestellt wird. Danach betrifft Politik die vom Privaten getrennte öffentliche Sphäre und ist primär Machtphysik und Institutionenmechanik. Platon dagegen betont im älteren Polissinne von Politik die ethische Fundierung der Institutionen und des öffentlichen Handelns. Der Weg zu einer solchen Politik, die keine nur äußerliche Friedensordnung partikularer Individuen bezweckt, führt über die Bildung. Insofern haben diejenigen recht, die Platon als einen pädagogischen Schriftsteller akzentuieren[4], sie haben jedoch unrecht, wenn sie ihn darum unpolitisch verstehen. Was Rousseau trennte, indem er auf die Unmöglichkeit dieser Trennung und andererseits auf ihre anscheinend notwendigen Gründe hinwies[5], geht bei Platon zusammen.

Es ist also zu fragen, *was* von den in der POLITEIA oder dem POLITIKOS oder den NOMOI teils nur angedeuteten, teils näher ausgeführten Einrichtungen und Maßnahmen verwirklicht werden könnte oder sollte, ob z. B. die Weiber- und Kindergemeinschaft, die sorgfältige Ausbildung und Auswahl der zum Regieren Bestimmten, die ständische Gliederung, die enge Verbindung zwischen Ethik und Politik, das Bemühen um eine zugleich theoretische und praktische, metaphysische und politische „königliche Wissenschaft". Weiter ist zu fragen, ob diese Komponenten auch einzeln oder nur in derselben Verbindung wie bei Platon und ob sie nur so, wie dieser sie aus seiner Zeit heraus darstellt oder auch in anderen Zeiten gemäßer Adaption erwogen werden dürfen. Diese und möglicherweise noch weitere Differenzierungen sind zu beachten, und daher ist es unsinnig, von *der* Verwirklichung *des* Platonischen Staates zu sprechen, es sei denn, man könne die wesentlichen und unabdingbaren Bestimmungen des platonischen Staates herausarbeiten. Diese sind dann freilich sehr allgemein und reduzieren sich nach dem bisher Gesagten auf zwei Hauptpunkte: a) das pädagogische und institutionelle Bemühen um die „Scheidung des Zeus" und die proportionale Gleichheit (der Ständestaat ist hier sicher nur eine unvollkommene Realisierung), b) die Vermittlung einer von daher politisch bestimmten Gerechtigkeit mit dem eigentlichen Normwissen, das aus der Erkenntnis des transzendenten Guten kommt, — formelhaft zusammengefaßt: die Ordnung des Vorhandenen in Ausrichtung auf ein das Vorhandene prinzipiell transzendierendes Ziel oder: die Verbindung von Politik und Ethik durch Bildung, denn die Bildung soll die politische Durchführung dieser Metaphysik ohne Gewalt und mit Zustimmung der Bürger ermöglichen.

---

[4] So vor allem *Stenzel* und *W. Jaeger*, aber auch *Gadamer, Heidegger, G. Müller, Ballauff;* vgl. *Bien,* Anm. 50.

[5] Vgl. *R. Spaemann:* Natürliche Existenz und politische Existenz bei Rousseau, in: Collegium Philosophicum (J. Ritter-Festschr.), Basel/Stuttgart 1966, 373 — 388.

Zu 2. Aus Platons ganzer Lehre und der Form ihrer Darstellung erhellt, daß es mehr auf diesen ihren Geist als auf den Buchstaben ankommt. Für ihre politische Seite gilt allgemein, was Sokrates über die Wächter sagt: „Es wäre unwürdig ..., rechtlichen und tüchtigen[6] Männern solche (ins Einzelne gehenden) Vorschriften zu machen." Entscheidend ist freilich, daß sie die Kalokagathia haben. Sie zu erzeugen oder in den günstig veranlagten Personen zu entwickeln, ist Aufgabe der Bildung, weshalb dieser primäre Bedeutung zukommt. Die höchste Bildung jedoch ist nach Platon philosophisch, und in ihr erfährt der zum Regieren Bestimmte, was der Musterstaat der POLITEIA ist: das paradigmatische Abbild eines überwirklichen Paradigma in schriftlicher Darstellung[7]. Er ist eine zweifach von der Wahrheit abliegende Nachbildung des Guten selbst.

Denn nach Platon ist zwar das Gute selbst der Grund von allem, dies jedoch primär und uneingeschränkt nur in theoretischer Perspektive. Daraus folgt der Primat der Theorie[8]. Für die Praxis, die nie der Theorie ganz gemäß sein kann[9], ist das Gute selbst Paradeigma, Zielbild, Norm. Es gewährt wenigstens einigen Menschen, die sich besonders darum bemühen, seinen Anblick, um sich von ihnen als Muster gebrauchen zu lassen (P 540 A). Im Hinblick auf dieses oberste Paradigma würde der Philosophenherrscher, der wahrhaft königliche Mann, den Staat einrichten und leiten (Po 300 D/E). Platon tut das Gleiche im praktisch defizienten Modus schriftlicher Darstellung eines philosophischen Gesprächs. Dargestellt wird aber — und nur deswegen trifft die Rede die Wahrheit besser als die Tat — eine „Stadt in Gedanken"[10]. Und diese Gedanken, die zum sokratischen Gespräch werden, zeichnen — wie ein Maler einen vollkommen schönen Menschen malt (P 472 D) — wiederum ein Paradeigma, und zwar nicht das Gute selbst, das nur angedeutet wird, sondern das Bild der vollkommenen Polis. Vermöge der Transzendenz des obersten Para-

---

[6] καλοῖς κἀγαθοῖς — P 425 D; überhaupt 425 A f.

[7] S. o. § 28. — „... la république et les lois sont des copies de modèles idéaux, tout en servant elles-mêmes de modèles à la société humaine" (*Schaerer*, op. cit., 158). Nach *Friedländer* (Platon III, 128f.) ist der Platonische Musterstaat nicht selbst Idee, „da er ja vielmehr um die Idee als Zentrum gegründet ist. Aber er bekommt viel von dem Gepräge des ewig Seienden und des Vorbildhaften, das ihr eignet"; vgl. *E. Kapp*, op. cit., 191, Anm. 1; *E. Hoffmann: Platon*, 169ff.

[8] Dazu *Müller*, 365f.; s. o. § 36.

[9] „Ist es möglich, daß etwas gerade so ausgeführt werden kann, wie es beschrieben wird? Oder liegt es in der Natur der Tat (πρᾶξις), daß sie weniger die Wahrheit trifft als die Rede (λέξις) ...?" (P 473 A; vgl. *Strauss* 4, 136ff.). Daß es für die Praxis nicht auf totale Verwirklichung, sondern auf weitest mögliche Näherung an ein in Gedanken und Worten aufgestelltes Muster ankomme, sagt Platon P 473 A sowie N 746 B/C. — Zu den von Platon angenommenen immanenten Richtigkeitskriterien der Rede vgl. P 457 C; N 746 C.

[10] εἰ γιγνομένην πόλιν θεασαίμεθα λόγῳ (P 369 A). Vgl. *Friedländer* III, 126ff.

deigma jedoch, das nur je von den Philosophenherrschern erschaut und in Vermittlung zu den jeweiligen Gegebenheiten auf den Weg der Verwirklichung gebracht werden kann, ist dieses Bild nicht starr und veränderungsfeindlich. Platon ist sich seiner prinzipiellen Vorläufigkeit und seiner Situation als eines bloß theoretischen Gesetzgebers durchaus bewußt.

Also primär als Paradeigma, dessen Ort außerhalb von Rede und Gedanke nicht die Erde, sondern der „Himmel" ist (P 592 A/B), hat die vorläufig vollkommene Polis Wirklichkeit. Nun wendet sich aber Platon recht scharf gegen die genießerische Hingabe des Denkens an bloßes Sollsein und idealische Utopie[11]. Wodurch unterscheidet sich davon sein Gedankenstaat?

Hier ist zunächst zu bedenken, daß die „Idee des Guten" nicht bloß ein Sollen, sondern auch ein Sein: eine seinsmächtige Norm bezeichnet. *Der an ihr orientierte Ideenstaat* ist, wie Kuhn schreibt, „as the true city or the city as such ... the basis of all actual cities, the ‚waking reality' (P 520 C) reflected in the visible Athens or Sparta as in a dream". Noch die schlechteste Verfassung „owes whatever vitality it possesses to the lingering remnants of the eternal model"[12]. Umgekehrt betrachtet enthält daher Platons Staatskonstruktion, worauf hingewiesen wurde (s. o. §§ 6; 7), durchaus hermeneutische Elemente. Sie ist die in bestimmter Richtung weitergedachte ideale Polis als die Vermittlung von Athen und Sparta und schlichtet so in Gedanken, den Konflikt, der die geschichtlich wirkliche Polis sprengte. Ob Platons Versöhnung in Gedanken später neue Wirklichkeit zuteil wurde, bleibt zu untersuchen. Einen konkreten Weg der Verwirklichung des *Guten selbst* braucht und kann Platon sich nicht überlegen, da nach seiner Philosophie dasselbe gilt, was dann Hegel so formuliert hat:

---

[11] Die trägen Geister (οἱ ἀργοὶ τὴν διάνοιαν) „pflegen, ehe sie noch ausgefunden haben, auf welche Weise wohl etwas, wonach sie streben, zustande kommen soll, dies übergehend, damit sie sich nicht plagen müssen mit Überlegungen über die Möglichkeit oder Unmöglichkeit, anzunehmen, das sei schon da, was sie wünschen, und so ordnen sie dann das Übrige an und ergötzen sich an Vorstellungen davon, was sie alles tun werden, wenn es da sein wird, wodurch sie denn ihre sonst schon träge Seele noch träger machen" (P 458 A). (*Schleiermacher* hat diesen Satz sehr gut übersetzt, man darf moderner Trägheit im Geiste nicht entgegenkommen, indem man ihn in Parataxe auflöst.)

[12] *Kuhn* 1, II, 45 f.; ähnlich *Gadamer*, 188. Doch wenn Gadamer dort schreibt, die „alleinige Bestimmung" des Platonischen Gedankenstaates als eines „Urbildes im Himmel" liege darin, „daß einer sich an diesem Urbild erkennt", der Idealstaat sei weder „der Entwurf einer besseren Ordnung des staatlichen Lebens" noch der Erziehung, so liegt darin eine nicht gerechtfertigte Entpolitisierung Platons. Dagegen wieder zutreffend: „Wer sich an ihm [dem Urbild] erkennt, erkennt sich allerdings gerade nicht als ein staatlos vereinzeltes Wesen: er erkennt in sich den Grund, auf dem sich die Wirklichkeit des Staates aufbaut, wie immer und in welcher Entartung auch immer der wirkliche Staat sich befindet."

„Das wahrhaft Gute, die allgemeine göttliche Vernunft ist auch die Macht, sich selbst zu vollbringen"[13].

Dagegen ist es sinnvoll und notwendig, über einen möglichen Weg der Verwirklichung des sekundären Paradigmas, nämlich des Gedankenstaates nachzudenken. Platons erste Antwort auf diese Frage lautet, der Weg sei die Einführung oder vielmehr Entstehung der Philosophenherrschaft (P 473 Bff.); durch diese einzige, freilich bedeutende Veränderung könne ein bestehender Staat auf den Weg der Verwirklichung des Musterstaates gebracht werden. Allerdings ist mit diesem Weg bereits das Ziel großenteils vorweggenommen. Angesichts einer so unbefriedigenden Antwort wäre zu fragen, wie ein platonischer Philosoph zur Herrschaft gelangen könne. Platon stellt diese Frage und antwortet: „Sollte aber das wohl jemand bezweifeln, daß Söhne von Königen oder Gewalthabern könnten geboren werden mit philosophischer Natur?" (P 502 A). Es sei zwar wahrscheinlich, daß sie verdorben würden (da eine ihnen angemessene Erziehung noch nicht besteht, erst von ihnen ins Werk gesetzt werden müßte), doch sei es auch nicht unmöglich, daß einer, und zwar durch „eine göttliche Fügung" gerettet würde[14]. Platons Ausweichen ins Religiöse enthält das Eingeständnis, daß er eine jetzt und hier praktikable Lösung nicht angeben kann. Dagegen vermag er einige Hinweise zu geben darauf, was zu geschehen hätte, wenn sich ein Herrscher von der gesuchten Art einmal etabliert hätte. Die dazu vorgeschlagenen Maßnahmen der Reinigung des bestehenden Staates sind jedoch sehr radikal und problematisch (P 501 A; 541 A).

Etwas günstiger liegt das Problem der Verwirklichung in den Nomoi. Die Forschung hat darauf hingewiesen[15], daß die dort von Platon dargestellte Situation in der Welt der Polis keineswegs irreal war. Bei der Gründung neuer Städte ist es oft genug vorgekommen, daß man einen oder mehrere *Gesetzgeber* bestellte. Platon fingiert also eine real mögliche Situation, verfährt dabei aber doch so, daß er ausdrücklich auf den theoretischen Charakter der in den Nomoi unternommenen Gesetzgebung hinweist. Der „Athener" sagt zu seinen Gesprächspartnern, ihre gegenwärtige Lage sei eine glückliche, weil keine unmittelbare Notwendigkeit, Gesetze zu geben, bestehe, „sondern wir, von selbst in die Untersuchung über die gesamte Staatsverfassung geraten, das Beste und Notwendigste zu erkennen versuchen, in welcher Weise es wohl, wenn es geschähe, geschehen könnte"[16]. Am Schluß der Nomoi sagt freilich Megillos, nach dem Ge-

---

[13] *Hegel:* Die Vernunft in der Geschichte (ed. Hoffmeister), Hamburg 1955, 77; vgl. WG 8, 445 (§ 234 Zusatz).

[14] P 499 B/C; 502 A f.

[15] Z. B. *Ryffel*, op. cit., 8; *Morrow:* Plato's Cretan City, 580.

[16] N 857 E ff.; vgl. *Müller*, 186, wo es unter anderem heißt: „Die Vollkommenheitserwartung der von jedem Zeitdruck unabhängig entscheidenden Theorie

sagten wäre der Athener bei der bevorstehenden Gründung einer Stadt unbedingt hinzuzuziehen (N 969 C). Insofern bleibt die Praxis von Anfang bis Ende der NOMOI der im Weg über die von Notwendigkeit freie Theorie zu erreichende Zweck.

Was die Verbesserung bereits bestehender Staaten betrifft, so vertritt Platon in den NOMOI eine ähnliche Ansicht wie in der POLITEIA, nämlich daß sie am ehesten in einer Gewaltherrschaft möglich sei, dann wenn ein verständiger Despot einen ausgezeichneten Gesetzgeber hinzuziehe. (N 709 D ff.) Anders als in der POLITEIA verteilen sich Weisheit und Macht auf zwei verschiedene Personen, die jedoch zusammenarbeiten. Daß die Mächtigen selbst die Weisen sind, also das Ideal der POLITEIA bezeichnet Platon hier als sehr unwahrscheinlich und eher einer vergangenen Zeit zugehörig (N 711 D/E).

§ 45. Geschehene und mögliche Verwirklichung

Zu 3. Nun hat Platon selber Versuche zur Verwirklichung seiner politischen Ideen unternommen oder sich daran beteiligt. Solcherart Praxis steht durchaus im Einklang noch mit den theoretischsten Partien seiner Dialoge und steht ebenso im Einklang mit der scheinbaren Aufgabe seiner politischen Bestrebungen und seinem Rückzug in die „institutionalisierte Theorie"[17] der von ihm gegründeten Schule. Nach Friedländer hatte die Akademie einen politischen Sinn. Sie zielte „nicht nur auf die Idee . . ., sondern zugleich auf den Staat", „wartete gleichsam auf den Moment, da sie selbst Mitte eines verwirklichten Idealstaates werden könnte[18]". Allgemein hatte Platons Philosophie, die Struktur, „eine Gestalt der menschlichen Welt theoretisch zu entwerfen und schließlich praktisch zu realisieren"[19].

Was Platon vor und auch noch nach seiner teilweisen politischen Resignation im einzelnen gewollt, erreicht und vor allem nicht erreicht hat, kann hier nicht untersucht werden. Es sei auf die reichhaltige

---

steht gegen die Vollkommenheitsverweigerung einer von Zeitdruck und äußeren Umständen jederzeit abhängigen Praxis." Wie Müller, 186 ff. zeigt, versucht Platon diesen unüberbrückbar scheinenden Gegensatz zwischen Theorie und Praxis zu vermitteln. Eine durchaus praktikable Lösung enthält die von Platon in der POLITEIA skizzierte Maßnahme, den Philosophenkönigen periodisch Muße zum Nachdenken zu geben. Muße ist für Platon wie für Aristoteles Freisetzung zum kontemplativen Dienst an der Polis (vgl. Müller 184; 328).

[17] *Bien*, 290 ff.

[18] *Friedländer*, I, 105 f. Über griechische Philosophenschulen und Politik: *Wilamowitz-Moellendorff*: Antigonos von Karystos, 178 ff.

[19] *Bien*, 291.

Literatur zu diesem Thema verwiesen[20]. Nur soviel sei gesagt: aus dem
Scheitern Platons und Dions in Syrakus läßt sich keine praktische Widerlegung von Platons politischer Theorie herleiten. Der Tyrann Dionysios II
war kein verständiger Tyrann im Sinne der Nomoi und erst recht fehlten
ihm alle natürlichen und bildungsmäßigen Voraussetzungen im Sinne der
Politeia. Desgleichen war die üppige Seestadt Syrakus Platons Vorstellungen von der idealen Polis mehr entgegengesetzt als fast jede andere
griechische Stadt. Wie aus dem 7. Brief zu entnehmen ist, erkannte Platon
nach einiger Zeit, wie ungünstig dort die Bedingungen für die Verwirklichung seiner Konzeption waren[21].

Sein Freund Dion dagegen entsprach Platons Vorstellungen von einem
idealen Herrscher. Doch war er für die Syrakuser Verhältnisse nicht
skrupellos genug, woraus man wohl Platon und ihm nur den Vorwurf
machen kann, sie hätten es vorher wissen müssen. Dion wurde zu einer
tragischen Figur.

Doch ist heute, nach 2300 Jahren, Platons Scheitern in Syrakus ebenso
sekundär wie das kurzzeitige Gelingen seiner politischen Bestrebungen
in Atarneus und anderen griechischen Städten[22]. Für Platons besten Staat
gilt Ähnliches wie für das christliche Reich Gottes. Die Naherwartung ist
voreilig. Sofern nicht prinzipielle Transzendenz vorliegt, kann über Verwirklichung oder Nichtverwirklichung nur im Blick auf die gesamte Folge-
zeit entschieden werden[23]. Aus solcher umfassenden Perspektive erkennt
man in der Geschichte die sukzessive Verwirklichung zumindest einiger
Elemente der Platonischen politischen Konzeption. Diese können mit entgegengesetzten Tendenzen verschränkt sein und können auch von ihnen
ganz überlagert oder für lange Zeit wieder ausgelöscht werden. Eine so
geartete Verwirklichung ist verschiedentlich konstatiert worden.

So schreibt *Wilamowitz*: „Wollen wir etwas suchen, das dem platonischen Staate innerlich vergleichbar ist, so gibt es nur den Wunderbau der
römischen Kirche ... Auch in der Kirche herrscht zum Segen aller ein
Stand von auserwählten Weisen, aus dem die Weiseren zu höherer Herr-

---

[20] *R. v. Scheliha:* Dion. Die Platonische Staatsgründung in Sizilien. — *K. Hildebrandt*, op. cit. — *Crossman*, op. cit., Kap. 10. — *Popper*, op. cit. — *Jaeger* III,
271 ff. — *Friedländer* I, 109 ff. — *Levinson*, op. cit., 369—394. — *Levy:* Plato in
Sicily. — *Breitenbach:* Platon und Dion. — *K. v. Fritz:* Platon in Sizilien.

[21] Vgl. *K. v. Fritz,* op. cit., insbes. 54 f.

[22] Vgl. *Platon:* 6. Brief; — *W. Jaeger:* Aristoteles, 112 ff.; — *Friedländer* I, 108;
113; — *Hildebrandt*, op. cit., 360 ff.: — Nach *K. v. Fritz* (op. cit., 7) war
Platons durch zwei seiner Schüler vermittelter Einfluß auf den Tyrannen
Hermias von Atarneus „räumlich und zeitlich zu eng begrenzt als daß daraus
etwas sehr Wesentliches für eine Beurteilung Platons als praktischer Politiker
zu gewinnen wäre".

[23] Ähnlich sieht *E. Salin* (Platon und die griechische Utopie) das Problem der
Verwirklichung (s. o. § 6).

schaft aufsteigen, bis sie in dem einen, nicht durch geschriebene Gesetze, sondern durch die dem Amte inhärierende Weisheit geleiteten Träger der dreifachen Krone gipfeln. Auch hier bringt der Herrenstand das Opfer, auf Ehe und irdisches Gut zu verzichten, . . ."[24]. Die mittelalterliche Kirche wird von dem gleichen Prinzip der Sophrosyne, des vernünftigen Gehorsams[25], zusammengehalten wie der platonische Staat. Die Spitze ist dem Transzendenten gehorsam, die dorthin aufgestiegenen Personen sind für die übrigen die Demiurgen der wahren Freiheit (s. o. § 32). Doch macht Wilamowitz auch auf die Unterschiede aufmerksam[26]. Danach ist der platonische Staat ein einheitliches politisches Gebilde auf wissenschaftlichem Fundament, während die Kirche, auf einer radikal transzendenten Offenbarung basierend, ein wenn nicht geistiges, so doch „geistliches" Reich ist, das den weltlichen Staat neben sich hat. Ganz im Hobbesschen Sinne bezeichnet Wilamowitz diese Spannung als „unnatürlich"[27].

Andere Platonforscher haben in den mittelalterlichen Staaten den einen oder anderen der Vorschläge Platons verwirklicht gesehen. Nach *Zeller* können wir sogar sagen, Platons Staatskonzeption sei „nur deshalb so unpraktisch ausgefallen, weil Plato darin auf griechischem Boden und in griechischer Weise ausführen wollte, was unter ganz anderen Verhältnissen und Voraussetzungen verwirklicht zu werden bestimmt war"[28]. So habe Platon vor allem die mittelalterliche Unterscheidung des Lehr-, Wehr- und Nährstandes, das moderne Berufssoldatentum, die wissenschaftliche Vorbildung für die Beamten sowie die Koedukation der Geschlechter vorweggenommen[29]. *G. E. Burckhardt* sieht Platon generell „auf dem Wege zu der strafferen Organisation unseres modernen Staates . . ."[30]. Insbesondere hat Platon zwei wesentliche Züge des modernen Staates vorausgedacht: 1. die Durchführung von Regierungs- und Verwaltungsaufgaben durch speziell dazu ausgebildete Beamte[31], 2. die gesetzlich geregelte Erziehung.

---

[24] *Wilamowitz-Moellendorff:* Platon, 398 f.; ähnlich *Barker* (Greek Political Theory, 447) und vorher schon *Zeller* (op. cit., 921), der wiederum auf *Baur* verweist (ebd., Anm. 1); vgl. auch *Foster* (Plato to Machiavelli, 239 f.). — Gegen diese Parallelisierung (sie sei „prinzipiell verfehlt") ohne Begründung *Krämer* 3, 264. — Etwas anders als die bisher aufgezählten Autoren meint *J. Wild* (Plato's Theory of Man, 108 ff.), wenn Platon später gelebt hätte, so wäre ihm die frühe apostolische Kirche ein Beispiel für sein Staatsideal gewesen.

[25] „Rationale obsequium" — dazu *A. Mirgeler:* Rückblick auf das abendländische Christentum, Mainz 1961, 19.

[26] Op. cit., 397—400.

[27] Op. cit., 398.

[28] *Zeller*, op. cit., 921.

[29] Ebd. 922 f.; weitere Literatur zu diesem Thema in Zellers Anmerkungen.

[30] *G. E. Burckhardt*, op. cit., 8.

[31] Vgl. *Mayr*, 237, Anm. 7: „Mit der förmlichen Einführung eines Berufsbeamtentums nimmt Platon einen Zug unserer Zeit vorweg."

Das zweite nennt *W. Jaeger* eine „revolutionäre Neuerung von unabsehbaren geschichtlichen Folgen". Letzten Endes gehe der seit der Zeit der Aufklärung und des Absolutismus von Staaten aller Verfassungsarten erhobene Anspruch, die Erziehung seiner Bürger autoritativ zu regeln, auf Platon zurück, wenn dieser auch wiederum das spartanische Vorbild vor Augen gehabt hätte[32]. Am positivsten beurteilt neuerdings *Châtelet* die geschehende Verwirklichung der platonischen Konzeption. Er sieht in Platon einen der Väter des europäischen Rationalismus, der seit dem 18. Jahrhundert die Welt erobert hat, und schreibt speziell über den platonischen Staat: „La CALLIPOLIS [vgl. P 527 C], avec ses hiérarchies strictes et son obédience au savoir prospectif, avec sa pédagogie sélective, est l'essence que les divers régimes politico-économiques s'affrontant actuellement cherchent ... à faire exister. L'idéal de Platon est maintenant de l'ordre du fait ... La cité platonicienne devient mondiale ..."[33]. Doch begreift er den platonischen Staat wesentlich als Technokratie im modernen Sinne dieses Wortes, was sehr problematisch ist (s. o. § 34).

Wenn man einmal von dem Einfluß absieht, welchen die Platonischen NOMOI als die erste Theorie der gemischten Verfassung und Gewaltenteilung auf die dieser Theorie entsprechende politische Praxis gehabt haben[34], so bleibt nun noch zu fragen, inwiefern besonders bei den neuesten Totalitarismen eine Verwirklichung der Platonischen Staatskonzeption vorliegt. Auf die Behauptung, daß hier ein enger Zusammenhang bestehe, läuft ja die liberalistische Platonkritik hinaus. Im Falle des Nazitums kann sie sich darauf berufen, daß einige nazistische Autoren Platon als ihren und der Bewegung großen Vorläufer in Anspruch genommen haben[35]. Nur ein

---

[32] *Jaeger* II, 284.
[33] *F. Châtelet:* Platon, 245.
[34] S. o. S. 51, Anm. 40.
[35] *Müller* (157 f.) stellt die These auf, „daß das Platonverständnis der angelsächsischen Kritiker in den Voraussetzungen wie im Inhaltlichen durchaus abhängig ist von der faschistischen Platonrezeption", und kündigt ihre künftige Ausführung an („Der angewandte Platon"). Das mag insofern richtig sein, als die hermeneutische Seite dieser Platonkritik ebenso mangelhaft ist wie bei der faschistischen Inanspruchnahme Platons, auch besteht eine offenkundige Abhängigkeit von faschistischer Platondeutung bei den Autoren österreichischer Herkunft *(Kelsen, Popper, Topitsch)*. Die eigentlich angelsächsische Platonkritik jedoch hat eigene Wurzeln, die tief in die Geistes- und Gesellschaftsgeschichte dieser Länder hineinreichen. Wie *Manasse* (II, 8 ff.) ausführt, sind *Bacon, Macauly, Grote* die Väter dieser kritischen bis feindlichen Einstellung zu Platon.
    Die beiden erstgenannten machen einen Pragmatismus gegen Platons angeblichen Idealismus geltend. Nach *Macaulay* hat Platon gelehrt, „der Mensch sei für die Philosophie geschaffen, Bacon, die Philosophie sei für den Menschen geschaffen. Für Bacon war die Philosophie ein Mittel zur Vermehrung der Freuden und Verringerung der Leiden von Millionen, die keine Philosophen sind und sein können" (M a n a s s e, 8). Diese Kritik trifft vielleicht

besonders deutliches Zeugnis sei zitiert: „Was Platon als Mythos und
Logos gedichtet hat, ein großer Teil davon ist heute, nach Jahrtausenden,
Wirklichkeit geworden, wie er es geradezu hellseherisch ausgesprochen
hat: ‚Es genügt ja doch, daß *Einer* kommt, der dazu berufen ist und an den
das Volk glaubt ... "[36]. — Aber nach Platon genügt das ganz und gar nicht.
So wie da von dem einen Führer und seinem Volk geredet wird, klingt
das nicht nach Platons autoritativer Aristokratie, sondern nach Tyrannis
als totalitärer Demokratie. Das faschistische Führerprinzip weist nur eine
ganz äußerliche Ähnlichkeit mit Platons Forderung nach Philosophenherrschern auf. Es ist hier unmöglich, von den inhaltlichen Bestimmungen
der Weisheit als einer Verbindung von Wissen und Ethos, die Platons
Philosophenkönige auszeichnen soll, zu abstrahieren. Ebensowenig darf
von den institutionellen Voraussetzungen abgesehen werden, die eine sorgfältige Auswahl und Ausbildung der zur Regierung Bestimmten gewährleisten[37]. Ganz abwegig ist die Behauptung, die POLITEIA fordere die
Aristoteles, nicht aber Platon, weil nach ihm Philosophie, zumindest in der
POLITEIA, unter dem Gebot „zurück in die Höhle" steht, also, wie Bacon
fordert, der Allgemeinheit dient. Freilich ist Philosophie bei Platon anders als
bei *Bacon* keine Sammelbezeichnung für die Wissenschaften pragmatischer
Naturbeherrschung (die im übrigen bei Platon als untergeordnete Künste
ihre Berechtigung haben).

    Grote dagegen — was bei Manasse nicht recht herauskommt — bezieht
eine wirkliche Gegenposition zu Platon (s. o. §§ 12; 19). Nachdem er herausgestellt hat, die Hauptthese der POLITEIA laute, die Gerechtigkeit sei ein bonum
per se (128ff.), widerspricht er dem mit *Thrasymachos* (und mit *Aristoteles*):
„The Platonic Thrasymachos ... is right in so far as he affirms — That
injustice is Malum Alienum, and justice Bonum Alienum, meaning that such
is the direct and primary characteristic of each" (156; vgl. 130). Dieses Lob
des Thrasymachos (vgl. *R. Dahrendorfs* Aufsatz dieses Titels) gehört konsequenterweise zur liberalistischen, vertragstheoretischen Position. Diese
scheint zunächst nur der Freiheit „aller" zu dienen. Die zugehörige Definition
der Gerechtigkeit zeigt jedoch die Kehrseite der Medaille. Gerechtigkeit als
„fremdes Gut" ist ein von außen an das Individuum herantretender Zwang;
sie ist die kollektive, vertragliche, nicht mehr liberale, sondern liberalistische
(s. o. § 31) Verrechnung der individuellen Freiheiten. Diese totalitäre Seite
des Liberalismus, die ihm nach *Hobbes* immanent ist, versucht man beiseite
zu bringen, indem man sie z. B. auf Platon projiziert. Nicht mehr der liberalistische Staat, sondern der Staat der POLITEIA erscheint dann unter dem Bilde
des Leviathan (Grote, 123; 166).

    Die Auseinandersetzung mit der modernen Platonkritik könnte den Titel
„Die POLITEIA unter den Bedingungen des LEVIATHAN" tragen. Wenn man
den liberal-totalitären Orientierungspunkt LEVIATHAN von Platon aus anpeilt,
stellen sich die liberalistischen und faschistischen Platondeutungen als kom-
plementäre Verdrehungen dar, die auf eine komplementär in die Extreme
treibende Erkrankung der Gesellschaft schließen lassen.

[36] Zit. bei *Mayr*, 224. Bei M. ist weitere Literatur dieser Art aufgeführt und
behandelt; s. auch *Müller*, 156ff.; *Schaerer*, op. cit., 11, Anm. 2.
[37] „Wir müssen in diesem Zusammenhang daran erinnern, daß die Annahme,
Platon hätte jede Verfassung gebilligt, die einer ausgewählten Gruppe von

Züchtung einer durch biologische Werte definierten Rasse, und von daher gäbe es Parallelen zum Nazismus. Platon geht es vielmehr um die Auswahl und Heranbildung (wobei auch eugenische Faktoren berücksichtigt werden) einer aristokratischen Bürgerschicht nach ethisch-politisch-wissenschaftlichen Gesichtspunkten. Nur insofern die nazistischen, ziemlich unklaren Rassevorstellungen auch aristokratische Absichten enthielten (so etwa bei W. Darré), ist der Nazismus eine ganz entfernte Nachahmung des Staates der POLITEIA. Hier kann diejenige Erklärung des Faschismus ansetzen, die in ihm eine pervertierte Verwirklichung des Prinzips der gegliederten (nicht homogenen, egalitären, zum Mittelmaß hin nivellierenden) Gesellschaft sehen, das, an sich vernünftig, infolge seiner Unterdrückung durch die totale Demokratie zu einem irrationalen, gewaltsamen Ausbruch kommt[38].

Zwei andere Parallelen zwischen dem platonischen und faschistischen Staat scheinen mit größerer Berechtigung gezogen zu werden. Als Merkmale des gemeinsamen Totalitarismus werden angegeben: 1. die Forderung nach bedingungsloser Unterordnung des Individuums unter die Zwecke von Staat und Gesellschaft, 2. die staatliche bzw. gesellschaftliche Kontrolle des Privatlebens. Ersteres ist Platon von vielen Interpreten verschiedener Richtungen unterstellt worden, von den etatistischen und den faschistoiden mit Beifall, von den liberalen mit Kritik, von den neutralen ohne Kommentar. Nach den hier vorliegenden Ausführungen ist diese Interpretation falsch. Sie gilt noch nicht einmal für den Stand der Wächter, für den sie dem ersten Anschein nach am ehesten zutreffen könnte, während ja dem dritten Stand gemäß der POLITEIA Erwerbs- und sonstige private Zwecke weitgehend freigestellt sind und der erste Stand, die Philosophenherrscher, *über* Staat und Gesellschaft stehen, außer insofern sie dem Allgemeinen teils zwar gezwungen, letztlich aber aus eigener Einsicht dienen. Der Begriff einer Unterordnung von atomar vorgestellten Individuen unter einen als Apparat vorgestellten Staat, ist nicht aristokratisch, sondern entweder despotisch (wobei freilich der Tyrann selber über dem Staat steht) oder aber demokratisch. Der Staat als allgegenwärtiger Apparat ist die institutionelle Verwirklichung der Kontrolle „aller" durch „alle"[39]. Etwas

---

Herrschern uneingeschränkte Vollmacht verleiht, weil er seinen idealen Philosophenherrschern uneingeschränkte Vollmacht zugestanden hat, ein glatter Trugschluß wäre" (*Field:* Die Philosophie Platons, 196).

[38] S. u. die Thesen von *Voegelin* und *Wild.* Eine solche im Prinzip platonische Deutung des Faschismus liegt auch in den polemischen Schriften von *G. Bernanos* zugrunde (dtsch. unter den Titeln „Gefährliche Wahrheiten", Augsburg/Bäsel o. J., etwa 1950; „Europäer wenn ihr wüßtet", Essen 1962).

[39] Wahrend *H. Marcuse* den demokratischen Totalitarismus kapitalistischer Prägung unter anderem daraus entstehen sieht, daß „partikuläre, althergebrachte Interessen" am Werke sind (Der eindimens. Mensch, op. cit., 73; 23; 25), deren Demokratisierung noch aussteht, versteht *A. de Tocqueville* diese Art

anders liegen die Dinge in bezug auf den zweiten Punkt. Zumindest der Stand der Wächter scheint durchgehend einer staatlichen Kontrolle zu unterliegen. Doch näher betrachtet, gibt es gar nichts, was da zu kontrollieren wäre, denn dieser Stand ist der Staat und hat darum kein privates Leben. Adeimantos bezweifelt denn ja auch, daß die Wächter glücklich sein würden (P 419 Aff.). Während es aber durchaus möglich ist und immer wieder vorkommt, daß bestimmte Individuen ihre Erfüllung in der Aufopferung für allgemeine Zwecke finden, stellt sich von Platon her die Frage, ob eine solche totale Identifikation mit dem politisch Allgemeinen schlechthin gut für den Menschen und für die Polis sei. Die Philosophenherrscher kennen hier eine Transzendenz, die zwar praktisch in die Polis zurückführt, aber theoretisch über sie hinausgeht und so auch eine Distanz zur Praxis mit sich bringt.

Daß die Unterordnung unter den Staat (das heißt unter Gesetze, die von sich gegenseitig kontrollierenden Gruppen verwaltet werden), und ebenso die öffentliche Kontrolle des Privatlebens mit zunehmender Demokratisierung zunimmt, zeigt der Schritt von der POLITEIA zu den NOMOI. Generell wird die Kontrolle größer, sie wird jedoch vor Willkür im einzelnen besser gesichert und beschränkt sich auch selber soweit wie möglich auf ebenfalls kontrollierte Weise. Dabei bleibt jedoch fraglich, ob kontrollierte Kontrolle eine Einschränkung oder aber Potenzierung der Kontrolle bedeutet.

In diesem Zusammenhang sind die Überlegungen, die *Manasse* über Gedankengänge von *R. C. Lodge* anstellt, instruktiv: „Vor Jahrzehnten hatte der sozial denkende Idealist Barker in einer Form, die heute vielleicht Lächeln erregt, Analogien zwischen der Politik der „Gesetze" und der

Totalitarismus immanent demokratisch als eine Konsequenz der *Gleichheit:* „Ich will mir vorstellen, unter welchen neuen Merkmalen der Despotismus in der Welt auftreten könnte: ich erblickte eine Menge einander ähnlicher und gleichgestellter Menschen, die sich rastlos im Kreise drehen, um sich kleine und gewöhnliche Vergnügungen zu schaffen, die ihr Gemüt ausfüllen ... Über diesen erhebt sich eine gewaltige, bevormundende Macht, die allein dafür sorgt, ihre Genüsse zu sichern und ihr Schicksal zu überwachen. Sie ist unumschränkt, ins einzelne gehend, regelmäßig, vorsorglich und mild. ... Jeder duldet, daß man ihn fessle, weil er sieht, daß weder ein Mann noch eine Klasse, sondern das Volk selbst das Ende der Kette in Händen hält." (Über die Demokratie in Amerika II, dtsch. Stuttgart 1962, 342f.) ·

Der Totalitarismus im strengeren Sinne dieses Wortes ist ein spezifisch modernes Phänomen. Zu ihm gehört, wie *L. Strauss* gesehen hat (1, 333; 5, 33f.), die Ideologisierung der Massen durch eine das Himmelreich auf Erden versprechende „wissenschaftliche" Heilslehre und zweitens die Anwendung moderner Technik auf die Gesellschaft. Die Ausdehnung des Totalitarismusvorwurfs auf *Platon* ist schon vom zweiten Punkt her nicht gerechtfertigt, weil man den von Platon erwogenen Institutionen „in ihrer Auswirkung die unerbittliche Konsequenz moderner Verwaltungsmaschinerie" nicht unterstellen darf (*Müller*, 152).

englischen Verfassung zu entdecken geglaubt. Für Lodge ist an die Stelle der englischen Verfassung der Geist der heutigen Demokratie getreten, und weil er eine besondere Vorliebe für das platonische Spätwerk hat, identifiziert er viele der von Platon vorgeschlagenen Maßnahmen mit den Praktiken einer Demokratie, die um des harmonischen Zusammenlebens der Vielen willen den Unabhängigkeitswillen der Wenigen verurteilt. Manchem heutigen Leser mag bei diesen Vergleichen das Lächeln vergehen, und wer nicht Lodges Enthusiasmus teilt, mag sie für die Demokratie sowohl wie für Platon erschreckend desillusionierend finden"[40]. Also auch die moderne westliche Demokratie scheint gewisse Elemente der Platonischen Konzeption zu verwirklichen[41], wobei sich jedoch insbesondere Parallelen zwischen Platons zweitbestem Staat, dem Gesetzesstaat der Nomoi, der auf demokratische Weise zum Totalitarismus neigt, und den modernen Tendenzen zur totalitären Demokratie ergeben.

Am plausibelsten sind die Parallelen, die zwischen Platons politischem Entwurf und dem modernen Sozialismus oder Kommunismus gezogen werden[42]. Hierbei sind zu unterscheiden 1. die Sympathien, die ein theo-

---

[40] *Manasse* II, 117; vgl. 119, Anm. 1; vgl. *K. v. Fritz*, op. cit., 141.

[41] Dazu ironisch *Crossman*. In seinem Buch „Plato Today" läßt er einen wiedererstandenen Platon über moderne politische Systeme urteilen. Der britischen Demokratie steht dieser recht positiv gegenüber (132ff.), gratuliert seinem Gesprächspartner, einem britischen Parlamentsmitglied, zu der ausgezeichneten Propaganda, „which he and his friends employ to make the people believe that they are governing themselves when they are in fact doing nothing of the sort", und urteilt allgemein über die englische Verfassung, sie sei „a lucky blend of aristocracy and oligarchy whose social structure is rendered stable by the ‚noble lie' of self-government and individuel freedom" (137). Platons Beurteilung der USA ist kritischer (154ff.). Wo er Übereinstimmungen mit seiner Konzeption sieht, wie vor allem in der amerikanischen Erziehung, stößt er bei seinem amerikanischen Gesprächspartner nicht auf Gegenliebe. Dieser distanziert sich von Platons Erziehungsprogramm mit den Worten: „It is either Communist or Fascist — I am not sure which — and anyway it is not American" (179).

Ohne Ironie positiv urteilt dagegen *Field*: „Eine moderne repräsentative Demokratie kann man in angemessener Weise als einen Kompromiß zwischen griechischen Vorstellungen über Demokratie und Platons Kritik daran oder als Synthese von beiden beschreiben." (Die Philosophie Platons, 203; vgl. *Wild*: Plato's Modern Enemies, 58f.).

[42] Dazu neuerdings *Krämer* 3, 264; *K. v. Fritz*, op. cit., 120ff. Doch wenn man *Platon* mit modernem Sozialismus in Verbindung bringt, darf man nicht vergessen, daß sein „Sozialismus" aristokratisch und individualistisch ist (vgl. *v. Pöhlmann*, op. cit., II, 89ff.) im Sinne des ethischen Primats des Individuums (s. o. §§ 12; 31), während der moderne Sozialismus entweder offen kollektivistisch ist (das sogenannte „bürgerliche" Individuum totsagt oder abschaffen will und den Menschen durch „die Gesellschaft" definiert) oder das Problem Individuum — Gesellschaft zum Brei idealer Wechselwirkung verrührt.

retischer und idealer Sozialismus für Platon bekundet, 2. die These, in dem politisch verwirklichten Sozialismus seien platonische Elemente zum Zuge gekommen.

Beispiele für den erstgenannten Fall liefert der deutsche „Kathedersozialismus" des ausgehenden 19. Jahrhunderts. Vor allem *von Pöhlmann*[43] und *Adler*[44], aber auch *Natorp*[45] haben die Frage erörtert, welche Gemeinsamkeiten und Unterschiede zwischen Platon und dem modernen Sozialismus bestünden[46]. Übereinstimmungen werden besonders in Platons Kritik des Kapitalismus bzw. der Plutokratie und der liberalistischen, vertragstheoretischen Gesellschaftskonzeption gesehen. So polemisiert Natorp in Platons und Marxens Sinne gegen die zuerst von Hobbes systematisch ausgeführte Theorie von Staat und Gesellschaft, der gemäß sie bloße Institutionen gegenseitiger Lebenserhaltung sind: „Solange man von der bloßen Existenzfrage ausgeht, ist dem nackten — oder schwach verhüllten — Individualismus auf keine Weise zu entrinnen ... Zwar die Erarbeitung der Existenzmittel fordert mehr und mehr gegenseitige Hülfe ... Aber das führt wirklich zu keiner Gemeinschaft, sondern bloß zu einer losen Gesellung Einzelner, wobei jeder an sich nicht den Zweck des andern, sondern seinen eigenen im Auge hat, der mit dem des andern in gewissen Grenzen zufällig, aber nicht innerlich und wesentlich zusammentrifft. Die unentrinnbare Folge ist — die Ungleichheit, die Bevorrechtung derer, die sich durchzusetzen die Kraft haben, während der Schwache gutwillig weichen muß oder mit Gewalt bei Seite geschoben wird"[47]. Mit Platons Kritik der demokratischen, markt-plutokratischen Ungleichheit ist man einverstanden; Schwierigkeiten machen dagegen Platons sonstige Auf-

---

Marx ist in seinen Frühschriften, wenigstens stellenweise ganz eindeutig, z. B. wenn er schreibt: „Der Mensch, das ist die *Welt* des Menschen, Staat, Sozietät. Dieser Staat, diese Sozietät produzieren die Religion ..." (Frühschriften, ed. Landshut, op. cit., 208). Dabei ist in dem Anfang des zweiten zitierten Satzes völlig richtig die Voraussetzung bzw. Konsequenz dieses Kollektivismus angegeben: Wenn das Individuum keine Beziehung zur religiösen oder philosophischen Transzendenz hat, so ist das Kollektiv, die utopisch weltumspannend vorgestellte „Gesellschaft" das Höchste für den Menschen. Damit ist keineswegs „der Mensch" das Höchste für den Menschen, sondern eben das geschlossene System der Millionen und Milliarden. (*Dagegen* hat „der Mensch" die Massenvernichtungsmittel entwickelt.)

[43] *R. v. Pöhlmann*: Geschichte der sozialen Frage und des Sozialismus in der antiken Welt.

[44] *G. Adler*: Geschichte des Sozialismus und Kommunismus von Plato bis zur Gegenwart.

[45] *P. Natorp*: Plato's Staat und die Idee der Sozialpädagogik.

[46] Vgl. *Müller*, 153ff.; *Mayr* 226f.; weitere Literatur zu diesem Thema bei *Mayr*, 288, Anm. 33. — Auch *T. Ramm*: Die großen Sozialisten (38ff.) beginnt seine Geschichte des Sozialismus mit Platon.

[47] *Natorp*, op. cit., 145.

20*

fassungen von Gleichheit und Verschiedenheit. Der westliche, vorerst nur theoretische Sozialismus jedoch bekennt sich mit gewissen Abstrichen zu Platons „proportionaler" Gleichheit. Natorp fragt am Schluß seiner Überlegungen, ob nicht in dem Gedanken einer Bildungsaristokratie etwas Berechtigtes liege, „was auch für den berechtigt bleibt, der überzeugt ist, daß das sozialistische Ideal vielmehr auf demokratischen Grund zu stellen ist? Eine geistige Aristokratie, und wäre es eine Aristokratie im Arbeiterkittel, müßte es auch dann sein, die den Keim der neuen Gesellschaft in sich birgt . . .``[48].

Während sich der westliche Gelehrtensozialismus auf diese Weise mit Platon ins Vernehmen setzt, lehnt der „östliche", im Ökonomischen zum Teil verwirklichte Sozialismus Platon als einen aristokratisch gesonnenen Exponenten der „Sklavenhaltergesellschaft" ab[49]. Das Verdienst, den Sowjetmarxismus zuerst mit Platon verglichen zu haben, nimmt denn auch ein westlicher Mathematiker und philosophischer Essayist, nämlich *B. Russell*, für sich in Anspruch[50]. Ausgeführt hat *Crossman* den Vergleich[51]. Wie am Nazismus[52] findet der von Crossman literarisch wieder zum Leben erweckte Platon auch am russischen Kommunismus vieles zu tadeln, einiges zu loben. Er würde vor allem die Organisation der Kommunistischen Partei bewundern,, ‚an élite trained for public service, subjected to military discipline, and schooled to accept without question the philosophy and the policy of its leaders". Platon würde urteilen: „Communist philosophy may be wrong, but it is a philosophy; and the Rulers of Russia are indeed philosopherkings who have organized their State on clear-cut

---

[48] Ebd. 170. Was bei *Natorp* nur als Frage steht, wird bei *Tsakonas* zum Postulat: „Nur die Aneignung der Macht seitens der geistigen Führung kann die soziale Theorie sichern . . ., denn die königlichen Männer sind, da sie die Idee der Gerechtigkeit kennen, im Stande, besser die wirtschaftlichen und kulturellen Forderungen der Masse zu befriedigen, als diese selbst. Das wäre eine konsequente Fortbildung der platonischen Theorie in unserer Epoche im Zusammenhang mit der christlichen Weltanschauung und dem Sozialismus" (D. Tsakonas: Platon und der Sozialismus, zit. bei *Müller*, 155).

[49] Ein Beispiel hierfür auf westlicher Seite ist *A. D. Winspear*: The Genesis of Plato's Thought. In der östlichen (ostdeutschen) Diskussion um Platon erregte der Versuch, ihn als einen bloßen Ideologen der Sklavenhaltergesellschaft abzutun, Widerspruch von seiten *R. Schottlaenders* (vgl. die Zusammenfassung jener Diskussion bei *H. Dempe*: Platon und die moderne Philosophie, 517 ff.).

[50] „In 1920 I compared the Soviet State to Plato's REPUBLIC, to the equal indignation of Communists and Platonists." — *Russell*: Philosophy and Politics, London 1947, 13, Anm.

[51] Op. cit., 216 ff.

[52] Ebd. 241 ff.

[53] Ebd., 225. — Ähnlich *R. Musil*: „Das aristokratische Argument gegen die Masse, auf den Bolschewismus angewandt, ist natürlich falsch. Denn weder in ihm noch in irgendeiner Demokratie entspringt der Wille der amorphen Masse.

philosophical principles"[53]. Im übrigen aber würde er nur Abscheu empfinden „for the Communist glorification of material and technological advance". „It is not, he would argue, the function of government to make men rich, but to make them good ... Wealth is as great an evil as poverty, and a Government which encourages people to think in terms of wealth is sowing the seeds of a new class-war." Rußland werde imperialistisch werden und danach streben, andere Länder auszubeuten, es sei dabei mit Amerika durch das Band eines gemeinsamen Zieles und durch den „acquisitive instinct" verbunden. Der Unterschied dieser beiden Großstaaten liege nicht in den Zielen, sondern bloß in den Mitteln, wobei Rußland auf die Dauer größere Erfolgsaussichten habe, da es die Maximierung von Reichtum engagierter und wissenschaftlicher verfolge. Zunächst aber komme es für den Kommunismus darauf an, „to impose the standards of Western civilization on a barbarian country"[54].

Gegen das Lob, das der Crossmansche Platon dem Sowjetkommunismus spendet, ist nun aber zweierlei einzuwenden. Einmal ist es durchdrungen von Crossmans liberaler Ablehnung sowohl Platons wie des Kommunismus, zum andern scheint die kommunistische Ablehnung Platons gegen platonisch-kommunistische Gemeinsamkeiten zu sprechen. Sicherlich sind die Platonischen Wächter eine für den öffentlichen Dienst ausgebildete Elite, auch unterliegen sie, da sie ja unter anderem die Aufgabe haben, die Polis nach außen zu verteidigen, in dieser Hinsicht militärischer Disziplin. Ihre Ausbildung jedoch ist nicht von dieser Art Disziplin bestimmt und hat auch nicht die Erzeugung von Kadavergehorsam zum Ziel, sondern an ihrem Anfang steht das Spiel und an ihrem Ende die Dialektik (P 536 Eff.).

Sie werden von einer Politikerkaste regiert und das wird immer sein. Die Frage ist nur, ob sich dafür nicht eine bessere Technik finden läßt" (Tagebücher, Hamburg 1955, 241).
[54] *Crossman*, 221 ff. — Ähnlich schreibt *G. Bernanos*: „der Kommunismus ist nur der ... auf die Spitze getriebene Kapitalismus. Der Kapitalismus führt nämlich zu den Trusts, und der kommunistische Staat ist ein einziger Trust" („Gefährliche Wahrheiten", op. cit., 218). — Statt der „positiven Verwirklichung der Humanität im ursprünglichen marxschen Sinne" erweist sich der „Gulaschkommunismus" als die reale Alternative zum Stalinismus. Und der Wohlstandskommunismus ist bereits perfekter verwirklicht „in der westlichen Überflußgesellschaft als einer Gesellschaft menschlicher Entfremdung im Konsum". Wenn *G. Rohrmoser* (Anmerkungen zu einer Theologie der Revolution, in: Epirrhosis [C. Schmitt-Festschr.], Berlin 1968, 619f.) dies im Jahr 1968 feststellt, liegt darin schon Beschreibung einer eingetretenen Entwicklung. Daß *Crossman* sie 1937 und *Bernanos* 1945 voraussagen konnten, spricht für die Richtigkeit einer platonischen Sicht der Politik. Ein anderer Aspekt dieser Entwicklung des etablierten Kommunismus ist der rasche Verfall der ideologischen Substanz und der Personalunion von Ideologie und Politik. Die Reihe *Lenin, Stalin, Chrustchew, Breschnjew* entfernt sich immer weiter von der Verbindung zwischen Wissen und Macht, die Sowjetherrscher werden platonischen Philosophenkönigen immer unähnlicher.

Und für diese Dialektik bedeutet es einen wesentlichen Unterschied, ob eine Philosophie wahr oder falsch ist. Wenn nach Platon die Sowjetphilosophie falsch ist, so würde er sehr wahrscheinlich damit die These in Zusammenhang bringen, daß die sowjetischen Führer keine Philosophenkönige, sondern Tyrannen seien. Doch käme er wohl zu dem etwas anderen Ergebnis, daß von Hegel und Marx her wenigstens etwas wahre Philosophie im Sowjetmarxismus stecke, so daß etwa die Ähnlichkeit Lenins mit einem Philosophenkönig anders als im Falle Hitlers über die bloß formale Übereinstimmung, die zwischen einem Tyrannen und einem solchen König besteht, hinausgeht. Gerade weil Marx die Philosophie (d. h. die theoretische Philosophie aristotelischer Provenienz) durch ihre Verwirklichung aufheben wollte[55], ist die marxistische Einheitswissenschaft von Natur und Geschichte, die politische Konsequenzen zeitigt, in mancher Hinsicht Philosophie im Sinne der POLITEIA. Auch sie ist Wissenschaft, die zu einer téchne politiké *samt zugehöriger politischer Ethik* fortgeht und dabei ähnliche Institutionen hervorbringt wie bei Platon.

Daß der gegliederte Herrschaftsstaat der Sowjets sich als ein Durchgangsstadium zu einem staatlosen Zustand und die kommunistische Partei nicht als eine von der menschlichen Verschiedenheit her für alle Zeiten notwendige Elite versteht, sondern als die Avantgarde einer Massenemanzipation, macht für die gegenwärtigen und allein realen Verhältnisse keinen Unterschied. Für die Realität kommunistischer Staaten ist die ganz neuartige Zukunft ebenso sehr Opium fürs Volk wie sie andererseits ein real wirksames Zielbild ist. Welcher Aspekt vorwiegt, kann keine noch so wissenschaftliche Einheitswissenschaft erweisen, sondern allein die Zukunft selber, wenn sie Gegenwart geworden ist[56]. Dieser Zeitpunkt läßt sich nicht beliebig lange hinausschieben. Da nun in den kommunistischen Staaten niemand frei ist, solche Überlegungen anzustellen und die Marx transzendierenden[57] Voraussetzungen der offiziellen Ideologie angemessen

---

[55] Vgl. *Marx*: Frühschriften, op. cit., 17; 214f.

[56] Vgl. *Crossman*, 233.

[57] Dieses über *Marx* Hinausgehen kann zugleich historisch und systematisch verstanden werden. Marx war stark von der antiken politischen Philosophie beeinflußt, einmal durch direkte Kenntnis, zum anderen durch die Vermittlung *Rousseaus*. Aus beiden Quellen bezog er feste Voraussetzungen über die Gesellschaftlichkeit des Menschen, die bei *Platon*, *Aristoteles* und *Rousseau* zweifellos vorhanden, aber sehr viel weniger fest, statt dessen dialektischer, reflektierter sind.

Marx sah in der wissenschaftlich-technischen Naturbeherrschung das allgemeine Mittel, um eine Polis, in der alle Vollbürger sind, im Weltmaßstab zu verwirklichen. Er sah nicht, wie leicht diese Mittel eine solche neue Polis in den Leviathan verwandeln. Zu seiner Zeit war das auch noch schwer zu erkennen, da die nötigen Erfahrungen noch nicht gemacht waren. Auf sie gründet sich die *H. Marcusesche* Revision des Marxismus, die nicht mehr meint, die Revolution in Richtung auf eine neue, bessere Polis brauche nur den „politi-

zu reflektieren, tut es wenig zur Sache, ob im Ostblock ein Bewußtsein der Affinität zu Platon besteht oder nicht. Und wenn es dort Eliten gibt, so liegt es im Interesse der offiziellen Gleichheitsideologie, des Staates und der Eliten selber, dies durch eine „noble lie" zu verschleiern. Überhaupt läßt sich ja beobachten, daß die „Linken" eine Art Elite sind, aber es nicht sein wollen, während die „Rechten" es sein wollen, aber nicht sind.

Indessen sind alle diese neueren Strukturen der politischen Wirklichkeit nur schwache Annäherungen an das platonische Paradeigma. Vor allem weicht inhaltlich das Wissen und Ethos, auf Grund dessen hier Anspruch auf Regierung erhoben wird, von der platonischen, zur Idee des Guten hin transzendierenden Gerechtigkeit (s. o. §§ 35—39) erheblich ab. Auch die Sorgfältigkeit der Auswahl und Ausbildung der zum Regieren bestimmten Personen genügt nicht den Forderungen Platons. Immer noch ist die Kunst des ans-Ruder-Kommens in der Politik wichtiger, als die Fähigkeit, eine Führungsposition gut auszufüllen[58]. Man bemüht sich nicht einmal um die praktische Durchführung dieses Unterschieds, obwohl man fast allgemein der Ansicht ist, daß er besteht. In mindestens einer wesentlicher Hinsicht ist somit noch nie der Versuch gemacht worden, den platonischen Staat zu verwirklichen. Der zentrale Satz der POLITEIA: „wenn nicht entweder die ‚Philosophen' in den Staaten Könige werden, oder die jetzt Könige und Herrscher heißen, in echter und richtiger Weise zu philosophieren anfangen, und dies in eins zusammenfällt, gibt es kein Ende des Unglücks für die Staaten und wohl auch nicht für das menschliche Geschlecht"[59], ragt nach wie vor als ein unerfülltes Versprechen in die Geschichte. Ob es erfüllbar ist, mag fraglich erscheinen. Aber damit ist der Satz nicht widerlegt. Macht und Weisheit sind bisher nur selten und zufällig in eins gefallen, und das politische Unglück hat kein Ende genommen. Daß Philosophenherrscher möglich sind und eine Verbesserung bedeuten, ist ebensowenig bewiesen wie widerlegt[60]. Daß sie eine Verschlimmerung bedeuten, ist angesichts der geschichtlichen Wirklichkeit unwahrscheinlich.

Seit dem Anfang der Neuzeit sucht man die Lösung in der Platon entgegengesetzten Richtung des Leviathan, des totalen Machens. Genau das hat nun zu einer Gefahr der Selbstausrottung der Menschheit geführt. Die Gefahr wird sofort akut, wenn die bereitstehenden Mittel der Naturbeherr-

---

schen Apparat des Kapitalismus" zu zerstören, während sie den „technischen Apparat" im wesentlichen unverändert übernehmen könne (Der eindimens. Mensch, op. cit., 42 ff.).

[58] Vgl. P 488 A—E das Schiffsgleichnis.

[59] Modifizierte Übersetzung nach *Krämer* 3, 257 f.

[60] Vgl. dazu *A. Kojève* in Strauss 5, wo er zu dem Ergebnis kommt: „Aus all diesen Gründen, zu denen man noch viele andere fügen könnte, glaube ich mit Hieron, Xenophon und Strauss und im Gegensatz zu der gemeinhin angenommenen Meinung, daß der Philosoph durchaus imstande ist, die Macht zu übernehmen und zu regieren oder an der Regierung teilzuhaben" (163).

schung voll für militärische Zwecke eingesetzt werden. Der Frieden tritt dann nicht in der von Hobbes beabsichtigten Weise ein, sondern so wie Kant es am Anfang seiner Schrift „Zum ewigen Frieden" anführt[61].

Wenn sich nachweisen läßt, daß der Leviathan-Staat als der Versuch einer primär bloß äußerlichen, behavioristischen Befriedung des menschlichen Zusammenlebens den Umschlag in den totalen Krieg zur inneren Konsequenz hat, spricht das e contrario für den platonischen „Gesinnungsstaat". Da dieser theoretisch zu leistende Nachweis durch die Entwicklung der politischen Wirklichkeit unterstützt zu werden scheint, ergeben sich günstige Perspektiven für eine recht verstandene Verwirklichung des platonischen Paradeigmas. Recht verstanden enthält die POLITEIA den ans Individuum gerichteten Appell, die in allen Menschen in qualitativ und quantitativ verschiedenem Maße angelegten Kräfte der Vernunft zum Zwecke eines nicht nur äußerlich friedlichen Zusammenlebens wirksam werden zu lassen. Insofern ein solcher Appell heute besser verstanden werden könnte als je zuvor, sagt *Rankin* von der Platonischen Konzeption ganz schlicht: „It could have, from a modern point of view, a fair chance of realization"[62]. Mehr im Hinblick auf die „wissenschaftliche", nicht primär individuelle, ethische, praktische Vernunft, fragt *Sabine* ganz ähnlich: „who can say what are the limits of knowledge as a political force, and what society has yet brought to bear upon its problems the full power of trained scientific intelligence"[63]? Je nachdem, welcher Wissenschaftsbegriff hier zugrunde gelegt wird (s. o. §§ 21; 34), entsteht auf diese Weise aber eher der Leviathan als die POLITEIA.

Eine weitere, künftige Verwirklichung Platonischer politischer Philosophie kann man freilich im Westen nur erwarten, wenn man mit Mill annimmt, daß die „Gleichgültigkeit gegen spezielle Befähigung und gegen die Überlegenheit eines Geistes über den anderen" in den westlichen Demokratien nicht noch mehr zunehme (s. o. § 39). Der als abstrakter absolut gesetzte Gleichheitsbegriff müßte gebrochen werden. Sonst ist von Platon aus eher die Verwirklichung eines anderen Teils der POLITEIA zu erwarten, nämlich der negativen Entwicklung der Verfassungen. In diesem Zusammenhang stellt sich die Frage, inwiefern der europäische Faschismus ein vermeidbarer Rückfall oder bloßer Unfall war und inwiefern er andererseits eine typische und zumindest in dem einen Fall notwendige Entwicklung der modernen Gesellschaft darstellt. Vielleicht kommt man der Lösung

---

[61] „Zum ewigen Frieden. Ob diese satirische Überschrift auf dem Schilde jenes holländischen Gastwirts, worauf ein Kirchhof gemalt war, die Menschen überhaupt, oder besonders die Staatsoberhäupter, die des Krieges nie satt werden können, oder wohl gar nur den Philosophen gelte, die jenen süßen Traum träumen, mag dahingestellt sein."

[62] *H. D. Rankin*: Plato and the Individual, 136f.

[63] *Sabine*, 63.

dieser Frage näher, wenn man zunächst Überlegungen zu einer anderen anstellt, die lautet: Warum wurde Platon zum „Herausforderer der Demokratie" (s. o. § 1)?

Ein Grund dafür war zweifellos, daß man eine gewisse Verwandtschaft zwischen dem modernen Totalitarismus und einigen politischen Vorstellungen Platons bemerkte. Dieser Zusammenhang gewann an Plausibilität durch die ideologische Inanspruchnahme Platons von seiten nazistischer Autoren (s. o.). Andererseits liegen jedoch tiefgreifende Unterschiede zwischen der Platonischen Theorie und den modernen Realitäten zutage. Selbst Ideologen wie Popper gelang es nicht, sie ganz zu nivellieren; und seine Darstellung stieß auf fundierten Widerspruch. Ernster zu nehmende Autoren wie Cornford, Crossman, Sabine, L. Strauss erkannten, daß bei Platon eine nicht-demokratische Staatsform befürwortet wird mit Argumenten, die stärker sind und die westliche Zivilisation zentraler treffen als die Argumente moderner totalitaristischer Ideologie, dies um so mehr als eine geschichtliche Kontinuität von der antiken zur modernen westlichen Kultur angenommen wird.

Aber was heißt „stärkere Argumente" in der Politik, wo die Faktizität ausschlaggebend ist? — Es könnte zum Beispiel bedeuten, daß man von Platon her politische Realitäten wie den europäischen Faschismus besser begreifen kann als anders. Konkret wäre zu fragen, ob nicht die Poliskonzeption in ihrer platonischen Form *als ein Mangel in der gegenwärtigen Politik wirksam ist,* und ob die Konflikte, die sich bis zu schrecklichen Kriegen verschärften, wenigstens zum Teil aus diesem Mangel erklärt werden können. Eine solche Sicht der Dinge läuft auf die These hinaus, „daß gerade der Geist des Platonismus die Sicherungen gegen das totalitäre Denken bietet, und daß dieses nur darum habe anwachsen können, weil man sich von Platon abgewandt habe" (Manasse II, 212). Diese Perspektive ist von Wild[64] und Voegelin[65] eröffnet worden und bedarf offenbar näherer Ausführung. Sie nimmt sich in der Darstellung Manasses klarer aus als bei diesen Autoren, zumal es beide mit der historischen Richtigkeit ihrer Interpretationen ebenso wenig genau nehmen wie Fite, Russell, Popper und andere Platongegner[66].

Hinter einer derartigen Kritik der heutigen, westlichen Einstellung zum Politischen steht Platons These, daß extreme Demokratie und totale Freiheit

---

[64] *J. Wild*: Plato's Theory of Man; — derselbe: Plato's Modern Enemies and the Theory of Natural Law.

[65] *E. Voegelin*: Order and History, vol. II: The World of the Polis; vol. III: Plato and Aristotle.

[66] Vgl. *Manasse* II, 212 ff. und speziell zu *Wild* die ausführliche Auseinandersetzung von *L. Strauss* (= Strauss 1). S. begrüßt und unterstützt Wilds Problemstellung, aber lehnt deren Durchführung als Platoninterpretation ab, da Wild moderne Gesichtspunkte und Wertungen unkritisch in Platons Lehre hineinträgt.

umschlagen in Tyrannis und totale Unfreiheit. So kann Voegelin, wie
Manasse es ausdrückt, den Spieß umdrehen, indem er „die unter der Ägide
des Liberalismus entstandene extreme Demokratie für den Totalitarismus
verantwortlich" macht, während die liberalen Gegner Platons diesen
„wegen seines Antiliberalismus zum Ahnherrn des modernen Totalitarismus machen" (Manasse II, 227). Ähnlich begreift Wolin hypothetisch die
modernen Totalitarismen als eine Reaktion „with a vengeance" auf die
pluralistische Fragmentierung des Gemeinwesens[67]. Und bereits zwischen
den beiden Weltkriegen, also vor der größeren Katastrophe, schrieb
Vering: „Wenn nicht alles trügt, steht unsere Gegenwart mitten in der
letzten von Platon beschriebenen Übergangsphase, in welcher sich der
Übergang von der Demokratie zur Tyrannis vollzieht." Die Tyrannis
sieht Vering bereits im bolschewistischen Rußland und in einer einstweilen
milderen Form im Italien Mussolinis verwirklicht und fährt fort: „auch
in Deutschland wird der Ruf nach dem ‚starken Manne' schwerlich ver-
stummen", solange Zustände andauern, die „mit dem Bilde einer entarte-
ten Demokratie, wie sie Platon im achten Buche der POLITEIA schildert",
genau übereinstimmen[68]. Im gleichen Sinne äußert sich kurze Zeit später
Friedländer im Blick auf den inzwischen etablierten Nazismus: „Welche
Fülle politischer Wirklichkeit diese ‚Tragödie' (der im achten Buch der
POLITEIA beschriebene Verfall des seelischen und staatlichen Gefüges) in
sich trägt, möge man daran abschätzen, daß der Wandel von der Demokratie
in die Tyrannis genaue Züge dessen trägt, was wir selber 2300 Jahre später
erlebt haben."[69]
Es sieht so aus, als wenn die Geschichte einmal mehr die Platonische
Lehre vom Umschlag übermäßiger Freiheit und Gleichheit in Tyrannis
bestätigt habe. Dabei wurde im Faschismus eine Dialektik deutlich, die
wohl nur mit Hilfe Platons klar zu erfassen ist. Diese politische Bewegung
trug nämlich Züge eines Aufstands des kleinen Mannes gegen die gerade
ihm zugedachte Freiheit und Gleichheit. Freilich wurde dieser Aufstand
willig von der ohnehin dem Führerdenken zuneigenden kapitalistischen
Plutokratie und einem entwurzelten Konservatismus unterstützt. Aber das
ändert nichts daran, daß der Faschismus primär die Herrschaft einer negativen und von unten kommenden (insofern im herkömmlichen Sinne revolu-

---

[67] *S. S. Wolin*: Politics and Vision, London 1961, insbes. 434. Ist demnach der
moderne Totalitarismus eine überkompensierte Gegenbewegung zur liberalistischen Vernachlässigung des Politischen, so liegt die Aufgabe der nicht-totalitä-
ren Gesellschaften darin, „to temper the excesses of pluralism". Ähnlich
R. Musil (Tagebücher, op. cit., 363): „Die Hauptschwäche des demokratischen Systems ist der Verfall der Disziplin. Also ist der Faschismus in seiner
Überspannung dieses Prinzips nicht nur verständlich, sondern auch eine richtige
instinktive Abwehrbewegung?"
[68] *C. Vering*: Platons Staat, 3.
[69] *Friedländer* III, 127.

tionären) Elite war, die sich in einem vorhandenen Vakuum einrichten
konnte. Das alte Königtum, der feudale, der geistliche und der Beamten-
Adel waren — aus welchen ökonomischen, kulturellen oder anderen
Gründen auch immer — degeneriert, und die Intellektuellen, statt selber
politische Verantwortung und Führung zu übernehmen oder wenigstens
Ansprüche dieser Art anzumelden, träumten vom Absterben des Staates
und von totaler Demokratie als Abschaffung aller Herrschaft. Bei den
angelsächsischen Demokratien war anders als auf dem europäischen Kon-
tinent kein solches Vakuum vorhanden. Sie sind bis heute auch der Ideologie nach keine totalen Demokratien, sondern gemischte Verfassungen,
wobei sich in England eine langsame Umformung traditioneller Herr-
schaftsformen ereignete, während die amerikanische Demokratie in besonders starkem Maße plutokratisch, meritokratisch und — wie einige
sagen — matriarchalisch modifiziert ist.

Nun aber geraten diese traditionellen Formen einer gemäßigten Demokratie zunehmend unter radikaldemokratischen Druck, was reaktionären
Gegendruck zur Folge hat. Die Erde bietet heute in vieler Hinsicht das
Bild einer Weimarer Republik im Großen, und es scheint nicht ausgeschlossen, daß sich die mitteleuropäische Entwicklung in größerem Maßstabe
wiederholt. Ein ideologisch verdeckter Umschlag radikaler Freiheits- und
Gleichheitsbestrebungen in Tyrannis könnte jedoch vielleicht dann vermieden werden, wenn die angeblich radikaldemokratische Kritik liberalistischer,
mit nicht-demokratischen Momenten durchsetzter Demokratie ihre Tendenz
auf rationale Autorität[70] offenlegt und sich damit (um einmal in dem bekannten, ebenfalls eindimensionalen Vokabular zu sprechen) das Linke
nach rechts durch einfache Bewußtmachung umfunktioniert.

Ob so die kritische Theorie, ihren Chiliasmus aufgebend, vernünftig
wird, ist ungewiß. Wahrscheinlich rennen die Kräfte, die wirkliche Änderung schaffen könnten, weiter mit dem Kopf gegen die Wand, holen sich
Gehirnerschütterung oder Schädelbruch und werden humanitär gesund
gepflegt und vereinnahmt. Wahrscheinlich läuft der große, gute Prozeß
der Expansion des totalen Machens mit oder ohne sie so lange weiter, bis
jedem eventuell Überlebenden klar ist, daß dieses künstliche Werden seinen
eigenen, nicht menschlichen Gesetzen gehorchte. Aber wie dem auch sei,
hier ging es darum, mit Platons Hilfe eine Voraussetzung zu finden, die
sich selbst begründet (s. o. § 38) und von ihr aus zu sagen, was ist, gleich ob
das herrschenden Trends zuwiderläuft oder nicht. Denn, wie es in den Nomoi
heißt: „... selbst ein Gott dürfe nimmer gegen die Notwendigkeit an-
kämpfend erscheinen, soweit ... die Notwendigkeiten göttlich sind; denn
was die menschlichen betrifft, hinsichtlich derer die große Menge so etwas
äußert, so ist das eine ganz besonders törichte Behauptung" (N 818 B).

[70] Vgl. *Marcuse*: Der eindimensionale Mensch, 22; 262f.; derselbe: Das Ende
der Utopie, 41; 92; 104ff.

Nachwort

Zusammenfassung und abschließende Bemerkungen zur Rehabilitation des Politischen

I.

Angeregt durch die zumal im englischen Sprachraum geführte Auseinandersetzung um das Problem Platon und die Demokratie fragt die Arbeit nach der *politischen und praktischen Philosophie Platons,* aber auch nach deren Zusammenhang mit seiner *Theorie der Dialektik* und seiner Lehre von der *Idee des Guten als Grund* (arché). Zunächst ist dabei der Begriff *Gleichheit* leitend, dann der Begriff *Freiheit.* Aus diesen Perspektiven wird Platons Kritik an der Demokratie seiner Zeit sowie sein Gegenmodell eines technokratisch-ethokratisch-sophokratischen Bildungs- und Wissenschaftsstaates entwickelt und unter Berücksichtigung der Zeitbedingungen interpretiert.

Dabei zeigt sich die zentrale Stellung des sokratisch-platonischen Begriffs der *Gerechtigkeit.* Sie ist die Einsicht in gesellschaftliche Gegenseitigkeit, die sich unter den Voraussetzungen verschieden veranlagter Individuen und äußerer Notwendigkeiten guten Zusammenlebens nicht zu einem System der Gleichheit, sondern der Verschiedenheit auseinanderlegt. Das Ideal fordert (POLITEIA, Buch II), daß jeder sein eigener bester Hüter sei. Damit das Ideal als solches staatstragend sein kann, wäre bei allen eine freiwillige Orientierung am allgemeinen Besten erforderlich. Da jedoch dazu nur wenige und auch sie nur nach einem langen, zugleich theoretischen und praktischen, intellektuellen und ethischen Bildungsgang imstande sind, kämen nur wenige für die Ausübung der Regierungsfunktionen in Frage. Es sind die, für welche Gerechtigkeit kein „fremdes Gut", kein von außen, von den jeweils anderen auferlegtes Gesetz ist, sondern ein um seiner selbst willen zu erstrebendes Prinzip des Handelns. In einem von ihnen geleiteten Staat haben in vermittelter und abgestufter Form alle an diesem Prinzip teil. Durch solches Festmachen des Politischen in der individuellen, aber zum Allgemeinen gebildeten Vernunft und Gesinnung hoffte Platon einen Ausweg aus der Krise zu finden, in welche die Polis seiner Zeit geraten war.

Sein Schüler *Aristoteles* dagegen scheint geahnt zu haben, daß die Krise zum Ende der Polis führte. Er ging an der sokratisch-platonischen Verinnerlichung des Politischen vorbei, suchte nach dem best*möglichen* Staat im Medium eines Institutionenkompromisses und überließ im übrigen das Feld der Politik und Ethik einer Art vernünftigem Instinkt, die eigentliche philosophische Vernunft als Theorie von dieser Praxis trennend.

Darum konnte Aristoteles die überschwenglich werdende *Freiheit* in der Spätphase der politisch autonomen Polis, das Leben-wie-einer-will, nur von außen kritisieren, während *Sokrates* und *Platon* bei dem Wollen selbst ansetzen konnten und fragten, was man wollen soll, um zu einem individuell und politisch guten Leben zu kommen. Das ist die gleiche Frage, auf welche die heutige liberalistische und pluralistische Demokratie keine Antwort weiß.

Platons Antwort ist mit dem angedeutet, was er in der POLITEIA die „*Idee des Guten*" oder „*das Gute selbst*" nennt. Dies ist das zugleich noologische, ontologische und axiologische Prinzip, der Grund von allem, aus dessen Erkenntnis sich für die menschliche Praxis normative Orientierung ergäbe. Philosophische Dialektik ist der Erkenntnisweg zu diesem höchsten, seinsmächtigen Gut. Denn sie vermag, alle endlichen Voraussetzungen, die vorgeben, mehr als bloße Setzungen, nämlich der Grund selber zu sein, ihrer Endlichkeit zu überführen. Was sie auf diesem Weg der Negation nicht zerstören kann, ohne sich selbst zu negieren, das ist das Prinzip sinnvollen, zielgerichteten Denkens und Handelns, das diesen Sinn primär nicht aus eigener Machtvollkommenheit setzt, sondern als vorgegeben akzeptiert. Vernünftiges Handeln wäre unmöglich in einer Welt, die nicht schon von sich aus potentiell vernünftig ist. Dieses nicht ontologische, sondern metaphysische, zugleich objektive und subjektive *Maß* kann eingehalten oder verfehlt werden.

Damit ist keine allgemeine, inhaltliche Norm gewonnen, die unmittelbar auf jeden konkreten Fall angewendet werden könnte. Doch ist die Idee des Guten darum nicht, wie schon Aristoteles argwöhnte, unnütz und leer. Sie enthält vielmehr die Weisung, in jedem Fall konkret zu fragen, worin das rechte Maß bestehe und dabei auf die Gegebenheiten der Natur und Geschichte Rücksicht zu nehmen. Es geht Platon nicht um die Rechtfertigung einer bestimmten Lebens- und Staatsform aus (ideologisch) vorgegebenen kosmischen Gesetzen, sondern um ein gemeinsames Drittes: um das in Kosmos und Polis wirksame, seinstranszendente „Gute selbst". Es ist insofern *transzendent*, als es nicht beliebig verfügbar oder gar machbar ist, und ist insofern *immanent*, als es durch eine sich darum besonders bemühende Erkenntnis, die institutionell zu fördern ist, praktisch fruchtbar werden kann und in defizienter Weise immer schon wirksam wird.

Die Vorsokratiker fragten nach dem unverfügbaren Grund von allem. Sokrates hat nach Ciceros Wort die Philosophie in die Häuser und Städte der Menschen eintreten lassen. Darum wurde sie aber nicht zur Anthropologie im Heideggerschen Sinne, sondern fragte im Ausgang von menschlicher Praxis und zum Zwecke ihrer Orientierung nach demselben unverfügbaren Grund, nach dem jene mehr kosmologisch gefragt hatten. Die Position, die in Platon und der abendländischen Metaphysik eine immer eindeutiger werdende Ideologie totalen Machens sieht (*Heidegger*), sowie die Gegenposition, der die von Platon ausgehende philosophische Tradition eine halbrationale Weiterführung kosmischer Mythologie ist (*Topitsch*), werden von daher in Frage gestellt.

Nun ist zwar Platon der Vater der abendländischen Philosophie, aber Aristoteles hat ihr mit seiner Trennung von Theorie und Praxis erst die Form gegeben, in der sie die Tradition bestimmte. Platon unterschied zwar zwischen Theorie und Praxis und legte für die Philosophie den Primat der Theorie fest, aber umwillen der Praxis. Seine Dialoge enthalten zu einem großen Teil praktische Philosophie, das heißt eine solche, die sich stets um die praktischen Folgen theoretischer Einsichten kümmert. An diesem konkreten Bezug ändern die künstlerische Form und die sokratische Ironie der Dialoge grundsätzlich nichts, wenn sie auch die Distanz der Bereiche betonen. Man darf also durchaus nach der Verwirklichung des platonischen Staates fragen. Sie ist jedoch ein gesamtgeschichtliches Problem. Platon ist weder zu Lebzeiten in Syrakus ein für allemal gescheitert, wie einige argumentieren, noch geht es an, dem platonischen Muster zum Zwecke empirischer Widerlegung moderne Totalitarismen zu unterschieben. Platons Suche nach einer politischen, praktischen Wissenschaft, die sich nicht bloß technisch, instrumental auswirkt, sondern bis in die zweckbestimmende Vernunft und Gesinnung der Menschen hineinreicht, ist eine bleibende Herausforderung gerade auch für die derzeitige Spaltung des Politischen in die Lehre vom vertraglichen Interessenkompromiß einerseits und seine Verwandlung zum ausführenden Organ einer überschwenglichen Geschichtsphilosophie andererseits. Beide, die westliche, wie die marxistische Auffassung vom Politischen sind zudem Theorien des Machens, nicht des Handelns. Ihr Problem ist, der menschlichen Bedürfnisnatur Sicherheit und äußerliche Befriedigung zu verschaffen, als wenn dies bei einem animal rationale, dem es um Freiheit geht, nicht *allein eine Folge der Befriedigung seiner Vernunftnatur* sein könnte.

II.

Die Vergegenwärtigung der klassischen politischen Philosophie ist in dieser Lage der Versuch einer Rehabilitation des Politischen. Er bleibt aber einseitig, bloß historisch, wenn nicht untersucht wird, wogegen, gegen welche Gründe und Vorwürfe rehabilitiert werden müßte, welche

Widerstände dem entgegenstehen, wie der Verfall politischer Ethik zustande kam, und warum sie sich bis heute davon nicht wieder erholt hat.
Genetisch, in einer philosophischen Geschichte der politischen Weltanschauung, politischen Ethik, politischen Theologie, politischen Philosophie
und der Politik selber wären die Gründe und Realitäten zu prüfen, wobei
sich durchaus ergeben könnte, daß die Wiederherstellung des Politischen
im klassischen Sinne unmöglich oder nicht erstrebenswert ist. So wie diese
Arbeit den platonischen Staat als die höchste Form dieses Politischen versteht, ist er freilich erst am Ende der Geschichte eventuell widerlegt und
auch dann nur faktisch.

Die an sich nötige Prüfung der Widerstände kann hier nicht mehr geleistet werden. Nur einige Hauptpunkte seien im Anschluß an diejenigen,
die bisher am meisten darüber nachgedacht haben, berührt. Grundlegend
ist hierbei *Rousseau*, der ausdrücklich die Frage stellte, warum es mit der
Polis und ihrem Ideal einer Harmonie von Einzelnem und Gemeinwesen
vorbei sei. Seine Antwort erfolgt im Felde der politischen Theologie, wie
ja überhaupt seit der Heraufkunft des Christentums und dem Untergang
der überdimensionalen Polis des römischen Reiches die politische Theologie
in die politische Ethik einbricht. *Augustin* hatte diesen Einbruch als erster
gründlich reflektiert und nachgewiesen, daß der Verfall der alten sittlichen
Einheit des Politischen dem Aufkommen der neuen Religion und Ethik
vorausging. Augustin faßte also das Christentum keineswegs als Negation
des substantiellen, sittlichen Gemeinwesens (der Polis). Die weltliche Gerechtigkeit ist nach ihm das politische Prinzip der civitas permixta, welche
die geschichtliche Wirklichkeit ausmacht. Er war es aber auch, der jene
in ihrer Zweideutigkeit fruchtbaren und folgenreichen Scheidungen ein-
führte, die noch für *Rousseau* bestimmend sind, wenn er schreibt: „Unter
solchen Umständen [nachdem im römischen Reich mit seiner Vielzahl
nebeneinander bestehender Götter und Kulte das Heidentum zu einer
Religion zusammengefaßt worden war] gründete Jesus ein geistiges Reich
auf Erden, das durch die Trennung des theologischen Systems vom politischen die Einheit des Staates aufhob und jene inneren Spaltungen hervor-
rief, die nie aufgehört haben, die christlichen Völker zu beunruhigen"[1].
Hegel[2] und Fustel de Coulanges[3] zum Beispiel schlossen sich der Augusti-
nisch-Rousseauschen Sicht der Dinge an.

Rousseau erkannte aber auch, was im Mittelalter mit dem Christentum
geschehen war. Die Kreuzzüge sind für ihn symptomatisch, und er urteilt
über die Kreuzfahrer, „daß sie nicht Christen, sondern vielmehr priester-

---

[1] *J.-J. Rousseau*: Der Gesellschaftsvertrag, vorletztes Kapitel.
[2] Zumal in seinen Frühschriften, vgl. *Hegels* theologische Jugendschriften, ed.
Nohl, Tübingen 1907 (Nachdr. 1966); vgl, *Maurer*: Hegels politischer Prote-
stantismus, Vortrag auf dem Hegelkongreß, Stuttgart 1970.
[3] *Fustel de Coulanges*: Der antike Staat, letztes Kapitel.

liche Soldaten, Bürger der Kirche waren; sie schlugen sich für ihr geistiges
Reich, das sie, man weiß nicht wie, in ein weltliches umgewandelt hatten.
Recht betrachtet haben wir es hier nur mit einem Rückfall in das Heidentum
zu tun; da das Evangelium keine Nationalreligion stiftete, so ist unter
Christen jeder heilige Krieg unmöglich" (loc. cit.). Der mittelalterliche
Katholizismus ist so gesehen der vielleicht als Übergang notwendig gewesene, aber auch notwendig mißlungene Versuch, das Christentum als
eine neue Polis-Religion zu nehmen. Gerade so entfaltete es seine Spreng-
kraft, führte zu keiner neuen politisch-ethisch-religiösen Einheit, sondern
zu einem Neben-, Mit- und Gegeneinander von weltlich und geistlich,
Adels- und Demutsethik, Jenseitsreligion und religiös vergoldetem Herr-
scherglanz. Man versuchte, den neu erschienenen Gott zum Maß aller
Dinge, gerade auch der politischen zu machen und handelte damit, zunächst
ohne es zu wissen, nach dem Programm der Platonischen Nomoi. Das an
der Spitze offen gebliebene Gebäude der politischen Metaphysik Platons
schien seinen Schlußstein bekommen zu haben. Der Gott, den Platon nur
mit seiner philosophischen, das heißt negativen Theologie umschreiben
konnte, schien Existenz und als Begriff anwendbaren Inhalt gewonnen zu
haben. Aber der neue Gott war unpolitisch. Was ein Vereinigungspunkt
sein sollte, erwies sich als Quelle der Entzweiung. Trug die Kirche Züge
der Verwirklichung des platonischen Staates, so hatte sie im selben Gemeinwesen an den „weltlichen" Hierarchien andere politische Gebilde neben
sich, in denen die alte Adelsethik unmittelbarer fortlebte.

Hobbes zog daraus die Konsequenzen und machte dem politischen
Dualismus von Kirche und „Staat" — er wurde so zu einem Mitbegründer
des modernen Staatsbegriffs — theoretisch ein Ende. Dafür lobt ihn
Rousseau[4] und übernimmt die Hobbessche Trennung von Innen und Außen,
von „Religion des Menschen" („die sich von Tempeln, Altären und kirch-
lichen Gebräuchen frei erhält und sich einzig und allein auf die innere
Verehrung des höchsten Gottes und die ewigen Pflichten der Moral beschränkt, . . . die reine, einfache Religion des Evangeliums") und „Religion
des Staatsbürgers", die vom Souverän festgesetzt wird und auf „Grund-
sätze gesellschaftlicher Zusammengehörigkeit" hinausläuft (loc. cit.).

Damit wird jedoch die neue Einheit des Politischen um den Preis neuer
Trennungen gewonnen. Neben der Trennung von privater Innerlichkeit
und politisch relevant werdendem Handeln[5] ist vor allem zu nennen die

---

[4] „Unter allen christlichen Schriftstellern ist der Philosoph Hobbes der einzige,
der sowohl das Übel wie das Heilmittel richtig erkannte und sich den Vorschlag zu machen getraute, die beiden Köpfe des Adlers wieder zu vereinen
und alles zur politischen Einheit zurückzuführen, ohne die es dem Staat wie
der Regierung immer an einer guten Verfassung fehlen wird." (loc. cit.)

[5] Vgl. *C. Schmitt*: Der Leviathan in der Staatslehre des Thomas Hobbes, Hamburg 1938.

Trennung der vereinigten Moral und Politik als der verständig beschränkten Freiheit einerseits von andererseits den Bereichen, in denen sich die ursprünglich unbeschränkte Freiheit weiter soll entfalten können. Hobbes schreibt: „Die Freiheit eines Untertanen ist daher auf die Dinge beschränkt, die der Souverän bei der Regelung ihrer Handlungen freigestellt hat: so zum Beispiel die Freiheit des Kaufs und Verkaufs oder anderer gegenseitiger Verträge, der Wahl der eigenen Wohnung, der eigenen Ernährung, des eigenen Berufs, der Kindererziehung ... und dergleichen mehr"[6]. Das läuft auf nicht weniger hinaus als auf die Trennung von Staat und Gesellschaft, wobei zur Gesellschaft schon besonders die Bereiche gehören, die auch Marx später als wesentlich aufnimmt, nämlich die zur „Privatsache" gewordene Religion und die Wirtschaftssphäre. Bei Hobbes wird somit gleich zu Anfang die Entwicklung durchsichtig, durch die der Gegensatz religiös-weltlich überging in auch ideologisch als innerweltlich und innerpolitisch verstandene Gegensätze. In seiner Theorie, welche die Praxis der beginnenden Neuzeit reflektiert[7], kreuzen sich die Linien und laufen von da an umgekehrt weiter: der „gesellschaftliche" Freiheitsspielraum, eingeführt zur politischen Neutralisierung der Religion, nimmt zusammen mit diesem Inhalt so wesentliche menschliche Aktivitäten auf, daß er schließlich zum eigentlichen Politikum wird. Die vereinigten „indirekten Gewalten" benutzen den Staat als das, was er geworden ist, nämlich als einen äußeren Rahmen und als ein Instrument für ihre Zwecke. Schließlich besetzt in der modernen Massendemokratie die Gesellschaft den Staat, und die Unterscheidung von Staat und Gesellschaft wird unwesentlich.

Carl Schmitt hat diese Entwicklung analysiert und zu Begriff gebracht. Darin liegt die große Bedeutung seiner Theorie. Die Freund-Feind-Dichotomie hat darin nur Hilfsfunktion. Sie dient (was auf nachgerade dumme und böswillige Weise immer wieder mißverstanden wird) der Auffindung des sich unter unpolitischen Masken versteckenden Politischen, wobei „politisch" ganz allgemein die größeren Ordnungen menschlichen Zusammenlebens bezeichnet. Des näheren begreift Schmitt das Politische von der Seite her, auf der es juristisch, zumal völkerrechtlich faßbar ist; die Seite der politischen Ethik (der Gesinnung, des konkret Allgemeinen, der Beziehung des Individuums zu Staat und Gesellschaft) bleibt im Hintergrund. Sie wird jedoch ebenfalls manifest durch das Freund-Feind-Kriterium, das freilich, da es ein Intensitätsmaß ist, von ihrem konkreten Inhalt absieht. Gerade die Frage der Beziehung des Individuums zum Allgemeinen und die damit zusammenhängenden Begriffe von Freiheit und Gleichheit können ja zu nationalen und internationalen Freund-Feind-Gruppierungen

---

[6] *Hobbes*: Leviathan, ed. Fetscher/Euchner, Neuwied 1966, Kap. 21, S. 165.
[7] Vgl. *C. B. Macpherson*: The Political Theory of Possessive Individualism; Hobbes to Locke, Oxford 1964[2]; *B. Willms*: Die Antwort des Leviathan; Thomas Hobbes' politische Theorie, erscheint 1970.

führen. Worum es dabei inhaltlich geht, ist mit juristischen und Intensitäts-
kategorien ebenso wenig zureichend zu erfassen wie mit soziologischen
und ökologischen Methoden. Dafür ist die praktische Philosophie (Politik
und Ethik) zuständig.

So ist bei Schmitt nur angedeutet, was die indirekten Gewalten, die
„Gesellschaft", so zusammenhält, daß sie sich des Staates bemächtigen
kann. Da reicht es nicht, gegen die Tyrannei der Werte zu polemisieren[8] und
offenbar bedauernd festzustellen, daß sich der Jurist des öffentlichen Rechts
gegenüber Theologie oder Philosophie (moraltheologischem Naturrecht
oder wertphilosophischen Generalklauseln) auf der einen, sozialtechnischer
Adjustierung auf der anderen Seite in einer defensiven Zwischenstellung
sieht[9], sondern es wäre zu klären, um welche Werte es sich da handelt
und inwieweit ihr Anspruch auf Normierung der Wirklichkeit zu recht
oder unrecht besteht. Da Schmitt das nicht tut, das pluralistische Nebeneinander der Werte als Faktum akzeptiert (was juristischem Ethos entspricht), vollzieht sich, wie Leo Strauß betont hat, „seine Kritik des Liberalismus . . . im Horizont des Liberalismus"[10]. Die Rede von der „Kraft
eines integren Wissens", aus der die Ordnung der menschlichen Dinge entstehen soll[11], bleibt ein uneingelöstes Versprechen.

Hegel, an dem Schmitt fast ganz vorbeigegangen ist, hat sich um ein
solches integres und integratives Wissen in der Vermittlung der klassischen
Vorstellung vom sittlichen Gemeinwesen mit den modernen Prinzipien
der Moralität und Gewissensfreiheit sowie dem abstrakten Recht und der
bürgerlichen Gesellschaft als Konkurrenzsystem der Bedürfnisse bemüht[12].
Seine Lösung ist der protestantische Staat als die Wahrheit des platonischen
Staates. Er schreibt ja, daß die Platonische Republik „wesentlich nichts
aufgefaßt hat als die Natur der griechischen Sittlichkeit, und daß dann im
Bewußtsein des in sie einbrechenden tieferen Prinzips, das an ihr unmittelbar nur als eine noch unbefriedigte Sehnsucht und damit nur als Verderben
erscheinen konnte, Plato aus eben der Sehnsucht die Hilfe dagegen hat
suchen müssen, aber sie, die aus der Höhe kommen mußte . . ."[13]. Den
Sinn dieser Anspielung enthüllt Hegel anderwärts: „Plato war es nicht
verliehen, dahin fortgehen zu können, zu sagen, daß solange nicht die
wahrhafte Religion in der Welt hervortritt und in den Staaten herrschend
wird, das wahrhafte Prinzip des Staates nicht in die Wirklichkeit gekommen

---

[8] Vgl. *C. Schmitt*: Die Tyrannei der Werte, in: Säkularisation und Utopie, (Forst-
    hoff-Festschr.), Stuttgart 1967, 37—62.
[9] *C. Schmitt*: Der Begriff des Politischen, Vorwort 1963, 16.
[10] *Strauss* 4, 176ff.; vgl. überhaupt: Anmerkungen zu Carl Schmitt, der Begriff
    des Politischen, Strauss 4, 161ff.
[11] *C. Schmitt*: Das Zeitalter der Neutralisierungen, in: Der Begriff des Politischen,
    Berlin 1963², 79ff., loc. cit. 95.
[12] *Hegel*: Grundlinien der Philosophie des Rechts, WG 7.
[13] Ebd., Vorrede.

ist"[14]. Dieses wahrhafte Prinzip ist der Geist, die freie, unendliche Persönlichkeit. Damit ist das Problem verbunden, daß es vom Geist als guter
Subjektivität fließende Übergänge zu allerlei Arten schlechter Subjektivität
gibt. Sie in Schranken zu halten, ist Aufgabe der Staatsordnung. Daß es
dabei nicht wie bei Platon zu einer Verletzung persönlicher Freiheit kommt,
wird durch die gleiche Religion (in ihrer protestantischen Ausformung)
ermöglicht, die das Individuum seines unendlichen Wertes versichert. Das
protestantische Christentum reinigt nach Hegels Idealvorstellungen die
Subjektivität bereits so in sich selber, daß sie von sich aus einen Staat der
Freiheit ermöglicht[15]. Es bewirkt die „Versöhnung des Göttlichen mit
der Welt"[16], „der Religion mit dem Rechte"[17]. Es macht die „Unterwerfung
des zufälligen Willens" unter das Staatsgesetz[18] zu einer freiwilligen. „Nur
in dem Prinzipe des sein Wesen wissenden, des an sich absolut freien . . .
Geistes ist die absolute Möglichkeit und Notwendigkeit vorhanden, daß
Staatsmacht, Religion und die Prinzipien der Philosophie in eins zusammenfallen"[19].

Nun ist bekannt, daß Hegel in dem Reform-Preußen seiner Zeit die
weltgeschichtliche Vermittlungsform, die ihm im Politischen vorschwebte,
in mancher Hinsicht verwirklicht sah. Es ist auch bekannt, daß Preußen und
Deutschland die von vielen in sie gesetzten Hoffnungen nicht erfüllt haben,
daß die Geschichte anders verlaufen ist. Die heute im Westen als Siegerin
dastehende Form des protestantischen Staates wurde in den angelsächsischen Ländern zuerst verwirklicht[20]. Es ist die politische Organisation,
in der, wie oben im Anschluß an Schmitt entwickelt, die indirekten Gewalten der Gesellschaft den Staat instrumentalisiert und damit religiös und
moralisch neutralisiert, aber auch mit einem quasi-religiösen Ethos erfüllt
haben. Über diesen Inhalt des protestantischen Staates sind durch *Tocqueville*[21],
Max Weber[22], *Tawney*[23] Erkenntnisse gewonnen worden, die Hegel noch
verborgen waren.

Als *Marx* seine für bürgerliche Begriffe revolutionäre, für klassische
Begriffe vom Politischen jedoch zu großen Teilen konservative oder gar

---

[14] WG 10, 444.
[15] S. o. S. 200.
[16] WG 11, 558.
[17] WG 11, 568; vgl. 559f.; 10, 445.
[18] WG 11, 568. Das Staatsgesetz macht die zunächst nur subjektive Freiheit zur
„objektiven" und „reellen".
[19] WG 10, 444.
[20] S. o. S. 289, Anm. 85.
[21] *A. de Tocqueville*: Über die Demokratie in Amerika, Bd. II, dtsch. Stuttgart
1962, insbes. Kap. Vff.
[22] *M. Weber*: Die protestantische Ethik und der Geist des Kapitalismus, in: Gesammelte Aufsätze zur Religionssoziologie I, Tübingen 1963, 17ff.
[23] *R. H. Tawney*: Religion and the Rise of Capitalism, New York 1954 (1926¹).

restaurative Theorie entwickelte, erkannte er, daß sein eigentlicher Widerpart nicht Preußen, sondern jene anderen protestantischen Staatsordnungen waren. Er schreibt: „... nicht der sogenannte christliche Staat, der das Christentum als Staatsreligion bekennt ... ist der vollendete christliche Staat, sondern vielmehr der atheistische Staat, der Staat, der die Religion unter die übrigen Elemente der bürgerlichen Gesellschaft verweist"[24]. Denn erst so, als scheinbare Privatsache, könne sich die Religion in weltlicher, menschlicher Form durchsetzen und die Wirklichkeit hervorbringen, „deren überschwenglicher Ausdruck das Christentum ist" (ebd.). Das Christentum aber erweise sich durch diesen anderen Wirkansatz als eine Form des Judentums. Als Gesellschaftsreligion legt es sein vornehmes spiritualistisches Gewand ab, das die „Roheit des praktischen Bedürfnisses" verdeckt habe: „der praktische Christ ist wieder Jude geworden" (ebd. 206): „Im christlich-germanischen [also protestantischen] Staat ist ... die Religion eine ‚Wirtschaftssache', wie die ‚Wirtschaftssache' Religion ist" (186). Diese Vereinigung bewirkt, daß die Politik zur Leibeigenen der Geldmacht wird (203). Die Religion liefert dazu das gute Gewissen und die inneren Antriebe für die wissenschaftlich-technische Vernutzung der Natur, läßt die kapitalistische Wirtschaft als optimal organisierte Nächsten- und Fernstenliebe = Bedürfnisbefriedigung durch gesellschaftliche Arbeit erscheinen. Die Rehabilitation des Politischen richtet sich demnach gegen die scheinheilige Verbindung von Religion und Wirtschaft.

Was Marx — zynisch überspitzt — als christlich (und jüdisch) beschreibt, hat andere bewogen, vom Anbruch des nachchristlichen Zeitalters zu sprechen. Das braucht nicht das Ende des Christentums zu bedeuten, sondern das Ende einer bestimmten Form seiner weltlichen Realisation. Aus dieser Beurteilung der Lage folgt das Streben nach tatsächlicher, nicht bloß juristischer Säkularisation und Neutralisierung. Die christliche Religion dürfte demnach weder direkt als Staatsreligion, noch indirekt als Wirtschafts- und Gesellschaftsreligion oder „Theologie der Revolution" Politik betreiben. Sie braucht es auch nicht mehr, da (ironisch gesprochen) der große gute Prozeß nun zunehmend aus selbstproduzierten ideologischen Antrieben, die nicht mit dem Odium überweltlicher Herkunft behaftet sind, weiterläuft. Ob er seine Richtung dauernd beibehält, auch dann wenn sich die Religion zum Beispiel darauf besinnt, daß es auch heißt: „Sorget nicht für euer Leben, was ihr essen und trinken werdet, auch nicht für euren Leib, was ihr anziehen werdet ...", ist fraglich. Die christlichen Kirchen könnten einsehen, daß sie die Vollendung ihres „soziologischen Mißverständnisses"[25] erreicht haben, wenn sie zum Bei-

---

[24] *K. Marx*: Zur Judenfrage, in: Frühschriften, ed. Landshut, Stuttgart 1953, 184.
[25] Vgl. *A. Mirgeler*: Rückblick auf das abendländische Christentum, Mainz 1961, insbes. 140—172.

spiel zu Propagandainstitutionen für Entwicklungshilfe werden. Sie beweisen so ihre Überflüssigkeit, denn die derzeitig beste Entwicklungshilfe ist bekanntlich der Kommunismus. Will man ihn nicht, so bleibt doch einzusehen, daß solche Aufgaben nicht Sache der Kirche sind, sondern Sache eines guten Staates und einer von politischer Ethik getragenen Politik. Eine solche Besinnung, die einsetzen müßte, solange noch religiöse Substanz vorhanden ist, dürfte die einzige Möglichkeit sein, zu einer „Kehre" (Heidegger) oder „Umkehrung des Trends" (Marcuse)[26] zu gelangen, indem dem herrschenden Trend seine bisherigen inneren Antriebe entzogen werden. Die Legitimität oder Illegitimität der Kategorie Säkularisation[27] ist wohl keine theoretisch zu entscheidende Frage, sondern träte erst dann zutage, wenn sich die religiösen Antriebskräfte technischer Naturzerstörung auf das Maß vernünftiger Naturbeherrschung zurücknähmen. Dann könnte man beobachten, was geschieht.

Für das Politische bedeutet das nachchristliche Zeitalter eine Freisetzung. Die Politik, die ausgespannt ist zwischen der nackten Gewalt und der ethischen Selbstvermittlung der Individuen, wird wieder ähnlich autonom, wie sie es zur Zeit Sokrates' und Platons wurde, als sie sich auch von der Religion (als Mythos und Kult) emanzipierte. Es gibt ganz erstaunliche Parallelen zwischen der damaligen und der heutigen Zeit. Den Hauptpunkt berührt Rohrmoser, wenn er schreibt: „Die bewegende Grundeinsicht der Gegenwart, daß die Politik der Ort ist, an dem sich Heil und Unheil für den Menschen entscheiden, ist die uns in unserer nachchristlichen Epoche wieder zugänglich gewordene Einsicht des Sokrates"[28]. Damit entstehen wieder ähnliche Probleme wie zu jener Zeit, vor allem Freiheit und Gleichheit werden virulent, wenn ideologisch transpolitisch verankerte Hierarchien und Bindungen fortfallen. Es besteht dann, wie Rohrmoser sieht, die Gefahr, „daß die Gesellschaft und die sie tragende und ermöglichende Praxis an das blind und zufällig faktische Sein überantwortet wird" (ebd. 1119). Diese Gefahr wächst mit der Größe der zur Verfügung stehenden Machtmittel (s. o. Einleitung).

Platon suchte aus einer ähnlichen Lage einen Ausweg, der nach *Hegel* im protestantischen Staat zum Ziel kam. Zwischen der damaligen und heutigen Situation bestehen Übereinstimmungen und Unterschiede. Gemeinsam ist das Faktum der Emanzipation, doch diese geschieht auf einem quantitativ anderen Stand ökonomischer Naturbeherrschung und

---

[26] Vgl. *R. K. Maurer:* Der angewandte Heidegger; Herbert Marcuse und das akademische Proletariat, erscheint demnächst, im Philosophischen Jahrbuch 77, 1970.

[27] Vgl. *H. Blumenberg:* „Säkularisation"; Kritik einer Kategorie historischer Illegitimität, in: Die Philosophie und die Frage nach dem Fortschritt, München 1964, 240—265; — derselbe: Die Legitimität der Neuzeit, Frankfurt/M. 1966.

[28] *G. Rohrmoser:* Platons politische Philosophie (s. o. Einleitung), 1103.

geht aus von einer anderen Religion. Dabei ist nach Hegel das Christentum im Unterschied zu den mythischen Religionen diejenige Religion, die durch ihre Säkularisation und politische Neutralisierung nicht aufgelöst wird, sondern damit ihrem wahren Wesen näherkommt. Zugleich kommt sie auf diese Weise dahin, die subjektive, d. h. freie, d. h. nicht behavioristische und kollektivistische Ermöglichung sowohl individueller („Moralität") wie politischer Ethik („Sittlichkeit") zu leisten. So würde die Religion nur über eine wie bei Sokrates und Platon personal ansetzende politische Ethik politisch. Es zeichnete sich eine Trennung und Verbindung von Staat und Kirche ab, worin „Kirche" ihrem weltlichen Sinne nach die brüderliche Gemeinschaft der Freien und voreinander Demütigen (nicht Gleichen) ist, und der Staat der gegliederte, sittliche Staat, der die Interessenbereiche der Gesellschaft zu relativer Eigenständigkeit entläßt. Religion und Kirche sind dann nicht einer der gesellschaftlichen Bereiche, da sie politisch, institutionell, sozialtechnisch nicht greifbar sind. Sie sind die geheime Verschwörung der Individuen, der politikimmanente Vorbehalt gegen die Absolutsetzung von Staat und Gesellschaft. Eine so verstandene Religion ermöglicht erst Politik als ein sehr wichtiges Zweitbestes[29]. Und eine so vollendete Reformation[30] ermöglicht damit eine Rehabilitation und Aufhebung des Politischen im Platonischen Sinne.

Eine derartige Verbindung von Politik und Religion würde jeden „totalen Begriff des Politischen"[31] durchkreuzen, gleich ob er direkt totalitär auftritt, oder aber religiös, moralisch, ökonomisch, prozessualistisch getarnt ist. Sie wird getragen von dem Bewußtsein, daß ein universales Reich der Gleichheit, Brüderlichkeit und Liebe nicht von dieser Welt ist und daß keine kollektiv geregelte oder von der Manipulation aller durch alle scheinbar individuell geleistete Annäherung an dieses Ziel stattfindet. Jenes überschwengliche Reich ist am ehesten realisiert in einer rational gegliederten gesellschaftlich-staatlichen Ordnung, die sich jeweils ihrer Vorläufigkeit und Veränderlichkeit bewußt ist, und in der möglichst viele Einzelne die Härten der Ordnung, sofern sie sich nicht abstellen lassen, individuell mildern.

---

[29] Vgl. *M. Oakeshott*: Introduction zu seiner Ausgabe des Hobbesschen „Leviathan", Oxford 1951, LXIVff.

[30] Vgl. *C. Schmitt*: Die vollendete Reformation; Bemerkungen und Hinweise zu neuen Leviathan-Interpretationen, in: Der Staat 4, 1965, 51—69.

[31] Vgl. *Rohrmoser*, op. cit., 1133. — Richtungweisend hat *L. Feuerbach* den totalen Begriff des Politischen angesprochen: „Ist praktisch der Mensch an die Stelle des Christen getreten, so muß auch theoretisch das menschliche Wesen an die Stelle des göttlichen treten ... Denn religiös müssen wir wieder werden — die Politik muß unsere Religion werden — aber das kann sie nur, wenn wir ein Höchstes in unserer Anschauung haben, welches uns die Politik zur Religion macht" (Notwendigkeit einer Reform der Philosophie (1842); Werke ed. Bolin/Jodl, Stuttgart 1959, Bd. II, 219).

Literaturverzeichnis

(Nur Werke der Antike und über die Antike, Sonstiges ist im Text vollständig zitiert.)

I. ANTIKE AUTOREN

Aristoteles. Ethica Nicomachea, ed. Bywater, Oxford 1894[1].
  Nikomachische Ethik, trad. Gigon, Zürich 1951.
  Nik. Ethik, trad. et comm. Dirlmeier, Berlin 1960[2].
  The Politics of Aristotle, ed. et comm. Newman, Oxford 1950[2].
  Politik, trad. Rolfes, Hamburg 1958 (PhB 7).
  Politik und Staat der Athener, trad. Gigon, Zürich 1955.
  Aufzeichnungen zur Staatstheorie (Politik), trad. Siegfried, Köln 1967.
  Opera, ed. Acad. Reg. Borussica (Bekker), Berlin 1831, Nachdr. Darmstadt 1960.
Platon. Die echten Briefe Platons, ed. Howald, Zürich 1951.
  Platon: Briefe, Griechisch-Deutsch, ed. Neumann/Kerschensteiner, München 1967.
  Platons Staat, trad. et comm. Apelt, Leipzig 1920[5] (PhB 80).
  The Republic of Plato, trad. et comm. Cornford, Oxford 1966 (1941[1]).
  Der Staat. Über das Gerechte, trad. Rufener, Einl. Krüger, Zürich 1950.
  Platon: Der Staat, trad. et comm. Vretska, Stuttgart 1958 (Reclam).
  Platonis Opera, ed. Burnet, Oxford 1900f.
  Sämtliche Werke, trad. Schleiermacher, Müller, Hamburg 1957—59 (Rowohlts Klassiker)
  Sämtliche Werke, trad. Schleiermacher und andere, Köln/Olten 1967[5].
Stoa und Stoiker. Die Gründer, Panaitios, Poseidonios, trad. Pohlenz, Zürich 1950.
Thukydides. Geschichte des Peloponnesischen Krieges, trad. Landmann, Hamburg (Rowohlt) 1962.
Vorsokratiker. Die Fragmente der V., ed. Diels/Kranz, Berlin 1960/61[10].
Xenophon. Erinnerungen an Sokrates, Griechisch-Deutsch, ed. Jaerisch, München 1962.

II. WERKE ÜBER DIE GRIECHISCHE ANTIKE, BESONDERS ÜBER POLITIK UND ETHIK

Adkins, A. W. H. Merit and responsibility. A study in Greek values, Oxford 1960.
Barker, E. Greek political theory. Plato and his predecessors, London 1967 (1918[1]).
  The political thought of Plato and Aristotle, New York 1959 (1906[1]).
Berve, H. Die Tyrannis bei den Griechen, 2 Bde., München 1967.
Bowra, C. M. Ancient Greek literature, London 1967[2] (1933[1]).
Burckhardt, J. Griechische Kulturgeschichte (Bd. 5—6 der Gesammelten Werke), Darmstadt 1962.

Busolt, G. Griechische Staatskunde, 2 Bde., München 1920³, Nachdruck 1963.

Cornford, F. M. Principium Sapientiae, Cambridge 1952.

Diogenes Laertius. Leben und Meinungen berühmter Philosophen, trad. Apelt, Berlin (Ost) 1955.

Dodds, E. R. The Greeks and the irrational, Los Angeles 1956.

Ehrenberg, V. Polis und Imperium. Beiträge zur alten Geschichte, ed. Stroheker/ Graham, Zürich 1965.

Die Rechtsidee im frühen Griechentum. Untersuchungen zur Geschichte der werdenden Polis, Leipzig 1921, Nachdr. Darmstadt 1966.

Der Staat der Griechen, Zürich/Stuttgart 1965².

Ehrhardt, A. A. T. Politische Metaphysik von Solon bis Augustin, 2 Bde., Tübingen 1959.

Eleutheropulos. Die Philosophie und die sozialen Zustände (materielle und ideelle Entwicklung) des Griechentums, Zürich 1915³.

Erffa, C. E. v. AIDOS und verwandte Begriffe in ihrer Entwicklung von Homer bis Demokrit, Philologus, Suppl. Bd. 30, 2, Leipzig 1937.

Field, G. C. Plato and his contemporaries. A Study in fourth-century life and thought, London 1967 (1930¹).

Flückinger, F. Geschichte des Naturrechtes. 1. Bd. Altertum und Frühmittelalter, Zürich 1954.

Fritz, K. v. The Theory of the mixed constitution in antiquity. A critical analysis of Polybius' political ideas, New York 1954.

Fustel de Coulanges, N. D. Der antike Staat, trad. P. Weiß, Berlin/Leipzig 1907, Nachdr. Graz 1961.

Glotz, G. The Greek city and its institutions, aus dem Franz., London 1965 (1929¹).

Ancient Greece at work. An economic history of Greece, aus dem Franz., London 1965 (1926¹).

Gough, J. W. The social contract, Oxford 1957² (1936¹).

Hasebroek, J. Griechische Wirtschaft- und Gesellschaftsgeschichte bis zur Perserzeit, Tübingen 1931.

Heinimann, F. Nomos und Physis. Herkunft und Bedeutung einer Antithese im Griechischen Denken des 5. Jahrhunderts, Basel 1965 (1945¹).

Hirzel, R. AGRAPHOS NOMOS, Leipzig 1900 (Abhandl. phil.-hist. Class. d. königl. sächs. Gesellsch. d. Wiss. 20).

Themis, Dike und Verwandtes. Ein Beitrag zur Geschichte der Rechtsidee bei den Griechen, Leipzig 1907.

Isonomia. Studien zur Gleichheitsvorstellung im griechischen Denken, ed. Mau/ Schmidt, Berlin (Ost) 1964.

Jones, A. H. M. Athenian democracy, Oxford 1966.

Kleinknecht, H. Der nómos in Griechentum und Hellenismus, in: Theolog. Wörterb. zum NT, ed. Kittel, IV, Stuttgart 1942, 1016—1029.

Knauss, B. Staat und Mensch in Hellas, Berlin 1940, Nachdr. Darmstadt 1964.

Koller, H. Die Mimesis in der Antike. Nachahmung, Darstellung, Ausdruck, Bern 1954.

Meyer, E. Geschichte des Altertums, 2.—4. Aufl., ed. Stier, Bd. 3—5, Darmstadt 1958/65.

Milobenski, E. Der Neid in der griechischen Philosophie, Wiesbaden 1964.

Möbus, G. Die politischen Theorien von der Antike bis zur Renaissance, Teil I, Köln/Opladen, 1964².

Nestle, D. Eleutheria. Studien zum Wesen der Freiheit bei den Griechen und im Neuen Testament. Teil I, Tübingen 1967.

Nörr, D. Vom griechischen Staat, in: Der Staat 5, 1966, 353—370 (Ehrenberg-Rezension).

North, H. Sophrosyne. Self-knowledge and self-restraint in Greek literature, Ithaca (N. Y.) 1966.

Panofsky, E. Idea. Ein Beitrag zur Begriffsgeschichte der älteren Kunsttheorie, Berlin 1960².

Pöhlmann, R. v. Geschichte der sozialen Frage und des Sozialismus in der antiken Welt, 2 Bde., München 1925³ (1893/1901¹).

Pohlenz, M. Griechische Freiheit. Wesen und Werden eines Lebensideals, Heidelberg 1955.

Prélot, M. Histoire des idées politiques, Paris 1959.

Rüstow, A. Ortsbestimmung der Gegenwart. Eine universalgeschichtliche Kulturkritik, 3 Bde., Zürich 1950—57.

Ryffel, H. METABOLE POLITEION. Der Wandel der Staatsverfassungen, Bern 1949.

Sabine, G. H. A history of political philosophy, New York 1961³ (1937¹).

Schaefer, H. Das Problem der Demokratie im klassischen Griechentum, in: Studium Generale 4, 1951, 495—500.

Schlier, H. eleútheros usf., in: Theolog. Wörterb. zum NT, ed. Kittel, II, Stuttgart 1935, 484—500.

Schoeffer, v. Demokratia, in: RE, Suppl. I, 1903, 346—379.

Schwartz, E. Ethik der Griechen, ed. Richter, Stuttgart 1951.

Sinclair, T. A. A history of Greek political thought, London 1959.

Snell, B. Die Entdeckung des Geistes. Studien zur Entstehung des europäischen Denkens bei den Griechen, Hamburg 1948.

Stanka, R. Die politische Philosophie des Altertums, Wien/Köln 1951.

Strauss, L. The city and man, Chicago 1964.

On a new interpretation of Plato's political philosophy, in: Social Research 13, 1946, 326—367.

Naturrecht und Geschichte (Natural Right and History), Stuttgart 1953.

On classical political philosophy, in: Plato: Totalitarian or democrat? ed. Thorson, Englewood Cliffs 1963, 153—170.

Plato, in: History of political philosophy, ed. Strauss/Cropsey, Chicago 1966 (1963¹).

Über Tyrannis (+ A. Kojève: Tyrannis und Weisheit), Neuwied/Berlin 1963.

What is political philosophy? And other studies, Glencoe, 1959.

Hobbes' politische Wissenschaft, Neuwied/Berlin 1965.

Tarkiainen, T. Die athenische Demokratie, Zürich/Stuttgart 1966.

Theiler, W. Zur Geschichte der teleologischen Naturbetrachtung bis auf Aristoteles, Berlin 1965² (1925¹).

Touchard, J. Histoire des idées politiques, 2 Bde., Paris 1967³ (1959¹).

Uchtenhagen, A. Zur Lehre von der Macht. Platon, Aristoteles, Machiavelli, Zürich 1963.

Verdroß-Droßberg, A. Grundlinien der antiken Rechts- und Staatsphilosophie, Wien 1948².

Wilamowitz-Moellendorff, U. v. Antigonos von Karystos, Berlin 1881.

Staat und Gesellschaft der Griechen, Leipzig/Berlin 1923².

Wolf, E. Griechisches Rechtsdenken, bisher 5 Bde., Frankfurt/M. 1950 ff.

Zimmern, A. The Greek commonwealth. Politics and economics in fifth-century Athens, New York 1956 (1914¹).

III. BÜCHER ÜBER PLATON UND ARISTOTELES, INSBESONDERE ÜBER PRAKTISCHE PHILOSOPHIE UND DA BESONDERS ÜBER PLATONS POLITEIA

Adam, J. The Republic of Plato, ed. et comm., 2 Bde.; Cambridge 1965 (1902[1]).

Anz, W. Zum Verhältnis von Politik und Ethik bei Aristoteles, in: Säkularisation und Utopie (Forsthoff-Festschr.), Stuttgart 1967, 253—262.

Arnold, U. Die Entelechie. Systematik bei Platon und Aristoteles, Wien/München o. J. (etwa 1966).

Astius, F. Lexicon Platonicum sive vocum Platonicarum index, Leipzig 1835/38, Nachdr. Darmstadt 1956.

Ballard, E. G. Socratic ignorance. An Essay on Platonic self-knowledge, Den Haag, 1965.

Ballauff, T. Die Idee der Paideia. Eine Studie zu Platons „Höhlengleichnis" und Parmenides' „Lehrgedicht", Meisenheim 1963[2].

Baumgartner, M. Von der Möglichkeit, das Agathon als Prinzip zu denken, in: Parusia (Hirschberger-Festschr.), Frankfurt/M. 1965, 89—101.

Becher, W. Platon und Fichte: Die königliche Erziehungskunst, Jena 1937.

Bien, G. Das Theorie-Praxis-Problem und die politische Philosophie bei Platon und Aristoteles, in: Philosophisches Jahrbuch 76, 1968/69, 264—314.

Bisinger, J. Der Agrarstaat in Platons Gesetzen, Klio, Beiheft 17, Leipzig 1925.

Brecht, F. J. Platon und der George-Kreis, Leipzig 1929.

Breitenbach, H. Platon und Dion. Skizze eines ideal-politischen Reformversuches im Altertum, Zürich 1960.

Bröcker, W. Plato über das Gute, in: Lexis 2, 1949, 47—66.

Burckhardt, G. E. Individuum und Allgemeinheit in Platons Politeia, Halle 1913.

Châtelet, F. Platon, Paris 1965.

Cherniss, H. Die ältere Akademie (The riddle of the early academy, 1945[1]), dtsch. Heidelberg 1966.

Chroust, A.-H. Aristotle's criticism of Plato's „Philosopher-King", in: Rhein. Mus. f. Philol., N. F. 111, 1968, 16—22.
A second (and closer) look at Plato's political philosophy, in: Archiv f. Rechts- u. Sozialphilos. 48, 1962, 449—486.

Cornford, F. M. Before and after Socrates, Cambridge 1958 (1932[1]).
Mathematics and dialectic in the REPUBLIK VI—VII, in: Mind, N. S. 41, 1932, 37—52 und 173—190.
The unwritten philosophy and other essays (ed. Guthrie), Cambridge 1967 (1950[1]).
Psychology and social structure in the Republic of Plato, in: Class. Quaterly 4, 1912, 246—265.

Croiset, M. La République de Platon. Étude et analyse, Paris 1946.

Cross, R. C., Woozley, A. D. Plato's Republic; A philosophical commentary, York 1966 (London 1964).

Crossman, R. H. S. Plato today, New York 1939 (London 1937?), jetzt auch: London 1963 (Unwin Books).

Dahrendorf, R. Lob des Thrasymachos. Zur Neuorientierung von politischer Theorie und politischer Analyse, in: Pfade aus Utopia, München 1967, 294—313.

Dempe, H. Platon und die moderne Philosophie, in: Gymnasium 74, 1967, 510—528.

Derbolav, J. Erkenntnis und Entscheidung. Philosophie der geistigen Aneignung in ihrem Ursprung bei Platon, Wien/Stuttgart 1954.

Ursprungsmotive und Prinzipien des Platonischen Staatsdenkens, in: Kant-Studien 55, 1964, 260—305.

Diès, A. Autour de Platon, Paris 1927.

Introduction (zur Ausgabe der POLITEIA in d. Samml. Budé), Paris 1932.

Dümmler, F. Kleine Schriften I, Leipzig 1901.

Edelstein, L. Plato's seventh letter, Leiden 1966.

Egermann, F. Platonische Spätphilosophie und Platonismen bei Aristoteles, in: Hermes 87, 1959, 133—142.

Festugière, A. J. Contemplation et vie contemplative selon Platon, Paris 1950[2] (1936[1]), 1967[3].

Field, G. C. Die Philosophie Platons (The philosophy of Plato, 1949[1], 1969[2]), Stuttgart 1952.

Fite, W. The Platonic legend, New York/London 1934.

Flashar, H. Die Kritik der Platonischen Ideenlehre in der Ethik des Aristoteles, in: Synusia (Schadewaldt-Festschr.), Pfullingen 1965, 223—246.

Foster, M. On Plato's conception of justice in the „Republic", in: The Philosoph. Quaterly 1, 1950/51, 206—217.

The political philosophies of Plato and Hegel, New York 1965 (1935[1]).

Plato to Machiavelli (Masters of Political Thought, Bd. 1), London 1949 (1942[1]).

Freyer, H. Die politische Insel. Eine Geschichte der Utopien von Platon bis zur Gegenwart, Leipzig 1936.

Friedländer, P. Platon, 3 Bde., Berlin 1960 ff.[2/3].

Fritz, K. v. Platon in Sizilien und das Problem der Philosophenherrschaft, Berlin 1968.

Die philosophische Stelle im siebten platonischen Brief und die Frage der ‚esoterischen' Philosophie Platons, in: Phronesis 11, 1966, 117—153.

Gadamer, H.-G. Platos dialektische Ethik und andere Studien zur platonischen Philosophie, Hamburg 1968.

Über die Möglichkeit einer philosophischen Ethik, in: Sein und Ethos, Walberberger Studien 1, Mainz 1963, 11—24.

Gaiser, K. Platons ungeschriebene Lehre. Studien zur systematischen und geschichtlichen Begründung der Wissenschaften in der Platonischen Schule, Stuttgart 1963, 1968[2].

Platon und die Geschichte, Stuttgart 1961.

Das Platonbild Stenzels und seine wissenschaftliche Bedeutung, in: J. Stenzel: Platon der Erzieher, ed. Gaiser, Hamburg 1961.

Gauss, H. Philosophischer Handkommentar zu den Dialogen Platons, 6 Bde., Bern 1954—61.

Görgemanns, H. Beiträge zur Interpretation von Platons Nomoi, München 1960.

Goldschmidt, V. Le paradigme dans la dialectique Platonicienne, Paris 1947.

La religion de Platon, Paris 1949.

Gould, J. The development of Plato's ethics, Cambridge 1955.

Grene, D. Greek political theory. The image of man in Thukydides and Plato (1. Aufl.: Man in his pride), Chicago/London 1965 (1950[1]).

Grote, G. Plato and the other companions of Sokrates, 3 Bde., London 1867[2].

Gundert, H. Zum Spiel bei Platon, in: Beispiele (E. Fink-Festschr.), Den Haag 1965, 188—221.

Hager, F.-P. Die Vernunft und das Problem des Bösen im Rahmen der Platonischen Ethik und Metaphysik, Bern/Stuttgart 1963.

Hall, R. W. Plato and the individual, Den Haag 1963.

Harder, R. Kleine Schriften (ed. Marg), München 1960.

Hartmann, N. Platos Logik des Seins, Berlin 1965² (1909¹).

Heidegger, M. Einführung in die Metaphysik, Tübingen 1953.

Nietzsche, Bd. 1, Pfullingen 1961.

Platons Lehre von der Wahrheit. Mit einem Brief über den „Humanismus",
Bern 1947; 1954².

Vom Wesen des Grundes, Frankfurt/M. 1955⁴ (1929¹).

Heimsoeth, H. Kant und Plato, in: Kongreßbericht (2. Internationaler Kant-
kongreß 1965), Köln 1966, 349—372.

Heintel, E. Sokratisches Wissen und praktischer Primat, in: Kritik und Metaphysik (Heimsoeth-Festschr.), Berlin 1966, 212—223.

Heintzeler, G. Das Bild des Tyrannen bei Platon. Ein Beitrag zur Geschichte der
griechischen Staatsethik, Stuttgart 1927.

Herter, H. Platons Staatsideal, Bonn 1942.

Platons Staatsideal in zweierlei Gestalt, in: Der Mensch und die Künste
(Lützeler-Festschr.), Düsseldorf 1962, 177—195.

Hildebrandt, K. Platon. Der Kampf des Geistes um die Macht, Berlin 1933
(1959² mit neuem Untertitel: Logos und Mythos).

Hirschberger, J. Die Phronesis in der Philosophie Platons vor dem Staate, Leipzig 1932 (Philologus Suppl. XXV, 1).

Horneffer, E. Der Platonismus und die Gegenwart, München/Berlin 1921².

Horvath, B. Die Gerechtigkeitslehre des Sokrates und des Platon, in: Zeitschr. f.
öffentl. Recht (Wien) 10, 1931, 258—280.

Jäger, G. „Nus" in Platons Dialogen, Göttingen 1967.

Jaeger, W. Aristoteles. Grundlegung einer Geschichte seiner Entwicklung,
Berlin 1955² (1923¹).

Paideia. Die Formung des griechischen Menschen, 3 Bde., Berlin I, 1934
(1959⁴); II, 1944 (1959³); III, 1947 (1959³).

Humanistische Reden und Vorträge, Berlin 1960².

Scripta Minora, Roma 1960, 2 Bde.

Joachim, H. H. Aristotle: The Nicomachean Ethics. A commentary, Oxford
1966 (1951¹).

Junker, P. W. Die Weltanschauung des Marxismus und Platos Staatsidee, Greifs-
wald 1925.

Kafka, G. Sokrates, Platon und der Sokratische Kreis, München 1921.

Kapp, E. Platon und die Akademie (Die Wissenschaft im Staat der Wirklichkeit),
in: E. K., Ausgewählte Schriften, Berlin 1968, 151—166 (1936¹).

Theorie und Praxis bei Platon und Aristoteles, in: Mnemosysne 6, 1938,
179—194 ; jetzt in: Ausgew. Schr., 167—179.

Karpp, H. Die Philosophenkönige bei Platon und bei Kant, in: Gymnasium 60,
1953, 334—338.

Kelsen, H. Aufsätze zur Ideologiekritik, ed. Topitsch, Neuwied/Berlin 1964.

Krämer, H. J. Die platonische Akademie und das Problem einer systematischen
Interpretation der Philosophie Platons, in: Kantstudien 55, 1964, 69—101.

Arete bei Platon und Aristoteles. Zum Wesen und zur Geschichte der platonischen Ontologie, Heidelberg 1959.

EPEKEINA TES OUSIAS. Zu Platon, Politeia 509 B, in: Archiv f. Geschichte d.
Philosophie 51, 1969, 1—30.

Das Problem der Philosophenherrschaft bei Platon, in: Philos. Jahrbuch 74,
1967, 254—270.

Über den Zusammenhang von Prinzipienlehre und Dialektik bei Platon, in:
Philologus 110, 1966, 35—70.

Krüger, G. Einführung, zu: Platon der Staat, Zürich 1950.

Kube, J. TEXNH und ARETH; Sophistisches und Platonisches Tugendwissen, Berlin 1969.

Kuhn, H. Aristoteles und die Methode der politischen Wissenschaft, in: Zeitschr. f. Politik 12, 1965, 101—120.
Das Gute und die Ordnung. Über die Grundlegung der Metaphysik in Platons Gorgias, in: Zeitschr. f. Philos. Forsch. 14, 1960, 489—504.
Plato, in: Klassiker des politischen Denkens I, München 1968, 1—35.
Sokrates. Versuch über den Ursprung der Metaphysik, München 1959.
The true tragedy. On the relationship between Greek tragedy and Plato, in: Class. Philology 52, 1941, I: 1—40; II: 53, 1942, 37—88.

Lachièze-Rey, P. Les idées morales, sociales, et politiques de Platon, Paris 1951².

Landmann, M. Ursprungsbild und Schöpfertat. Zum platonisch-biblischen Gespräch, München 1966.

Leisegang, H. Platon, in: RE, Bd. XX, 2, 1950. 2342—2537.
Die Platondeutung der Gegenwart, Karlsruhe 1929.

Levinson, R. B. In defense of Plato, Cambridge (Mass.) 1953.

Levy, G. R. Plato in Sicily, London 1956.

Lewis, H. D. Plato and the social contract, in: Mind 48, 1939, 78—81.

Liebrucks, B. Platons Entwicklung zur Dialektik. Untersuchungen zum Problem des Eleatismus, Frankfurt/M. 1949.

Lodge, R. C. The philosophy of Plato, London 1956.
Plato's theory of art, London 1953.
Plato's theory of education, London 1947.

Luccioni, J. La pensée politique de Platon, Paris 1958.

Märkel, P. Platos Ideal-Staat. Dargestellt und mit besonderer Rücksicht auf die moderne Zeit beurteilt, Berlin 1881.

Maguire, J. P. Plato's theory of natural law, in: Yale Class. Studies 10, 1947, 151—178.

Manasse, E. M. Bücher über Platon, I, Werke in deutscher Sprache, Philos. Rundschau, Sonderheft, Tübingen 1957; II, Werke in englischer Sprache, 1961.
Platons Sophistes und Politikos. Das Problem der Wahrheit, Berlin 1937.

Mannsperger, D. Physis bei Platon, Berlin 1969.

Marc-Wogau, R. Der Staat und der Begriff des Guten in Platons Politeia, in: Theoria 7, 1941, 20 — 45.

Marten, R. Die Methodologie der Platonischen Dialektik, in: Studium Generale 21, 1968, 218—249.

Mayr, F. Das Freiheitsproblem in Platons Staatsschriften, Diss. Wien 1961 (masch. schr.).

Mende, G. Zum Streit um Platon, in: Das Altertum 10, 1964, 230 — 234.

Meyer, H. Platon und die Aristotelische Ethik, München 1919.

Mill, J. S. Plato (trad. S. Freud, in: J. S. Mill's gesammelte Werke, ed. Gomperz, Leipzig 1880, 12. Bd., 30—110 (Nachdr. Aalen 1968).

Moreau, J. La construction de l'idéalisme Platonicien, Paris 1939, Nachdr. Hildesheim 1967.

Morrow, G. R. Plato's Cretan city. A historical interpretation of the Laws, Princeton (N. J.) 1960.
Plato and the rule of law, in: Philosoph. Review 2, 1941, 105—126.

Moser, S. Platons Begriff des Gesetzes, in: Österreichische Zeitschr. f. öffentl. Recht 4 (N. F.), 1962, 134—158.

Müller, A. Platons Philosophie als kritische Distanzierung von der mythischen Dichtung, Diss. Münster 1967.

Natorp, P. Plato's Staat und die Idee der Sozialpädagogik, in: Archiv f. soz. Gesetzgeb. u. Statist. 8, 1895, 140—171.

Nettleship, R. L. Lectures on the Republic of Plato, London 1962 (1897[1]).

Neumann, A. Die Problematik des HOMO-MENSURA-Satzes, in: Class. Philol. 33, 1938, 368—379.

Oehler, K. Der entmythologisierte Platon (Zur Lage der Platonforschung), in: Zeitschr. f. Philos. Forsch. 19, 1965, 393—420.

Paassen, C. R. van. Platon in den Augen der Zeitgenossen, AgF des Landes NRW, H. 89, Köln/Opladen 1960.

Patri, A. La politique Platonicienne et notre temps, in: Le Contrat social 1, 1957, 27—30.

Perpeet, W. Das Gute als Einheit. Zur Agathon-Spekulation Platons, in: Kant-Studien 57, 1966, 17—31.

Der systematisierte Platon, in: Philos. Rundschau 10, 1962, 253—271.

Plato: Totalitarian or democrat?, ed. Thorson, Englewood Cliffs (N. J.) 1963.

Pohlenz, M. Aus Platos Werdezeit, Berlin 1913.

Popper, K. R. Die offene Gesellschaft und ihre Feinde, I, Der Zauber Platons, Bern 1957; II, Falsche Propheten. Hegel, Marx und die Folgen, Bern 1958.

Ramm, T. Die großen Sozialisten als Rechts- und Sozialphilosophen. I: Die Vorläufer, Stuttgart 1955.

Rankin, H. D. Plato and the individual, London 1964.

Reverdin, O. La religion de la cité Platonicienne, Paris 1945.

Rintelen, F-J. v. Die Frage nach dem Guten bei Plato, in: Parusia (Hirschberger-Festschr.), Frankfurt/M. 1965, 71—88.

Ritter, C. Die Kerngedanken der Platonischen Philosophie, München 1931.

Platon. Sein Leben, seine Schriften, seine Lehre, 2 Bde., München 1910/1923.

Ritter, J. Die Aufgabe der Geisteswissenschaften in der modernen Gesellschaft, Münster 1963 (Schriften der Gesellschaft zur Förderung der westfälischen Wilhelms-Universität zu Münster Heft 51).

Zur Grundlegung der praktischen Philosophie bei Aristoteles, in: ARSP 56, 1960, 179—199.

Institution ‚ethisch'. Bemerkungen zur philosophischen Theorie des Handelns, in: Studium Generale 21, 1968, 659—664.

Das bürgerliche Leben. Zur aristotelischen Theorie des Glücks, in: Vjschr. f. wiss. Päd. 32, 1956, 60—94.

Die Lehre vom Ursprung und Sinn der Theorie bei Aristoteles, AgF des Landes NRW, H. 1, Köln/Opladen 1953.

‚Naturrecht' bei Aristoteles. Zum Problem einer Erneuerung des Naturrechts, Stuttgart 1961.

‚Politik' und ‚Ethik' in der praktischen Philosophie des Aristoteles, in: Philos. Jahrbuch 74, 1967, 235—253.

J. Ritters Abhandlungen jetzt zusammengefaßt in: J. R.: Metaphysik und Politik; Studien zu Aristoteles und Hegel, Frankfurt/M. 1969.

Rohrmoser, G. Platons politische Philosophie, in: Stud. Gen. 22, 1969, 1094—1134.

Russell, B. Philosophy and politics, London 1947.

Salin, E. Platon und die griechische Utopie, München/Leipzig 1921.

Salomon, M. Der Begriff der Gerechtigkeit bei Aristoteles. Nebst einem Anhang..., Leiden 1937.

Shellens (= M. Salomon). Das sittliche Verhalten zum Mitmenschen im Anschluß an Aristoteles, Hamburg 1958.

Schaerer, R. La question Platonicienne, Paris/Neuchâtel 1938.

Schelina, R. v. Dion. Die platonische Staatsgründung in Sizilien, Leipzig 1934.

Schneider, K. Die schweigenden Götter. Eine Studie zur Gottesvorstellung des religiösen Platonismus, Hildesheim 1966.

Schottlaender, R. Der Streit um Platon, in: Das Altertum, 142 — 154.

Schuhl, P.-M. Platon et l'art de son temps (arts plastiques), Paris 1952[2] (1934[1]).

Schulz, D. J. Das Problem der Materie in Platons „Timaios", Bonn 1966.

Singer, K. Platon und die europäische Entscheidung, Hamburg 1931.

Platon der Gründer, München 1927.

Solmsen, F. Plato's theology, Ithaca (N. Y.) 1942.

Stenzel, J. Metaphysik des Altertums (Handbuch der Philosophie I D), München/ Berlin 1934.

Platon der Erzieher (Einführ. K. Gaiser), Hamburg 1961 (1928[1]).

Kleine Schriften zur griechischen Philosophie, Darmstadt 1956.

Studien zur Entwicklung der Platonischen Dialektik von Sokrates bis zu Aristoteles, Darmstadt 1961[3] (1917[1]).

Sternberg, K. Moderne Gedanken über Staat und Erziehung bei Plato, Berlin 1924[2].

Tate, J. ‚Imitation' in Plato's REPUBLIC, in: The Class. Quaterly 22, 1928, 16—23.

Taylor, A. E. Plato. The man and his work, London 1960 (1926[1]).

Topitsch, E. Die platonisch-aristotelischen Seelenlehren in weltanschauungs-kritischer Beleuchtung, Sitzungsber. d. Österr. Akad. d. Wiss., Phil.-hist. Kl. 233, 1959.

Vom Ursprung und Ende der Metaphysik. Eine Studie zur Weltanschauungs-kritik, Wien 1958.

Trude, P. Der Begriff der Gerechtigkeit in der aristotelischen Rechts- und Staats-philosophie, Berlin 1955.

Utermöhlen, O. Die Bedeutung der Ideenlehre für die platonische Politeia, Heidelberg 1967.

Vanhoutte, M. La philosophie politique de Platon dans les ‚Lois', Louvain 1954.

Verdenius, W. J. Mimesis. Plato's doctrine of artistic imitation and its meaning to us, Leiden 1949.

Vering, C. Platons Staat der königlichen Weisen, Frankfurt/M. 1932[2].

Vlastos, G. Slavery in Plato's thought, in: The Philosophical Review 50, 1941, 289—304.

Voegelin, E. Order and History.

    I. Israel and revelation.

    II. The world of the polis.

    III. Plato and Aristotle, Lousiana State University Pr. 1957.

Voigtländer, H.-D. Die Lust und das Gute bei Platon, Würzburg 1960.

Wilamowitz-Moellendorff, U. v. Platon, 2. Bde., Berlin 1919, Nachdr.

Wild, J. Plato's modern enemies and the theory of natural law, Chicago 1953.

Plato's theory of man. An introduction to the realistic philosophy of culture, New York 1964 (Cambridge/Mass. 1946[1], 1948[2]).

Plato's theory of TEXNH. A phenomenological interpretation, in: Philosophy and phenomenolog. research 1, 1940/41, 255—293 (= Kap. II des Buches Plato's theory of man).

Winspear, A. D. The genesis of Plato's thought, New York 1956[2] (1940[1]).

Wolf, E. Platon. Frühdialoge und Politeia (Griechisches Rechtsdenken IV, 1), Frankfurt/M. 1968.

Wyller, E. A. Platons Parmenides in seinem Zusammenhang mit Symposion und Politeia. Interpretationen zur Platonischen Henologie, Oslo 1960.

Zeller, E. Die Philosophie der Griechen in ihrer geschichtlichen Entwicklung, II, 1: Sokrates und die Sokratiker. Plato und die alte Akademie, Leipzig 1922[5], Nachdr. Darmstadt 1963.

Ziegler, L. Von Platons Staatheit zum christlichen Staat, Olten 1948.

Personenregister

Adam, J. 238
Adler, G. 307
Adorno, T. W. 141; 153
Aischylos 61; 63; 95
Allan, D. J. 279
Anaxagoras 273
Antiphon 70f.
Anz, W. 112
Arendt, H. 128
Aristippos 93
Aristoteles 6; 10; 23; 25; 36; 40; 43f.; 48; 51f.; 54; 60f.; 67f.; 73f.; 77f.; 80ff.; 84f.; 88; 90; 93f.; 97; 99; 105; 109—186; 190; 207; 211f.; 213; 216; 223; 244f.; 256f.; 262; 264; 272; 279; 283; 287ff.; 303; 310; 317f.
Arndt, H. J. 9
Arnold, U. 229
Augustinus 319

Bacon, F. 302f.
Ballard, E. G. 49; 153
Ballauff, T. 242; 295
Barker, E. 43; 70; 115; 135; 149; 153; 160; 168; 198; 225f.; 287; 301
Baumgartner, M. 153; 251
Bernanos, G. 304; 309
Bien, G. 27; 85f.; 88; 93; 112; 114; 118f.; 120; 122f.; 125; 127ff.; 135ff.; 152; 272; 287; 294f.; 299
Blumenberg, H. 325
Bosanquet, B. 193
Brecht, B. 144
Brecht, F. J. 294
Breitenbach, H. 51; 300
Burckhardt, G. E. 152; 195f.; 301
Burckhardt, J. 41; 43f.; 59; 99; 165f.; 184; 286

Cairns, H. 35
Calvin 80
Campanella 147
Châtelet, F. 302

Cherniss, H. 227
Chroust, A.-H. 22; 111
Cicero 16; 48; 79; 317
Cleve, F. M. 23
Cohen, H. 228
Comte, A. 216; 286
Cornford, F. M. 9; 22; 63; 66; 91f.; 96; 99; 159f.; 170; 199; 229f.; 238; 251; 258; 269; 271f.; 313
Crossmann, R. H. S. 7; 12; 23; 25; 203; 215; 219; 281; 300; 306; 308ff.; 313

Dahrendorf, R. 8; 194; 197; 217f.; 303
Darwin, C. 9
Debrunner, A. 24
Demokrit 71
Dempe, H. 22; 308
Derbolav, J. 35; 69; 76; 91; 99; 172
Descartes 143f.
Diès, A. 92; 141; 229; 231; 238f.; 271
Diogenes Laertius 67; 85; 233
Dion 51; 300
Dionysios II. 300
Dirlmeier, F. 37; 59; 68; 77; 90; 115; 117f.; 120; 124f.; 129; 133; 148; 152; 159; 257
Dörrie, H. 271
Dümmler, F. 48

Edelstein, L. 41; 219
Egermann, F. 97; 118
Ehrenberg, V. 24; 43; 51f.; 70; 76; 164
Ehrhardt, A. A. T. 61f.
Eleutheropulos 166
Engels, F. 9
Epikur 64; 285f.
Erffa, C. E. v. 182
Fénelon 148
Festugière, A. J. 113; 236
Fetscher, I. 72
Feuerbach, L. 326

Begriffsregister

absolut	s. Wissen, absolutes
Adelsethik	48; 50—65; 80; 108; 125; 257; 320
Agrarstaat	160; 165 f.; 168
Altruismus	194; 216; 222; 286
Anfang; Gründung	30; 33; 39 ff.; 175; 233; 299
(vgl. Verwirklichung)	
Arbeitsteilung	67; 81; 86 ff.; 104 f.
Aristokratie; Adel;	6; 10; 12; 15; 38 f.; 41 ff.; 50 ff.; 59; 78 ff.; 98;
Meritokratie (vgl.	107 ff.; 59; 78 ff.; 98; 107 ff.; 160 ff.; 169; 182;
Philosophenherrschaft)	196; 211 ff.; 221; 259 f.; 262; 303 f.; 308
Askese	79 f.; 93
Athen	42 ff.; 50 ff.; 55; 62 f.; 65 ff.; 106; 108; 113; 116;
	122; 155; 166; 182; 297
Autarkie	160
Autonomie	s. Freiheit; Verantwortung
Bedürfnis;	6 ff.; 48 f.; 67 f.; 74; 80; 132; 140; 190; 213; 251 f.;
Bedürfnisbefriedigung	283; 286; 288; 324
Begierde; Sinnlichkeit	58; 69 f.; 80; 89; 92; 96; 157 f.; 190; 196; 251 f.
(epithymía)	
Besonnenheit (sophrosýne)	75; 96 ff.; 191 f.; 261; 301
Bildung; Erziehung; paideía;	10; 17 f.; 27—32; 35; 38; 41; 48 ff.; 53; 59; 61 f.;
Pädagogik; pädagogische	76; 93; 101; 104 ff.; 109 f.; 114; 135; 156; 184;
Autorität	190; 211 ff.; 220; 233; 236 f.; 258; 269 f.; 278 f.;
	295 f.; 301 f.
Brüderlichkeit;	79; 130; 186; 326
Freundschaft (philía)	
Bürger; Bürgerschaft;	13; 40; 51; 60; 63 ff.; 93 f.; 104 f.; 122; 137; 163;
bürgerliche Ethik	290
Bürgerkrieg (vgl. Krieg)	15; 43; 67; 83; 94; 131
Christentum; christl. Kirche,	29; 63; 72; 80; 116; 129; 143; 155 f.; 188; 192;
Staat, Zivilisation	198; 200; 203 f.; 244; 248 f.; 263; 289; 300 f.;
	319 ff.
Darstellung	s. Nachbildung
Demokratie	5—25; 36; 42 ff.; 47; 49 ff.; 72 f.; 80; 102; 106;
	124; 139; 147; 156 f.; 161 ff.; 177 f.; 182 ff.; 186 ff.;
	192; 211 ff.; 215 f.; 259 f.; 262; 290; 294; 304 ff.;
	312—316
Dialektik	18; 25; 31; 46; 73 ff.; 114; 137; 145; 206 f.; 220;
	233—241; 244—254; 260; 309 f.; 314
Dichter; Dichtung	48; 50; 139; 269—283
(vgl. Kunst)	

PAUL FRIEDLÄNDER

Platon

3 Bände. Groß-Oktav. Ganzleinen je DM 38,—

Band 1: Seinswahrheit und Lebenswirklichkeit
3., durchgesehene und ergänzte Auflage. Mit 8 Tafeln und
1 Titelbild. X, 438 Seiten. 1964.

Band 2: Die platonischen Schriften, 1. Periode.
3., verbesserte Auflage. VI, 358 Seiten. 1964.

Band 3: Die platonischen Schriften, 2. und 3. Periode.
2., erweiterte und verbesserte Auflage. VI, 533 Seiten. 1960.

NICOLAI HARTMANN

Platos Logik des Seins

2. Auflage. Groß-Oktav. X, 512 Seiten. 1965. Ganzleinen DM 42,—

KURT HILDEBRANDT

Platon
Logos und Mythos

2., durchgesehene und durch ein Nachwort ergänzte Auflage.
Groß-Oktav. Mit 1 Bildnis. VIII, 396 Seiten. 1959. Ganzleinen DM 32,—

RAINER MARTEN

Der Logos der Dialektik
Eine Theorie zu Platons *Sophistes*

Groß-Oktav. VIII, 260 Seiten. 1965. Ganzleinen DM 52,—

GEROLD PRAUSS

Platon und der logische Eleatismus

Groß-Oktav. 226 Seiten. 1966. Ganzleinen DM 38,—

Walter de Gruyter & Co · Berlin 30

Kurt von Fritz

Platon in Sizilien
und das Problem der Philosophenherrschaft

Oktav. XIV, 147 Seiten. 1968. DM 14,—

Dietrich Mannsperger

Physis bei Platon

Oktav. XII, 336 Seiten. 1969. DM 38,—

Ernst Tugendhat

Der Wahrheitsbegriff bei Husserl und Heidegger

2., unveränderte Auflage. Groß-Oktav. XII, 415 Seiten. 1969. Ganzleinen DM 38,—

Michael Theunissen

Gesellschaft und Geschichte
Zur Kritik der kritischen Theorie

Oktav. VIII, 40 Seiten. 1969. DM 3,80

Peter Keiler

Wollen und Wert
Versuch der systematischen Grundlegung
einer psychologischen Motivationslehre

Groß-Oktav. XVI. 220 Seiten. 1970. Ganzleinen DM 38,—

Walter de Gruyter & Co · Berlin

Untersuchungen zur antiken Literatur und Geschichte

Herausgegeben von HEINRICH DÖRRIE und PAUL MORAUX

DIETRICH ROLOFF

Gottähnlichkeit, Vergöttlichung und Erhöhung zu seligem Leben

Untersuchungen zur Herkunft der platonischen Angleichung an Gott

Groß-Oktav. VI, 242 Seiten. 1970. Ganzleinen DM 64,— (Band 4)

BERND WITTE

Die Wissenschaft vom Guten und Bösen

Interpretationen zu Platons „Charmides"

Groß-Oktav. X, 166 Seiten. Mit 3 Textabbildungen.
1970. Ganzleinen DM 48,— (Band 5)

KLAUS HARTMANN

Die Marxsche Theorie

Groß-Oktav. XII, 593 Seiten. 1970. Ganzleinen DM 78,—

MICHAEL THEUNISSEN

Hegels Lehre vom absoluten Geist als theologisch-politischer Traktat

Groß-Oktav. Etwa 380 Seiten. 1970. Ganzleinen DM 56,—

WOLFGANG JANKE

Fichte

Sein und Reflexion — Grundlagen der kritischen Vernunft

Groß-Oktav. Etwa 530 Seiten. 1970. Etwa DM 68,—

Walter de Gruyter & Co · Berlin 30

Printed in the USA
CPSIA information can be obtained
at www.ICGtesting.com
JSHW012300221223
53698JS00003B/88

9 783110 063912